项目管理

主　审　王广斌

主　编　张　雷　吴永春　王　悦

副主编　王　硕　石　林　范荣华　顾　宇　徐成刚

　　　　高　红　高　峰　夏红云　曾大林　褚振威

中国人民大学出版社

·北京·

前言

项目管理是管理学的一个分支学科。所谓项目管理，就是项目的管理者在有限的资源约束下，运用系统的观点、方法和理论，对项目涉及的全部工作进行有效的管理，即对从项目的投资决策开始到项目结束的全过程进行计划、组织、指挥、协调、控制和评价，以实现项目的目标。

项目管理的目的在于通过开展项目管理活动，保证满足或超越项目有关各方面明确提出的项目目标或指标，满足项目有关各方明确规定的潜在需求和追求，其独特性使项目管理不同于一般的企业生产运营管理，也不同于常规的政府管理，是一种完全不同的管理活动。

本教材从全局角度出发，对项目管理进行了全面分析，按照项目管理过程中具体的分工和环节，分别从项目管理的各环节出发，详细论述了项目管理过程中每一个具体环节的管理事项。本教材以改革的思路探索高等院校管理类“项目管理”课程教材的编写方法，致力于克服教材编写中一度存在的重视理论知识系统与完整、轻视工作岗位所需实际技能培养的不足。

本教材的特色主要体现在：

(1) 在教材结构设计中，实施基于管理过程的教材内容开发，在教材内容设计中围绕项目管理常用技能设计内容，选择理论知识点，并根据项目管理流程与技能，将理论知识点加以整合编排。

(2) 在教材体例设计中，强调学习目标、学习重点与难点、案例阐释、思考与练习。突出每个章节的知识目标和能力目标，用案例引导知识模块学习；在选取内容时，注重知识点的实际应用，重视与实践教学相呼应。

(3) 本教材不同于其他项目管理类教材，其内容大部分来源于实践，并融入了作者独到的思考，以使读者能更深刻地把握项目管理的内涵。

本教材由山东建筑大学商学院与管理学院的张雷副教授、吴永春讲师以及济南大学的王悦教授担任主编，全书由王广斌先生审稿。由山东建筑大学的徐成刚、王硕、石林、褚振威、高红和曾大林，中山大学南方学院的顾宇和高峰，周口师范学院的夏红云，南阳理工学院的范荣华担任副主编。编写提纲由张雷副教授提出初稿，经主编、副主编讨论形成。

本教材参考了国内外出版的大量本学科教材和专著，对编写这些著作的学界前辈、专家和同行们，我们表示崇高的敬意和衷心的感谢！

由于编者的水平所限，书中难免有不少疏漏乃至错误之处，恳请同行和读者提出批评和建议，以便今后修改和完善。

可以说，本书以“授人以渔”为目的，以项目管理为主线，但又不局限于此，其知识范围扩展到经济管理的多个领域。全书语言通俗易懂，案例丰富，适合各类渴望掌握项目管理知识的人员阅读。

本书可作为高等院校经济、管理学科的教材或教学参考书，也可供从事相关行业的经济管理人员阅读和参考。

编者

目　录

第1章

概　论

引例

一举而三役济

原文：祥符中，禁火，时丁晋公主营复宫室，患取土远。公乃令凿通衢取土，不日皆成巨堑。乃决汴水入堑中，引诸道竹木排筏及船运杂材，尽自堑中入至宫门。事毕，却以斥弃瓦砾灰壤实于堑中，复为街衢。一举而三役济，计省费以亿万计。（选自沈括《梦溪笔谈·补笔谈卷二》）

释义：宋真宗年间，皇宫失火，一夜之间，大片宫室楼台、殿阁亭榭变成了废墟。宋真宗挑选了大臣丁渭负责修复宫殿。当时，要在短期内完成这项重大而复杂的工程，需要解决一系列相关难题：一是皇宫离郊区远，取土困难；二是运输建筑材料的工具不好解决；三是竣工后大片废墟垃圾不易处理。

丁渭高明的施工方案：首先下令“凿通衢取土”，从施工现场向外挖了若干条大深沟，挖出的土作为施工用土。这样一来，取土问题就近解决。第二步，把宫外的汴水引入新挖的大沟中，“引诸道竹木排筏及船运杂材，尽自堑中入至宫门”。这样，又解决了大批木材、石料的运输问题。待建筑运输任务完成之后，再排除堑水，把工地所有垃圾倒入沟内，重新填为平地。这一施工方案，收到了“一举而三役济，计省费以亿万计”的最佳效果。

资料来源：http://baike.baidu.com/link?url＝KCYOz2Vyg8E14_xrfA14dsbO_MgUK8mylfwf4h5eChSB87KehCs3bAEkz-JqS1mUgyrvFWg44fwWcE20L3udJq。

1.1 项目管理的发展历史

1.1.1 项目管理的产生与发展

项目管理作为一种管理活动，其历史源远流长，自从人类开始进行有组织的活动，就一直在执行着各种规模的项目。项目管理最早起源于古代工程实践，如中国万里长城、埃及金字塔、古罗马供水渠等，在这些大型工程中配置各种资源、制订各种计划以及对整个项目进行控制、管理最终达成项目目标，无一不体现了古人运用项目管理方法的智慧。

工程领域的大量实践活动极大地推动了项目管理的发展。传统的项目和项目管理的概念主要起源于建筑行业，这是由于传统的实践中建筑项目相对其他项目来说，组织实施过程表现得更为复杂。随着社会进步和现代科技的发展，项目管理也不断地得以完善，同时项目管理的应用领域也不断扩充，现代项目与项目管理的真正发展可以说是大型国防工业发展所带来的必然结果。

因此，现代项目管理通常被认为是第二次世界大战的产物。20 世纪四五十年代，项目管理主要应用于国防和军工项目，美国研制原子弹的曼哈顿计划、美国海军的北极星导弹计划与美国军方的阿波罗登月计划等，是推动现代项目管理产生和发展的基本背景。

20 世纪 50 年代后期到 60 年代，美国出现了关键路线法（CPM）和计划评审技术（PERT）。项目管理的突破性成就出现在这个时期。1957 年，美国杜邦公司的路易斯维尔化工厂，由于生产工艺的要求，必须昼夜连续运行。因此，每年都不得不安排一定的时间停下生产线进行全面检修。过去的检修时间一般为 125 个小时。后来，他们把检修流程精细分解，竟然发现：在整个检修过程中所经过的不同路线上的总时间是不一样的，缩短最长路线上工序的工期，就能够缩短整个检修的时间。他们经过反复优化，最后只用 78 个小时就能完成检修，节省时间达到 38%，当年产生效益达 100 多万美元。这就是至今项目管理工作者还在应用的著名的时间管理技术——“关键路径法”（Critical Path Method，CPM）。1958 年，美国海军开始研制北极星导弹。这是一个军用项目，技术新，项目巨大，当时美国有 1/3 的科学家都参与了这项工作，管理如此庞大的尖端项目的难度可想而知。当时的项目组织者想出了一个方法：为每个任务估计一个悲观的、一个乐观的和一个最可能情况下的工期，在关键路径法技术的基础上，用“三值加权”的方法进行计划编排，最后竟然只用了 4 年的时间就完成了预定 6 年完成的项目，节省时间 33%以上。这就是现代项目管理的另一个核心方法——“计划评审技术”（Program Evaluation and Review Technique，PERT）。20 世纪 60 年代，这类方法运用于有 42 万人参加、耗资 400 亿美元的“阿波罗”载人登月计划中，取得巨大成功。现在，CPM 和 PERT 常被称为项目管理的常规“武器”和经典手段。当时主要运用于军事工业和建筑业，项目管理的任务主要是项目的执行。

20 世纪 70 年代，项目管理在新产品开发领域扩展到了中型企业，在 20 世纪 70 年代后期和 80 年代，随着全球性竞争的日益加剧，项目活动的日益扩大和更为复杂，项目数量的急剧增加，项目团队规模的不断扩大，项目干系人的冲突不断增加，降低项目成本的压力不断上升等一系列情况的出现，越来越多的中小型企业也开始引入项目管理，将其灵活运用于企业管理的各项活动和工作中，迫使政府机构和企业先后投入了大量的人力和物力去研究和认识项目管理的基本原理，开发和使用项目管理的具体方法，项目管理技术及其方法在此过程中逐步发展和完善。此时，项目管理已经被公认为一种有生命力并能实现复杂的企业目标的良好方法。

20 世纪 90 年代以后，随着信息时代的来临和高新技术产业的飞速发展并成为支柱产业，项目的特点也发生了巨大变化，管理人员发现许多在制造业经济下建立的管理方法，到了信息经济时代已经不再适用。在制造业经济环境下，强调的是预测能力和重复性活动，管理的重点很大程度上在于制造过程的合理性和标准化。而在信息经济环境里，事务的独特性取代了重复性过程，信息本身也是动态的、不断变化的。灵活性成了新秩序的代名词。他们很快发现实行项目管理恰恰是实现灵活性的关键手段。他们还发现项目管理在运作方式上最大限度地利用了内外资源，从根本上提高了中层管理人员的工作效率，于是纷纷采用这一管理模式，并将它作为企业重要的管理手段。经过长期的探索总结，现代项目管理逐步发展成为独立的学科体系，成为现代管理学的重要分支。

随着知识经济时代的到来，项目管理已由最早的古代工程实践步入现代项目管理阶段，除传统行业外，IT、高新技术、政府、公共机构等几乎所有行业和组织都在开展项目管理应用实践，项目管理发展呈全球化、多元化、专业化、标准化、信息化和职业化特点。特别是 2010 年以来，大数据和云计算技术的不断发展，以虚拟现实（Virtual Reality，VR）、增强现实（Augmented Reality，AR）、3D 打印、虚拟设计建造（Virtual Design and Construction，VDC）、建筑信息模型（Building Information Modeling，BIM）、人工智能（Artificial Intelligence，AI）等为代表的先进信息和通信技术（Information and Communication Technology，ICT）得到了迅速发展和广泛传播，跨组织协同、信息共享、应用标准、全寿命周期、项目交付模式、项目复杂系统、社会网络结构等关键字开始对项目管理的发展赋予了新的内涵和挑战。

综上所述，项目管理在其发展过程中主要经历了是三个阶段，如图 1—1 所示。

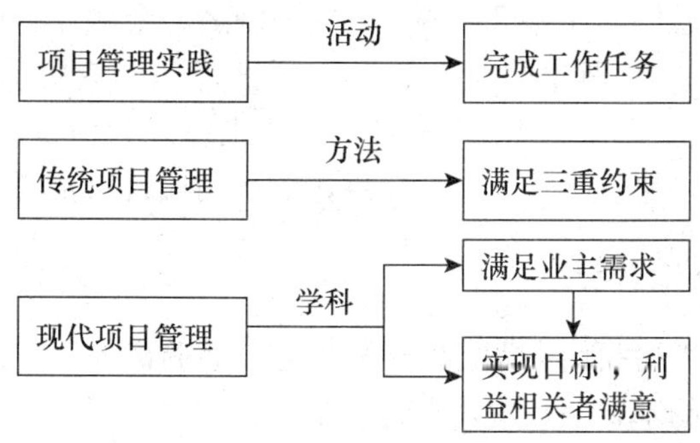

图 1—1 项目管理发展的三个阶段

1. 产生阶段

产生阶段。即古代的经验项目管理阶段。从远古时代到 20 世纪 30 年代，项目管理还只是凭管理者的经验、智慧、直觉和才能去完成预定的任务。在这个阶段，项目实施的目标是完成任务，还没有形成行之有效的方法和计划，没有科学的管理手段和明确的操作技术规范，管理者依赖于经验积累进行项目管理。

2. 形成和发展阶段

形成和发展阶段即近代传统的项目管理阶段。这一阶段的时间跨度是从 20 世纪 40 年代至 70 年代。这期间经历了横道图、里程碑系统、网络方法（关键路线法和计划评审技术）等阶段。传统项目管理是基于实现项目的三维坐标约束而提出的一套科学管理方法。

在这个阶段，着重强调项目的管理技术，以实现项目的时间、成本和质量三大目标。例如，利用关键路径法和计划评审技术对美国军事计划以及阿波罗登月计划的成功管理。

3. 现代项目管理阶段

现代项目管理阶段也是项目管理发展的成熟阶段。这一阶段的时间跨度是从 20 世纪 70 年代末至今。20 世纪 70 年代末，从事项目管理的人们将项目管理实践中有共性的内容进行了总结，1981 年，美国项目管理学会（PMI）成立专门小组研究开发项目管理的基本内容，1983 年正式公布了项目管理的基本内容，基本内容划分为六个部分（2013 年拓展为十个部分），这是项目管理由方法发展到学科的一个标志。这一阶段的特点表现为项目管理范围的扩大，以及与其他学科的交叉渗透和相互促进。现代项目管理涉及面非常广泛，有投资方、设计方、承包方、监理方、用户方，等等，它形成了一个学科体系，其管理的理念就是追求多方共赢和项目目标的综合最优化。在这个阶段，项目管理除了实现时间、成本和质量的三大目标之外，其管理的范围不断扩大，应用领域进一步增加，与其他学科的交叉渗透、相互促进不断增强，建立了以组织论为母学科的项目管理学科。该阶段的项目管理强调市场环境与竞争，开始引入人本管理、柔性管理、精益管理的思想，不断充实、丰富项目管理知识体系的内容，向全方位的项目管理方向发展。该阶段开始出现以满足业主的需求为中心向追求项目干系人整体满意转变，借助先进的信息和通信技术，建立协同管理平台，以实现干系人之间的以信息共享为基础的协同管理机制，追求干系人满意。

项目管理是一种特别适用于那些责任重大、关系复杂、时间紧迫、资源有限的一次性任务的管理方法。目前在世界各国，项目管理不仅普遍应用于建筑、航天、国防等传统领域，而且已经在电子、通信、计算机、软件开发、制造、金融业、保险业甚至政府机关和国际组织中成为其运作的管理模式。正如美国项目管理专业资质认证委员会主席 Paul Grace 所说："在当今社会中，一切都是项目，一切也将成为项目。"从广义的角度看，凡事若以项目的方式运作，它就能作为一个项目，能运用项目以及项目管理的知识。

1.1.2 项目管理学科的发展

项目管理是一门正需要我们去完善的学科，它从经验走向科学经历了漫长的历史。项目管理在应用早期网络的基础上，集成了管理学、心理学、行为科学、计算机技术和系统论、信息论、控制论等理论的科学体系，成为现代管理科学的一个分支。尽管人类的项目实践可以追溯到几千年前，但是将项目管理作为一门科学来进行分析研究，其历史并不长。从世界上第一个专业性国际组织 IPMA 1965 年成立至今已逾半个世纪的时间。经过这 50 多年的努力，目前国际专业人士对项目管理重要性及基本概念已有了初步共识。

项目管理学科发展有如下特点。

1. 全球化

知识经济时代的一个重要特点是知识与经济的全球化。竞争的需要和信息技术的支撑，促进了项目管理的全球化发展。这主要体现在国际项目合作日益增多以及国际化的专业活动日益频繁。各国之间依托具体项目进行合作与交流，使得各国的项目管理方法、文化、观念也得到了交流与沟通。同时，由于基于互联网的 ICT 迅猛发展，项目管理出现标准化管理和国际共享的趋势。

2. 多元化

当代的项目管理已深入各行各业，以不同的类型、不同的规模出现，而项目所涉及的行业、专业、人员也有所差别，由此出现了各种各样的项目管理方法。以工程项目为例，近年来出现的基于建筑信息模型（BIM）的综合交付模式（IPD）已经成为工程项目管理的热点。

3. 专业化

近年来，项目管理在专业方面也有了明显的进展，主要反映在以下三个方面：

（1）项目管理知识体系（简称 PMBOK）在不断发展和完善之中。PMI 于 1984 年制定了 PMBOK，尝试建立全球性的项目管理标准。PMBOK 先后于 1987 年、1996 年、2000 年、2004 年和 2013 年进行了五次修订。现在其标准为“项目管理知识体系指南”。该文件已被世界项目管理公认为一个全球性标准。国际标准组织（ISO）以该文件为框架，制定了 ISO10006。

（2）学历教育从学士、硕士到博士，非学历教育从基层项目管理人员到高层项目经理，形成了层次化的教育培训体系。

（3）对项目与项目管理的学科探索正在积极进行之中，有分析性的，也有综合性的；有原理概念性的，也有工具方法性的。

4. 信息化

信息技术（IT）作为当代社会最具有活力的生产力要素，正迅速地改变着项目管理的方法和手段，项目管理信息化正在朝着普及化、网络化、集成化的方向发展。以信息技术和信息资源为核心，以数字化、智能化、网络化为特征的信息革命，产生的巨大生产力远远超越了工业革命，成为推动项目管理的主要技术力量。现代信息技术和互联网极大地提高了信息的收集、识别、提取、变换、存储、传递、处理、检索、分析和利用的能力，从信息技术发展的趋势来看，基于网络平台以 Web 方式推行的项目管理信息化软件和服务必将是未来的发展方向。

1.1.3 国内项目管理的发展

在我国，项目管理科学方法的应用起源于 20 世纪 60 年代。当时，这些方法包括老一辈科学家钱学森推广的系统工程理论和方法、华罗庚推广的统筹法，国防科委也有计划地引进了国外大型科技项目的管理理论和方法，现代项目管理学科的形成正是由于统筹法的应用而逐渐形成的。

我国的项目管理主要经历了以下四个阶段：

1. 项目管理方法的产生和引进

20 世纪 60 年代初期，华罗庚教授引进和推广了网络计划技术，并结合我国“统筹兼顾，全面安排”的指导思想，将这一技术称为“统筹法”，取得了很好的经济效益。此外，中国研制第一代战略导弹武器系统“两弹一星”时，引进了计划评审技术、规划计划预算系统（Planning-Programming-Budgeting System，PPBS）、工作分解结构（Work Breakdown Structure，WBS）等技术，并结合国情建立了一套组织管理理论，如总体设计部、两条指挥线等。20 世纪 70 年代，我国从国外引进了全寿命管理概念，并由此派生出全寿命费用管理、一体化后勤管理、决策点控制等管理理论和方法。这些方法在许多大型工程中，如上海宝钢工程、北京电子对撞机工程、秦山核电站工程等，都得到了实际应用。随着现代化管理方法在我国的推广应用，进一步促进了统筹法在项目管理过程中的应用，项目管理逐步有了科学的系统方法，但当时主要应用在我国国防和建筑业，项目管理的任务也主要强调的是项目在进度、费用与质量三个目标上的实现。

2. 现代项目管理体系的引进与推广

20 世纪 80 年代以后，现代项目管理方法在国内得到了推广应用。当时一些国外专家和从国外回国的中国学者在国内介绍和推行项目管理。如美国专家 John Bing 曾经在国家经委大连干部管理培训中心和天津大学讲授过项目管理课程，同济大学的丁士昭教授 1982 年回国后在国内建筑工程领域积极宣传项目管理知识及项目管理方法。随着经济建设和社会发展的需要，国内其他综合性大学和工科院校相继开设这门课程及开展相应研究工作。随着项目管理影响的扩大，中国政府也开始关注项目管理科学。1982 年，在利用世界银行贷款建设的鲁布革水电站引水隧洞工程中，日本企业运用项目管理方法对这一工程的施工进行了有效的管理，收到了很好的效果。基于鲁布革工程的经验，1987 年，国家计委、建设部等有关部门联合发出通知，在一批试点企业和建设单位要求采用项目管理施工法，并开始建立中国的项目经理认证制度。1991 年，建设部进一步提出把试点工作转变为全行业推进的综合改革，全面推广项目管理和项目经理负责制。比如在二滩水电站、三峡水利枢纽建设和其他大型工程建设中，都采用了项目管理这一有效手段，并取得了良好的效果。

3. 项目管理专业学会及协会的成立

1991 年 6 月，在西北工业大学等单位的倡导下，我国成立了第一个跨地区、跨行业的项目管理专业学术组织——中国优选法统筹法与经济数学研究会项目管理研究委员会(Project Management Research Committee，China，PMRC)。PMRC 的成立是我国项目管理学科体系开始走向成熟的标志。目前，许多行业也纷纷成立了相应的项目管理组织，如中国建筑业协会工程项目管理委员会、中国国际工程咨询协会项目管理工作委员会、中国工程咨询协会项目管理指导工作委员会、中国宇航学会系统工程与项目管理专业委员会等，它们都是中国项目管理日益发展与应用的体现。

4. 项目管理的培训、普及与应用

2000 年以来，随着 PMI 项目管理专业人员认证与 IPMA 资格认证的引进与推广，我国项目管理培训得到普及，项目管理专业资质认证工作进一步推动了项目管理在我国的深入发展，项目管理培训和认证越来越热。自 2003 年起，全国 30 多所大学开办了项目管理领域工程硕士班，这标志着国内高层次项目管理专业人才培养的新开端。随着我国经济的快速发展，对项目管理知识和人才的需求呈上升趋势，项目管理专业书籍纷纷出版，项目管理专业培训逐步成熟，参加项目管理培训普及的人数已逾百万人，一批又一批的项目管理专业人士走向社会，发挥出越来越大的作用。同时，项目管理应用向不同的行业领域扩展，企业项目化管理的思想也逐渐出现。以建筑业的项目管理为例，国家相关部委已开设的执业或水平等级资格认证包括建造师、监理工程师、投资建设项目管理师、咨询工程师(投资)、项目管理师（CPMP）等。这一阶段最为典型的特征是：我国项目管理知识体系形成，各行各业项目管理的应用得到普及。

目前，现代项目管理获得长足发展，具体表现为：

(1) 现代项目管理已发展成为一门学科。突出表现是世界各国正在广泛开展“项目管理知识体系”的研究，已经有美国、英国、法国、德国、中国、澳大利亚等数十个国家建立了自己的项目管理知识体系，并且人们正在提出和探讨全球项目管理知识体系的概念。

(2) 现代项目管理已发展成为一个专业。项目管理已经形成了一个专业体系，在我国，工程管理专业也已经列为一门专业，开设了项目管理专业，可授予学士、硕士和博士学位。

(3) 现代项目管理已发展成为一种职业。项目管理发展的另一个突出表现是职业项目经理的出现，特别是在欧美国家，职业项目经理已经是人才争夺的热点。权威机构对于未来职业发展的评判中已经指出：“项目管理将成为 21 世纪最具前景的黄金职业。”

由于人类社会的大部分活动都可以按项目来运作，因此，当代的项目管理已深入各行各业，以不同的类型、不同的规模出现。正是因为项目类型的多样化，有的项目是指大类，有的项目则是指一件小的具体任务，从而使得项目管理出现了多层次的发展。反映在项目的规模上，涉及的行业、专业、人员差别很大，难度也有大有小，因此，出现了各种各样的项目管理方法。

综上所述，当代项目管理发展之快已超过了我们的想象。美国《财富》杂志预言：项目管理将是 21 世纪的首选职业。美国学者 David Cleland 对项目管理有一句这样的描述：“在应付全球化的市场变动中，项目管理将起到关键性的作用。”许多跨国企业早已把项目管理当做创新管理和危机管理的战略管理活动。随着中国经济日益融入全球经济体系，国际竞争日趋激烈，各种项目也已成为当前经济发展的重要构成要素，项目实施的好坏已成为国家、企业和社会最为关心的问题。

1.2 项目的含义与基本特征

1.2.1 项目的含义与特点

项目是指一系列独特的、复杂的并相互关联的活动，这些活动有着一个明确的目标或目的，必须在特定的时间、预算、资源限定内，依据规范完成。例如，开发一项新产品、计划举行一项大型活动、建造一座大楼或工厂、采用 PPP（公私合营）模式进行基础设施的建设等都是项目。项目参数包括项目范围、质量、成本、时间、资源。

“项目”一词是一个专业术语，有科学的定义，人们从不同的角度给出了项目的定义，代表性定义的有如下几种。

1. 美国项目管理协会的定义

美国项目管理协会（Project Management Institute，PMI）在其出版的《项目管理知识体系指南》中为项目所做的定义是：项目是为创造独特的产品、服务或成果而进行的临时性工作。

2. 国际项目管理协会的定义

国际项目管理协会（International Project Management Association，IPMA）对项目的定义是：项目是受时间和成本约束的、用以实现一系列既定的可交付物（达到项目目标的范围）、同时满足质量标准和需求的一次性活动。

3. 国际标准化组织的定义

国际标准化组织（International Organization for Standardization，ISO）在国际标准《质量管理—项目管理质量指南（ISO 10006）》中给项目的定义是：项目是一组有起止时间的、相互协调的受控活动所组成的特定过程，该过程要达到符合规定要求的目标，包括时间、成本和资源的约束条件。

4. 德国标准化委员会的定义

德国标准化委员会（Deutsches Institut für Normung，DIN）在德国国家标准《项目控制、项目管理、概念》（DIN 69901）中对项目的定义是：项目是指在总体上符合下列条件的唯一任务：（1）具有预定的目标；（2）具有时间、财务、人力和其他限制条件；（3）具有专门的组织。

现代项目管理认为，项目是一个组织为实现既定的目标，在既定的资源和要求的约束下，为实现某种目的而相互联系的一次性工作任务。项目是人类社会特有的一类经济、社会活动形式，是为创造特定的产品或服务而开展的一次性活动。

从上述定义可以看出，项目的定义包含三层含义：

（1）项目是一项有待完成的任务，且有特定的环境与要求。

（2）在一定的组织机构内，利用有限资源（人力、物力、财力等）在规定的时间内完成任务。

（3）任务要满足一定性能、质量、数量、技术指标等要求。项目可以是建造一栋大楼，开发一个油田，或者建设一座水坝，如金茂大厦的建设、杭州湾大桥的建设、三峡工程建设都是项目；项目也可以是一项新产品的开发，一项科研课题的研究，或者一项科学试验，如调频空调的研制、艾滋病新药的研制、转基因作物的实验研究都是项目；项目还可以是一项特定的服务、一项特别的活动，或一项特殊的工作，如组织一场婚礼、安排一项体育比赛、筹办一场演唱会等也都是项目。

从项目管理的角度而言，项目作为一个专门术语，它具有如表1—1所列的几个特征。

表1—1　项目的特点

基本特征	内　容
多元化	随着项目管理理论与方法的不断应用与拓展，越来越多的工作采用项目管理的方法去实现，但是由于项目对象的特殊性、项目专业领域的特殊性、项目自身文化背景的特殊性、项目主体与主体行为的特殊性，使得项目的多元化不断呈现出来，这可能使得项目管理的知识越显抽象化，实际的项目管理工作也越显复杂化。
目的性	（1）时间目标：完成项目任务的时间要求，如开始时间、持续时间等。 （2）费用目标：完成项目任务所要求的预定费用。 （3）进度目标：采用科学的方法确定进度目标，编制经济合理的进度计划，并据以检查项目进度计划的执行情况，若发现实际执行情况与计划进度不一致，及时分析原因，并采取必要的措施对原项目进度计划进行调整或修正的过程。

续前表

基本特征	内 容
制约性	任何项目都是在一定的约束条件下进行的，包括人力约束、费用约束、时间约束、质量约束、环境约束等。其中，质量（工作标准）、进度、费用目标是项目普遍存在的三个主要约束条件。
一次性	一次性是指项目具有明确的起点和终点，没有可以完全照搬的先例，也不会有完全相同的复制，即项目不可能重复。
相对不确定性	多数项目在其进行过程中，往往有许多不确定因素。
整体性	项目中的一切活动都是相关联的，构成一个整体，多余的活动是不必要的，缺少某些活动必将损害项目目标的实现。

1.2.2 工程项目的含义与特点

“工程项目”即建设项目，或称建设工程项目，或称投资建设项目，建设项目是一种常见的、典型的项目类型。《辞海》（1999 年版）中关于“建设项目”的定义为：“在一定条件约束下，以形成固定资产为目标的一次性事业。一个建设项目必须在一个总体设计或初步设计范围内，由一个或若干个互有内在联系的单项工程所组成，经济上实行统一核算，行政上实行统一管理。”从广义上讲，工程项目是指为了特定目标而进行的投资建设活动，其内涵如下：

（1）投资建设项目是一种既有投资行为又有建设行为的项目，其目标是形成固定资产。建设项目是将投资转化为固定资产的经济活动过程。

（2）“一次性事业”即一次性任务，显示了项目的一次性特征。“经济上实行统一核算，行政上实行统一管理”，显示项目是在一定的组织机构内进行，项目一般由一个组织或几个组织联合完成。

（3）对一个投资建设项目范围的认定标准，是具有一个总体设计或初步设计。凡属于一个总体设计或初步设计的项目，无论是主体工程还是附属配套工程，无论是由一个还是由几个施工单位施工，无论是同期建设还是分期建设，都只能作为一个建设项目。

工程项目除了具有一般项目的基本特点外，还有自身的特点。工程项目的特点表现在以下几个方面：

（1）具有明确的建设目标。建设项目的成果性目标是形成固定资产，如建设一个住宅小区、建设一座发电厂等。

（2）具有明确的质量、进度和投资目标。工程项目受到多方面条件的制约：时间约束，即有合理的工程期限；资源约束，即要在一定的人力、财力和物力投入条件下完成建设任务；质量约束，即要达到预期的使用功能、生产能力、技术水平、产品等级的要求。这些约束条件形成了项目管理的目标，一是质量目标，二是进度目标，三是费用目标。

（3）建设过程和建设成果固定在某一地点。受当地资源、气象和地质条件的制约，受当地经济、社会和文化的影响。

（4）建筑产品具有唯一性的特点。建设过程和建设成果的固定性，设计的单一性，施工的单件性，管理组织的一次性，使得它不同于一般商品的批量生产过程，其产品具有唯一性。即使是采用相同图纸建设的两栋住宅，由于建设时间、建设地点、建设条件和施工队伍的不同，两栋住宅也会存在差异。

（5）建设产品具有整体性的特点。一个建设项目往往包括多个单项工程，单项工程又包括多个单位工程，各项工程只有形成一个完整的系统，才能实现项目的整体功能，一个子项目的失败有可能影响整个项目。项目建设包括多个阶段，各阶段紧密联系，各阶段的工作都对整个项目的完成产生影响。

（6）管理的复杂性。建设项目管理的复杂性主要表现在四个方面：一是建设项目的参建单位和涉及的外部单位多，各单位之间关系协调的难度和工作量大；二是许多新技术、新材料和新工艺不断出现，工程技术的复杂性不断提高；三是大中型项目的建设规模大，包含的单项工程多；四是社会政治经济环境对建设项目的影响，特别是对一些跨地区、跨行业的大型建设项目的影响，越来越复杂。

1.3 项目管理的含义与特点

1.3.1 项目管理的含义

项目管理的含义，单从字面理解即是对项目进行管理。这一最原始的概念，至少说明了项目管理的两大内涵：一是项目管理属于管理学范畴，二是项目管理的对象是项目。随着项目及其管理实践的发展，项目管理的内涵得到了较大的充实和扩展，当今的项目管理已是一种新的管理方式、一门新的管理学科的代名词。也有人说，当今的项目管理是管理科学和其他学科理论与方法在项目上的综合运用、创新和发展。

项目管理可以理解为实现创新的管理，它是通过项目经理和项目组织的努力，运用系统理论和方法对项目及其资源进行计划、组织、协调、控制，旨在实现项目的特定目标的管理方法体系。项目管理是在长期实践和研究的基础上总结形成的理论方法。在 PMBOK 中，项目管理被定义为："将知识、技能、工具与技术应用于项目活动，以满足项目的要求。"

1. 项目管理定义的解读

根据上述项目管理的定义，可以对项目管理从以下两个方面来解读。

（1）项目管理的根本手段是运用各种知识、技能、方法和工具开展管理活动。

为使项目能够最大限度地满足或超越项目所有干系人的要求，就必须开展各种各样的管理活动。项目管理活动与一般的运营管理活动的原理和方法因管理的对象不同而有所不同。前者管理的是具有一次性、独特性和相对不确定性等的项目工作，后者管理的是重复性、常规性和相对确定性的日常运营工作。因此项目管理需要运用各种知识、技能、方法和工具，既包括独特的项目工期、质量、成本、风险管理等方面的知识、技能、方法和工具，也包括项目本身所涉及具体专业领域的专门知识、技能、方法和工具，同时还包括一般管理的计划、领导、组织、协调和控制等一系列的知识、技能、方法和工具。其中，知识是指人类对以前的成功经验和对于客观规律的认识和总结；方法是指按照这些客观规律去分析问题和解决问题的程序和做法；工具是指分析和解决问题的手段；而技能则是指人们掌握和运用知识、方法和工具的能力。由于项目管理十分复杂，涉及的活动和问题非常广泛，所以项目管理需要运用各种知识、技能、方法和工具，去开展各种各样的管理活动。

（2）项目管理的根本目的是满足或超越项目有关各方对项目的需求与期望。

项目有关各方是指一个项目的所有干系人，这包括一个项目的业主或用户、项目的承包商或实施者、项目的供应商、项目的设计者或研制者、项目所在社区、项目的政府管辖部门等。这些项目的干系人对项目会有完全不同的要求和期望。项目业主（客户）要求和期望以最小的投资获得最大的收益和项目产出物功能；项目承包商或实施者要求或期望以最小的成本获得最大的利润；项目供应商要求或期望能够获得更多的销售收入；项目设计者或研制者要求或期望能够留下传世之作和有所收益；项目所在的社区要求或期望不要破坏环境和造成污染；项目政府主管部门要求和期望扩大就业和提高社会福利等。项目管理的根本目的就是要努力使这些不同的要求和期望能够很好地实现和综合平衡，并最终使项目合理化，最大限度地满足这些不同的要求和期望，甚至超越这些要求和期望。这既是项目管理的难点，也是对项目管理者的挑战。

2. 项目的相关术语

（1）大型项目（Program）。大型项目，又称项目组合、项目群，是指统一管理的一组相互联系的项目，以获得按单个项目管理无法获得的效益。大型项目一般设有大型项目经理（Program Manager），他们不仅负责单个项目的管理，而且负责多个项目在不同时间的协调工作。例如，长江三峡工程就是大型项目，在这个项目群里包括库区移民工程、大坝枢纽工程、机电安装工程、船闸工程、办公设施工程、生活区工程等多个独立的项目。

（2）项目（Project）。项目一般有独立完整的生命周期，有能交付的独立产品，由项目经理（Program Manager）负责实施。

（3）子项目（Subproject）。项目经常被分为几个更容易管理的部分。子项目与项目的特性相同，是总项目一个更小的部分，子项目经常被发包给外部企业或执行组织内的其他职能部门。现实工作中的子项目，有基于项目过程（即项目某一阶段）的子项目，如信息系统开发项目中有需求分析、系统分析与设计、编码、系统测试等子项目；有根据人力资源或技术划分的子项目，如一个项目的土建、设备安装和电气仪表调试等子项目。

（4）活动或任务（Activity or Task）。活动是项目过程中的工作单元。一个活动通常具有预计的时间、预计的成本和预计的资源需求。彼此关联、具有一定逻辑关系的若干活动或任务便构成了完成项目所必须进行的大量工作。

大型项目、项目和子项目的关系如图 1—2 所示。

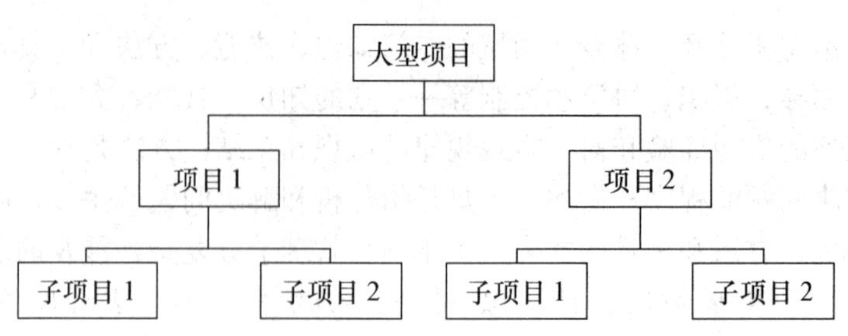

图1—2 大型项目、项目、子项目的关系

1.3.2 项目管理的特点

随着项目及其管理实践的发展，项目管理的内涵得到了充实和发展，当今的“项目管理”已成为一种新的管理方式、一门新的管理学科的代名词。它具有以下特点：

1. 项目管理是一项复杂的工作

项目管理一般由多个部分组成，工作跨越多个组织，需要运用多种学科的知识来解决问题；项目工作通常在执行中有许多未知因素，每个因素又常常带有不确定性；还需要将具有不同经历、来自不同组织的人员有机地组织在一个临时性的组织内，在技术性能、成本、进度等较为严格的约束条件下实现项目目标，等等。这些因素都决定了项目管理是一项很复杂的工作，而且复杂性与一般的生产管理有很大不同。

2. 项目管理具有创造性

由于项目具有一次性的特点，因而既要承担风险又必须发挥创造性。这也是项目管理与一般重复性管理的主要区别。项目的创造性依赖于科学技术的发展和支持，而近代科学技术的发展有两个明显的特点：

（1）继承积累性，体现在人类可以沿用前人的经验，继承前人的知识、经验和成果，在此基础上向前发展。

（2）综合性，即要解决复杂的项目问题，往往必须依靠和综合多种学科的成果，将多种技术结合起来，才能实现科学技术的飞跃或更快的发展。

3. 项目有其寿命周期

项目管理的本质是计划和控制一次性的工作，在规定期限内达到预定目标。一旦目标实现，项目就失去其存在的意义而解体。因此项目具有可预知的寿命周期。

4. 项目管理具有专门组织结构

项目管理需要集权领导和建立专门的项目组织。项目的复杂性随其范围的不同变化很大。项目越大越复杂，其所包括或涉及的学科、技术种类也越多。项目进行过程中可能出现的各种问题多半是贯穿于各组织部门的，它们要求这些不同部门做出迅速而且相互关联、相互依存的反应。但传统的直线职能组织不能尽快与大量的横向协调需求相配合，因此需要建立围绕专一任务进行决策的机制和相应的专门组织。这样的组织不受现存组织的任何约束，由各种不同专业、来自不同部门的专业人员构成。因此，复杂而包含多种学科的项目大都以矩阵方式来组织，这是一种着眼于取得项目组织形式和职能组织形式两者的好处的组织方式。

由此可见，项目管理特别适用于那些责任重大、关系复杂、时间紧迫、资源有限的一次性任务的管理。

1.4 项目管理的基本要素和关键要素

1.4.1 项目管理的基本要素

要理解项目管理的定义，就必须理解项目管理所涉及的各种要素。资源是项目管理实施的最根本保证，需求和目标是项目实施结果的基本要求，项目组织是项目实施运作的核心实体，项目环境是项目取得成功的可靠基础。

1. 资源

资源的概念内容十分丰富，可以理解为一切具有现实和潜在价值的东西，包括自然资源和人造资源、内部资源和外部资源、有形资源和无形资源。如人力和人才（Man)、材料（Material)、机械（Machine)、资金（Money)、信息（Message)、科学技术（Method of S&T)、市场（Market）等，有人把它们归纳为若干个"M"，以便叙述和记忆。

2. 需求和目标

项目干系人的需求是多种多样的。一般来说，其基本需求包括项目实施的范围、质量要求、利润或成本目标、时间目标以及必须满足的法规要求等。在一定范围内，质量、成本、进度三者是互相制约的，当进度要求不变时，质量要求越高，则成本越高；当成本不变时，质量要求越高，则进度越慢；当质量标准不变时，进度过快或过慢都会导致成本的增加。管理的目的是谋求快、好、省的有机统一，好中求快，好中求省。

3. 项目组织

组织就是把多个人联系起来，做一个人无法做的事，是管理的一项功能。组织包括与它要做的事相关的人和资源及其相互关系。项目组织与其他组织 样。要有好的领导、章程、沟通、人员配备、激励机制以及好的组织文化等。

4. 项目环境

要使项口取得成功，除了需要对项口本身、项目组织及其内部环境有充分的了解外，还需要对项目所处的外部环境有正确的认识。这个问题涉及十分广泛的领域，这些领域的现状和发展趋势都可能对项目产生不同程度的影响，有的时候甚至会产生决定性的影响。项目外部环境的重要方面包括：政治和经济环境、文化和意识环境以及规章和标准环境。

1.4.2 项目管理的关键要素

1. 项目干系人

项目干系人是指能影响项目决策、活动或结果的个人、群体或组织，以及会受或自认为会受项目决策、活动或结果的个人、群体或组织。项目干系人可能主动参与项目，或他们的利益会因项目实施或完成而受到积极或消极的影响。不同的项目干系人可能有相互竞争的期望，因而会在项目中引发冲突。为了取得能满足战略业务目标或其他需要的期望成果，项目干系人可能对项目、项目可交付成果及项目团队施加影响。

项目干系人包括所有项目团队成员，以及组织内部或外部与项目有利益关系的实体。为了明确项目要求和各参与方的期望，项目团队需要识别内部和外部、正面和负面、执行工作和提供建议的项目干系人。为了确保项目成功，项目经理应该针对项目要求来管理各种干系人对项目的影响。图1—3显示了项目、项目团队和不同干系人之间的关系。

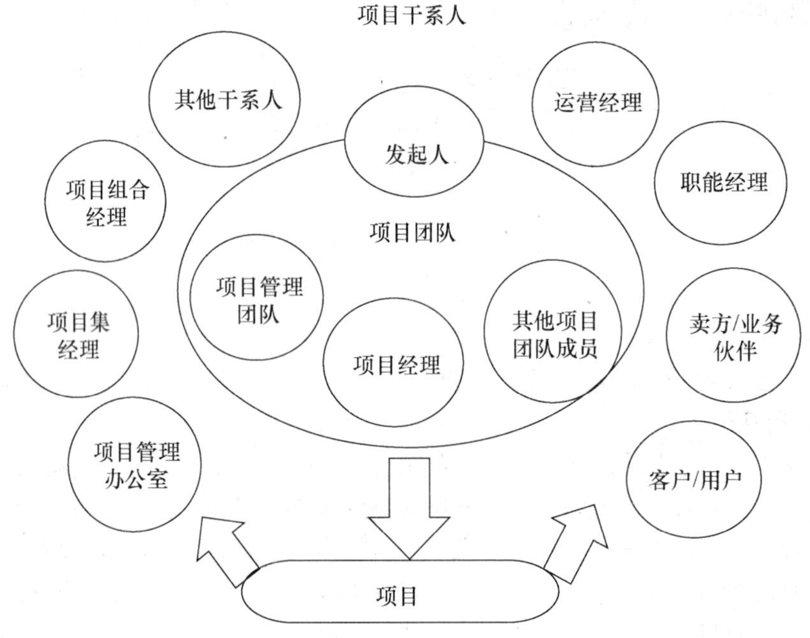

图1—3 项目干系人与项目的关系

不同干系人在项目中的责任和职权各不相同，并且可随项目生命周期的进展而变化。他们参与项目的程度可能差别很大，有些只是偶尔参与项目调查或焦点小组活动，有些则为项目提供全方位资助，包括资金支持、政治支持或其他支持。有些干系人可能被动或主动地干扰项目取得成功。项目经理应该在整个项目生命周期内特别关注这部分干系人，并提前做好计划，以应对他们可能导致的任何问题。

在整个项目生命周期中，识别干系人是一个持续的过程。识别干系人，了解他们对项目的影响能力，并平衡他们的要求、需求和期望，这对项目成功至关重要。这项工作没做好，可能导致项目工期延长、成本增加、意外问题及其他不利结果，甚至可能导致项目取消。例如，未及时将法律部门列为重要干系人，最终导致工期延误、费用增加。

正如干系人可能积极或消极地影响项目目标，干系人也可能认为项目会产生积极或消极的结果。例如，社区商业领袖们将从工业扩建项目中受益，他们就会看到项目给社区带来的经济利益，如就业机会、基础设施和税收。对项目抱有积极期望的干系人，会通过促进项目的成功来实现自己的利益。相反，受项目负面影响的干系人，会通过阻碍项目进展来保护自己的利益。例如，对于项目附近的房主或小企业主而言，他们可能失去财产、被迫搬迁，或者被迫接受当地环境的变化。忽视消极干系人的利益会提高项目失败、延误或出现其他不利结果的可能性。

项目经理的重要职能之一就是管理干系人的期望。由于干系人的期望往往差别很大，甚至相互冲突，所以这项工作困难重重。项目经理的另一项职责就是平衡干系人的不同利益，并确保项目团队以专业和合作的方式与干系人打交道。项目经理可以邀请项目发起人或来自不用地区的团队成员共同识别和管理可能分布在全球各地的干系人。

2. 项目全寿命周期

项目经理或组织可以把每一个项目划分成若干个阶段，以便有效地进行管理控制，并与该项目实施组织的日常运作联系起来，这些项目阶段合在一起称为项目全寿命周期。许多组织识别出一套具体的生命期供所有的项目使用。

项目全寿命周期确定了将项目的开始和结束连接起来的阶段。例如，当某个组织发现一个可以考虑利用的机会时，它通常会责成有关人员进行可行性研究，以决定该项目是否值得立项。项目经理要弄清是否应将该项可行性研究视为项目的第一个阶段，或者将其当做单独的项目。当这种初步努力的结果无法识别清楚时，最好将其当做单独的项目处理。

从项目生命期的一个阶段转到另一个阶段，通常是由某种形式的技术交接来确定的。前一阶段产生的可交付成果通常要接受是否已经完成以及完成效果的审查，在验收之后才能开始下一阶段的工作。但是，如果认为所涉及的风险是可以接受的话，后一阶段可以在前一阶段交付成果通过验收之前开始。这种将通常按照先后顺序完成的两个阶段重叠的做法是流水操作压缩进度的一个办法。因为项目所分布的行业不同，同行业中项目类型也有差别，所以项目的生命周期没有唯一确定的标准。某些组织用一个项目生命期标准的方式处理其所有的项目，而另外一些单位则允许项目管理班子为其项目选择最适合的项目生命期，也就是根据项目的具体情况，自行划分生命周期的界限。另外，行业的通用做法经常造成本行业内部使用某种通用的项目生命期。例如在市政建设行业，一条道路的项目生命周期通常被定义为：前期准备→排水管道施工→道路基础施工→道路面层施工→道路附属施工→道路绿化施工几个阶段。虽然项目的生命周期划分不一，但典型的项目周期划分方法具有普遍的适用性（见图 1—4）。项目的生命期一般划分为启动项目、组织与准备、执行项目工作、结束项目 4 个阶段。

项目生命期通常规定：

(1) 项目的各个阶段应当从事何种技术工作（例如，建筑师的工作应放在项目的哪个阶段完成）。

(2) 项目各阶段可交付成果应何时生成以及如何审查、核实和确认。

(3) 项目各阶段内哪些人员参与（例如，并行工程要求实施人员参与制定要求说明书

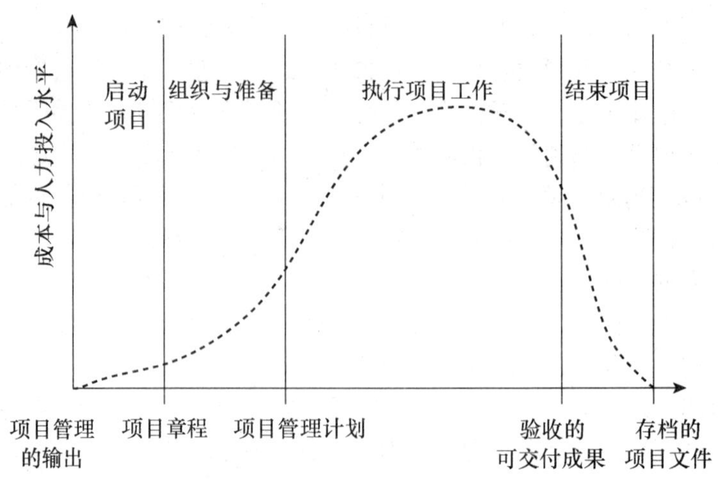

图 1—4　通用项目生命周期结构中典型的成本与人力投入水平

和设计本身)。

(4) 如何控制和批准项目各个阶段。

说明生命期时可以十分笼统，也可以非常详细。非常详细的说明可以包括许多表格、图文和核对表，使其条理清楚，便于控制。大多数项目生命期的说明具有若干共同特点：项目阶段一般按顺序首尾衔接，通常根据某种形式的技术信息传递或技术部件交接确定。一般项目资源的分配规律是人力投入和费用，开始时低，随之而增高，在项目接近收尾时迅速下降。

项目开始时，成功地完成项目的可能性最低，因此风险和不确定性最高。随着项目继续进展，成功地完成项目的可能性通常都逐渐上升。项目开始时，项目干系人对项目产品最后特点和项目最后成本的影响力最强，而随着项目的进展，这种影响逐步减弱。造成这种现象的主要原因是：随着项目的进展，变更计划和纠正失误的代价通常与日俱增。

尽管许多项目生命期具有彼此相似的阶段名称，所要求的可交付成果名称也极其相似，但其内容绝少雷同，即使在某单一应用领域内也会有很大差别，如一个软件外包公司的软件开发生命期可能只有一个设计阶段，而另一个组织却可能将其分为功能设计和详细设计两个单独的阶段。项目内的子项目也可以有明显的项目生命期。例如，一家建筑师事务所受雇为他人设计新办公楼时，首先在设计时参与了业主的设计要求制定阶段，随后又在协助施工时参与了业主的实施阶段，协助施工。但建筑师本身的设计项目也有自己的一系列阶段，包括项目构思、要求制定、实施直至项目收尾。建筑师甚至可以把办公楼的设计和对施工的协助视为两个不同的项目，分别包括各自的明显阶段。

3. 工作过程与可交付成果

每个项目生命周期都包含两类基本过程：一类是项目的业务过程；另一类是项目的管理过程。这里的“过程”是指能够生成具体结果的系列活动组合，业务过程是指生成项目产出物的业务活动，管理过程则是指项目全过程及各个阶段所开展的项目管理活动。虽然不同项目的业务过程会有所不同，但是每个项目和项目阶段都需要有一个完整的项目管理过程。这种项目管理的过程一般包括 5 个不同的管理子过程。

（1）启动过程。启动过程包括定义一个项目阶段的工作与活动、决策一个项目或项目阶段的起始与否，以及决定是否将一个项目或项目阶段继续进行下去等工作。这是由一系列决策性的项目管理工作与活动所构成的项目管理工作过程。

（2）规划过程。规划过程包括拟定、编制和修订一个项目或项目阶段的工作目标、工作计划方案、资源供应计划、成本预算、计划应急措施等方面的工作。这是由一系列计划性的项目管理工作与活动所构成的项目管理工作过程。

（3）执行过程。执行过程包括组织和协调人力资源和其他资源、组织和协调各项任务与工作、激励项目团队完成既定的工作计划、生成项目产出物等方面的工作。这是由一系列组织性的项目管理工作与活动所构成的项目管理工作过程。

（4）监控过程。监控过程包括制定标准、监督和测量项目工作的实际情况、分析差异和问题、采取纠偏措施等管理工作和活动。这些都是保障项目目标得以实现、防止偏差积累而造成项目失败的管理工作与活动，是由一系列控制性的项目管理工作与活动所构成的项目管理工作过程。

（5）收尾过程。收尾过程包括制定一个项目或项目阶段的移交与接收条件，并完成项目或项目阶段成果的移交，从而使项目顺利结束的管理工作和活动。这是由一系列文档化和移交性的项目管理工作与活动所构成的项目管理工作过程。

美国项目管理协会 PMP 认证 75 个可交付成果，具体可以参考 PMBOK（第 5 版）。

项目管理十大知识领域与发展趋势

1.5.1 项目管理的知识领域

在 PMBOK 指南中，47 个项目管理过程被进一步归纳于十大知识领域。知识领域是一套完整的概念、术语和活动的集合，他们联合构成某个专业领域、项目管理领域或其他特定领域。这十大知识领域在大部分时间适用于大部分项目。在具体的项目中，项目团队应该根据需要使用这十大知识领域和其他知识领域。这十大知识领域是：项目整合管理、项目范围管理、项目时间管理、项目成本管理、项目质量管理、项目人力资源管理、项目沟通管理、项目风险管理、项目采购管理和项目干系人管理。项目管理十大知识领域如图 1—5 所示。

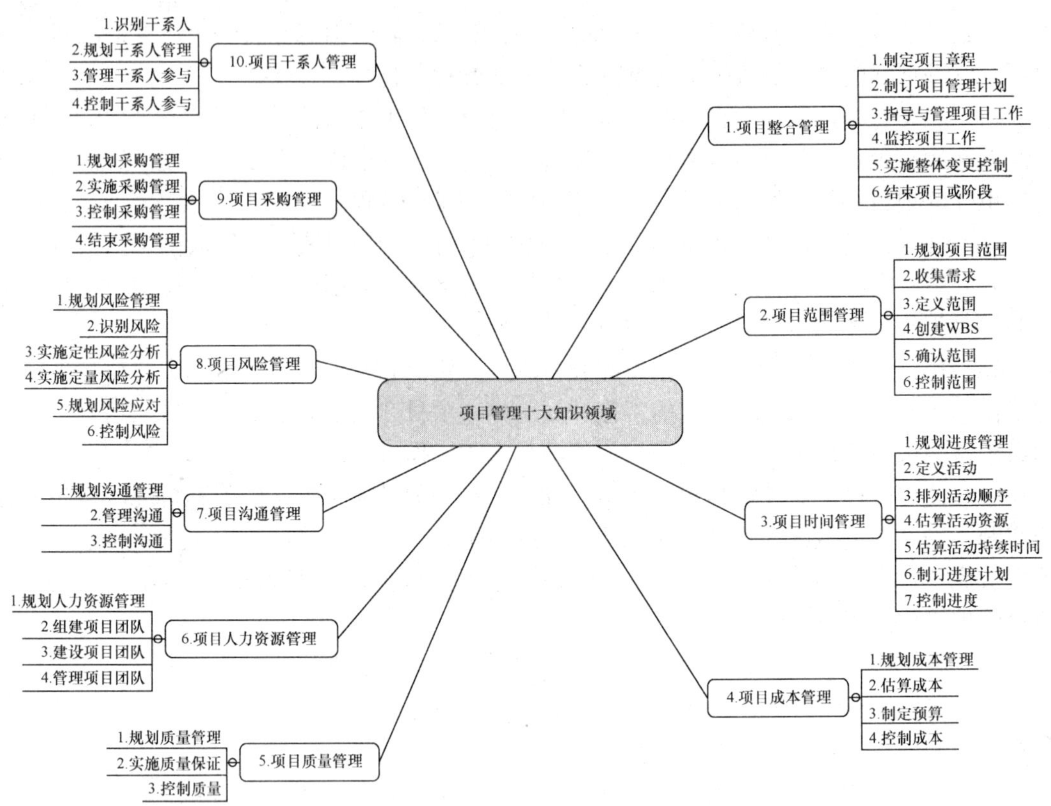

图 1—5　项目管理十大知识领域

1.5.2　项目管理的发展趋势

1. 项目管理理论、方法、手段科学化

项目管理的科学化是项目管理现代化的显著特点。现代项目管理吸收并使用了现代科学技术的最新成果，其具体表现如下：

（1）现代管理理论的应用。现代项目管理理论是在现代管理理论，特别是信息论、控制论、系统论、行为科学等基础上产生和发展起来的，项目管理实质上就是这些理论在项目管理实施过程中的综合运用。

（2）现代管理方法的应用。现代管理方法，如预测技术、决策技术、数学分析方法、数理统计方法、模糊数学、线性规划、网络技术、图论、排队论等，可以用于解决各种复杂的项目管理问题。

（3）现代管理手段的应用。最显著的是计算机和现代通信技术，包括现代图文处理技术、通信技术、精密仪器、多媒体技术和互联网等的使用，大大提高了项目管理效率。

2. 项目管理全球化

知识经济时代的一个重要特点是知识与经济的全球化，因为竞争的需要和信息技术的支撑，促进了项目管理的全球化发展，其具体表现如下：

（1）国际项目合作日益增多。国际合作与交流往往都是通过具体项目实现的。通过这些项目，各国的项目管理方法、文化、观念也得到了沟通与交流。

（2）国际化的专业活动日益频繁。现在每年都有许多项目管理专业学术会议在世界各地举行，吸引着各行各业的专业人士参加。

（3）项目管理专业信息的国际共享。由于互联网的发展，许多国际项目管理组织已在国际互联网上建立了自己的网站，各种项目管理专业信息可以在网上很快查阅，实现项目管理专业信息的国际共享。

3. 项目管理多元化

项目管理的多元化发展表现在以下几个方面：

（1）行业多元化。项目管理实践最初是在建筑业、军事和国防工业中。进入 20 世纪 80 年代，各行各业，包括许多高科技产业及各种大型社会活动，也都引入并开始应用项目管理技术。如今，项目管理正逐渐渗透到各个行业。

（2）项目类型多元化。在项目类型方面有各种不同角度的理解，如宏观、微观，重点、非重点，工程、非工程，硬项目、软项目等。

（3）项目规模多元化。项目管理的应用范围已经从以前的大型、巨型项目，向中、小规模扩展。目前项目管理的规模和涉及范围有大有小，时间有长有短，涉及的行业、专业、人员差别也很大，难度也有大有小，呈现明显的多元化趋势。

4. 项目管理专业化

项目管理的广泛应用促进了项目管理的专业化发展，这也是项目管理学科逐渐走向成熟的标志。具体体现在以下几个方面：

（1）知识体系。PMBOK 在不断发展和完善之中。PMI 从 1984 年提出《项目管理知识体系指南》至今，数易其稿，并已将其作为组织专业证书制度考试的主要内容。IPMA 和其他各国的项目管理组织也纷纷推出了自己的体系。

（2）学历教育。项目管理目前已纳入许多国家的学历教育中，从学士、硕士到博士都设置了相应的专业课程。非学历教育也从基层项目管理人员到高层项目经理形成了层次化的教育培训体系。

（3）学科探索。对项目与项目管理的学科探索正在积极进行之中，有分析性的，也有综合性的；有原理概念性的，也有工具方法性的。世界各国关于项目管理的专业书籍大量涌现，有关学科发展问题的呼声也很高。

5. 项目管理标准化和规范化

项目管理是一项技术性非常强、十分复杂的管理工作，要符合社会化大生产的需要，项目管理必须标准化、规范化，才能逐渐摆脱经验型的管理状况，才能专业化、社会化，才能提高管理水平和经济效益。项目管理的标准化和规范化体现在许多方面，如规范化的定义和名词解释；规范化的项目管理工作流程；统一的成本划分方法；统一的工程计量方法和结算方法；信息系统的标准化；网络表达形式的标准化；标准的合同条件、标准的招投标文件等。

在现代社会中，项目的数量越来越多，规模越来越大，技术越来越新颖，参加单位越来越多，社会对项目的要求越来越高，使得项目管理越来越复杂，需要专业化的项目管理公司专门承接项目管理业务，为业主提供全过程的专业化咨询和管理服务。项目管理发展到今天已不仅是一门学科，而且已成为一个职业。

章后练习题

1. 什么是项目？它的特点有哪些？
2. 试陈述项目管理的发展历程。
3. 根据 PMBOK，项目管理的过程有哪些？知识体系具体包含哪些内容？

案例

鲁布革工程

鲁布革电站是我国第一个利用世界银行贷款和国际招标的项目，是我国采用国际通用的现代项目管理模式组织大型水电项目建设的先例，取得了良好的经济效益和一系列项目管理经验，对我国推行国际工程招标和项目管理起到了巨大的推动作用，被称为“鲁布革冲击波”。

1. 工程背景

鲁布革水电站位于云南罗平和贵州兴义交界的黄泥河下游，整个工程由首部枢纽拦河大坝、引水系统和厂房枢纽三部分组成。早在 20 世纪 50 年代，国家有关部门就开始安排了对黄泥河的踏勘，水电部在 1977 年着手进行鲁布革电站的建设，但由于资金缺乏，准备工程进展缓慢，1981 年 6 月经国家批准，鲁布革电站列为重点建设工程，总投资 8.9 亿美元，总工期 53 个月，要求 1990 年全部建成。该工程原由水电部十四工程局负责施工，在 1984 年 4 月，水电部决定在鲁布革工程上采用世界银行贷款，这是我国第一个利用世界银行贷款的基本建设项目。但是根据与世界银行的协议，工程三大部分之一的引水隧洞工程必须进行国际招标。为了使用世界银行贷款，引水隧洞工程被投入了国际施工市场的公开招标。在 8 个国家承包商的竞争中，日本大成公司以比中国与外国公司联营体投标价低 3 600 万元中标。于是形成了“一项工程、两种体制、三方施工”的格局。三方施工是：一方是由挪威专家咨询，由水电十四局三公司承建的厂房枢纽工程；一方是由澳大利亚专家咨询，由水电十四局二公司承建的首部枢纽工程；一方是由日本大成公司承建的引水系统工程。两种体制是：一种是以云南电力局为业主，鲁布革工程管理局为业主代表及“工程师机构”，日本大成公司为承包方的合同制管理体制；一种是以鲁布革管理局为建设单位，以水电十四局为乙方的投资包干管理体制。

引水隧道工程于 1984 年 6 月 15 日发出中标通知书，7 月 14 日签订合同，7 月 31 日发布开工令，11 月 24 日正式开工。中国工人在大成公司的管理体制下，创造出了惊人的效率。日本大成公司仅派到中国的管理队伍仅三十多人，从水电十四局雇佣了 424 名劳务工人，他们开挖隧道，单头月平均进尺 222.5 米，相当于我国同类工程的 2～3 倍，全员劳动生产率 4.57 万元/每人每年。该工程 1988 年 8 月 13 日正式竣工，合同工期为 1 597 天，实际工期为 1 475 天，提前 122 天；而水电十四局承担的首部枢纽工程，1983 年开工，由于种种原因，进展迟缓。近距离的对比，我国建设者压力大增，水电十四局鲁布革工程指挥部开始扩大自主权，调整领导结构，推行新的管理体制。首先在首部枢纽工程发动了千人会战。局长、指挥长都成了目标责任制的负责人，他们不再远离工地，而是昼夜奋战在工地，工人们更是整天整夜呆在隧洞里，干累了，搬块木板躺一会，醒了再干。最后，奇迹终于被创造出来了：1985 年 11 月，大坝工程按期截流。

然而，对比大成公司的管理方式和我们的会战，我们明显感到了自己的不足：均衡生产搞不好、人员管理混乱、缺乏统一协调指挥。鲁布革经验迅速成为中国工程管理改革的突破口和催化剂，推动了我国施工企业管理直至项目管理的本质的变化。

2. 鲁布革工程经验

(1) 工程采购实行公开竞争性招标。

按世界银行的规定，引水系统工程的施工第一次按照 FIDIC 组织推荐的程序进行国际公开（竞争性）招标。招标工作由水电部委托中国进出口公司进行。

1982 年 9 月，刊登招标公告、编制招标文件、编制标底。引水系统工程原设计概算 1.8 亿元，标底 14 958 万元。

1982 年 9 月—1983 年 6 月，资格预审。

1983 年 6 月 15 日，发售招标文件（标书）。15 家取得投标资格的中外承包商购买了招标文件。

1983 年 11 月 8 日，开标大会在北京正式举行。

1983 年 11 月—1984 年 4 月，评标、定标。经各方专家多次评议讨论，日本大成公司中标。

(2) 工程招标采用严格资格预审条件下的低价中标原则。

该工程的资格预审分两阶段进行。招标公告发布之后，13 个国家的 32 家承包商提出了投标意向。第一阶段资格预审（1982 年 9 月—12 月），招标人经过对承包商的施工经历、财务实力、法律地位、施工设备、技术水平和人才实力的初步审查，淘汰了其中的 12 家。其余 20 家（包括我国公司 3 家）取得了投标资格。第二阶段资格预审（1983 年 2 月—6 月），与世界银行磋商第一阶段预审结果，中外公司组成联合投标公司进行谈判。各承包商分别根据各自特长和劣势进一步寻找联营伙伴，中国 3 家公司分别与 14 家外商进行联营会谈，最后闽昆公司和挪威 FHS 公司联营，贵华公司和原联邦德国霍兹曼公司联营，江南公司不联营。这次国际竞争性招标，按照世界银行的有关规定，我国公司享受 7.5%的国内投标优惠。

最后总共 8 家公司投标，其中有一家公司未按照招标文件要求投送投标文件，而成为废标。从投标报价（根据当日的官方汇率）可以看出，最高价法国 SBTP 公司（1.79 亿元），与最低价日本大成公司（8 463 万元）相比，报价竟相差 1 倍之多，前几标的标价之低，使中外厂商大吃一惊，在国内外引起不小震动。

按照国际惯例，只有报价最低的前三名能进入最终评标阶段，因此确定大成、前田和英波吉洛公司 3 家为评标对象。评标工作由鲁布革工程局、昆明水电勘测设计院、水电总局及澳大利亚等中外专家组成评标小组，按照规定的评标办法进行。在评标过程中，评标小组还分别与 3 家承包商进行了澄清会谈。经各方专家多次评议讨论，最后取标价最低的日本大成公司中标，与之签订合同，合同价 8 463 万元，比标底低 43.4%，合同工期 1 597 天。

(3) 出资人、融资机构对招标过程乃至项目管理过程实行监督审查。

世界银行对于由其贷款的项目有一整套完善的评估体系和监督审查制度，比如通过项目预评估和项目评估，详细、准确地考察项目的经济技术可行性，对项目的技术、管理、经济和财务等方面进行评价，考察项目成功实现的可能性，以及如何才能保证项目的顺利实施，为世界银行最终决定发放贷款提供可靠依据，同时，也为以后对项目的监督和总结评价提供比较的基础。在此阶段，世界银行要编写一份“评估报告”，还要讨论采购计划的安排，确定采购方式、组织管理等问题；进行投标人的资格预审、编制和发售招标文件、接受投标书；项目完成后，世行与借款人一起，将项目执行结果与“评估报告”进行比较和评价，编写出项目完成报告。

(4) 大成公司按照现代项目管理方法实施项目。

在项目的实施方式上，日本大成公司采取了与当时我国项目建设完全不同的项目组织建设模式，实际上就是今天被人们所熟知的“项目管理”。这些主要体现在：

1) 管理层与作业层分离，总包与分包管理相结合。大成公司从对鲁布革水电站引水系统提出投标意向之后，立即着手选配工程项目领导班子，他们首先指定了所长泽田担任项目经理，由泽田根据工程项目的工作划分和实际需要，向各职能部门提出所需要的各类人员的数量、比例、时间、条件，各职能部门推荐备选人名单，磋商后，初选的人员集中培训两个月，考试合格者选聘为工程项目领导班子的成员，统一交由泽田安排作为管理层。大成公司采用施工总承包制，在现场的日本管理及技术人员仅30人左右，我国的公司分包，作业层主要从中国水电十四局雇用。

2) 项目矩阵制组织与资源动态配置。鲁布革大成事务所与本部海外部的组织关系是矩阵式的。其中：在横向上，大成事务所的班子的所有成员在鲁布革项目由泽田领导；在纵向上，每个人还要以原所在部门为后盾，服从原部门领导的业务指导和调遣，比如机长宫晃，他在鲁布革工程中作为泽田的左膀右臂之一，在横向上，他负责该工程项目的所有施工设备的选型配套、使用管理、保养维修，以确保施工需要和尽量节省设备费用，对泽田负完全责任。在纵向上，他要随时保持和原本部职能部门的密切联系，以取得本部的指导和支持。当重大设备部件损坏，现场不能修复时，他要及时以电报或电传与本部联系，由本部负责尽快组织采购设备并运往现场，或请设备制造厂家迅速派人员赶赴现场进行修理和指导。工程项目组织与企业组织协调配合十分默契。比如工程项目隧洞开挖高峰时，人手不够，总部立即增派有关专业人员到现场。当开挖高峰过后，到了混凝土补砌阶段，总部立即将多余的人员抽回，调往其他工程项目。这样，横纵向的密切配合，既保证了项目的急需，又提高了人员的工作效率，显示出了矩阵制高效的优势。

3) 科学管理与关键路线控制方法。大成公司采用网络进度计划控制项目进展，并根据项目最终效益制定独到的奖励制度，将奖励与关键路线相结合；若工程在关键路线部分，完成形象进度越快奖金越高，若在非关键路线部分的非关键工作，到适当时候干得快奖金反而要降低；科学管理还体现在施工设备管理上，为了降低成本，他们不备用机械设备，而是多备用机械配件，机械出现故障，将配件换上立即运转，机械修理在现场进行，而不是将整个机械运到修理厂去修理。机械设备不是由专门司机开着上下班，而是司机坐着班车上下班，做到机械设备不离场，使其充分发挥效率。

(5) 设计施工一体化。

日本公司通过施工图设计和施工组织设计的结合，进行方案优化。比如引水隧道的开挖，当时国内一般是采用马蹄形开挖方式，直径 8 米的洞，下面至少要挖直径 7 米宽的洞，以便于汽车的进出，主要是为了解决汽车出渣问题。日本大成公司通过优化施工方案，改变了施工图设计出来的马蹄形断面开挖，采用圆形断面一次开挖成形的方法，计算下来，日本公司要比我们传统的方式少挖 6 万立方米，同时就减少了 6 万立方米的混凝土回填量。圆形开挖的出渣方法是：保留底部 1.4 米先不挖，最先为垫道，然后利用反铲一段段铲出来。除此之外，日本公司改变了汽车在隧道内掉头的做法，我们以前是每 200 米搞个 4 米×20 米的扩大洞，汽车可调头；日本公司采用在路上安装个转向盘，汽车开上去 50 秒就可实现掉头，仅此一项就免去了 38 个扩大洞，减少了 5 万立方米的开挖量和混凝土回填量。

(6) 项目法人制度与“工程师”监理制度。

为了适应外资项目管理的需要，经贸部与水电部组成协调小组作为项目的决策单位，下设水电总局为工作机构，水电部组建了鲁布革工程管理局承担项目业主代表和工程师（监理）的建设管理职能，对外资承包单位按 FIDIC 合同条款执行，管理局的总工程师执行总监职责。鲁布革工程管理局代表投资方对工程的投资计划、财务、质量、进度、设备采购等实行包干统一管理，还要协调水电十四工程局、昆明勘测设计院、原云南省电力局等与鲁布革工程的关系，办理招标、评标、签订承发包合同，编制年度基本建设投资计划和财务计划，掌握工程投资，办理工程融资、财务收支、信贷，编制世行及水电局要求的各种规划、计划、结算、决算报表，审核预决算，按照合同对各承包商实行计划、人员、工程、财务、质量等各方面的监督，组织工程竣工验收、移交、试运行、生产培训，安排材料、设备落实。依据国家水电部规定的方针、政策、制度规定，处理和解决设计、施工与生产运行单位之间的矛盾。

(7) 合同管理制度。

中国的工程建设管理还处在计划体制的环境下，对市场管理手段和经济手段还比较陌生，在鲁布革工程里面第一次使用了国际性的合同管理制度，由鲁布革工程管理局与日本大成公司签订承发包合同，而中国施工管理人员对合同制管理体制是陌生的。一条运输路，合同规定由建设单位提供三级碎石路，由于翻修不当，造成日方汽车轮胎损失严重，于是日方提出索赔 200 多条轮胎。这些事件对我国管理人员来说都是前所未有的，但是合同执行的结果让我们彻底改变了看法：工程质量综合评价为优良，包括除汇率风险以外的设计变更、物价涨落、索赔及附加工程量等增加费用在内的工程结算为 9 100 万元，仅为标底 14 958 万元的 60.8%，比合同价仅增加了 7.53%。合同管理制度相比传统那种单纯强调“风格”而没有合同关系的自家“兄弟”关系，发挥了管理刚性和控制项目目标的关键作用。

3. 鲁布革工程效应

鲁布革水电工程是我国在 20 世纪 80 年代初期实施的、具有里程碑意义的基本建设管理体制改革的试点工程。在计划经济体制下，基本建设战线长期处于“投资大、工期长、见效慢”的被动局面，而鲁布革工程无论是造价、工期还是质量都严格达到了合同要求。

鲁布革工程利用世界银行贷款，对部分工程实行国际竞争性招标，在全国率先实行项目管理，以“鲁布革冲击”和“鲁布革经验”在全国建筑行业及工程项目管理领域产生了巨大影响。而对于中国项目管理发展而言，这是一个划时代的事件，开启了真正意义上的中国建设工程项目管理新纪元。

问题：

1. 如何理解“鲁布革冲击”？
2. 试陈述鲁布革水电站项目管理的主要内容。

项目管理的组织理论

引例

工程项目组织的抱怨

某从事人工智能技术研发的上市公司需要修建一座科研大楼，该公司成立了以工程部经理为项目经理的科研大楼项目。该项目部的成员主要来自工程部，也有来自财务部负责项目建设资金管理的财务人员，还有来自人事部负责项目人事管理工作的职员。

工程进入施工阶段后，为保证后续施工连续进行，必须事先采购大量的材料。当工程部的职员将材料采购计划报给主管工程财务的人员时，他们认为大量地提前采购材料加大了资金成本，会影响到财务部资金管理目标的实现，因此拒绝为提前采购提供资金，为此双方产生了严重的分歧。

项目经理也很快地对人事部门的工作有了意见，他抱怨人事部门在人员安排上不及时，有时在人员数量的安排上不能满足项目施工的需要，甚至开始怀疑他们的工作效率了，而人事部门的工作人员则感到很委屈，他们认为造成上述情况的责任在工程部，因为工程部没有给人事部及时提供人力资源计划。人事部经理认为，项目经理只从有利于项目的角度考虑问题，而他们必须从公司整体运作的角度来进行人员调配，而不是只服务于一个项目。

资料来源：http://wenku.baidu.com/view/1bc5d38ccc22bcd126ff0c37.html。

2.1 项目组织论概述

项目管理作为一门学科，是在许多规模较大、组织较复杂的项目实施过程中逐步形成的。项目管理的核心任务是项目的目标控制，在整个项目管理班子（团队）中，由哪个组织（部门或人员）定义项目的目标、怎样确定项目目标控制的任务分工，依据怎样的管理流程进行项目目标的动态控制，这都涉及项目的组织问题。只有在理顺组织的前提下，才可能有序地进行项目管理。因此，组织论是项目管理学的母学科。

任何一个建设项目都可以作为一个系统来看待，如上海世博会项目、上海中心大厦项目、济南地铁项目等，其建设目标最终可以完成，在这其中有很多的影响因素存在，而组织因素是决定性的因素。例如，在建设某大型轨道交通工程项目时，建设指挥部的工程技术人员超过 1 000 人，在历时数年的建设中先后签订了 3 000 余份合同，可以想象，这样一个项目在实施时必须要有非常严谨的指令关系、非常明确的任务分工和非常清晰的工作流程等。一个建设项目在决策阶段、实施阶段和运营阶段的组织系统不仅包括建设单位本身的组织系统，还包括各参与单位（设计单位、工程管理咨询单位、施工单位、供货单位等）共同或分别建立的针对该工程项目的组织系统，如项目结构、项目管理的组织结构、工作任务分工、管理职能分工、工作流程组织等。

在传统的项目管理中，由于项目的复杂性和工程量相对较小，尚未形成职能完整、相对严密的组织结构，项目经理大部分属于技术型管理人才，这种项目管理尚属于技术纽带型，项目组织经常带有一定的随机性和不规范性。随着项目组织规模的扩大和业务关系日趋复杂，项目组织在整个项目管理中的作用变得日益显著，企业要想在越来越激烈的市场竞争中占据有利位置，就必须改变传统的组织结构，而代之以项目组织结构。构建一个完善的项目组织结构，以及在组织中保持良好的沟通是最基本的、也是最难把握的。项目组织是由一组个体成员为实现一个具体项目目标而组建的协同工作的队伍。项目组织的根本使命是在项目经理的领导下，通过团队建设，其成员要有很强的团队精神和协作精神，为实现项目目标而努力工作。在项目开展的初期，建立一个适合于项目的组织结构对于项目今后的实施是非常必要的。

2.1.1 系统与组织

1. 系统的概念

系统取决于人们对客观事物的观察方式，系统可大可小，最大的系统是宇宙，最小的系统是粒子。一个企业、一个学校、一个科研项目或一个建设项目都可以被视作一个系统，但这些不同系统的目标不同，从而形成的组织观念、组织方法和组织手段也就会不相同，各种系统的运行方式也不同。

例如，建设工程项目作为一个系统，它与一般的系统相比，有其明显的特征，如：

（1）建设项目都是一次性的，没有两个完全相同的项目。

（2）建设项目全寿命周期一般由决策阶段、实施阶段和运营阶段组成，各阶段的工作任务和工作目标不同，其参与或涉及的单位也不相同，它的全寿命周期持续时间长。

（3）一个建设项目的任务往往由多个，甚至很多个单位共同完成，它们的合作多数不是固定的合作关系，并且一些参与单位的利益不尽相同，甚至相对立。

因此，在考虑一个建设工程项目的组织问题，或进行项目管理的组织设计时，应充分考虑上述特征。

2. 系统的目标和系统的组织的关系

如图 2—1 所示，影响一个系统目标实现的主要因素除了组织以外，还有人的因素、方法与工具因素。

（1）人的因素包括管理人员和生产人员的数量和质量。例如，在建设工程项目中的人的因素包括：建设单位和该项目所有参与单位（设计、工程监理、施工、供货单位等）的管理人员与生产人员的数量和质量。

（2）方法与工具包括管理的方法与工具以及生产的方法与工具。

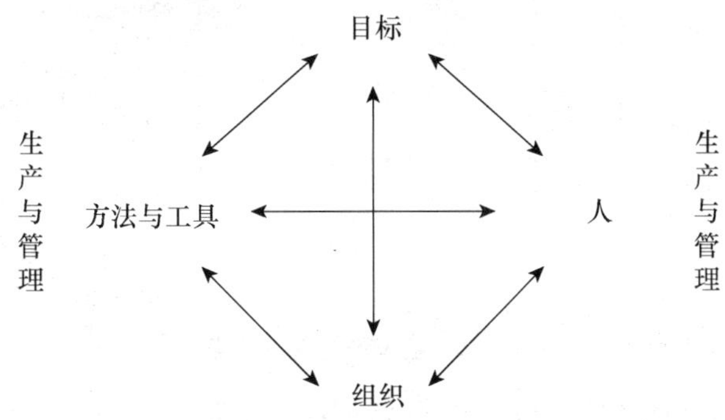

图 2—1　影响一个系统目标实现的主要因素

系统的目标决定了系统的组织，而组织是目标能否实现的决定性因素，这是组织论的一个重要结论。如果把一个建设项目的项目管理视为一个系统，其目标决定了项目管理的组织，而项目管理的组织是项目管理的目标能否实现的决定性因素，由此可见项目管理组织的重要性。

控制项目目标的主要措施包括组织措施、管理措施、经济措施和技术措施等，其中组织措施是最重要的措施。如果对一个建设工程的项目管理进行诊断，首先应分析其组织方面存在的问题。

2.1.2　组织论和组织工具

组织论是一门学科，它主要研究系统的组织结构模式、组织分工和工作流程组织（如图 2—2 所示），它是与项目管理学相关的一门非常重要的基础理论学科。

组织结构模式反映了一个组织系统中各子系统之间或各元素（各工作部门或各管理人员）之间的指令关系。指令关系指的是哪一个工作部门或哪一位管理人员可以对哪一个工作部门或哪一位管理人员下达工作指令。

组织分工反映了一个组织系统中各子系统或各元素的工作任务分工和管理职能分工。组织结构模式和组织分工都是一种相对静态的组织关系。

工作流程组织则可反映一个组织系统中各项工作之间的逻辑关系，是一种动态关系。图 2—2 所示的物质流程组织对于建设工程项目而言，指的是项目实施任务的工作流程组织，如：设计的工作流程组织可以是方案设计、初步设计、技术设计、施工图设计，也可以是方案设计、初步设计（扩大初步设计）、施工图设计；施工作业也有多个可能的工作流程。在一个建设工程项目实施过程中，其管理工作的流程、信息处理的流程，以及设计

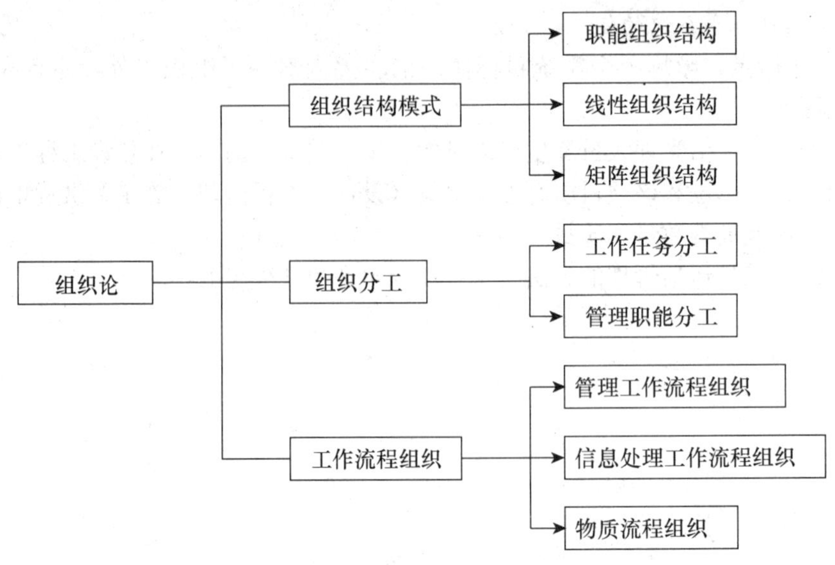

图 2—2 组织论的基本内容

工作、物资采购和施工的流程组织属于工作流程组织范畴。

组织工具是组织论的应用手段，用图或表等形式表示各种组织关系，它包括：

(1) 项目结构图。

(2) 组织结构图（管理组织结构图）。

(3) 工作任务分工表。

(4) 管理职能分工表。

(5) 工作流程图等。

2.1.3 项目组织的特点

项目是一次性的活动，客观上同样存在着组织设计、组织运行、组织更新和组织终结的生命周期，要使组织活动有效地进行，就需要建立合理的组织结构。因此，项目组织具有它自己的特点。

1. 临时性的动态组织

这是项目组织区别于其他组织最大的特点。项目组织同其他组织（政府机关、军队、医院或学校）不一样，具有临时性。一般说来，项目完成之后，项目组织就解散。有些项目组织虽然不解散，由原班人马或原班人马经改组后继续承接新项目，或将已完成的项目投入使用，自己成为永久性的经营者。但从项目管理的角度来看，改变了项目任务的项目组织是一个新组织、企业或机构，即变成了另外一个组织。在大多数项目组织中，其成员很少有人视项目组织为自己的长久归宿。项目组织强调组成分子关系上的弹性而非永久性，是一种动态的组织结构，它的人员从职能部门借调，任务完成后即解散，人员回到原来的职能部门或从事另一个项目的工作。为适应特殊的环境，职能组织成为维系整个组织生命力的重要元素。

2. 开放性的团体项目

项目通常会因工作性质不同而需要各类人才，这些人才从各自的职能部门借调过来。

当项目某阶段工作完成时，不需要的人员回到原来的职能部门，又借调其他人员来到项目组，进行下一阶段的工作。因此，项目组织是一个开放性团体，组成分子变动性比较大。

3. 弹性结构的组织结构

现代组织理论特别强调组织结构应具有弹性，以适应环境的变化。所谓弹性结构，是指一个组织的部门结构、人员职责和工作职位都是可以变动的，保证组织结构能进行动态的调整，以适应组织内外部环境的变化。

4. 人员的协作性

传统职能组织着重主管与部门间的权威流动，通常单位主管负责各单位间的沟通工作，但项目组织不但强调人员间具有垂直的沟通机会，而且强调组织团体间也有横向或侧向的互动机会。如此，可以有效地拓宽项目组织与职能部门之间的沟通渠道，项目人员间也能迅速地交换意见及情报，实现协同工作。

5. 项目与职能组织相互配合

设置项目组织的目的，是因为职能部门无法实现组织的特定目标。因此，职能主管不必担心个人的职权与地位，全力支援项目实现组织的整体目标，这样对公司同样有很大贡献，其在组织中的地位绝不会下降；项目仅为执行公司交付的特定任务，项目与职能部门密切合作，相辅相成，共同为组织的整体利益而努力。

2.2 项目组织结构模式

建立项目组织机构的目的是要组织各方力量，完成项目的任务，因此项目组织机构效能的高低就成为决定项目成败的关键因素之一。项目组织机构的设置没有固定的模式，根据项目的不同生产工艺技术特点和不同的内外部条件，采用不同的组织结构形式。但是，无论具体形态如何不同，总的要求还是从项目的实际出发，选择和确定项目的组织机构，保证项目稳定、高效地运行。

2.2.1 项目组织结构设计的原则

1. 目的性原则

从确保项目总目标实现这一根本目的出发，将其分解为各项分目标、各级子目标，建立一套完整的目标体系。因目标设事，因事设人、设机构、分层次，因事定岗定责，因职责而授权。这是组织结构设计应遵循的客观规律。

2. 适应性原则

组织结构为项目的目标和计划服务，采用不同的组织结构是为了以合适的方式完成项目目标，各个项目的具体目标和任务不一样，组织结构也应不一样，适合某些项目的组织结构不一定适合另一些项目。必须根据工作需要来建立组织结构，不论组织整体、部门、职位的设计的安排，所需人员的条件、数量等，都必须有十分明确的目的，而不能盲目地模仿。

项目组织结构形式必须适应项目的性质与规模要求，手段必须服从目的。除此之外，还要考虑到项目在公司中的地位与重要性。公司拥有的资源是有限的，而且一般都要同时承担多个项目，这些项目对公司效益的影响不同。有些特别重要的项目，公司需要调用各方面的力量来保证其目标的实现；相反，对于那些相对不太重要的项目，则可委托一部分人或某一部门去自行组织。

3．管理跨度与层次的原则

管理跨度与管理层次是组织结构两个相互关联的基本参数，当组织规模一定时，管理跨度越大，管理层次则越少。相反，如果管理跨度越小，管理层次就会增加。通常情况下，一个管理者的有效管理跨度是有限的，当超出了这个限量，就需要增加一个管理层次。适当管理跨度，加上适当层次划分和适当授权，是建立高效率组织的基本条件。在建立项目组织时，每一级领导都要保持适当管理跨度，以便集中精力在职责范围内实施有效领导，同时还能调动下级人员的积极性、主动性。

4．权责对等原则

领导人员率领隶属人员去完成某项工作，必须拥有包括指挥、命令在内的各种权力。责任是在接受职位、职务后必须履行的义务。在任何工作中，权与责必须大致相当。移交权力时，必须同时移交与权力相应的责任。如果要求一名经理履行某些责任，那就要授予他充分的权力。如果这些权力是授给他的，但该经理不能承担相应的责任，那么就应收回权力或对他的职务做某些变更。

5．专业分工与协作统一的原则

分工是把为实现项目目标所必须做的工作，按照专业化的要求分派给各个部门以及部门中的每个人，明确他们的工作目标、任务及工作方法。分工同时要求协作，只有分工没有协作，组织就不能有效地运行。在组织中应该明确各部门和部门内部的协作关系，以实现分工与协作的统一。

6．系统化管理的原则

项目是由众多的子系统组成的有机整体，这就要求项目组织也必须是一个完整的组织系统，否则就会导致组织和项目系统之间不匹配、不协调。项目组织通过系统化管理，形成上下一致、分工协作的严密、完整的组织系统。

7．精简高效原则

项目组织结构设计应该把精简高效的原则放在重要位置。组织结构中的每个部门、每个人和其他组织要素为了一个统一的目标，组合成最适宜的组织结构模式，实行最有效的内部协调，使决策和执行简捷而正确，减少重复和扯皮，以提高组织效率。在保证履行必要职能的前提下，尽量简化机构，各部门、岗位职责明确，分工协作；避免业务量不足、人浮于事或相互推诿的现象发生；力求工作人员精干，一专多能，工作效率高。

一般情况下，在决定项目组织结构这个问题上，项目经理的影响力是有限的，它主要是由公司的高层管理者决定的。但项目经理的工作却在很大程度上受项目组织结构的影响，所以项目经理必须对项目组织结构的工作方式非常了解。经验丰富的项目经理往往能够使项目组织按照他所认为的最佳方式运行。由不同项目经理领导的项目，其工作方式也会有较大的不同。

2.2.2 项目组织结构模式的分类

组织结构模式可用组织结构图来描述，组织结构图也是一个重要的组织工具，它反映了一个组织系统中各组成部门（组成元素）之间的组织关系（指令关系）。在组织结构图中，矩形框表示工作部门，上级工作部门对其直接下属工作部门的指令关系用单向箭线表示。

组织结构模式反映了一个组织系统中各部门或各组成元素之间的指令关系，是一种相对静止的组织关系。合理的组织结构是组织高效运行的先决条件，建立合理的组织结构，可以确保各个部门能够高效率工作，促使各种资源得到充分利用，以便有效实现管理系统的目标。组织结构图是组织结构设计的成果，也是一个重要的组织工具。一个系统最基本的组织结构模式有以下四种：

1. 直线型组织结构

直线型组织也称项目型组织，是出现最早、最简单的一种组织结构模式。在该组织结构模式下，从最高管理层到基层员工实行直线垂直领导，命令单一且直线传递，权力高度集中。直线型组织是指从企业现有人员中选拔项目所需要的各种人员组成的项目组织。项目组织自身拥有管理项目所需的所有资源，每个项目之间具有相对的独立性。项目的具体工作由项目团队负责。项目经理对上接受企业主管负责人的领导，对下负责本项目管理资源的运用，直至项目完成。直线型组织结构如图 2—3 所示。

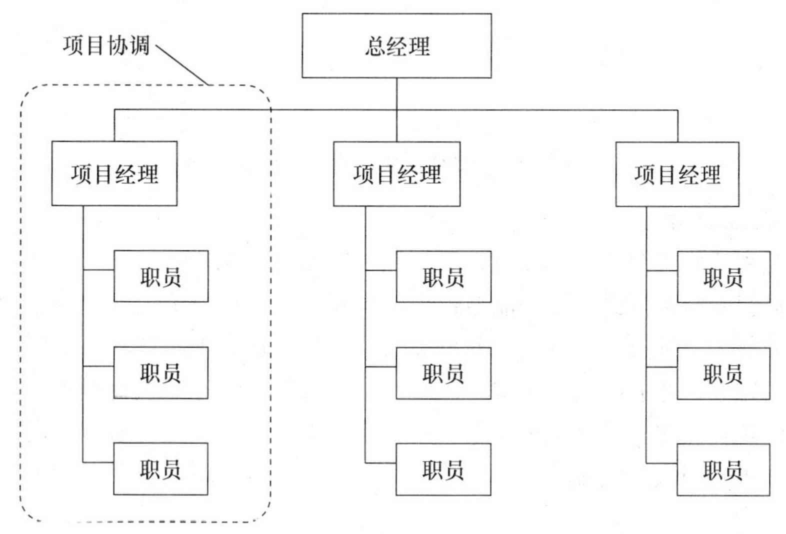

（虚线框表示参与项目活动的职员）

图 2—3 直线型（项目型）组织结构

直线型组织结构的特点是组织中任何一个下级只接受唯一上级的命令，上级对下级的管理是直接管理，上下级呈直线权责关系，各级部门主管人员对其所属部门负责，从而避免了由于指令矛盾而影响项目组织系统的运行。

直线型组织结构的优点是：项目经理是真正意义上的项目负责人，项目经理对项目及企业负责，团队对项目经理负责；结构层次相对简单，目标单一，权力集中，职责分明，指令一致，决策迅速，隶属关系明确。其缺点是：管理水平取决于个人水平，对项目经理的知识面及能力要求较高，易造成人浮于事，横向联系差，易造成资源浪费；由于项目组织的独立性，容易使项目组织产生小团体观念；项目团队在项目后期没有归属感；在一个较大的组织系统中，由于指令路径较长，可能会给组织系统的正常运行造成一定困难。

例如，图 2—4 是一个直线型组织结构的项目组织结构指令图示例。在直线型组织结构中，每一个工作部门只有唯一的上级工作部门，其指令来源是唯一的。图 2—4 中表示了总经理不允许对项目经理、设计方直接下达指令，总经理必须通过业主代表下达指令；而业主代表也不允许对设计方等直接下达指令，他必须通过项目经理下达指令，否则就会出现矛盾的指令。项目的实施方（即图 2—4 中的设计方、施工方和甲供货方）的唯一指令来源是业主方的项目经理，这有利于项目的顺利进行。

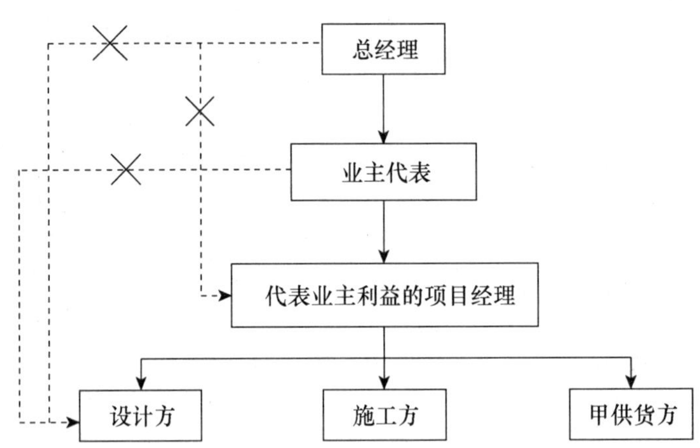

图 2—4 直线型组织结构中的指令

2. 职能型组织结构

职能型组织结构如图 2—5 所示，它是一种传统而基本的组织模式，也是目前使用比较广泛的项目组织结构模式。在职能型组织结构模式下，在组织内设置若干专业化的职能部门，这些职能部门都有权在各自业务范围内向下级下达命令，各基层组织均可能接受多个职能部门的领导。在职能型组织中，往往不专门设项目经理，项目经理可能是企业副总或由职能部门负责人兼任。协调工作主要在各职能部门负责人之间进行，职能部门负责人具体安排落实本部门人员完成项目的相关工作。参与项目管理的成员承担的工作往往多属兼职。

职能型组织的特点是职能专一，专业化程度高，即上级对下级的管理需要通过职能部门完成，下级部门除接受上级主管的领导外，还必须接受上级各职能部门的领导和指示。其优点是：由于将项目委托给企业某一部门组织，不需要设立专门的组织机构，因此项目的运转启动时间短，专业化程度高。其缺点是：由于每一个工作部门有多个指令源，多头领导，指令源可能会彼此矛盾，导致管理混乱，基层无所适从。

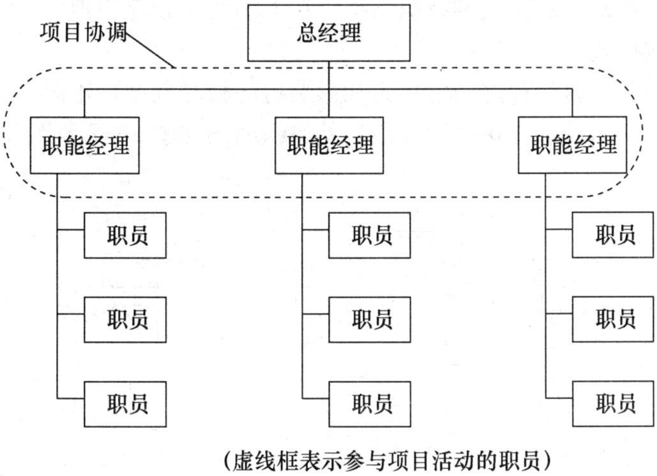

（虚线框表示参与项目活动的职员）

图 2—5　职能型组织结构

3. 矩阵型组织结构

矩阵型组织结构如图 2—6 所示，它通常是直线型组织和职能型组织结合的产物，即将按职能划分的横向部门和按项目划分的纵向部门结合起来，构成类似矩阵的管理架构，实现横向职能部门和纵向部门的协同管理。在矩阵型组织中，项目经理对项目组织内的活动内容和时间安排明确权力，并直接对项目的主管领导负责，而职能部门负责人则决定如何以专业资源支持各个项目，并对自己的主管领导负责。一个大型建设项目如采用矩阵型组织结构模式，则纵向工作部门可以是投资控制、进度控制、质量控制、合同控制、信息

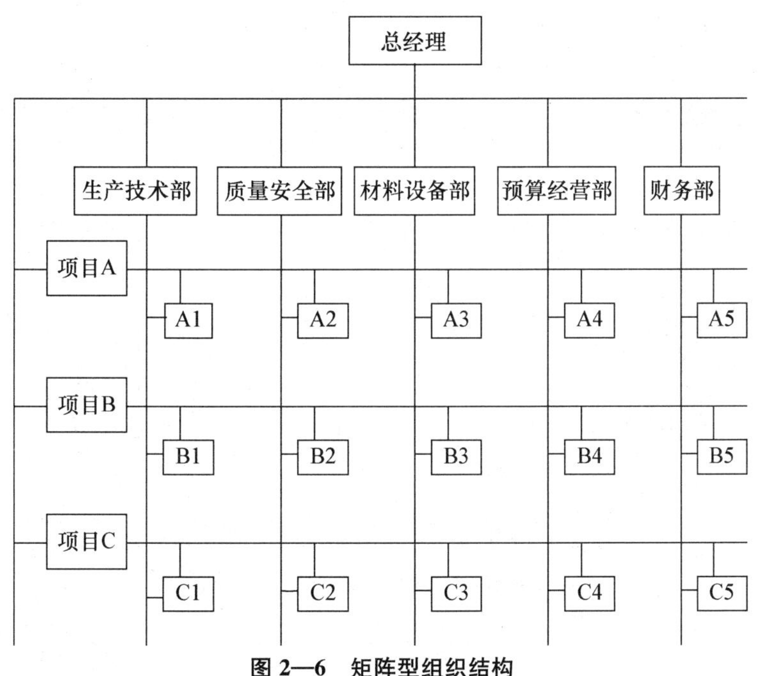

图 2—6　矩阵型组织结构

管理、人事管理、财务管理和物资管理等部门，而横向工作部门可以是各子项目的项目管理部。矩阵型组织结构适宜于大的组织系统，在上海地铁和广州地铁一号线建设时都采用了矩阵型组织结构模式。

根据职能经理和项目经理之间的权力和影响力的相对程度，矩阵型组织可分为弱矩阵型组织、平衡矩阵型组织和强矩阵型组织，其组织结构如图 2—7 至图 2—9 所示。

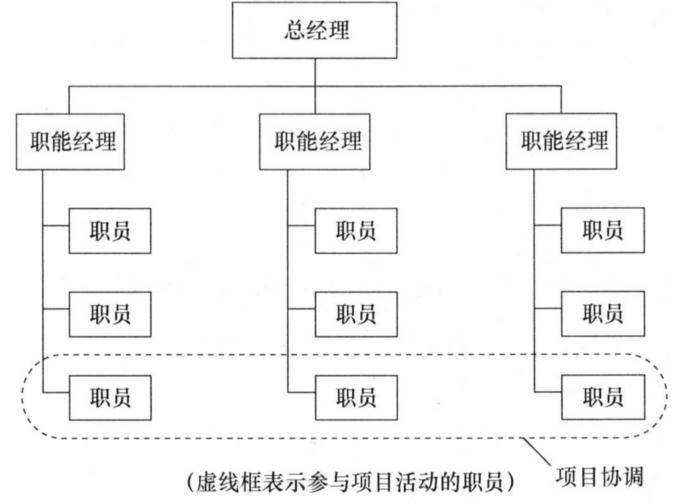

图 2—7 弱矩阵型组织结构

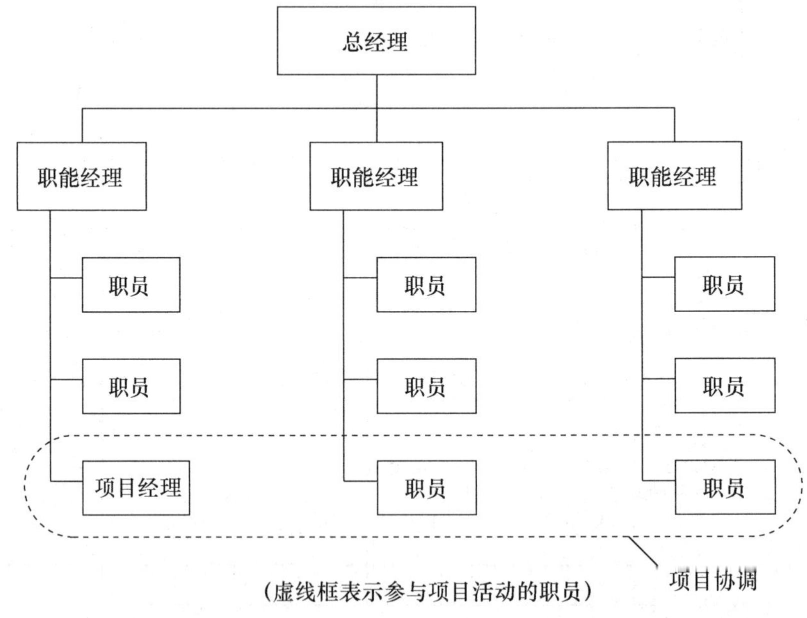

图 2—8 平衡矩阵型组织结构

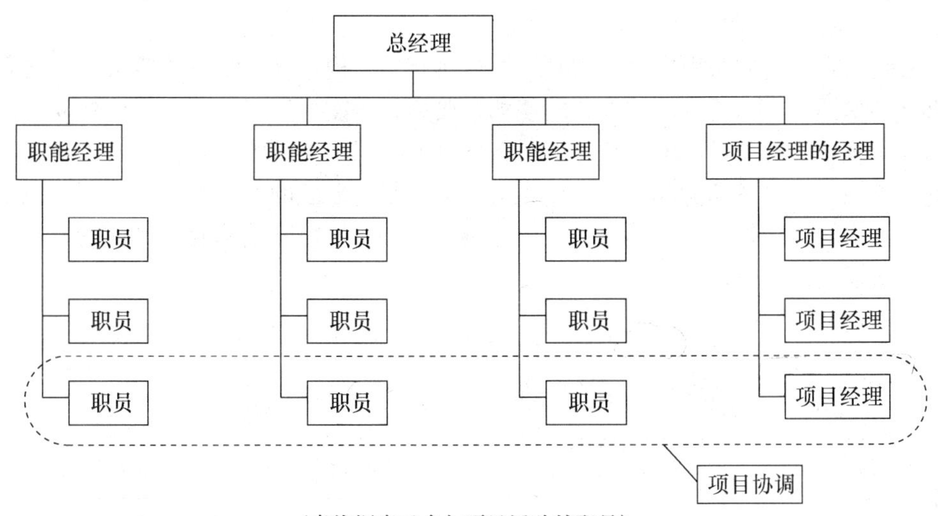

（虚线框表示参与项目活动的职员）

图 2—9　强矩阵型组织结构

强矩阵组织是一种项目组织虽需接受上级组织职能部门的指导，但本身仍处于项目管理主导地位的组织方式。在强矩阵组织模式下，项目经理对上级职能部门发出的是指令性计划任务。职能部门向项目组织提供的是咨询性意见，项目经理有权决定是否采纳及如何采纳，弱矩阵型组织是项目组织参与协调但不处于主导地位，而由上级组织的职能部门进行主导。在弱矩阵模式下，项目经理实际上只是一个协调员，负责协调工作，对职能部门发出的是支持工作的请求，职能部门向项目组织提供的是指导性意见，项目经理无权对这些意见不予采纳或不经协调就做出重大调整。平衡矩阵型组织虽然承认全职项目经理的必要性，但并未授权其全权管理项目和项目资金。表 2—1 列示了各种矩阵型组织结构对项目的影响的更多细节。

表 2—1　　组织结构对项目的影响

组织结构 / 项目特点	职能型	矩阵型			项目型
		弱矩阵	平衡矩阵	强矩阵	
项目经理权力	很小或没有	有限	小到中	中到高	高到全权
资源可利用性	很小或没有	有限	小到中	中到高	高到全权
谁控制项目预算	职能经理	职能经理	混合	项目经理	项目经理
项目经理角色	兼职	兼职	全职	全职	全职
项目管理行政人员	兼职	兼职	兼职	全职	全职

矩阵型组织结构的优点是：加强了各职能部门之间的横向业务联系，达到资源的最合理利用；具有较大的机动性和适应性，实现上下左右集权与分权的最优结合，有利于解决复杂问题。缺点是：人员受双重领导，纵横向协调工作量大，处理不当会造成扯皮现象，产生矛盾。矩阵型组织适合大型复杂的项目，或企业同时承担多个项目，或项目实施周期较长、内部协调较困难且协调工作量大的项目。其中强矩阵模式更适合项目规模较大、外部协调困难较多、选派的项目经理与其管理团队能力又较强的特殊情况；反之则可采用弱矩阵模式。

4. 复合型组织结构

很多组织在不同的组织层级上用到了上述所有的结构，这种组织通常被称为复合型组织，其结构如图 2—10 所示。例如，即使那些典型的职能型组织，也有可能建立专门的项目团队来实施重要的项目，该团队可能具备项目型组织中项目团队的许多特征，在项目期间，它可能拥有来自各职能部门的全职人员，可以制定自己的办事流程，甚至可以在标准化的正式汇报结构之外运作。同样，一个组织可以采用强矩阵结构管理其大多数项目，而小项目仍由职能部门管理。

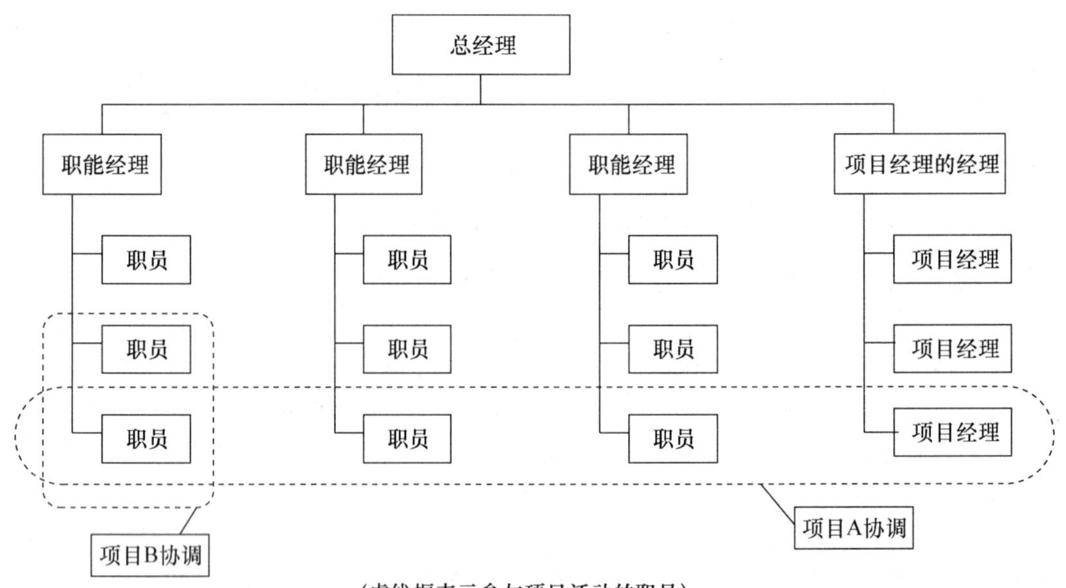

（虚线框表示参与项目活动的职员）

图 2—10　复合型组织结构

上述四种常用的组织结构模式既可以在企业管理中运用，也可以在项目管理中运用。当然，每一种组织结构模式实际上都有利有弊。要求每一种组织结构模式完美无缺和普遍适用是不可能的，有时还需要组合应用。在很多组织结构中，都有战略层、中级管理层和操作层。项目经理与这三个层级的协作互动取决于下列因素：项目的战略重要性、干系人对项目施加影响的能力、项目管理成熟度、项目管理体系及组织沟通等。

2.2.3　项目组织结构设计的程序

项目组织结构设计的程序如图 2—11 所示，具体步骤如下。

1. 确定项目合理目标

确定项目合理、科学的目标是项目管理工作开展的基础，是项目组织设立的前提。项目目标取决于合同约定，主要是工期、质量、投资三大目标，这些目标应分阶段根据项目特点进行分解。

2. 确定项目工作内容

在确定项目合理目标的同时，项目工作内容也要得到相应的确定。根据项目目标确定需要完成的工作，并对这些工作进行分类和组合。在进行分类和组合时，应考虑项目的建

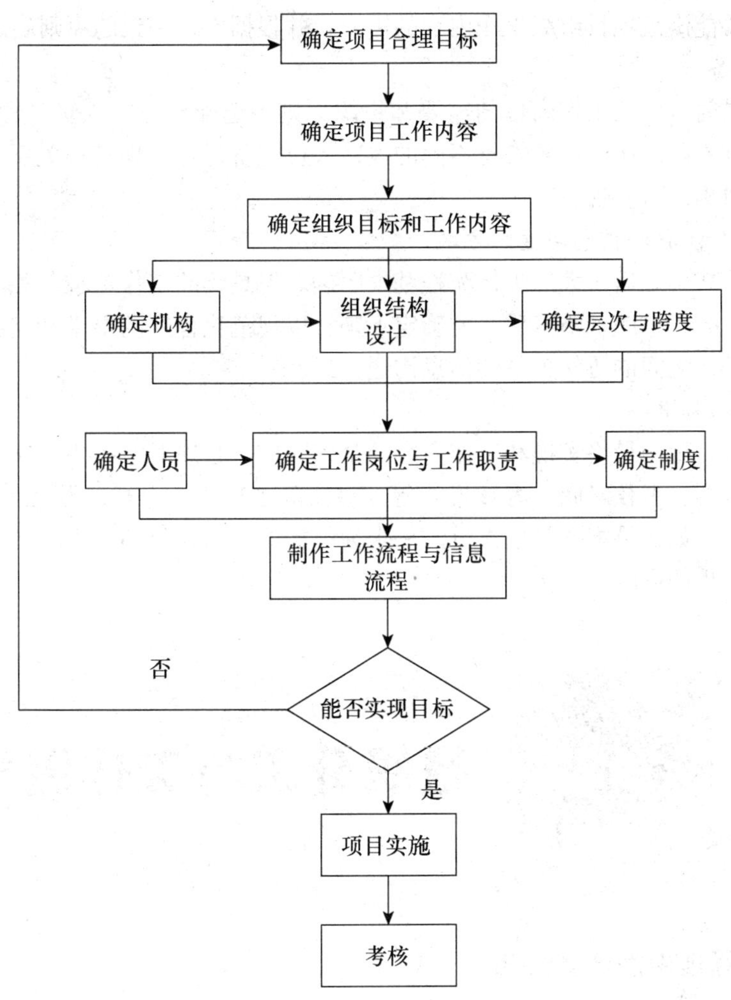

图 2—11　项目组织结构设计的程序

设规模、结构特点、项目性质、工期要求、技术复杂程度以及人员的业务技术水平、管理水平等因素，以便于实现目标。

3. 确定组织目标和工作内容

首先要明确的是，在项目管理工作内容中，哪些是项目组织目标和工作内容。因为不是所有项目目标或工作内容都是项目组织所必须达到或完成的，因此，对于组织而言，应进一步确定工作目标与范围。

4. 组织结构设计

根据项目的性质、规模、建设阶段的不同，可以选择不同的组织结构模式以适应项目管理的需要。组织结构模式的选择应充分考虑有利于项目目标的实现、有利于决策的执行、有利于信息的沟通。

5. 确定工作岗位与工作职责

工作岗位的确定原则是以事定岗，岗位的确定要能满足项目组织目标的需要。岗位的划分要有相对独立性，同时还要考虑其合理性。确定了岗位后，就要确定各岗位的工作职责。工作职责要能满足项目组织工作内容的需要，并根据责权一致的原则确定其职权。

6. 人员配备

在配备人员时，要按工作岗位的需要和组织原则，选配合适的人员，做到人员精干、以事选人，根据不同层次的任务安排不同的人。人员配备是否合理直接关系到组织能否有效运行、组织目标能否实现。

7. 制定工作流程和信息沟通的方式

组织结构形式确定后，大的工作流程基本明确，但具体的工作流程与相互间的信息流程要在工作岗位与工作职责明确后才能确定下来，以规范化程序的要求确定各部门的工作流程，规定各部门之间的协作关系和信息沟通方式。

8. 制定考核标准

为保证项目目标的最终实现和工作内容的全部完成，必须对组织内各岗位制定考核标准，包括考核内容、考核时间、考核形式等。在实际工作中，上述步骤之间衔接性较强，经常是互为前提，如人员配备是以人员的需求为前提的，而人员的需求可能受人员获取结果和人员考核结果的影响。

2.3 组织分工与工作流程组织

2.3.1 项目管理中的任务分工

业主方和项目各参与方，如设计单位、施工单位、供货单位和工程管理咨询单位等都有各自的项目管理任务，项目管理任务分工一般采取任务分工表的形式。每个工程项目都应编制项目管理任务分工表，这是项目组织设计文件的重要组成部分。在编制项目管理任务分工表前，应结合项目的特点，对工程项目实施的各阶段项目管理任务按投资控制、进度控制、质量控制、合同管理、信息管理、组织与协调等管理任务进行详细分解。在项目管理任务分解的基础上，明确项目经理和投资控制、进度控制、质量控制、合同管理、信息管理的协调主管工作部门或主管人员的工作任务，在此基础上编制管理任务分工表，明确各管理任务由哪些工作部门或个人负责、有哪些工作由部门或个人协办、配合、参与。在项目实施过程中，应视不同的情形对管理任务分工表进行调整。表2—2为某工程项目设计准备阶段项目管理任务分解表。

表2—2 项目管理任务分解表（部分）

2. 设计阶段项目管理的任务	
2.1 设计阶段的投资控制	
2101	在可行性研究的基础上，进行项目总投资目标的分析、论证

2102	根据方案设计，审核项目总估算，供业主方确定投资目标参考，并基于优化方案协助业主对估算做出调整
2103	编制项目总投资切块、分解规划，并在设计过程中控制其执行；在设计过程中若有必要，及时提出调整总投资切块、分解规划的建议
2104	审核项目总概算，在设计深化过程中严格控制在总概算所确定的投资计划额中，对设计概算做出评价报告和建议
2105	根据工程概算和工程进度表，编制设计阶段资金使用计划，并控制其执行，必要时，对上述计划提出调整建议
2106	从设计、施工、材料和设备等多方面进行必要的市场调查分析和技术经济比较论证，并提出咨询报告，如发现设计可能突破投资目标，则协助设计人员提出解决办法，供业主参考
2107	审核施工图预算，调整总投资计划
2108	采用价值工程方法，在充分满足项目功能的条件下考虑进一步挖掘节约投资的潜力
2109	进行投资计划值和实际值的动态跟踪比较，并提交各种投资控制报表和报告
2110	控制设计变更，注意检查变更设计的结构性、经济性、建筑造型和使用功能是否满足业主的要求
2.2 设计阶段的进度控制	
……	……
2.3 设计阶段的质量控制	
……	……

在进行管理任务分解时，应注意：

(1) 管理任务的划分要明确，相近似的管理任务最好合并以减少不必要的管理工作量，同时管理任务不能分解得太粗太广泛，避免对于某些管理任务分工不明确。

(2) 由于项目管理是一个多过程、多参与方的管理活动，随着工程项目的进展，管理任务必须随之进行深化，各项管理分工也随之进行调整和变化，以满足项目管理的需要。

(3) 对于一个工程项目来说，因其自身的特点，即项目管理任务的分解是没有任何历史经验的，需要项目管理机构根据每个工程的实际情况来编制。

例如，某工程项目，在设计阶段、材料设备采购阶段、建设准备阶段和施工阶段，项目管理机构在管理任务分解表的基础上，编制如表 2—3 所示的项目工作任务分工表。工作任务分工体现组织结构中各部门或个人的职责任务范围，从而为各部门或个人指出工作方向，将各参与力量整合到同一个有利于项目开展的合力方向。

在工作任务分工表中，应明确各项工作任务由哪个工作部门（或个人）负责、有哪些工作部门（或个人）配合或参与。在项目的进展过程中，应视必要对工作任务分工表进行调整。随着工程的进展，工作任务分工表还将不断深化和细化。该表有如下特点：

(1) 工作任务分工表主要明确哪项任务由哪个工作部门（机构）负责主办，并明确协办部门和配合部门，主办、协办和配合在表中分别用三种不同的符号表示。

(2) 在工作任务分工表的一行中，即每一个任务，都有至少一个主办工作部门。

(3) 运营部和物业开发部参与整个项目实施过程，而不是在工程竣工前才介入工作。

表 2—3　　某大型公共建筑的工作任务分工表

序号	工作项目	经理室、指挥部	技术委员会	专家顾问组	办公室	总工程师室	综合部	财务部	计划部	工程部	设备部	运营部	物业开发部
1	人事	☆								△			
2	重大技术审查决策	☆	△	○	○	△	○	○	○	○	○	○	○
3	设计管理			○		○					○	△	△
4	技术标准			○		☆				△	△	○	
5	科研管理					☆		○	○	○	○		
6	行政管理						☆	○	○	○	○	○	○
7	外事工作					○	☆	○					
8	档案管理					○	☆	○	○	○	○	○	○
9	资金保险								○	☆	○		
10	财务管理								○	☆	○		
11	审计								☆	○	○		
12	计划管理								○	○	☆	△	△
13	合同管理								○	○	☆	△	△
14	招投标管理					○		○			☆	△	△
15	工程策划					○		○				☆	○
16	土建评定项目管理			○		○				☆	○		
17	工程前期工作			○				○	○	☆	○		○
18	质量管理					○						☆	△
19	安全管理							○				☆	△
20	设备选型			△									
21	设备材料选购									○	○	△	△
22	安装工程项目管理			○									
23	运营准备			○		○				△	△	☆	
24	开通调试验收			○		△				△	☆	△	
25	系统交接			○	○	○	○	○	○	☆	☆	☆	
26	物业开发								○	○	○	○	○

注：☆—主办；△—协办；○—配合。

2.3.2　项目管理职能分工

1. 管理职能的循环过程

管理是由多个工作环节组成的有限循环过程，这些组成管理的环节就是管理的职能（见图 2—12）。同样，项目管理也是由多个环节组成的有限循环过程，管理的职能在一些文献中也有不同的表述，但其内涵是类似的。

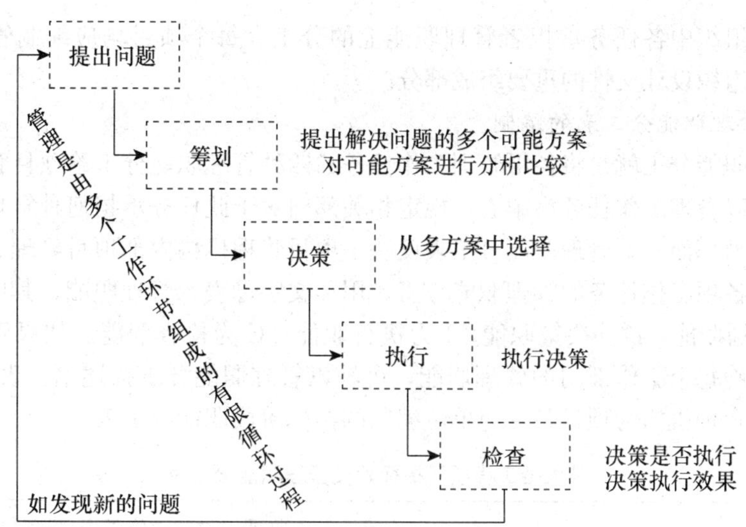

图 2—12 管理职能图

下面以一个示例来解释管理职能的含义：

（1）提出问题：通过进度计划值和实际值的比较，发现进度推迟了。

（2）筹划：加快进度有多种可能的方案，如改一班工作制为两班工作制、增加夜班作业、增加施工设备和改变施工方法，应对这三个方案进行比较。

（3）决策：从上述三个可能的方案中选择一个将被执行的方案，即增加夜班作业。

（4）执行：落实夜班施工的条件，组织夜班施工。

（5）检查：检查增加夜班施工的决策有否被执行，如已执行，则检查执行的效果如何。

如通过增加夜班施工，工程进度的问题解决了，但发现新的问题，施工成本增加了，这样就进入了管理的一个新的循环：提出问题、筹划、决策、执行和检查。整个施工过程中管理工作就是不断发现问题和不断解决问题的过程。

以上不同的管理职能可由不同的职能部门承担，如：

（1）进度控制部门负责跟踪和提出有关进度的问题。

（2）施工协调部门对进度问题进行分析，提出三个可能的方案，并对其进行比较。

（3）项目经理在三个可供选择的方案中，决定采用第一方案，即增加夜班作业。

（4）施工协调部门负责执行项目经理的决策，组织夜班施工。

（5）项目经理助理检查夜班施工后的效果。

业主方和项目各参与方，如设计单位、施工单位、供货单位和工程管理咨询单位等都有各自的项目管理的任务和其管理职能分工，上述各方都应该编制各自的项目管理职能分工表。

整个过程是一个不断发现问题、提出问题和不断解决问题的过程。我们可以运用动态控制原理，通过检查收集实际值，将实际值与计划值比较，发现并提出问题，采取纠偏措施，解决问题，并进入新的循环。

管理职能分工与管理任务分工一样，也是组织结构的补充和说明，体现在对于一项工作任务，项目组织中各任务承担者管理职能上的分工。每个项目均应编制管理职能分工表，它是项目组织设计文件的重要组成部分。

2. 项目管理职能分工表的编制

项目管理职能分工就是将各项管理工作任务的四种管理职能分工给项目管理过程中各个参与方。它以管理工作任务为中心，规定相关部门对于此任务承担何种管理职能。对于项目管理机构内部而言，管理职能分工表反映了项目管理机构内部项目经理、各工作部门和各工作岗位各项工作任务的管理职能分工，用英文字母表示管理职能，其中各字母的含义为：P 为筹划职能，D 为决策职能，I 为执行职能，C 为检查职能。如果管理职能分工表还不足以明确每个工作部门的管理职能，可辅以管理职能分工描述书。表 2—4 所示的是某工程项目管理机构为项目各参与单位编制的招标阶段职能分工表。

表 2—4　　某大型工程项目招标阶段管理职能分工表

项目阶段	工作任务	建设单位	监理单位	设计单位	施工单位	设备供应单位	项目管理单位
项目招标	项目详细计划招标实施	D、C					P、I、C
	勘察、设计、监理、施工总承包、设备采购 项目招标方案编制	D、C					P、I、C
	招标备案	D、C					P、I
	工程量清单编制	D、C					P、I、C
	工程量清单审核	D、I、C					P、I、C
	招标公告发布	D、I、C					I
	招标文件编制	D、C					P、I、C
	招标文件发售	D、C					I
	踏勘现场及答疑会	D、I、C	I	I	I	I	P、I
	组织开标	D、C	I	I	I	I	P、I
	评标	D、I、C					P、I
合同签署及备案		D、I、C	I	I	I	I	P、I、C

从表中可以看出，管理职能主要集中在建设单位与项目管理单位，且建设单位与项目管理单位有很多职能是相互重复的，这会造成管理资源的浪费。因此，在实际中建设单位可能会将一些职能直接委托给项目管理单位来执行。

管理职能分工表编制的主要依据是项目管理任务分解表、组织结构以及各工作部门和人员的管理职能分工。不同项目在实施的不同阶段，项目管理机构的组织结构是不同的，管理职能分工也需随之变化，项目管理机构内部项目经理、各工作部门和各工作岗位管理职能也将随之调整。

整个项目是一个多单位参与的活动，每一个参与单位（如设计单位、监理单位、施工承包单位等）都有自己的管理职能分工。能否将每个参与单位之间的职能分工有效地组织起来，将会对项目管理的效率产生很大的影响。

2.3.3 工作流程组织

工作流程组织可反映一个组织系统中各项工作之间的逻辑关系，是一种动态关系。在工程项目实施过程中，其管理工作的流程、信息处理的流程，以及设计工作、物资采购和施工作业流程都属于组织工作流程的范畴。为了方便理解工作流程组织的逻辑关系，一般用工作流程图来表示项目的工作流程组织。

1. 工作流程组织的内容

工作流程组织通常包括以下几个方面：

(1) 管理工作流程，如投资控制、进度控制、合同管理、设计变更等流程。

(2) 信息处理工作流程，如月度报告的数据处理流程。

(3) 物质流程，如钢结构深化设计工作流程、外立面施工工作流程等。

2. 工作流程组织的任务

每一个建设项目应根据其特点，从多个可能的工作流程方案中确定以下几个主要的工作流程组织：

(1) 设计准备工作的流程。

(2) 设计工作的流程。

(3) 施工招标工作的流程。

(4) 物资采购工作的流程。

(5) 施工作业的流程。

(6) 各项管理工作（投资控制、进度控制、质量控制、合同管理和信息管理等）的流程。

(7) 与工程管理有关的信息处理的流程。

这也就是工作流程组织的任务，即定义工作的流程。

工作流程图应视需要逐层细化，如投资控制工作流程可细化为初步设计阶段投资控制工作流程图、施工图阶段投资控制工作流程图和施工阶段投资控制工作流程图等。

业主方和项目各参与方，如工程管理咨询单位、设计单位、施工单位和供货单位等都有各自的工作流程组织的任务。

3. 工作流程图

工作流程图可直观地反映一个组织系统中各项工作之间的逻辑关系，可用来描述组织工作流程。下面以一个工作流程图的示例进一步解释工作流程图的含义和图的表达方式。设计变更在工程实施过程中时有发生，设计变更可能由业主方提出，也可能由施工方或设计方提出。一般设计变更的处理涉及监理工程师、总监理工程师、设计单位、施工单位和业主方。图 2—13 所示是某工程设计变更的工作流程图，反映了上述工作的逻辑关系。

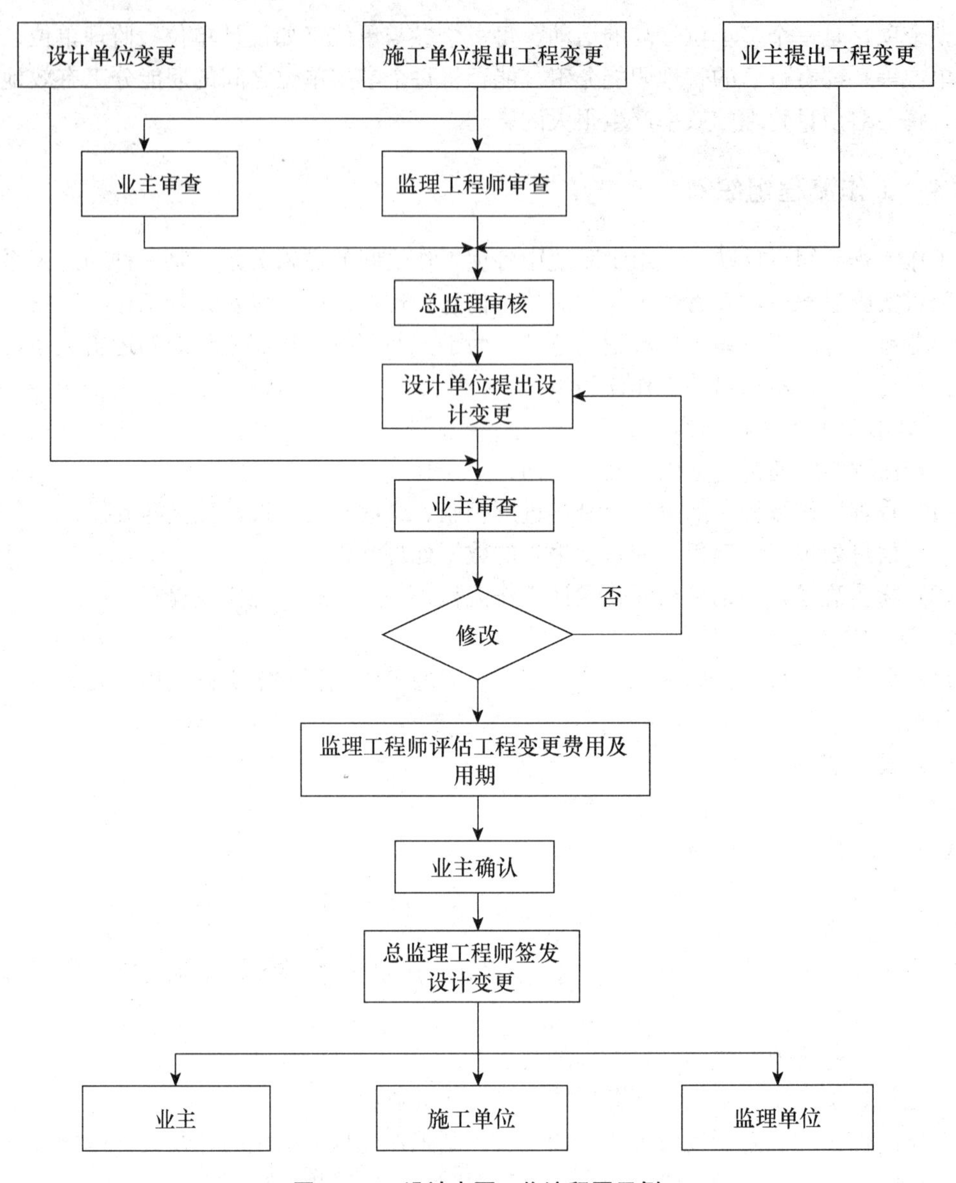

图 2—13　设计变更工作流程图示例

2.4 项目目标控制基本原理

目标是行动对象或想要达到的境地。项目的目标可以有多个，形成目标体系。项目要创造独特的产品、服务，或完成独特的任务。而创造独特的产品、服务，或完成独特的任务的目的又是什么呢？是为了帮助组织解决遇到的问题、利用出现的机会还是为了满足组织的发展需要？这些都是项目的目标。可以使用若干个指标对项目目标加以衡量。假设某项目应取得的成果是一部反映城镇住房制度改革问题的影视作品，参与方需要对项目的目标做以下的规定：

（1）内容是否客观、完整，是否如实介绍了改革的缘由、发起、过程、重大事件、重要角色以及改革的结果。

（2）观点是否正确，即是否宣传了城镇住房制度改革的本来用意；是否告诉受众城镇住房制度改革实际上是国民收入分配制度的改革；受众是否因此建立了信心，坚信改革一定能够使自己通过辛勤的劳动圆满解决家庭居住问题。

（3）该节目的制作费用是否超过了预算，超过了多少。

（4）该节目的制作是否按期完成，如果未能按期完成，延误了多长时间。

（5）摄制组人员是否健康、工作环境是否安全，是否发生过事故。如发生事故，情况是否严重。

（6）节目质量如何，画面、色彩、亮度、解说词和人物对白、音调是否均达到了要求。

由此可见，有了项目目标的规定，可以引导我们更加高效的去完成项目，达到预期要求。

2.4.1　项目目标控制方法论

控制是建设工程项目管理的重要管理活动。在管理学中，控制通常是指管理人员按计划标准来衡量计划与所取得的成果之间所发生的偏差，使目标和计划得以实现的管理活动。管理首先开始于确定目标和制订计划，继而进行组织和人员配备，并进行有效的领导，一旦计划付诸实施或运行，就必须进行控制和协调，检查计划实施情况，找出偏离目标和计划的误差，确定应采取的纠正措施，以实现预定的目的和计划。

1. 目标控制原理

所谓控制，就是为了保证系统按预期目标运行，对系统的运行状况和输出进行连续的跟踪观测，并将观测结果与预期目标加以比较，如有偏差，及时分析偏差原因并加以纠正的过程。图 2—14 是简单的系统控制原理图。因为系统的不确定性和系统外界干扰的存在，

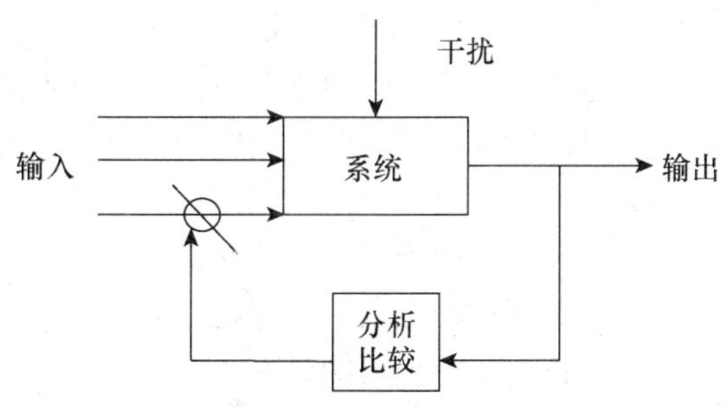

图 2—14　简单的系统控制原理图

系统的运行状况和输出出现偏差是不可避免的。一个好的控制系统可以保证系统的稳定，即可以及时地发现偏差、有效地缩小偏差并迅速调整偏差，使系统始终按预定轨道运行；相反，一个不完善的控制系统有可能导致系统不稳定甚至导致系统运行失败。

在开始一个新项目之前，项目经理和项目团队成员不可能预见到所有项目执行过程中的情况。尽管确定了明确的项目目标，并制订了尽可能周密的项目计划，包括进度计划、成本计划和质量计划等，仍然需要对项目计划的执行情况进行严密的监控，以尽可能保证项目按基准计划执行，最大限度减少计划变更，使项目达到预期的进度、成本、质量目标。

项目目标控制的内容不是简单的动力学上所说的控制，项目目标控制的对象是项目本身，它需要许多不同的变量表示项目不同的状态形式。每个项目在实施过程中，总有好多项作业在同时展开进行，它的状态是多维的，其变量较难测量，所以说，项目的目标控制过程比物理变化或化学变化的控制过程要复杂得多。

2. 目标控制过程

根据以上内容，项目目标控制的依据是项目目标和计划。项目控制过程就是：制定项目控制目标，建立项目绩效考核标准，衡量项目实际工作状况，获得偏差信息，分析偏差产生的原因和趋势，采取适当纠偏行动。

（1）制定项目控制目标，建立项目绩效考核标准。

项目控制目标就是项目的总体目标和阶段性目标。总体目标通常就是项目的合同目标，阶段性目标可以是项目的里程碑事件要达到的目标，也可以由项目总体目标分解来确定。绩效考核标准通常根据项目的技术规范和说明书、预算费用计划、资源需求计划、进度计划等来制定。

（2）衡量项目实际工作状况，获取偏差信息。

通过将各种项目执行过程的绩效报告、统计等文件与项目合同、计划、技术规范等文件对比或定期召开项目控制会议等方式考查项目的执行情况，及时发现项目执行结果和预期结果的差异以获取项目偏差信息。为了便于发现项目执行过程的偏差，还应在项目的进程中设置若干“里程碑”事件。通过对里程碑事件的检测，项目干系人可以及时发现项目进展的偏差。在项目活动中添加“准备报告”这一活动也是衡量实际工作状况，获取偏差信息的有效方式。报告的期间要固定，定期地将实际进程与计划进程进行比较。根据项目的复杂程度和时间期限，可以将报告期定为月、周、日等。

（3）分析产生偏差原因和趋势，采取适当纠偏措施。

项目进展中产生的偏差就是实际进展与计划的差值，一般会有正向偏差和负向偏差两种。正向偏差意味着进度超前或实际的花费小于计划花费。这对项目来说是个好消息。正向偏差可以允许对进度进行重新安排，以尽早地或在预算约束内，或者以上两者都符合的条件下完成项目。资源可以从进度超前的项目重新分配给进度延迟的项目，重新调整项目网络计划中的关键路线。但并不是所有的正向偏差都是好的，正向偏差也很可能是进度拖延的结果。在考虑项目预算后，正向偏差很可能是由于在报告周期内计划完成的工作没有完成而造成的。如果进度的超前是由于项目团队找到了实施项目更好的方法或捷径的结果，那么正向偏差确实是件好事，但这样也会带来另外的问题，就是由于进度超前，项目经理不得不重新修改进度计划，这将增加额外的负担。负向偏差也是与计划的偏离，意味着进度延迟或花费超出预算。进度延迟或花费超出预算不是项目经理及项目管理层愿意听到的。正如正向偏差不一定是好消息一样，负向偏差也不一定是坏事。举例来说，你可能超出预算，这是因为在报周期内比计划完成了更多的工作，只是在这个周期内超出了预算。也许用比最初计划更少的花费完成了工作，但是这不可能仅从偏差报告中看出来，要把成本与进度偏差结合起来分析才能得出正确的偏差信息。

在大多数情况下，负向偏差只有在与关键路线上的活动有关时，或非关键路线活动的进度拖延超过了活动总时差时，才会影响项目完成日期。偏差会耗完活动的机动时间，更严重的一些偏差会引起关键路线的变动。负向成本偏差可能是不可控因素造成的结果，如供应商的成本增加或者设备的意外故障。另一些负向偏差来自低效率或设备故障。造成偏差的原因可能是由项目相关的各责任方造成的，可能造成偏差的责任方有业主（或客户）、承包方、第三方、供应商以及不可抗力等。

除了分析造成项目偏差的责任以外，还要分析造成项目偏差的根源。项目偏差的根源包括：项目方案设计的原因；项目设计的原因；项目计划的原因；项目实施过程的原因等。有经验的项目经理，通常在项目的计划阶段就对可能引起偏差的原因及其对偏差的影响程度进行充分的分析，以便在计划阶段采取相应的预防措施避免或减弱这些原因对项目的影响。在进行偏差原因分析时，常用的工具是因果分析图，如图 2—15 所示。

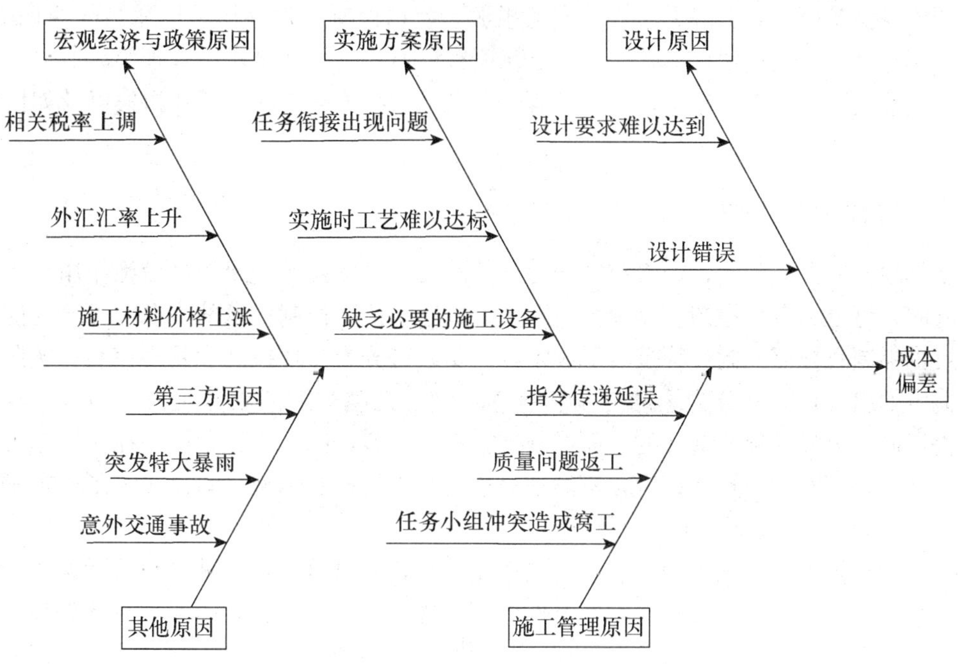

图 2—15　因果分析图

对偏差原因的分析，还应包括分析各原因对偏差影响的程度，对影响程度大的原因要重点防范。利用项目偏差的因果分析图，找出全部偏差原因之后，可通过专家评分给出各种原因对偏差影响程度的权重（如表 2—5 所示）。

表 2—5　　专家评分给出各种原因对偏差影响程度的权重

偏差类型	原因类型及其权重	具体原因及其权重
成本偏差	设计原因　0.13	设计要求难以达到　0.75
		设计错误　0.25
	实施方案原因　0.26	任务衔接出现问题　0.64
		实施时发现工艺难以满足技术要求　0.26
		缺乏必要的施工设备　0.10
	宏观经济与政策原因　0.51	施工材料价格上涨　0.65
		相关税率上调　0.23
		外汇汇率上升　0.12
	实施管理原因　0.06	指令传递延误　0.62
		质量问题返工　0.23
		任务小组冲突造成窝工　0.15
	其他原因　0.04	第三方原因　0.55
		突发特大暴雨　0.22
		意外交通事故　0.23

偏差趋势分析主要是分析偏差会随着项目的进展增加还是缩小，是偶然发生的还是必然会发生的，对项目后续工作的影响程度等。偏差分析的目的就是确定纠偏措施的力度。掌握了项目偏差信息，了解了项目偏差的根源，就可以有针对性地采取适当的纠偏措施，如可以修改设计、调整项目实施方案、更新项目计划、改善项目实施管理等。所以，只有清楚造成偏差的责任方和根源，才能分清由谁来承担纠正偏差的责任和损失以及如何纠正偏差。

2.4.2　目标控制类型

根据划分依据的不同，可将控制分为不同的类型。例如，按照控制措施作用于控制对象的时间，可分为事前控制、事中控制和事后控制；按照控制信息的来源，可分为前馈控制和反馈控制；按照控制过程是否形成闭合回路，可分为开环控制和闭环控制；按照控制措施制定的出发点，可分为主动控制和被动控制。控制类型的划分是人为的（主观的），是根据不同的分析目标而选择的，而控制措施本身是客观的。因此，同一控制措施可以表述为不同的控制类型，也就是说，不同划分依据的不同控制类型之间存在内在的同一性。

1. 主动控制和被动控制

（1）主动控制。所谓主动控制，是在预先分析各种风险因素及其导致目标偏离的可能性和程度的基础上，拟订和采取有针对性的预防措施，从而减少乃至避免目标偏离。主动控制也可以表述为其他不同的控制类型。主动控制是一种事前控制。它必须在计划实施之前就采取控制措施，以降低目标偏离的可能性或其后果的严重程度，起到防患于未然的作用。主动控制是一种前馈控制。它主要是根据已建同类工程实施情况的综合分析结果，结合拟建工程的具体情况和特点，将教训上升为经验，用于指导拟建工程的实施，起到避免重蹈覆辙的作用。主动控制通常是一种开环控制。因此，主动控制是一种面对未来的控制，它可以解决传统控制过程中存在的时滞影响，最大可能避免偏差已经成为现实的被动局面，降低偏差发生的概率及严重程度，从而使目标得到有效控制。

（2）被动控制。所谓被动控制，是从计划的实际输出中发现偏差，通过对产生偏差原因的分析，研究制定纠偏措施，以使偏差得以纠正，工程实施恢复到原来的计划状态，或虽然不能恢复到计划状态但可以减少偏差的严重程度。被动控制也可以表述为其他不同的控制类型。被动控制是一种事中控制和事后控制。它是在计划实施过程中对已经出现的误差采取控制措施，它虽然不能降低目标偏离的可能性，但可以降低偏离的严重程度，并将偏差控制在尽可能小的范围内。被动控制是一种反馈控制。它是根据工程实施情况（反馈信息）的综合分析结果进行的控制，其控制效果在很大程度上取决于反馈信息的全面性、及时性和可靠性。被动控制是一种闭环控制，即循环控制，也就是说，被动控制表现为一个循环过程：发现偏差—分析偏差产生的原因—研究制定纠偏措施并预计纠偏措施的成效—落实并实施纠偏措施—产生实际成效—收集实际实施情况—对实施的实际效果进行评价—将实际效果与预期效果进行比较—发现偏差，如此反复循环，直至整个工程建成。

（3）主动控制与被动控制的关系。由以上分析可知，在项目实施过程中，如果仅仅采取被动控制措施，出现偏差是不可避免的，而且偏差可能有累积效应，即虽然采取了纠偏措施，但偏差可能越来越大，从而难以实现预定的目标。主动控制的效果虽然比被动控制好，但仅仅采取主动控制措施却是不现实的，因为项目实施过程中有相当多的风险因素是不可预见甚至是无法防范的，如政治、社会、自然等因素。采取主动控制措施往往要付出一定的代价，即耗费一定的资金和时间，对于那些发生概率小而且发生后损失较小的风险因素，采取主动控制措施有时可能是不经济的。因此，对于项目目标控制来说，主动控制和被动控制两者缺一不可，都是实现项目目标必须采取的控制方式，应将主动控制与被动控制紧密结合起来。

要做到主动控制与被动控制相结合，关键在于处理好以下两方面问题：一是要扩大信息来源，即不仅要从本工程获得实施情况的信息，而且要从外部环境获得有关信息，这样才能对风险因素进行定量分析，使纠偏措施有针对性；二是要把握好输入这个环节，即要输入两类纠偏措施，不仅有纠正已经发生的偏差的措施，而且有预防和纠正可能发生的偏差的措施，这样才能取得较好的控制效果。

2. 全过程控制和全方位控制

以建设项目为例，按建设程序的含义，全过程控制是指对工程建设全过程的控制，即包括了建设工程项目的立项、可行性研究、投资决策、规划设计、建设施工及竣工验收与保修。由于工程建设项目全过程具有阶段性，全过程控制可以按建设阶段划分为投资前期阶段控制、设计阶段控制、施工阶段控制及保修阶段控制等。由于各阶段建设主体不同、建设要求及建设标准不同，阶段控制的目标确定和目标偏离判断及目标纠偏措施也不尽相同。因此，全过程控制的目的是通过对建设各阶段目标的控制来实现对建设总目标的控制。工程项目建设过程是一种复杂的系统活动过程。工程项目建设活动涉及参与各方各类复杂的技术经济活动，建设主体行为、投入物的状态及技术经济活动的效果等都会对建设目标产生影响。因此，对工程项目建设目标的控制必须实行全方位的控制。由于建设程序的阶段性，工程项目建设目标的控制不仅具有全过程控制的特点，因各建设阶段控制对象的复杂性和控制主体不同，工程项目建设目标控制还具有全方位控制的特点。所以，工程控制是全过程控制与全方位控制相结合的一种基本控制模式。

2.4.3 动态控制原理在项目目标控制方面的应用

1. 动态控制原理

应用于项目目标控制的众多方法论中，动态控制原理是最基本的方法论之一。项目目标动态控制遵循控制循环理论，是一个动态循环过程。项目目标动态控制的工作程序如图2—16所示。

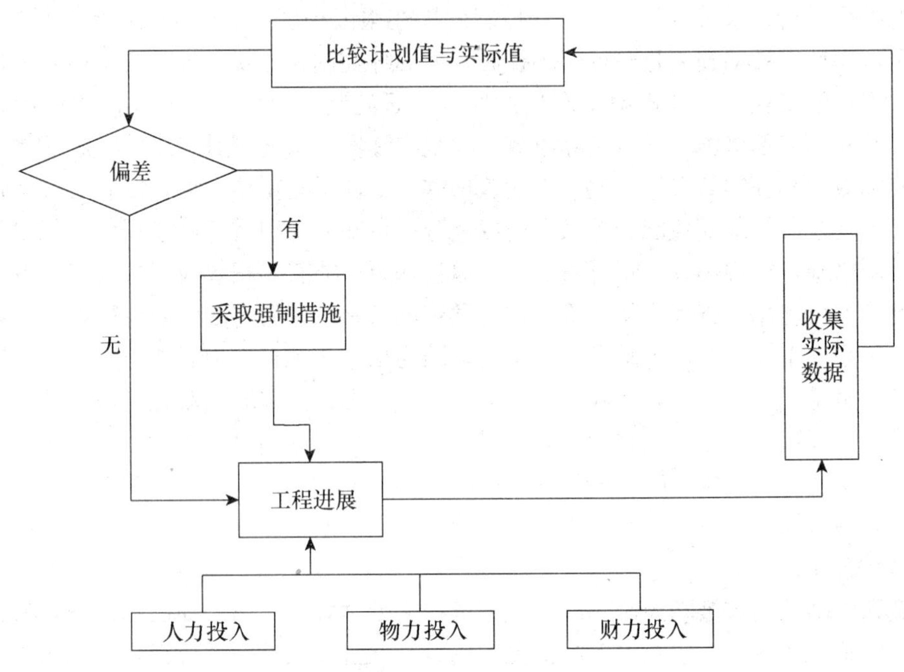

图 2—16 项目目标动态控制的工作程序

具体来说，项目目标动态控制的工作步骤如下：

第一步，项目目标动态控制的准备工作。将项目的目标（如投资/成本、进度和质量目标）进行分解，以确定用于目标控制的计划值（如计划投资/成本、计划进度和质量标准等）。

第二步，在项目实施过程中（如设计过程中、招投标过程中和施工过程中等）对项目目标进行动态跟踪和控制。

(1) 收集项目目标的实际值，如实际投资/成本、实际施工进度和施工的质量状况等。

(2) 定期（如每两周或每月）进行项目目标的计划值和实际值的比较。

(3) 比较项目目标的计划值和实际值，若有偏差，则采取纠偏措施进行纠偏。

第三步，如有必要（即原定的项目目标不合理，或原定的项目目标无法实现），进行项目目标的调整，目标调整后控制过程再回复到上述的第一步。

项目目标动态控制中的三大要素是目标计划值、目标实际值和纠偏措施。目标计划值是目标控制的依据和目的，目标实际值是进行目标控制的基础，纠偏措施是实现目标的途径。

目标控制过程中的关键一环是通过目标计划值和实际值的比较分析发现偏差，即发现项目实施过程中项目目标的偏离趋势和大小。这种比较是动态的、多层次的。同时，目标的计划值与实际值是相对的，如投资控制是在决策阶段和施工阶段等不同阶段内及不同阶段之间进行的，初步设计概算相对于可行性研究报告中的投资估算是“实际值”，而相对于施工图预算是“计划值”。

由于在项目目标动态控制时要进行大量数据的处理，当项目的规模比较大时，数据处理的量就相当可观。采用计算机辅助的手段可高效、及时而准确地生成许多项目目标动态控制所需要的报表，如计划成本与实际成本的比较报表，计划进度与实际进度的比较报表等，将有助于项目目标动态控制的数据处理。

2. 动态控制原理在项目进度控制中的应用

在项目实施全过程中，逐步地由宏观到微观、由粗到细应编制深度不同的进度计划，包括项目总进度纲要、项目总进度规划、项目总进度计划以及各子系统和各子项目进度计划等。编制项目总进度纲要和项目总进度规划时，要分析和论证项目进度目标实现的可能性，并对项目进度目标进行分解，确定里程碑事件的进度目标。里程碑事件的进度目标可作为进度控制的重要依据。

在工程实践中，往往以里程碑事件（或基于里程碑事件的细化进度）的进度目标值作为进度的计划值。进度实际值是对应于里程碑事件（或基于里程碑事件的细化程度）的实际进度。进度的计划值和实际值的比较应是定量的数据比较，并应注意两者内容的一致性。工程进度计划值和实际值的比较一般要求定期进行，其周期应视项目的规模和特点而定。工程进度计划值和实际值比较的成果是进度跟踪和控制报告，如编制进度控制的旬、月、季、半年和年度报告等。

经过进度计划值和实际进度的比较，如发现偏差，则应采取措施纠正偏差或者调整进度目标。在业主方项目管理过程中，进度控制的主要任务是根据进度跟踪和控制报告，积极协调不同参与单位、不同阶段、不同专业之间的进度关系。

为实现工程进度动态控制，项目管理人员的工作主要包括以下方面：

（1）收集编制进度计划的原始数据。

（2）进行项目结构分解（对项目的构成或组成进行分析，明确工作对象之间的关系）。

（3）进行进度计划系统的结构分析。

（4）编制各层（各级）进度计划。

（5）协调各层（各级）进度计划执行过程中的问题。

（6）采集、汇总和分析实际进度数据。

（7）定期进行进度计划值和实际值的比较。

（8）如发现偏差，采取进度调整措施或调整进度计划。

（9）编制相关进度控制报告。

3. 动态控制原理在项目投资控制中的应用

在项目决策阶段完成项目前期策划和可行性研究过程中，应编制投资估算；在设计阶段，项目投资目标进一步具体化，应编制初步设计概算、初步设计修正概算和施工图预算；在招投标和施工阶段，应编制和生成施工合同价、工程结算价和竣工结算。

投资控制工作必须贯穿项目建设全过程和面向整个项目。各阶段的投资控制以及各子项目的投资控制作为项目投资控制子系统，相互结合嵌套，共同组成项目投资控制系统。图 2—17 表示项目实施各阶段投资目标计划值和实际值比较的主要关系，从中也可以看出各阶段投资控制子系统的相互关系。

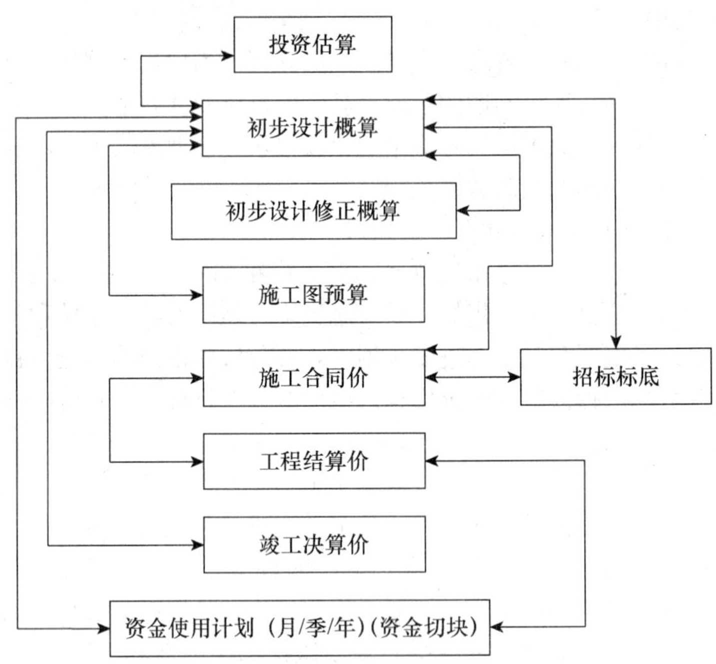

图 2—17 项目实施各阶段投资目标计划值和实际值比较的主要关系

在设计阶段，投资目标计划值和实际值的比较主要包括：

(1) 初步设计概算和投资估算的比较。

(2) 初步设计修正概算和初步设计概算的比较。

(3) 施工图预算和初步设计概算的比较。

在施工阶段，投资目标计划值和实际值的比较包括：

(1) 施工合同价和初步设计概算的比较。

(2) 招标标底和初步设计概算的比较。

(3) 施工合同价和招标标底的比较。

(4) 工程结算价和施工合同价的比较。

(5) 工程结算价和资金使用计划（月/季/年或资金切块）的比较。

(6) 资金使用计划（月/季/年或资金切块）和初步设计概算的比较。

(7) 工程竣工决算价和初步设计概算的比较等。

从上面的比较关系可以看出，投资目标的计划值与实际值是相对的，如施工合同价相对于初步设计概算是实际值，而相对于工程结算价是计划值。

经过投资计划值和实际值的比较，如发现偏差，则应积极采取措施，纠正偏差或者调整目标计划值。需要指出的是，投资控制绝对不是单纯的经济工作，也不仅仅是财务部门的事，它涉及组织、管理、经济、技术和合同各方面。

为实现投资动态控制，项目管理人员的工作主要包括以下内容：

(1) 确定建设项目投资分解体系，进行投资切块。

(2) 确定投资切块和计划值（目标值）。

(3) 采集、汇总和分析对应投资切块的实际值。

(4) 进行投资目标计划值和实际值的比较。

(5) 如发现偏差，采取纠偏措施或调整目标计划值。

(6) 编制相关投资控制报告。

4. 动态控制原理在项目质量控制中的应用

建设项目的质量目标可以分解为设计质量、施工质量、材料质量和设备质量。各质量子目标还可以进一步分解，如施工质量可以按单项工程、单位（子单位）工程、分部工程、分项工程和检验批进行划分。质量控制工作贯穿项目建设全过程和面向整个项目。

在设计阶段，质量目标计划值和实际值的比较主要包括：

(1) 初步设计和可行性研究报告、设计规范的比较。

(2) 技术设计和初步设计的比较。

(3) 施工图设计和技术设计、设计规范的比较。

在施工阶段，质量目标计划值和实际值的比较主要包括：

(1) 施工质量和施工图设计、施工合同中的质量要求、工程施工质量验收统一标准、专业工程施工质量验收规范、相关技术标准等的比较。

(2) 材料质量和施工图设计中相关要求、相关技术标准等的比较。

(3) 设备质量和初步设计或技术中的相关要求、相关质量标准等的比较。

从上面的比较关系可以看出，质量目标的计划值与实际值也是相对的，如施工图设计的质量相对于技术设计是实际值，而相对于工程施工是计划值。质量目标计划值和实际值的比较，需要对质量目标进行分解，形成可比较的子项。质量目标计划值和实际值的比较是定性比较和定量比较的结合。

质量控制的对象可能是建设项目设计过程、单位工程、分部分项工程或检验批。以一个分部分项工程为例，动态控制过程的工程主要包括以下几个方面：

(1) 确定控制对象应达到的质量要求。

(2) 确定所采取的检验方面和检验方法。

(3) 进行质量检验。

(4) 分析实测数据和标准之间产生偏差的原因。

(5) 采取纠偏措施。

(6) 编制相关的质量控制报告等。

2.4.4 PDCA 循环理论应用

美国数理统计学家戴明博士最早提出的 PDCA 循环原理（又称“戴明环”）也是被广泛采用的目标控制基本方法论之一。PDCA 循环是能使任何一项活动有效进行的一种合乎逻辑的工作程序，在质量管理中得到了广泛的应用。

PDCA 循环包括计划、执行、检查和处置四个基本环节。

（1）P（Plan，计划）：计划可以理解为明确目标并制定实现目标的行动方案。

（2）D（Do，执行）：执行就是具体运作，实现计划中的内容。执行包含两个环节，即计划行动方案的交底和按计划规定的方法与要求展开活动。

（3）C（Check，检查）：检查指对计划实施过程进行各类检查。各类检查包含两个方面：一是检查是否严格执行了计划的行动方案，实际条件是否发生了变化，没按计划执行的原因；二是检查计划执行的结果。

（4）A（Action，处置）：处置指对于检查中所发现的问题及时进行原因分析，采取必要的措施予以纠正，保持目标处于受控状态。处置分为纠偏处置和预防处置两个步骤，前者是采取应急措施，解决已发生的或当前的问题或缺陷；后者是信息反馈给管理部门，反思问题症结或计划时的不周，为今后类似问题的预防提供借鉴。对于处置环节中没有解决的问题，应交给下一个 PDCA 循环。

策划—实施—检查—处置是使用资源将输入转化为输出的活动或一组活动的一个过程，必须形成闭环管理，四个环节缺一不可。应当指出，PDCA 循环中的处置是关键环节。如果没有此环节，已取得的成果无法巩固（防止问题再发生），也提不出上一个 PDCA循环的遗留问题或新的问题。

PDCA 循环过程是循环前进、阶梯上升的，如图 2—18 所示。

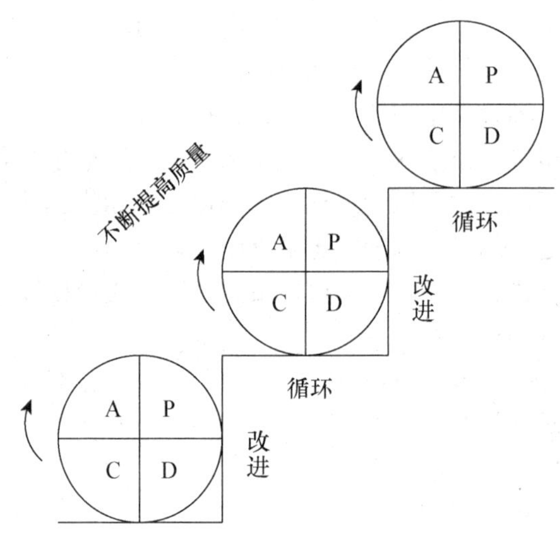

图 2—18　PDCA 循环过程

在质量管理体系中，PDCA 循环是一个动态的循环，它可以在组织的每一个过程中展开，也可以在整个过程的系统中展开。它与产品实现过程及质量管理体系其他过程的策划、实施、控制和持续改进有密切的关系。

章后练习题

1. 组织论对工程项目的基本内容有哪些？
2. 项目组织结构类型有哪些？有何优缺点？

3. 试分析项目组织结构设计原则和程序。
4. 试分析管理任务分工和管理职能分工的意义。
5. 试论述目标控制原理与程序。
6. 项目目标控制的类型是什么？相互关系如何？
7. 试论述动态控制原理在建设工程项目目标控制方面的应用要点。
8. PDCA 循环原理包括哪些内容？有何意义？

案例

项目组织结构的选择

1. 项目管理办公室的含义

项目管理办公室（Project Management Office，PMO）是企业项目管理中一种常用的组织形式，是项目组织非常重要的职能部门。过去，项目管理办公室就是为了保持与培养出最好的习惯，以维护项目管理的规则。它原来被认为是项目管理信息的静态智囊团，受到培训组织的制约。现在，这一概念由于实际需要而有所改动，确定了其对项目经理的组织维持功能。在这种情况下，项目管理办公室可被定义为一个协助项目经理达到项目目标的组织实体，它对项目进行计划、估计、安排行程、监控与控制。它的作用是支持项目经理的工作，为各个项目或者大型项目的经理制定标准和指导方针，收集项目管理相关的数据，进行整理，并向有关责任部门汇报，项目管理办公室应该确保项目与组织的战略和愿景一致。

成立项目管理办公室的最初目的是减少企业中项目管理职能的成本和改进呈报高层管理者的信息质量。许多企业通过项目管理办公室来履行项目管理的诸多职能，对多种职能实现整合可使企业在行动上保持统一，在不同项目的管理上有统一的规范。例如对进度表和报告的使用有通用标准。项目管理办公室的组织形式是项目管理办公室的核心内容之一，不同的企业采取的项目管理办公室的组织结构往往不同。

说到中国空间技术研究院，可能很多人都觉得陌生，但是提起“神舟五号”这个中国空间技术研究院成功开展的项目，却是家喻户晓。“成功的关键不仅仅是采用了科学的项目管理方法，更重要的是建立了一个真正符合项目运作需要的组织结构”，该院总体部的副部长刘晖说道：“就像生产关系要不断适应生产力的发展一样，企业的组织形态也要符合项目的要求”。

2. 中国空间技术研究院的组织变革

中国空间技术研究院是中国空间技术的主要研究中心和航天器研制、生产基地。该研究院在成立初期，管理方式是自上而下的，来了任务就按职能部门进行分配，如总体设计由总体部负责、分项设计和制造由下属各所负责、装配由总装部负责等。技术一条线，行政一条线，各部门没有合作的意识和动机，而且都希望实现本部门效率最大化。由于没有人对整个任务负责，这样工作起来效率很低，工期常常是一拖再拖，成本也得不到控制，总体目标很难达到。

随着科研任务的增多，研究院发现这种管理方式不能满足工作的需要。20 世纪 90 年代中期，研究院决定尝试采用项目管理法。最初时，为了取得经验，特别对一颗小卫星进行项目管理试验，从各研究所、职能部门抽调人员，组成了项目部，同时任命一名项目经理作为项目的总负责人，向院长负责并签订合同。此类项目真正是由一个团队集合在一起进行工作，通过项目经理把各种系统、资源和人员有效地结合，同时采用规范化的管理流程，从而在规定的时间、预算和质量目标范围内顺利完成项目。

第一个项目成功实施后，2001 年，研究院决定开始在全院推行项目化管理。随着项目数量的增多，大量的协调工作也随之而来。各项目都希望占用尽可能多的资源，这也给总部的调配工作带来很大困难。为此，研究院专门设立了项目管理办公室负责项目的管理、协调工作。

无论是卫星还是飞船，它们都是一个整体。设计、制造、装配是不能割裂开的，总体设计部门的工作要求决定了后面各部门的工作量、所需资源、工作难度等。因此，虽然当时总体部和其他部门在地位上是平等的，但它已经在无形中担起了管理协调和指导的角色，使项目办和总体部在功能上产生了重叠。在这种情况下，空间技术研究院进行了第二次组织变革。

研究院将总体部和总装部提升到院本部的层次，并将项目管理办公室并入总体部，转变后的总体部成为其他各业务部门的上一级部门，负责所有项目的管理协调工作和总体设计，这样真正实现了技术与管理的合一，提高了运行效率，同时组织结构得到简化和明晰。

变革的作用是明显的：首先，总体部负责项目支持与资源调配工作。由于更贴近和了解项目，总体部可以将最合适的员工派遣到最需要的项目上去并决定派遣的期限。对于其他的稀缺资源的调配也是如此。其次，总体部对项目管理的标准化进行落实和管理。项目管理的标准化同时带来了合理清晰的工作流程。据刘晖回忆，当时的项目经理普遍存在“三拍”现象，即项目来了拍胸脯、有了困难拍桌子、出了问题拍票子。出现这种现象的根本原因是项目管理人员对整个项目的工作量不是很清楚，对可能存在的问题预见性不强。而总体部可以帮助项目管理人员明确工作任务和时间要求，增强工作的计划性，提高项目运作的效率，同时减轻管理人员的负担。此外，由于航空项目的独特性，每一个项目对参加人员的要求都不尽相同。作为项目的管理和协调部门，总体部收集并积累了大量项目管理相关的知识、经验、技术和技巧，从而可以对项目人员进行有针对性的培训。同样，当某一项目遇到难题时，总体部也可以给予咨询和帮助。

当总体部履行起 PMO 的职责后，工作效率大大提升，刘晖对此深有感触：原来全院 1 万多人只承担三四个研制任务还力不从心，现在精简后的 8 000 人承担 30 多个卫星和飞船的研制与生产却仍然游刃有余。

问题：

1. 该研究院在采取项目管理法之前是哪种组织结构？有什么特点？
2. 使用项目管理法时采取了哪种组织结构？为何要采取这种组织结构？
3. 怎样理解该院总体部的副部长刘晖的话？

资料来源：白思俊：《现代项目管理概论》（第 2 版），北京，电子工业出版社，2013。

第3章 项目策划

引例

如何进行项目决策？

詹妮弗·切尔德斯（Jennifer Childs）是一家中型医药公司的所有者、总裁。在某年10月份的一次人事会议上，她告诉公司的经理，公司年利润将超过预计的20万美元。她想投资公司内部的项目，通过投资得到额外的利润，并使公司增加销售或降低成本。她要求3名主管经理合作制作一份有关潜在项目的一览表，然后向她“推销”其想法。她明确告知这3名主管经理，不应当假定资金在3个人中均等地分配。她也说明如果项目合适的话，她愿意把所有的资金都只投入到一个项目中去。

朱丽·陈（Julie Chen），产品开发经理，她的部门已有一些科学家正在研制一种新处方药物。这项研制任务已经大大超出预计的成本。令她焦虑的是，其他较大的公司也正在研制类似的药物，那些公司有可能会首先把产品推向市场，而她的团队至今还没有重大的突破，进行过的一些测试并没有收到预期的效果。她知道这是一个有风险的项目，但是她觉得现在还不应当停下来。朱丽认为，公司的长期发展依赖于这种新的药物，它能够销往全世界。她尽量在人事会议上对这个开发项目的进展表现出乐观的态度，但是她知道詹妮弗已经变得没有耐心了。她的同事也认为，在最初的测试失败后，她就应当结束这个项目了。朱丽想要追加资金加速项目的发展，她想从其他较大的公司雇用德高望重的科学家，并且再购买一些先进的实验仪器。

泰勒·里普根（Tyler Ripken），生产经理，已经来公司6个月了，他的早期观察结果是生产线效率非常低下，他认为这是计划不周的结果，因为随着公司的成长，近几年来增加了许多工厂，泰勒认为应当组成几个职能团队，优化工厂内的设备布局。他认为这样可以在降低成本的同时，提高工厂的生产能力。当泰勒把这个主意说给他的主管听时，主管提醒他，当詹妮弗的父亲经营企业时，詹妮弗就在主管生产，正是她负责了目前工厂布局的设计。主管还提醒泰勒，詹妮弗并不热衷于采用职能团队的方式，她认为生产职员是按劳付酬的，同样，她希望经理能够提出并执行新的思想。

杰夫·马修斯（Jeff Matthews），执行经理，负责公司的计算机信息系统和会计工作。杰夫认为公司的计算机系统过时了，在企业发展中，旧的计算机设备无法处理大宗的交易。他认为一套新的计算机系统能够更好地追踪客户订货，减少客户的不满、报怨，能及时发送发票，提高现金流量。杰夫手下的雇员嘲笑那些已经过时的计算机，并给杰夫施加压力，让他购买新的设备。而詹妮弗曾对杰夫说过，她对那种只为了跟上最新的设备潮流而把钱花在新计算机上的举动不感兴趣，特别是在当前系统仍然正常工作的情况下。她建议杰夫调查一下是否可以雇用外部服务来做完工作并设法减少她自己的职员。杰夫却想用今年超出的利润购买新的计算机，并雇用计算机编程人员升级将在新的计算机上运行的软件。他觉得此举将会产生效益。

在 10 月份的人事会议后，乔·桑切斯（Joe Sanchez），销售经理，走进詹妮弗的办公室，他说虽然他没被要求为额外的利润提出项目建议，但他的感想是，应当忘掉这个无意义的项目，只要给他一笔更多的预算，再多雇用一些销售代表就可以了，“这将比任何方式都更快地增加销售量，”乔告诉她，“况且，如果是你父亲，他肯定会这么做！”乔与其他 3 名经理的意见不一致，他希望如果詹妮弗看到这种缺乏一致意见的状况之后，能够决定给他资金去雇用一些销售代表。

资料来源：程敏：《项目管理》，北京，北京大学出版社，2013。

3.1 项目策划概述

3.1.1 项目策划的内涵

1. 项目策划的概念

“凡事预则立，不预则废”，其中“预”，就是对策划的最简明的定义。项目策划是对项目所进行的事先安排，是为项目设计最佳的运行轨迹。项目策划是通过策划过程形成策划文件的活动。策划是指针对所要制订的计划进行的调查、分析、研究、优化、决策等。形成策划文件是指策划的结果是形成计划文件。

对于建设工程项目而言，项目策划是指在工程项目建设前期，通过调查研究和收集资料，在充分占有信息的基础上，针对建设工程项目的决策和实施，或决策和实施中的某个问题，进行组织、管理、经济和技术等方面的科学分析和论证。项目策划的目的是为项目建设的决策和实施增值。项目的增值体现在人类生活和工作环境的保护和节能、建筑环境、使用功能和建设质量、建设成本和经营成本、社会效益和经济效益、建设周期等方面效果的改善。

2. 项目策划的作用

项目管理实践表明，“策划先行”是决定项目成败的关键因素之一。项目策划的作用可以归纳为：指南、依据。指南是指策划是项目实施的指南。有了策划，才能使项目做到有的放矢，才能做到有章可循，才能做到有前瞻性和预见性。依据是指策划是判断偏差和变化的依据。没有策划，就难以及时判断进度、费用、质量等项目进展状态，也就难以及时处理项目所出现的问题。

3. 项目策划的特点

项目前期策划的基础是充分占有信息和资料。信息和资料既包括项目有关环境和条件的调查，也包括类同项目经验与教训的分析。项目前期策划的任务是针对项目决策和实施，进行组织、管理、经济和技术等多方面的分析和论证，因此需要对多方面的人才、知识进行组织和集成。归纳起来，项目前期策划的方法具有以下几个特点：

（1）重视项目自身环境和条件的调查。

任何项目、组织都是在一定环境中从事活动，环境的特点及变化必然会影响项目发展的方向和内容。可以说，项目所面临的环境是项目生存发展的土壤，它既为项目活动提供必要的条件，同时也对项目活动起着制约的作用，因此，必须对项目环境和条件进行全面的、深入的调查和分析。只有经过充分的环境调查与分析，才有可能获得一个实事求是、优秀的策划方案，避免形式主义的空谈。这是项目策划最主要的方法。

（2）重视类同项目的经验和教训的分析。

项目策划是对拟实施项目的一种早期预测，因此，类同项目的经验和教训就显得尤为重要。对国内、国外类同项目的经验和教训的全面、深入分析，是环境调查和分析的重要方面，也是整个项目策划工作的重要部分，应贯穿项目策划的全过程。

（3）坚持开放型的工作原则。

项目前期策划需要整合多方面专家的知识，以建设工程项目为例，项目前期策划需要的知识包括组织知识、管理知识、经济知识、技术知识、设计经验、施工经验、项目管理经验和项目策划经验等。项目前期策划可以委托专业咨询单位进行，从事策划的专业咨询单位往往也是开放型组织，政府部门、教学科研单位、设计单位、供货单位和施工单位等往往都拥有某一方面的专家，策划组织者的任务是根据需要把这些专家组织和集成起来。

（4）策划是一个知识管理的过程。

策划不仅是专家知识的组织和集成过程，而且是信息组织和集成的过程。策划的实质就是对知识的集成，这实质上就是一种知识管理的过程，即通过知识的获取，知识的编写、组合和整理，通过深入细致的分析和思考形成新的知识。

（5）策划是一个创新求增值的过程。

策划是“无中生有”的过程，是一种创造过程。项目策划是根据现实情况和以往经验，对事物变化趋势做出判断，对所采取的方法、途径和程序等进行周密而系统的构思和设计，是一种超前性的高智力活动。创新的目的是为了增值，通过创新带来经济效益。

（6）策划是一个动态过程。

策划工作往往是在项目前期，但是策划成果不是一成不变的，策划工作也不是一次性的。一方面，项目策划所做的分析往往还是粗略的估计，随着项目的开展，项目策划的内容根据项目需要和实际情况将不断丰富和深入；另一方面，项目早期策划工作的假设条件往往随着项目进展不断变化，必须对原来的假设不断验证。所以，策划结果需要根据环境和条件的变化，不断进行论证和调整，逐步提高准确性。

3.1.2 项目策划的主要内容

项目策划的主要内容包括管理策划、组织策划、范围策划、进度策划、资源策划、费用策划、质量策划、安全策划、风险策划、采购策划、沟通策划等。

1. 管理策划

管理策划是从管理的角度对项目所进行的安排，包括项目整体管理策划、进度管理策划、成本管理策划、质量管理策划等。管理策划需要明确管理者对某问题的管理思路。

2. 组织策划

组织策划是从组织的角度对项目所进行的安排，需要明确项目组织形式、项目团队组织结构（OBS)、责任分配等。

3. 范围策划

范围策划是就项目范围所进行的策划，需要明确项目范围、项目主要内容，需要进行项目分解，形成工作分解结构（WBS)。

4. 进度策划

进度策划是就项目进度所进行的安排，需要明确工作之间的逻辑关系、每项工作的时间安排及整个项目的时间安排。

5. 资源策划

资源策划是就项目资源的需求所进行的安排，需要明确每项工作所需要资源的种类、数量及在何时需要和整个项目所需要的资源的种类、数量及在何时需要。

6. 费用策划

费用策划是就项目费用的需求及费用的筹措所进行的安排，需要明确每项工作需要的费用及在何时需要、整个项目所需要的费用及在何时需要、项目所需费用的获取方式等。

7. 质量策划

质量策划是就项目质量问题所进行的策划，需要明确质量标准、质量目标及实现质量目标的方式和途径。

8. 安全策划

安全策划是就项目安全问题所进行的策划，需要明确项目所存在的安全因素以及如何应对等问题。

9. 风险策划

风险策划是就项目风险问题所进行的策划，需要进行风险识别、风险分析、风险归类，并明确风险应对措施等问题。

10. 采购策划

采购策划是就项目采购问题所进行的策划，需要明确采购内容、采购方式、合同管理等问题。

11. 沟通策划

沟通策划是就项目沟通、信息管理问题所进行的策划，需要明确沟通对象、沟通方式，信息的采集、分析、传递和反馈等问题。

上述各策划同时存在，不能互相替代。各类策划的编制者、编制时间及策划文件的表达也有区别。即这些策划并非由同一部门（机构）、在同一时间制定，也并非每种策划都是一份独立的文件，可以是在同一份文件中包括各种不同的策划内容，但是这些策划之间必须相互协调、环环相扣。

3.1.3 项目策划的类型

根据策划的内容不同，项目策划也可以分为不同类型，但最重要的有两类，即：项目决策的策划和项目实施的策划，如图 3—1 所示。

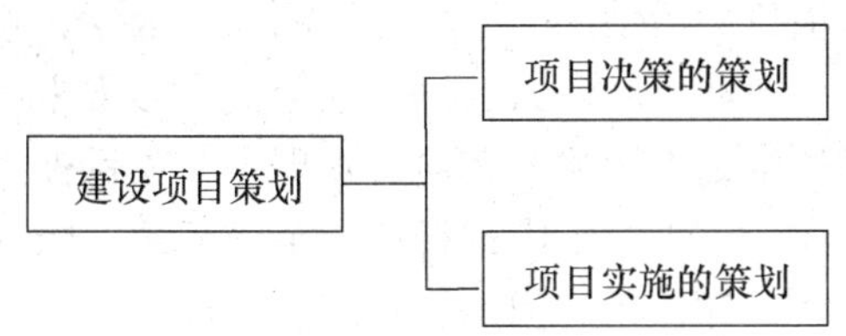

图 3—1 项目策划按内容分类

项目决策的策划在项目决策阶段完成，为项目决策服务。项目决策的策划要回答建设什么、为什么要建设的问题，又称为项目决策评估；项目实施的策划在项目实施阶段的前期完成，为项目管理服务，主要确定怎么建，又称为项目实施评估，两者统称项目策划。

除此之外，有的项目还进行项目运营的策划。项目运营的策划在项目实施阶段完成，用于指导项目准备和项目运营，并在项目运营阶段进行调整和完善。

3.2 项目环境的调查与分析

3.2.1 项目环境调查的目的

策划是在充分占有信息和资料的前提下所进行的一种创造性劳动，因此充分占有信息是策划的先决条件，否则策划就成为了无本之木、无源之水。从这一基本思想出发，项目环境调查与分析是项目策划工作的第一步，也是最基础的一环。如果不进行充分的环境调查，所策划的结果可能与实际需求背道而驰，甚至会得出错误的结论，并直接影响建设项目的实施，因此策划的第一步必须对影响项目策划工作的各方面环境进行调查，并进行认真分析，找出影响项目建设与发展的主要因素，为后续策划工作打下良好的基础。

世界银行对于世界银行贷款项目的审查和评价资料表明，一个项目的成功与失败常常依赖于项目经理直接控制之外的一般环境中的各种因素，项目越大越是如此。项目管理人员只有完全熟悉了项目所在的环境后，才能明智地确定自己所面临的问题。

3.2.2 项目环境调查的工作内容

从管理的角度看，整个项目环境是相当复杂的。按作用的直接性程度划分，项目的环境可分为内部组织环境、项目环境和一般环境。内部组织环境又称组织内部气氛，包括各成员在组织内部体现的团队结构、作风和特点等，即形成的组织文化。项目环境是指与项目系统有直接联系的、并对项目实施有直接影响的因素，包括决策性的因素和实施性的因素等。某些因素来自一些具体的机构和团体，如项目主管部门、审批部门、协作部门，等等。一般环境是指可以对项目的活动产生影响的周围环境因素，包括物理的、技术的、政治/法规的、财政/资金的、商业/经济的、心理/社会文化的因素。尤其是一般环境因素发生突变时，可能会对项目产生重大影响。在项目管理中，项目被看做是被其管理组织以内或以外的环境所包围，即在一个大系统内运行的一个子系统，除其内部各部分的相互作用外，还与其他子系统发生联系和作用。因此，管理或影响项目环境中的关键性因素，是项目经理的重要工作。

1. 政治和经济环境

所有项目都涉及政治，而政治对项目进展平衡与否至关重要。国际、国内的政治、经济形势对项目产生重大影响的事例非常多。项目经理也应像政治家一样，必须具有对他人施加有效的影响，使之服从自己意愿的能力。项目经理需要的不单单是权威，还要对显示其权威的整个环境有深刻的了解，他们应当是现实主义者。

宏观经济形势的变化会对项目的变化产生巨大压力。例如，一场意外的通货膨胀可以使项目的费用估算失效。宏观经济环境变化的一个破坏性特点是它们完全超出了项目组织的控制范围。项目人员所能做的只是制订应急计划，以处理这些不可控因素。当前的经济全球化趋势大大促进了跨国项目的发展，这个领域的机会和竞争都在增长。当项目跨越几个国家时，货币的汇率波动就成为一个重要因素。同时，“牵一发而动全身”的多米诺骨牌现象也是经济全球化带来的一个结果。这种变化莫测的经济形势，会使项目暴露在更大范围的风险环境之中。

2. 科学和技术环境

技术正在以前所未有的速度发生变化，在高新技术领域更是如此，一个又一个新项目推出一代又一代新产品。技术的变化对项目开发带来的影响和冲击不容忽视。技术变化也最难预测和处理。在当今这个新技术预期生命周期极为短暂的时代，任何周期超过 6 个月的项目均需要考虑技术变化问题。

某些蕴含新技术的产品项目在开发设计时，往往还没有产生公认的产品标准。提前开发会不会和今后发布的标准不一致？推迟开发会不会丢失市场机会？对于提前开发并占领了市场的产品，能不能作为既成事实而在将来标准制定时获得承认？新产品尚未站稳脚跟，更新的技术问世会不会取而代之？这些问题都让项目人员举步维艰。

对正在研究的项目更应考虑技术更新的影响。比如，南水北调项目需要考虑节水技术、节水农业、节水工业及产业结构变化的影响；电话通信项目应考虑计算机通信技术给社会生活可能带来的冲击；钢铁、水泥项目则必须预料新型替代材料对其未来市场的蚕食。

项目管理人员的技术水平低会阻碍对项目的管理，即使项目不是技术性的，也常要求项目管理人员具有技术背景。具有技术权威的项目管理人员可以利用这个权威产生重要影响。人们服从于他，并非因为他的职权，而是因为尊重他的技术水平。项目成员对非技术型的管理人员缺乏信任感，也不会认真对待他们的意见。因此，项目管理人员应该能正确判断项目中出现的各种问题的技术本质。总之，新的科学技术导致了对研究和开发项目需求的增加，项目人员需要不断地更新自己的知识结构。

3. 规章和标准环境

大多数项目管理人员在项目中无须面对政府，然而那些受法规控制的项目，例如医药、农药或银行业的项目则要求管理者必须精通政府法令，因为他们必须在国家法律许可的范围内工作。项目主管和审批部门对项目的干预也往往与当前的政策和法规有关。

规章和标准都是对产品、工艺或服务的特征做出规定的文件。它们的区别从某种意义上可以理解为前者常是必须执行的，而后者有时带有提倡、推广和普及的性质，并不具有强制性。

规章包括国家法律、法规和行业规定，以及项目所属企业的章程等。它们对项目的策划、设计、合同管理、质量管理等都有重要影响。由国际咨询工程师联合会（FIDIC）颁发的合同条件属于标准，而不是规章。由于它比较全面、成熟，已被世界各国广泛承认。许多国际性的土建工程、咨询采购项目都愿意采用 FIDIC 合同条件。很多国家也制定了自己的合同条件，这些规定在国内或某个行业领域往往被强制性执行。

目前世界上有许多在使用中的标准，几乎涉及了所有的技术领域，从计算机磁盘的尺寸到电网、电器使用的频率、电压等。国际标准化组织（ISO）还发布了各种管理标准，如质量管理和质量保证国际标准 ISO9000 系列。标准有的是国际通行的，有的只在某个地区、某一国家适用。这些技术和管理标准虽然不具有强制性，但大都已被公认。项目要想满足市场需求，就必须采用这些标准，否则将遭受挫折或失败。国际上还有一些针对项目管理的标准和方法体系，如 ISO10006、C/SCSC、EVM、PMBOK 等，这些都是由项目管理的实践和经验升华而成的，是项目管理的行为准则。

4. 文化和意识环境

随着国际经济交流的扩大和跨国投资项目的增加，文化差异对项目的影响逐渐引起了人们的注意。

据《美国传统英语词典》的解释，文化是“社会上传播的行为模式、艺术、信仰、制度和所有其他人类工作和思想成果的总和”。文化属于项目的社会经济环境因素之一，并且任何项目必然在一个或者多个文化背景下进行。文化的影响范围包括政治、经济、人口、教育、伦理、种族、宗教，以及人们和项目组织的惯例、信仰和态度。

忽略一种文化上的社会禁忌会造成窘困甚至导致项目失败。文化差异和风俗习惯的不同给管理增加了复杂性，这样的事例很多。在不同的文化背景下，一些国家或地区在项目组织和管理时倾向于对员工实行严格的监督，并且时常用金钱奖励和惩罚等手段来保证管理制度和指令的贯彻；而另外一些国家或地区则倾向于注意员工之间的和谐、一致，并让下级参与决策和计划，关注员工的意见，放手让员工工作。社会因素有时被忽视，尤其是被技术人员在制订项目战略计划时忽略。社会尺度包括对价值、信仰和传统的评价以及人们的态度，即项目干系人的文化情况，例如，制订项目进度计划时必须考虑当地的节假日习惯；在项目沟通中，善于在适当的时候使用当地的文字、语言和交往方式也往往能取得理想的效果，各方面的文化也可以逐渐融合。在项目管理过程中，通过不同文化的交流，可以减少摩擦、增进理解、取长补短、互相促进。项目组织在项目管理中还可以形成自己独特的文化，反映项目组织共同的价值观、信念、作风等，即项目组织文化作风。项目组织文化作风对项目管理也会产生一定的影响。

与项目组织最密切的文化因素是权力差距和风险回避。项目组织的主要功能是分配权力，减少或回避直接影响项目管理的风险，因此，对权力差距的接受程度和对风险的回避程度直接影响项目的组织。

5. 地理和资源环境

地理因素在项目的执行方式上也会起一些作用。现在，许多公司是全球化的，参加项目的人员住在同一地点是不可能的。幸运的是，凭借现代通信技术，他们能够实现“虚拟住在同一地点”，团队成员可以根据需要通过电话会议的形式经常见面。当然，地理条件也在地形、可用材料资源等方面影响施工项目的战略，在人力资源的可用情况中也起一定的作用。例如，团队中的一些关键成员不想长期待在项目所在地，则在工作期间必须招募并培训当地人员。当某一特定资源有限或丰富时，需要制定资源战略。例如，在劳动力成本低的东南亚地区，宜于实施劳动密集型项目。环境因素对于项目成功或许是威胁，或许是机会，客观上的弱势常常需要以组织和管理上的强势来弥补。

3.3 项目决策策划

3.3.1 项目决策策划的概念

决策是指为了实现某一目标，根据客观的可能性和科学的预测，通过正确的分析、计算及决策者的综合判断，对行动方案的选择做出的决定。项目决策是指投资主体（国家、地方政府、企业或个人）对项目必要性和可行性进行技术经济评价，对不同方案进行比较选择，以及对项目的技术经济指标做出判断和决定的过程。项目决策是项目生命周期中的重要阶段，项目决策的正确与否直接关系到项目的成败。决策是所有管理工作中最为重要的工作之一，诺贝尔经济学奖获得者赫伯特·西蒙甚至提出了“管理就是决策”的观点。

项目决策的策划主要针对项目的决策阶段，通过对项目前期的环境调查与分析，进行项目建设基本目标的论证与分析，进行项目定义、功能分析和面积分配，并在此基础上对与项目决策有关的组织、管理、经济与技术方面进行论证与策划，为项目的决策提供依据。

项目决策策划工作在项目建设意图产生之后、项目建设立项之前开展，是项目管理的一个重要组成部分，是项目实施策划的前提。

3.3.2 项目决策策划的原则与步骤

1. 项目决策策划的原则

为保证项目决策成功，避免失误，在决策过程中必须遵循下列原则：

（1）科学化决策原则。

在决策过程中必须尊重客观规律，按照科学决策程序，运用科学的决策方法进行决策，坚持“先论证，后决策”的原则，做到先对项目进行调查研究和论证，然后进行决策，杜绝“边投资，边论证”，更不应该采取“先决策，后论证”的违反客观规律的做法。投资项目如果不按科学程序进行，就不能正确反映客观实际，将导致事倍功半。

（2）民主化决策原则。

项目决策应避免单凭个人主观经验决策，应广泛征求各方面的意见，在反复论证的基础上，由集体做出决策。民主决策是科学决策的前提和基础。

（3）系统性决策原则。

项目决策要根据系统论的观点，全面考核与项目有关的各方面的信息。因此，要进行深入细致的调查研究，包括对市场需求信息、生产供给信息、技术信息、政策信息、自然资源与经济社会基础条件、项目的产品在市场上的竞争能力与发展潜力等信息的调查。

（4）效益决策原则。

项目决策要讲求项目总体效益最优、微观效益与宏观效益统一、近期效益与远期效益统一。

2. 项目决策策划的步骤

项目决策包括评估各种需求和机会，然后决定哪一个应该以项目的形式来实施。每个机会的收益和结果、优势和劣势、增加值和减少值都需要认定和评估。定量或定性、有形或无形的评估都可以。定量的收益可以利用财务指标来衡量，如销售额的增长或者成本的降低。它们也可以表现为无形收益，提升公司的公众形象或者员工士气。另外，每个机会都应有量化的结果，如完成项目所需的成本，或者当项目正在进行时对产量的影响。也有一些结果可能不是具体的。项目决策策划主要包括以下步骤：

（1）制定一套评估标准。

这些评估标准可能包含定性和定量的因素。例如，如果一家公司正在考虑开发和引入几种新产品的机会，可能会按照如下标准来评估每一个机会：与公司目标的一致性、预期销量、市场份额的增长、预期零售价格、需要的投资额、预计单位制造成本、技术发展的需要、投资回报、竞争对手的反应、预期的时间进程、审批等。

有时机会和需求并不是一回事，就好像一些备选的新产品，它们可能差别很大，争相使用公司的资源。一个也许是在工厂修建一个新的屋顶，另一个是建一个新的信息系统，而第三个则要发展一个新产品去替代已经过时的、销量已经快速下滑的产品。

（2）列出所需的条件。

例如，想修建一个用来全天照顾公司员工的孩子和老年亲属的护理中心，一个条件可能是公司要能得到一笔银行贷款来建设这样一个中心。

（3）收集数据和信息。

必须收集一些与每一个机会有关的基本财务估计，如估计的项目收入和实施与运营成本。这些成本也许可以用特定的基于数学的财务模型来分析，这样它们就能够以一个统一的基础进行比较。这可能包括一整套财务或经济模型分析方法，用来计算直接回报率、贴现的现金流、净现值、内部回报率、投资回报率，或者与每一个考虑中的机会有关的生命周期成本。

除了要收集翔实的数据以外，也许还必须获得一些与每个机会有关的其他信息，如这个机会将会影响到的各种干系人的信息。根据不同的情况，这些干系人可能是雇员、顾客或者社区居民。收集这些信息的方法包括调查问卷、专题讨论小组、访谈或者对已有报告的分析。如果想向市场投放几种配制好的食品，也许就应该确定顾客的需求和偏好。

（4）对照标准进行评估。

收集、分析和总结了针对每个机会的所有数据和信息后，就应该把这些资料提交给那些负责评估的人。参与评估和选择决策的人数较多是比较有利的，因为能得到各种观点和看法。参与评估和选择的团队或委员会中的每个成员都应有不同的背景和经验，并把他们的背景和经验应用到决策过程中去。他们中的一些人可能来自市场部，对消费者偏好颇有了解；一些人可能来自财务部，熟知产品成本和公司的财务状况；一些人可能来自生产部，了解对生产流程以及设备需要做哪些改进；一些人可能来自研发部，知道要研发多少种新的技术；一些人可能来自人力资源部，知道机会对劳动力或者社区可能带来的影响。

开展评估和选择过程的一个方法就是让评估和选择委员会制定一套评估标准，也可以制定某种类型的评分体系，根据每项标准给每一个机会打分。然后，每个委员会成员都应该得到已经收集、分析和总结的所有数据和信息。在整个委员会碰面前，每个成员都应根据评价标准独立分析每一个机会的收益和结果、优势和劣势。这样就能确保每一个成员在全体委员碰面前就已经进行了细致的考虑。建议制作一个项目评价表，列出评价标准，旁边能够填写评语，并可在一个小空格中针对每个标准打分。评价和选择委员会的每个成员都应在全体委员会成员开会以前完成对每一个机会的评价表。

项目决策将综合考虑定量评估的结果和每个成员基于经验所感受的价值，尽管最终决定还是由公司的所有者、总裁或者部门主管来做，但有一个充分考虑的评估过程和选择程序，以及一个全面的评估委员会，将大大增加做出能够带来最大总体收益的最好决策的机会。

一旦做出要利用某个机会的决定，并且想启用承包商或者顾问来执行该项目，下一步就要准备需求建议书。如果该项目由公司内部的团队来执行，也应准备一份文件，类似于需求建议书，列出项目需求。

3.3.3 项目决策策划的工作内容

项目决策策划的基本内容包括以下几个方面（见图 3—2）：

（1）项目环境调查与分析，包括对自然环境、宏观经济环境、政策环境、市场环境、建设环境（能源、基础设施等）等进行调查分析。

（2）项目定义和目标论证明确开发或建设目的、宗旨和指导思想，确定项目规模、组

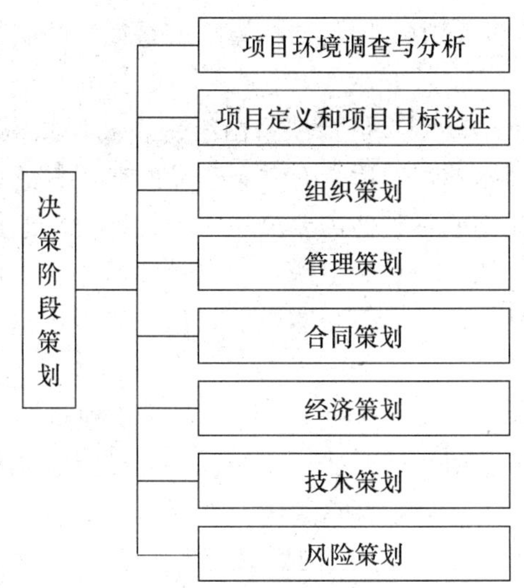

图 3—2　项目决策策划的基本内容

成、功能和标准，初步确定总投资和开发或建设周期等。

（3）组织策划需要进行项目组织结构分析，明确决策期的组织结构、任务分工和管理职能分工，确定决策期的工作流程，并分析编码体系等。

（4）管理策划的任务是制定建设期管理总体方案、运行期设施管理总体方案和经营管理总体方案等。

（5）合同策划是指确定决策期的合同结构、决策期的合同内容和文本、建设期的合同结构总体方案等。

（6）经济策划需分析开发或建设成本和效益，制订融资方案和资金需求量计划等。

（7）技术策划要对技术方案和关键技术进行分析和论证，并明确技术标准和规范的应用和制定等。

（8）风险分析需要分析政治风险、经济风险、技术风险、组织风险和管理风险等。

总的来说，项目决策策划工作，从明确建设单位需求开始，在综合分析社会环境的基础上进行项目定义，对项目进行总体构思和项目定位，进一步对项目进行功能策划、经济策划、组织管理策划，最终形成对设计的要求文件，并在其决策阶段策划中运用多种方法和手段，从技术、经济、财务、环境和社会影响、可持续发展等多个角度对项目进行可行性分析，其中有不断反馈和调整的过程，直至项目能够最终通过审核，形成对设计的要求文件。

3.3.4　项目决策的方法——定性模型

项目的选择并不是一门严格的科学，但它对于项目管理来说是非常关键的。从备选项目中进行选择的方法有很多，基本上是从市场需求、商业需求、客户的需求、技术领先要求、法律要求、社会要求等标准上进行选择。这些动因也可能被称为是问题、机遇或商家的要求。

不管项目可能的动因和选择项目依据的标准是什么，按照一定的逻辑程序来选择项目是非常重要的。在项目决策策划中，项目选择模型就是很好的工具。

1. 圣牛模型

圣牛模型（Sacred Cow Model）是指项目由组织中高层权威人士提议，带有指令性。通常项目是从简单的评论开始的，然后是有关新产品的初步设想、新市场的开发、全球数据库和信息系统的设计和应用或者其他需要公司投资的项目。老板这种看似平淡的评论直接导致了“项目”的产生。从这个意义上说，项目是神圣的，在得到满意的结论前，或者在老板个人意识到该创意是失败的而终止它之前，这个项目会一直存在下去。

2. 组织需求模型

组织需求模型（Organization Necessity Model）是指项目的选择以满足组织的不同需要为基础。项目越是符合整个组织的需要，项目成功的可能性就越大，因为这种项目对组织来说非常重要。通常情况下，要估计这类项目的财务价值常常不太可能，但大家都认识到该项目的价值的确很高，此时可以用到组织需求模型。

使用这种模型来选择项目的三个重要标准是：组织有强烈需求，这是项目成立的重要驱动力；组织有相关项目的资金预算，这是项目持续进行的资源保障；组织各个层级的成员都有项目成功的意愿。

通常组织有如下几个方面的需要：

（1）确保组织的正常经营的需要。如公司的生产线或设备的检修项目、大修项目是为了保证组织内部系统运行正常；又如洪水正威胁着工厂，修建防护堤的项目就不需要过多的正式评估。在选择项目时，确保组织的正常经营需要有时可以成为主要的评价标准。

（2）确保组织的竞争优势。有时组织为了维持其竞争的优势，需要计划和实施某些项目。如国美为了保持自己家用电器零售市场的竞争优势而对永乐进行并购这个项目。尽管该项目的计划过程非常复杂，但进行该项目投资的决策是根据保持公司市场竞争地位的需要为核心标准做出的。

（3）确保产品/服务线的完整。在这种情况下，对开发和生产新产品的项目进行评估的依据是，看该项目是否在一定程度上适合现有产品/服务品种、填补品种空白、加强薄弱环节，抑或在新的领域拓展产品/服务品种。有时，不需要详细计算项目的获利能力，决策者往往依据新增加产品可能对这个系统或组织产生的影响来判断是否采纳该项目。

3. 比较利益模型

当公司有很多备选项目但又缺乏准确的方式来定义和衡量“收益”时，就可以用比较利益的概念来选择项目。比较利益模型（Comparative Benefit Model）通过排序的方法来选择项目。

比较利益模型首先根据每个项目的优势和劣势，将项目分为三组——高水平、中等水平和低水平。如果某一组内有八个以上的项目，就可以进一步细分为两类，如中上水平和中下水下。当每一类别只有八个或小于八个项目时，每类下面的项目就按最高水平到最低水平的顺序进行排列。需要再次强调的是，排序时应依据各个项目的相对水平进行。评估人员可以采用特定标准对每一个项目进行排序，也可以简单地采用整体判断的方法进行排序。比较利益模型操作步骤如图3—3所示。

图3—3所示的操作步骤可具体解释如下：

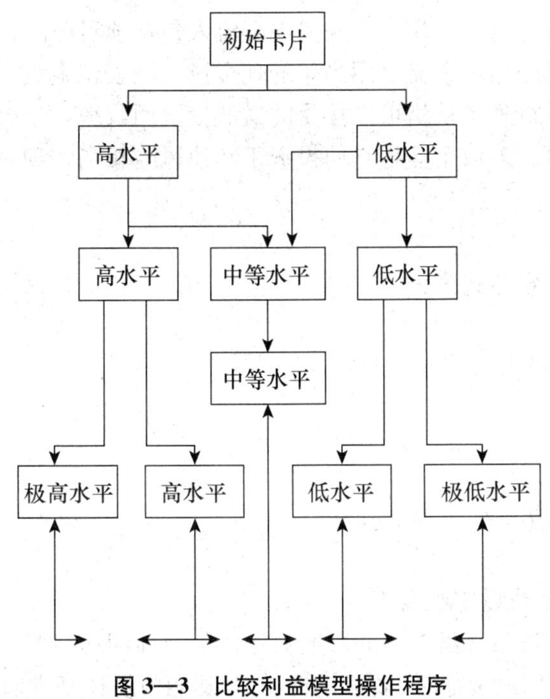

图 3—3 比较利益模型操作程序

(1) 为每位参与评估者准备一套卡片，每张卡片上有项目名称和项目内容。

(2) 让每位参与者把卡片分为两堆，一堆代表高水平项目，一堆代表低水平项目（两堆数量不必相等）。

(3) 让每位参与者从每一堆中选取一些放成一堆，代表中等水平项目。

(4) 让每位参与者从高水平项目卡片中选取一些放成一堆，代表极高水平项目，从低水平项目卡片中选取一些放成一堆，代表极低水平项目。

(5) 最后，让每位参与者考虑自己的选择，权衡每一张卡片摆放的位置，直到满意为止。

上面提到的排序工作可以由负责项目评估和项目选择的个人完成，也可以由负责同样工作的委员会完成。如果由委员会负责，委员个人排序可以按照不记名的方式进行，然后由委员会根据多数人的意见确定最终排序。通常个人之间的排序结果会存在一定的差异，但一般不会相去甚远，因为委员会的成员对于什么项目对公司最适合的看法一般差别不大。

3.3.5 项目决策的方法——定量模型

1. 净现值分析

净现值分析是用最低投资回报率把所有预期的未来现金流入和流出都折算成现值，以计算一个项目预期的净货币收益与损失。净现值为正，则意味着项目收益会超过资本成本，这里的资本成本是指资本进行其他投资的潜在收益，也就是说，如果财务价值是项目选择的主要指标，那么只有净现值为正的项目才应予以考虑。

确定净现值要遵循以下步骤：

(1) 确定项目的现金流入与流出。一般现金流入包括项目收益，而现金流出则包括项目成本、税金等。每年的净现金流是用当年的现金流入减去现金流出所得的差值。

(2) 选定折现率。折现率是指可以接受的最低投资回收率，也被称为要求收益率、筛选率或资本机会成本等。多数企业把它们投资于其他风险相当的项目中可能的收益率作为折现率。

(3) 计算净现值。

净现值计算的数学表达式为：

$$NPV = \sum_{t=1}^{n} (CI - CO)_t (1 + i + p_t)^{-t}$$

式中，CI——现金流入量；

CO——现金流出量；

$(CI-CO)_t$——第 t 年净现金流量；

n——计算期；

i——基准收益率或设定收益率；

p_t——考虑通货膨胀（紧缩）的影响后第 t 年的预期通货膨胀（紧缩）率。

当一个项目的 NPV 大于零时，表明项目的获利能力超过基准收益率，小于零则表明其获利能力达不到基准收益率。当有多个项目需要比较时，净现值越大的项目相对较好。

2. 投资收益率分析

另一个重要的财务指标就是投资收益率。ROI 是将净收入除以投资额的所得值。其计算公式为：

$$ROI = NPV/\text{投资折现成本}$$

ROI 越大越好。许多组织都有自己的要求收益率。要求收益率是每项投资中要求达到的最低收益率，经常以该组织投资其他风险相当的项目所可能获得的收益率为准。

3. 投资回收期分析

投资回收期（Payback Period）是指通过项目净收益（包括利润和折旧）来回收项目中投资（包括固定资产投资和流动资金）所需的时间，是反映项目真实清偿能力的重要指标。投资回收期一般按现值法计算。

用下列方程求得的 P_t^* 即为投资回收期。

$$\sum_{t=1}^{P_t^*} (CI - CO)_t (1 + i)^{-t} = 0$$

式中，CI——现金流入量；

CO——现金流出量；

$(CI-CO)_t$——第 t 年净现金流量；

i——基准收益率或设定收益率。

上式的含义也就是指当累计折现收益与成本之差为零时，回收正好完成。这种方法假设现金流入将一直持续，至少能够收回投资，没有考虑回收期之后的现金流入，这种方法也没有充分考虑风险因素。对很多组织来说，都要求项目有较短的回收期。

动态投资回收期也可直接用财务现金流量表（全部投资）求得，其计算公式为：

$$P_t^* = \text{累计财务折现净现值出现正值的年份数} - 1 + \frac{\text{上年累计财务折现净现值的绝对值}}{\text{当年财务折现净现值}}$$

4. 内部收益率分析

内部收益率就是使现金流入现值等于现金流出现值的折现率。其计算公式为：

$$NPV = \sum_{t=1}^{n} (CI - CO)_t (1 + IRR)^{-t} = 0$$

式中，CI——现金流入量；

CO——现金流出量；

$(CI-CO)_t$——第 t 年净现金流量；

n——计算期；

IRR——内部收益率。

计算时可以用插值法进行计算：

$$IRR = i_1 + (i_2 - i_1) \cdot \frac{|NPV_1|}{|NPV_1| + |NPV_2|}$$

式中，i_1——计算的低折现率；

NPV_1——i_1对应的净现值（正值）；

i_2——计算的高折现率；

NPV_2——i_2对应的净现值（负值）。

上述模型还有许多变化形式，这些变化形式可以划分为如下三类：

（1）把净现金流量进一步细分。

（2）将风险因素（或不确定性）考虑到模型中。

（3）分析项目对公司经营活动和其他项目的影响。

上述三类模型被称为利润/盈利模型。净现值模型通常优于内部收益率模型，而根据经验，回收期模型是最常用的评估项目和其他投资机会的模型之一，因为管理者常常认为回收期短可以减少因时间带来的不确定性。但也有人更倾向于使用现金流量折现模型来评价项目，并考虑其中的特定风险来直接处理不确定因素。

利润/盈利模型的优点如下：模型简单易用，容易理解；可以使用容易获取的财务数据来表示现金流量；公司决策者非常熟悉模型的术语；除了个别例外情况，模型的结果都是确定的利润或盈利能力值，可做出明确的“接受或拒绝”决策；有些利润模型考虑了项目风险。

但同时，它也存在一些缺点：忽视了风险以外的非货币因素；非折现模型忽视了现金流量的时间性和货币的时间价值；把现金流量折算为现值的模型偏重于短期分析；回收期类型模型忽略了回收期之后的现金流量；内部收益率模型可能会产生多个可行解；所有模型都对项目初期的数据差错非常敏感；所有这些模型都需要输入现金流量，但是对于如何根据项目评估的目的定义现金流量并不明确。

为了克服利润/盈利能力模型的一些缺陷，尤其是那些只考虑了单一决策标准的模型，人们发明了基于多个标准来进行项目选择的评分模型。这些标准包括多种因素，比如满足整个组织的需要、解决问题、把握机会、完成项目所需的时间、项目整体优先级、项目预期的财务指标等。评分模型有非加权 0—1 因素模型、非加权评分模型、加权因素评分模型和带约束的加权评分模型等几种类型。

5. 非加权 0—1 因素模型

在非加权 0—1 因素模型（Unweighted Factor Model）中，项目的每一个评价标准均同等重要，符合为 1，不符合则为 0，若最后符合项的汇总结果达到一定数量的项目即被选中。选择评分人的标准是：(1) 明确了解公司目标；(2) 熟悉公司潜在的项目组合。一般来说，评分者通常由高级管理层指定，大部分来自高级管理层。表 3—1 就是用非加权 0—1 因素模型进行评分的一个例子。

表 3—1　　非加权 0—1 因素模型项目评估样表

项目：		
评估人：	日期：	
	满足条件	不满足条件
不增加能源需求	×	
以货币表示的潜在市场容量	×	
以百分比表示的潜在市场份额	×	
不添加新设备	×	
不添加新的专门技术		×
不降低最终产品的质量	×	
现有人员管理项目的能力		×
不需要调整组织结构	×	
对工人生产安全的影响	×	
对环境标准的影响	×	
盈利能力	×	
税后报酬率高于 15%	×	
预计年利润在 250 000 美元以上	×	
在 3 年内达到盈亏平衡	×	
需要聘请外部顾问		×
与现有产品经营协调		×
对公司形象的影响		×
客户	×	
行业		×
	13	6

这一模型的主要优点是在选择过程中可以使用多个评估标准，而主要缺点是标准（指

标体系）难以确定，而且由于每项标准的重要程度都相同，因而不能反映某一具体项目满足不同标准的程度。

6. 非加权评分模型

在非加权评分模型（Unweighted Factor Scoring Model）下，每个评价标准均同等重要，并按照满足程度打分，总分达到规定值的项目即被选中。如表 3—1 中的“×”就可以用数字代替。数字通常采用五分制的计算方式，其中 5 表示非常好，4 表示好，3 表示一般，2 表示差，1 表示非常差（常见的还有三分制、七分制和十分制）。这样，就不需要表 3—1 中的第二栏，将每个项目表中的各项分数相加，那些总分超过规定值的项目将被采纳。这一选择过程也可以多次运用，依次选择那些得分最高的项目（假定这些项目的得分都超过规定值），直到这些项目的估计成本等于资源限定值。但是，这一模型仍然存在未考虑每个指标重要性的缺陷。

7. 加权因素评分模型

加权因素评分模型（Weighted Factor Scoring Model）加入了衡量各个标准相对重要性的权重，并按照满足程度打分，总分达到规定值的项目即被选中。其形式如下：

$$S_i = \sum_{j}^{n} s_{ij} w_j$$

式中，S_i——第 i 个项目的总得分；

S_{ij}——第 i 个项目第 j 个标准的得分；

W_j——第 j 个标准的权重。

这一模型非常重要的一步就是确定各个标准的权重，有多种方法可以产生这些权重，但是最有效和最常用的是 Delphi 法。同样也可以使用层次分析法来确定权重，层次分析法将在后面讲到。确定权重后，针对每个不同的项目为每一标准打分，然后分别将每个标准的权重乘以得分，最后相加就得到项目的加权得分。

加权因素评分模型虽然克服了前两个模型中每个标准重要程度一样的缺陷，但是它仍存在着标准体系和标准权重难以确定的问题。

8. 带约束的加权评分模型

在带约束的加权评分模型（Constrained Weighted Factor Scoring Model）中，附加了新的约束条件，这些条件通常是项目必须具有或不具有的性质。每一个评价因素按照权重来衡量重要程度，并按照满足程度打分，总分达到规定值的项目即被选中。其形式如下：

$$S_i = \sum_{j}^{n} s_{ij} w_j \prod_{k=1}^{v} c_{ik}$$

式中，S_i——第 i 个项目的总得分；

s_{ij}——第 i 个项目第 j 个标准的得分；

w_j——第 j 个标准的权重；

c_{ik}——第 i 个项目是否满足 v 个限制要素中的第 k 个要素，满足则$c_{ik}=1$，否则$c_{ik}=0$。

例如选购轿车，购买者设定了诸如舒适度、运行成本、操作简易性、稳定性以及油耗等多项标准，并一一赋予权重，同时还增加了约束条件，这些约束条件可能有：可以接受的汽车必须不是绿色的、必须能至少坐四个人、价格必须低于34 000美元等，一旦车辆不满足这些条件，即使其他标准都较为符合也不纳入考虑范围。

在使用带约束条件的加权评分模型时必须注意，使用限制要素时一定要小心谨慎，一些约束条件可能使得那些在其他方面有积极影响的项目被忽略。例如，如果将项目是否具有长期盈利能力设为约束条件，那么很可能导致一些本身没有盈利、但可能会对其他潜在项目的盈利能力有较大积极影响的项目被忽视。同样，这一模型也存在标准体系和标准权重难以确定的问题。

评分模型的优点如下：

（1）可以使用多个标准进行评估和决策，包括利润/盈利能力模型中的指标以及一些有形和无形的标准。

（2）结构简单，容易理解和应用。

（3）直接反映管理政策。

（4）容易修改以适应环境或管理政策的变化。

（5）加权评分模型允许一些标准有不同的重要性水平。

（6）这些模型容易进行敏感性分析，多个标准的平衡关系一目了然。

评分模型的缺点如下：

（1）评分模型的结果是相对的，项目得分结果并不代表与之相对应的价值和效用，也不能直接表明项目是否应该得到支持。

（2）一般来讲，评分模型是线性模型，它假设模型中的要素都是独立的。

（3）这些模型的易用性有利于在模型中包含大量的标准，但其中许多标准的权重非常小，以致它们对项目的总分没有什么影响。

（4）非加权0—1因素模型与非加权评分模型中的标准被假定为同等重要，这与实际不符。

（5）某种程度上，评分模型中的利润/盈利能力是一种基本要素，这些要素同样具有前面提到的盈利能力模型的各项优点和缺点。

各种模型都存在优点和缺点，并且有不同的适用环境，管理者应该充分考虑各种因素来选择模型，但不管选择哪一种模型，有两点是非常重要的：

（1）是人在做决策而不是模型在做决策，是管理者承担决策的责任，而不是由模型来完成决策任务，模型只是辅助手段。

（2）所有模型，无论多么复杂，也只是部分地描述所要反映的现实，现实要比任何模型所反映的内容要复杂得多，因此，模型只有在限定条件下才能对决策进行优化。

然而，目前在实际的项目选择过程中，项目评估模型的应用的状况是：财富500强中大约80%的公司应用定性模型来评估与选择项目，没有一家接受调查的公司在项目选择和资源分配上使用数学规划方法。从外部获取巨额合同资金的公司经常采用评分模型，而没有外部资金的公司较多地采用利润/盈利能力模型。

3.4 项目实施策划

3.4.1　项目实施策划的基本内容

项目实施策划是在工程项目立项后，为了把项目决策付诸实施而形成的具有可行性、可操作性和指导性的实施方案。项目实施策划又可以称为项目实施方案或项目实施规划（计划）。

项目实施策划涉及整个实施阶段的工作，它属于业主方工程项目管理的工作范畴。如果采用建设项目总承包的模式，建设项目总承包方也应编制项目实施规划，但它不能代替业主方的项目实施策划工作。因为项目总承包方还是乙方，不能代替建设单位的全部管理工作，甚至在项目总承包模式下，建设单位的管理工作还需要进一步加强。

建设工程项目的其他参与单位，如设计单位、施工单位和供货单位等，为进行其自身工程项目的管理都需要编制项目的管理规划，但都只涉及项目实施的一个方面，并体现一个方面的利益，如设计方项目管理规划、施工方项目管理规划和供货方项目管理规划等。

建设项目实施策划内容涉及的范围和深度，在理论上和工程实践中并没有统一的规定，应视项目的特点而定，一般包括如图 3—4 所示的内容。

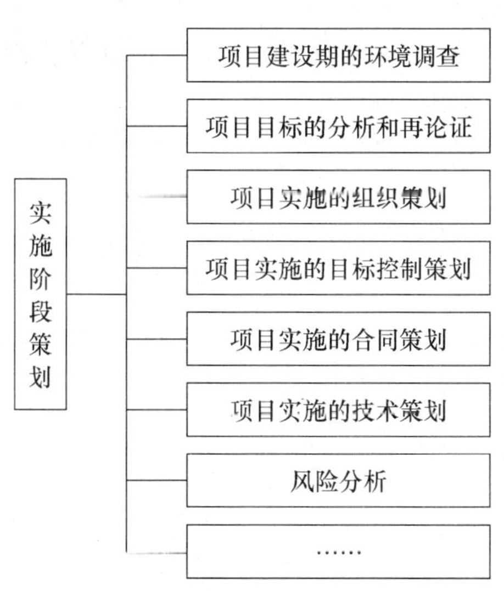

图 3—4　项目实施策划的基本内容

以上内容中有不少与组织有关，这些与组织有关的内容是工程项目组织设计的核心内容。一般宜先讨论和确定工程项目组织，待组织方面基本确定后，再着手编制工程项目管理规划。项目实施的组织策划是项目实施策划的核心。

3.4.2 项目实施准备

完成项目策划工作后并不是马上就能进入项目实施阶段，应当在项目实施前做好一定的实施准备工作才能为项目实施营造良好的气氛和环境。准备阶段有以下工作。

1. 核实项目策划方案

从项目策划到项目实施有一定的时差，在此期间，项目策划的内部环境和外部环境都会发生变化，这些变化必然会降低项目策划的准确度。为了确保项目能顺利实现预期目标，项目组织应当对项目策划进行核实，考查既定策划是否仍然切实、可行、全面、科学，项目所需的人力、物力资源是否有充足的保证，项目团队的权限是否得到有关各方的认可，项目成员的工作分配和职责划分是否合理等。对于核实中发现的疏漏或错误应当及时补充修正。

2. 计划签署

通知项目成员项目实施的日期与进度安排，以便他们能够合理地安排时间，保证完成相应的工作。若项目策划中涉及的项目成员因故不能参加项目实施或工作时间有冲突，则应及时寻找替代人或做适当的工作调整。让项目成员在项目策划上签名，明确各自的职责权限，并承担相应的责任风险。

3. 组建项目团队

项目参与者的确定以及将各项工作的具体落实还不能看做已经组建了项目团队。因为项目本身是一个复杂的、有机的体系，各项工作有较强的关联性与依赖性，这就要求项目成员要有高度的团队合作精神，团结协作、融合沟通才能高效率地完成项目工作。

4. 大力宣传项目的美好前景

这项工作也是为了增强项目团队的凝聚力，激发项目成员的工作热情和斗志。项目经理要充分发挥宣传、动员和组织的作用。

3.4.3 项目实施过程

经过前面一系列的准备工作后，项目就可以正式进入实施阶段了。项目实施即为执行项目策划的过程。项目策划执行的依据是各项目策划方案，主要有范围策划、进度策划、资源策划、成本策划、质量策划、人力资源策划、沟通策划、采购策划、风险策划以及相关的辅助资料。项目策划执行通常有以下几个子过程：按策划执行、信息沟通、询价、选择承包单位或供应单位。

1. 按策划执行

在项目策划执行的过程中，严格来讲，任何工作都应该经过项目工作核准系统以确保各项工作的协调。该系统是首先制定的、在项目工作开展之前必经的审批程序，包括必要的审批制度、人员权限的界定及其他有关资料。各项工作在得到系统的书面批准之后才能正式开展，这样能保证项目工作有条不紊、井然有序地进行。当然，系统的审批程序不能太过复杂，对于小项目、简单项目的有些工作经过负责人的口头批准就可以了，否则将会严重地影响成员的工作积极性。

2. 信息沟通

在项目实施的整个过程中，所有项目干系人之间都应保持顺畅的信息沟通以确保项目的整体协调，减少重复浪费、避免差错。为此，项目团队应做好信息发送和编写进展报告两项工作。信息发送就是及时地把信息传递给项目干系人，包括实施沟通策划和对临时请求的回复。针对接收信息的不同对象和范围，我们可以采取不同的信息发送方式。

项目组织可以建立信息检索系统和文件管理系统，以便项目成员共享信息资源。项目进行期间交流的信息还应加以收集和保管。

进展报告是描述项目进展状况的文件或报告，包括项目的进度、执行情况、已完成的工作是否达到原定目标、可能遇到的问题等。进展报告是项目干系人之间沟通的重要资料，应当根据项目实施策划和实际工作编写，只有准确客观的进展报告才能发挥出沟通的作用。

3. 询价

询价就是让可能参加投标的承包单位或供应单位提出满足项目有关要求的报价和建议。项目方可以根据招标要求，从事先拟定的承包单位或供应单位中选取询价对象，采用召开投标人会议或广告宣传等方式询价。一般来说，项目方询价后要从承包单位或供应单位取得建议书，即说明承包单位或供应单位有能力、有意愿提供项目方要求的产品或劳务的书面材料。

4. 选择承包单位或供应单位

项目方对取得的建议书经过仔细评价比较后接受某建议书，由它负责提供项目所需的劳务或供应所需物资。在选择承包单位或供应单位时应注意：建议书通常由技术部分和价格部分组成，两部分应单独评价；需要重视承包单位或供应单位的价格及信誉；对重要的物资或劳务应货比三家、慎重选择。

3.4.4 项目实施过程控制

1. 项目实施过程控制的基本原理

在项目实施过程中，由于不确定因素及意外情况的影响，项目实施往往会偏离既定的轨道，为了使项目能顺利实现各项目标，有必要纠正这些偏差，这个过程称为项目控制。项目控制通常有如下步骤：项目跟踪、与基准计划（初始策划方案）对照并分析、预测偏差并采取纠偏行动。

项目跟踪指的是在项目实施过程中对项目的实施轨迹及影响项目的内部因素和外部因素进行连续、及时、系统的记录和报告的活动过程。项目跟踪是项目控制的第一步，只有了解项目实施的现实状况才能与基准策划对照，找出偏差，进行项目控制。内部因素指来自系统内部、通常可受项目本身控制的因素，如项目进度、成本、质量、人力资源、资金筹集与运用等因素。外部因素指的是来自项目外部的影响因素，如国家政策、法律法规、市场价格、利率、汇率、财政税收、自然状况、人文环境等因素。

在纠偏时，项目方有时需要纠正项目实施轨迹，有时候则需要修正初始基准规划。当项目的初始策划发生了变化时，我们称为项目变更。项目变更有两种原因：一是项目实施发生偏差，采取纠偏措施导致的项目变更（也叫被动变更）；二是项目业主对项目要求发生了变化或有了更好的主意和办法而改变初始策划（也叫主动变更）。在项目实施过程中，项目变更几乎是不可避免的，但是项目变更对项目整体有很大的影响，所以一定要仔细权衡是否需要变更。变更后的基准策划应作为后续项目控制的基准策划，并及时告知项目投资方、项目业主（客户）等利益相关者和项目有关部门及成员，征得他们的同意与支持。

控制的有效性取决于控制过程的科学性，而控制的科学性取决于所遵循的科学原理。控制的科学原理包括控制论、系统论、目标控制理论、程序化理论、封闭循环理论等，其中最基本的理论是控制论。

控制的目的是实现项目的目标。可以说，控制的出发点是目标，落脚点也是目标。计划、标准与控制密不可分，离开计划、标准就不存在控制。控制必须借助于科学的方法、工具、手段和技术，只有这样才能做到有效控制。控制的行为过程是：监督、检查、引导、纠正。而这些行为过程主要是围绕偏差来展开的。

2. 项目实施的控制系统

有效的控制需要建立理想的控制机制，在项目控制中可采用同态调节机制，同态调节机制就是将项目实施结果保持在规定限度内。

调节是指用于将项目运行保持在一定轨道上的过程。控制系统中用于实现调节的部分称为调节器。在调节时，不仅要将系统引入一定的轨道，而且要确定这个轨道，这就是控制。所以，控制有两个要素，一是确定系统的轨迹，即控制目标和运行轨迹；二是用调节的方法使系统保持在预期轨迹上。

调节可分为以下三种类型：

（1）通过消除控制对象的实际状态与标准或计划的偏差所进行的调节。

（2）通过避免异常因素的干扰所进行的调节。

（3）通过发现并消除异常因素的影响所进行的调节。

项目控制系统可相对地分为被控子系统（即控制对象）和控制子系统（称为控制单元）。这两个子系统通过信息流彼此联系起来，如图 3—5 所示。

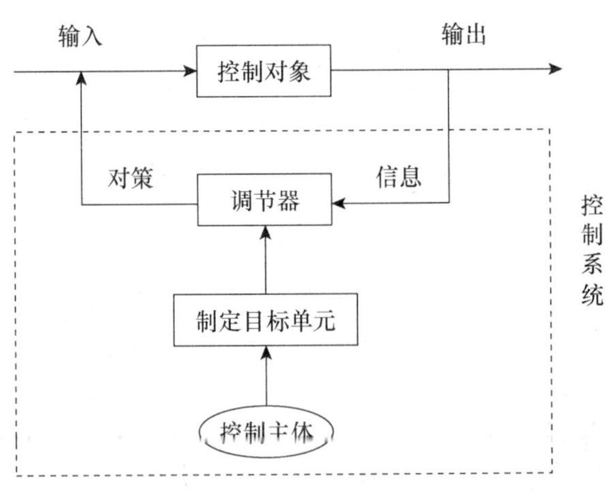

图 3—5　项目控制系统

章后练习题

1. 项目策划的主要内容有哪些？
2. 试陈述项目环境调查的目的及内容。
3. 项目决策策划与实施策划的含义是什么？
4. 项目决策策划的原则有哪些？
5. 在项目决策策划中，项目选择模型有哪些类型？
6. 试陈述项目实施的控制系统的基本原理。

案例

长江三峡水利枢组环境影响评价

1. 我国建设项目策划存在的问题

我国项目建设一般遵循如图 3—6 所示的基本建设程序。

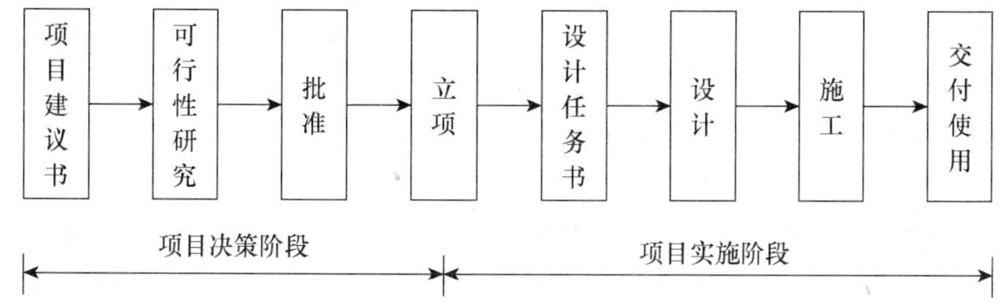

图 3—6　建设项目建设程序

项目立项之前可称为项目决策阶段，立项之后为项目实施阶段。在工程项目建设实践中，无论是决策阶段还是实施阶段，我国目前都存在不少问题。

(1) 以项目建议书和可行性研究报告作为审批的存在不足。可行性研究虽然进行了经济分析和技术分析，但由于前期环境调查和分析不够，往往是为了立项和报批而做，因而可行性研究常常变成了“可批性研究”，其真实性、可靠性和科学性值得怀疑，其分析的广度和深度不够，以可行性研究作为项目决策的依据，决策所需的信息不足。

(2) 在项目实施阶段，没有系统的项目实施策划，设计任务书往往可有可无，缺乏组织、管理、经济和技术等方面对项目的准备和科学论证，未能对设计工作提出准确、详细的要求，设计工作依据不足，往往造成设计结果偏离目标。

2. 案例背景

长江三峡工程规模宏大，是治理和开发长江的关键性骨干工程，建成后可有效地控制长江上游洪水，提供巨大电力，改善长江航运，具有巨大的防洪、发电、航运等综合经济、社会、环境效益，同时对长江流域的生态与环境也将带来广泛与深远的影响。三峡工程的生态与环境问题一直受到国内外的广泛关注，中国政府和有关部门也十分重视。

3. 评价范围、层次系统和方法

(1) 评价范围。根据三峡工程的功能、特点及其引起长江水文情势变化和所在地区的环境差异，评价范围涉及长江干流上游自宜宾至长江口的相关区域，主要划分为以下三个区域：三峡库区、中下游河段及附近地区、河口区以及水库上游区及近海区。

(2) 层次系统。根据三峡工程对环境影响的特点，以及预测和评价工作的需要，评价系统分为环境总体、环境子系统、环境组成、环境因子等 4 个层次。其中自然环境子系统的环境组成有 10 个、环境因子 35 个，社会环境子系统的环境组成有 8 个、环境因子 26 个，公众关心的问题环境子系统环境组成有 6 个。

(3) 影响评价方法。

1) 环境背景状况调查：主要采用监测、实地勘测、遥感、收集历史资料等方法。

2) 根据不同环境因子的特性和变化状况以及工程影响的性质与规律，分别采用定性和定量预测方法。对一些能用量度表示的因子建立数学模型定量预测，如对长江水文情势的影响，对降水、气温、风和雾日的影响，水库扩散能力和复氧能力变化对水质的影响，对水库泥沙淤积和坝下游河道冲刷的影响等，均通过大量观测资料、识别模型、参数进行定量预测；对一些难以定量量度的环境因子，一般采用类比分析或机理分析方法定性预测，如对钉螺扩散可能性分析、对鱼类的影响、对陆生脊椎动物的影响等选用生态机理分析方法，对自然景观的影响则采用定性描述和库水位与景观图像的计算机模拟方法等。

3) 根据预测结果，对照标准和阈值，做出影响性质、影响大小和重要性的评价分析。

4) 做出总体评价，对不利影响提出减轻措施和对策建议。

4. 主要不利影响分析

(1) 水库淹没与移民。库区大量城镇迁建，社会经济系统将发生巨大改变。库区人均耕地低于全国平均水平，土地后备资源少，从当地自然条件和土地已过垦现状出发，这一有限后备土地资源也不宜开垦种粮。三峡水库的建设，淹没耕地给库区土地资源造成巨大压力，同时移民安置、城镇和企业搬迁又需占用数万亩耕地，使库区土地承载压力进一步加大。水库蓄水后，若措施不力，对植物和植被将带来极大的不利影响。

(2) 库区水质。三峡水库蓄水后，水库回水区干、支流水文情势将发生显著变化，水深加大、断面平均流速相应减小，库区干流城市江段近岸水域的水环境承载能力减小，在相同污染负荷条件下，城市江段近岸水域的污染范围扩大；进入水体的污染物质不易扩散，可能会出现富营养化问题等。此外，水库蓄水初期，水库淹没线下堆存有大量生活垃圾和工业固体废弃物，如在库底清理中不能得到有效处理，将会在蓄水初期引起部分水域水质恶化。

(3) 水生生物。对中华鲟等珍稀、濒危水生动物产生不利影响，水库内渔业资源与种类组成将发生变化，中下游家鱼苗的来源将减少 50%～60%，进入洞庭湖的家鱼苗减少幅度将更大；水库调蓄使洞庭湖提前一个月进入枯水期，渔产品数量和质量将有所下降。

(4) 对文物古迹的影响分为完全淹没型、部分淹没型、环境变化型、无影响型、潜在型等五种类型。蓄水后库区文物遗址将会有变化。

(5) 库区泥沙淤积和坝下游河道冲刷。三峡蓄水后，将引起坝下游河床冲刷，同流量的水位降低，河势将进行调整，对沿江崩岸、浅滩和江湖关系产生影响。因为坝下游河道沿程冲刷，河势将发生不同程度调整，可能出现局部浅滩碍航等。

(6) 此外，工程施工对环境的水质、大气、噪声、弃渣、人群健康等产生重要影响。

5. 结论

长江三峡工程对生态与环境产生广泛而深远的影响，涉及的因素众多，地域广阔，时间长久。所涉及的问题相互渗透，关系复杂，利弊交织。三峡工程对生态与环境的有利影响主要在长江中游，不利影响主要在库区，存在着一些潜在的和目前还难以预测的影响；对于不利影响，关键在于高度重视、认真对待，从组织、技术和资金上使各项措施落实，就不致造成库区及流域生态环境的恶化。

问题：

1. 如何正确理解我国项目建设的基本建设程序？
2. 长江三峡水利枢纽环境影响评价过程是什么？

资料来源：中国科学院环境评价部长江水资源保护科学研究所：《长江三峡水利枢纽环境影响报告书》，北京，科学出版社，1991；丁士昭：《工程项目管理》（第二版），北京，中国建筑工业出版社，2014。

项目整体管理

引 例

某电子政务信息系统工程项目整体管理

某市电子政务信息系统工程总投资额约500万元，主要包括网络平台建设和业务办公应用系统开发。通过公开招标，确定工程的承建单位是A公司，业主方按照《合同法》的要求与A公司签订了工程建设合同，并在合同中规定A公司可以将机房工程这样的非主体、非关键性子工程分包给具备相关资质的专业公司B，而B公司将子工程转手给了C公司。

在随后的应用系统建设过程中，监理工程师发现A公司提交的需求规格说明书质量较差，要求A公司进行整改。此外，机房工程装修不符合要求，要求A公司进行整改。

项目经理小丁在接到监理工程师的通知后，对于第二个问题拒绝了监理工程师的要求，理由是机房工程由B公司承建，且B公司经过了建设方的认可，要求追究B公司的责任，而不是自己公司的责任。对于第一个问题，小丁把任务分派给程序员老张进行修改，此时，系统设计工作已经在进行中，程序员老张独自修改了已进入基线的程序，小丁默许了他的操作。老张在修改了需求规格说明书以后用邮件通知了系统设计人员。

合同生效后，小丁进行项目计划的编制，开始启动项目。由于工期紧张，甲方要求提前完工，总经理比较关心该项目，询问项目的一些进展情况，在项目汇报会议上，小丁给总经理递交了进度计划，公司总经理在阅读进度计划以后，对项目经理小丁指出任务之间的关联不是很清晰，要求小丁重新处理一下。

新的计划出来了，在计划实施过程中，由于甲方的特殊要求，需要项目提前2周完工，小丁更改了项目进度计划，项目最终按时完工。

资料来源：http：//www. mypm. net/case/show _ case _ content. asp? caseID=4302。

4.1 项目整体管理概述

4.1.1 项目整体管理的定义与框架

项目整体管理（Project Integration Management）是指在项目生命周期中，对所有其他项目管理知识领域的所有过程进行协调的全部工作和活动的过程。根据 PMBOK（第 5 版）的论述，项目整体管理包括为识别、定义、组合、统一和协调各项目管理过程组的各种过程和活动而开展的过程与活动。在项目管理中，“整合”兼具统一、合并、沟通和集成的性质，对受控项目从执行到完成、成功管理干系人期望和满足项目要求，都至关重要。项目整体管理包括选择资源分配方案、平衡相互竞争的目标和方案，以及管理项目管理知识领域之间的依赖关系。虽然各项目管理过程通常以界限分明、相互独立的形式出现，但在实践中它们会相互交叠、相互作用。

项目的其他知识领域都是针对项目某一特定目标展开的管理工作，例如项目范围管理确定项目的边界；项目时间管理是针对项目进度计划、工期而进行的管理和控制；项目成本管理是对项目的成本进行的估算、预算和控制；项目质量管理是对项目的质量目标进行的管理和控制。这些都是单独的、孤立的目标，为了达到项目的整体最优，必须从全局的、整体的理念出发，通过协调项目的各个要素（进度、成本、质量和资源等），在相互影响的各项具体目标和方案中权衡和选择，尽可能地消除单个知识领域中过程的局限性，从而最大限度地满足项目干系人的需求和期望，这就是项目整体管理的工作。

项目整体管理是一项综合性的管理工作，要进行项目整体管理，必定要涉及项目的范围、质量、时间和成本管理以及人力资源、沟通、风险、采购和干系人管理。由于项目整体管理把所有知识领域结合在一起，因此项目整体管理必须依靠来自所有其他九个知识领域的活动。图 4—1 为项目整体管理示意图。

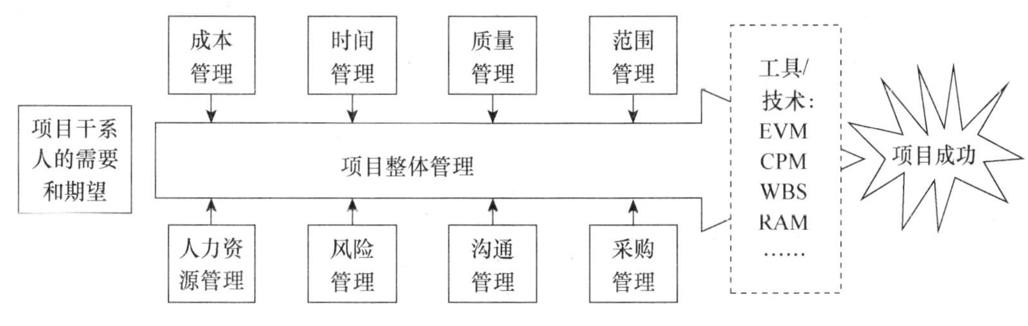

图 4—1　项目整体管理示意图

项目要经历启动、规划、实施和收尾等几个基本的项目生命周期阶段。图 4—2 所提供的框架将有助于理解项目整体管理是如何在项目管理中起到导向性作用的。该图中的 *X* 轴代表项目生命周期，*Y* 轴代表其他九个项目管理知识领域。项目整体管理用闭合的箭头表示，箭头随着项目生命周期演化而变得更加集中。项目整体管理将所有这些要素结合在一起，指导项目成功地完成。当过程之间发生相互作用时，项目整体管理就显得非常必要。例如，为应急计划制定成本估算时，就需要整合项目成本、时间和风险管理知识领域中的相关过程。在识别出与各种人员配备方案有关的额外风险时，可能又需要再次进行上述某个或某几个过程。项目的可交付成果可能也需要与执行组织、需求组织的持续运营活动相整合，并与考虑未来问题和机会的长期战略计划相整合。项目整体管理还包括开展各种活动来管理项目文件，以确保项目文件与项目管理计划及可交付成果（产品、服务或能力）的一致性。

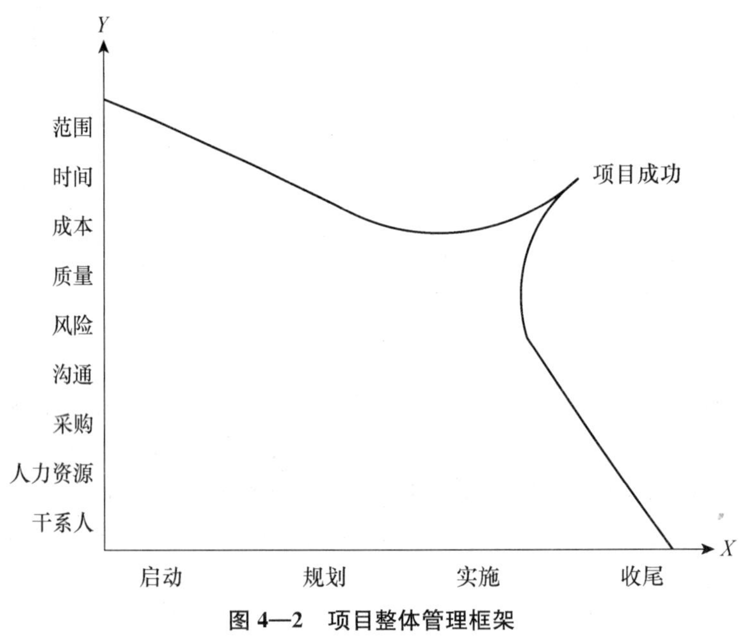

图 4—2　项目整体管理框架

4.1.2　项目整体管理的目的

项目管理的目标是整体的成功，而不是局部的成功；是整体的最优化，而不是局部的最优化，为达此目的，项目管理须具有全局的、综合的和系统的观念，这就是项目整体管理的目的。项目整体管理与其他的项目单项管理（如项目时间管理、成本管理、质量管理等）相比，具有如下特点。

1. 综合性

项目的其他知识领域都是针对项目某一特定目标展开的管理工作，例如项目沟通管理针对项目如何进行有效的沟通，而项目的质量管理是对项目的质量目标进行的管理和控制，等等。这些目标彼此孤立，工作彼此独立，因此需要一种管理工作来综合和协调这些不同专项的目标和工作，项目整体管理正是为此而开展的一项综合性的项目管理工作。

2. 全局性

项目整体管理就是为了实现项目的总体目标，消除项目单项管理的局部性，有时甚至可以不惜牺牲或降低一些项目的单项目标来实现总目标。这些目标可能是相互冲突的，项目的某个目标要求提高，可能会以降低或牺牲其他目标为代价，如要缩短项目工期，压缩进度计划，会导致项目成本升高，质量下降。为了达到项目的整体最优，必须从全局的、整体的理念出发，通过协调项目的各个要素（进度、成本、质量和资源等），在相互影响的项目各项具体目标和方案中选择和权衡，权衡各个相互冲突的目标对项目总体绩效所产生的影响，尽可能地消除单个知识领域中的过程的局限性，从而最大限度地满足项目干系人的需求和期望。

3. 系统性

项目整体管理把项目作为一个整体系统来考虑，项目的干系人可能涉及组织内的多个职能部门，也可能涉及组织外的多个不同的组织。他们对项目的影响彼此相互关联、相互作用，项目整体管理必须以系统的观念看待整个项目，将项目的内部因素和外部因素相结合，不仅要对系统内部进行管理和控制，还要协调项目外部的许多方面。

项目整体管理是项目成功的关键。在项目管理过程中，项目团队成员完成各自的工作，必须要有人来综合全局，把项目的各项工作集成为一个整体；必须要有人来负责协调为完成项目所需要的所有人员、计划以及工作；必须有人来统领全局、带领项目团队取得成功；当项目的各个目标之间、项目干系人之间发生冲突时，必须要有人权衡和裁决；必须有人负责向高级管理层汇报重要的项目信息。这个人就是项目经理。

通常情况下，项目的整体管理主要有如下方面：项目时间与成本的集成，项目时间与质量的集成，项目成本与项目质量的集成，项目风险与项目时间、项目成本的集成，项目进度、成本、质量与资源的集成，项目不同专业或部门的集成，不同项目干系人目标的集成，项目工作与组织的日常运作的集成等。

需要指出的是：大多数有经验的项目管理从业者都知道，管理项目并无统一的方法。为了实现预期的项目绩效，他们会按自认为合适的顺序和严格程度，来应用项目管理知识、技能和所需的过程。然而，判断某一特定过程不是必需的，并不代表实际上不用考虑这一过程。项目经理和项目团队需要考虑每个过程和项目环境，以决定在具体项目中各过程的实施程度。如果项目有不止一个阶段，那么各个项目阶段中所采用的严格程度应与该阶段相适应，这同样需要由项目经理和项目团队来决定。

4.2 制定项目管理目标

4.2.1 项目管理目标

项目作为一种行为目标，经常需要在陌生的甚至是恶劣的环境中完成。它需要运用一些从未尝试过的设计和工作流程，有时可能还要设计复杂的项目组织结构，而且还必须满足严格的时间和成本限制条件。因此，许多项目彻底失败也就不足为奇了。换句话说，风险最容易摧毁一个项目。

项目管理的目的也即项目管理人员的首要职责，就是克服风险，完成项目的所有工作目标。可以从两个角度衡量一个项目的成功与否，其中一个就是项目管理人员的基本目标，通常是一个群体或组织完成了既定的工作，并达到了时间和成本的要求。这些基本的项目管理目标把顾客（或客户）与项目承包人之间的共同目标紧紧联系起来。在这里，我们必须让“客户”和“承包人”这样的专业术语意义更加宽泛。除了过去表示两个公司之间的类似关系以外，我们还使用“承包人”表示公司在自己的高层指导下启动内部项目时的任何小组和部门。在这种情况下，实际成了它自己项目的顾客或者说是客户。这里还有其他更多的方法可以衡量项目的成败，这些方法不仅被“承包人—客户”关系中的利益相关人认可，同时也被相关的公众所接受。

绝大多数项目在制定的时候都有严格的目标，主要包括三个基本目标：项目质量、交付日期和成本。

项目质量应当定义项目期望的结果是什么，就是项目交付的条件。项目质量必须用准确清晰的术语（或者可衡量的质量指标）说明项目的客户希望通过自己的投资或付出得到什么样的回报，还必须用清晰的语言说明承包商应当承担的责任。

交付日期就是在项目完成并达到客户的满意后移交给客户的日期。绝大多数项目管理人员的任务就是明确完成项目需要哪些活动，合理安排这些活动的顺序，估计所需的时间，并调度资源。一个切实可行的、包括适当细节的计划是控制项目能够按期完成任务的重要基础。

在立项阶段，项目管理人员可能并没有深思熟虑的想法来细化项目的实施步骤。但是，当项目最终批准时，承包方项目经理就必须设计出一个计划符合预先设定的完成时间。

按时完成项目是极其重要的目标。事实上，不仅仅对客户而言是这样，因为任何一个项目一旦拖延，那么在质量和可靠性上就很难有保证，而且超出预期的工作总是伴随着预算的超支。

在商业中，尽管许多项目的合同双方都希望获利，但是绝不是所有项目都以获利为目标，许多国内的管理项目都是由慈善团体和非营利组织完成的。一旦项目范围扩大或者在项目需求规格上增加了内容，毫无疑问，项目的时间和预算也必须相应扩大。

许多组织在管理项目的时候并没有意识到要区分这三个基本目标或对三个目标加以平衡。然而，绝大多数组织都有自己的组织文化去强调它们产品或服务的某一特性。这种特性可能是产品质量（符合需求规格或达到目标的标准），也可能是向客户提供的服务。我们可以列出在什么样的情况下应该更加关注基本目标中的哪一个。比如，应当更加注意需求规格的项目：核能应用、石油化工厂、航空和军事。在这些项目中应该强调安全、可靠性以及工程的质量。在以下项目中，时间尤为重要：在已经明确期限后的筹备工作，比如贸易展览、公众节日、舞台表演等；产品从开发到出售的时间要求非常严格；在紧急情况下，为解决有生命危险的自然灾害而确立的项目应当在最短的时间内完成。在如下项目中，预算的限制更加重要：一些组织需要在消费计划中精打细算，例如，组织的资金来自公众的捐献或是慈善基金，还有一些资金极度缺乏的项目也是如此。

4.2.2 项目管理目标的制定过程

项目管理目标的制定遵循以下过程：

（1）项目情况分析。对项目的整个环境进行有效分析，包括外部环境、上层组织系统、市场情况、相关干系人（客户、承包商、相关供应商、社会经济和政治法律环境等）。

（2）项目问题界定。对项目情况进行分析后，发现是否存在影响项目开展和发展的因素和问题，并对问题进行分类、界定。分析得出项目问题产生的原因、背景和界限。

（3）确定项目管理目标因素。根据项目当前问题的分析和定义，确定可能影响项目发展和成败的明确、具体、可量化的目标因素，如项目风险大小、资金成本、项目涉及领域、通货膨胀、回收期等。具体应该体现在项目论证和可行性分析中。

（4）建立项目管理目标体系。通过项目因素，确定项目相关各方面的目标和各层次的目标，并对项目管理目标的具体内容和重要性进行表述。

（5）各目标的关系确认。确认哪些是必然（强制性）目标、哪些是期望目标、哪些是阶段性目标、不同的目标之间有哪些联系和矛盾，确认清楚后便于对项目的整体把握和推进项目的发展。

4.2.3 项目管理目标的制定原则

项目管理目标的制定同样需要遵循 SMART 原则：

（1）制定的目标应该是明确的（Specific)。模棱两可的目标会在执行的时候让人无所适从。

（2）制定的目标必须是可衡量的（Measurable)。应该多采用可量化的指标。

（3）制定的目标应该是可达成的（Achievable)。盲目追求不切实际的要求会给项目带来灾难性的后果。

（4）制定的目标要和项目本身具有很强的相关性（Relevance)。

（5）目标要有时间限制（Timelines)。

4.2.4 项目管理目标的描述

对项目管理目标的描述应反映项目的本质，而且清楚明确。确定项目管理目标应遵循的原则如下：项目的目标应清晰准确，含有定量和定性两方面的标准，能定量描述的不定性描述，尽量使项目管理目标的结果或产品以可测量的数据作为其限定条件；目标应是现实的，不是理想化的，项目的结果或产品都应是通过努力能达到的，不可能实现的目标没有任何意义；目标的描述应尽量简化和明确，应使每个项目团队成员都充分理解项目的目标；目标应该是面向结果的，不是面向成本的；项目管理目标应该能对项目团队成员起到激励作用。

为了更好地对项目管理目标进行描述，通常采用项目工作说明书。项目工作说明书

(Statement of Work, SOW) 是对项目需交付的产品、服务或成果的叙述性说明。对于内部项目,项目启动者或发起人根据业务需要及对产品或服务的需求来提供工作说明书。对于外部项目,工作说明书则由客户提供,可以是招标文件(如建议邀请书、信息邀请书、投标邀请书)的一部分,或合同的一部分。

SOW 应包括以下内容:

(1) 业务需要。组织的业务需要可基于市场需求、技术进步、法律要求、政府法规或环境考虑。通常情况下,在商业论证中会进行业务需要和成本效益分析,对项目进行论证。

(2) 产品范围描述。记录项目所需产出的产品、服务或成果的特征,以及这些产品、服务或成果与项目所对应的业务需要之间的关系。

(3) 战略计划。战略计划文件记录了组织的愿景、目的和目标,也可包括高层级的使命阐述。所有项目都应该支持组织的战略计划。确认项目符合战略计划,才能确保每个项目都能为组织的整体目标做出贡献。

综上所述,项目管理目标必须明确具体,尽量用定量化的语言来描述,保证项目团队成员对项目管理目标容易理解,使每个项目团队成员相信项目是可以实现的,并且根据上级目标合理确定自己这一级的具体目标,把责任落实到个人,只有这样,项目管理目标才能对项目团队成员起到很好的激励作用。

4.3 制订项目管理计划

计划工作是项目管理中最为重要的一环,而项目管理计划工作又是全部项目计划工作中最为重要的一环。前面已经讨论的项目范围、工期、成本和质量管理中有很多计划工作,从项目时间(工期进度)计划到项目的资源计划和项目的成本预算计划,这些都是项目管理中的专项计划工作。项目管理计划管理工作是项目管理中最为重要的计划管理工作。

项目管理计划是指通过使用项目各个专项计划(包括战略计划)工作所生成的结果(即项目的各种专项计划及其支持细节),运用集成和综合平衡的方法制定的,用于指导项目实施和管理控制的集成性、综合性、全局性的计划文件。通常情况下,这种集成计划的编制需要通过多次反复的优化和修订才能完成。例如,在初始的项目管理计划文件中可能首先考虑项目范围和成本的集成,但是在最终的项目计划文件中需要详细反映项目资源、工期、质量、成本和风险等各种因素的集成。需要特别说明的是项目管理计划与项目各专项计划的相互关系问题。通常一个项目是首先制订项目的专项计划初步方案,然后进行最初的项目管理计划的综合与平衡工作;随后进一步编制和完善项目的专项计划,进一步再做项目各专项计划的综合平衡并生成项目管理计划草案；最终编制和确定出项目管理计划和项目各专项计划方案。

需要指出的是：项目管理计划确定项目的执行、监控和收尾方式，其内容会因项目的复杂程度和所在应用领域而异，具有动态性。编制项目管理计划，需要整合一系列相关过程，而且要持续到项目收尾。本过程将产生一份项目管理计划。该计划需要通过不断更新来渐进明细。这些更新需要由实施整体变更控制过程进行控制和批准。存在于项目集中的项目也应该制订项目管理计划，而且这份计划需要与项目集管理计划保持一致。

4.3.1 项目管理计划编制的前期准备

在项目管理计划编制的前期准备阶段要收集各种相关的信息和数据，为计划的编制提供依据。这一工作收集的信息主要包括以下内容：

1. 项目各专项计划信息

项目各专项计划编制工作所生成的专项计划文件和相应的支持细节文件与信息是编制项目管理计划最为重要的信息。这包括项目战略计划的信息、项目范围计划中的 WBS 以及项目各专项计划中所规定的目标、任务和各种数据等。它们都需要被集成到项目管理计划之中。例如，项目范围、质量、工期、成本、资源、风险、沟通、人力资源和采购等计划信息都需要在项目管理计划中进行集成和综合。

2. 相关历史信息与数据资料

在项目管理计划的编制中还需要使用相关的历史信息与数据资料，这些通常是作为一种基本的参照信息使用的。这类信息主要包括：过去已完成类似项目的历史数据资料，这是指项目组织或其他组织在过去所完成类似项目的各种历史信息与数据资料，包括这些历史项目的计划文件、绩效报告、实际结果、经验教训等方面的信息与数据资料；本项目前期所生成的各种资料与数据，这是指项目组织在编制项目计划之前，已经收集和生成的各种与项目有关的资料与数据，包括项目前期分析与决策工作中获得的信息资料和此后收集的与项目相关的信息资料。

3. 项目相关组织的政策与规定

任何一个与项目相关组织的方针、政策和规定（包括项目业主/客户和项目实施组织）都是在制订项目管理计划时必须予以充分考虑的项目管理计划编制依据。这方面的信息主要包括：

（1）项目相关组织有关质量管理的政策。项目相关组织有关项目质量管理方面的政策和规定是制订项目管理计划的重要依据之一，因为在项目管理计划编制中，需要依据这方面的政策和规定确定项目质量管理的计划和安排。

（2）项目相关组织员工管理与绩效评价的政策。项目相关组织有关员工管理和绩效评价的政策和规定也是制订项目管理计划的重要依据之一，这包括项目员工内部招聘、外部招聘、解聘、员工绩效评价与激励等方面的政策和规定。

（3）项目相关组织财务与合同管理方面的政策。项目相关组织有关财务管理与合同管理等方面的政策同样也是制订项目管理计划的重要依据之一，这包括财务管理与报告制度、财务账户管理办法、合同管理方法与程序等方面的政策与规定。

4. 项目的限制因素与条件

项目的限制因素与条件是指限制项目计划与实施的各种内部和外部的环境因素与条件。例如，项目业主/客户事先确定的项目预算和质量要求就是一种限制因素和条件。项目所处环境和条件对于项目集成、范围、质量、工期、成本、资源、项目团队组成和项目沟通等方面的限制因素与条件都是在项目管理计划的编制中必须充分考虑的。在项目管理计划编制过程中，必须根据项目的各种限制因素和条件去合理地选择切实可行的项目管理计划方案。因此，在项目管理计划编制过程中，还必须认真收集和整理需要考虑的各种项目限制因素和条件，因为它们也是项目计划编制中所必须依据的信息之一。

5. 项目的假设前提条件

从项目计划管理的角度出发，项目的假设前提条件是指那些到计划编制时尚未完全确定的各种项目内外部条件。但是，人们为了制订项目计划，就不得不对这些条件做出一些假定，并将这些假设的条件作为编制项目计划的依据之一，以便使用这些假设前提条件去制订项目计划（否则缺少条件就无法编制计划了）。例如，项目团队的某个关键成员（像科研项目中的首席专家）是否和何时能够参加项目最初是不确定的，但是项目管理者在制订项目计划的时候就必须假定这一关键成员参加项目和投入项目工作的时间，并以此作为编制和确定项目计划的前提条件。当然，任何假设前提条件都包含有一定的风险性，因为这类假设的前提条件实际上都是不确定的。

6. 其他信息

在项目计划的制订过程中还需要收集一些具体项目所属专业领域的信息和相关专业领域的各种信息，以便作为项目计划编制工作的依据。例如，建设工程项目的集成计划编制需要考虑资金的时间价值，所以就需要收集和输入有关现金流量、所属行业的基准收益率和贴现系数等方面的信息或数据以及所属行业的一些专业方面的相关数据和信息。然而，对于软件开发项目的集成计划编制，就需要收集有关项目用户的信息需求情况、用户现有信息系统硬件信息和项目用户的信息载荷与数据容量要求等方面的信息。这些也都是在编制项目管理计划中需要依据的信息。

4.3.2 项目管理计划的主要内容

项目管理计划是说明项目将如何执行、监督和控制的一份文件。它合并了其他各规划过程所输出的所有子管理计划（通常涵盖：范围管理计划、需求管理计划、进度管理计划、成本管理计划、质量管理计划、过程改进计划、人力资源管理计划、沟通管理计划、风险管理计划、采购管理计划、干系人管理计划等）和项目标准（例如：建设工程项目中的国家规范、图集以及各类强制新标准等）。

另外，项目管理计划应可能包括以下内容：

（1）项目所选用的生命周期及各阶段将采用的过程。

（2）项目管理团队做出的决定，包括：项目管理团队所选择的项目管理过程；每个所选过程的执行程度；对这些过程所需的工具与技术的描述；对如何利用所选过程来管理具体项目的描述，包括这些过程间的依赖关系和相互影响，以及这些过程的主要依据和结果。

（3）关于如何执行工作以实现项目目标的描述。

（4）变更管理计划，用来明确如何对变更进行监控。

（5）配置管理计划，用来明确如何开展配置管理。

（6）对如何维护绩效测量基准的完整性的说明。

（7）干系人的沟通需求和适用的沟通技术。

（8）为处理未决问题和制定决策所开展的关键管理审查，包括内容、程度和时间安排等。

项目管理计划可以是概括或详细的，可以包括一个或多个子管理计划。每个子计划的详细程度取决于具体项目的要求。项目管理计划一旦被确定为基准，就只有在提出变更请求并经实施整体变更控制过程批准后，才能变更，从而形成新的项目管理计划，再进行循环。

4.4 指导和管理项目执行

指导和管理项目工作就是为了实现项目目标而领导和执行项目管理计划中所确定的工作，并实施已批准变更的过程。项目执行过程就是完成整个项目计划文件所规定的全部任务的过程。项目经理与项目管理团队一起指导实施已计划好的项目活动，并管理项目内的各种技术接口和组织接口。项目经理还应该管理所有的计划外活动，并确定合适的行动方案。指导与管理项目工作过程会受项目所在应用领域的直接影响。通过实施相关过程来完成项目管理计划中的项目工作，可产出相应的可交付成果。

在这个过程中，项目经理和项目管理队伍必须全面协调和组织指挥好项目所涉及的人员、资金、技术，做好项目组织与管理等方面的工作。同时，这一过程还会受到项目所属专业领域各种情况的影响，因为这一过程的最终工作结果所给出的是属于一定专业领域的项目产出物。项目执行的主要工作内容包括以下几个方面。

4.4.1 项目执行所需工作绩效数据的收集

在项目执行过程中，须收集工作绩效数据，并进行适当的处理和沟通。工作绩效数据包括可交付成果的完成情况和其他与项目绩效相关的细节。项目执行过程始于项目计划及其支持细节等信息的收集和整理。当项目组织或项目团队得到了项目计划和相应支持细节文件的信息以后，通常就可以开始执行项目计划了。但是，项目执行组织首先需要收集和获得有关项目组织政策、规定和项目执行工作中出现的偏差，以及项目组织将要采取的纠偏措施等方面的信息。实际上，在项目计划的执行过程中，需要不断地获得这些方面的信息，以保证项目计划执行工作的正确和高效。项目计划执行过程中所需的信息除了计划文件和相应的支持细节以外，还有以下两个方面的内容。

1. 项目相关组织的政策与规定

项目相关组织的政策与规定是在项目执行中所需的一项非常重要的信息。参与项目的任何一个组织都会有各种各样的正式的和非正式的政策与规定，这些政策和规定都会影响项目计划的执行工作。虽然这种影响有时是正面的，属于项目执行的推动和保障力量，但是我们必须获得相关的信息才能更好地开展工作。因此，在项目计划执行的全过程中应该不断地收集、了解和正确地贯彻这些项目相关组织的政策和规定，以推动和加速项目计划的执行。如果项目相关组织的政策和规定对于执行项目计划和实现项目目标有妨碍或者发生冲突，则需要修订和完善这些项目组织的政策和规定，以便使其能够更好地为项目计划的执行服务。

2. 项目纠偏措施与行动信息

项目的纠偏措施与行动信息包括各种项目执行的实际情况、项目计划的偏差信息、计划采取的纠偏措施与行动等方面的信息。通常情况下，这些项目纠偏措施与行动的信息会指导项目组织去调整项目计划的执行工作并改进项目执行绩效，从而保证项目各项目标的实现。需要特别强调的是，项目纠偏措施与行动信息是在项目执行过程中，由项目管理控制人员根据项目执行过程中的实际绩效、工作情况与结果数据，通过加工处理而生成的项目执行的管理信息。这种信息的生成需要经历几个阶段：首先要对目前阶段的项目执行工作进行科学的度量，然后要将实际度量结果与项目计划指标和绩效基准进行比较并找出两者之间的差距，进一步分析产生这些差距的原因，最终根据造成差距的原因设计和确定出需要采取的纠偏措施和行动。所以，项目执行中所生成的纠偏措施与行动方面的信息，是在项目执行过程中不断更新的一种动态信息。

4.4.2 项目执行的结果

项目计划执行的结果包括两个方面：一是通过项目计划的执行所生成的具体可交付成果，二是在项目执行中发生的相关项目变更的要求和结果。

1. 可交付成果

可交付成果是在某一过程、阶段或项目完成时，必须产出的任何独特并可核实的产品、成果或服务能力。可交付成果通常是为实现项目目标而完成的有形的组件，也可包括项目管理计划。这既包括项目产出物的中间形态，也包括项目产出物的最终形态，这是项目执行最主要的结果。项目执行的这一结果中还应该包括说明生成项目产出物的工作过程和工作结果的各种文件资料，包括哪些项目任务已经完成、哪些还没有完成、执行工作达到了什么样的程度以及达到的质量标准和已经发生的项目成本等。这些文件资料都需要与项目产出物一起作为项目计划执行的成果给出。

2. 变更请求

变更请求是关于修改任何文档、可交付成果或基准的正式提议。变更请求被批准之后，将会引起对相关文档、可交付成果或基准的修改，也可能导致对项目管理计划其他相关部分的更新。如果在项目工作的实施过程中发现问题，就需要提出变更请求，对项目政策或程序、项目范围、项目成本或预算、项目进度计划或项目质量进行修改。其他变更请求包括必要的预防措施或纠正措施，用来防止以后的不利后果。变更请求可以是直接或间接的，可以由外部或内部提出，可能是自选或由法律/合同所强制的。这种项目变更要求应该分为两种情况进行管理：一种是出于项目实际的执行工作落后于项目计划而造成的项目变更要求，另一种是项目计划在制订过程中本身就存在的缺陷而造成的项目变更要求。例如，项目业主/客户提出的扩大或者缩小项目任务范围的变更要求，项目执行组织为变更项目工作内容、修订项目计划、调整项目成本或质量而提出的变更要求等。这些项目变更要求多数是在项目计划的执行过程中提出、确定并执行完成的，所以它们也是项目执行的重要结果之一。

纠偏的措施主要包括：

（1）纠正措施。为使项目工作绩效重新与项目管理计划一致而进行的有目的的活动。

（2）预防措施。为确保项目工作的未来绩效符合项目管理计划而进行的有目的的活动。

（3）缺陷补救。为了修正不一致的产品或产品组件而进行的有目的的活动。

（4）更新。对正式受控的项目文件或计划等进行的变更，以反映修改或增加的意见或内容。

4.5 监督和控制项目工作

监控项目工作是跟踪、审查和报告项目进展，以实现项目管理计划中确定的绩效目标的过程。本过程的主要作用是，让干系人了解项目的当前状态、已采取的步骤，以及对预算、进度和范围的预测。

4.5.1 监控项目工作的内容

项目工作的监督和控制过程被用来监督项目启动、计划、执行和收尾中的各个过程。监督是贯穿整个项目的项目管理活动之一，包括收集、测量和发布绩效信息，分析测量结果和预测趋势，以便推动过程改进。持续的监督使项目管理团队能洞察项目的健康状况，并识别须特别关注的任何方面。控制包括制定纠正或预防措施或重新规划，并跟踪行动计划的实施过程，以确保它们能有效解决问题。监控项目工作过程关注以下方面：

（1）把项目的实际绩效与项目管理计划进行比较。

（2）评估项目绩效，决定是否需要采取纠正或预防措施，并推荐必要的措施。

（3）识别新风险，分析、跟踪和监测已有风险，确保全面识别风险，报告风险状态，并执行适当的风险应对计划。

（4）在整个项目期间，维护一个准确且及时更新的信息库，以反映项目产品及相关文件的情况。

(5) 为状态报告、进展测量和预测提供信息。

(6) 做出预测，以更新当前的成本与进度信息。

(7) 监督已批准变更的实施情况。

4.5.2 监控项目工作的依据

1. 项目管理计划

综合与集成项目的各种子计划，建立起一个连贯的、一致的文档，确定了执行、监视、控制和结束项目的方式与方法，记录了计划过程组的各个计划子过程的全部成果，是一份经过批准的正式文件。项目管理计划中的子计划也是控制项目的依据。

2. 工作绩效信息

工作绩效信息是从各控制过程中收集并结合相关背景和跨领域关系进行整合分析而得到的绩效数据。这样，工作绩效数据就转化为工作绩效信息。脱离背景的数据本身不能用于决策。但是，工作绩效信息考虑了相互关系和所处背景，可以作为项目决策的可靠基础。

工作绩效信息通过沟通过程进行传递。绩效信息可包括可交付成果的状态、变更请求的落实情况及预测的完工尚需估算、被拒绝的变更请求。被拒绝的变更请求包括变更请求、支持文件和显示被拒绝变更请求处理情况的变更审计状态。

3. 进度与成本预测

(1) 进度预测。基于实际进展与进度基准的比较而计算出进度预测，即完工尚需时间估算，通常表示为进度偏差（SV）和进度绩效指数（SPI）。如果项目没有采用挣值管理，则需要提供实际进展与计划完成日期的差异，以及预计的完工日期。通过预测可以确定项目是否仍处于可容忍范围内，并识别任何必要的变更。

(2) 成本预测。基于实际进展与成本基准的比较而计算出的完工尚需估算，通常表示为成本偏差（CV）和成本绩效指数（CPI）。通过比较完工估算与完工预算，可以看出项目是否仍处于可容忍范围内、是否需要提出变更请求。如果项目没有采用挣值管理，则需要提供实际支出与计划支出的差异，以及预测的最终成本。

4.5.3 监控项目工作的工具和技术

1. 项目管理方法论

项目管理方法论定义了协助项目管理团队按照项目计划监督和控制项目工作的过程。例如回归分析、分组方法、因果分析及故障树分析等。

2. 项目管理信息系统

项目管理信息系统是一个自动化系统，项目管理团队利用项目管理信息系统监督和控制项目管理计划中规划和安排的项目活动。

3. 挣值分析技术

从项目的启动开始一直到项目收尾阶段，挣值分析技术被用于衡量项目的实施成效。挣值分析方法还是一种根据过去实施结果预测未来的成效的重要手段。

4.5.4 监控项目工作的结果

1. 推荐的纠正措施

推荐的纠正措施是指为了使预期的未来项目成果与项目计划中相一致需要采取的措施，推荐的纠正措施是形成文件的。

2. 推荐的预防措施

推荐的预防措施是被文档化的，以减少项目风险相关的负面影响可能性的措施。

3. 预测

预测包括根据现有的信息和知识，对项目未来的情况和事件进行的估计和预测。根据项目执行中提供的绩效信息，需要对预测进行更新和重新发布。这些信息包括可能会影响到项目未来的既往成果，例如，对结束时情况的估计等。

4. 推荐的缺陷补救

对某些在质量检查和审计过程中找到的缺陷提出的改正措施。

5. 变更请求

变更请求会在执行项目任务中被识别，其结果是：扩展或者缩小项目范围、修订方针政策或过程/规程、修改项目成本/预算、延长或减少项目工期。变更请求可以是直接的或者间接的、外部的或者内部的、可选的或者法律/合同强制执行的。

4.6 实施整体变更控制

实施整体变更控制是审查所有变更请求，批准变更，管理对可交付成果、组织过程资产、项目文件和项目管理计划的变更，并对变更处理结果进行沟通的过程。该过程审查所有针对项目文件、可交付成果、基准或项目管理计划的变更请求，并批准或否决这些变更。本过程的主要作用是，从整合的角度考虑记录在案的项目变更，从而降低因未考虑变更对整个项目目标或计划的影响而产生的项目风险。

4.6.1 整体变更控制的内涵

整体变更控制是针对项目变更的单一控制而言的。在项目实施中，项目的目标、范围、计划、进度、成本和质量等各个方面都会发生变更，任何一个项目要素的变更都会对其他项目要素产生影响，所以需要对这些方面的项目变更进行总体的控制。虽然在项目实施过程中的项目变更都有自己专门的单项变更管理，但是这些单项变更对于项目其他方面的影响必须通过项目变更的总体控制予以解决；同时，需要使用项目变更的总体控制来协调和管理好一个项目各相关利益总体所提出的各种项目变更要求。整体变更控制重点关注以下要点：

（1）实施整体变更控制过程贯穿项目始终，项目经理对此负最终责任。需要通过谨慎、持续地管理变更来维护项目管理计划、项目范围说明书和其他可交付成果。应该通过否决或批准变更来确保只有经批准的变更才能纳入修改后的基准中。

（2）项目的任何干系人都可以提出变更请求。尽管也可以口头提出，但所有变更请求都必须以书面形式记录，并纳入变更管理和配置管理系统中。变更请求应该由变更控制系统和配置控制系统中规定的过程进行处理。应该评估变更对时间和成本的影响，并向这些过程提供评估结果。

（3）每项记录在案的变更请求都必须由一位责任人批准或否决，这个责任人通常是项目发起人或项目经理。应该在项目管理计划或组织流程中指定这位责任人。必要时，应该由变更控制委员会（CCB）来开展实施整体变更控制过程。CCB是一个正式组成的团体，负责审查、评价、批准、推迟或否决项目变更，以及记录和传达变更处理决定。变更请求得到批准后，可能需要编制新的（或修订的）成本估算、活动排序、进度日期、资源需求和风险应对方案分析。这些变更可能要求调整项目管理计划和其他项目文件。变更控制的实施程度取决于项目所在应用领域、项目复杂程度、合同要求，以及项目所处的背景和环境。某些特定的变更请求，在CCB批准之后，还可能需要得到业主方或发起人的批准，除非他们本来就是CCB的成员。

4.6.2 整体变更控制的内容

整体变更控制涉及的内容包括：确保造成项目变更的影响因素之间的协调控制，发现和找出已经发生的项目变更及其相互之间的关系，整体管理已经发生和正在发生的各种项目变更，在项目变更发生后及时维护和修订项目绩效度量的基线等。图4—3中给出了项目变更总体控制所涉及的相应内容和它与各个专项变更控制之间的关系。

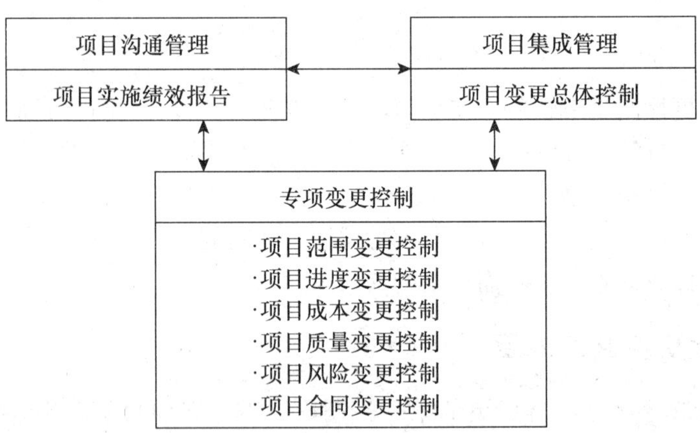

图4—3 项目变更总体控制示意图

由图可以看出，整体变更控制与项目范围变更控制、项目进度变更控制、项目成本变更控制、项目质量变更控制、项目风险变更控制、项目合同变更控制等专项变更控制是紧密相关的，它是更高一层的全局性的项目变更控制。整体变更控制通常要求做到以下几点。

1. 保持项目原有绩效度量基线的完整性

保持原有项目绩效度量基线的完整性是指当项目的目标或计划发生变更时，项目的绩效度量标准要尽可能地保持不变，以保全原有项目绩效度量基线的完整性。因为项目绩效度量基线多数是成体系和经过验证的，在项目发生变更时需要对它们进行必要的维护和修订，但是不能出现绩效度量基准不科学等方面的问题。

2. 保证项目产出物变更与项目计划变更的一致

保证项目产出物变更与项目计划任务变更的一致性是指当项目产出物需要变更时，在这种变更获得确认的同时，必须将这种变更反映到项目管理计划和专项计划的变更之中去；必须采用附加计划或计划更新等方法，使得项目管理计划和专项计划中能够体现出项目变更所带来的工作和计划的变化，从而实现二者的匹配。

3. 统一协调好项目各方面的变更要求

统一协调好项目各方面的变更要求是指对于项目各相关利益主体提出的变更请求要进行全面的协调和统一的控制。例如，项目业主所提出的工期进度方面的变更请求和项目承包商所提出的成本方面的变更请求都会直接影响到项目目标的实现和项目风险特性及项目产出物质量等方面的变化，所以必须统一协调这些方面的变更，以便实现对于项目变更的总体控制。

4.6.3 整体变更控制所需的信息

整体变更控制所需的信息主要包括如下几个方面。

1. 项目的各种计划

项目的各种专项计划、项目的整体计划等都是整体变更控制的基线，所以，它们都是整体变更控制所需的主要信息。

2. 项目绩效报告

项目绩效报告提供了项目实施的实际情况的数据和资料，揭示了项目实施中的问题和可能出现的变更问题，所以也是整体变更控制所需的主要信息。

3. 项目变更的要求

项目变更的要求可以是由项目业主/客户提出的，也可以是由项目组织提出的。不管是谁提出的项目变更要求，都是整体变更控制所需的重要信息。

4.6.4 整体变更控制的方法与工具

整体变更控制需要一系列的方法与工具，其中最主要的方法与工具有如下几项。

1. 项目变更控制系统

项目变更控制系统是指改变、修订或变更项目内容与文件的正式程序和办法所构成的一种管理控制系统。这包括：项目变更的书面审批程序、跟踪控制体制、审批变更的权限层级规定等。对于整体变更控制而言，没有项目变更控制系统是不行的，项目主管必须根据项目总体变更的情况建立和完善项目的变更控制系统。一般项目变更的总体控制系统需要包括一个专门负责接受或拒绝项目变更要求的项目变更控制委员会，项目变更控制委员会的权利和义务必须由正式文件做出明确的规定和说明。对于大型而复杂的项目会有承担不同责任的多个项目变更控制委员会共同工作。项目变更控制系统还包括那些处理未能事先预见变更的控制程序（如一些突发事件的应急处理程序等）。项目变更控制系统还需要充分考虑项目变更的分类、分级管理与控制，以及所有的项目变更都必须有正式文件证明和记录，这样就可以防止在项目后续阶段出现问题而无据可查。

2. 项目配置管理方法

项目配置管理（Configuration Management）是 20 世纪 60 年代开始使用的一种由一些文档化和工作程序所构成的一种项目整体管理中的方法，这种方法运用技术和管理手段对各种变更进行指导、监督和匹配。它们所监督、指导和匹配的方面包括：识别一个项目某些方面或者整个项目的功能和物理特征，控制这些特征的任何变更，记录和报告这些特征的变更和变更的执行情况，审查对项目某个方向或整个项目提出的变更要求的一致性，确保对于项目产出物描述的正确性和完整性，以及将所有涉及的信息进行文档化等方面的工作。其中，最为主要的是通过项目资源和项目变更的合理匹配实现对于项目变更的总体控制。

3. 项目的绩效度量方法

项目的绩效度量方法能够全面评估出项目管理计划的实施情况、项目实际实施情况与项目管理计划之间的差距、需要采取的纠偏措施与行动，所以项目的绩效度量也是一种项目整体变更控制的方法与工具。

4. 项目计划的修订与更新方法

项目极少有完全按照最初制订的整体计划实施完成的，因此在项目管理计划的实施过程中，应该根据实际和预计的项目变更需要，修订或更新项目的成本计划、项目工作顺序的安排、项目风险应对计划，以及修改和调整其他相关的一些项目专项计划。这些计划的修订和更新都属于整体变更控制方法与工具的范畴。

5. 其他方法

在项目变更总体控制中还需要使用许多其他方法，这既包括一般日常运营管理中的一些方法，也包括像项目工作分解结构（WBS）、项目关键路径管理（CPM）、项目全生命周期管理（LCM）和项目组织分解结构（OBS）等项目管理的方法，还包括项目所属专业领域的一些管理技术和方法（比如建设工程项目的一些专门的管理方法等）。

4.6.5 整体变更控制的结果

整体变更控制主要包括以下结果。

1. 更新后的项目计划

整体变更控制的结果之一是更新后的项目计划。这是指对原有项目管理计划、专项计划及其相应的支持细节等所做的修改和更新的结果，这种计划更新多数使用附加计划（Additional Plan）的办法。在更新了项目计划以后，还必须通知这一更新所涉及的各个项目相关利益者。

2. 项目变更的行动方案

整体变更控制的结果之一是实施项目变更的行动方案。这是整体变更控制过程中的一个重要结果，它给出了下一步在项目变更中所要采取的行动方案。这一结果应该尽快传递给变更行动的执行者并充分监控这些变更行动方案的实施结果和绩效。

3. 项目应吸取的教训

整体变更控制的第二项结果是在项目变更中所发现的问题和应该吸取的经验与教训。这包括：项目变更原因的分析、项目变更行动方案的说明以及项目变更所带来的经验和教训等。这些都需要用文件的形式记录下来，并作为项目整体变更控制结果保存起来，以供今后的项目参考和借鉴。

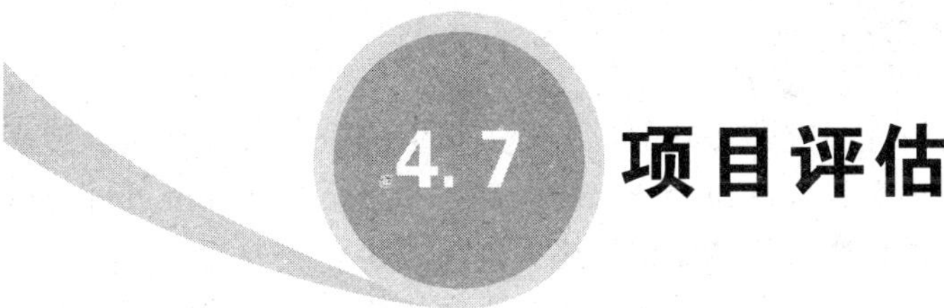

4.7 项目评估

4.7.1 项目前期研究

1. 西方国家的项目前期研究

按基础资料占有程度、研究内容、研究深度及可信度的不同，西方国家将项目前期研究分为机会研究、初步可行性研究、详细可行性研究、项目评估与决策 4 个阶段，如图 4—4 所示。

项目前期：
- 机会研究（项目设想）
- 初步可行性研究（初步选择）
- 详细可行性研究（项目拟定）
- 评估与决策（评估报告）

图 4—4　西方国家项目前期研究示意图

（1）机会研究。

机会研究亦称为投资鉴定或项目设想。它是可行性研究的第一阶段。任务是研究和确定合理的投资方向、投资规模和投资结构，也就是在了解掌握国民经济和社会发展的长远规划和行业、地区规划、经济建设方针、建设任务和技术经济政策的基础上，通过对拟投资领域相关条件及环境背景的调查分析，为建设项目的投资方向和投资时机提出设想和策划。机会研究所需时间约为 1～3 个月，所需费用约占投资总额的 0.2%～1%，估算投资额和成本效益的精度在±30%左右。

（2）初步可行性研究。

初步可行性研究又称预可行性研究，是指在投资机会研究已确定了大致的投资方向和投资时机的基础上，通过对投资项目的初步概算和经济效果评价，进一步判断投资机会研究的结论是否正确，并做出是否有必要进行下一步详细可行性研究的结论。初步可行性研究的主要内容包括：第一，判定项目有无生命力和发展前景；第二，市场供求的预测，生产工艺和设备等方面的研究；第三，判断项目是否可行。初步可行性研究阶段决定是否进行详细可行性研究，估算额精度误差一般要求为±20%左右，所需费用约占投资总额的0.25%～1.5%，需耗时约4～6个月。

（3）详细可行性研究。

详细可行性研究也称最终可行性研究，是指通过一定的方法对项目的技术可行性和经济可行性进行详细的论证分析。它为项目决策提供全面的评价参考，为项目的具体实施提供科学准确的依据。详细可行性研究的主要内容为：第一，深入研究，推荐一个以上可行方案；第二，开展详细的经济评价；第三，提供项目的最终可行性标准和依据。详细可行性研究阶段是项目的定性阶段，通常需耗时8～12个月甚至更长，所需费用约占投资总额的1%～3%，估算额精度误差一般要求不超过±10%。

（4）项目评估与决策。

项目评估与决策是指在详细可行性研究的基础上，由有关投资决策者委托有关机构或专家对可行性研究报告的内容进行核实、确认与论证，对项目技术可行性和经济可行性做出客观评估并提出最终建议，最后由投资决策者做出最终投资决策。

项目评估是投资决策的重要手段，投资者、决策机构、金融机构以项目评估的结论作为实施项目、决策项目和提供贷款的主要依据，所以，要力求保证项目评估结论的客观性。在开展项目评估的过程中，必须坚持考察因素的系统性、实施方案的最优性、选择指标的统一性、数据选取的准确性、评估方法的科学性等原则，做到评估工作的科学、规范、准确。

2. 我国现阶段项目前期研究

现阶段，我国投资前期研究划分为项目建议书、可行性研究、项目评估3个阶段。

（1）项目建议书。

这一阶段相当于西方国家的机会研究，由各工业部门，各省、市、自治区以及有关的企事业单位根据国家经济发展的长远规划和行业、地区规划，经济建设方针，技术经济政策和建设任务，结合资源情况、建设布局等条件，在调查、预测的基础上向国家或上级主管部门提出的项目建议书。对于跨行业的或对国计民生有重大影响的大型项目，则由有关部门联合提出项目建议书。

项目建议书的主要内容有：第一，项目提出的理论和依据，对于技术引进项目还应包括国内外技术差距和引进理由。第二，产品方案、拟建规模和建设地点的初步选择或设想。第三，资源情况、建设条件、协作关系。第四，投资估算与资金筹措的初步设想，利用外资项目要说明利用外资的可能性及偿还贷款能力的初步分析。第五，项目建设进度的安排。第六，对经济效益、社会效益的初步分析。

编写项目建议书时，应在调查研究、收集资料的基础上，采用定性和定量相结合的分析方法。进行定量分析时，通常采用类似工程项目的推算方法，粗略地分析出项目的经济效果，然后做出项目是否可行的初步结论。项目建议书经有关部门审查批准后，即可委托承担单位进行可行性研究。

（2）可行性研究。

可行性研究是项目建议书的深化，也是整个投资前期的关键阶段。其内容可能因项目所属行业的不同而各有所侧重，但必须包括以下3方面的内容：第一，市场分析，即能否成立的前提和依据。没有市场，项目就没有必要建设。从另一个角度讲，投资项目的年生产规模也应根据市场需要的情况来确定。所以市场分析是可行性研究的基础。第二，有关技术分析，包括资源情况、厂址选择、工艺方案选择和设备选型、未来工厂的组织设计、劳动定员和环境保护等。第三，建设项目的合理性，即经济效益分析是核心和重点。

（3）项目评估。

项目评估是投资前期研究工作的最后阶段，通常可由决策部门委托贷款银行或咨询公司组织有关人员或外请专家来进行。项目评估的任务是检查和判断可行性研究报告的真实性和可靠性，并从评审角度提出项目是否可行的意见，作为投资者决策的依据。

评审报告要同可行性研究报告一起，送投资者或投资主管部门进行审批，一般大中型项目还要报国家发展和改革委员会批准，重大项目还需报国务院批准。

4.7.2　项目评估的含义

与项目有关的在技术、经济和组织上独立的单位，如项目的投资单位、银行等金融单位等，会对项目进行评估。项目评估是一项严谨和技术性很强的系统性工作。评估的主要任务是根据其内在规律确定项目的价值、质量和可行性。这种规律性通常反映在市场供求预测、建设方案和生产建设条件以及财务与经济评价等方面。它要求在可行性研究的基础上，从企业、国家或全社会的角度对拟建项目的计划和方案进行全面的技术经济论证与评价。这种论证和评价力求客观准确地将与项目执行有关的资源、技术、市场、财务、经济、社会等方面的基本数据资料与实况进行完整的汇集与评价，以便决策层做出实事求是的、科学的决策。因此，项目评估可以定义为：一种对投资项目进行科学的审查和评估的理论与方法，它强调从长远和客观的角度对可行性研究进行论证并做出最后的决策。根据以上表述，可以从两点进一步理解项目评估的含义：一是参照给定的目标，对投资项目净效益进行审定，权衡项目的利弊得失，寻求可替代的方案；二是为了达到给定的目标，在对项目可行性研究进行论证的过程中，通过对其净效益的计算分析，确定最佳方案并得出最终结论。

项目评估的作用体现在：它是政府、金融机构或建设单位等投资主体进行项目投资决策的重要基础与依据；是保证重点项目及大中型企业技术改造项目投资决策成功的关键措施；是提高投资项目经济效益的重要手段；也是控制经济规模、落实宏观调控的措施之一；还是促进投资体制改革走向决策科学化、民主化管理的有力措施。

4.7.3　项目评估的内容

项目评估的内容是根据评估的要求及评估的阶段来决定的（不同的行业评估内容也不完全一样）。比如，不同的部门，对评估内容有不同的要求，政府部门与银行系统对评估内容的侧重点就有所不同。由政府组织或委托咨询公司进行的评估，强调站在国家的角度评估项目；而银行系统也制定有相差不大的评估内容。但作为商业性质的银行由于其分工的差异，对项目评估的要求也有所不同，它们除了考虑国家利益外，还得考虑银行自身的利益，关心贷款的回收期及其财务效果。

此外，如果项目所处的评估阶段不同，其所要求的评估内容与深度也不一样。项目建议书阶段（机会研究阶段）进行的评估较简单，其评估结论仅为是否开展后续工作提供依据，实际上是一种投资机会的探讨，称之为立项评估。可行性研究阶段（或设计任务书）进行的评估要求具体、准确，对项目决策负责，为决策者提供正式依据，称之为决策评估。其内容及其深入广度均有详细、规范性的要求。此后是在初步设计阶段进行的中间审查，它是一种侧重于技术方面的评估。评估时要求汇集各方面的专家学者，在可行性研究的基础上，对初步设计文件进行审查，着重核查项目的主要工艺、设备和技术经济指标是否符合设计任务书审定的要求，为完善其设计文件提出建议，故称之为设计评估（审查）。再往后是对整个项目从立项到建成投产的各阶段进行全面分析，称之为项目后评估。通过评估可以总结投资项目建设中的成功经验，也可以发现投资决策和项目建设过程中存在的问题，吸取经验教训。

根据我国现行政策和建设规程规定，在项目的投资前期工作阶段，项目评估工作主要是对项目可行性研究报告进行评估。虽然国民经济各部门性质不尽相同，但项目评估所涉及的内容、程序可依据国家相关部门的项目评估方法执行，其他行业的项目评估也可参照工业、交通行业项目的评估内容执行。

一般项目可行性研究的评估主要包括：

1. 项目建设必要性评估

(1) 从国民经济和社会发展的宏观角度论证项目建设的必要性；分析拟建项目是否符合国家宏观经济和社会发展意图；是否符合市场要求和国家规定的投资方向；是否符合国家建设方针和技术经济政策；项目产品方案和产品纲领是否符合国家产业政策、国民经济长远发展规划、行业规划和地区规划的要求。

(2) 产品需求的市场调查和预测。

(3) 根据产品的市场需求及所生产要素的供应条件，分析项目建设规模是否经济合理。

2. 项目建设和生产条件的评估

(1) 根据水文地质、原材料供应和产品销售市场、生产与生活环境等情况，分析项目建设地点的选择是否经济合理，建设场地的总体规划是否符合国土规划、地区规划、城镇规划、土地管理、文物保护和环境保护的要求和规定，有无多占土地和提前征地的情况，有无用地协议文件。

(2) 在建设过程和建成投产后所需原材料、燃料、设备供应条件及供电、供水、供热与交通运输、通信设施条件是否落实，有无保证，有否取得相关方面的协议和意向性文件，有关配套协作项目能否同步建设。

(3) 建设项目的“三废”治理是否符合保护生态环境的要求，项目的环境保护方案有否取得环境保护部门的批准认可。

(4) 项目所需的建设资金是否落实，资金来源是否符合同家有关政策的规定，是否可靠。

(5) 生产条件评估。这主要是根据不同行业建设项目的生产特点分析生产条件是否具备。例如，加工企业项目着重分析原材料、燃料、动力来源是否可靠稳定，产品方案和资源利用是否合理；交通项目要有可靠货运量。

3. 工艺技术方案的评估

(1) 分析项目采用的工艺、技术、设备是否符合国家的技术政策；是否有利于资源的综合利用；是否有利于提高劳动生产率；是否有利于降低能源与物质消耗，并能提高产品质量。

(2) 国内研制的新技术、新工艺、新设备是否经过工艺试验和技术鉴定，是否适用、安全、可靠；引进的国外工艺、技术设备是否符合国家规定和国情，是否与国内设备零件和工艺技术相互配套，有无盲目和重复引进。

(3) 对于扩建、改建项目，应注意评估原有固定资产是否得到充分利用，采用的新工艺、新技术能否与原有的生产环节衔接配合。

(4) 论证建筑工程总体布置方案是否合理，论证工程地质、水文、气象、地震地形等自然条件对工程的影响和治理措施；看建筑工程所采用的目标、规范是否先进合理，是否符合有关规定和贯彻的方针。

(5) 论证项目建设工期和实施进度所选择的方案是否正确。

4. 项目效益评估

(1) 对拟建项目的财务预测和财务、经济以及社会效益评估，并在此基础上进行投资风险能力的不确定分析。

(2) 应对项目财务评价所使用的各项基础经济数据（如投资、成本、利润、收入、折旧和利率等）进行认真、细致和科学的测算和核查。分析这些数据估算是否合理，有无高估冒算、任意提高标准、扩大规模来计算定额和费率等现象；有无漏项、少算、压价等情况；这些基础数据的计算是否符合国家现行财经制度和国家政策。

(3) 项目财务效益评估。从企业角度鉴定分析项目可行性研究报告提出的项目财务效益和费用、项目建成后的盈利能力、清偿能力等财务状况。对于利用外资的项目，除评估全部投资财务内部收益率外，还要评估国内投资的财务内部收益率。

项目财务盈利能力评估，主要复核可行性研究报告中项目的财务内部收益率、财务净现值、投资回收期、投资利润率和投资利税率等指标的计算方法，判断其是否正确，以鉴定分析项目财务效益的可行性。要求项目的财务内部收益率应大于或等于行业基准收益率；财务净现值应大于或等于零；投资回收期应小于行业基准投资回收期；投资利润率应大于或等于行业基准投资利润率；投资利税率应大于或等于行业基准投资利税率。

清偿能力评估，主要是分析项目在现行的财务条件下，能否按期偿还固定资产投资借款，鉴定可用于还款的利润、折旧费、其他收益和还款期间企业留利是否符合国家、部门或地区的规定。借款偿还期计算应按银行规定的利率和计算方法计算；计算出的借款偿还期应低于银行规定的贷款偿还期限，只有这样的项目才具备偿还能力。

根据项目的财务状况及国家有关的财税规定，应分析鉴定财务平衡表中所列的计算内容和数据是否正确，分析计算期内资金来源和资金运用能否平衡，评估资金盈余和短缺情况，以优化选择资金筹措方案。如发生资金短缺，除寻找适宜的资金来源外，评估人员应对资金来源和资金运用在时间上的协调一致提出改进建议。

(4) 项目经济效益评估。从国家整体角度考查项目的效益和费用，工资、影子汇率和社会折现率等鉴定分析项目给国民经济带来的净效益合理性。用影子价格评估项目经济上的合理性。

项目经济效益评估的重点是对费用和效益的范围及其数值的调整是否正确进行检查，即检查在财务评估中计算为效益或费用中的产品税、增值税、所得税、进口关税和投资方向调节税、土地税、城市建设维护税、资源税以及企业支付的国内借款利息和国家给企业的各种形式的补贴等转移支付部分是否已经剔除。实行利税分流的项目，应剔除所得税和调节税；审查增加财务评估中未反映的间接效益和费用是否合理。间接费用与间接效益的计算要正确反映国民经济为项目付出的费用和项目为国民经济做出的贡献。鉴定项目计算范围和间接投资、成本、销售收入的准确性。间接费用和间接效益只计算一次相关费用和效益。

（5）项目社会效益评估。应结合建设地点和项目的特点有重点地评估，主要评估项目给地区经济或部门经济发展带来的直接或间接效果，一般包括对提高人民物质文化生活及社会福利的影响；节约劳动力，提供居民就业机会，增加收入，增加地方或国民经济收入，对节约和合理利用国家资源的影响；充分利用资源，减少损失，增加经济效益，及对节能的影响；改善能源结构，降低能耗，合理利用能源的效果，对环境和生态平衡的影响；改善环境，推动生态平衡，减少经济损失，提高人民健康水平，对发展地区经济和部门经济的影响；形成拳头产品带动地方经济和国民经济发展，增加税收，对节约外汇或增创外汇的影响；发展替代产品、减少外汇进口和增加出口创汇能力，对产业和产品结构的影响；改善产业和产品结构，使之更趋于合理，以利于发展经济，对远景经济发展的影响；生产力合理布局带动其他工业和地方工业，促进经济发展。

（6）不确定性分析。对项目评估的各种效益进行盈亏平衡分析、敏感性分析，以确定项目在财务上和经济上的抗投资风险能力，主要测算项目财务经济效益的可靠程度和项目承担投资风险能力。

4. 总体评估

在全面调查、预测、分析和评估上述各方面的基础上，对项目进行总结性评估，即汇总各方面的分析论证结果，进行综合研究，做出最终判断。

章后练习题

1. 如何正确理解项目整体管理的内涵。
2. 简述项目管理目标制定过程。
3. 项目执行的主要工作内容是什么？
4. 监控项目工作的结果有哪些？
5. 什么是整体变更控制？简述其主要原则。
6. 项目前期研究包括哪些内容？
7. 什么是项目评估？有何意义？主要内容有哪些？

案例

公路施工项目管理的难题

东方城建集团有限责任公司是北京市市属重点建筑施工企业，具有公路工程总承包特级资质，集团公司下设工程总承包部。工程总承包部作为集团公司的事业部，负责以集团公司名义中标的施工项目的总承包管理。2007 年 2 月，工程总承包部以东方城建集团有限责任公司（总包单位）的名义中标六环路南线二标工程。在东方城建集团有限责任公司提供银行履约保函后，与北京城市道路开发总公司（建设单位）签订总包合同，实行清单组价，单价一般情况不予调整，合同工期 13 个月，自 2007 年 4 月 30 日至 2008 年 5 月 30 日。

2007 年 3 月，工程总承包部实行项目经理招标制组建六环路南线二标工程项目经理部，确定 A 为项目经理，并与工程总承包部总经济师签订《经营承包责任书》。2007 年 3 月 26 日，A 带领项目部的三名副职干部来到现场开展工作，认为当前的主要工作是确定分包队伍，于是决定桩基础和承台由集团公司的地基公司整体分包，踢梁的生产分包给大连四方建筑材料公司，主要材料由项目部负责供应，并且在没有签订合同的情况下，将墩柱和盖梁现浇工程分包给南通广元劳务公司。

2007 年 4 月 12 日，由 A 指定的几家分包单位和劳务队伍陆续进场，开始搭建临时设施和修建梁厂，A 决定先按各分包单位工程量的 5%预付部分工程款，在前往总部申请款项时，总部以没有相关的经济合同为由拒绝支付。4 月 27 日，建设单位召开工程协调会，宣布由于该段工程拆迁没有完全完成，现无法开工，预计推迟开工 5 天，A 并没有在意，然而地基公司的机械设备和人员已经就位等待施工，地基公司项目人员已经给总包项目部发函，要求窝工索赔。5 月 10 日，建设单位再次召开工程协调会，确定 5 月 31 日正式开工，比计划整整晚了一个月，而此时梁厂已经开始生产。梁厂、墩柱、盖梁和项目其他部分需要的钢筋和混凝土都由项目部供应，但是目前项目部还没有最终确定材料供应商，许多人拿着上面领导批的条子找 A，要求供应材料。A 为了平衡各方的关系，提出可以让这几家单位供应材料，但分别跟这些材料供应单位商谈，要求它们压低单价，并以项目部的名义签订材料采购意向书，约定某一批次材料由以上单位报价较低者供应，A 想通过这种方式降低材料价格变动的风险，并节约材料成本。在踢梁的生产过程中，总经济师发现每根踢梁实际主材的消耗量远大于定额中主材的含量，将这一问题向 A 进行了汇报。A 作出的判断是因为刚开始生产，损耗比较大，等批量生产后就好了。

5 月 31 日，工程按期开工，地基公司迅速开展桩基施工，将整个标段分三个小标段进行流水施工，可以有效地利用自己的机械设备。6 月 15 日，地基公司该标段项目经理 B 给 A 打电话，要求支付部分款项应急，否则只有停工了。A 同意给予拨款，但是总部财务部仍然以没有签订分包合同为由，拒绝支付分包款。A 意识到了问题的严重性，组织人员与地基公司商谈分包合同事宜，但此时钢材由 4 月份的 3 300 元/吨上涨到了 4 200 元/吨，地基公司要求调整合同中项目管理案例分析钢材单价，但是总包与建设单位签订的合同却是单价包死，仅此一项就面临着 100 万元的亏损，现在让地基公司撤场退出显然是不可能的，迫于无奈A同意了钢材单价的调整。总经济师拿着地基公司签好字的合同去总部经营部盖章时，经营部解释说合同未经总部评审不能盖章，属于项目部自身的行为，A想如果盖项目经理部的公章肯定是不行的，总部已出台相关规定，不允许项目部自主分包，必须经过评审。A只能向总部领导起草了详细的说明报告，对仓促分包的原因做出了说明，并承诺负责分包引起的责任。经总部领导同意后，经营部办理了相关的手续。在分包合同签订后，总部财务部同意支付工程款，地基公司恢复了生产。

7月20日，工程的施工产值总计已经完成了1 600万元，因为总包计量审批未完成，致使6月份的工程款没有批复。A本来希望从总部财务部申请资金，但是，总部资金也十分紧张，也不能停工，一旦停工，不仅企业的声誉要受到损失，同时项目的经济损失也是比较大的。于是A只能向公司申请给项目部借款，不过借款是有利息的。

2007年7月底，第一流水段地基公司施工的桩基和承台已经完成，并已经交付工作面，南通广元劳务公司的劳务人员已经进行劳务作业，但是现场的材料码放杂乱，钢筋加工区到处是钢筋头，A对这种情况给予严肃警告，要求加强现场管理。进入雨季后，盖梁的生产严重滞后，造成许多部件梁片的积压，影响了生产，大连四方建筑材料公司的现场负责人找到A，要求继续生产，以保证机械设备的满负荷运转，否则将进行索赔。A没有别的办法，只好在梁厂附近重新租赁了100亩地，作为踢梁的存放处。

2007年12月下旬，马上都要编制年度报表了，但是经营部分包单位的批量一直拿不出来，材料部的入库单、出库单也不全，数据无法汇总，难以正确地计算材料成本。12月24日，A主持召开经济活动分析布置会，在听取了参会人员的意见后，A要求确定分包和自行施工成本，并进行材料盘点。

2008年1月30日，6名工人走进了办公室。工人们告诉A，春节快到了，他们希望领点工资寄回家，A愕然了。工人工资是按月支付给南通广元劳务公司的，怎么办，政府和总部多次强调不能拖欠农民工工资。望着漫天的雪花，A陷入了沉思。

问题：试从项目整体管理的角度分析本案例项目管理存在的问题？

资料来源：赵振宇编著：《项目管理案例分析》，北京，北京大学出版社，2013。

项目范围管理

引例

地下条件引发的工程变更

某厂房建设场地原为农田。按设计要求，在厂房建造时，厂房地坪范围内的耕植土应清除，基础必须埋在老土层下2米处。为此，业主在“三通一平”阶段就委托土方施工公司清除了耕植土并用好土回填压实至一定设计标高，故在施工招标文件中指出，施工单位无须再考虑清除耕植土问题。

某施工单位通过投标方式获得了该项工程施工任务，并与建设单位签订了固定总价合同。然而，施工单位在开挖基坑时发现，相当一部分基础开挖深度虽已达到设计标高，但仍未见老土，且在基坑和场地范围内仍有一部分深层的耕植土和池塘淤泥等必须清除。

为此，设计单位根据实际情况对原设计进行了修改，根据变更后的设计图纸，基坑开挖要加深加大，造成土方工程量增加，施工工效降低。在施工中又发现了较有价值的出土文物，造成承包商部分施工人员和机械窝工，同时承包商为保护文物付出了一定的措施费用。

资料来源：赵振宇编著：《项目管理案例分析》，北京，北京大学出版社，2013。

5.1 项目范围管理概述

项目范围管理包括确保项目做且只做所需的全部工作，以成功完成项目的各个过程。管理项目范围主要在于定义和控制哪些工作应该包括在项目内，哪些不应该包括在项目内。因此，范围管理就是为成功地实现项目的目标，规定或控制哪些方面是项目应该做的，哪些是不该做的，从而定义项目的范畴；其首要任务是界定项目包含且只包含所有需要完成的工作，并对其他项目管理工作起指导作用，以保证顺利完成项目所需要的所有过程。

在实际的项目中，应注意区别产品范围和项目范围的不同含义：

（1）产品范围，即确定产品或服务中应包含有哪些功能和特征。

（2）项目范围，即为了交付具有一定特征和功能的产品或服务所应做的工作要做些什么，如何做才能实现项目的目标。

由此可见，项目范围的定义要以组成它的所有产品或服务的范围定义为基础。一般来讲，产品范围的定义就是对产品要求的度量，项目范围的定义在一定程度上是产生项目计划的基础。因此两种范围的定义要紧密结合，以保证项目的工作结果能够最终交付一个或一系列满足特别要求的产品。

通常确定了项目范围的同时也就定义了项目的工作边界，明确了项目的目标和项目主要的可交付成果。对于无论是新技术或是新产品的研发项目，或者是服务性的项目，恰当的范围定义对于项目的成功都是十分关键的。因为，如果项目的范围定义不明确，或在实施的过程中不能有效控制，变更就会不可避免地出现，而变更的出现通常会破坏项目的节奏、进程，造成返工、延长项目工期、降低项目工作人员的生产效率和士气等，从而造成项目最后的成本大大超出预算的要求。

因此，项目的范围对项目管理来说可以产生如下作用：

（1）提高费用、时间和资源估算的准确性。项目的工作边界如果被定义清楚，项目的实际工作内容就具体明确了，同时也为项目实施过程中所需要花费的费用、时间、资源的估计打下了一定的基础。

（2）确定了进度测量和控制的基准。项目范围是项目计划的基础，为项目进度计划和控制确定了基准。

（3）有助于清楚地分派责任。在项目范围确定的同时，也就确定了项目的具体工作任务，为进一步分派任务打下了基础。

在进行项目范围定义的过程中，通常需要把主要的项目可交付成果分解为较小的且更易于管理的单元。现在国际上通用的工作分解结构（Work Breakdown Structure，WBS）技术是现代项目范围管理计划中的一项关键内容。通过对项目目标和工作内容的分解，可以更加明确项目的具体工作内容，从而有效地计划和控制项目进程。

总之，项目范围管理计划也就是根据需求分析，对项目应该包括什么和不应该包括什么进行相应的定义和管理计划，包括用以保证项目能按要求的范围完成所涉及的所有过程。项目范围管理的各个过程包括如下内容：

（1）规划范围管理——创建范围管理计划，书面描述将如何定义、确认和控制项目范围的过程。

（2）收集需求——为实现项目目标而确定、记录并管理干系人的需要和需求的过程。

（3）定义范围——制定项目和产品详细描述的过程。

（4）创建 WBS——将项目可交付成果和项目工作分解为较小的、更易于管理的组件的过程。

（5）确认范围——正式验收已完成的项目可交付成果的过程。

（6）控制范围——监督项目和产品的范围状态，管理范围基准变更的过程。

值得注意的是：上述过程不仅彼此相互作用，而且还与其他知识领域中的过程相互作用。

5.2 规划范围管理与需求识别

5.2.1 规划范围管理

规划范围管理是创建范围管理计划，书面描述将如何定义、确认和控制项目范围的过程。目的在于在整个项目中对如何管理范围提供指南和方向。

1. 范围管理计划

范围管理计划是项目或项目集管理计划的组成部分，描述将如何定义、制定、监督、控制和确认项目范围。范围管理计划是制订项目管理计划过程和其他范围管理过程的主要依据。范围管理计划要对将用于下列工作的管理过程做出规定：（1）制定详细项目范围说明书；（2）根据详细项目范围说明书创建 WBS；（3）维护和批准 WBS；（4）正式验收已完成的项目可交付成果；（5）处理对详细项目范围说明书的变更，该工作与实施整体变更控制过程直接相连。

根据项目需要，范围管理计划可以是正式或非正式的、非常详细或高度概括的。

2. 需求管理计划

需求管理计划是项目管理计划的组成部分，描述将如何分析、记录和管理需求。阶段与阶段间的关系对如何管理需求有很大影响。项目经理为项目选择最有效的阶段间关系，并将它记录在需求管理计划中。需求管理计划的许多内容都是以阶段关系为基础的。

5.2.2 需求识别

需求是指根据特定协议或其他强制性规范，项目必须满足的条件或能力，或者产品、服务或成果必须具备的条件或能力。需求识别也称识别需求，它是项目启动阶段首要的工作。需求识别始于需求、问题、机会的产生，结束于需求建议书的发布。客户识别需求、问题或机会，是为了使自己所期望的目标能以更好的方式来实现，客户清楚地知道，只有需求明晰了，承包商才能准确地把握自己的意图，才能规划出好的项目，这对自己是大有益处的。

1. 需求的分类

许多组织把需求分为不同的种类，如业务解决方案和技术解决方案。前者是干系人的需要，后者是指如何实现这些需要。把需求分成不同的类别，有利于对需求进行进一步完善和细化。这些分类包括：

（1）业务需求。这是整个组织的高层级需要，例如，解决业务问题或抓住业务机会，以及实施项目的原因。

（2）干系人需求。这是干系人或干系人群体的需要。

（3）解决方案需求。这是为满足业务需求和干系人需求，产品、服务或成果必须具备的特性、功能和特征。解决方案需求又进一步分为功能需求和非功能需求。其中，功能需求是关于产品能开展的行为，如流程、数据，以及与产品的互动。非功能需求是对功能需求的补充，是产品正常运行所需的环境条件或质量，如可靠性、安防性、安全性、服务水平、可支持性、保留/清除等。

（4）过渡需求。这是从“当前状态”过渡到“将来状态”所需的临时能力，如数据转换和培训需求。

（5）项目需求。这是项目需要满足的行动、过程或其他条件。

（6）质量需求。这是用于确认项目可交付成果的成功完成或其他项目需求的实现的任何条件或标准。

2. 需求识别的过程

需求识别是一个过程，需求产生之时也就是开始识别需求之始，因为尽管产生了需求，客户萌发了想要得到什么的愿望，或感觉到缺乏什么，但这只是一种朦胧的念头，客户还不能真正知道具体的什么东西才能满足客户这种愿望，客户所期望的东西可能还只是一个范围，于是就要收集信息和资料，就要进行调查和研究，从而最终确定到底是什么样的一种产品、一项服务才能满足自己。当然，客户在需求识别的过程中还需要考虑到一系列的约束条件，需求的识别并不是想入非非、随意确定的。有时，识别需求也并非客户的个体行为，客户可能会受到熟知群体的影响，向客户们征求建议，也可能与承包商接触时请求客户们帮助定夺，因为承包商在此方面是专家，见多识广。当客户的需求界定之后，客户便开始着手准备需求建议书了，这就是从客户自己的角度出发，全面详细地论述自己所期望的目标或者希望得到什么，这种期望或希望实质上就是项目目标的雏形。当需求建议书准备完毕之后，客户剩下的工作就是向可能的承包商发送需求建议书，以便从回复的项目申请书中挑选出一家自己认为最满意的承包商，并与之签约。至此，需求识别告一段落。

可以看出，需求识别的过程和作用对于项目与项目管理是异常重要的，识别需求意味着从开始时就避免了项目投资的盲目性。一份良好的需求建议书便是客户与承包商沟通的基本前提条件，也是使项目取得成功的关键所在。

3. 需求建议书

需求建议书（Requirement For Payment，RFP）就是从客户的角度出发，全面、详细地向承包商陈述、表达为了满足其已识别的需求应做哪些准备工作。也就是说，需求建议书是客户向承包商发出的用来说明如何满足其已经识别需求的建议书。一份良好的需求建议书主要包括以下内容：满足其需求的项目的工作陈述、对项目的要求、期望的项目目标、客户供应条款、付款方式、契约形式、项目时间、对承包商项目申请书的要求等。

好的需求建议书能让承包商把握客户所期待的产品或服务是什么，或客户所希望得到的是什么，只有这样，承包商才能明确地进行项目识别、项目构思等，从而向客户提交一份有竞争力的项目申请书。为此，客户的需求建议书应当是全面的、明确的，能够提供足够的信息，以使承包商能把握客户主体的思想，准备出一份最优秀的项目申请书。

当然，并非在所有的情况下都需要准备一份正式的需求建议书，如果某一单位产生的需求由内部开发项目予以满足时，这一过程似乎就变得简单多了，此时更多需要的是口头上的交流和信息传递，而不是把宝贵的时间耽搁在仅仅用作信息传递的需求建议书上。

5.2.3 技术与方法

1. 访谈

访谈是通过与干系人直接交谈来获取信息的正式或非正式的方法。访谈的典型做法是向被访者提出预设和即兴的问题，并记录他们的回答。访谈经常是一个访谈者和一个被访者之间的“一对一”谈话，但也可以包括多个访谈者或多个被访者。访谈有经验的项目参与者、发起人和其他高管，以及主题专家，有助于识别和定义所需产品可交付成果的特征和功能。访谈可采取结构化或半结构化的形式进行。

2. 焦点小组

焦点小组是召集预定的干系人和主题专家，了解他们对所讨论的产品、服务或成果的期望和态度。由一位受过训练的主持人引导大家进行互动式讨论。焦点小组往往比“一对一”的访谈更热烈。

3. 引导式研讨会

引导式研讨会把主要干系人召集在一起，通过集中讨论来定义产品需求。研讨会是快速定义跨职能需求和协调干系人差异的重要技术。由于群体互动的特点，被有效引导的研讨会有助于参与者之间建立信任、改进关系、改善沟通，从而有利于干系人达成一致意见。此外，研讨会能够比单项会议更早发现问题，更快解决问题。例如，在软件开发行业，就有一种称为“联合应用设计/开发（JAD)”的引导式研讨会。这种研讨会注重把业务主题专家和开发团队集中在一起，来改进软件开发过程。在制造行业，则使用“质量功能展开（QFD)”这种引导式讨论会，来帮助确定新产品的关键特征。QFD 从收集客户需要（又称“客户声音”）开始，然后客观地对这些需要进行分类和排序，并为实现这些需要而设定目标。

4. 群体创新与决策技术

群体创新技术可以组织一些群体活动来识别项目和产品需求，例如头脑风暴法、名义小组技术、概念/思维导图等。群体决策技术是为达成某种期望结果，对多个未来行动方案进行评估的过程，主要用于生成产品需求，并对产品需求进行归类和优先级排序。例如多标准决策分析可借助决策矩阵，用系统分析方法建立诸如风险水平、不确定性和价值收益等多种标准，从而对众多方案进行评估和排序的一种技术。

5. 原型法

原型法是指在实际制造预期产品之前，先造出该产品的实用模型，并据此征求对需求的早期反馈。因为原型是有形的实物，它使得干系人可以体验最终产品的模型，而不是仅限于讨论抽象的需求描述。原型法需要经历从模型创建、用户体验、反馈收集到原型修改的反复循环过程。在经过足够的反馈循环之后，就可以通过原型获得足够的需求信息，从而进入设计或制造阶段。故事板是一种原型技术，通过一系列的图像或图示来展示顺序或导航路径。故事板用于各种行业的各种项目中，如电影、广告、教学设计，以及软件开发项目。在软件开发项目中，故事板使用实体模型来展示网页、屏幕或其他用户界面的导航路径。

除以上方法外，还有问卷调查法、观察法、标杆对照法等。

5.3 项目范围的定义与确认

5.3.1 项目范围定义

1. 项目范围定义的概念

定义项目范围是制定项目和产品详细描述的过程。本过程的主要作用是：明确所收集的需求哪些将包含在项目范围内，哪些将排除在项目范围外，从而明确项目、服务或成果的边界。

项目范围定义就是把项目产出物进一步分解为较小的、更易管理的单元，以及分解定义出项目全部工作的一种项目管理活动。项目范围的定义要以其所有组成产品的范围定义为基础，这也是一个由一般到具体、层层深入的过程。即使一个项目可能是由一个单一产品组成的，但产品本身也包含一系列要素，有其各自的组成部分，每个组成部分又有其各自独立的范围。例如，一个新的电话系统可能包含四个组成部分——硬件、软件、培训及安装施工，其中，硬件和软件是具体产品，而培训和安装施工则是服务，具体产品和服务形成了新的电话系统这一产品的整体。如果项目是为顾客开发一个新的电话系统，要定义这个项目的范围，首先要确定这个新的电话系统应具备哪些功能，定义产品规范，具体定义系统的各组成部分的功能和服务要求，然后明确项目怎样才能达到这些功能和特征。

产品范围的定义就是对产品要求的度量，而项目范围的定义在一定程度上是产生项目计划的基础。两种范围的定义要紧密结合，以保证项目的工作结果能够最终交付一个或一系列满足特别要求的产品。

2. 项目范围定义的依据

项目范围定义的依据有以下几个方面：

（1）范围说明书。范围说明书为将来项目实施提供了基础，其内容包括：项目合理性说明，即解释为何要进行这一项目，为以后权衡各种利弊关系提供依据；项目成果的简要描述；可交付成果清单；项目目标的实现程度。

（2）制约因素。制约因素是限制项目团队行动的因素。例如，项目预算将会限制项目团队对项目范围、人员配置以及日程安排的选择。

（3）假设前提。假设是指为了制订计划而考虑假定某些因素将是真实的、符合现实的和肯定的。例如，如果项目的某个关键人物到位的时日不确定，项目小组将假设项目某一特别的开始日期，作为关键人物到位的时间的假定。假设常常包含一定程度的风险。

（4）其他计划结果。其他知识领域的结果也可以作为确定范围定义所应考虑的因素。

（5）历史资料。历史资料包括项目的相关历史资料，特别是经验教训，也应在确定范围定义时考虑。

3. 项目范围定义的技术与方法

项目范围定义是一项非常严密的分析、推理和决策工作，因此需要采用一系列的逻辑推理的方法和分析识别的技术。这项工作经常使用的关键技术方法主要包括以下几个：

（1）专家判断。每一个应用领域都有一个可提出详细项目范围说明书部分内容的专家。

（2）干系人分析。即识别各种各样干系人的影响和利益，并将其需要、愿望与期望形成文件。

（3）文案识别。这是用来提出执行与实施项目工作的不同办法的一种技术，最常用的是头脑风暴法与横向思维。

（4）成果分析。通过对预期成果的分析可以加深对项目成果的理解，预测其结果，确定多余的、没有价值的结果，可以用价值工程的方法。

（5）成本效益分析。通过估算项目实施方案的内部成本与收益，以及外部成本与收益，计算项目投资的收益率、投资回收期等财务指标，估计项目方案。

4. 项目范围定义的结果

项目范围定义的结果主要包括两个方面：

（1）项目范围说明书。

项目范围说明书是对项目范围、主要可交付成果、假设条件和制约因素的描述。项目范围说明书记录了整个范围，包括项目和产品范围。项目范围说明书详细描述项目的可交付成果，以及为创建这些可交付成果而必须开展的工作。项目范围说明书也代表项目干系人之间就项目范围所达成的共识，为了便于管理干系人的期望，项目范围说明书可明确指出哪些工作不属于本项目范围。项目范围说明书使项目团队能进行更详细的规划，在执行过程中指导项目团队的工作，并为评价变更请求或额外工作是否超过项目边界提供基准。如表 5—1 所示。

表 5—1　　项目范围说明书

项目范围说明书	
项目名称：	
项目编号：	日期：
项目经理：	项日发起人：
项目论证： 项目产品： 项目可交付成果： 不包括的工作： 项目目标（工期、预算、质量、安全）： 资源（已有资源、须采购的资源）： 约束条件： 假设前提： 项目的主要风险：	

项目范围说明书描述要做和不要做的工作的详细程度，决定着项目管理团队控制整个项目范围的有效程度。详细的项目范围说明书包括以下内容：

1）产品范围描述。逐步细化在项目章程（项目章程是正式批准项目的文件。任何一个项目，都是由一个或多个原因而被批准的，这些原因包括市场需求、营运需要、客户要求、技术进步、法律要求和社会需要等）和需求文件中所描述的产品、服务或成果的特征。

2）验收标准。即可交付成果通过验收前必须满足的一系列条件。

3）可交付成果。即在某一过程、阶段或项目完成时，必须产出的任何独特并可核实的产品、成果或服务能力。可交付成果也包括各种辅助成果，如项目管理报告和文件。对可交付成果的描述可略可详。

4）项目的除外责任。通常需要识别出什么是被排除在项目之外的，明确说明哪些内容不属于项目范围，有助于管理干系人的期望。

5）制约因素。即对项目或过程的执行有影响的限制性因素。需要列举并描述与项目范围有关且会影响项目执行的各种内外部制约或限制条件，例如，客户或执行组织事先确定的预算、强制性日期或进度里程碑。如果项目是根据协议实施的，那么合同条款通常也是制约因素。

6）假设条件。在制订计划时，不需验证即可视为正确、真实或确定的因素。同时，还应描述如果这些因素不成立可能造成的潜在影响。在项目规划过程中，项目团队应该经常识别、记录并确认假设条件。

（2）项目范围管理计划。

项目范围管理计划是项目管理计划的组成部分，它包括：如何管理变更的请求、范围稳定性评价等。

5.3.2 项目范围确认

项目范围确认是指项目干系人（项目提出方、项目承接方、项目使用方等）对于项目范围的正式认可和接受的工作过程。项目确认要明确所有与项目有关的工作均已包括在项目范围中，并且与项目无关的工作均未包括在项目范围中。不仅要确认项目的整体范围，还要对分解后的子工作范围进行确认。

范围确认的依据主要包括：项目章程、项目范围说明书、项目范围管理计划、项目工作分解结构图、相关的支持细节等。

项目范围确认的主要方法有项目范围核检表和项目工作分解结构核检表，前者从整体上对项目范围进行核检，比如目标是否明确、目标因素是否合理、约束和假定条件是否符合实际等；后者主要以工作结构分解图为依据，检查项目交付物描述是否清楚、工作包分解是否到位、层次分解结构是否合理等。

最后应有正式的项目确认文件，表明项目范围已被项目所有的干系人确认，同时这也是项目沟通管理中的正式文件之一。

5.4 项目结构分析

在项目和组织的结构中，项目结构为每项分配工作的记录奠定了基础。这些记录代码可以说明所有相关工作具有唯一性，还能够说明这些工作的组合方式。例如，代码系统可以明确每项工作位于项目的哪个部分，哪些群组、部门和公司对该工作负责。反过来，代码也可以说明所有的项目要素是和每个群组、部门或公司紧紧联系在一起的。

同样，代码系统也为设计和构建项目的管理系统提供了基础。所有的代码系统都与工作的基本组成部分、工作安排以及二者之间有较高水平的关联，例如计划和控制系统有关。项目每个细分部门内分配的工作必须有所计划，否则就无法实施或者进行有效的控制。这种计划包括制订工作进度、工时或资源计划以及成本预算。换句话说，也就是完成三个计划的整合。这些计划必须整合形成更高层次的计划：第一，整个项目以及项目的部门和子部门（即计划的层级结构）。第二，为项目每个细分层次上的基本群组、每个部门和公司的目标制订计划。第三，在多项目的矩阵中，这些群组、部门和公司同时完成多个项目，它们使用共同的资源，为这些组织实体及它们在所有项目上的目标制订计划。项目的结构和代码系统说明了计划需要的东西是什么，同时也为项目的内容和组织两个维度的整合提供了基础。

项目的结构还说明了哪些东西必须加以控制、什么是项目管理信息和报告系统设计的基础。项目结构还能够指出，针对基础群组分配的工作情况，必须收集、分析和报告哪些信息。它还可以进一步说明，对于项目的各个部分以及这些部分的管理者，为确保有效地管理项目，必须收集、分析并报告哪些信息。此外，代码系统就是为项目的内容与组织两个维度的整合提供服务的。类似地，所有其他的项目系统，比如工作定义、评估、测量、质量、图纸以及其他文件都会用结构以及结构的代码来为上述的整合搭建框架。

5.4.1 项目结构与人员管理

项目结构向相关的群组、组织单元和公司说明了如何安排工作，它运用了承包—委托的原则，既可以看做一种虚拟的契约，有时也是一种真实的合同。每个组织实体的管理者都可以拥有他们自己的“承包人”。组织中的每个人都有他们自己明确的职责。

项目的结构化和建立这些虚拟“合同”可以非常有效地激励相关人员。所有的管理人员和组织要素都有自身独一无二的目标以及完成进度的计划、资源和费用，还有他们自己参与其中并完成工作的方式。因此，每个人都知道自己的绩效将如何体现，所以如果表现不尽如人意，引起高层管理者的注意，就会影响到自己的职业发展。

此外，人们参与制定自己的目标也会对激励产生积极的影响。他们很清楚，如果要提高绩效，自己应该做些什么，他们还可以在实现目标方面得到成功与否的反馈。除此之外，在同事之间也可以得出清晰的绩效评价，这将进一步提高管理和群组绩效的水平。系统化和有效的结构化将把每个管理者和员工的努力变为现实，这也会提高整体项目的绩效。同时，因为结构化明确了小组分工和合作的相互关系，所以可以用来提高团队的凝聚力。所有这些要素都可以有效地计划和控制项目，即使是大型复杂的项目也不例外，而且还可以通过多个渠道提高项目绩效。因此，所有项目应该在生命周期的开始阶段就使用结构化的方法。

5.4.2 工作分解结构（WBS）

1. 工作分解结构的含义及其作用

工作分解结构（Work Breakdown Structure，WBS）作为项目管理的一种核心方法，主要应用于项目的范围管理，它是一种在项目全范围内分解和定义各层次工作包的方法。

“工作分解结构”这一术语指的是将项目、产品、可交付的东西或者建筑的各部分以及完成项目所需的各项工作任务、服务等层层分解成树状结构。它定义了项目，把每项要做的工作列入表格。在“工作分解结构”这个词语中，“工作”是指作为活动结果的工作产品或可交付成果，而不是活动本身。对于制造项目，它非常类似于生产计划中的原料使用单。实际上，对于项目组织、计划和控制而言，这种方法论的基础在于“可交付性”，而不是简单地基于个人目标和活动。

每个项目经理可能都会对大型项目心存畏惧，如果没有一些类似于 WBS 型的方法，这些大型项目很难进行设计、组织、管理和建设。除了一些极小的项目之外，所有的项目都必须根据逻辑性分解成可以管理的小部分。我们通常很难看出这种分解是如何完成的。

WBS 通常是一种面向“成果”的“树”，其最底层是细化后的“可交付成果”。它是将项目的各项内容按其相关关系逐层进行分解，直到工作内容单一、便于组织管理的工作单元为止，并把各单项工作在整个项目中的地位、构成直观地表示出来，以便更有效地计划、组织、控制项目整体实施的一种方法。进行工作分解是非常重要的工作，它在很大程度上决定项目能否成功。如果项目工作分解得不好，在实施的过程中难免要进行修改，可能会打乱项目的进程，造成返工、延误时间、增加费用等。工作分解结构是一种层次化的树状结构，是将项目按一定的方法划分为更容易管理的项目单元，通过控制这些单元的费用、进度和质量目标，使它们之间的关系协调一致，从而达到控制整个项目目标的目的。

WBS 作为将工作分成小的要素的一个媒介物，把项目分解成更小、更易于管理和控制的单元，为每个主要和细微的需要解释的活动提供了更大可能性。WBS 通常包括六层结构，如表 5—2 所示。

表 5—2　　WBS 常见的六层次结构——树形结构

<table>
<tr><td rowspan="3">管理层</td><td>1</td><td>总项目（Total program）</td></tr>
<tr><td>2</td><td>单体项目（Project）</td></tr>
<tr><td>3</td><td>项目任务（Task）</td></tr>
</table>

技术层	4	子任务（Subtask）
	5	工作包（Work package）
	6	作业层（Level of effort）

工作分解结构主要有如下作用：

（1）保证项目结构的系统性和完整性。分解结果代表被管理的项目范围和组成部分，它包括项目应包含的所有工作，并且不能有遗漏。这样，才能保证项目的设计、计划、控制的完整性。这是项目结构分解最基本的要求。

（2）通过结构分解，使项目的形象透明，使人们对项目一目了然，使项目的概况和组成明确、清晰，这使项目管理者，甚至不懂项目管理的业主、投资者也能把握整个项目，从而方便观察、了解和控制整个项目过程，同时可以分析可能存在的项目目标的不明确性。

（3）工作分解结构是项目的工期计划、成本和费用估计，以及进行资源分配的对象。

（4）工作分解结构用于建立项目目标保证体系。工作分解结构能将项目实施过程、项目成果和项目组织有机地结合在一起，是进行项目任务承发包、建立项目组织、落实组织责任的依据。工作分解结构可以满足各层次项目参与者的需要。工作分解结构可与项目组织结构有机地结合在一起，有助于项目经理根据各个项目单元的要求，赋予项目各部门和各职员相应的职责。

（5）将项目质量、工期、成本（投资）目标分解到各项目单元，这样可以对项目单元进行详细设计，以确定实施方案，做各种计划和风险分析，便于实施控制，并对完成状况进行评价。项目分解结构是编制项目进度计划的主要依据，在编制进度计划时，根据各活动间的逻辑关系而构成网络，再确定完成工作所需的持续时间、项目的开工日期，就可以确定整个项目的进度计划。

（6）作为项目报告系统的对象，是进行各部门、各专业协调的手段。项目分解结构和编码在项目中充当一个共同的信息交换语言。项目中的大量信息，如资源使用、进度报告、成本开支账单、质量报告、变更、会谈纪要，都以项目单元为对象进行收集、分类和沟通。

项目工作分解结构的作用如图 5—1 所示。

2. 编制工作分解结构的思路和步骤

项目分解的总体思路如下：

（1）识别主要的项目要素或项目交付成果。

（2）项目要素的构成分解，以便进行项目绩效度量和责任分配。

（3）检查分解结果的正确性，包括：必要和充分性检查、完整和模糊性检查、可计划和控制性检查（分配工期、预算、资源和责任人）。

项目分解的步骤如下：

（1）识别项目的主要组成部分。

1）问题：要实现项目目标需要完成哪些主要工作？

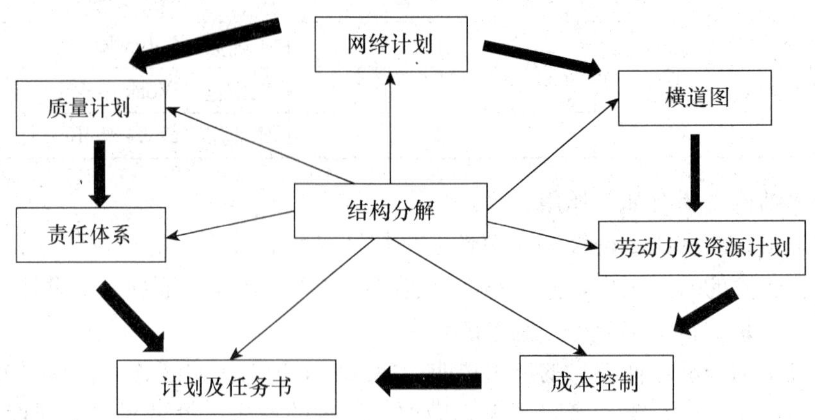

图 5—1　项目结构分解作用图

2）技巧：可以按照项目生命周期的阶段、项目主要交付成果、产品、系统或者专业划分。

3）层次：在 WBS 中处于第二层上，并在结构图形上标示出来。

（2）判断。

1）在已经分解的基础上，判断能否快速方便地估算各个组成部分各自所需的费用和时间，以及责任分配的可能性与合理性。

2）如果不可以，则进入第三个步骤；如果可以，则进入第四个步骤。

（3）识别更小的组成部分。

1）要完成当前层次上各个部分的工作，需要做哪些更细的工作？

2）这些工作是否可行？是否可核查？

3）它们之间的先后顺序是怎样的？

4）在 WBS 上标示出第三、四层。

5）判断能否快速方便地估算该层的各个组成部分各自所需的费用和时间，以及责任分配的可能性与合理性。如果不可以，则继续第三步；如果可以，则进入第四步。

（4）检查工作。

1）如果不进行这一层次的工作，上一层次的各项工作能否完成？

2）完成了该层的所有工作，上一层次的工作就一定能完成吗？

3）根据检查，对该当前层的工作进行增加、删除或者修改，或者对上一层次的工作进行适当的整理。

4）本层各项工作的内容、范围和性质是否都已经明确？如果回答肯定，则需要写出相应的范围说明书，该说明书就是工作包的范围说明书；如果回答否定，则需要进行必要的修改和补充。

编制 WBS 的主要思路有以下几种：

（1）基于功能（系统）的分解结构，如图 5—2 所示。

（2）基于成果（系统）的分解结构，如图 5—3 所示。

（3）基于工作过程的分解结构，如图 5—4 所示。

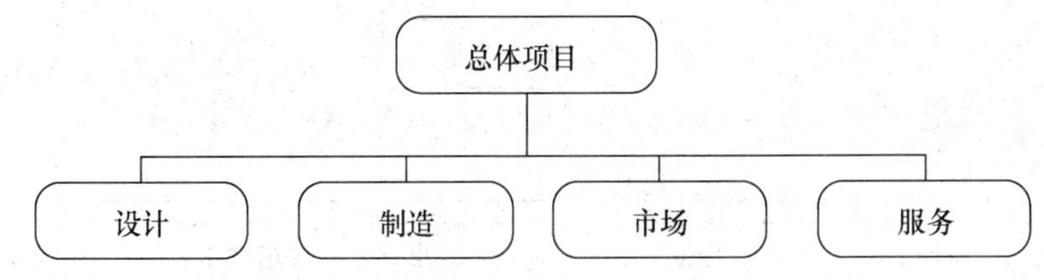

图 5—2　基于功能（系统）的分解结构

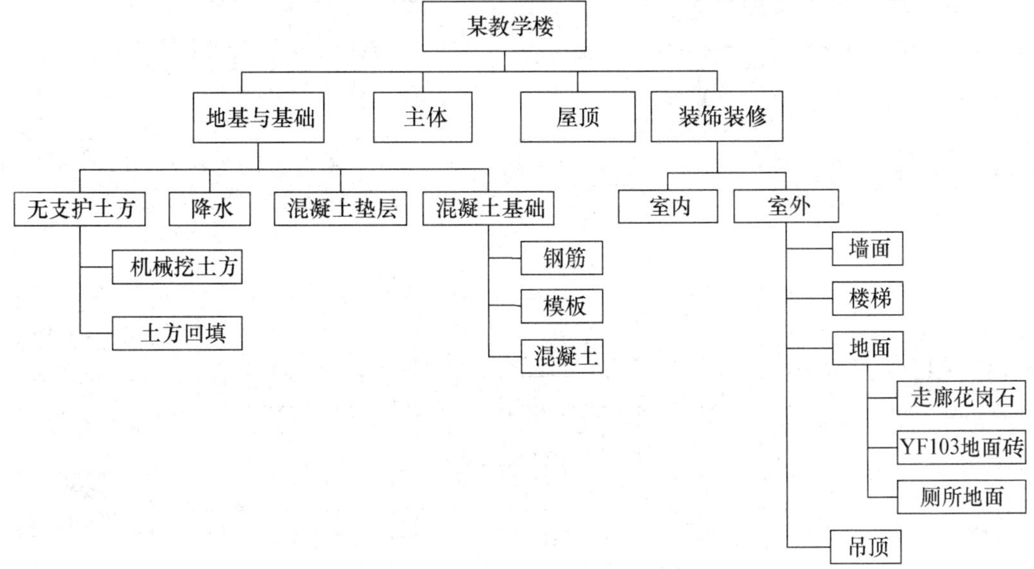

图 5—3　基于成果（系统）的分解结构

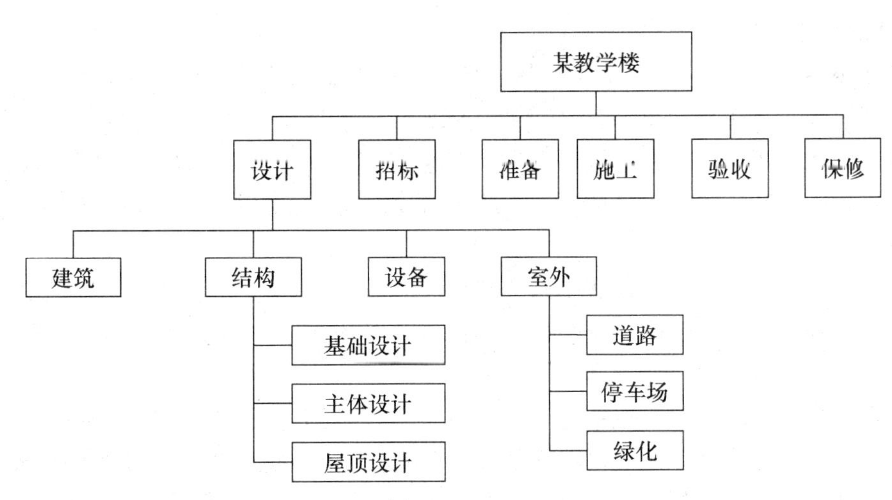

图 5—4　基于工作过程的分解结构

一个组织过去所实施项目的工作分解结构常常可以作为新项目的工作分解结构的样板。虽然每个项目都是独一无二的，但仍有许多项目彼此之间都存在着某种程度的相似之处。许多应用领域都有标准的或半标准的工作分解结构作为样板，如图 5—5 所示。

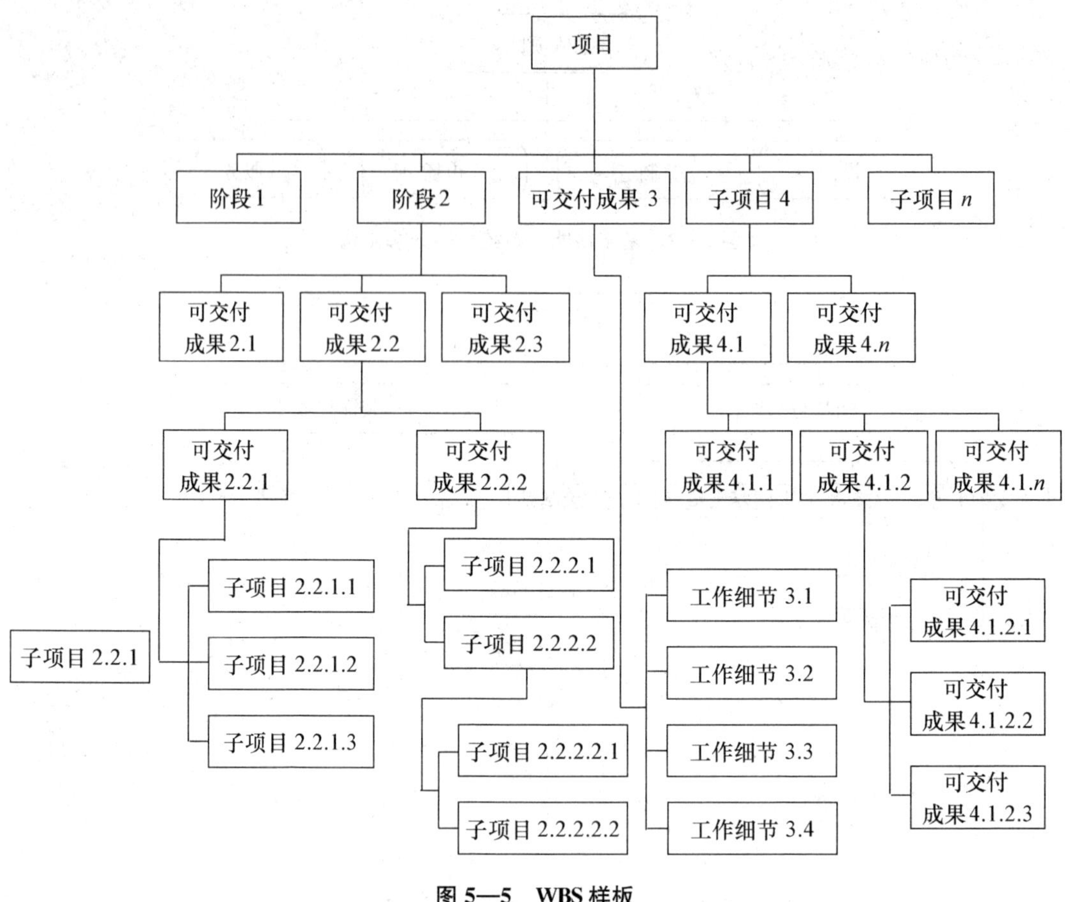

图 5—5　WBS 样板

3. 工作列表

在任何 WBS 中，一个重要的工作就是把项目的全部工作量（不管是硬件工作还是软件工作）列出来。工作列表是非常必要的。例如，要估计全部成本，就要进行工作列表。假如忽略了某项重要工作，就可能导致预算不足，无法达到项目的目标。就计划和控制而言，如果在项目一开始遗漏了某项工作，那么当我们在后来发现缺少这项工作时，自然会感受到它的重要性。

工作列表可以看做一个双层 WBS。项目在第一层，所有的任务都被填入第二层。对绝大多数项目而言，这种层次的分解是远远不够的，但是可以作为多层 WBS 的起点。

完成列表的方法取决于很多因素，其中非常重要的一点就是项目经理个人的工作成效。一些人喜欢在开始的时候概括地写出所有可以预见到的工作，然后在 WBS 的各个部分重新安排这些工作。另一些人可能会从 WBS 开始，然后把各项任务填写到预先设计好的表格中。还有一种方法是通过画出项目的关键路径网络图来明确所有的任务，由主要管理人员尽可能详细地描述各项任务（有时还包括头脑风暴法）。包含以前项目经验的任务表是非常有价值的，可以防止遗漏某项工作。只要在项目实际工作开始之前，所有的重要的任务都已经明确，而且安排到一个有条理、有层次的 WBS 中，选择何种编辑顺序其实并不重要。

表 5—3 就是一种在项目生命周期的初期可能需要的任务表。每项工作都赋予一个识别代码，项目管理软件可以利用代码来绘制关键路径图。尽管一些计划人员开发出智能化程度很高、非常优秀的软件系统试图达到理想状态，但是这里的 ID 代码和层级的 WBS 中使用的代码并不是一样的。任务表还非常适合进行成本估算，至少暂时可以作为此用。把任务表和初始的成本估算合并放入同一个文件中，不仅可以节约时间，还可以节省空间。

表 5—3　　组织分解层次

层次	小型组织	中型组织	大型组织	多项目组织
1	整个组织	整个组织	整个组织	多项目组织
2	部门	单位	公司	单个项目组织
3	小组	部门	单位	公司
4		小组	部门	单位
5			小组	部门
6				小组

对每项工作的期限的估计既可以放在最初的任务表中，也可以在绘制网络图时考虑加入。时间单位应当标注。

最后一栏可根据项目自由选择。如果工作的先后次序是可预测的、可行而且具有一定逻辑的，那么每项任务的 ID 代码应当立即标注。ID 代码可以作为绘制逻辑网络图的前期基础。一般的读者可能了解，学校的老师会批评学生在完成课程安排的任务表时没有考虑这类信息，但实际上这种方法可能更带有一些学术气息，而非实际情况。有经验的项目经理更喜欢在完成关键路径网络图之后再确定任务的先后次序。在没有网络图的情况下，第一次编写任务表时就为某个大型项目列出了所有前期工作，这似乎是一个无法完成的巨大的脑力工程。但是当计算机完成项目网络图之后，在项目实体结构的基础上进行工作就非常有用，因为它可以检查所有的数据输入是否正确以及有没有形成环路或遗漏了工作。

4. *在项目实体结构的基础上进行工作分解结构*

WBS 常见的形式之一就是“树形图”或“图表”，这种形式在制造业和建筑业的设计中已经使用多年。在树形图的形式中，WBS 的形式和逻辑特征很大程度上是由最终产品的物理特征决定的，如图 5—6 所示。

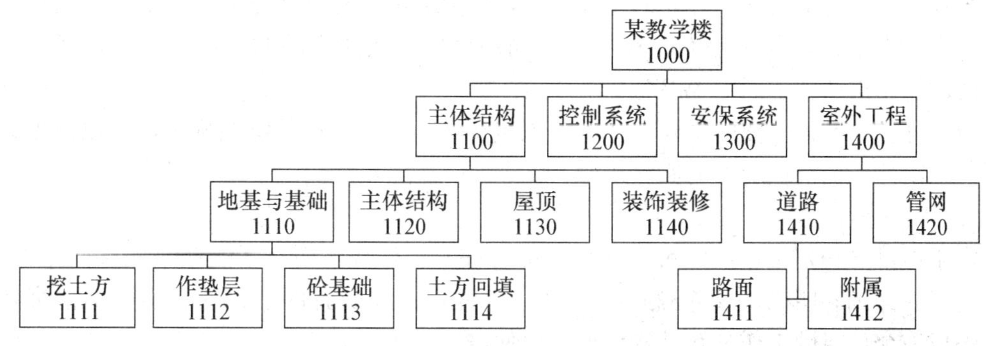

图 5—6　一个简单的项目任务列表格式

工作分解的代码应当具有层次性，以便在提到每个部件、每项任务时，它们都有唯一的标识。这些标识不仅可以用于制造过程，而且还可以用于计划、工作控制和计算成本。在典型项目中，WBS 发挥了明显的、重要的作用，WBS 在很大程度上是以最终项目的物理结构为基础的。

5. 工作分解结构建立应注意的问题

对于实际的工程项目，特别是相对较大的项目，在业主进行工作分解时，有下面几点需要注意：

(1) 有些简单项目可以直接以工程分解结构（Engineering Breakdown Structure，EBS）作为 WBS，但是在很多情况下，由于考虑到由不同的承发包方式、采购模式和分包合同内容所确定的合同结构体系（CBS），所以就不能直接以 EBS 作为 WBS。

(2) WBS 应当综合考虑 OBS、CBS、PMM、EBS、IBS、ABS 等进行联合策划。OBS（组织分解结构）是项目组织结构图，描述负责每个项目活动的具体组织单元。PMM 为项目管理模式，IBS（投资分解结构）与 ABS（账目分解结构）都是按照与 WBS 与 OBS 相适应的规则将投资进行分解而形成的相应的、便于管理的分解结构。ABS 是组织单元承担分项工作而对其投资进行管理的一种工具，可以作为项目投资测定、衡量和控制的基准。

(3) 要清楚地认识到，确定项目的 WBS 就是将项目的产品或服务、组织和过程这三种不同的结构综合为项目 WBS 的过程。项目经理和项目的工作人员要善于将项目按照产品或服务的结构进行划分，以及按照项目组织的责任进行划分等有机结合起来。也就是说，我们应该将项目的 WBS、IBS 和 OBS 加以综合运用。

(4) 对于项目最底层的工作要非常具体，而且要完整无缺地分配给项目内外的不同个人或组织，以便于明确各个工作块之间的界面，使各工作块的负责人都能明确自己的具体任务、努力的目标和承担的责任。同时，工作如果划分得具体，也便于项目的管理人员对项目的执行情况进行监督和业绩考核。实际上，进行逐层分解项目或其主要的可交付成果的过程，也就是给项目的组织人员分派各自角色和任务的过程。

(5) 对于最底层的工作包，一般要有全面、详细和明确的文字说明。

(6) 并不是 WBS 中所有的分支都必须分解到同一水平，各分支中的组织原则可能不同。任何分支最底层的细目称为工作包。工作包是完成一项具体工作所要求的一个特定的、可确定的、可交付的及独立的工作单元，需要为项目提供充分而合适的管理信息。任何项目也并不是只有唯一正确的 WBS，如同一个项目按照产品的组成部分或根据生产过程分解就能作出两种不同的 WBS。

(7) 分包商及供应商的主要工作也应该包含在上层的工作分解结构之内，以便更好地计划与控制分包商及供应商的实施过程。

6. WBS 词典

由于项目（特别是那些较大的项目）都有许多工作块，而对于这些最底层的工作块，要有全面、详细和明确的文字说明。因此，常常把这些所有的工作块文字说明汇集在一起，编成一个项目的工作分解结构词典，以便需要时查阅。

WBS 词典通常包括：编码、工作包描述（内容）、成本预算、时间安排、质量标准或要求、责任人或部门或外部单位（委托项目）、资源配置情况、其他属性等。表 5—4 是一个 WBS 词典的示例。

表 5—4 工作分解结构词典示例

作业编号	A1020
责任人/授权人	张大千/李开明
作业内容	主楼建筑工程 3～4 层
施工条件	第 2 层施工完毕，图样具备，现场具备施工条件
标准、规范、方法	按设计图样要求，采用钢模板现浇结构混凝土
施工成果	结构混凝土符合设计要求，不包括……
质量控制方法	模板质量检查、面板安装检查、混凝土浇筑质量检查
开工/完工日期	2003-07-21，2003-08-29
资源要求	吊车 1 台、模板工 10 个、混凝土工 3 个、84 方混凝土
工程量要求	$150m^2$ 面板架设，浇筑 84 方混凝土
假设条件	天气晴朗，电源有保障，不发生安全事故

5.4.3 组织分解结构（OBS）

项目的组织分解结构和内部组织有关，它并不表示组织要素与其上级组织、矩阵等之间的关系。它是一张项目“内部的”组织结构图，绘制的方法和 WBS 较为类似。

在 OBS 中，层次 1 作为一个要素，代表了整个项目组织，层次 2 代表了第一步划分的部门或是把项目分解到主要的组织要素上。这一过程不断重复，直到确定最低层次的 OBS 要素。最低层次通常都是基本的工作小组或学科，在一些小型项目中，最低层次甚至是完成具体工作的个人。这些小组可能混合在一起，但通常都是单独的职能小组。

这些最低层次的组织要素担负的工作可以根据最低层的工作分解结构继续划分为有一定意义的工作作业，每项工作都可以作为单独的实体进行计划和控制。

构建 WBS 的一般原则也可以用于 OBS。但是分解层次的数量取决于项目的规模、项目的组织以及参与人员的数量。例如，在一个多公司的项目中，层次 2 的要素代表了相关的某个公司。图 5—7 表明了分解层次可以根据项目的规模而变化。

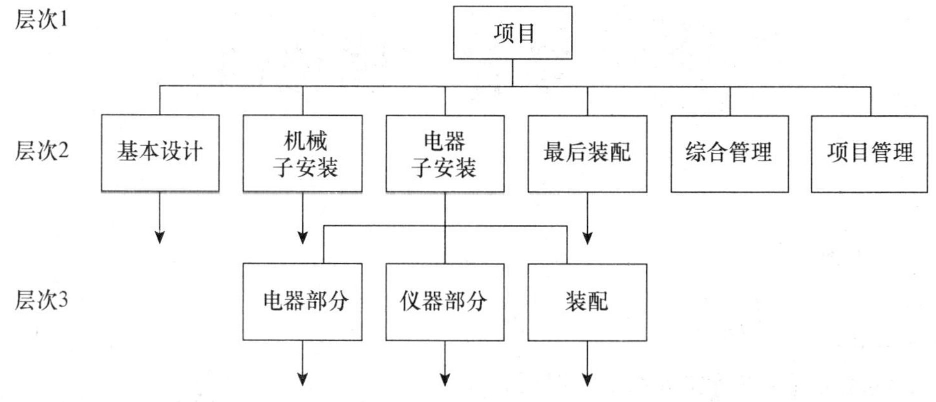

图 5—7 项目 X 的工作分解图（第一、二层和第三层部分）

对一些小型项目而言，分解到这个层次已经足够了。但是在大型项目中，或者某个职能小组受到资源限制，或者组织还要完成其他项目的工作，那么继续分解到单个的职能小组就非常有必要，如图 5—8 所示。这样做可以把各个小组的工作综合起来进行计划和控制，为每个小组、部门和整个组织提供进度安排和绩效考核报告。

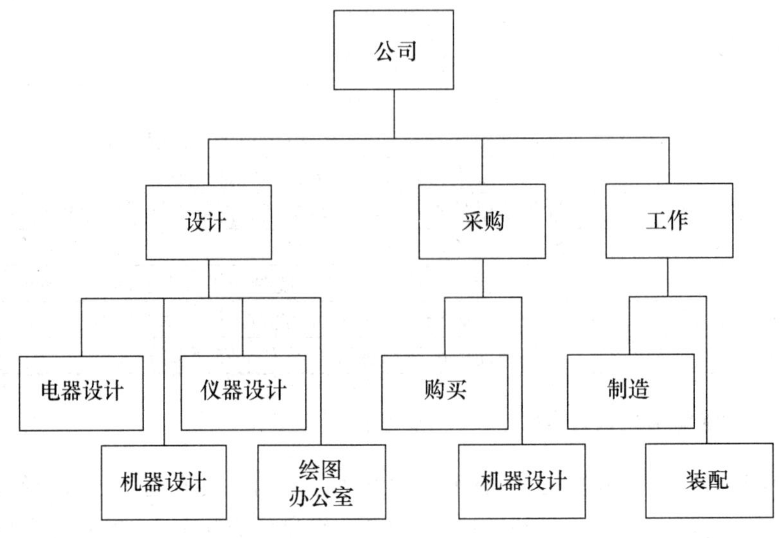

图 5—8　项目 X 的三层组织分解结构图

因此，较低层次的 OBS 要素就是完成工作的职能小组，为 OBS 要素提供的综合计划、信息、分析和报告是对每个小组完成 WBS 要素最低层次工作总和的一个说明。类似地，在较高层次中，描述每个 OBS 要素的综合计划和控制信息将把较低层次 OBS 负责管理的内容合并到一起。在这个层级中，所有经理都有他们自己职责领域内的计划和控制报告。因此，对于项目中有关的职能经理，OBS 是项目控制和信息系统的一个坐标轴（维度）。同样的，WBS 代表了另一个衡量这些系统的维度，用来说明项目管理矩阵的结构。

5.5 项目范围控制

项目范围控制是指监督项目和产品的范围状态，管理范围基准变更的过程。项目启动之后，项目经理和项目团队应该认真研究合同，与业务人员沟通，了解客户最想要的是什么，然后重新明确项目的范围，并让客户认同。在项目的执行过程中，项目的范围不可能一成不变，这就需要进行项目范围的控制。

需要指出的是，控制项目范围确保所有变更请求、推荐的纠正措施或预防措施都通过实施整体变更控制过程进行处理。在变更实际发生时，也要采用控制范围过程来管理这些变更。控制范围过程应该与其他控制过程协调开展。未经控制的产品或项目范围的扩大

（未对时间、成本和资源做相应调整）被称为范围蔓延。由于变更不可避免，因此在每个项目上，都必须强制实施某种形式的变更控制。

项目控制要按照项目的范围规划进行，如果在实际中按规划范围进行有困难，要进行范围变更，则需要与客户沟通取得认可。另外，客户也可能会变更项目范围。例如，客户的需求可能会发生改变，客户今天说的项目范围可能比昨天说得要多，有时候可能会根据喜好决定项目范围，有时候也可能只从结果出发，而没有考虑过程。因此，一方面要锁定项目范围，另一方面还需要做好沟通。当然，如果项目的范围必须改变，就应答应客户的要求，并签订补充协议。

项目范围控制关心的是对造成项目变更的因素施加影响，并控制这些变更造成的影响。项目范围控制的依据包括项目范围说明书、WBS、项目范围管理计划、绩效报告、批准的变更请求、工作绩效信息等。

章后练习题

1. 为什么要进行项目范围管理？
2. 描述 WBS 如何进行项目工作结构的分解。
3. 项目范围变化对整个项目会产生什么样的影响？

案例

范围管理在建筑工程总承包设计项目中的实践探索

工程总承包作为一种国际通行的工程项目管理组织模式，于 20 世纪 90 年代初期被引入我国。经过多年发展，我国企业总承包的工程项目日趋大型化，部分大型企业正积极进入国际高端市场。但就整体而言，我国工程总承包行业目前仍处于初期阶段。设计项目作为总承包项目中重要的一个子项目，在项目范围管理方面存在以下问题：

第一，项目范围认定工作难度较大。就国内范围而言，虽然在《中华人民共和国建筑法》中谈到提倡对建筑工程实行工程总承包，但是对如何开展总承包缺乏与之配套的相关法规文件，可操作性不强，难以实施；从国际范围来看，各国对工程总承包范围内容的界定以及在工程建设中采取的常规做法不同，采用的国际标准和规范也不相同，加之我国企业普遍对 CM（Fast Track Construction Management）、NC（Notation Contract）、BOT/PFI 等模式了解较少，这些都为总承包设计项目的范围认定工作带来一定的难度。

第二，项目内外部环境复杂，项目变更频繁。工程总承包设计项目往往具有周期长、内容复杂、参与人员变动频繁等特点，在其实施过程中易受环境和市场因素的干扰。总承包项目部往往会出于对工程造价、进度等方面的考虑，要求设计进行大量反复的方案比选。此外，在项目实施过程中，业主和监理也会对设计项目提出变更要求，有些要求甚至是前后矛盾的。承包商如果一味迎合业主的要求，就可能对工程进度和费用产生不利影响；而如果对业主的要求置之不理，又有可能引起业主的不满，继而影响项目后续工作的顺利实施。

这些问题的核心涉及项目中哪些内容该做，哪些内容不该做，做到什么程度。而这些问题都需要在项目的“范围管理”中逐一解决。

长江岩土总公司与利比亚行政中心发展机构（Organization for Development of Administrative Centers，ODAC）自 2006 年开始签署协议，陆续承接了一批由住宅、城市中心、大学城等建筑和市政工程组成的建筑总承包项目。这批项目采取 EPC 模式建设，合同总金额达 20 多亿美元。由于项目地域分布较广，ODAC 分别委托其设在南方、西方和山谷地区的分支机构代行业主职责。项目自 2007 年开始启动，到 2011 年因内战被迫停止，其中部分项目已完工或接近完工，余下项目则处于结构封顶或图样审查阶段。

1. 利比亚建筑工程总承包设计项目特点

经过前期调查发现，利比亚工程总承包设计项目有以下几个特点：

（1）当地建筑市场鱼龙混杂。监理中既有曾为迪拜棕榈岛项目提供过咨询服务的英国 Hill International 公司，也有临时拼凑几个人就能开门营业的皮包公司。

（2）在利比亚建筑市场中能见到很多发达国家和伊斯兰国家规范的应用，这给项目范围的确定工作造成一定的难度。

（3）利比亚国土面积较大，气候类型多样，项目所在的部分地区属于热带沙漠气候，而部分地区则属于地中海气候。

（4）项目实施中可能受到一些非工程因素的影响。

2. 利比亚建筑工程总承包设计项目范围管理内容

在工程实践中，着重从范围的界定、范围的规划、范围的调整三方面对该项目的范围进行了管理。

（1）总承包设计项目范围的界定。

项目的范围管理应由其可交付成果确定，因此在项目的执行阶段首先应该明确项目的可交付物。具体到建筑工程总承包中的设计项目，其范围应由项目设计报告、图样及计算书等技术文件、合同条款中的约定、工程实施的环境条件以及干系人的诉求等因素决定。设计管理在总承包项目范围界定中的工作大体可分为以下几点：

第一，设计部在计划经营部获得项目文件后应发挥龙头作用，与合同部门一起对招标文件中关于工程范围说明、方案图样、工程量清单、地勘资料以及该项目适用的技术规范等进行消化整理，从而确定项目的可交付物。在调研中发现，利比亚国内的设计规范极为有限，因此在工程中多采用欧美或其他伊斯兰国家的规范。不同规范间存在差异，一旦在规范选择方面出现偏差，将给后面的设计工作带来较大的困扰。如照度值是照明设计中的一个重要指标，但北美照明协会（IES）标准中规定某些场所的照度值和印尼照明指南中的推荐值相比，前者甚至比后者高 1 倍多。这要求在项目前期与业主和监理的沟通中将规范标准的范围一一明确。

第二，确定项目的工作范围。很多时候仅靠合同文件中约定的工作范围是远远不够的。合同文件难免有所疏漏，当合同对项目范围约定比较模糊时，往往需要借助于对当地类似工程的调查分析和资料收集才能判断项目真正的工作范围。以塔拉根 2 000 套住宅项目为例，该项目是长江岩土总公司在利比亚承接的第一个总承包项目，在对该项目市政基础设施工程进行设计范围界定时发现合同文件对该部分仅有一个总造价的约定，而对于工作范围却没有明确。通过走访业主ODAC南方委员会管理的一个已建项目，了解到在当地总承包市政基础设施建设中，通常市政道路工程、10KV及以下供配电线缆敷设及管道工程、通信管道工程、给排水管道工程、水塔及泵房工程、煤气管道工程、绿化景观工程、路灯照明工程均应由承包商完成，而剩余部分应由当地相关部门实施。根据上述原则，公司大致确定了该项目的范围，其费用总和与合同中约定的基础设施造价水平大体相当，从而进一步印证了采取这种范围划分的合理性。

第三，要合理确定项目的范围，还应事先对项目实施的社会环境和自然环境进行调查。这里的社会环境包括所在国的法律、宗教信仰、政府及行业颁布的与本项目有关的各项标准等，自然环境包括施工现场周边影响物、项目所在地的气候等。在对塔拉根2 000套住宅项目进行环境调研中发现，项目所处的塔拉根镇常年气温在20℃以上，极端气温超过50℃，昼夜温差大。该镇地处撒哈拉沙漠边缘，项目所需的砂料均就近取自沙漠，这些砂料风化严重，颗粒直径较小。在建筑墙面粉刷设计中应充分考虑相关环境因素的影响，尽量减少粉刷开裂情况的发生。根据相关规范，砼与砖砌体交界处应通常固定一条钢丝网或其他纤维材料，宽度在界面两侧各不低于200mm，表面刷界面剂。本项目设计从气候和建筑材料等不利因素考虑，应采用抗拉能力较强的钢丝网固定，同时还应在施工做法中提醒确保基层充分湿水，从而提高基层与粉刷层的结合能力等。

第四，设计项目的实施方案及人员安排、进度计划等问题通过上述工作基本上都可以明确，再加上在类似项目中积累的经验，总承包设计项目的范围界定工作就可以基本上完成。

(2) 总承包设计项目范围的规划。

从总承包合同签订到设计工作开展之前，设计部应该做好项目的范围规划工作。

第一，对合同分析完成工作分解结构（WBS），进而形成合同执行分析报告。在本阶段，应组织相关专业技术人员分析合同的工作范围，对合同工作内容应按专业分头开展归类分析，最终将合同文本转化为内部执行文件和准则。这个过程可以使设计部各级人员都明确自己的具体职责和分工。结合项目的总体进度计划表，制订设计内部进度计划，为实现全员合同控制奠定可靠的基础。通过对合同范围的分析，利比亚塔拉根2 000套住宅项目的设计项目工作分解结构如图5—9所示。

针对上述工作分解结构，综合采购、施工及项目验收等因素的影响，在满足合同总工期24个月的前提下，本项目的横道图如图5—10所示。

第二，制定范围变更的相应管理措施。项目范围变更指对项目的最终产品或最终服务范围的增加、修改或删减。从项目的开始直至结束，随时都可能会发生范围变更的情况。由于项目范围变更的原因各异并且都会对项目产生影响，因此项目的范围变更控制就成为项目范围管理中一个必须解决的重要内容。

在塔瓦嘎1 500套住宅项目启动后的第三个月，业主发函要求将合同工期由24个月缩短到18个月。根据事先制定的范围变更控制程序对本项目缩短工期这一范围变更进行识别和分析后，公司认为虽然缩短工期会增加承包商资源和成本的投入，但若采用合理减少流水步距、缩小施工过程间的技术间隙、组织间隙或增大搭接时间等方法对关键路径进行

塔拉根2 000套住宅
项目的设计项目
1 000
项目设计
1 100
项目管理
1 200
基础工程设计
1 110
主体工程设计
1 120
安装工程设计
1 130
装修工程设计
1 140
市政及公用
工程设计
1 150
设计审查及交付
1 160
土方工程设计
1 111
基础工程设计
1 112
建筑工程设计
1 121
结构工程设计
1 122
电气工程设计
1 131
水暖工程设计
1 132
内装修工程设计
1 141
外装修工程设计
1 142
道路工程设计
1 151
市政管网设计
1 152

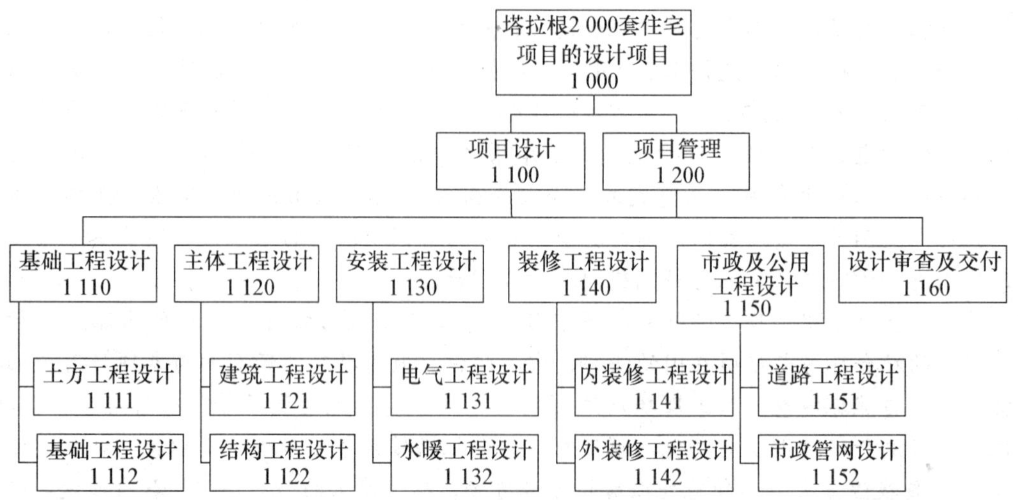

图 5—9　塔拉根 2 000 套住宅项目的设计项目 WBS

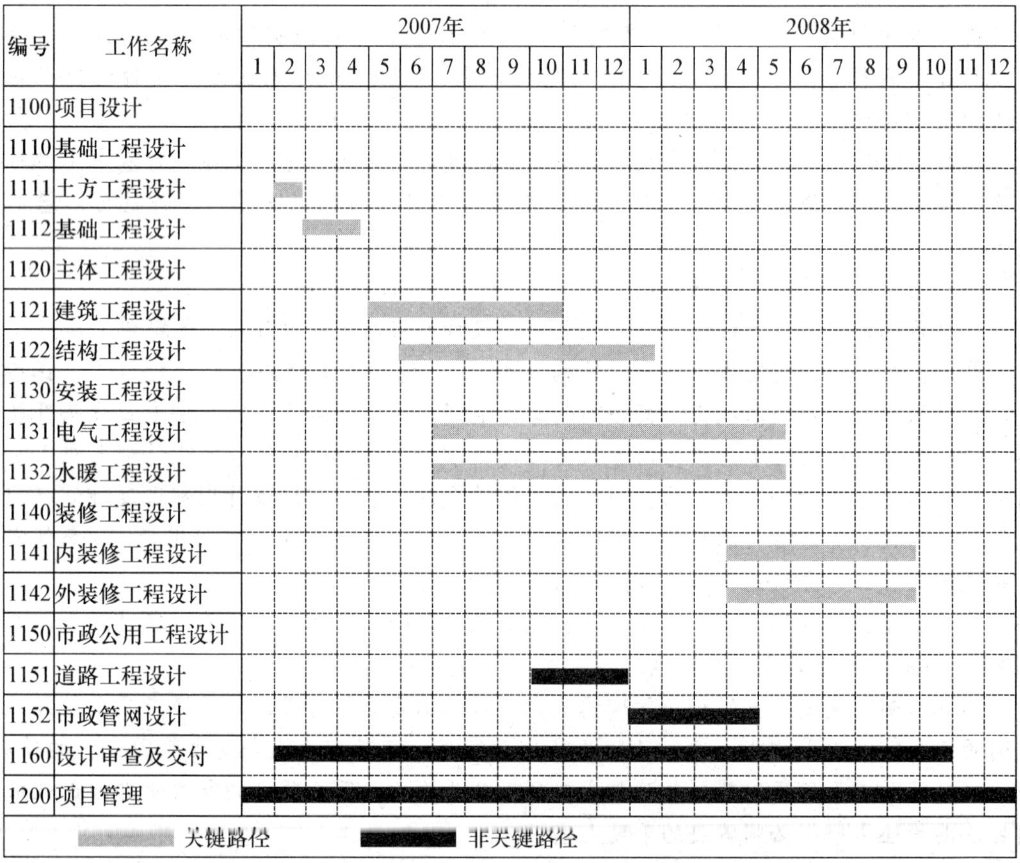

编号
工作名称
2007年
2008年
1 2 3 4 5 6 7 8 9 10 11 12 1 2 3 4 5 6 7 8 9 10 11 12
1100 项目设计
1110 基础工程设计
1111 土方工程设计
1112 基础工程设计
1120 主体工程设计
1121 建筑工程设计
1122 结构工程设计
1130 安装工程设计
1131 电气工程设计
1132 水暖工程设计
1140 装修工程设计
1141 内装修工程设计
1142 外装修工程设计
1150 市政公用工程设计
1151 道路工程设计
1152 市政管网设计
1160 设计审查及交付
1200 项目管理
关键路径
非关键路径

图 5—10　塔拉根 2 000 套住宅项目的设计项目横道图

优化，达成缩短工期的目标后，相关费用支出并不会大幅增加。同时由于工期的缩短，相应的设备租赁费用、办公和管理费用的投入还会相应减少。通过技术经济论证，在与业主进行的合同变更谈判中就有了底气，最终在互利互惠的基础上就赶工时间和补偿金额等问题达成了共识并签订了补充协议。

(3) 总承包设计项目范围的调整。

第一，在项目实施过程中，要实时掌握项目最新动态。应对范围管理中确定的实施内容进行审核落实，如果项目范围规划中所确定的内容较之合同约定出现遗漏或多余的情况应对其进行及时修正。

第二，应定期或不定期派遣设计人员驻现场工作，以掌握项目实施的第一手资料，从而科学地制定项目进度执行实施状态报告。通过这些报告可以帮助决策者了解项目实施的中间过程和动态，识别项目是否在按其范围规划的内容实施，如与范围规划内容不符是否对项目整体产生重大影响等。

第三，当在项目实施过程中遇到对项目范围影响较大的情况时，承包商在实施变更前应提出工程变更联系函并与业主就变更价格做出约定。对业主口头提出的变更要求，承包商应争取业主尽快以书面形式确认。

此外，在项目各阶段结束及项目竣工时，都应该对项目范围进行核实工作。该工作用以对项目已完成的可交付成果或者工作结果进行检查验收。当项目因战乱、资金等原因被迫提前终止时，应书面记录项目完成的水平和程度。可交付成果验收后，要及时总结评价项目范围的确定、过程控制、范围变更管理工作的有效性。上述总结结果应详细记录在案并及时分发给其他项目相关人员，以达到提高项目管理水平的目的。

问题：

1. 哪些情况会引起项目变更？如何看待设计变更？
2. 在工程实践中，如何做到范围界定、范围规划及范围调整？

资料来源：谌东海，田泉：《项目范围管理应用研究——利比亚建筑工程总承包设计项目中的实践探索》，项目管理技术，2011 (9)：44～48。

第6章 项目进度管理

引例

AAI公式时间管理实践

建筑联合有限公司（AAI）专营大型工业、零售和公用事业项目，包括购物中心、车间厂房和会议中心等。该公司被认为是当地最有效和最有创造力的设计单位。

该公司在工作地点的墙上安装了一个所有设计人员都能看见的墙板。墙板上纵向是设计师和技术人员的名字，横向是合同编号，每个项目分配到相关人员的时间都在横竖交叉的地方显示。时间估算数据是由高层管理者和建筑师基于以往经验做出的，直接负责实际工作的每位员工都普遍感觉时间估算还是比较合理的。但在过去的两年内，很多项目在最后时刻都需要赶工，有时即使赶工项目还是一拖再拖，结果就是预算超支。

研究一下该公司的工作过程就会发现问题。例如，某一设计需要5天完成，如果问题出现在前4天，工人们只需加一会班就可以赶上进度，但如果问题出现在第5天，则会发生延误。为此，公司用标注法代替了墙板上的时间分配表，这样能显示对工作分派的简单的检查。高层管理者还为每项任务列出乐观时间、悲观时间、正常时间，并计算出平均时间，用来帮助估计项目成本，这些估算不用交给设计人员，后者仅被告知要尽最大可能高效且准确地去做相关的工作。结果，虽然任务时间的幅度范围略有增加，但各项任务所需的平均时间却稍有下降。

资料来源：Jack R. Meredith，Samuel J. Mantel. Jr，*Project Management*：*A Managerial Approach*，Printice. John Wiley & Sons Ltd；7th International student edition，2009.

6.1 项目进度管理概述

6.1.1 项目进度管理的概念与内容

1. 项目进度管理的概念

项目进度管理，也叫项目时间管理或项目工期管理，是指在项目实施过程中，对各阶段的时间进度和项目最终完成的期限所进行的管理。实施项目进度管理的目的是保证项目在满足时间约束的条件下实现项目总目标。

项目进度管理是项目管理中至关重要的环节，因为在项目管理中，时间是最重要的约束条件之一。时间进度牵涉项目范围、成本和质量等方面，如果项目不能在合同工期之内完成，则后果很严重，也会带来很大的副作用。在项目进行过程中，进度问题是最普遍也是最突出的问题。因此，在项目管理中，时间是最重要的约束条件之一，是项目经理和项目管理人员最为关心的议题。

项目进度管理是为了确保项目准时完工而必须完成的一系列管理活动与工作，具体展开是指在规定的时间内，拟订出合理且经济的进度计划（包括多级管理的子计划）；在执行该计划的过程中，经常要检查实际进度是否按计划要求进行，若出现偏差，便要及时找出原因，采取必要的补救措施或调整、修改原计划，直至项目完成。

2. 项目进度管理的内容

项目进度管理主要包括两部分的内容，即项目进度计划的制订和项目进度的控制。项目进度管理是由一些过程组成，包括为确保项目按期完成所必需的所有过程，具体有：工作定义、工作顺序安排、工作时间估算、进度计划编制和进度控制等。其过程如图 6—1 所示。

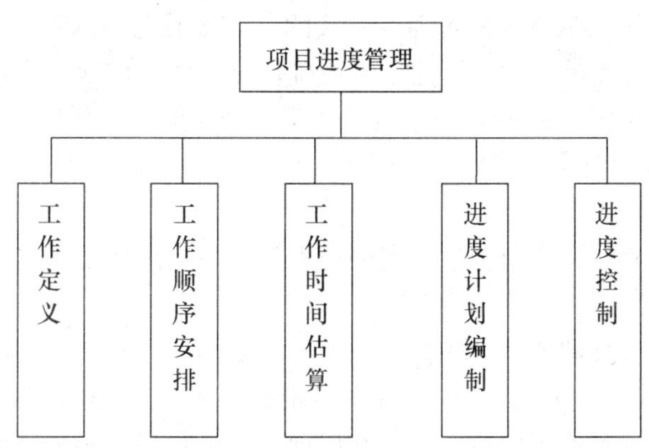

图 6—1 项目进度管理框架流程

（1）工作定义：确定为产生项目可交付成果而必须进行的具体工作。

（2）工作顺序安排：确定各项工作之间的逻辑关系，并形成文件（如图、表、文字资料等）。

（3）工作时间估算：估算完成各项工作所需要的工作时间。

（4）进度计划编制：分析工作顺序、工作时间、资源需求，以及进度制约因素，从而编制项目进度计划。

（5）进度控制：通过各种纠偏措施，控制进度计划的变更，保证进度计划目标的实现。

以上过程彼此相互影响，同时也与外界的过程相互影响。根据实际情况，每一过程由专人或数人或一组人加以完成。在项目各阶段，每个过程通常至少出现一次。虽然上述过程是分开叙述、具有明确的分界，但实际上它们也许是重叠和相互影响的。有些项目，特别是一些小项目中，工作顺序安排、工作时间估算和进度计划编制这些过程紧密相连可视为一个过程。

6.1.2 项目活动定义

项目活动定义就是识别为实现项目目标、完成项目可交付成果，项目团队成员和项目干系人必须开展的具体活动。每一项活动就是一个工作单元，它们有预期的历时、成本、资源要求。目前，在项目管理领域里，活动（Activities）和作业（Tasks）的关系及用法并不统一。这里重要的不是使用词的名称，而是要做的工作是否被描述清楚，以及是否被工作人员所理解。在实践及学术上，我们统一使用“活动”这个术语。

项目活动定义是确认和描述项目的特定活动，是项目进度管理的前期基础工作之一。它把项目的组成要素细分为可管理的更小部分，以便更好地管理和控制，完成了这些活动意味着完成了 WBS 结构中的项目细目和子细目。通过项目活动定义这一过程可使项目目标体现出来。一般是根据项目章程、项目范围说明书、项目工作分解结构、项目假设及约束条件和历史信息，来定义项目团队成员和项目干系人为完成项目可交付成果而必须完成的各项具体活动。

1. 活动定义的依据

（1）工作分解结构（WBS）。

项目范围管理中做出的 WBS 是活动定义的基本依据。WBS 通过子单元来表达主单元，每一工作的编码都是唯一的，因此十分明确，且任何工作项目都可通过计算其下层工作的成本、进度得到该工作的成本和进度。由于 WBS 是从粗到细分层划分的树状结构，因此根据 WBS 可以列出不同粗细程度的工作清单。

（2）项目范围说明书。

在活动定义期间必须考虑范围说明书中所列的项目合理性说明和项目目标。

（3）历史资料。

尽管项目具有一次性和独特性的特点，即不存在两个一模一样的项目，但不同项目的 WBS，在某些部分可能很相似，工作内容也很相近。所以，在进行活动定义时应该参考历史资料，尤其是类似项目的历史资料，如在以前类似的项目上必须进行的工作有哪些等。

2. 活动定义的方法

项目活动定义的方法与技术主要有：分解技术、使用模板、滚动式规划、利用专家判断和规划组成部分。

（1）分解技术。

就活动定义过程而言，分解技术是指把项目工作组合进一步分解为更小、更易于管理的部分。活动定义过程的最终成果是计划活动，而不是制作工作分解结构过程的可交付成果。活动清单、工作分解结构与工作分解结构词汇表既可以分先后完成，亦可同时制定，均为确定编制活动清单的基础。活动定义通常由负责这一工作组合的项目团队成员完成，由其将工作分解结构中的每一个工作组合都分解为提交工作组合而必需的计划活动。

（2）使用模板。

标准的或以前项目活动清单的一部分，往往可当做新项目的模板使用。模板中的有关活动属性信息可能包含：资源技能、所需时间的清单、风险识别、预期的可交付成果和其他文字说明资料。模板还可以用来识别典型的进度里程碑。

(3) 滚动式规划。

工作分解结构与工作分解结构词汇表反映了从项目范围一直具体到工作组合的程度而变得越来越详细的演变过程。滚动式规划是规划逐步完善的一种表现形式，近期要完成的工作在工作分解结构最下层规划；最近一两个报告期要进行的工作应在本期工作接近完成时详细规划；而计划在远期完成的工作分解结构组成部分的工作，在工作分解结构较高层规划。所以，项目计划活动在项目生命周期内可以处于不同的详细水平。在信息不够确定的早期战略规划期间，活动的详细程度可能仅达到里程碑的水平。

(4) 利用专家判断。

擅长制定详细项目范围说明书、工作分解结构和项目进度表并富有经验的项目团队成员或专家，可以提供活动定义方面的专业知识。

(5) 规划组成部分。

当项目范围说明书不够充分，不能将工作分解结构的某分支向下分解到工作组合时，该分支最后分解到的组成部分可用来制定这一组成部分的高层次项目进度表。项目团队选择并利用这些规划组成部分来规划处于工作分解结构较高层次的各种未来工作的进度，这些规划组成部分的计划活动可以是无法用于项目工作详细估算、进度安排、执行、监控的概括性活动。

3. *活动定义的成果*

活动定义的成果是一份工作清单、详细依据和修正的工作分解结构。

(1) 工作清单。

工作清单必须包括项目中将要进行的所有工作，以利于确保工作清单的完整，但同时又不包括任何本项目范围之外的不必要的工作。与工作分解结构类似，工作清单应该包括对每项工作的说明，这样才能使项目团队成员知道如何完成该项工作。

(2) 详细依据。

应根据需要归档或整理工作清单的详细依据，以便其他项目管理过程使用。详细依据应该包括所有确定的假定和约束条件的文档。

(3) 修正的工作分解结构。

利用工作分解结构确定为产生项目可交付成果而必须进行的具体工作时，项目团队成员可能发现需要附加一些可交付成果或重新编写可交付成果说明，也可能需要增加某一工作或对某一工作进行细化，形成新的工作分解结构。

6.1.3 活动资源估算

活动资源估算就是确定在实施项目活动时要使用何种资源（如人员、设备或物资）、每一种使用的数量，以及何时用于项目计划活动。活动资源估算过程与费用估算过程紧密配合。例如：施工项目团队必须熟悉当地的建筑法规，这类知识从当地的卖方（如施工公司）那里不难获取，但如果当地可用的人力资源缺乏特殊或专门的施工技术，那么付出一笔额外费用聘请咨询人员，可能是了解当地建筑法规的最有效方式。再如，市政工程设计团队需要熟悉最新的自动装配技术、获取必要的知识，其途径包括聘请一位咨询人员、派一位设计人员出席工程研讨会，或者把来自生产岗位的人员纳入设计团队等。

6.1.4 确定活动之间的依赖关系

在确定活动之间的先后顺序时有下述三种依赖关系。

1. 强制性依赖关系

强制性依赖关系，又称硬逻辑关系，是指工作性质所固有的依赖关系，它们往往涉及一些实际的限制。项目管理团队在确定活动先后顺序的过程中，要明确哪些依赖关系属于强制性的。例如，在施工项目中，只有在基础完成之后，才能开始上部结构的施工；在电子项目中，必须先制作原型机，然后才能进行测试。

2. 可斟酌处理的依赖关系

可斟酌处理的依赖关系要有完整的文字记载，因为它们会造成总时差不确定、失去控制并限制今后进度安排方案的选择。可斟酌处理的依赖关系有时叫做优先选用逻辑关系、优先逻辑关系或者软逻辑关系。可斟酌处理的依赖关系通常根据对具体应用领域内部的最好做法，或者项目某些非寻常方面的了解而确定。项目的这些非寻常方面造成即使有其他顺序可以采纳，但也希望按照某种特殊的顺序安排。项目管理团队在确定活动先后顺序的过程中，要明确哪些依赖关系属于可斟酌处理的。根据某些可斟酌处理的依赖关系，包括根据以前完成同类型工作的成功项目所取得的经验，选定计划活动顺序。

3. 外部依赖关系

项目管理团队在确定活动先后顺序的过程中，要明确哪些依赖关系属于外部依赖的。外部依赖关系指涉及项目活动和非项目活动之间关系的依赖关系。例如，软件项目测试活动的进度可能取决于来自外部的硬件是否到货；施工项目的场地平整，可能要在环境听证会之后才能动工。活动排序的这种依据可能要依靠以前性质类似的项目历史信息，或者是依靠合同和建议。

项目管理团队在活动排序的过程中应识别外部依赖关系。与活动定义的情况一样，项目干系人一起讨论并定义项目中的活动依赖关系是非常重要的。有的组织根据类似项目的活动依赖关系，制定指导原则；有的组织则依靠在项目中工作的有专门技术的人才及他们与该领域其他员工和同事的联系制定指导原则，可以将每一个活动名称写在一张即时贴或其他一些纸上，来确定依赖关系或排序，也可以直接用项目管理软件来建立关系。如果不定义活动顺序的话，就无法制订进度计划。

6.2 项目活动排序

项目活动排序，是指识别项目活动清单中各项活动的相互关联与依赖关系。活动排序过程包括确认、编制活动间的相关性，据此对项目活动的先后次序进行安排，形成相应的文档。小型项目可选择手工排序，对大型项目常采用计算机排序。

项目活动排序常用的工具和方法主要是网络图，网络图有节点网络图、箭头网络图两种。安排工作顺序的方法很多，如：双代号绘图法、单代号绘图法、双代号时标网络计划、条件网络图法，也可以利用网络样板。本章介绍常用的三种工作顺序安排方法：双代号绘图法、单代号绘图法和双代号时标网络计划。

6.2.1 双代号绘图法

双代号绘图法也叫箭线工作法，是利用箭线表示工作，并在节点处将工作连接起来表示依赖关系的一种绘制项目网络图的方法。

1. 双代号网络图的组成

（1）工作（又称活动、作业或工序）。在双代号网络图中，工作用一根箭线和两个圆圈来表示，如图 6—2 所示。工作的名称写在箭线上面，箭头表示工作结束，圆圈中的两个号码用来代表这两项工作。

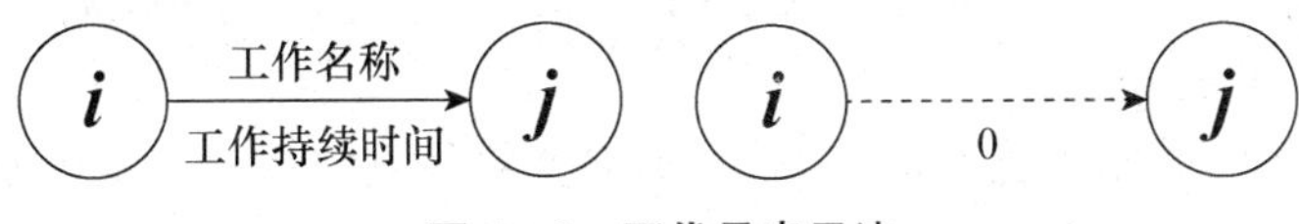

图 6—2 双代号表示法

工作通常分为两种：第一种需要消耗时间和资源，用实箭线（——）表示；第二种既不消耗时间，也不消耗资源，我们称为虚工作，用虚箭线（-----）表示。虚工作是人为的虚设工作，只表示相邻前后工作之间的逻辑关系。

（2）节点（又称结点或事件）。在网络图中，箭线的出发和交汇处的圆圈，用以标志该圆圈前面一项或若干项工作的结束和允许后面一项或若干项工作开始的时间点称为节点。

在双代号网络图中，节点不同于工作，它不需要消耗时间或资源，它只标志着工作的结束和开始的瞬间，起着连接工作的作用。

起点节点是指网络图的第一个节点，表示执行项目计划的开始，它没有内向箭线。终点节点是指达到了项目计划的最终目标，它没有外向箭线。除起点节点和终点节点外，其余称为中间节点，既表示完成一项或几项工作的结果，又表示一项或几项紧后工作开始的条件。

（3）线路。网络图中从起点节点开始，沿箭头方向顺序通过一系列箭线与节点，最后到达终点节点的通路称为线路。线路既可依次用该线路上的节点编号来表示，也可依次用该线路上的工作名称来表示，如图 6—3 所示。该网络图中有三条线路，这三条线路既可表示为：①—②—④—⑤—⑥、①—②—③—④—⑤—⑥和①—②—③—⑤—⑥，也可表示：支模 1→支模 2→扎筋 2→浇混凝土 2、支模 1→扎筋 1→扎筋 2→浇混凝土 2 和支模 1→扎筋 1→浇混凝土 1→浇混凝土 2。

（4）紧前工作、紧后工作和平行工作。在网络图中，对某工作而言，紧排在该工作之前的工作称为该工作的紧前工作。在双代号网络图中，工作与其紧前工作之间可能有虚工作。如图 6—3 所示，支模 1 是支模 2 在组织关系上的紧前工作；扎筋 1 和扎筋 2 之间虽然存在虚工作，但扎筋 1 仍然是扎筋 2 在组织关系上的紧前工作；支模 1 则是扎筋 1 在工艺关系上的紧前工作。

在网络图中，相对于某工作而言，可以与该工作同时进行的工作即为该工作的平行工作。如图 6—3 所示，扎筋 1 和支模 2 互为平行工作。

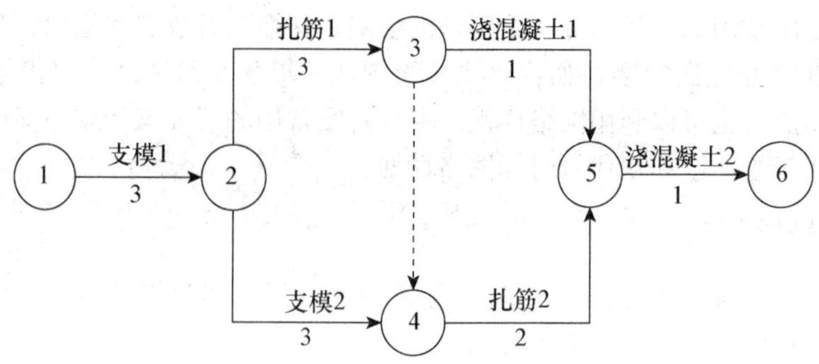

图 6—3 双代号网络图

(5) 关键路线和关键工作。在关键路线法(CPM)中，线路上所有工作的持续时间之和称为该线路的总持续时间。总持续时间最长的线路称作关键路线，关键路线的长度就是网络计划的总工期。如图 6—3 所示，线路①—②—④—⑤—⑥或支模 1→支模 2→扎筋 2→浇混凝土 2 为关键路线。

在网络计划中关键路线可能不止一条，而且在网络计划执行过程中，关键路线还会发生转移。位于关键路线上的工作称为关键工作，在网络计划的实施过程中，关键工作的实际进度提前或拖后，均会对总工期产生影响。因此，关键工作的实际进度是进度控制中的重点。

2. 双代号网络图的绘制原则

(1) 网络图必须按照既定的逻辑关系绘制。由于网络图是有向、有序的网状图形，所以必须严格按照工作之间的逻辑关系绘制，这是保证工程质量和资源优化配置及合理使用所必需的。例如，有 A、B、C、D 四项工作，他们之间的逻辑关系见表 6—1。网络图 6—4 (a)，正确表达了它们之间的约束关系。若绘出如图 6—4 (b) 所示的网络图则错误，因为 C 的紧前工作没有 B，所以，必须在 A 与 D 之间引入虚工作。

表 6—1 逻辑关系表

工作	A	B	C	D
紧前工作	—	—	A	A、B

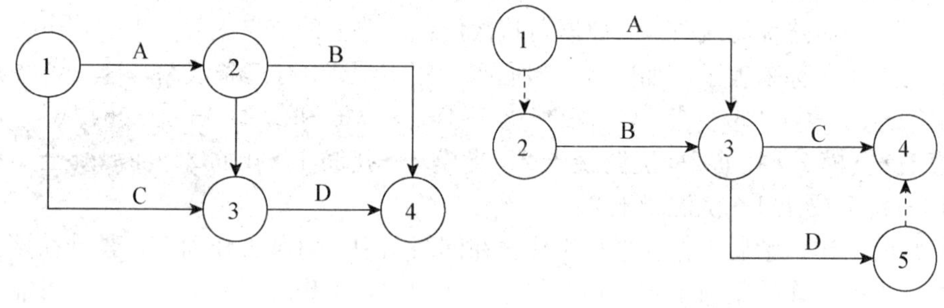

(a) 正确画法　　(b) 错误画法

图 6—4 A、B、C、D 四项工作的网络图

(2) 网络图应只有一个起点节点和一个终点节点(多目标网络计划除外)。除起点节点和终点节点外，不允许出现没有内向箭线的节点和没有外向箭线的节点。如果一个网络

图中出现多个起点或多个终点，如图 6—5（a）所示，节点①、②皆为没有内向箭线的起点节点，节点⑧、⑨皆为没有外向箭线的终点节点。其解决方法就是将没有紧前工作的节点合并为一个点，把没有外向箭线的节点合并为一个点，如图 6—5（b）所示。

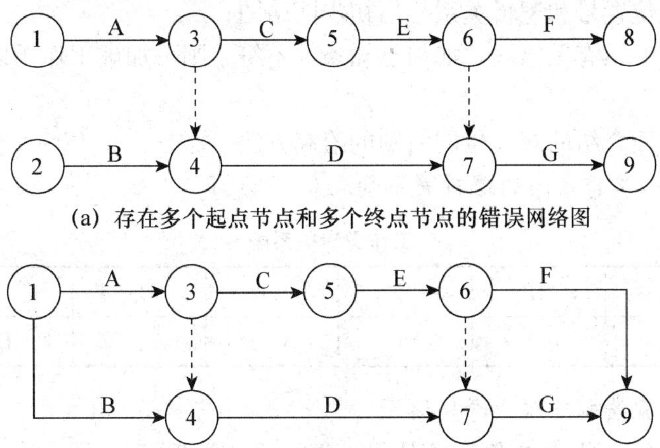

图 6—5　网络图

（3）网络图中所有节点都必须编号，并应使箭尾节点的代号小于箭头节点的代号。

（4）网络图中不允许出现从一个节点出发，然后顺箭线方向又回到原出发点的循环回路。因为如果出现循环回路，会造成逻辑关系混乱，使工作无法按顺序进行。

（5）在网络图中不允许出现重复编号的节点。一条箭线和与其相关的节点只能代表一项工作，不允许代表多项工作。

（6）网络图中的箭线（包括虚箭线，下同）应保持自左向右的方向，不应出现箭头向左或偏向左方的箭线。若遵循该规则绘制网络图，就不会出现循环回路。

（7）网络图中不允许出现没有箭尾节点的箭线和没有箭头节点的箭线。

（8）严禁在箭线上引入或引出箭线。

（9）应尽量避免网络图中工作箭线的交叉。当交叉不可避免时，可以采取过桥法或指向法处理，如图 6—6 所示。

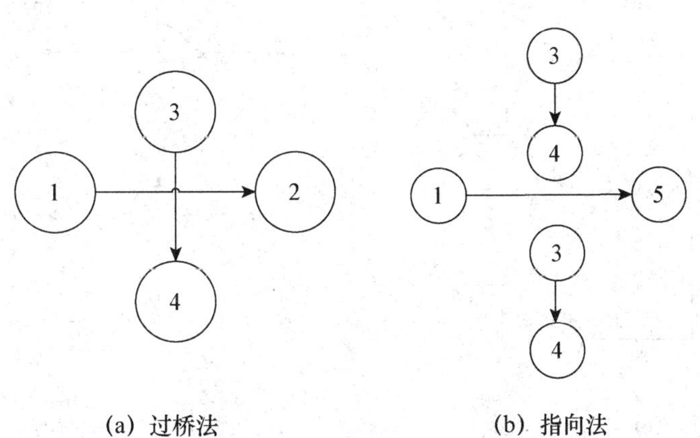

图 6—6　箭线交叉表示方法

3. 双代号网络图的绘制步骤

(1) 根据已知的紧前工作确定出紧后工作;

(2) 从左到右确定出各工作的始节点位置号和终节点位置号;

(3) 根据节点位置号和逻辑关系绘出初步网络图;

(4) 检查逻辑关系有无错误,如与已知条件不符,则可加虚工作予以改正。

4. 绘图示例

现举例说明前面介绍的双代号网络图的绘制方法。

【例 6—1】已知工作之间的逻辑关系如表 6—2 所示。

表 6—2　　工作逻辑关系表

工作	A	B	C	D	E	F	G
紧前工作	—	—	A	A、B	A、B	C、D、E	E

则可按下述步骤绘制其双代号网络图:

(1) 绘制工作箭线 A 和工作箭线 B,如图 6—7 (a) 所示。

(2) 按前述原则绘制工作箭线 C、D 和 E,如图 6—7 (b) 所示。

(3) 按前述原则绘制工作箭线 F,如图 6—7 (c) 所示。

(4) 按前述原则绘制工作箭线 G,当确认给定的逻辑关系表达正确后,再进行节点编号。表 6—2 给定的逻辑关系所对应的双代号网络图如图 6—7 (d) 所示。

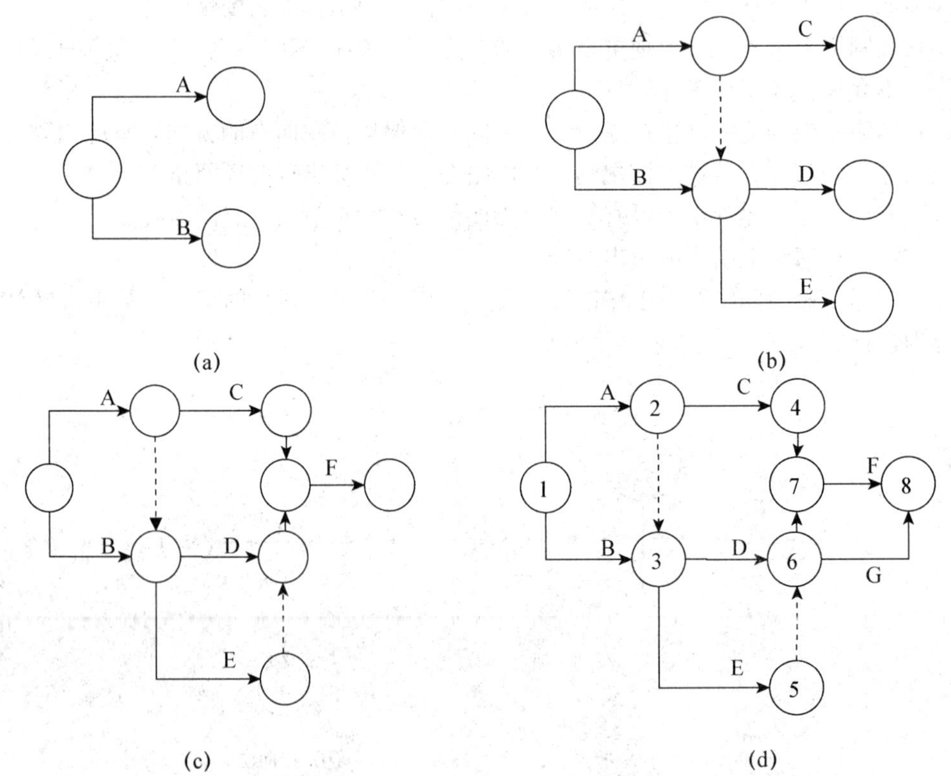

图 6—7　【例 6—1】绘图过程

6.2.2 单代号绘图法

单代号绘图法也叫节点工作法，是利用节点代表工作，并用表示依赖关系的箭线将节点联系起来的一种绘制项目网络图的方法。大多数项目管理软件包都使用单代号网络技术。

1. 单代号绘图符号

单代号网络图中的节点一般用圆圈或方框来绘制，它表示一项工作。在圆圈或方框内可以写上工作的编号、名称和需要的作业时间，工作之间的逻辑关系用箭线表示。常用的绘图符号如图 6—8 所示。图 6—9 就是用单代号绘制的网络图。

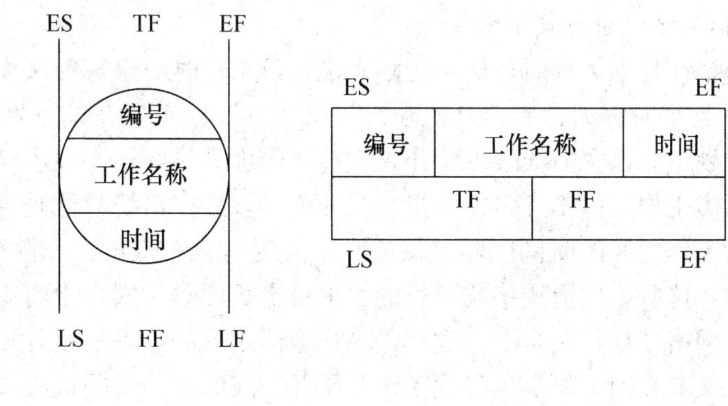

(a) (b)

图 6—8 单代号表示法

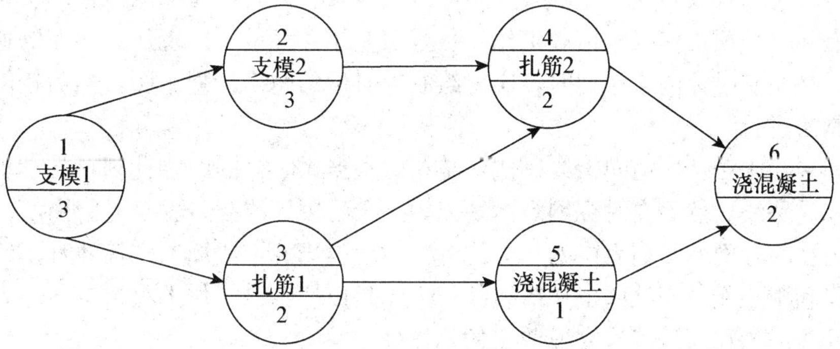

图 6—9 单代号网络图示意图

2. 绘制原则

(1) 网络图中有多项起始活动或结束活动时，应在网络图的两端分别设置一项虚拟的工作作为该网络图的起始节点和终点节点。

(2) 其他的绘制原则与双代号网络图的绘制原则相同。

3. 绘制步骤

(1) 列出工作清单，包括工作之间的逻辑关系，找出每一工作的紧前工作有哪些。

（2）根据工作清单，先绘没有紧前工作的工作节点。

（3）逐个检查工作清单中的每一工作，如该工作的紧前工作节点已全部绘在图上，则绘该工作节点并用箭线与紧前工作连接起来。

（4）重复上述步骤，直至绘出整个计划的所有工作节点。

（5）绘制没有紧后工作的工作节点。

（6）绘制开始节点和结束节点。

单代号网络图的画法比较容易、符合常识思维，但由于各活动之间搭接关系的缘故，单代号网络图时间参数的计算更复杂，所以在实践中应用比较多的是双代号网络图。

6.2.3 双代号时标网络计划

1. 双代号时标网络计划的表示方法

双代号时标网络计划（简称时标网络计划）是指以水平时间坐标为尺度绘制的网络计划。时标单位可以是小时、天、周、月、季、年等，应根据需要在编制网络计划之前确定。在时标网络计划中，以实箭线表示工作，实箭线的水平投影长度表示该工作的持续时间；以虚箭线表示虚工作，由于虚工作的持续时间为零，故虚箭线只能垂直画；以波形线表示工作与其紧后工作之间的时间间隔（以终点节点为完成节点的工作除外）。当计划工期等于计算工期时，这些工作箭线中波形线的水平投影长度表示其自由时差。因此，时标网络计划既是一个网络计划，又是一个类似于用横道图表示的水平进度计划。它既能标明计划的时间过程，又能在图上显示出各项工作开始及完成的时间、关键路线和关键工作所具有的时差。

2. 时标网络计划的绘制方法

时标网络计划宜按各项工作的最早开始时间编制。为此，在编制时标网络计划时应使每一个节点和每一项工作（包括虚工作）尽量向左靠，直至不出现从右向左的逆向箭线为止。同时，在绘制时标网络计划时，应先绘制无时标的网络计划草图，然后按间接绘制法或直接绘制法进行。

（1）间接绘制法。所谓间接绘制法，是指先根据无时标的网络计划草图计算其时间参数并确定关键路线，然后在时标网络计划表中进行绘制。绘制步骤是先将所有节点按其最早时间定位在时标网络计划表中的相应位置，然后再用规定线型（实箭线和虚箭线）按比例绘出工作和虚工作。当某些工作箭线的长度不足以达到该工作的完成节点时，需用波形线补足，箭头应画在与该工作完成节点的连接处。

（2）直接绘制法。所谓直接绘制法，是指不计算时间参数而直接按无时标的网络计划草图绘制时标网络计划。

【例 6—2】已知某双代号网络计划如图 6—10 所示。

则可按下述步骤利用直接绘图法来绘制其时标网络图计划：

（1）将网络计划的起点节点定位在时标网络计划表的起始刻度线上。节点①就是定位在时标网络计划表的起始刻度线“0”位置上。

（2）按工作的持续时间绘制以网络计划起点节点为开始节点的工作箭线，分别绘出工作箭线 A、B 和 C。

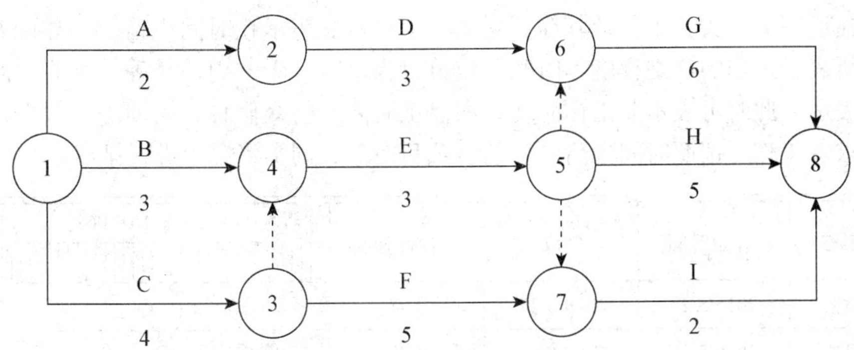

图 6—10 双代号网络图

(3) 除网络计划的起点节点外，其他节点必须在所有以该节点为完成节点的工作箭线均绘出后，定位在这些工作箭线中最迟的箭线末端。当某些工作箭线的长度不足以到达该节点时，需用波形线补足，箭头画在与该节点的连接处。例如在本例中，节点①直接定位在工作箭线 A 的前端；节点②直接定位在工作箭线 A 的末端。节点④的位置需要在绘出虚箭线 3—4 之后，定位在工作箭线 B 和虚箭线 3—4 中最迟的箭线末端，即坐标“4”的位置上，此时，工作箭线 B 的长度不足以到达节点④，因而用波形线补足。

(4) 当某个节点的位置确定之后，即可绘制以该节点为开始节点的工作箭线。例如在本例中，可以分别以节点②、节点③和节点④为开始节点绘制工作箭线 D、E 和 F。

(5) 利用上述方法从左至右依次确定其他各个节点的位置，直至绘出网络计划的终点节点。例如在本例中，可以分别确定节点⑤、节点⑥和节点⑦的位置，并在它们之后分别绘制工作箭线 H、G 和 I。

最后，根据工作箭线 G、H 和 I 确定出终点节点的位置。本例所对应的时标网络计划如图 6—11 所示，图中双箭线表示的线路为关键路线。

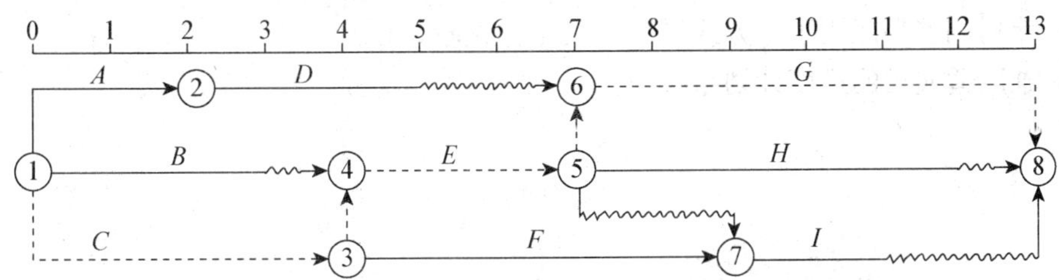

图 6—11 双代号时标网络计划

在绘制时标网络计划时，需要特别注意的问题是处理好虚箭线。首先，应将虚箭线与实箭线等同看待，只是其对应工作的持续时间为零；其次，尽管它本身没有持续时间，但可能存在波形线，因此，要按规定画出波形线。在画波形线时，其垂直部分仍应画为虚线，如图 6—11 所示时标网络计划中的虚箭线 5—7。

6.2.4 横道图

横道图是一种最简单、运用最广泛的传统的进度计划方法，尽管有许多新的计划技术出现，但横道图在建设领域中的应用仍非常普遍。

通常横道图的表头为工作及其简要说明，项目进展表示在时间表格上，如图6—12所示。按照所表示工作的详细程度，时间单位可以为小时、天、周、月等。这些时间单位经常用日历表示，此时可表示非工作时间，如停工时间、公众假日、假期等。根据横道图使用者的要求，工作可按照时间先后、责任、项目对象、同类资源等进行排序。

序号	任务名称	开始时间	完成	持续时间	2016年05月	2016年06月
1	预制柱	2016/5/24	2016/5/24	1天		
2	预制屋架	2016/5/30	2016/6/2	4天		
3	吊装	2016/6/6	2016/6/17	12天		
4	砌砖墙	2016/6/20	2016/6/29	10天		
5	粉刷	2016/6/28	2016/8/1	35天		

图6—12　横道图

横道图中可将工作简要说明直接放在横道，也可将最重要的逻辑关系标注在内。但是，如果将所有逻辑关系均标注在图上，则横道图简洁性的最大优点将丧失。横道图用于小型项目或大型项目的子项目上，或用于计算资源需要量和概要预示进度，也可用于其他计划技术的表示结果。

横道图计划表中的进度线（横道）与时间坐标相对应，这种表达方式较直观，易看懂计划编制的意图。但是，横道图进度计划法也存在一些问题，如：

（1）工序（工作）之间的逻辑关系可以设法表达，但不易表达清楚；

（2）适用于手工编制计划；

（3）没有通过严谨的进度计划时间参数计算，不能确定计划的关键工作、关键路线与时差；

（4）计划调整只能用手工方式进行，其工作量较大；

（5）难以适应大的进度计划系统。

6.3 项目活动时间估算

6.3.1　网络图中的时间参数

网络图中的时间参数主要有六个：最早开始时间、最早完成时间、最晚开始时间、最晚完成时间、总时差和自由时差。各时间参数的含义如下：

（1）工作最早开始时间ES_{ij}（Earliest Start Time）：是指在其所有紧前工作全部完成后，本工作有可能开始的最早时刻。

（2）工作最早完成时间EF_{ij}（Earliest Finish Time）：是指在其所有紧前工作全部完成后，本工作有可能完成的最早时刻。工作最早完成时间等于工作最早开始时间与其持续时间之和。

（3）工作最晚开始时间LS_{ij}（Latest Start Time）：是指在不影响整个任务按期完成的前提下，本工作必须开始的最晚时刻。工作的最晚开始时间等于工作最晚完成时间与其持续时间之差。

（4）工作最晚完成时间LF_{ij}（Latest Finish Time）：是指在不影响整个任务按期完成的前提下，本工作必须完成的最晚时刻。

（5）总时差TF_{ij}（Total Float Time）：是指在不影响总工期的前提下，本工作可以利用的机动时间。

（6）自由时差FF_{ij}（Free Float Time）：是指在不影响其紧后工作最早开始时间的前提下，本工作可以利用的机动时间。

6.3.2 历时估算

历时估算主要是根据网络图估算上述几个重要的时间参数。

某工作的持续时间用 D 表示，如 D_{i-j} 表示工作 $i—j$ 的持续时间。用 T 表示工期，用 T_c 表示计算工期，用 T_r 表示要求工期，用 T_p 表示计划工期。

最早开始时间的计算公式为：

$$ES_{i-j}=\max EF_{h-i}=\max\{ES_{h-i}+D_{h-i}\}$$

最早完成时间的计算公式为：

$$EF_{i-j}=ES_{i-j}+D_{i-j}$$

最晚开始时间的计算公式为：

$$LS_{i-j}=LF_{i-j}-D_{i-j}$$

如果最晚开始时间与最早开始时间不同，那么该活动的开始时间就可以推迟或延迟，称为时差，计算公式为：

时差＝最晚开始时间－最早开始时间

总时差的计算公式为：

$$TF_{i-j}=LS_{i-j}-ES_{i-j}=LF_{i-j}-EF_{i-j}$$

工作自由时差的计算方法为紧后工作的最早开始时间的最小值减去本工作的最早完成时间。

【例 6—3】 已知某双代号网络图如图 6—13 所示，计算其时间参数。

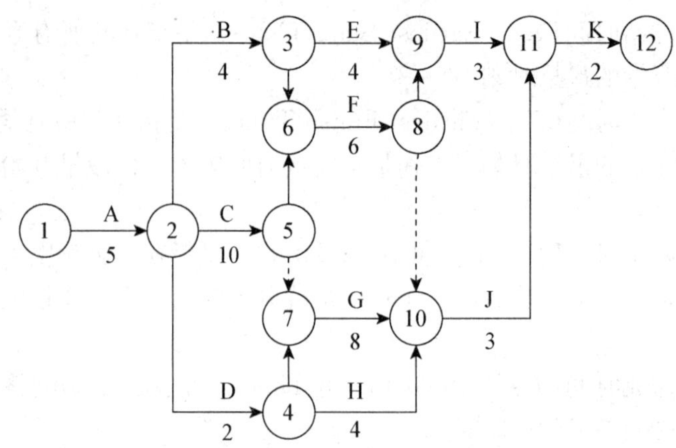

图 6—13　某双代号网络图

解：

(1) 自左向右求最早开始时间、最早完成时间。

如图 6—13 所示，A 最早开始 $ES_A=0$，$EF_A=5$。

B、C、D 的紧前工作只有 A，$ES_B=ES_C=ES_D=EF_A=5$，$EF_C=5+10=15$，$EF_D=5+2=7$。

E 的紧前工作只有 B，$ES_E=EF_B=9$，$EF_E=9+4=13$。

F 的紧前工作有 B、C，$ES_F=\max\{EF_B, EF_C\}=\max\{9, 15\}=15$，$EF_F=15+6=21$。

G 的紧前工作有 C、D，$ES_G=\max\{EF_C, EF_D\}=\max\{15, 7\}=15$，$EF_G=15+8=23$。

I 的紧前工作有 E、F，$ES_I=\max\{EF_E, EF_F\}=\max\{13, 21\}=21$，$EF_I=21+3=24$。

H 的紧前工作有 D，$ES_H=EF_D=7$，$EF_H=7+4=11$。

J 的紧前工作有 F、G、H，$ES_J=\max\{EF_F, EF_G, EF_H\}=\max\{21, 23, 11\}=23$，$EF_J=23+3=26$。

K 的紧前工作有 I、J，$ES_K=\max\{EF_I, EF_J\}=\max\{24, 26\}=26$，$EF_K=26+2=28$。

因为 K 为最后一项工作，所以计算工期 $T_c=28$。

(2) 自右向左求最晚开始时间、最晚完成时间。

因为没有计划工期要求，$T_P=T_C=28$。

K 是结束性的工作，$LF_K=T_P=28$，$LS_K=28-2=26$。

I、J 的紧后工作只有 K，$LF_I=LF_J=LS_K=26$，$LS_I=26-3=23$，$LS_J=26-3=23$。

E 的紧后工作只有 I，$LF_E=LS_I=23$，$LS_E=23-4=19$。

F 的紧后工作有 I、J，$LF_F=\min\{LS_I, LS_J\}=\min\{23, 23\}=23$，$LS_F=23-6=17$。

G、H 的紧后工作只有 J，$LF_G=LF_H=LS_J=23$，$LS_G=23-8=15$，$LS_H=23-4=19$。

B 的紧后工作有 E、F，$LF_B=\min\{LS_E, LS_F\}=\min\{19, 17\}=17$，$LS_B=17-4=13$。

C 的紧后工作有 F、G，$LF_C=\min\{LS_F, LS_G\}=\min\{17, 15\}=15$，$LS_C=15-$

10=5。

D 的紧后工作有 G、H，$LF_D=\min\{LS_G, LS_H\}=\min\{15, 19\}=15$，$LS_D=15-2=13$。

A 的紧后工作有 B、C、D，$LF_A=\min\{LS_B, LS_C, LS_D\}=\min\{13, 5, 13\}=5$，$LS_A=5-5=0$。

若 $T_P \neq T_C$，则有一项工作的最晚开始时间应等于 T_P、T_C 之差，否则存在计算错误。

(3) 求总时差。

$TF_A=0-0=5-5=0$，$TF_B=8$，$TF_C=0$，$TF_D=8$，$TF_E=10$，$TF_F=2$，$TF_G=0$，$TF_H=12$，$TF_I=2$，$TF_J=0$，$TF_K=0$。

由此判断 A—C—G—J—K 为关键路线。

(4) 求自由时差。

$FF_A=\min\{ES_B, ES_C, ES_D\}-EF_A=5-5=0$，$FF_B=\min\{ES_E, ES_F\}-EF_B=\min\{9, 15\}-9=9-9=0$，$FF_C=0$，$FF_D=0$，$FF_E=8$，$FF_F=0$，$FF_G=0$，$FF_H=12$，$FF_I=2$，$FF_J=0$，$FF_K=T_P-EF_K=28-28=0$。

(5) 总的计算结果表示如图 6—14 所示。

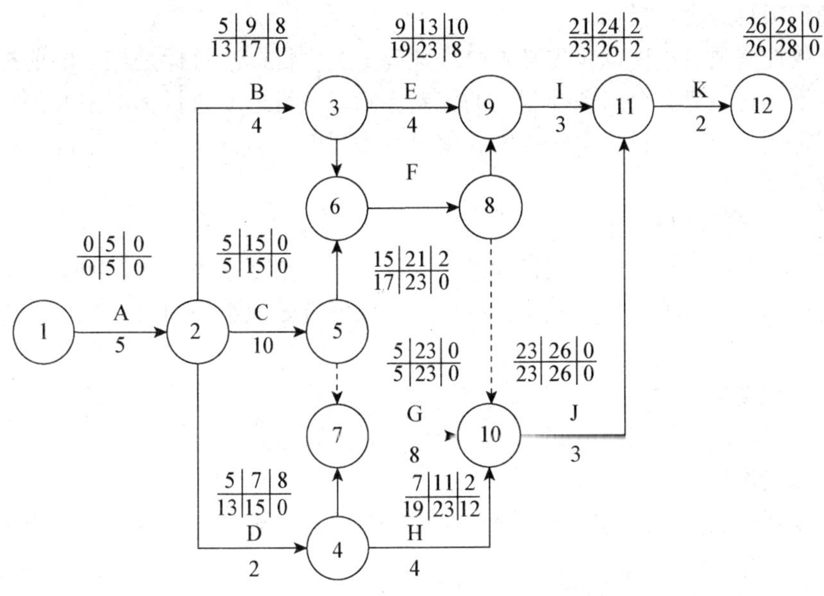

图 6—14 双代号网络图计算结果

工作时间是一个随机变量，由于事先无法确定未来项目实际进行时将处于何种环境，所以对工作时间只能进行近似估算。但是估算的任务应尽可能地接近现实，便于项目的正常实施。为了达到这个目的，无论采用何种估算方法，在项目实施之前进行工作时间估算时，创造一个可行的环境是必需的。所以，在进行工作时间估算时，必须考虑工作清单、约束条件、资源配备、资源效率、历史信息和已识别的风险等。工作时间估算的方法通常有：类比估算、利用历史数据（如定额、项目档案、商业化的时间估算数据库、项目团队成员的知识等）、专家判断估算、模拟法等。

6.4 项目进度规划编制

项目进度规划的编制就是在工作分解结构的基础上，根据活动定义、活动排序及活动持续时间估算所需资源，对项目所有活动进行一系列的进度规划编制工作，其主要工作是要确定项目各活动的开始时间、结束时间、具体的实施方案和措施。

6.4.1 项目进度规划编制的步骤及方法

1. 项目进度规划编制的步骤

编制项目进度规划按下列步骤进行：

（1）确定项目进度总目标。

为了有效控制项目进度，首先必须合理地确定进度目标。目标是控制的前提，如果目标不合理或不可行，势必会出现控制上的偏差。确定项目进度总目标的主要依据有：合同约定、工期定额、类似项目的实际进度、项目难易程度、项目条件落实情况、项目预计投入的资源数量及强度。

（2）确定项目进度目标体系。

根据系统工程的观点，可将项目的进度目标从不同角度逐级分解，明确各级进度目标和相应的责任者，形成项目进度控制目标体系，以便有效地组织项目实施，最终控制项目进度总目标。

（3）活动定义。

根据项目的规模及控制的需要，要对项目过程进行分解及活动定义。

（4）计算工作量。

按项目规划、工作或活动定义、设计文件及有关技术规则，确定项目各项工作或活动的工作量。

（5）确定实施方案和分配资源。

实施方案会对项目的进度规划及费用产生很大的影响，而方案又与资源约束、拟提供的资源种类、数量及强度密切相关。

（6）确定各工作或活动的先后顺序。

根据项目工作分解结构法及有关工艺的约束条件，确定各工作或活动的先后顺序。

（7）确定各工作或活动的持续时间。

由于项目实施单位的工作能力、水平、装备存在较大差别，因此要结合实际情况确定项目中各项工作或活动的持续时间。也可参考有关定额及以往的经验，在调查、统计及预测的基础上，经分析比较后，采用专家评定、类比估算、工期定额、三点估计等方法。

(8) 编制项目进度规划。

根据工作及活动间的逻辑关系和预计持续时间，以网络图等形式编制初步的项目进度规划，再采用工期、费用和资源优化方法，得到最终的项目进度规划。

2. 项目进度规划编制的方法

编制进度规划的方法有很多，最常用的方法有：关键路线法（Critical Path Method，CPM）、计划评审技术（Program Evaluation and Review Technique，PERT）、图示评审技术（Graphical Evaluation and Review Technique，CERT）等。

(1) 关键路线法。

关键路线法是计划中工作与工作之间的逻辑关系肯定，且每项工作只估算一个肯定的持续时间的网络计划技术。它是沿着项目进度网络线路进行正向与反向分析，从而计算出所有计划工作理论上的最早开始与完成时间、最晚开始与完成时间，不考虑资源限制。由此计算而得到的最早开始与完成时间、最晚开始与完成时间不一定是项目的进度表，它们只不过表明计划工作在给定的工作持续时间、逻辑关系、时间提前与滞后量，以及其他已知制约条件下，应当安排的时间段与持续时间长短。

(2) 计划评审技术。

计划评审技术是计划中工作与工作之间的逻辑关系肯定，但每项工作的持续时间不肯定，一般采用加权平均时间估算，并对按期完成项目的可能性做出评价的网络计划方法。PERT 与 CPM 的根本区别在于它使用了加权平均时间估算，它做出来的进度安排计划要比 CPM 使用最大可能做出的估算真实。

(3) 图示评审技术。

图示评审技术是工作和工作之间的逻辑关系和工作的持续时间都具有不肯定性（即某些工作可能根本不进行，而另一些工作则可能进行多次），因而按概率处理的网络计划技术。

6.4.2 关键路径法

关键路径法是指在进度模型中，估算项目最短工期，确定逻辑网络路径的进度灵活性大小的 种方法。它是 种网络图方法，最早出现于 20 世纪 50 年代，由雷明顿·兰德公司（Remington·Rand）的克里（Kelly）和杜邦公司的沃尔克（Walker）在 1957 年提出的，用于对化工厂的维护项目进行日程安排。CPM 的应用，当年就为杜邦公司节约了 100 万美元，为该公司用于该项目研究费用的 5 倍以上。

这种分析技术在不考虑任何资源限制的情况下，沿网络路径顺推与逆推分析，计算出所有活动的最早开始、最早结束、最晚开始和最晚结束日期。关键路径是项目中时间最长的活动顺序，决定着可能的项目最短工期。因此，得到的最早和最晚的开始和结束日期并不一定就是项目进度紧后时间。

关键路线法是一个动态系统，它会随着项目的进展不断更新，该方法采用单一时间估计法，其中时间被视为一定的或确定的。它是通过分析项目过程中哪个活动序列进度安排的总时差最少来预测项目工期的网络分析。它用网络图表示各项工作之间的相互关系，找出控制工期的关键路线，以期在一定工期、成本、资源条件下获得最佳的计划安排，以达到缩短工期、提高工效、降低成本的目的。

1. 关键路径法的特点

关键路径法具有以下特点：

(1) 关键路径上的活动持续时间决定了项目的工期，关键路径上所有活动的持续时间总和就是项目的工期。

(2) 关键路径上的任何一个活动都是关键活动，其中任何一个活动的延迟都会导致整个项目完工时间的延迟。

(3) 关键路径上的耗时是可以完工的最短时间量，若缩短关键路径的总耗时，会缩短项目工期；反之，则会延长整个项目的总工期。但是如果缩短非关键路径上的各个活动所需要的时间，则不至于影响工程的完工时间。

(4) 关键路径上的活动是总时差最小的活动，改变其中某个活动的耗时，可能使关键路径发生变化。

(5) 可以存在多条关键路径，它们各自的时间总量肯定相等，即可完工的总工期相等。

正向计算，是指从左往右取大值加法计算，目的是求出最早结束时间，其计算方法的核心是任务完成时间为开始时间加上持续时间。

在网络计划中，总时差最小的工作为关键工作。特别地，当网络计划的计划工期等于计算工期时，总时差为零的工作就是关键工作。由于工作的自由时差是总时差的构成部分，所以，当工作的总时差为零时，其自由时差必然为零。即：

$$\text{关键工作：}\begin{cases} TF_{ij}=0 \\ FF_{ij}=0 \end{cases}$$

如果网络计划中的工作数量比较多，一般用项目管理软件进行计算；如果数量不多，则可用手工进行计算。

2. 关键路径法的计算步骤

时间参数的计算方法有很多，可人工计算，也可通过计算机计算。手工计算一般采用图上计算法或表上计算法。不管采用哪种方法，其计算步骤大致相同，具体步骤为：

(1) 计算工作的最早时间。工作的最早时间是从左向右逐项工作进行计算。先定计划的开始时间，网络图中的起始节点一般取相对时间为第 0 天，则第一项工作的最早开始时间为第 0 天，将它与第一项工作的持续时间相加，即为该工作的最早完成时间。逐项进行计算，一直算到最后一项工作，其最早完成时间即为该计划的计算工期。

(2) 确定网络计划的计划工期。如果项目的总工期没有特殊的规定，一般取项目的计划工期为计算工期。

(3) 计算工作的最晚时间。工作的最晚时间是从右向左逐项进行计算。先定计划工期，最后一项工作的完成时间即为所定的计划工期时间，将它与其持续时间相减，即为最后一项工作的最晚开始时间。逆方向逐项进行计算，一直算到第一项工作。

(4) 计算工作的总时差。每一工作的最晚时间与最早时间之差，即为该工作的总时差。

(5) 计算工作的自由时差。某一工作的自由时差为其紧后工作的最早开始时间最小值减去本工作的最早完成时间。

(6) 确定网络计划中的关键路线。总时差为零的工作为关键工作，将这些关键工作首尾相连即为关键路线，一般用粗箭线或双箭线表示。

其计算结果如图 6—15 所示，将各参数按规定标至网络图上。

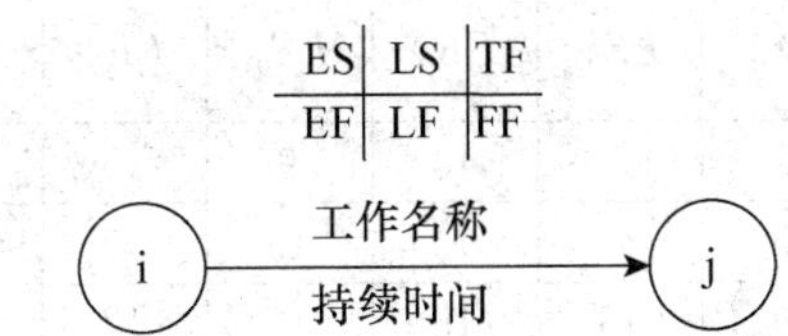

图 6—15 双代号网络计划的时间参数标注方法

3. 图上计算法

直接在网络图上进行时间参数计算的方法叫图上计算法。例 6—4 就是依据前面介绍的步骤用图上计算法来计算各工作的时间参数，计算结果如图 6—16 所示。

【例 6—4】图上计算法，如图 6—16 所示。

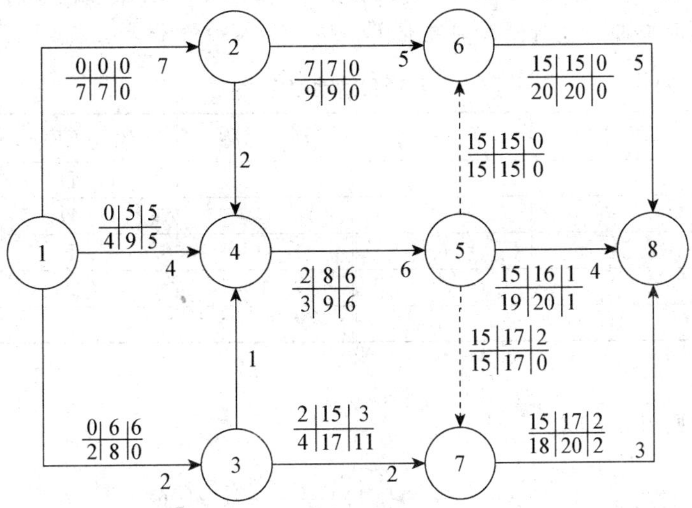

图 6—16 网络图上计算时间参数

4. 表上计算法

表上计算法就是直接在表上计算时间参数的方法。仍以图 6—16 为例，做表上计算，如表 6—3 所示，先把第二、第三列的数字填上，然后填第一列。

表 6—3 时间参数计算表

紧前工作数/紧后工作数	$i-j$	D_{ij}	ES_{ij}	EF_{ij}	LS_{ij}	LF_{ij}	TF_{ij}	FF_{ij}	关键工作	日历时期
①	②	③	④	⑤	⑥	⑦	⑧	⑨	⑩	
0/2	1—2	7	0	7	0	7	0	0	√	
0/2	1—3	2	0	2	6	8	6	0		
0/1	1—4	4	0	4	5	9	5	5		
1/1	2—4	2	7	9	7	9	0	0	√	
1/1	2—6	5	7	12	10	15	3	3		
1/1	3—4	1	2	3	8	9	6	6		
1/1	3—7	2	2	4	15	17	13	11		

续前表

紧前工作数/紧后工作数	$i-j$	D_{ij}	ES_{ij}	EF_{ij}	LS_{ij}	LF_{ij}	TF_{ij}	FF_{ij}	关键工作	日历时期
3/3	4—5	6	9	15	9	15	0	0	√	
1/1	5—6	0	15	15	15	15	0	0	√	
1/1	5—7	0	15	15	17	17	2	0		
1/0	5—8	4	15	19	16	20	1	1		
2/0	6—8	5	15	20	15	20	0	0	√	
2/0	7—8	3	15	18	17	20	2	2		

最早时间是从上往下逐个计算，最晚时间是从下往上逐个计算。

【例 6—5】已知某项目活动顺序及时间如表 6—4 所示，绘制双代号网络图，并根据关键路线法确定项目工期，进行活动时差估算。

表 6—4　　某项目活动顺序

活动名称	紧前工序	活动时间	活动名称	紧前工序	活动时间
A	—	4	F	C、D	9
B	—	6	G	C、D	7
C	A	6	H	E、F	4
D	B	7	I	G	8
E	B	5			

解：

网络图绘制见图 6—17。

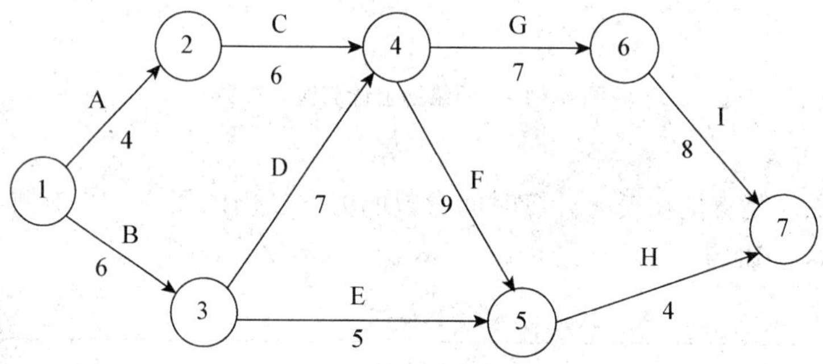

图 6—17　双代号网络图绘制结果

时间参数计算，如表 6—5 所示。

表 6—5　　时间参数计算

活动	工时	ES	LS	EF	LF	时差
A	4	0	3	4	7	3
B	6	0	0	6	6	0
C	6	4	7	10	13	3
D	7	6	6	13	13	0

续前表

活动	工时	ES	LS	EF	LF	时差
E	5	6	19	11	24	13
F	9	13	15	22	24	2
G	7	13	13	20	20	0
H	4	22	24	26	28	2
I	8	20	20	28	28	0

根据上表计算结果，可以知道，总时差为 0 的为 B、D、G、I，即关键路线为 B—D—G—I，总工期=6+7+7+8=28（天）。

6.4.3　计划评审技术

计划评审技术，源于 1958 年美国海军当局研制北极星导弹。北极星导弹项目的主要承包商有 200 多家，转包商 10 000 家，系统网络 23 个，该项目第一次采用 Buzz Allen 提出的计划评审技术，每两周检查一次，原定工期 6 年，提前近 2 年完成，节约经费 10%～15%。美国阿波罗登月计划能够在 1969 年 7 月让阿姆斯特朗登上月球，也是得益于计划评审技术。阿波罗登月计划预算费用 3 000 亿美元，有 2 万家公司 42 万人参加，120 所大学参与研制，使用 700 万个零件。如此庞大的项目规模，如果没有计划评审技术，其结果是不可想象的。

计划评审技术，是把项目当成一个系统，采用网络图、矩阵表的形式表示各具体活动的先后顺序和相互关系，以时间为中心，以完工期限为主要约束条件，找出从开工到完工所需时间最长的关键路线，围绕关键路线，对系统进行统筹规划、合理安排，对各项活动的完成进度严密控制，达到用尽可能少的时间和资源消耗完成系统预定目标的一种进度计划与控制方法。

PERT 这种技术适用于不可预知因素较多、从未做过的新项目、复杂项目，主要针对不确定性较高的工作项目，即项目中某些或全部活动的持续时间事先不能完全肯定，给出的只是一个估计时间。其画法与网络图相同，区别在于时间的估算方法。

PERT 把项目描绘成一个由编号结点组成的网络图，编号节点代表活动。每个结点都被编号，并且标注了任务、工期、开始时间和完成时间。线条上的箭头方向标明了任务次序，并且标识出在开始一个任务前必须完成的任务。

在 PERT 中，假设各项工作的持续时间服从 β 分布，近似地用三时估计法估算出三个时间值，即最短、最长和最可能持续时间，再加权平均算出一个期望值作为工作的持续时间。在编制 PERT 网络计划时，把风险因素引入到 PERT 中，人们不得不考虑按 PERT 网络计划在指定的工期下，完成工程任务的可能性有多大，即计划的成功概率、计划的可靠度，这就要求必须对工程计划进行风险估计。

在绘制网络图时必须将非肯定型转化为肯定型，把三时估计变为单一时间估计，平均时间公式为：

$$t=(o+4m+p)/6$$

式中，t 为平均持续时间；o 为最短持续时间（又称乐观估计时间，Optimistic Time）；p 为最长持续时间（亦称悲观估计时间，Pessimistic Time）；m 为正常持续时间（又称最有可能时间，Most Likely Time），可由历史数据或施工定额估算。

平均时间的标准差为：

$$\sigma=(p-o)/6$$

例如，某项目完成估计需要 12 个月。在进一步分析后认为最少将花 8 个月，最糟糕的情况下将花 28 个月。此项目的 PERT 估值为 14 个月，即：

$$t=\frac{o+4m+p}{6}=\frac{8+4\times12+28}{6}=14$$

对概率型的网络图使用计划评审技术，当求出每道工作的平均期望工时 t 和标准差 σ 后，就可以同确定型的网络图一样，用相关公式计算有关时间参数及总完工期 T 和总方差 δ^2。并且可知 $T=\sum t$、$\delta^2=\sum\sigma^2$ 。

为达到严格控制工期、确保任务在计划期内完成的目的，可以计算在某一给定期限 T_s 前完工的概率。可以指定多个完工期 T_s，直到求得有足够可靠性保证的计划完工期 T_s^*，将其作为总工期。

$$\begin{aligned}P(T\leqslant T_s)&=\int_{-\infty}^{T_s}N(T_z,\sqrt{\sum\sigma^2})\mathrm{d}t\\&=\int_{-\infty}^{\frac{T_s-T_z}{\sqrt{\sum\sigma^2}}}N(0,1)\mathrm{d}t\\&=\Phi\left(\frac{T_s-T_z}{\sqrt{\sum\sigma^2}}\right)\end{aligned}$$

【例 6—6】 已知某一项目双代号网络图，该项目计划中各活动的 O、M、P 值（单位：月）如图 6—18 所示。要求：(1) 计算每项活动的平均工时 t 及标准差 σ；(2) 确定关键路线；(3) 计算在 25 个月前完工的概率。

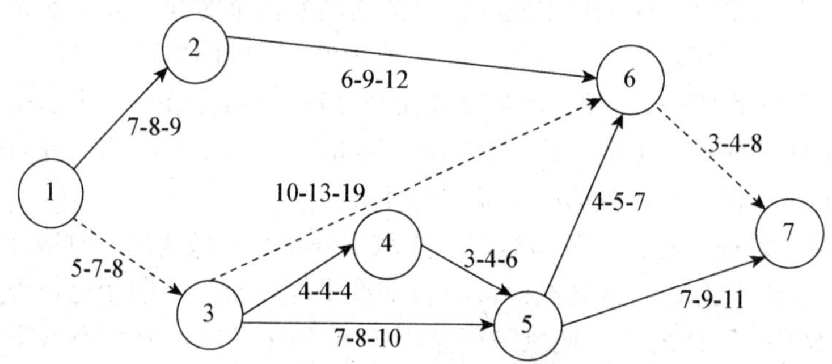

图 6—18 某项目网络图

解：

期望工时标准差计算表见表 6—6。

表 6—6 期望工时标准差计算表

工作	O	M	P	t	σ
(1—2)	7	8	9	8	0.333
(1—3)	5	7	8	6.833 3	0.5
(2—6)	6	9	12	9	1

续前表

工作	O	M	P	t	σ
(3—4)	4	4	4	4	0
(3—5)	7	8	10	8.167	0.5
(3—6)	10	13	19	13.5	1.5
(4—5)	3	4	6	4.167	0.5
(5—6)	4	5	7	5.167	0.5
(5—7)	7	9	11	9	0.677
(6—7)	3	4	8	4.5	0.833

最早开工时间、最晚开工时间、总时差计算表如表 6—7 所示。

表 6—7　　**总时差计算结果**

工作	最早开工时间	最晚开工时间	总时差
(1—2)	0	3.333	3.333
(1—3)	0	0	0
(2—6)	8	11.363	3.333
(3—4)	6.833	6.999	0.166
(3—5)	6.833	6.999	0.166
(3—6)	6.833	6.833	0
(4—5)	10.833	10.999	0.166
(5—6)	15	15.166	0.166
(5—7)	15	15.833	0.833
(6—7)	20. 333	20.333	0

可知关键路线为 1—3—6—7，完工期为 24.833 个月。

$$\delta=\sqrt{\sum\sigma^2}=\sqrt{\sigma_{1,3}{}^2+\sigma_{3,6}{}^2+\sigma_{6,7}{}^2}=\sqrt{0.5^2+1.5^2+0.833^2}=1.787$$

则在 25 个月前完工的概率为：

$$P(T\leqslant 25)=\int_{-\infty}^{\frac{25-24.833}{1.787}}N(0,1)\mathrm{d}t=\Phi(0.099)=53.98\%\text{（查正态分布表）}$$

【例 6—7】已知某项目网络图如图 6—19 所示、时间参数估计如表 6—8 所示，试判断该项目工期的时间范围。

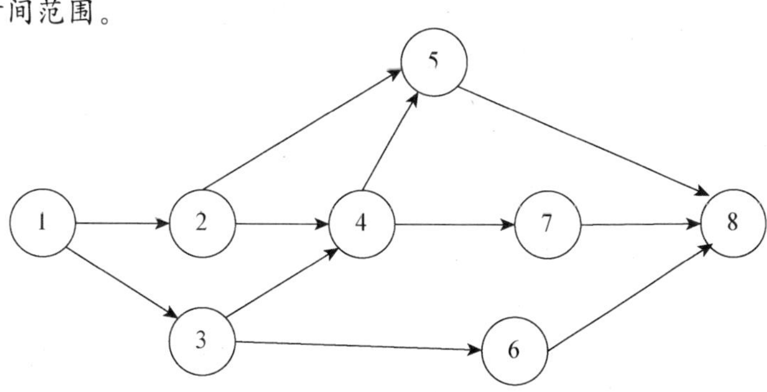

图 6—19　某项目网络图

表 6—8　　某项目时间参数估计

工作	O	M	P
(1—2)	8	10	15
(1—3)	4	12	17
(2—4)	6	12	15
(2—5)	4	7	12
(3—4)	6	10	17
(3—6)	5	8	16
(4—5)	4	8	10
(4—7)	10	16	22
(5—8)	2	4	5
(6—8)	4	12	14
(7—8)	8	17	20

解：

计算结果，见表 6—9。

表 6—9　　某项目时间参数计算结果

工作	O	M	P	t	σ^2
(1—2)	8	10	15	10.5	1.4
(1—3)	4	12	17	11.5	4.7
(2—4)	6	12	15	11.5	2.3
(2—5)	4	7	12	7.3	1.8
(3—4)	6	10	17	10.5	3.4
(3—6)	5	8	16	8.8	3.4
(4—5)	4	8	10	7.7	1
(4—7)	10	16	22	16	4
(5—8)	2	4	5	3.8	0.25
(6—8)	4	12	14	11	2.8
(7—8)	8	17	20	16	4

关键路径 1 为：1—2—4—7—8，T＝10.5＋11.5＋16＋16＝54（天），方差＝1.4＋2.3＋4＋4＝11.7。

关键路径 2 为：1—3—4—7—8，T＝11.5＋10.5＋16＋16＝54（天），方差＝4.7＋3.4＋4＋4＝16.1。

按照关键路径 2，项目在 50～58 天完成的概率为 68.0%，在 46～62 天完成的概率为 95.4%，在 42～66 天完成的概率为 99.8%。因此，可以断定该项目总工期不会短于 42 天且不会超过 66 天。

6.4.4 进度计划表示方法

1. 横道图

横道图是传统的进度计划表示方法，其左边按工作的先后顺序列出项目的工作名称，图右边是进度表，图上边的横栏表示时间，用水平线段在时间坐标下标出项目的进度线，水平线段的位置和长短反映该项目从开始到完工的时间。利用横道图可将每天、每周或每月实际进度情况定期记录在图上，具体内容可以参照本章 6.2.4 节的相关内容。

这种方法简单明了，易于掌握，便于检查和计算资源需求情况；缺点是不能全面反映各项工作之间的逻辑关系和整个工程的主次工作，难以对计划做出准确的评价。

2. 时标网络图

时标网络图将项目的网络图和横道图结合起来，既表示项目的逻辑关系，又表示工作时间，已在本章的 6.2.3 节介绍过。时标网络图具有以下特点：

(1) 它既是一个网络计划，又是一个水平进度计划，能够清楚地标明计划的时间进程，便于使用。

(2) 能在图上直接显示出各项工作的开始和完成时间、工作的自由时差及关键路线。在使用过程中，可以随时确定哪些工作应该已经完成、哪些工作正在进行及哪些工作将要开始。

(3) 由于网络图能清楚地表示出哪些工作需要同时进行，因此可以确定同一时间对材料、机械、设备及人力的需要量。

3. 里程碑法

里程碑法，亦称可交付成果法，是在横道图上或网络图上标示出一些关键事项，这些事项能够被明显地确认，一般是反映进度计划执行中各个阶段的目标。通过这些关键事项在一定时间内的完成情况可反映项目进度计划的进展情况，因而这些关键事项被称为“里程碑”。

4. 进度曲线法

这种方法是以时间为横轴，以完成累计工作量（该工作量的具体表示内容可以是实物工程量的大小、工时消耗或费用支出额，也可以用相应的百分比来表示）为纵轴，按计划时间累计完成任务量的曲线作为预定的进度计划。从整个项目的实施进度来看，由于项目的初期和后期速度比较慢，因而进度曲线大体呈 S 形。

6.5 项目进度优化

项目进度优化是在满足约束条件下，按某一目标不断改进进度规划，最终确定最优方案。项目进度规划的优化按目标和条件可分为：工期优化、费用优化、资源优化。

6.5.1 工期优化

工期优化是指当进度规划的计算工期不能满足要求工期时，以最小的代价通过压缩计算工期以达到要求工期的目标的过程。工期优化一般通过压缩关键工作的持续时间来压缩计算工期。但应注意，被压缩的关键工作在压缩完成后仍应为关键工作。为使工期缩短，应将各关键路线持续时间压缩为同一数值。

工期优化的步骤如下：

（1）通过时间参数计算出进度规划的计算工期T_c。

（2）确定进度规划的关键路线和关键工作。

（3）按项目进度要求的目标工期T_r，计算应缩短的时间，公式为：$T=T_c-T_r$。

（4）选择应优先缩短持续时间的关键工作。该关键工作应满足如下条件：缩短持续时间对项目质量和安全影响不大；有充足备用资源；缩短持续时间所需增加的费用最少。

（5）当进度规划只有一条关键路线时，将按上述条件选定一个最优关键工作压缩到最短持续时间，然后找出关键路线。若被压缩的关键工作变为非关键工作，应将其持续时间延长，以保持其仍为关键工作。若进度规划有多条关键路线，则应找出能使所有关键路线同时缩短的组合方案，根据上述条件找出压缩持续时间代价最小的关键工作的组合进行压缩，最优组合的关键工作应压缩为同一数值。

（6）如果调整后计算工期仍超过要求工期，则重复上述步骤，直到满足要求工期目标或工期不能再缩短为止。

（7）如果进度规划中存在某一条关键路线，该关键路线上所有关键工作都已达到最短持续时间，则说明该进度规划已达到最短工期。如果该工期仍不能满足要求，则应考虑对原实施方案进行调整，或者调整要求工期。

6.5.2 费用优化

在设定项目目标时，时间短、费用低、质量好是追求的目标。但是，时间和费用是相互关联、相互制约的。在一定的条件下，要加快项目进度，就必须在一定时间内提供更多的人力、物力，其结果将引起项目费用的增加。费用优化，就是寻求项目总费用最低的工期安排，即通过调整进度规划中关键工作的持续时间，以确定项目总费用最低的最优进度计划。

项目的总费用一般由直接费用和间接费用组成，直接费用（如赶工费等）随工资或活动持续时间的缩短而增加，间接费用（如项目管理费等）随项目的总工期的缩短而减少。因此，必定有一个总费用最小的最优工期T_0，如图6—20所示。

费用优化的步骤如下：

（1）计算项目总直接费用，即项目中各项工作或活动直接费用的总和。

（2）计算各项工作或活动的直接费率。直接费率是缩短工作持续时间后每一单位时间所增加的直接费用。

工作$i-j$的直接费率用ΔC_{i-j}^D表示，公式为：

$$\Delta C_{i-j}^D=\frac{C_{i-j}^C-C_{i-j}^N}{D_{i-j}^N-D_{i-j}^C}$$

式中，D_{i-j}^N为工作$i-j$的正常持续时间；

D_{i-j}^C为工作$i-j$的最短持续时间；

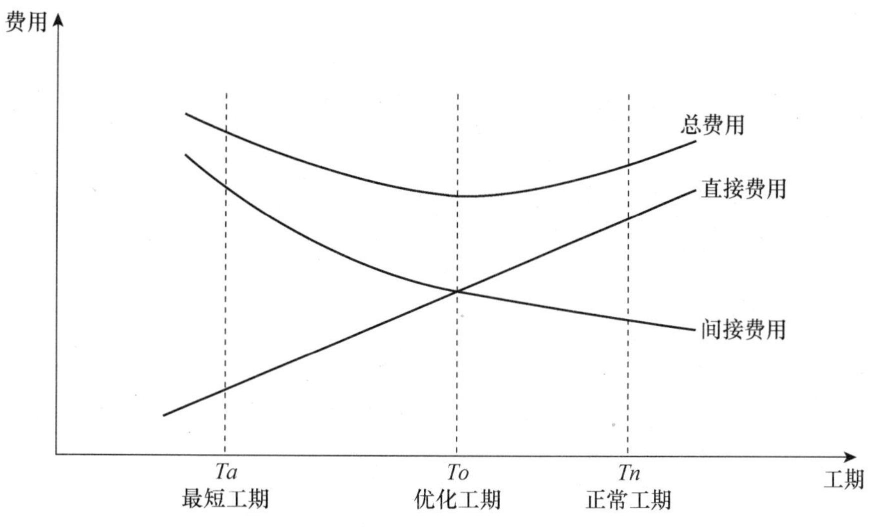

图 6—20 工期—费用曲线

C_{i-j}^{C}为工作 $i-j$ 的最短持续时间所需直接费用；

C_{i-j}^{N}为工作 $i-j$ 的正常持续时间所需直接费用。

(3) 确定项目间接费率。间接费率用 ΔC^{iD} 表示，一般根据项目实际情况确定。

(4) 通过网络图时间参数的计算，求出进度规划的正常工期T_n。

(5) 确定进度规划的关键路线和关键工作。

(6) 在项目进度规划中找出直接费率最低的一项关键工作或直接费率之和最低的一组关键工作，作为缩短持续时间的对象。

(7) 缩短所找出的关键工作的持续时间，其缩短值必须保证该缩短持续时间的工作仍为关键工作，且缩短后的持续时间不少于最短持续时间。

(8) 计算相应的费用变化值。

(9) 计算工期的变化将使项目的直接费用与间接费用发生的变化，并在此基础上计算总费用，计算公式为：

$$C_t^T = C_{t+\Delta T}^T + \Delta T \Sigma \Delta C_{i-j}^D - \Delta T \times \Delta C^{iD} = C_{t+\Delta T}^T + \Delta T(\Sigma \Delta C_{i-j}^D - \Delta C^{iD})$$

式中，C_t^T为将工期缩至 t 时的总费用；$C_{t+\Delta T}^T$为前次的总费用；ΔT 为工期缩短值；ΔC_{i-j}^D为间接费率；$\sum \Delta C_{i-j}^D$为直接费率或被压缩工作的直接费用之和。

根据上式，工期每缩短 ΔT 时间，则$\sum \Delta C_{i-j}^D > \Delta C^{iD}$时，总费用增加；当$\sum \Delta C_{i-j}^D < \Delta C^{iD}$时，总费用降低；当$\sum \Delta C_{i-j}^D = \Delta C^{iD}$时，总费用不变。

(10) 重复上述步骤，直到项目总费用不再降低为止。

6.5.3 资源优化

项目实施中所需的资源是指人力、设备、材料等的总称。资源优化的目的是通过改变工作或活动的开始时间，使资源分布在满足资源限量的条件下，达到资源优化配置、降低资源使用成本的目标。资源优化一般分为下述两种情况。

1.“资源有限—工期最短”的优化

“资源有限—工期最短”的优化就是在延后工作的过程中，力争做到对项目进度目标影响最小，最终确定满足资源限量的同时使总工期延长最短的项目进度规划。设备工程项目经常受到外界因素的影响，可能无法在所有时间内获得足够的资源，这将使项目在某段时间内需要的资源量受到限制，即在该段时间内所需资源量大于资源限量，此时不得不将某些工作延后实施，其结果可能导致工期延长。

2.“工期固定—资源均衡”的优化

在工期不变的条件下，力求资源均衡消耗。优化方法是在项目进度目标工期不变的条件下，利用非关键工作的时差，通过改变非关键工作的开始时间，尽可能使资源的需求达到均衡，避免在项目实施过程中某段时间内资源需求出现高峰或低谷，最终达到优化资源配置、降低资源使用成本的目标。

6.6 项目进度控制

项目进度控制是采用科学的方法确定进度目标，编制进度计划与资源供应计划，进行进度控制，在与质量、费用、安全目标协调的基础上，实现工期目标。进度计划实施过程中目标明确，但资源有限、不确定因素多、干扰因素多，这些因素有客观的也有主观的，主客观条件的不断变化，使计划也随着改变。因此，在项目施工过程中必须不断掌握计划的实施状况，并将实际情况与计划进行对比分析，必要时采取有效措施，使项目进度按预定的目标进行，确保目标的实现。

进度控制的核心有三个：使进度朝有利方向改变、确认原有的进度已经发生改变、实际进度发生改变时加以控制。动态进度控制过程如图 6—21 所示。

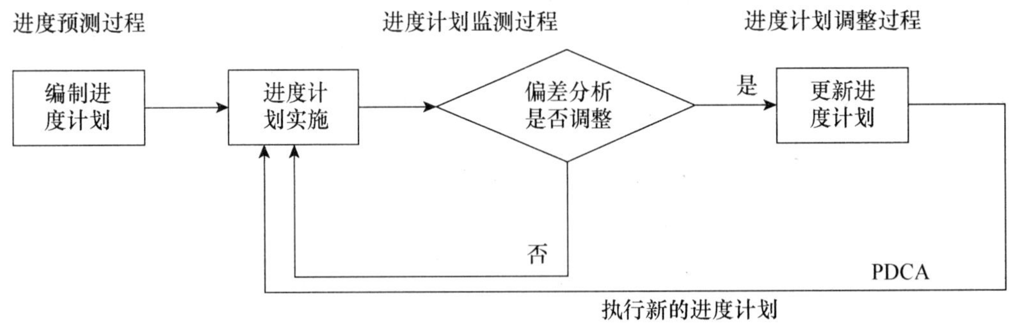

图 6—21　动态进度控制过程

这个过程实际上是一个 PDCA 动态循环过程，即制定进度规划（Plan）—实施（Do）—检查（Check）—行动（Act）。项目进度控制的工作内容主要包括项目的进度监测与调整两部分。

6.6.1 项目进度监测系统

在项目进度监测过程中，一旦发现实际进度与规划进度不符，即出现进度偏差时，进度控制人员必须认真寻找产生进度偏差的原因，分析进度偏差对后续工作产生的影响，并在必要时采取措施调整进度，以确保进度目标的实现。进度偏差用 Δ 表示，进度监测系统流程如图 6—22 所示。

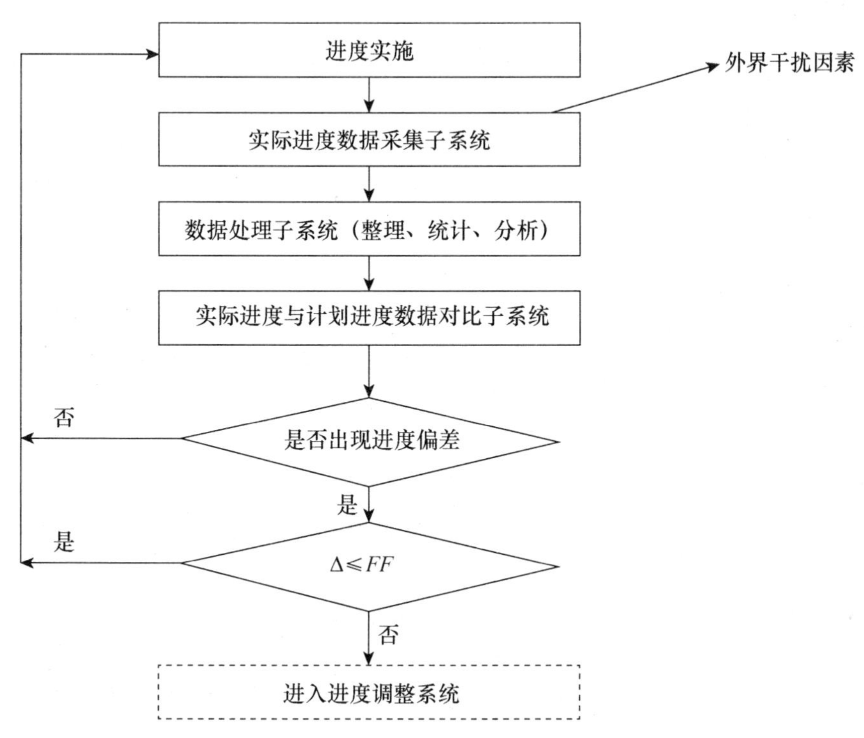

图 6—22 项目进度监测系统流程

项目进度监测系统包括数据采集、数据处理、数据对比分析三个子系统。

1. 数据采集系统

项目实际进度数据采集系统，主要是通过跟踪检查项目的实际进展情况，定期收集反映项目实际进度的有关信息。

2. 数据处理系统

数据处理系统是指对收集的原始数据进行整理、统计、分析。收集到的有关的项目进度数据，可能各不相同，如已完成的实物工作量、已完成的标准工时、已完成的投资额等。对这些实际进度资料要进行必要的整理、统计和分析，形成与计划具有可比性的数据资料，以确定项目的进度状况。

3. 数据对比分析系统

实际进度与优化进度的比较方法主要包括：横道图比较法、S 形曲线比较法、前锋线比较法。当项目实际进度与计划进度产生偏差时，可及时做出决策进行处理。

（1）分析产生偏差的原因。

进度拖延是工程项目建设过程中经常发生的现象。对进度拖延的原因分析可采用因果关系分析图、影响因素分析表、工程量或劳动效率对比分析等方法，详细分析进度拖延的各种影响因素及各因素影响量的大小。进度拖延的原因是多方面的，常见的有：

1）项目各相关单位之间的协调配合。项目是一个多专业、多方面协调合作的复杂过程，如果政府部门、业主、咨询单位、设计单位、物资供应单位、贷款单位、监理单位等各单位之间，以及土建、水电、通信、运输等各专业单位之间没有形成良好的协作，必然会影响工程建设的顺利实施。例如，工程设计通常是分阶段进行的，如果初步设计不能顺利得到批准，必然会影响到后续详细设计中的施工图设计、施工方案设计进度。又如资金方面，如果业主在工程预付款或进度款的支付中有所延迟，则会对施工单位的施工进度造成影响。

2）工程变更。边界条件的变化，如设计变更、设计错误、外界（如政府、上层机构）对项目提出新的要求或限制。当建设工程在已施工的部分发现一些问题或者由于业主提出了新的要求而必须进行工程变更时，会影响设计工作进度。例如，材料代用、设备选用的失误将会导致原有工程设计失效而重新进行设计。

3）风险因素。风险因素包括政治、经济、技术及自然等方面的各种可预见或不可预见因素。政治方面有战争、内乱、罢工、拒付债务、制裁等；经济方面有延迟付款、汇率浮动、换汇控制、通货膨胀、分包单位违约等；技术方面有工程事故、试验失败、标准变化等；自然方面有地震、洪水等。

4）工期及相关计划的失误和管理过程中的失误。包括计划工期及进度计划超出现实的可能性；管理过程中的失误，如计划部门与实施者之间，总、分包商之间，业主和承包商之间缺少沟通，造成许多工作脱节；等等。

（2）分析进度偏差是否影响到其后续工作和总工期。

当某项工作发生实际进度偏差时，要分析该进度偏差是否影响到其后续工作的进展及是否影响了总工期。这在实际工作中需要借助网络计划进行判断，根据该项工作是否处于关键路线、其进度偏差是否超过该项工作的总时差和自由时差来判断对后续工作和总工期的影响。例如，由于业主方对即将投入施工的某工程材料的要求发生改变而需要重新进行采购时，如该工作不是关键工作（即不在关键路线上），其材料的重新采购不一定会影响到总工期和后续工作；如再继续分析发现采购时间超过了该项工作的自由时差而未超过总时差，则此次变更只影响到了后续工作而未影响到总工期。

进度偏差的分析判断过程如图6—21所示。通过分析，进度控制人员可以根据进度偏差的影响程度，制定相应的纠偏措施进行调整，以获得符合实际进度情况和计划目标的新进度计划。

6.6.2 项目进度调整系统

通过将实际进度与计划进度进行对比，发现偏差并确定需要调整进度计划时，可进入进度调整系统。在对调整进度计划的限制因素进行分析后，做出及时、经济、可行的调整决策，更新进度计划，并再次进入进度监测系统，以保证按更新后的进度计划执行。项目进度调整系统如图6—23所示。

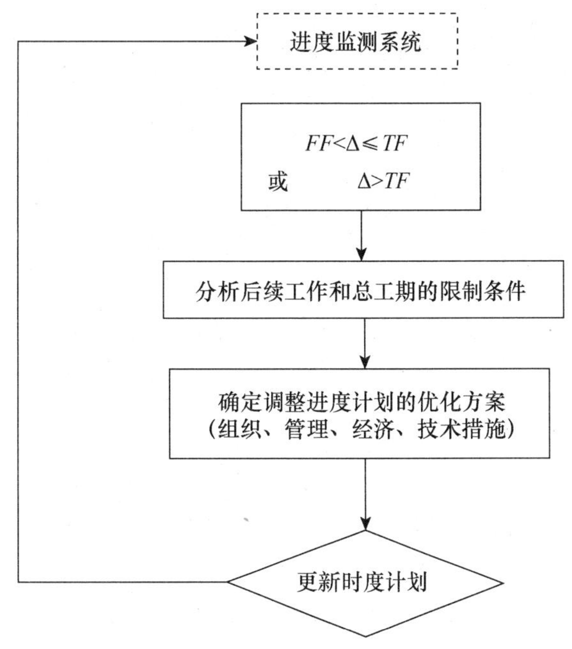

图 6—23 项目进度调整系统

一般来说，项目进度调整可采取下述几种措施。

1. 调整工作顺序，改变某些工作间的逻辑关系

当项目实施中产生的进度偏差影响到总工期，且有关工作的逻辑关系允许改变时，可以改变关键路线和超过计划工期的非关键路线上的有关工作之间的逻辑关系。

在工作面及资源允许的情况下，组织流水作业是其中的典型方法。例如：某钢筋混凝土结构建筑物的施工项目中，其主体工程由支模板、绑钢筋和浇注混凝土三个施工过程组成，其中每个施工过程都需要 15 天时间完成，主体工程的总工期是 45 天。如现有缩短工期的需要，可在工作面和资源允许的条件下把整个工作面划分为若干工作段，采取流水作业的方法，以充分发挥生产效率，减少工作面的单一专业占用造成的时间间歇。在这里如果取三个工作段，则总工期减少为 25 天，如图 6—24 所示。

2. 缩短某些工作的持续时间

这种方法通过采取增加资源投入、提高劳动效率等措施来缩短某些工作的持续时间，使工程进度加快，以保证按计划工期完成该项目。这些被压缩了持续时间的工作是位于关键路线和超过计划工期的非关键路线上的工作。如果某项工作进度拖延的时间超过其总时差，那么无论它是否处于关键路线，都将会对后续工作和总工期产生影响，在这种情况下，为了减少对总工期的延误，应采取措施缩短关键路线上后续工作的持续时间，并用工期优化的方法对原网络计划进行调整。其调整方法视限制条件及其对后续工作的影响程度的不同而有所区别，一般分为以下三种情况：

(1) 网络计划中某项工作进度拖延的时间已超过其自由时差，但未超过总时差。

当一项工作拖延的时间未超过其自由时差时，这种拖延对后续工作没有任何影响，该项工作仍可正常进行，不需为此再作调整。当一项工作拖延的时间已超过其自由时差

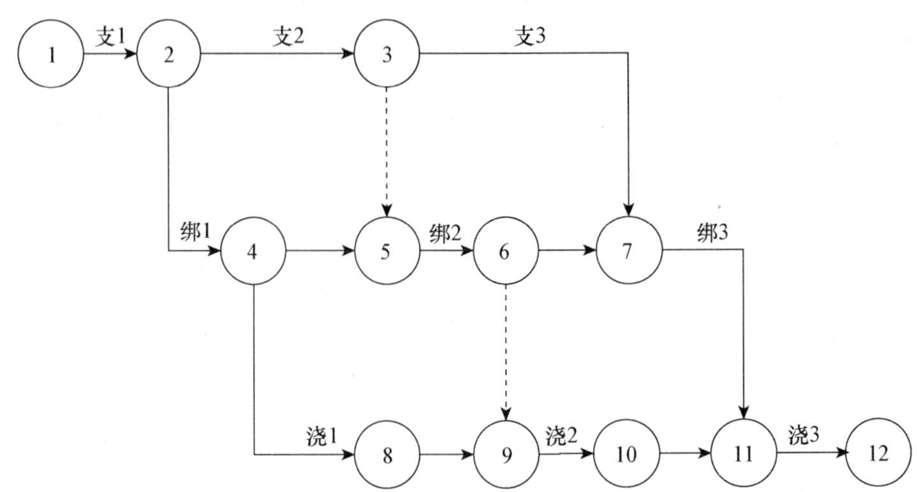

图 6—24　某主体工程流水作业网络计划

时，这种拖延对其后续工作必有影响，然而，由于其拖延的时间尚未超过总时差，其后续工作还有相应的自由时差来弥补这个拖延，所以，它对进度计划总工期并无影响。但当后续工作开始得晚时则会带来一系列问题和损失，如设计工作拖延造成施工延迟，从而产生人力、机具的误工浪费并由此引起合同纠纷和索赔。因此，寻求合理的调整方案，把进度拖延至后续工作的影响减少到最低程度，是咨询工程师的一项重要工作。

（2）网络计划中某项工作进度拖延的时间超过总时差。

如果网络计划中某项工作进度拖延的时间超过总时差，则无论该工作是否为关键工作，其实际进度都将对后续工作和总工期产生影响。此时，进度计划的调整方法又可分为以下三种情况：

1）项目总工期不允许拖延。如果项目必须按照原计划工期完成，则只能采取缩短关键路线上后续工作持续时间的方法来达到调整计划的目的。这种方法实质上就是前面所述的工期优化方法。

2）项目总工期允许拖延。如果项目总工期允许拖延，则此时只需以实际数据取代原计划数据，并重新绘制实际进度检查日期之后的简化网络计划即可。

3）项目总工期允许拖延的时间有限。如果项目总工期允许拖延，但允许拖延的时间有限，则当实际进度拖延的时间超过此限制时，也需要对网络计划进行调整，以满足要求。

具体的调整方法是：以总工期的限制时间作为规定工期，对检查日期之后尚未实施的网络计划进行工期优化，即通过缩短关键路线上后续工作持续时间的方法来使总工期满足规定工期的要求。

（3）网络计划中某项工作进度超前。

在建设工程设计阶段所确定的工期目标，往往是综合考虑了各方面因素而确定的合理工期。因此，时间上的任何变化，无论是进度拖延还是超前，都可能造成其他目标的失控。如果这项工作超前完成对后续工作的协调不会带来影响，则无须进行调整。但当该工作提前完成会打乱对人、材、物等资源的合理安排，造成协调工作的困难和项目实施费用的增加时，则应通过减少资源投入量或改变资源分配的方法对其进度进行调整，使其进度减慢，以使不利影响减少到最低程度。

3. 整理变更资料、吸取教训

在采取上述措施调整进度以后，形成调整后的项目计划，作为继续实施的依据。同时，整理变更资料，连同所选择的纠偏措施及从进度控制中吸取的其他方面的教训等形成文字材料，作为本项目或者其他项目的历史资料，以供参考。

6.6.3 进度控制措施

1. 项目进度控制的组织措施

组织是目标能否实现的决定性因素。为实现项目的进度目标，应充分重视健全项目管理的组织体系。在项目组织结构中应有专门的工作部门和符合进度控制岗位资格的专人负责进度控制工作。

进度控制的主要工作环节包括：进度目标的分析和论证、编制进度计划、定期跟踪进度计划的执行情况、采取纠偏措施及调整进度计划。这些工作任务和相应的管理职能应在项目管理组织设计的任务分工表和管理职能分工表中标示并落实。

应编制项目进度控制的工作流程，如：

（1）定义项目进度计划系统的组成。

（2）各类进度计划的编制程序、审批程序和计划调整程序等。

进度控制工作包含了大量的组织和协调工作，而会议是组织和协调的重要手段，应进行有关进度控制会议的组织设计，以明确下列问题：会议的类型；各类会议的主持人及参加的单位和人员；各类会议的召开时间；各类会议文件的整理、分发和确认；等等。

2. 项目进度控制的管理措施

项目进度控制的管理措施涉及管理的思想、管理的方法、管理的手段、承发包模式、合同管理和风险管理等。在理顺组织的前提下，科学和严谨的管理显得十分重要。

项目进度控制在管理观念方面存在的主要问题有：

（1）缺乏进度计划系统的观念：分别编制各种独立而互不联系的计划，形成不了计划系统。

（2）缺乏动态控制的观念：只重视计划的编制，而不重视及时地进行计划的动态调整。

（3）缺乏进度计划多方案比较和选优的观念：合理的进度计划应体现资源的合理使用及工作面的合理安排，以有利于提高建设质量、有利于文明施工和有利于合理地缩短建设周期。

用网络计划的方法编制进度计划必须很严谨地分析和考虑工作之间的逻辑关系，通过网络的计算可发现关键工作和关键路线，也可知道非关键工作可使用的时差，有利于实现进度控制的科学化。

承发包模式的选择直接关系到项目实施的组织和协调。为了实现进度目标，应选择合理的合同结构，以避免因过多的合同交界面而影响工程的进展。此外，项目物资的采购模式对进度也有直接的影响，对此应作比较分析。

为实现进度目标，不但应进行进度控制，还应注意分析影响项目进度的风险，并在分析的基础上采取风险管理措施，以减少进度失控的风险量。常见的影响工程进度的风险有：组织风险、管理风险、合同风险、资源（包括人力、物力和财力）风险、技术风险等。

此外，还要重视信息技术（包括相应的软件、局域网、互联网及数据处理设备）在进度控制中的应用。虽然信息技术对进度控制而言只是一种管理手段，但它的应用有利于提高进度信息处理的效率、有利于提高进度信息的透明度、有利于促进进度信息的交流和项目各参与方的协同工作。

3. 项目进度控制的经济措施

项目进度控制的经济措施涉及资金需求计划、资金供应的条件和经济激励措施等。为确保进度目标的实现，应编制与进度计划相适应的资源需求计划（资源进度计划），包括资金需求计划和其他资源（人力和物力资源）需求计划，以反映工程实施的各时段所需要的资源。通过对资源需求的分析，可发现所编制的进度计划实现的可能性，若资源条件不具备，则应调整进度计划。资金需求计划也是工程融资的重要依据。

资金供应条件包括：可能的资金总供应量、资金来源（自有资金和外来资金）及资金供应的时间。在工程预算中应考虑为加快工程进度所需要的资金，其中包括为实现进度目标将要采取的经济激励措施所需要的费用。

4. 项目进度控制的技术措施

项目进度控制的技术措施涉及对实现进度目标有利的设计技术和施工技术的选用。不同的设计理念、设计技术路线、设计方案会对项目进度产生不同的影响，在设计工作的前期，特别是在设计方案的评审和选用时，应对设计技术与项目进度的关系作分析、比较。在项目进度受阻时，应分析是否存在设计技术的影响因素，为实现进度目标有无设计变更的可能性。

例如，在建设工程项目中，施工方案对项目进度有直接的影响，在决策其选用时，不仅应分析技术的先进性和经济合理性，还应考虑其对进度的影响。在项目进度受阻时，应分析是否存在施工技术的影响因素，为实现进度目标有无改变施工技术、施工方法和施工机械的可能性。

章后练习题

1. 说明项目进度管理的工作内容和重要性。
2. 优化项目的进度计划可以通过哪几种途径？
3. 项目进度管理控制可以采用哪些方式？试比较它们的优劣。
4. 建设项目进度控制的措施包括哪些内容？
5. 编制项目进度计划的步骤与编制要点有哪些？
6. 解决工期延期有哪些主要措施？
7. 某项目资料如表 6—10 所示，要求：编制双代号网络图、计算时间参数、判定关键路线。

表 6—10　　　　某项目活动安排表

工作	A	B	C	D	E	F	G	H	I	J
持续时间	2	3	5	2	3	3	2	3	6	2
紧前工作	—	A	A	B	B	C	F	E、F	C、E、F	G、H

8. 对某房屋建筑工程进行项目分解，可分解成 A、B、C、D、E、F、G、H、I 九项工作，其明细如表 6—11 所示。要求：根据逻辑关系，绘制双代号网络图，并计算各工作的时间参数。

表 6—11　　　　某房屋建筑工程活动安排表

工作	A	B	C	D	E	F	G	H	I
紧前工作	—	A	A	B	B、C	C	D、E	E、F	H、G
持续时间	3	3	3	8	5	4	4	2	2

案例

某工程基础底板施工

某工程基础底板施工，合同约定工期 50 天，项目经理部根据业主提供的电子版图编制了施工进度计划（见图 6—25）。

序号	施工过程	6月						7月					
		5	10	15	20	25	30	5	10	15	20	25	30
A	基层清理	——											
B	垫层及砖胎膜		——										
C	防水层施工			——									
D	防水保护层				——								
E	钢筋制作	——	——	——	——								
F	钢筋绑扎					——	——	——	——				
G	混凝土浇筑									——			

图 6—25　某工程施工进度计划图

底板施工暂未考虑流水施工。在施工准备及施工过程中，发生了如下事件：

事件一：公司在审批该施工进度计划（横道图）时提出，计划未考虑工序 B 与 C、工序 D 与 F 之间的技术间歇（养护）时间，要求项目经理部修改。两处工序技术间歇（养护）均为 2 天，项目经理部按要求调整了进度计划，经监理批准后实施。

事件二：施工单位采购的防水材料进场抽样复试不合格，致使工序 C 比调整后的计划开始时间延后 3 天开始。因业主未按时提供正式图纸，致使工序 E 在 6 月 11 日才开始。

事件三：基于安全考虑，建设单位要求仍按原合同约定的时间完成底板施工，为此施工单位采取调整劳动力计划、增加劳动力等措施，在 15 天内完成了 2 700 吨钢筋制作（功效为 4.5 吨/人·工作日)。

要求:

1. 绘制事件一中调整后的施工进度计划网络图(双代号),并用双线表示出关键路线。

2. 考虑事件一、事件二的影响,计算总工期(假定各工序持续时间不变)。如果钢筋制作、钢筋绑扎及混凝土浇筑按两个流水段组织等节拍流水施工,其总工期将变为多少天?是否满足原合同约定的工期?

3. 计算事件三钢筋制作的劳动力投入量;编制劳动需求计划时,需要考虑哪些参数?

4. 根据本案例的施工过程,总承包单位依法可以进行哪些专业分包和劳务分包?

解:

1. 事件一中调整后的施工进度计划网络图(双代号)如图 6—26 所示。

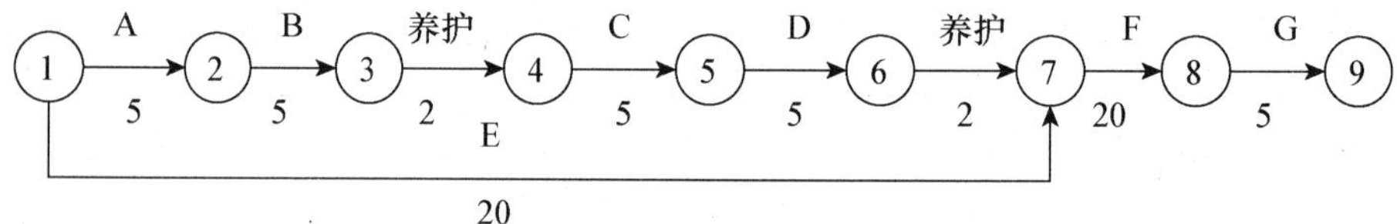

图 6—26 施工进度计划双代号网络图

关键路线为:①—②—③—④—⑤—⑥—⑦—⑧—⑨。

2. 将事件一、事件二的工期影响天数标示在网络图中,如图 6—27 所示。

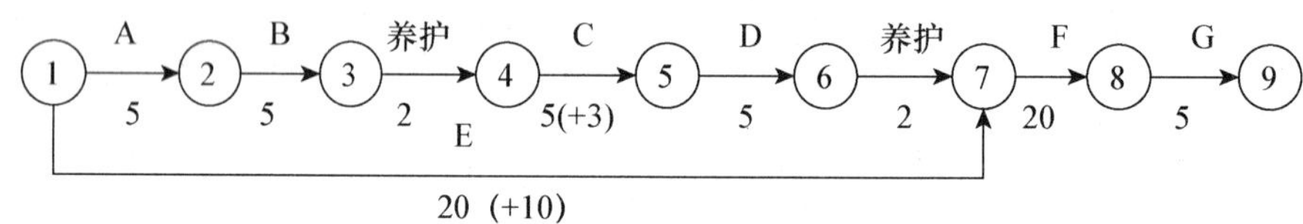

图 6—27 调整后的双代号网络图

关键路线发生变化,此时关键路线为:①—⑦—⑧—⑨,总工期 T=20+10+20+5=55(天)。

如果将钢筋制作、钢筋绑扎及混凝土浇筑按两个流水段组织等节拍流水施工,总工期将变为 34.5 天,满足合同约定的工期要求。

3. 钢筋制作劳动力投入量为:2 700÷(15×4.5)=40(工作日)。

在编制劳动力需求计划时,需要考虑工程量、劳动力投入量、持续时间、班次、劳动效率、每班工作时间等参数。

4. 专业分包:防水工程。

劳务分包:砌筑作业、模板作业、钢筋作业、混凝土作业。

资料来源:2013 年全国一级建造师执业资格考试《建筑工程管理与实务》真题。

第7章 项目成本管理

引例

中国铁建沙特轻轨项目巨亏

2009年2月，中国铁建在沙特签署了《沙特麦加萨法至穆戈达莎轻轨合同》。该项目工期22个月，计划次年10月完工进行试运营，项目的执行模式为交钥匙工程加运维管理。然而不到一年的时间，这个项目便成了中国铁建的“滑铁卢”。中国铁建2011年发布公告，其承建的沙特麦加萨法至穆戈达莎轻轨项目计划于2010年11月13日开通运营。该项目在实施过程中，因实际工程数量比签约时预计工程量大幅增加等原因，预计将发生大额亏损，按2010年9月30日的汇率折算，总的亏损额预计约为人民币41.53亿元。

根据公告，中国铁建于2009年2月10日与沙特阿拉伯王国城乡事务部签署《沙特麦加萨法至穆戈达莎轻轨合同》，约定采用EPC＋OM总承包模式（即设计、采购、施工加运营、维护的总承包模式），由中国铁建负责沙特麦加轻轨项目的设计、采购、施工、系统（包括车辆）安装调试及从2010年11月13日起的三年运营和维护。工期要求为：2010年11月13日开通运营，达到35％运能；2011年5月完成所有调试，达到100％运能。该项目合同总金额为66.5亿沙特里亚尔，约为17.7亿美元，按2010年9月30日的汇率，折合人民币120.7亿元。

根据公告，按2010年9月30日的汇率折算，该项目合同预计总收入120.70亿元，合同预计总成本160.69亿元，两者相减，合同损失39.99亿元。加上财务费用1.54亿元，该项目总的亏损预计为41.53亿元。

中国铁建解释，合同预计总成本变化的主要原因是该项目采用EPC＋OM总承包模式，项目签约时只有概念设计，而由于业主提出新的功能需求及工程量的增加，该项目在实施过程中，合同预计总成本逐步增加。到2010年6月30日，预计总成本增加到125.44亿元。2010年下半年，项目全面进入大规模施工阶段，各分部、分项工程全面展开，实际工程数量比签约时预计工程数量大幅度增加。再加上业主对该项目的2010年运能需求较合同规定大幅提升、业主负责的地下管网和征地拆迁严重滞后、业主为增加新的功能大量指令性变更使部分已完工工程重新调整等因素影响，导致项目工作量和成本投入大幅增加，计划工期出现阶段性延误。就上述变化导致合同预计总成本大幅增加的情况，公司已经根据合同向业主递交了变更及索赔资料，业主承诺在项目结束后将成立专门委员会，商谈相关索赔和补偿问题。到目前为止，公司仍在就上述变更索赔事宜与业主协商，尚未获得业主的批准。

如果不能于2010年年度业绩报告前就变更及索赔事宜获得业主的批准，该项目预计将对中国铁建公司2010年度利润产生重大影响。中铁建的人员称，亏损的原因很复杂，主要是因为对方突然变更工期增加了成本，另外在工程设备采购方面也比较混乱。此外，由于当地人信誉不太好和拆迁难度大等原因，导致工程进展也非常缓慢。

资料来源：中国铁建沙特轻轨项目巨亏. 见 http://finance.sina.com.cn/focus/zgtj_2010，2010。

7.1 项目成本管理概述

7.1.1 项目成本管理的内涵

项目成本管理是指为保障项目实际发生的成本不超过项目预算而开展的项目成本估算、项目预算编制、项目预算控制等方面的管理活动。项目成本管理是为确保项目在预算内按时、按质、经济、高效地完成项目的既定目标而开展的一种项目管理活动。

随着市场经济中企业竞争的日益激烈，项目成本管理的重要性越来越为人们所重视，项目成本管理已经成为项目管理向深层次发展的主要标志和不可缺少的内容。项目成本管理已成为项目管理核算体系的基础，在项目控制中的地位尤其重要。

项目成本管理就是要确保在批准的预算内完成项目，具体要依靠制订成本管理计划、成本估算、成本预算、成本控制四个过程来完成。项目成本管理是在整个项目的实施过程中，为确保项目在已批准的成本预算内尽可能好地完成而对所需的各个过程进行管理。

(1) 项目成本管理应考虑干系人对掌握成本情况的要求。不同的干系人会在不同的时间、用不同的方法测算项目成本。例如，对于某采购品，可在做出采购决策、下达订单、实际交货、实际成本发生或进行会计记账时，测算其成本。

(2) 项目成本管理重点关注完成项目活动所需资源的成本，但同时也应考虑项目决策对项目产品、服务或成果的使用成本、维护成本和支持成本的影响。例如，限制设计审查的次数可降低项目成本，但可能增加由此带来的产品运营成本。

(3) 在很多组织中，预测和分析项目产品的财务效益是在项目之外进行的。但对于有些项目，如固定资产投资项目，可在项目成本管理中进行这项预测和分析工作。在这种情况下，项目成本管理还需使用其他过程和通用财务管理技术，如投资回报率分析、现金流贴现分析和投资回收期分析等。

应该在项目规划阶段的早期就对成本管理工作进行规划，建立各成本管理过程的基本框架，以确保各过程的有效性及各过程之间的协调性。

7.1.2 项目成本管理的发展历程

18 世纪开始于英国的产业革命，用机械代替了人力，加上社会分工，在工厂里需要承担各类任务的工人去从事不同的工作，计划、组织、领导与控制职能应运而生，这便是项目控制的雏形，这时的成本管理主要是利用事后的资料对成本的分析控制。真正意义上的项目成本管理是伴随着项目管理科学的创立、发展而发展的。20 世纪 20 年代起，美国人开始研究工程项目管理，在项目计划管理方法和成本经济分析方法上取得了一定进展。特别是 20 世纪 50 年代后期，在新技术革命的推动下，以“价值工程”理论和方法为代表，将成本控制过程扩展到事前成本控制上来，这是成本控制发展的历史性突破。

我国项目成本管理发展比较缓慢，直到 20 世纪 90 年代，项目成本管理的学术研究才有了很大进展。1991 年 6 月成立了中国项目管理学术研究委员会，1992 年成立了中国工程项目管理专业委员会，1994 年建设部召开会议明确提出：要强化以项目管理为核心，搞好“二制”建设，即“项目经理责任制”和“项目成本核算制”。与此同时，发达工业国家的供应链管理、质量成本、战略成本、责任成本等成本管理思想和方法大量涌入，对我国成本管理工作的提升起到了较大的推动作用。

7.1.3 项目成本管理的重要性

项目成本管理是项目成功的关键，是贯穿项目生命周期各阶段的重要工作。

对于任何项目，其最终的目的都是要通过一系列的管理工作取得良好的经济效益。而任何项目都具有一个从概念、开发、实施到收尾的生命周期，其间，建设项目会涉及业主、设计、施工、监理等众多的单位和部门，它们有各自的经济利益。例如，在概念阶段，业主要进行投资估算并进行项目经济评价，从而做出是否立项的决策。在招标投标阶段，业主主要根据设计图纸和有关部门的规定来计算发包造价，即标的；承包方要通过成本估算来获得具有竞争力的报价。在设计和实施阶段，项目成本控制是确保将项目实际成本控制在项目预算范围内的有力措施。这些工作都属于项目成本管理的范畴。

项目的成本一般有三类：确定性成本、风险性成本、不确定性成本。对于不确定性成本，既不知道其是否会发生，也不知道其发生的概率分布的情况。可以认为，项目成本的不确定性是绝对的。

由于不确定性成本的存在，因此需要施加全面的管理和控制。导致项目成本不确定的原因有：(1) 预测导致的不确定性。一方面，对于项目成本的预测，人们往往希望能够反映市场的正常情况，反映社会必要劳动时间，但是实际预测的科学性和确定性却远远达不到要求，这是因为预测是对人的行为或其后果的预测，而人的行为会由于预测而改变，这是不可预测性的一个重要来源。人的理性的限度则是另一个来源，人的认识基于其所接触到的信息，但信息的取得总是有限的，这不仅取决于是否建立了良好的信息传播途径，而且也取决于人力、财力、时间，时间限度在很大程度上限制了预测的可能性。另一方面，人在对信息的主观筛选中，非常容易遗漏重要的信息，同时也会受到错误信息的误导。即使在主要信息已经充分、及时地获得的情况下，预测方法和基本信念的问题仍然会造成预测偏差。(2) 决策导致的不确定性。现代管理决策理论要求主体在决策过程中掌握成本的信息，提出充分多的备选方案，最后在这些方案中选取最优。西蒙对此提出了有力的批评，他提出人所具有的有限理性，不容许决策者掌握足够多的信息，也没有足够多的时间做出最优选择，在项目启动阶段采用的可行性研究就是证明。(3) 项目管理体制导致的不确定性。当前项目管理体制具有投资主体多元化、业主对项目全面负责、行业协会和中间服务机构不断发育、政府的指导和宏观调控作用不断加强的特征。由此可见，在项目启动到结束的全过程中，项目一直处于很多机构、组织的管理之下，同时受到市场、金融、劳动力的制约，这必然会带来项目成本的不确定性。

7.1.4 项目成本管理的程序

项目成本管理的一般程序如图 7—1 所示。

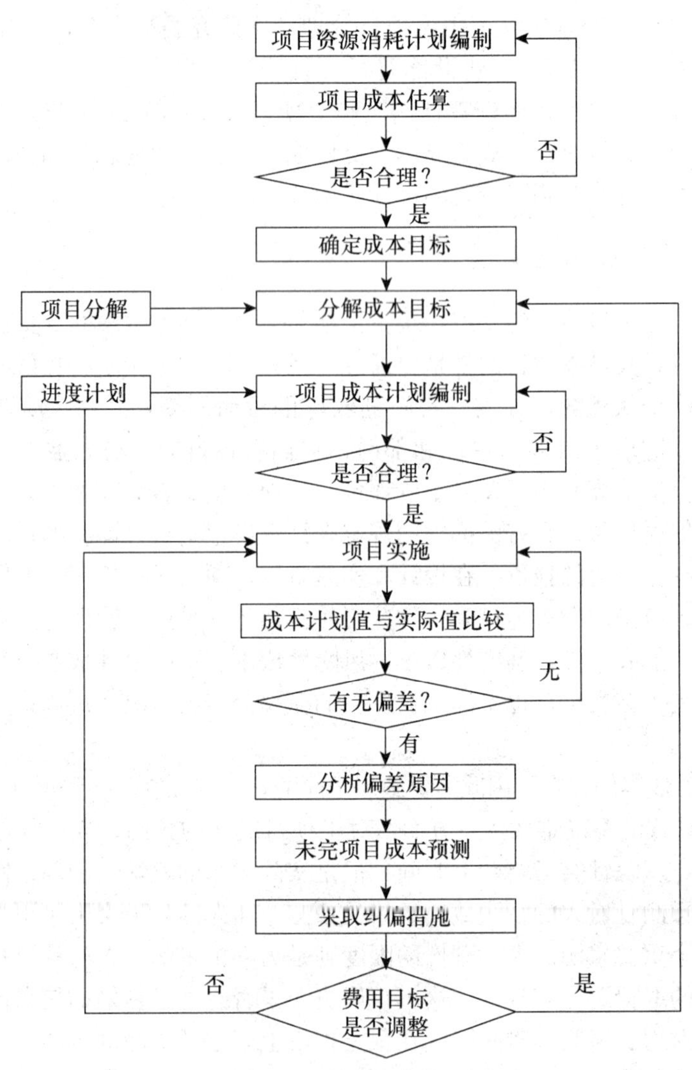

图 7—1 项目成本管理的一般程序

1. 资源消耗计划编制

编制资源消耗计划就是确定完成工程项目的各项工作需要何种资源（包括人、材料、设备）及各种资源的数量。

2. 成本估算

成本估算就是估算完成项目各工作所需资源的费用。在国外的建设程序中，可行性研究阶段、方案设计阶段、基础设计阶段、详细设计阶段及招投标阶段对建设工程项目投资所做的测算统称为“费用估算”，但在各个阶段，其详细程度和准确度是有差别的。

按照我国的投资建设程序，在项目建议书及可行性研究阶段，对建设工程项目投资所做的测算称之为“投资估算”；在初步设计、技术设计阶段，对建设工程项目投资所做的测算称之为“设计概算”；在施工图设计阶段，称之为“施工图预算”；在投标阶段，称之为“投标报价”；承包人与发包人签订合同时形成的价格称之为“合同价”；在合同实施阶段，承包人与发包人结算工程价款时形成的价格称之为“结算价”；工程竣工验收后，实际的工程造价称之为“竣工决算价”。

3. 成本计划编制

编制成本计划就是将总成本根据工作分解结构（WBS）分配至各工作单元。

7.2 项目成本估算

7.2.1 项目成本估算的内涵

项目成本估算是对完成项目活动所需资金进行近似估算的过程。本过程的主要作用是，确定完成项目工作所需的成本数额。也就是说，项目成本估算是指根据项目资源计划中所确定的资源需求及市场上各种资源的价格信息，对完成项目所必需的各种资源成本做出近似估算。项目成本的估算是项目成本管理的核心内容，为项目成本预算及项目成本控制提供了基础。一般进行项目成本估算有如下 3 个步骤：

（1）识别和分析项目成本的构成要素，即项目成本由哪些资源组成。

（2）估算每个项目成本构成要素的单价和数量。

（3）分析成本估算的结果，识别各种可以相互代替的成本，协调各种成本之间的比例关系。

1. 项目成本估算精确度

项目成本估算是项目成本管理的一项核心工作，是根据项目的资源需求计划及各种资源的价格信息，估算和确定项目各项活动成本的工作。由于项目规划经常需要进行调整，而且还应考虑在整个项目生命周期内人员工资结构是否变化、材料价格是否上涨、经营基础及管理费用是否变化等问题，所以项目成本估算是在不确定性程度很高的环境下进行的。

在项目实施过程中，应该随着更详细信息的呈现和假设条件的验证，对成本估算进行审查和优化。在项目生命周期中，项目估算的准确性将随着项目的进展而逐步提高。例如，在启动阶段可得出项目的粗略量级估算（Rough Order of Magnitude，ROM），其区间为－25％～＋75％；之后，随着信息越来越详细，确定性估算的区间可缩小至－5％～＋10％。某些组织在这一阶段已经制定出相应的指南，规定何时进行优化，以及每次优化所要达到的置信度或准确度。因为在项目初期，许多具体情况不能确定，所以只能粗略地估计项目的成本。当完成了技术设计之后，就可以进行比量级估算更精确的项目成本估算了。到详细设计之后，项目的各种细节已确定下来，就可以进行最终估算了。因此，成本估算工作在一些大型项目的成本管理中都是分阶段做出不同精度的成本估算，然后再逐步细化和提高精度的，具体见表 7—1。

表 7—1　　项目成本分阶段估算精度

估算类型	估算时间	估算目的	估算精度
量级估算	项目完成前 3～5 年	为项目决策提供依据	－2.5％～＋75％
预算	项目完成前 1～2 年	将资金拨入预算计划	－10％～＋25％
最终估算	项目完成 1 年内	为采购提供实际成本	－5％～＋10％

项目成本估算要考虑各种不同的成本替代方案对项目所产生的影响。例如，在设计阶段增加额外工作量会增加项目的设计成本，但是高质量的设计可能会减少项目的实施成本，所以在项目成本估算过程中必须考虑在设计阶段多增加的设计成本能够被实施阶段所节约的成本所抵消，仔细分析这两种成本的此消彼长的关系对项目总成本的影响程度，在不影响项目质量和进度等因素的前提下，尽量使项目的总成本最小化。

2. 项目成本估算的依据

进行项目成本估算，要考虑很多因素。项目成本估算的主要依据是 WBS、资源需求计划、风险登记册、历史信息、会计表格等。

（1）WBS。

WBS 是项目成本估算的主要依据，它反映了项目任务的性质和难度，同时 WBS 中完备的任务清单可以保证已定义的所有项目工作所需要的资源都能得到估算。

（2）资源需求计划。

项目工作所需的资源种类、数量和使用时间，都会对项目成本产生很大影响。进度活动所需的资源及其使用时间，是本过程的重要依据。在估算活动资源过程中，已经估算出开展进度活动所需的人员数量、工时数及材料和设备数量。活动资源估算与成本估算密切相关。如果项目预算中包括融资成本（如利息），或者资源消耗取决于活动持续时间的长短，那么活动持续时间估算就会对成本估算产生影响。只有知道了活动历时才能知道各种资源的需求时间，从而计算出一些按时计费的资源成本，如人工费用、设备租赁费用等。如果成本估算中包含时间敏感型成本，如通过工会集体签订定期劳资协议的员工或价格随季节波动的材料等，那么活动持续时间估算也会影响成本估算。

（3）风险登记册。

通过审查风险登记册，考虑应对风险所需的成本。风险既可以是威胁，也可以是机会，通常会对活动及整个项目的成本产生影响。一般而言，在项目遇到负面风险事件后，项目的近期成本将会增加，有时还会造成项目进度延误。同样，项目团队应该对可能给业务带来好处（如直接降低活动成本或加快项目进度）的潜在机会保持敏感。

（4）历史信息。

成本估算所需要的信息可以从项目文档、商业数据库、知识库中获取。同类项目的历史资料始终是项目执行过程中可以参考的最有价值的资料，包括项目文件、共用的项目成本估计数据库及项目组织的知识等。

（5）会计表格。

进行成本估算需要会计科目表是因为成本估算必须分配到正确的会计科目中去，会计表格说明了各种成本信息项的代码结构，这有利于项目成本的估算与正确的会计科目相对应。

7.2.2　项目成本估算的方法

项目成本估算的方法主要有：专家判断法、自下而上估算法、参数估计法。

1. 专家判断法

专家判断法也称经验估算法、类比估算法、自上而下估算法，是由专业知识和经验丰富的人，比照已完成的类似项目的实际成本对现在项目所需成本费用进行的一种猜测。这种方法是最原始的方法，只是一种猜测与预判。此方法是在项目成本估算精确度要求不高的情况下使用的，它比其他方法简便易行，费用低，但精度也低。此方法的基础是收集上层和中层管理人员的经验和判断，以及可以获得的关于以往类似项目的历史数据，将上层和中层管理人员对项目整体成本及其子项目成本的估计结果给予低层的管理人员，再由他们对子项目任务的成本进行估计，然后继续向下一层传递，直到最底层，即按照 WBS 过程从最上层或者最为综合的层次一层层向下分解。专家判断通常有两种形式：第一，专家小组法。这种方法是指成立项目成本估算专家小组，进行调查研究，然后通过召开座谈会、讨论会等形式共同探讨，提出项目资源计划防范，在意见比较一致的基础上，确定项目成本的方法。第二，德尔菲法。由于专家小组法可能带有很强的主观性，为了消除不必要的相互影响和迷信权威等心理上的影响，可以采用德尔菲法。这种方法是专家们互不见面、互不影响，由一名协调者来汇集专家意见，整理并编制出项目成本估算的方法。

专家判断法的精度一方面取决于用来作为参照的以前完成的项目与新项目的相似程度，另一方面取决于项目成本估算的专家具有的必备的专业技能。其优点在于，估算是基于实际经验和实际数据的，所以总体预算往往比较准确。这是因为上、中层管理人员的丰富经验往往使得他们能够比较准确地把握项目整体的资源需要，从而使得项目的预算能够被控制在有效的水平上。而一般而言，同一类项目的需要往往是比较稳定的，而且即使是看上去相差很大的项目实际上也有很多方面是相似的，这使得有经验的人做出比较准确的估计是可能的。这种方法的另一个优点是，由于在过程中总是将一定预算在一系列人、物之间进行分配，这就避免了有些任务被过分重视而获得过多预算，而其他任务被忽视的情况。

专家判断法的缺点在于，在很多情况下并没有真实的同类项目的成本数据，由于项目的独特性、一次性等特性，多数新项目与已经完成的项目不具备可比性。更进一步来说，对于许多已完成的项目而言，并没有真实的数据，因为项目实施中的变化是很大的，项目留下的文档和数据多数是中间结果而不是最终结果。另外，专家的看法不可避免地带有一定的偏见。

2. 自下而上估算法

自下而上估算法也称工料清单法，它同样是根据项目的工作分解结构（WBS），即整个项目被逐级分解而得到的工作包，由项目经理为每个工作包分配专人负责，让他们为自己的工作包估算成本，然后，将所有的估算加起来，得到更高一级的 WBS 的估算，依次进行下去，就可以得到整个项目的成本估算。最初，估算是对资源（如工时和原材料）进行的，然后将资源转换为所需要的经费。可以采用标准的分析工具来改进估算，如学习曲线等。意见上的差异通过上层和下层管理人员之间的协商解决，如果必要，项目经理可以参与到讨论中来，以保证估算的精度。得到的每个任务的预算被综合起来，即形成项目整体成本的直接估计。最后，项目经理在此基础之上加上适当的间接成本，如管理费用、应急准备、利润率等。

显然，自下而上的估算在任务级别上更为精确，这是因为项目设计的所有任务均要被考虑到，这一点也使得它比进行自上而下的估算分配更为困难，从而使这种方法具有花费时间长、代价高等缺点。另外，正如自上而下估算涉及一种博弈过程一样，自下而上估算也具有一定的预算博弈形式。比如，当进行估算的人员认为上层人员会以一定比例削减预算时，他们往往会过分估计自己的资源需要，这就使得总预算偏高。

3. 参数估计法

参数估计法也叫参数模型法，是利用项目特性参数建立数学模型来估算项目成本的方法。例如，工业项目可以使用项目生产能力作参数，民用住宅项目可以使用每平方米单价等作参数去估算项目的成本。参数估算法很早就开始使用了，如赖特 1936 年在航空科学报刊中提出了基本参数的统计评估方法后，又针对批量生产飞机提出了专用的参数估计法的成本估算公式。

参数估计法使用一组项目费用的估算关系式，通过这些关系式对整个项目或其中大部分的费用进行一定精度的估算。参数估计法重点集中在成本动因（即影响成本的最重要因素）的确定上，这种方法并不考虑众多的项目成本细节，因为是项目成本动因决定了项目成本总量的主要变化。参数估计法能针对不同项目成本元素分别进行计算。

参数估计法是许多国家规定采用的一种项目成本的估算和分析方法，它的优点是：快速、易于使用、只需要小部分信息，并且其准确性在经过模型校验后能够达到较高精度。这种方法的缺点是：如果不经校验，参数估计模型可能不精确，估算出的项目成本差距会较大。

7.2.3 建设项目的投资估算

1. 建设项目投资估算的内容

建设项目总投资由建设投资、建设期利息和流动资金构成。

（1）建设投资是指在项目筹建与建设期间所花费的全部建设费用，按概算法分类包括工程费用、工程建设其他费用和预备费用，其中：工程费用包括建筑工程费、设备购置费和安装工程费；预备费用包括基本预备费与涨价预备费。也可将建设投资按照行成资产法分类，分为形成固定资产的费用、形成无形资产的费用、形成其他资产的费用（简称固定资产费用、无形资产费用、其他资产费用）和预备费用四类。这两种分类方法并不影响建设投资的实质内容和估算值。

(2) 建设期利息是债务资金在建设期内发生并应计入固定资产原值的利息，包括借款（或债务）利息、手续费、承诺费、管理费等其他融资费用。

(3) 流动资金是项目运营期内长期占用并周转使用的营运资金。

建设项目总投资的构成，即投资估算的具体内容如图 7—2 和图 7—3 所示。

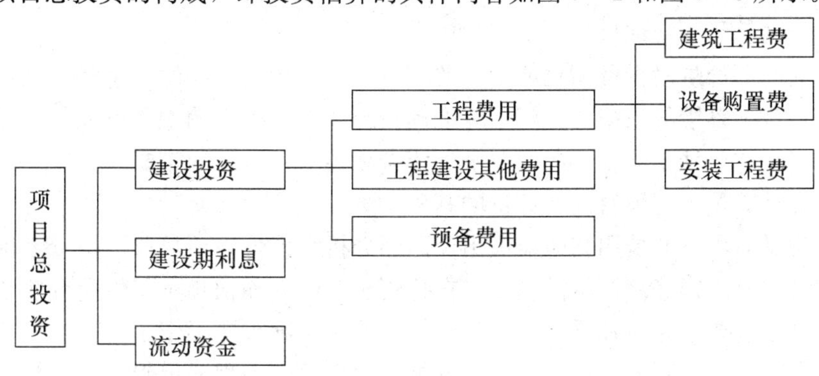

图 7—2　建设项目总投资的构成（按概算法分类）

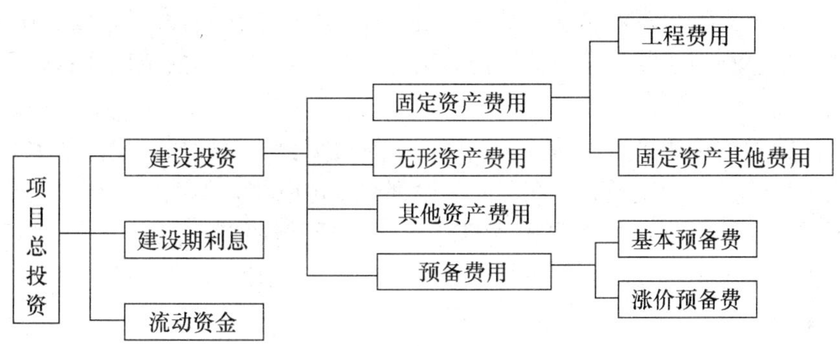

图 7—3　建设项目总投资的构成（按形成资产法分类）

2. 投资估算的要求

项目决策分析与评价阶段一般可分为投资机会研究、初步可行性研究（项目建议书）、可行性研究、项目前评估四个阶段。由于不同阶段的工作深度和掌握的资料详略程度不同，因此在建设项目决策分析与评价的不同阶段，允许投资估算的深度和准确度有所差别。随着工作的进展及项目条件的逐步明确，投资估算应逐步细化，准确度应逐步提高，从而对项目投资起到有效的控制作用。建设项目决策分析与评价的不同阶段对投资估算准确度的要求（允许误差率）见表 7—2。

表 7—2　　项目决策分析与评价的不同阶段对投资估算准确度的要求

序号	项目决策分析与评价的不同阶段	投资估算的允许误差率
1	投资机会研究阶段	30%以内
2	初步可行性研究（项目建议书）阶段	20%以内
3	可行性研究阶段	10%以内
4	项目前评估阶段	10%以内

3. 投资估算的作用

(1) 投资估算是投资决策的依据之一。

项目决策分析与评价阶段投资估算所确定的项目建设与运营所需的资金量，是投资者运行投资决策的依据之一，投资者要根据自身的财务能力和信用状况做出是否投资的决策。

(2) 投资估算是制定项目融资方案的依据。

项目决策与评价阶段投资估算所确定的项目建设与运营所需的资金量，是项目制定融资方案、进行资金筹措的依据。投资估算准确与否，将直接影响融资方案的可靠性，并直接影响各类资金在币种、数量、时间要求上能否满足项目建设的需要。

(3) 投资估算是进行项目经济评价的基础。

经济评价是对项目的费用与效益做出全面的分析、评价，项目所需投资是项目费用的重要组成部分，是进行经济评价的基础。在投资机会研究和初步可行性研究阶段，虽然对投资估算的准确度要求相对较低，但投资估算仍然是一项重要工作。

(4) 投资估算是编制初步设计概算的依据，对项目的工程造价起着一定的控制作用。

4. 建设投资估算方法

建设投资估算方法很多，包括单位生产能力估算法、生产能力指数法、比例估算法、系数估算法、估算指标法等，其中估算指标法根据指标制定依据的范围和粗略程度又可分为多种方法。

单位生产能力估算法最为粗略，一般仅用于投资机会研究阶段。生产能力指数法相比单位生产能力估算法准确度提高，在不同阶段都有一定应用，但范围受限。初步可行性研究阶段主要采用估算指标法，也可根据具体条件选择其他估算方法。项目可行性研究阶段，要求的投资估算精度较高，需通过工程量的计算，采用相对准确的估算方法进行分类估算。

(1) 单位生产能力估算法。

该方法根据已建成的、性质类似的建设项目的单位生产能力投资（如元/吨、元/千瓦）乘以拟建项目的生产能力来估算拟建项目的投资额，其公式为：

$$Y_2=\frac{Y_1}{X_1}\times X_2\times CF$$

式中，Y_2表示拟建项目的投资额，Y_1表示已建类似项目的投资额，X_1表示已建类似项目的生产能力，CF表示不同时期、不同地点的定额、单价、费用变更等的总和调整系数。

【例 7—1】 已知 2015 年建设污水处理能力 10 万立方米/日的污水处理厂的建设投资为 20 000 万元。2016 年拟建污水处理能力为 16 万立方米/日的污水处理厂一座，工程条件与 2015 年已建项目类似，调整系数 CF 为 1.25，试估算该项目的建设投资。

解：

$$Y_2=\frac{Y_1}{X_1}\times X_2\times CF=\frac{20\,000}{10}\times 16\times 1.25=40\,000(\text{万元})$$

(2) 生产能力指数法。

该方法根据已建成的、性质类似的建设项目的生产能力和投资额与拟建项目的生产能力来估算拟建项目投资额，其公式为：

$$Y_2=Y_1\times\left(\frac{X_2}{X_1}\right)^n\times CF$$

式中，n 为生产能力指数。

上式表明，建设项目的投资额与生产能力呈非线性关系。运用该方法估算项目投资的重要条件是要有合理的生产能力指数。不同性质的建设项目，n 的取值是不同的。在正常情况下，$0<n<1$。若已建类似项目的规模和拟建项目的规模相差不大，X_2 与 X_1 的比值在 0.5～2，则指数 n 的取值近似为 1。若 X_2 与 X_1 的比值在 2～50，且拟建项目规模的扩大仅靠增大设备规模来达到时，则 n 的取值为 0.6～0.7。若靠增加相同规格设备的数量来达到时，则 n 的取值为 0.8～0.9。

【例 7—2】 已知年产 20 万吨的某工业品项目的工艺生产装置投资为 30 000 万元，现拟建年产 60 万吨的同种产品项目，工程条件与上述项目类似，生产能力指数 n 为 0.7，调整系数为 1.1，试估算该项目的投资额。

解：

$$Y_2=Y_1\times\left(\frac{X_2}{X_1}\right)^n\times CF=30\,000\times\left(\frac{60}{20}\right)^{0.7}\times 1.1=71\,203(\text{万元})$$

(3) 比例估算法。

比例估算法可分为两类：以拟建项目的设备购置费为基数进行估算、以拟建项目的工艺设备投资为基数进行估算。

1) 以拟建项目的设备购置费为基数进行估算，主要根据已建成的同类项目的建筑工程费和安装工程费占设备购置费的百分比，求出相应的建筑工程费和安装工程费，再加上拟建项目其他费用（包括工程建设其他费用和预备费等），其总和即为拟建项目的建设投资。其公式为：

$$C=E\times(1+f_1P_1+f_2P_2)+I$$

式中，C 表示拟建项目的建设投资，E 表示拟建项目根据当时、当地价格计算的设备购置费，P_1、P_2 表示已建项目中建筑工程费和安装工程费占设备购置费的百分比，f_1、f_2 表示由于时间、地点等因素引起的定额、价格、费用标准等综合调整系数，I 表示拟建项目的其他费用。

【例 7—3】 某拟建项目设备购置费为 15 000 万元，根据已建同类项目统计资料，建筑工程费占设备购置费的 23%，安装工程费占设备购置费的 9%，该拟建项目的其他有关费用估计为 2 600 万元，调整系数均为 1.1，试估算该项目的建设投资。

解：

$$\begin{aligned}C&=E\times(1+f_1P_1+f_2P_2)+I=15\,000\times(1+0.23\times 1.1+0.09\times 1.1)+2\,600\\&=22\,880(\text{万元})\end{aligned}$$

2）以拟建项目的工艺设备投资为基数进行估算，主要根据同类型的已建项目的有关统计资料、各专业工程（如总图、土建、暖通、给排水、管道、电气、电信、自控等）占工艺设备投资的百分比，求出拟建项目各专业工程的投资，然后把各部分投资相加求和，再加上拟建项目的其他有关费用，即为拟建项目的建设投资。公式为：

$$C=E\times(1+f_1P'_1+f_2P'_2+f_3P'_3+\cdots\cdots)+I$$

式中，P'_1、P'_2、P'_3表示已建项目各专业工程费用占工艺设备投资的百分比。

（4）系数估算法。

1）郎格系数法，是以设备购置费为基础，乘以适当系数来推算项目的建设投资。其公式为：

$$C=E\times(1+\sum K_i)\times K_c$$

式中，C 表示建设投资，E 表示设备购置费，K_i表示管线、仪表、建筑物等项费用的估算系数，K_c表示管理费、合同费、应急费等间接费在内的总估算系数。

建设投资与设备购置费之比为郎格系数 K_L，其公式为：

$$K_L=(1+\sum K_i)\times K_c$$

2）设备及厂房系数法，是在拟建项目工艺设备投资和厂房土建投资估算的基础上，其他专业工程参照类似项目的统计资料，与设备关系较大的按设备投资系数计算，与厂房土建关系较大的则按厂房土建投资系数计算，两类投资加起来，再加上拟建项目的其他有关费用，即为拟建项目的建设投资。

【例 7—4】某项目工艺设备及其安装费用估计为 2 600 万元，厂房土建费用估计为 4 200万元，参照类似项目的统计资料，其他各专业工程投资系数如表 7—3 所示，其他有关费用为 2 400 万元，试估算该项目的建设投资。

表 7—3　　某项目资料

名称	系数	名称	系数
工艺设备	1	厂房土建（含设备基础）	1
起重设备	0.09	给排水工程	0.04
加热炉及烟道	0.12	采暖通风	0.03
气化冷却	0.01	工业管道	0.01
余热锅炉	0.04	电器照明	0.01
供电及转动	0.18		
自动化仪表	0.02		
系数合计	1.46	系数合计	1.09

解：

根据上述方法，则该项目的建设投资为：

$$2\,600\times1.46+4\,200\times1.09+2\,400=10\,774(\text{万元})$$

7.3 项目成本预算

7.3.1 项目成本预算的内涵

1. 项目成本预算的定义

项目成本预算，是指将项目成本估算的结果在各个具体的活动上进行分配的过程。其目的是确定项目各个活动的成本定额，并确定项目风险准备金的标准和使用规则，以及为测量项目实际绩效提供标准和依据。

项目成本预算是在项目成本估算的基础上更精确地估算项目总成本，并将其分摊到项目的各项具体活动和各个具体项目阶段上，为项目成本控制制订基准计划的项目成本管理活动。因此，项目成本预算又称项目成本计划。项目成本预算提供的成本基准计划是按时间分布的、用于测量和监控成本实施情况的计划。

需要指出的是，成本估算和成本预算既有区别，又有联系。成本估算的目的是估计项目的总成本和误差范围，而成本预算是将项目的总成本分配到各工作项上。成本估算的输出结果是成本预算的基础与依据，成本预算则是将已批准的估算（有时因为资金的原因需要砍掉一些工作来满足总预算要求，或因为追求经济利益而缩减成本）进行分摊。尽管成本估算与成本预算的目的和任务不同，但两者都以 WBS 为依据，两者均是项目成本管理中不可或缺的组成部分。

2. 项目成本预算的作用

（1）项目成本预算是一种分配机制。

在项目计划中，WBS 将项目分解为多个工作包从而形成一种系统结构，项目成本预算就是将成本估算总费用尽量精确地分配到 WBS 的每一个组成部分，以保证各项工作都能获得所需资源。因此，预算是另一种形式的项目资源分配计划。

（2）项目成本预算是一种成本控制机制。

项目成本预算是一种度量资源实际使用量和计划使用量之间差异的基线标准，其实质就是一种控制机制。项目经理的任务不仅是实现预定的目标，还有必要使目标实现得具有效率，即在实现目标的前提下尽可能地节省资源，这才能获得最大的经济效益。因此，管理者必须小心谨慎地控制资源的使用，不断根据项目进度检查所使用的资源量，如果出现了与预算的偏离，就需要进行修改。

（3）项目成本预算为监控项目进度提供了一把标尺。

项目成本预算在整个计划的实施过程中起着重要的作用。项目成本预算和项目进展中资源的使用相联系，在项目实施的任何节点上都应该有对应的预算支出，根据预算的完成情况和完成这些预算消耗的实际工期作比较，可以及时掌握项目进度情况。如果成本预算和项目进度没有联系，说明成本可能已经超出了项目进度所对应的预算，这时就需要对偏离的情况进行考察，以制定应对的约束措施，采取相应对策将项目的实施与预算的偏差控制在最小的范围之内。

3. 项目成本预算的原则

为了使项目成本预算能够发挥其积极作用，在编制项目成本预算时应掌握以下原则：

（1）项目成本预算要与项目目标相联系。

被称为项目管理“三大管理”的成本、质量、进度管理三者之间既对立又统一。因此，在进行成本预算确定成本控制目标时，必须同时考虑项目质量目标和进度目标。项目质量目标要求越高，成本预算也越高；项目进度越快，项目成本越高。因此，在编制成本预算时要与项目质量计划、进度计划密切结合，保持平衡，防止顾此失彼、相互脱节。

（2）项目成本预算要以项目需求为基础。

项目需求是项目成本预算的来源和基础。如果以非常模糊的项目需求为基础进行预算，则成本预算多半也不具备可操作性，若强行执行则极有可能引起超支或质量问题。

（3）项目成本预算要切实可行。

编制项目成本预算，要根据有关的法律法规、方针政策，从项目的实际情况出发，充分挖掘项目组织的内部潜力，使成本指标既积极可靠，又切实可行。若项目管理人员编制的成本预算过低，则会为执行带来困难，即便完成，实际作用也很小；若预算过高，则失去了作为成本控制基准的意义。

（4）项目成本预算应当有一定的弹性。

项目在执行的过程中，可能会有预料之外的事情发生，包括国际、国内的政治、经济形势变化和自然灾害等，这些变化可能对项目成本预算的实现产生一定影响。因此，编制成本预算，要留有充分的余地，使预算具有一定的适应条件变化的能力，即预算应具有一定的弹性。通常可以在整个项目中预留出1.0%～1.5%的不可预见费，以应对项目进行过程中可能出现的意外情况。

4. 项目成本预算的依据

项目成本预算的依据主要有：项目成本估算、WBS和项目进度计划等。

（1）项目成本估算。

项目成本估算提供成本预算所需的各项工作与活动的预算定额。各项工作与活动的预算定额及确定，主要是依据项目成本估算文件来制定的。

（2）WBS。

在项目成本预算工作中，要依据在项目范围界定和确认中生成的项目WBS文件，提供需要分配成本的项目组成部分。

（3）项目进度计划。

项目进度计划是有关项目各项工作起始与终结时间的文件。项目进度计划规定了每一项任务所需要的时间及计划开始和预期完成的日期，一般还会提供每项活动各时间段所需要的人数与资源。因此，项目进度计划也是项目成本预算编制的依据。

7.3.2 项目成本预算的内容与方法

项目成本估算的方法均可以用于项目成本预算。为了建立项目成本预算，管理人员必须预测项目需要耗费何种资源、各种资源需要的数量、需要的时间，以及相应形成的费用，其中还要考虑到未来的通货膨胀的影响。常见的方法有：类比估算法、参数模型法、WBS 全面详细估计法、计算机工具法等。

项目成本预算有一个重要的功能，就是测量和监控项目的成本执行情况，通过按时段检查项目成本预算的使用情况，可以对整个项目的实施进行动态管理，并保证项目生产的有序进行。由于不同行业具有不同的特点，因此不同行业的项目成本预算编制方法和编制内容也不同。

此处主要以建设工程项目为例说明编制项目成本预算的基本流程及其一般内容和方法。

项目成本预算的编制过程包括：确定项目总的预算、确定项目各工作包预算的分配(自上而下)、各具体项目活动的预算、确定项目各项活动预算的投入时间、确定项目成本的“S”曲线。项目成本预算的编制按以上工作顺序开展，最终输出项目成本预算的结果。

1. 确定项目总的预算

已批准的项目成本总估算可以成为项目成本预算总额。在确定成本预算总额时可以将目标成本管理与项目成本过程控制管理相结合，即在项目成本管理过程中采用目标成本管理的方法设置目标成本，并以此作为成本预算。目标成本的确定方法主要有四种：目标利润法、技术进步法、按实计算法、历史资料法。

(1) 目标利润法。

目标利润法的基本原理就是根据项目产品的销售价格扣减目标利润反向计算目标成本。此方法确定目标成本的实施步骤如下：

1) 采取恰当的竞标策略，争取中标价是最理想的合同价格。

2) 项目利益相关方协商设定总目标利润。

3) 项目经理根据销售价格减去目标利润、税金、偿还利息、营销费用等，差额就是项目所能够支出的最大成本，即基本的总目标成本。例如，项目合同价为 800 万元，目标利润和税金及企业管理费为 80 万元，则项目的目标成本为 720 万元。

(2) 技术进步法。

技术进步法又称技术节约措施法，是指以某项目计划采取的技术组织措施和节约措施所能取得的经济效果作为项目成本降低额，计算项目的目标成本的方法。用公式表示为：

项目目标成本＝项目成本估算值－技术节约措施计划节约额(降低成本额)

式中，技术节约措施计划节约额是根据技术组织措施确定的。

一个项目要实现较高的经济效益，就必须在成本估算的基础上采取技术节约措施，如采取新技术、新材料、新设备等技术革新措施，以降低资源消耗水平，控制目标成本。例如，某公司为某项目的生产编制成本计划，按照计划的工作量，套以工料消耗定额，所得出的消耗费用为 500 万元，技术节约措施计划节约额为 27 万元，差额即为目标成本 473 万元。

（3）按实计算法。

按实计算法就是以项目的实际资源消耗分析测算为基础，根据所需资源的实际价格，详细计算各项活动或各项成本组成的目标成本。各种实际消耗目标成本的计算如下：

1）人工费的目标成本，一般由项目经理部的劳资人员计算。其公式为：

人工费的目标成本＝∑各类人员计划用工量×实际工资水平

2）材料费的目标成本，一般由项目经理部的材料部门计算。其公式为：

材料费的目标成本＝∑各类材料的计划用量×实际价格

3）机械使用费的目标成本，一般由项目经理部的机管部门计算。其公式为：

机械使用费的目标成本＝∑各类机械的计划台班数×规定台班单价

或　　＝(∑各类机械计划使用台班数×机械租赁费)＋机械用电费

4）间接费用的目标成本，由项目经理部的财务核算人员计算。一般按该项目的计划职工平均人数、历史成本的间接费用，以及压缩费用的措施和人均支出数进行测算。

（4）历史资料法。

历史资料法也可称为定率预算法，以事先较充分地掌握同类项目的成本数据为前提。这种方法先将项目分为若干个子项目，参照同类项目的历史数据，采用算术平均法计算子项目目标成本降低率，然后算出子项目成本降低额，汇总后得出整个项目成本降低额和成本降低率。

2. 确定项目各工作包预算的分配（自上而下）

项目成本预算分解的第一步是在项目成本预算总额确定之后，根据项目 WBS 将项目成本预算总额分配到项目 WBS 的各个工作包上。这是一种自上而下的项目预算的分解方法，可以保证整个项目成本预算分解的结构性和可靠性。根据不同成本管理需要，成本预算总额分配方式可以按照成本构成要素、项目 WBS、时间进度分解等不同的标准进行。

（1）按项目成本构成要素分解。

按项目成本构成要素分解成建筑工程费用、安装工程费用、设备购置费用、工器具购置费用和工程建设其他费用，如图 7—4 所示。该图中的建筑工程费用、安装工程费用、设备购置费用、工器具购置费用可以进一步分解。另外，在按项目费用构成分解时，可以根据以往的经验和建立的数据库来确定适当的比例，必要时也可以作一些适当的调整。例如，如果估计所购置的设备大多包括安装费，则可将安装工程费用和设备购置费用作为一个整体来确定它们所占的比例，然后再根据具体情况决定细分与否。按费用的构成来分解的方法比较适合于占有大量经验数据的工程项目。

（2）按项目 WBS 或项目活动清单分解。

按项目 WBS 或项目活动清单对项目成本预算总额进行分解的具体做法和结果如图 7—5 所示，这是将项目成本预算分配到项目各个组成部分上的一种方法。这种方法可以有不同的详细程度，也可以按照子项目、项目工作包或项目具体活动逐层进行分解，直到分解出项目各项活动的成本预算。

（3）按项目时间进度分解。

工程项目的成本总是分阶段、分期支出的，资金应用是否合理与资金的时间安排有密

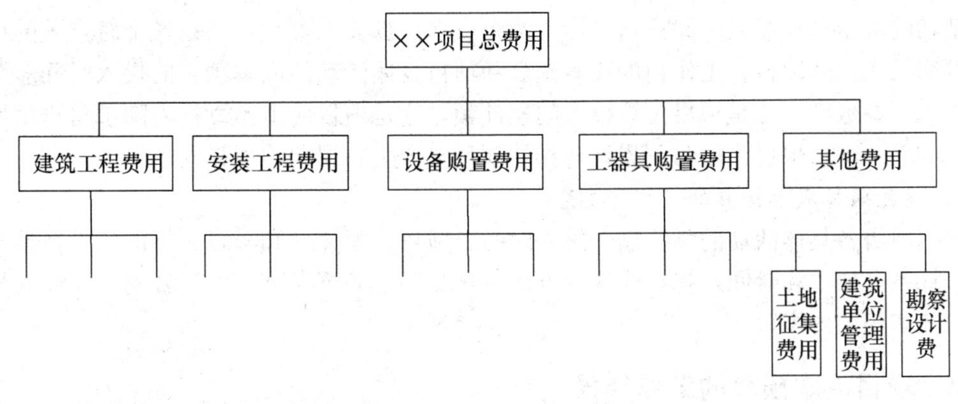

图 7—4　按成本构成要素分解目标

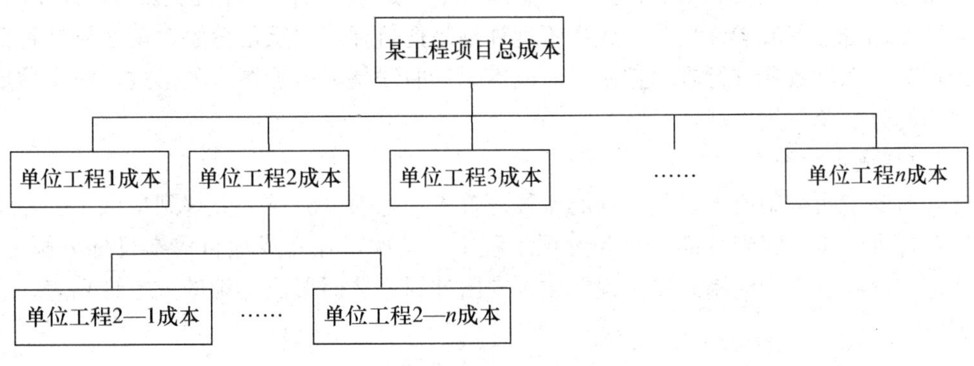

图 7—5　按项目 WBS 分解目标

切关系。为了编制项目成本计划，并据此筹措资金，以尽可能减少资金占用和利息支出，有必要将项目总成本按其使用时间进行分解。

编制按时间进度的成本计划，通常可利用控制项目进度的网络图进一步扩充而得，即在建立网络图时，一方面确定完成各项工作所需花费的时间，另一方面同时确定完成这一工作的合适成本支出计划。在实践中，将工程项目分解为既能方便地表示时间，又能方便地表示成本支出计划的工作是不容易的，通常如果项目分解程度对时间控制合适的话，则对成本支出计划可能分解过细，以至于不可能对每项工作确定其成本支出计划，反之亦然。因此，在编制网络计划时，在充分考虑进度控制对项目划分要求的同时，还要考虑确定成本支出计划对项目划分的要求，做到二者兼顾。

以上三种编制成本计划的方法并不是相互独立的。在实践中，往往是将这几种方法结合起来使用，从而达到扬长避短的效果。例如，将按项目组成分解项目总成本与按成本构成分解项目总成本两种方法相结合，横向按成本构成分解，纵向按项目分解，或相反。这种分解方法有助于检查各单项工程和单位工程成本构成是否完整，有无重复计算或缺项；同时还有助于检查各项具体的成本支出的对象是否明确或落实，并且可以从数字上校核分解的结果有无错误。或者还可将按项目 WBS 分解项目总成本目标与按时间分解项目总成本目标结合起来，一般是纵向按项目 WBS 分解，横向按时间分解。

3. 确定项目各项活动预算的投入时间

依据项目成本预算总额、工作包成本预算及项目各项具体活动预算，可以确定出各项具体活动的成本预算投入时间。这时需要两个成本预算投入参数：一是各个时点上的项目成本预算投入，即项目各工作包的成本预算和项目具体活动的成本预算的投入时间对应的成本投入预算数额；二是项目预算投入的累计额，这是项目成本预算投入随项目进度展开的累计数额，即从项目开始时刻累计得到的项目整个生命周期的预算成本。

4．确定项目成本预算的“S”曲线

根据项目各具体活动的预算额、投入时间、项目进度计划和项目预算的累计数据，采用两坐标系（成本和时间）找点连线的方法画出项目成本预算的“S”曲线（曲线的画法详见7.3.3相关内容）。

7.3.3 项目成本预算的工作结果

项目成本预算的主要成果是得到成本管理计划（成本计划）、时间—成本累计曲线（S形曲线）和综合分解成本计划表。成本管理计划是把目标成本层层分解，落实到项目活动的每个环节，以有效地进行成本控制。而成本累计曲线是以S形图表的形式，清晰地展现成本费用的分配及使用。

1．项目成本计划表

此处简要说明编制成本管理计划的流程。首先，把项目总成本分解到单项工程和单位工程中，再进一步分解到分部工程和分项工程中；其次，在完成项目成本目标分解之后，就要具体的分配成本，编制分项工程的成本支出计划，从而形成详细的成本计划表，如表7—4所示。

表7—4 项目成本计划表

分项工程编码	工程内容	计量单位	工程数量	计划成本	本分项总计
(1)	(2)	(3)	(4)	(5)	(6)

在编制费用支出计划时，既要在项目总的方面考虑总的预备费，也要在主要的工程分项中安排适当的不可预见费，避免在具体编制费用计划时，可能发现个别单位工程或工程量表中某项内容的工程量计算有较大出入，使原来的费用预算失实，并在项目实施过程中对其尽可能地采取一些措施。

2．时间—成本累计曲线

编制时间—成本累计曲线主要有以下五个步骤：

（1）编制控制项目进度的网络图，或编制项目进度横道图。

（2）根据每单位时间内完成的实物量或投入的人力、物力、财力，计算单位时间（月或旬）的成本，以时间为横轴，以成本为纵轴，在时标网络图上编制成本计划直方图（见图7—6）。

（3）计算规定时间 t 内计划累计支出的成本额。方法是将各单位时间计划完成的成本额累加求和，其公式为：

$$Q_t = \sum_{n=1}^{t} q_n$$

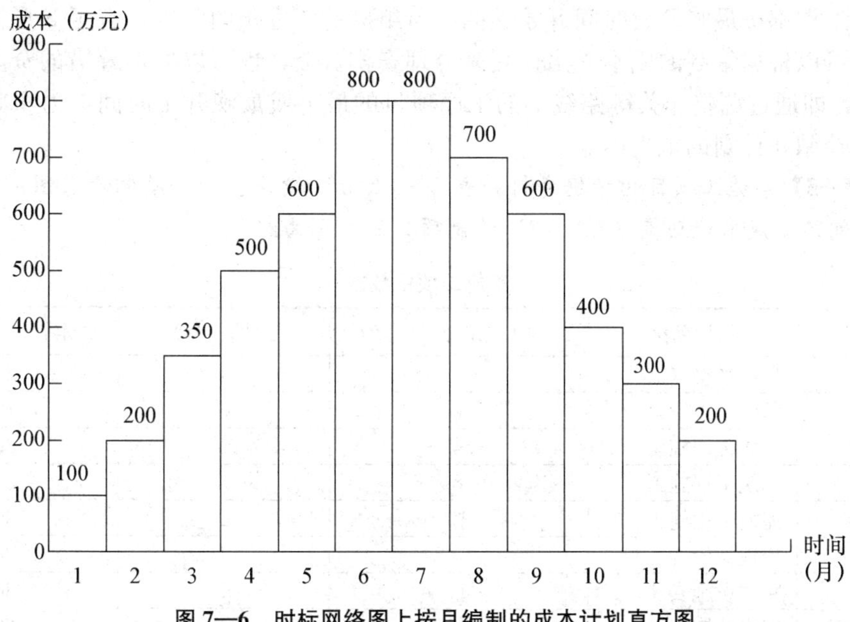

图 7—6 时标网络图上按月编制的成本计划直方图

式中，Q_t——某时间 t 内计划累计支出成本额；

q_n——单位时间 n 的计划支出成本额；

t——某规定计划时刻。

（4）以时间为横轴、以成本为纵轴编制时间—成本累计曲线或称为 S 形曲线（见图 7—7）。

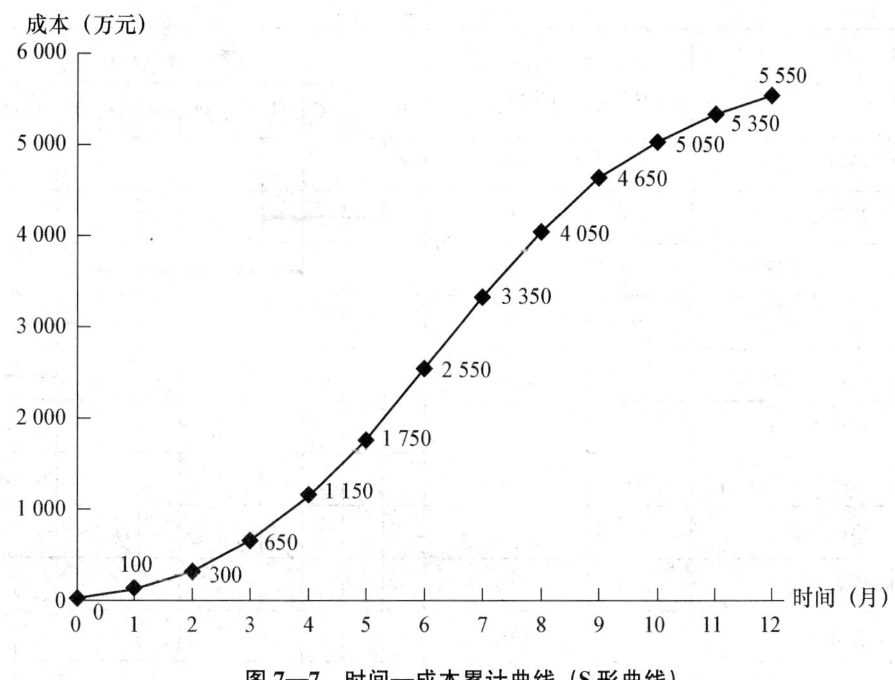

图 7—7 时间—成本累计曲线（S 形曲线）

每一条 S 形曲线都对应某一特定的项目进度规划。因为在进度规划的非关键路线中存在许多有时差的工序或工作，因而 S 形曲线必然包络在由全部工作都按最早开始时间开始和全部工作都按最晚开始时间开始的曲线所组成的“香蕉图”内。有了S形曲线，项目经理就可以根据编制的成本支出计划来合理安排资金，也可以根据筹措的资金来调整S形曲线，即通过调整非关键路线上的工序项目的最早或最晚开工时间，力争将实际的成本支出控制在计划的范围内。

【例7—5】某施工项目的数据资料如表7—5所示。要求：(1) 绘制横道图；(2) 横道图上按时间绘制成本计划直方图；(3) 绘制项目的S形曲线。

表7—5　　某施工项目数据

编码	项目名称	最早开始时间（月份）	工期（月）	成本强度（万/月）
11	场地平整	1	1	20
12	基础施工	2	3	15
13	主体工程施工	4	5	30
14	砌筑工程施工	8	3	20
15	屋面工程施工	10	2	30
16	楼地面施工	11	1	20
17	室内设施安装	11	1	30
18	室内装饰	12	1	20
19	室外装饰	12	1	10
20	其他工程		1	10

解：

(1) 绘制横道图，如图7—8所示。

编码	项目名称	时间（月）	费用强度（万元/月）	工程进度（月）											
				01	02	03	04	05	06	07	08	09	10	11	12
11	场地平整	1	20												
12	基础施工	3	15												
13	主体工程施工	5	30												
14	砌筑工程施工	3	20												
15	层面工程施工	2	30												
16	楼地面施工	2	20												
17	室内设施安装	1	30												
18	室内装饰	1	20												
19	室外装饰	1	10												
20	其他工程	1	10												…

图7—8　横道图

(2) 以横道图为基础，绘制成本计划直方图，见图7—9。

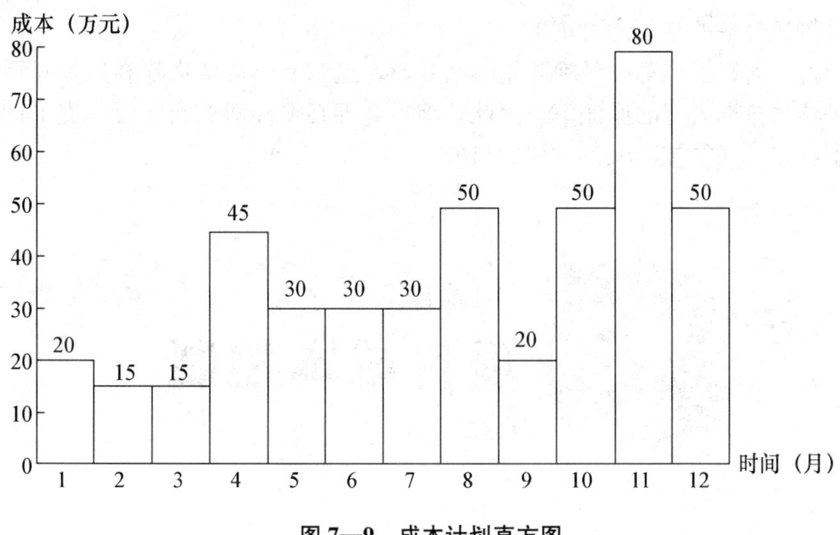

图 7—9 成本计划直方图

(3) 根据公式计算 Q_t，得到 $Q_1=20$，$Q_2=35$，$Q_3=50$，…，$Q_{10}=305$，$Q_{11}=385$，$Q_{12}=435$。绘制 S 形曲线，如图 7—10 所示。

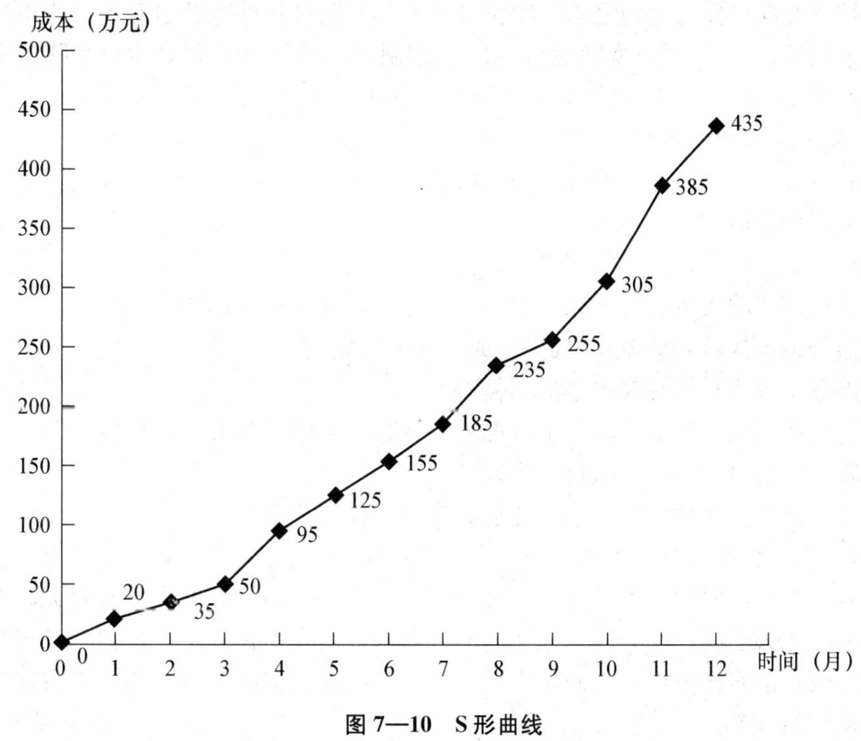

图 7—10 S 形曲线

3. 综合分解成本计划表

将成本目标的不同分解方法相结合，会得到比前者更为详尽、有效的综合分解费用计划表。综合分解成本计划表一方面有助于检查各单项工程和单位工程的成本构成是否合理，有无缺项或重复计算；另一方面也可以检查各项具体的成本支出的对象是否明确和可落实，并可校核分解的结果是否正确。

一般而言，所有工作都按最晚开始时间开始，这对节约资金贷款利息是有利的，但同时也降低了项目按期竣工的保证率。因此，项目经理必须合理地确定成本支出计划，达到既节约成本支出，又能控制项目工期的目的。

7.4 项目成本控制

7.4.1 项目成本控制的内涵

项目成本控制工作是一项综合管理工作，目的是在项目实施过程中尽量使项目实际发生的成本控制在项目预算范围之内。项目成本控制涉及对各种能够引起项目成本变化因素的控制（事前控制）、对项目实施过程的成本控制（事中控制）和对项目实际成本变动的控制（事后控制）三个方面。

1. 项目成本控制的内容

（1）对造成成本基准变更的因素施加影响。

（2）确保变更请求获得同意。

（3）当变更发生时，管理这些实际的变更。

（4）保证潜在的成本超支不超过授权的项目阶段资金和总体资金。

（5）监督成本执行（绩效），找出与成本基准的偏差。

（6）准确记录所有的与成本基准的偏差。

（7）防止错误的、不恰当的或未批准的变更被纳入成本或资源使用报告中。

（8）就审定的变更，通知项目干系人。

（9）采取措施，将预期的成本超支控制在可接受的范围内。

2. 项目成本控制的基本原则

（1）收支对比的原则。每发生一笔金额较大的成本费用，都要查一查有无相对应的预算收入，是否支大于收。在分部、分项成本核算和月度成本核算中，也要仔细地进行实际成本与预算收入的对比分析，以便从中探索成本节约和超支的原因，纠正项目成本的不利偏差，降低项目成本。

（2）全面控制的原则。即项目成本的全员控制和项目成本的全过程控制。项目成本是一项综合性的指标，它涉及项目组织中各个部门、单位和班组的工作业绩，与每个职工的切身利益有关。项目成本的高低需要项目人员的群策群力及共同关心。项目确定以后，自项目准备开始到竣工交付使用后的保修期结束，其中每一项经济业务都要纳入成本控制的轨道。

(3) 以过程控制为重点的原则。就是将重点放在项目过程阶段，因为项目准备阶段的成本控制是为过程阶段的成本控制做准备的，而可交付成果阶段的成本控制由于盈亏已基本成定局，即使发生了偏差，纠正也为时已晚。因此，项目过程阶段成本控制的好坏，对项目经济效益的高低具有关键的作用。

(4) 目标管理原则。目标管理是贯彻、执行计划的一种方法，它把计划的方针、任务目标和措施等逐一加以分解，提出进一步的具体要求，并分别落实到执行计划的有关部门、单位和个人。在开工前的项目准备阶段，对整个项目都要认真、细致地做出计划，对各职能部门进行项目目标的安排落实，让参加项目的每位管理人员及生产者都做到心中有数，使生产有目标、整个过程有计划。

(5) 节约的原则。节约人力、物力、财力的消耗，是提高经济效益的核心，也是成本控制的一项最主要的基本原则。一是严格执行成本开支范围、费用开支标准和有关财务制度，对项目过程中各项成本费用的支出进行限制和监督；二是提高项目的科学管理水平，优化实施方案，提高生产效率；三是采取预防成本失控的技术组织措施，制止可能在项目实施中发生的一切浪费。不管是什么形式结构的工程项目，要想提高经济效益，节约人力、物力、财力的消耗是重中之重、关键的关键，也是成本控制的核心。

(6) 例外管理原则。不经常出现的问题称为“例外”问题，通常也称之为不可预见的问题。例如，在工程施工中，本来材料价格是在计划和成本控制之中的，但材料价格突然猛涨，超过了物价上涨指数，资金发生了失控现象，等等。为避免此种情况的发生，可以采用科学、系统的成本预测方法加以解决，根据市场随时变化的行情进行分析、研究，在材料价格未暴涨之前把工程所需物料尽可能多进一些，以免造成更大的经济损失。

3. 成本控制的依据

(1) 项目的成本计划（预算）。

成本控制的目的就是实现成本计划（预算）的目标，因此，成本计划（预算）是成本控制的基础。

(2) 进度报告。

进度报告提供了每一时刻工程实际完成量、工程成本实际支付情况等重要信息。成本控制工作正是通过将实际情况与成本计划相比较，找出两者之间的差别，分析偏差产生的原因，从而采取措施改进以后的工作。此外，进度报告还能使管理者及时发现工程实施中存在的隐患，并在事态还未造成重大损失之前采取有效措施，尽量避免损失。

(3) 项目变更。

在项目的实施过程中，由于各方面的原因，变更是很难避免的。例如，工程变更一般包括设计变更、进度计划变更、施工条件变更、技术规范与标准变更、施工次序变更、工程量变更等。一旦出现变更，工程量、工期、成本都有可能发生变化，从而使得施工成本控制工作变得更加复杂和困难。因此，施工成本管理人员应当通过对变更要求中各类数据的计算、分析，及时掌握变更情况，包括已发生工程量、将要发生工程量、工期是否拖延、支付情况等重要信息，判断变更及变更可能带来的索赔额度等。

除了上述几种项目成本控制工作的主要依据以外，有关法律、合同文本等也都是成本控制的依据。

7.4.2 项目成本控制的步骤

在项目成本的过程控制中，有两类控制程序：一是管理行为控制程序，二是指标控制程序。管理行为控制程序是对成本全过程控制的基础，指标控制程序则是成本过程控制的重点。两个程序既相对独立又相互联系，既相互补充又相互制约。

1. 管理行为控制程序

管理行为控制的目的是确保每个岗位人员在成本管理过程中的管理行为符合事先确定的程序和方法的要求。从这个意义上讲，首先要清楚项目建立的成本管理体系是否能对成本形成的过程进行有效的控制，其次要考察体系是否处在有效的运行状态。管理行为控制程序就是为规范项目成本的管理行为而制定的约束和激励机制，其具体内容如下：

（1）建立项目成本管理体系的评审组织和评审程序。

成本管理体系的建立不同于质量管理体系，质量管理体系反映的是企业的质量保证能力，由社会有关组织进行评审和认证；成本管理体系的建立是项目自身生存、发展的需要，没有社会组织来评审和认证。因此，项目管理者必须建立项目成本管理体系的评审组织和评审程序，定期进行评审和总结，并持续改进。

（2）建立项目成本管理体系运行的评审组织和评审程序。

项目成本管理体系的运行是一个逐步推进的渐进过程。一个企业的各分公司的项目经理部的运行质量往往是不平衡的。因此，必须建立专门的常设组织，依照程序定期地进行检查和评审，发现问题，总结经验，以保证成本管理体系的运行和改进。

（3）目标考核，定期检查。

管理程序文件应明确每个岗位人员在成本管理中的职责，确定每个岗位人员的管理行为，如提供报表、提供的时间和原始数据的质量要求等，要把每个岗位人员是否按要求去履行职责作为一个目标来考核。为了方便检查，应将考核指标具体化，并设专人定期或不定期的检查，如表7—6所示。

表7—6　岗位考核

序号	岗位名称	职责	检查方法	检查人	检查时间
1	项目经理	1. 建立项目成本管理组织 2. 组织编制项目成本管理手册 3. 定期或不定期地检查有关人员的管理行为是否符合岗位职责要求	1. 查看有无组织结构图 2. 查看《项目成本管理手册》	上级或自查	开工初期检查一次，以后每月检查一次
2	项目工程师	1. 制定采用新技术降低成本的措施 2. 编制总进度规划 3. 编制总的工具及设备使用计划	1. 查看资料 2. 将现场实际情况与计划进行比对	项目经理或其委托人	开工初期检查一次，以后每月检查1～2次

续前表

序号	岗位名称	职责	检查方法	检查人	检查时间
3	主管材料员	1. 编制材料采购计划 2. 编制材料采购月报表 3. 对材料管理工作每周组织一次检查 4. 编制月度材料盘点表及材料收发结存报表	1. 查看资料 2. 对现场实际情况与管理制度中的要求进行对比	项目经理或其委托人	每月或不定期抽查
4	成本会计	1. 编制月度成本计划 2. 进行成本核算，编制月度成本核算表 3. 每月编制一次材料复核报告	1. 查看资料 2. 审核编制依据	项目经理或其委托人	每月检查一次
5	施工员	1. 编制月度用工计划 2. 编制月度材料需求计划 3. 编制月度工具及设备计划 4. 开具限额材料单	1. 查看资料 2. 将计划与实际对比，考核其准确性及实用性	项目经理或其委托人	每月或不定期检查

（4）制定对策，纠正偏差。

对管理工作进行检查的目的是保证管理工作按预定的程序和标准进行，从而保证项目成本管理能够达到预期的目的。因此，对检查中发现的问题，要及时进行分析，然后根据不同的情况，及时采取对策。

2. 指标控制程序

能否达到预期的成本目标，是项目成本控制是否成功的关键。对各岗位人员的成本管理行为进行控制，就是为了保证成本目标的实现。项目成本指标控制程序如下：

（1）确定项目成本目标及月度成本目标。

在项目开工之初，项目经理部应根据公司与项目签订的《项目承包合同》确定项目的成本管理目标，并根据项目进度计划确定月度成本计划目标。

（2）收集成本数据，检测成本形成过程。

过程控制的目的就在于不断纠正成本形成过程中的偏差，保证成本项目的发生是在预定范围之内。因此，在项目施工或项目开展过程中要定期收集反映成本支出情况的数据，并将实际发生的情况与目标计划进行对比，从而保证有效控制成本的整个行成过程。

（3）分析偏差原因，制定对策。

项目进行是一个多工种、多方位立体交叉作业的复杂活动，成本的发生和形成是很难按预定的目标进行的，因此，需要及时分析产生偏差的原因，分清是客观原因还是人为因素，及时制定对策并予以纠正。

（4）用成本指标考核管理行为，用管理行为来保证成本指标。

管理行为的控制程序和成本指标的控制程序是对项目成本进行过程控制的主要内容，这两个程序在实施过程中是相互交叉、相互制约的。只有把成本指标的控制程序和管理行为的控制程序相结合，才能保证成本管理工作有序地、富有成效地进行。成本指标控制程序如图 7—11 所示。

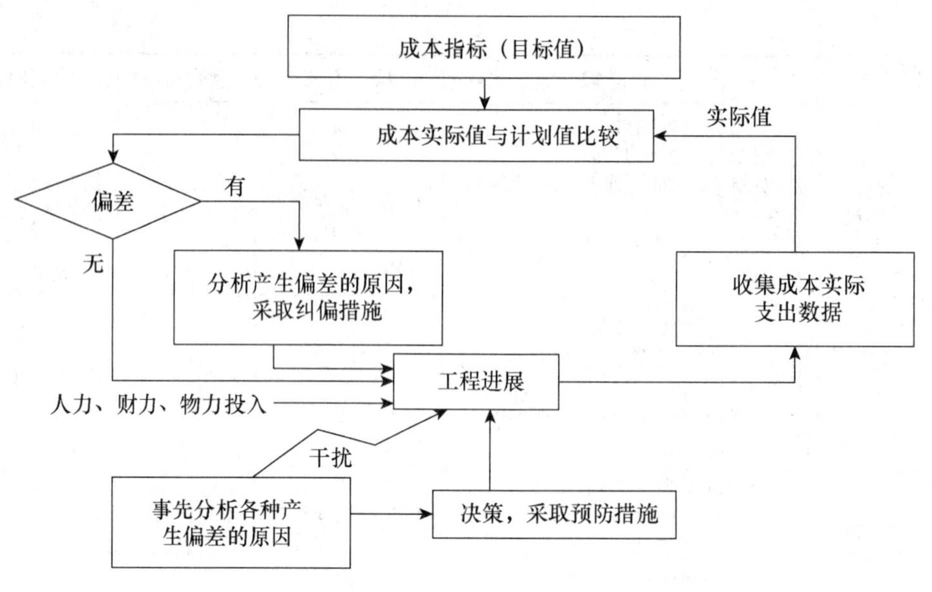

图 7—11　成本指标控制程序

7.4.3　成本控制的技术和方法

项目成本控制方法包括两类：一类是分析和预测项目影响要素的变动与项目成本发展变化趋势的项目成本控制方法；另一类是控制各种要素变动而实现项目成本管理目标的方法。项目成本控制的技术和方法主要有：成本变更控制系统、因素分析法和赢得值（挣值）法。

1. 成本变更控制系统

成本变更控制系统包括：书面文件、跟踪系统和变更审批制度。项目成本变更是正常的、不可避免的。成本变更控制程序如下：(1) 明确项目成本变更的目标；(2) 对提出的所有成本变更要求审查；(3) 分析项目成本变更对项目绩效所造成的影响；(4) 明确产出相同的各替代方案的变化；(5) 接受或否定成本变更要求；(6) 对项目成本变更的原因进行说明，对所选择的变更方案给予解释；(7) 与所有相关团体就成本变更进行交流；(8) 确保成本变更合理实施。

2. 因素分析法

因素分析法又称为连锁置换法、连环替代法、因素置换法。可用这种方法分析、控制各种因素对项目成本形成的影响。在进行分析时，首先要假定众多因素中的一个因素发生了变化，而其他因素不变，然后逐个替换，并分析、比较计算结果，以确定各个因素变化对成本的影响因素。

计算步骤如下：(1) 确定分析对象，并计算出实际值与预算值的差异；(2) 确定该指标是由哪几个因素组成的，并按其相互关系进行排序；(3) 以预算值为基础，将各因素的预算值进行计算，作为分析替代的基数；(4) 将各个因素的实际值按照上述顺序进行替换计算，并将替换后的实际值保留下来；(5) 将每次替换计算所得的结果与前一次的计算结果相比较，两者的差异即为该因素对成本的影响因素；(6) 各个因素的影响程度之和应与分析对象的总差异相等。

【例 7—6】某工程浇筑一层商品混凝土，预算成本为 364 000 元，实际成本 383 760 元，比预算目标成本增加 19 760 元。根据表 7—7 所示资料，用因素分析法分析其成本增加的原因。

表 7—7　某项目费用

项目	预算	实际	差额
用量（m^3）	500	520	＋20
单价（元/m^3）	700	720	＋20
损耗率（%）	4	2.5	－1.5
成本（元）	364 000	383 760	＋19 760

解：

（1）以目标数 364 000（500×700×1.04）元为分析替代的基础。

第一次替换（用量因素）：以 520m^3 替代 500m^3，得 520×700×1.04＝378 560（元）；

第二次替换（单价因素）：以 720 元/m^3 替代 700 元/m^3，并保留上次替换后的值，得 389 376 元，即 520×720×1.04＝389 376（元）；

第三次替换（损耗率因素）：以 1.025 替代 1.04，并保留前两次替换后的值，得 383 760 元。

（2）计算差额：

第一次替换与预算值的差额＝378 560－364 000＝14 560（元）；

第二次替换与第一次替换的差额＝389 376－378 560＝10 816（元）；

第三次替换与第二次替换的差额＝383 760－389 376＝－5 616（元）；

各因素的影响之和＝14 560＋10 816－5 616＝19 760（元）。

（3）将计算结果列表，如表 7—8 所示。

表 7—8　因素分析法结果

顺序	循环替换计算	差异	因素分析
预算数	500×700×1.04＝364 000		
第一次替换	520×700×1.04＝378 560	14 560	由于用量增加 20m^3，实际增加 14 560 元
第二次替换	520×720×1.04＝389 376	10 816	由于单价提高 20 元，实际增加 10 816 元
第三次替换	520×720×1.025＝383 760	－5 616	由于损耗率下降 1.5%，实际减少 5 616 元
合计	14 560＋10 816－5 616＝19 760	19 760	

3. 赢得值（挣值）法

赢得值法（Earned Value Management，EVM）作为一项先进的项目管理技术，最初是美国国防部于 1967 年首次确立的。目前，国际上先进的工程公司已普遍采用赢得值法进行工程项目的费用、进度综合分析控制。

（1）赢得值法的三个基本参数。

用赢得值法进行费用、进度综合分析控制，基本参数有三项，即已完工作预算费用、计划工作预算费用和已完工作实际费用。

1）已完工作预算费用。

已完工作预算费用为（Budgeted Cost for Work Performed，BCWP），是指在某一时间已经完成的工作（或部分工作），以批准认可的预算为标准所需要的资金总额。由于发包人正是根据这个值为承包人完成的工作量支付相应的费用，也就是承包人获得（挣得）的金额，故称赢得值或挣值。其计算公式为：

已完工作预算费用(BCWP)＝已完成工作量×预算单价

2）计划工作预算费用。

计划工作预算费用（Budgeted Cost for Work Scheduled，BCWS），即根据进度计划，在某一时刻应当完成的工作（或部分工作），以预算为标准所需要的资金总额。一般来说，除非合同有变更，BCWS在工程实施过程中应保持不变。其计算公式为：

计划工作预算费用(BCWS)＝计划工作量×预算单价

3）已完工作实际费用。

已完工作实际费用（Actual Cost for Work Performed，ACWP），即到某一时刻为止，已完成的工作（或部分工作）所实际花费的总金额。其计算公式为：

已完工作实际费用(ACWP)＝已完成工作量×实际单价

（2）赢得值法的五个评价指标。

在上述三个基本参数的基础上，可以确定赢得值法的五个评价指标，它们都是时间的函数。

1）费用偏差（Cost Variance，CV）。其计算公式为：

费用偏差(CV)＝已完工作预算费用(BCWP)－已完工作实际费用(ACWP)

当费用偏差CV为负值时，即表示项目运行超出预算费用；当费用偏差CV为正值时，表示项目运行节支，实际费用没有超出预算费用，如图7—12所示。

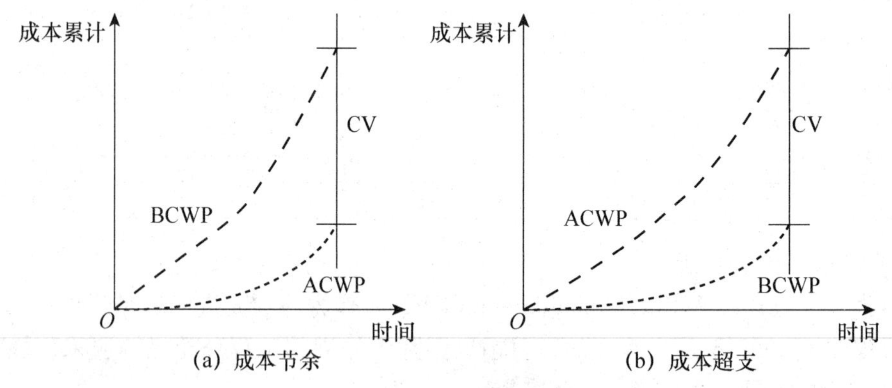

图7—12　费用偏差示意图

2）进度偏差（Schedule Variance，SV）。其计算公式为：

进度偏差(SV)＝已完工作预算费用(BCWP)－计划工作预算费用(BCWS)

当进度偏差 SV 为负值时，表示进度延误，即实际进度落后于计划进度；当进度偏差 SV 为正值时，表示进度提前，即实际进度快于计划进度，如图 7—13 所示。

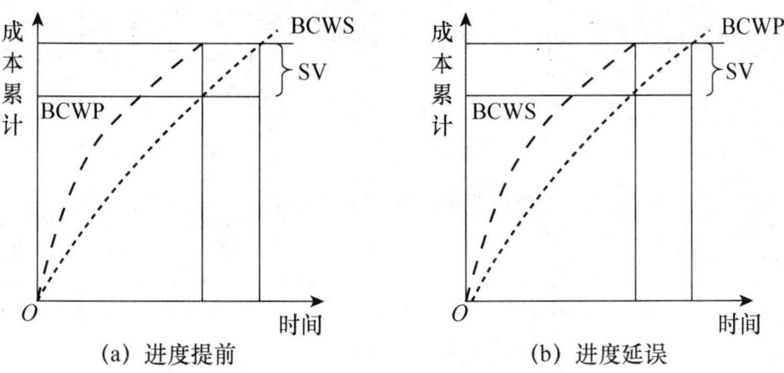

图 7—13 进度偏差示意图

3）费用绩效指数（CPI）。其计算公式为：

费用绩效指数(CPI)＝已完工作预算费用(BCWP)/已完工作实际费用(ACWP)

当费用绩效指数（CPI）＜1 时，表示超支，即实际费用高于预算费用；
当费用绩效指数（CPI）＞1 时，表示节支，即实际费用低于预算费用。

4）进度绩效指数（SPI）。其计算公式为：

进度绩效指数(SPI)＝已完工作预算费用(BCWP)/计划工作预算费用(BCWS)

当进度绩效指数（SPI）＜1 时，表示进度延误，即实际进度比计划进度慢；
当进度绩效指数（SPI）＞1 时，表示进度提前，即实际进度比计划进度快。

费用（进度）偏差反映的是绝对偏差，结果很直观，有助于费用管理人员了解项目费用出现偏差的绝对数额，并依此采取一定措施，制订或调整费用支出计划和资金筹措计划。

但是，绝对偏差有其不容忽视的局限性。例如，同样是 10 万元的费用偏差，对于总费用1 000 万元的项目和总费用 1 亿元的项目而言，其严重性显然是不同的。因此，费用（进度）偏差仅适合于对同一项目作偏差分析。费用（进度）绩效指数反映的是相对偏差，它不受项目层次的限制，也不受项目实施时间的限制，因而在同一项目和不同项目比较中均可采用。

在项目的费用、进度综合控制中引入赢得值法，可以克服过去进度、费用分开控制的缺点，即当发现费用超支时，很难立即知道是由于费用超出预算，还是由于进度提前；相反，当发现费用低于预算时，也很难立即知道是由于费用节省，还是由于进度拖延。而引入赢得值法即可定量地判断进度、费用的执行效果。

（3）赢得值参数分析与对应措施表。

当发现费用发生偏差时，可以采用赢得值参数分析与对应措施，来实现费用控制的目标，如表 7—9 所示。

表 7—9　　赢得值参数分析与对应措施表

序号	图形	参数间关系	分析	措施
1	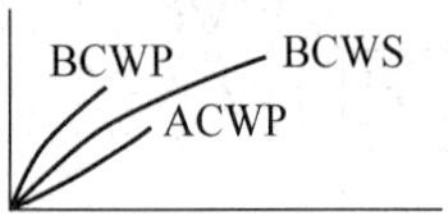 BCWP BCWS ACWP	BCWP>BCWS>ACWP SV>0 CV>0	进度较快、投入延后、效率高	若偏离不大，维持现状
2	 BCWP ACWP BCWS	BCWP>ACWP>BCWS SV>0 CV>0	进度快、投入超前、效率较高	抽出部分人员和资金，放慢进度
3	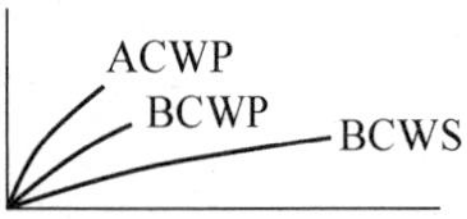 ACWP BCWP BCWS	ACWP>BCWP>BCWS SV>0 CV<0	进度较快、投入超前、效率较低	抽出部分人员，增加少量骨干人员
4	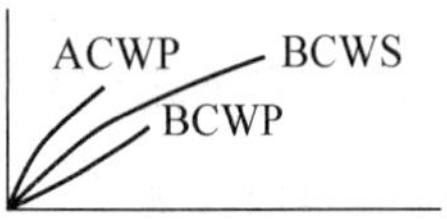 ACWP BCWS BCWP	ACWP>BCWS>BCWP SV<0 CV<0	进度较慢、投入延后、效率低	用工作效率高的人员更换工作效率低的人员
5	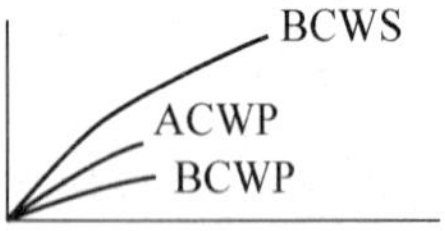 BCWS ACWP BCWP	BCWS>ACWP>BCWP SV<0 CV<0	进度慢、投入延后、效率较低	增加高效人员和资金的投入
6	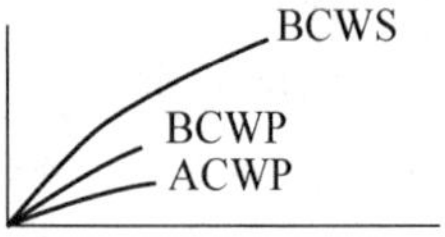 BCWS BCWP ACWP	BCWS>BCWP>ACWP SV<0 CV>0	进度较慢、投入延后、效率较高	迅速增加人员投入

4. *偏差分析的表达方法*

偏差分析可以采用不同的表达方法，常用的有：横道图法、表格法和曲线法。

（1）横道图法。

用横道图法进行费用偏差分析，是用不同的横道标识已完工作预算费用（BCWP）、计划工作预算费用（BCWS）和已完工作实际费用（ACWP），横道的长度与其金额成正比，如图 7—14 所示。

横道图法具有形象、直观、一目了然等优点，它能够准确地表达出费用的绝对偏差，而且能直观地表明偏差的严重性。但这种方法反映的信息量少，一般在项目的较高管理层应用。

（2）表格法。

表格法是进行偏差分析最常用的一种方法。它将项目编号、名称、各费用参数及费用偏差数综合归纳入一张表格中，并且直接在表格中进行比较，如表 7—10 所示。由于各偏差参数都在表中列出，使得费用管理者能够综合地了解并处理这些数据。

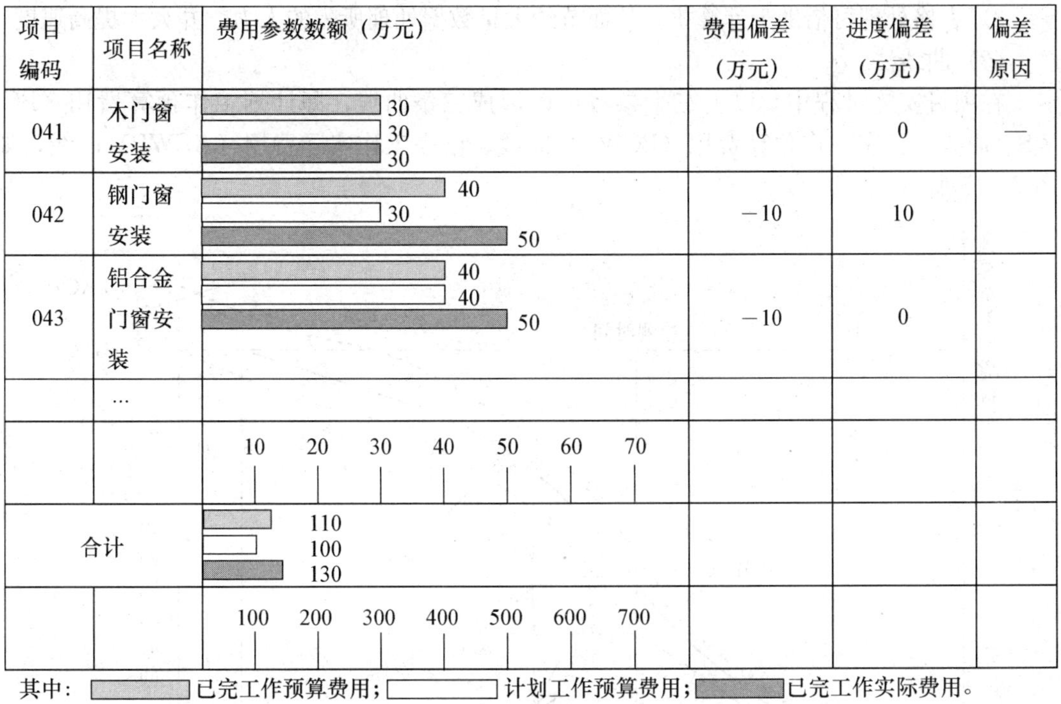

项目编码	项目名称	费用参数数额（万元）	费用偏差（万元）	进度偏差（万元）	偏差原因
041	木门窗安装	30 30 30	0	0	—
042	钢门窗安装	40 30 50	−10	10	
043	铝合金门窗安装	40 40 50	−10	0	
	…				
		10 20 30 40 50 60 70			
合计		110 100 130			
		100 200 300 400 500 600 700			

其中：已完工作预算费用；计划工作预算费用；已完工作实际费用。

图 7—14 费用偏差分析的横道图法

表 7—10 费用偏差分析表

项目编号	(1)	041	042	043
项目名称	(2)	木门窗安装	钢门窗安装	铝合金门窗安装
单位	(3)			
预算（计划）单价	(4)			
计划工作量	(5)			
计划工作预算费用（BCWS）	(6)=(5)×(4)	30	30	40
已完成工作量	(7)			
已完工作预算费用（BCWP）	(8)=(7)×(4)	30	40	40
实际单价	(9)			
其他款项	(10)			
已完工作实际费用（ACWP）	(11)=(7)×(9)+(10)	30	50	50
费用局部偏差	(12)=(8)−(11)	0	−10	−10
费用绩效指数（CPI）	(13)=(8)÷(11)	1	0.8	0.8
费用累计偏差	(14)=$\sum$(12)	−20		
进度局部偏差	(15)=(8)−(6)	0	10	0
进度绩效指数（SPI）	(16)=(8)÷(6)	1	1.33	1
进度累计偏差	(17)=$\sum$(15)	10		

用表格法进行偏差分析具有如下优点：

1）灵活、适用性强。可根据实际需要设计表格，进行增减项。

2）信息量大。可以反映偏差分析所需的资料，从而有利于费用控制人员及时采取针对性措施，加强控制。

3）表格处理可借助于计算机，从而节约大量数据处理所需的人力，并大大提高速度。

（3）曲线法。

在项目实施过程中，以上三个参数可以形成三条曲线，即计划工作预算费用（BCWS）曲线、已完工作预算费用（BCWP）曲线、已完工作实际费用（ACWP）曲线，如图 7—15 所示。

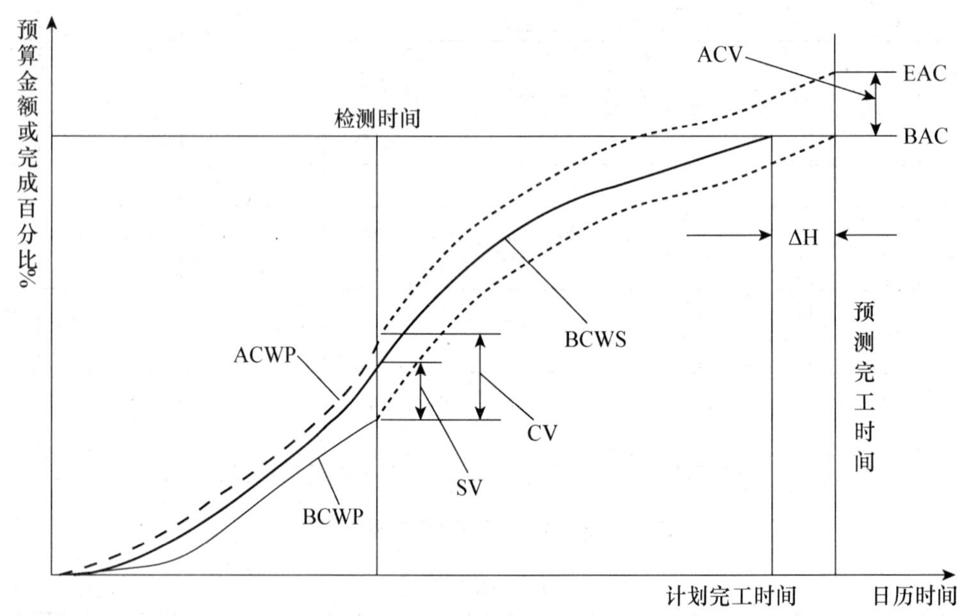

图 7—15 赢得值法评价曲线

在图 7—15 中：CV＝BCWP－ACWP，由于两项参数均以已完工作为计算基准，所以两项参数之差，反映项目进展的费用偏差。

SV＝BCWP－BCWS，由于两项参数均以预算值（计划值）作为计算基准，所以两者之差，反映项目进展的进度偏差。

采用赢得值法进行费用、进度综合控制，还可以根据当前的进度、费用偏差情况，通过原因分析，对趋势进行预测，预测项目结束时的进度、费用情况。如图7—16中：

BAC（Budget at Completion）——项目完工预算，指编计划时预计的项目完工费用。

EAC（Estimate at Completion）——预测的项目完工估算，指计划执行过程中根据当前的进度、费用偏差情况预测的项目完工总费用。

ACV（at Completion Variance）——预测项目完工时的费用偏差。

BAC、EAC、ACV 的关系用公式表示为：

ACV＝BAC－EAC

【例 7—7】某工程项目施工合同于 2014 年 12 月签订，约定的合同工期为 20 个月，2015 年 9 月开始正式施工，承包人按合同工期要求编制了混凝土结构工程施工进度时标网络计划（如图 7—16 所示），并经专业监理工程师审核批准。

该项目的各项工作均按最早开始时间安排，且各工作每月所完成的工程量相等。各工

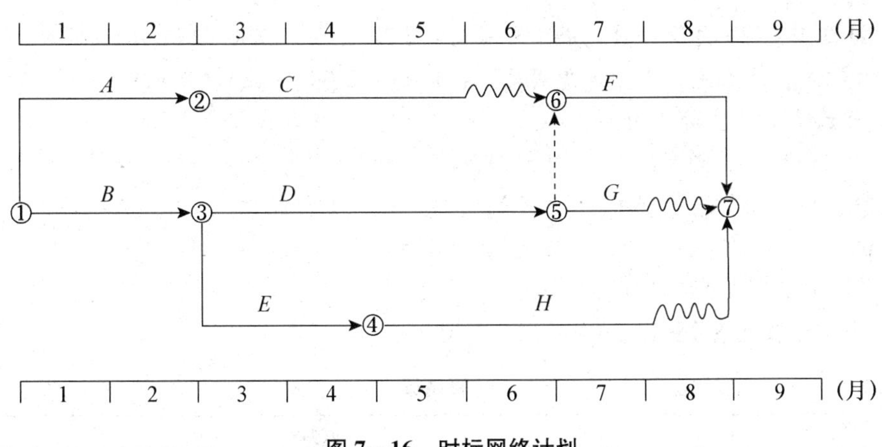

图 7—16 时标网络计划

作的计划工程量和实际工程量见表 7—11。工作 D、E、F 的实际工作持续时间与计划工作持续时间相同。

表 7—11 计划工程量和实际工程量表

工作	A	B	C	D	E	F	G	H
计划工程量（m^3）	8 600	9 000	5 400	10 000	5 200	6 200	1 000	3 600
实际工程量（m^3）	8 600	9 000	5 400	9 200	5 000	5 800	1 000	5 000

合同约定，混凝土结构工程综合单价为 1 000 元/m^3，按月结算。结算价按项目所在地混凝土结构工程价格指数进行调整，项目实施期间各月的混凝土结构工程价格指数见表 7—12。

表 7—12 工程价格指数表

时间	12 月	1 月	2 月	3 月	4 月	5 月	6 月	7 月	8 月	9 月
混凝土结构工程价格指数（%）	100	115	110	115	110	110	110	120	110	110

施工期间，由于发包人原因使工作 H 的开始时间比计划的开始时间推迟了 1 个月，并由于工作 H 工程量的增加使该工作的工作持续时间延长了 1 个月。

要求：

(1) 请按施工进度计划编制资金使用计划（即计算每月和累计计划工作预算费用），并简要写出其步骤。将计算结果填入表 7—13 中。

(2) 计算工作 H 各月的已完工作预算费用和已完工作实际费用。

(3) 计算混凝土结构工程已完工作预算费用和已完工作实际费用，将计算结果填入表 7—13 中。

(4) 计算 8 月末的费用偏差 CV 和进度偏差 SV。

解：

(1) 将各工作计划工程量与单价相乘后，除以该工作持续时间，得到各工作每月计划工作预算费用；再将时标网络计划中各工作分别按月纵向汇总得到每月计划工作预算费用；然后逐月累加得到各月累计计划工作预算费用。

（2）H 工作 6—9 月份每月完成工程量为：5 000÷4=1 250（m^3/月）；

H 工作 6—9 月已完工作预算费用均为：1 250×1 000=125（万元）。

H 工作已完工作实际费用为：

6 月份：125×110%=137.5（万元）；

7 月份：125×120%=150.0（万元）；

8 月份：125×110%=137.5（万元）；

9 月份：125×110%=137.5（万元）。

（3）计算结果见表 7—13。

表 7—13　　计算结果

项目	数据								
	1	2	3	4	5	6	7	8	9
每月计划工作预算费用	880	880	690	690	550	370	530	310	
累计计划工作预算费用	880	1 760	2 450	3 140	3 690	4 060	4 590	4 900	
每月已完工作预算费用	880	880	660	660	410	355	515	415	125
累计已完工作预算费用	880	1 760	2 420	3 080	3 490	3 845	4 360	4 775	4 900
每月已完工作实际费用	1 012	924	726	759	451	390.5	618	456.5	137.5
累计已完工作实际费用	1 012	1 936	2 662	3 421	3 872	4 262.5	4 880.5	5 337	5 474.5

（4）费用偏差（CV）=已完工作预算费用—已完工作实际费用=4 775−5 337=−562（万元），超支 562 万元。

进度偏差（SV）=已完工作预算费用—计划工作预算费用=4 775−4 900=−125（万元），进度拖后 125 万元。

5. 偏差原因分析与纠偏措施

（1）偏差原因分析。

在实际执行过程中，最理想的状态是已完工作实际费用（ACWP）、计划工作预算费用（BCWS）、已完工作预算费用（BCWP）三条曲线靠得很近且平稳上升，这表示项目按预定计划目标进行。如果三条曲线离散度不断增加，则可能出现较大的投资偏差。

偏差分析的一个重要目的就是要找出引起偏差的原因，从而采取有针对性的措施，减少或避免相同问题的再次发生。在进行偏差原因分析时，首先应当将已经导致和可能导致偏差的各种原因逐一列举出来。导致不同工程项目产生费用偏差的原因具有一定共性，因而可以通过对已建项目的费用偏差原因进行归纳、总结，为该项目采取预防措施提供依据。

一般来说，建设工程项目产生费用偏差的原因如图 7—17 所示。

（2）纠偏措施。

通常要压缩已经超支的费用，而不影响其他目标是十分困难的，一般只有当给出的措施比原计划已选定的措施更为有利，比如使工程范围减少或生产效率提高等，成本才能降低。可采用的措施有：

1）寻找新的、效率更高的设计方案。

2）购买部分产品，而不是采用完全由自己生产的产品。

3）重新选择供应商。但会产生供应风险，选择需要时间。

4）改变实施过程。

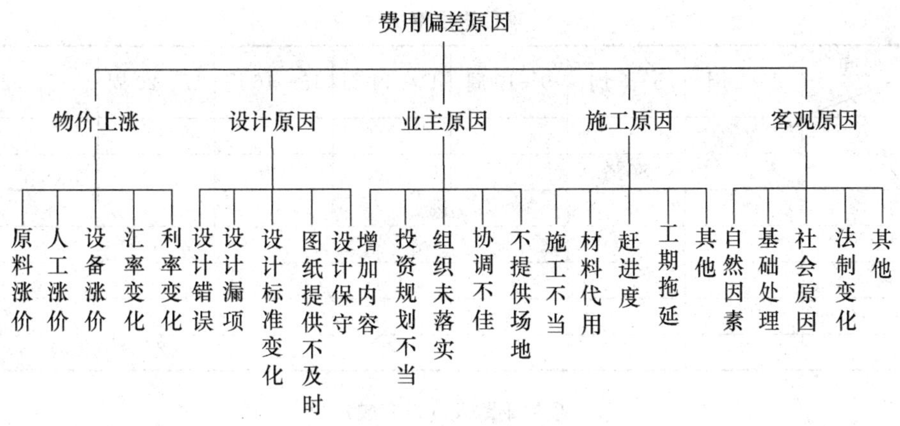

图 7—17 费用偏差原因

5）变更工程范围。

6）索赔。例如，向业主、承（分）包商、供应商索赔以弥补费用超支。

此外，也可以参照表 7—9 中的赢得值法参数分析与对应措施表执行。

章后练习题

1. 项目成本管理的程序是什么?
2. 项目成本估算的依据和方法有哪些?
3. 建设项目总投资的组成是什么？如何分类?
4. 建设项目投资估算的方法有哪些?
5. 项目成本预算的原则与依据分别是什么?
6. 在项目成本预算的编制过程中，应包含哪些内容?
7. 项目各工作包预算的分配方式有哪些?
8. 绘制时间—成本累计曲线的步骤是什么?
9. 如何进行项目成本控制?

10. 某项目结构现浇混凝土计划为 1 200m^3，使用商品混凝土。实际浇注工程量为 1 250m^3，计划损耗量 2%，实际供应量 1 293.75m^3，计划价格 310 元/m^3，实际价格 285 元/m^3。试采用因素替换法分析成本偏差和成本升降的原因及结果。

11. 某项目共有 7 项任务，在第 10 周结束时有一个检查点。项目经理在该点对项目实施检查时发现，一些任务已经完成，一些任务正在实施，另外一些任务还没有开工，如表 7—14 所示（表中的百分数表示任务实际完成程度，阴影部分表示各任务计划进度）。各项任务已完成工作量的实际成本费用如表 7—15 所示。

要求：

(1) 计算该检查点的 BCWP 和 BCWS，判断在此时项目成本的使用和进度情况，并提出应对措施；

(2) 假设项目未来情况不会有大的变化，预测项目完工时各任务的成本。

表 7—14　　项目进展情况

<table>
<tr><th>时间
任务</th><th>1—4 周</th><th>5—8 周</th><th>9—10 周</th><th>11—14 周</th><th>15—16 周</th><th>17—20 周</th><th>21—24 周</th></tr>
<tr><td>1</td><td>100%</td><td></td><td></td><td></td><td></td><td></td><td></td></tr>
<tr><td>2</td><td colspan="3">80%</td><td></td><td></td><td></td><td></td></tr>
<tr><td>3</td><td></td><td></td><td colspan="2">40%</td><td></td><td></td><td></td></tr>
<tr><td>4</td><td></td><td></td><td colspan="4">30%</td><td></td></tr>
<tr><td>5</td><td></td><td></td><td></td><td></td><td colspan="3">0%</td></tr>
<tr><td>6</td><td></td><td></td><td></td><td></td><td></td><td></td><td>0%</td></tr>
<tr><td>7</td><td></td><td></td><td></td><td></td><td></td><td colspan="2">0%</td></tr>
</table>

表 7—15　　项目跟踪表（未完成）

序号	费用预算（万元）	ACWP（万元）	BCWP（万元）	BCWS（万元）
1	50	45		
2	40	35		
3	60	24		
4	100	28		
5	30	0		
6	25	0		
7	20	0		
合计	325	132		

12. 某工程施工过程中，将标准层的商品混凝土的实际成本、目标成本情况进行比较，所得数据见表 7—16，用因素分析法分析成本增加的原因。

表 7—16　　某项目计划成本与实际成本比较

项目	单位	计划成本	实际成本	差额
产量	m^3	300	310	+10
单价	元	800	820	+20
损耗率	%	4	3	−1
成本	元	249 600	261 826	12 226

案例

施工项目的进度款控制

某工程项目，业主通过招标选择某施工单位承包该工程，工程承包合同中约定的与工程价款结算有关的合同内容有：

（1）建筑工程预算造价 600 万元，主要材料和构配件价值占施工产值的 60%；

（2）工程预付款为工程造价的 20%；

（3）工程进度款按月结算；

（4）工程质量保修金为合同价的 5%；

(5) 材料价差调整按规定进行。

该工程各月实际完成产值如表 7—17 所示，按当地有关规定，上半年材料差价应上调 10%。

表 7—17 **承包商实际完成产值**

月份	2 月	3 月	4 月	5 月	6 月
完成产值（万元）	50	100	150	200	100

该工程竣工验收交付使用后，在保修期内发生屋面漏水，业主通知施工单位后施工单位迟迟不予维修。业主请另外一施工单位进行修理，发生费用 2 万元。

问题：

1. 影响工程预付款限额的因素有哪些？
2. 该工程预付款为多少？
3. 该工程各月结算工程价款各为多少？
4. 进行工程竣工结算的前提是什么？该工程竣工结算价款为多少？
5. 业主发生的修理费用 2 万元应如何处理？

解：

1. 影响因素：施工产值、施工工期、材料及构配件比重、材料定额储备期。

2. 工程预付款为：600×20%=120（万元）。

3.（1）工程预付款起扣点：T=600−120/60%=400（万元）。

（2）各月结算工程款为：

2 月：50 万元；

3 月：100 万元；

4 月：150 万元；

5 月：100+100×(1−60%)=140（万元）；

6 月：100×(1−60%)−600×5%=10（万元）。

4.（1）工程竣工结算的前提是该工程按设计图纸完成全部工程量，并经验收合格。

（2）竣工结算价款=600+600×10%−570−600×5%=60（万元）。

5.（1）业主发生的修理费用 2 万元应从施工单位质量保修金中扣除；

（2）工程保修期结束，返还施工单位质量保修金数额为：30 万元加上该质量保修金在保修期内的银行存款利息再减去 2 万元。

资料来源：中国建设监理协会：《建设工程监理案例分析》，北京，中国建筑工业出版社，2014。

第8章 项目质量管理

引例

工程事故的质量管理责任

2014年12月29日，北京市海淀区清华附中在建体育馆发生坍塌事故，造成10人死亡、4人受伤。2015年12月21日，承建方的15人，因重大责任事故罪被海淀法院判处3至6年的有期徒刑。

法院经审理查明，北京建工一建工程建设有限公司和创分公司于2014年6月承建清华附中体育馆及宿舍楼建筑工程，于同年12月29日，因施工方安阳诚成建筑劳务有限责任公司施工人员违规施工，致使施工基坑内基础底板上层钢筋网坍塌，造成在此作业的工人10死4伤。

相关部门事故调查报告显示，导致本次事故发生的主要原因是：未按施工方案要求堆放物料，施工时违反《钢筋施工方案》规定，将整捆钢筋直接堆放在上层钢筋网上，导致马凳立筋失稳，产生过大的水平位移，进而引起立筋上、下焊接处断裂，致使基础底板钢筋整体坍塌；未按方案要求制作和布置马凳，现场制作马凳所用钢筋的直径从要求的32毫米减小至25毫米或28毫米；现场马凳布置间距为0.9米至2.1米，与要求的1米严重不符，且布置不均、平均间距过大；马凳立筋上、下端焊接欠饱满。

导致事故发生的间接原因为：技术交底缺失；经营管理混乱，致使不具备项目管理资格和能力的杨某成为项目实际负责人，客观上导致了施工现场缺乏专业知识和能力的人员统一管理的局面；监理不到位，项目经理长期未到岗履职，对项目部安全技术交底和安全培训教育工作监理不到位，致使施工单位使用未经培训的人员实施钢筋作业。

资料来源：http://news.qq.com/a/20151222/003349.htm。

8.1 项目质量管理概述

8.1.1 项目质量与项目质量管理

1. 项目质量

项目交付物是一种产品或服务，或是两者的结合。从这个意义上来讲，项目质量与一般质量的概念并无本质的区别。项目质量就是项目的固有特性满足项目相关方要求的程度。然而，项目质量与产品或服务质量也的确是有差别的，主要表现在：(1) 周而复始生产的产品或提供的服务，能够在产品和服务的定义和设计阶段确定下来，而一个项目的质量在绝大多数情况下，只有在项目全过程完成以后才能最终形成。(2) 产品生产和服务提供由于是周而复始的过程，所以它们在不断循环的过程中可以进行持续改善和提高。但是由于项目的一次性和独特性，使得人们在项目实施过程中可以通过项目变更不断改变项目的质量。

2. 项目质量管理

美国项目管理知识体系指南（PMBOK，第 5 版）关于项目质量管理的定义为：项目质量管理包括执行组织确定的质量政策、目标与职责的各过程和活动，从而使项目满足其预定的需求。项目质量管理是在项目环境内使用政策和程序，实施组织的质量管理体系，并以执行组织的名义，适当支持以持续的过程改进活动。

项目质量管理过程包括的内容如下：

(1) 规划质量管理：识别项目及其可交付成果的质量要求和/或标准，并书面描述项目将如何证明符合质量要求的过程。

(2) 实施质量保证：根据审计质量要求和质量控制测量结果，确保采用合理的质量标准和操作性定义的过程。

(3) 控制质量：监督并记录质量活动执行结果，以便评估绩效，并推荐必要的变更过程。

项目质量管理是项目管理的一项必不可少的内容。优质的产品或服务无论是对企业，还是对国家来说，都具有战略性的重要意义，项目质量更是如此。项目质量管理的过程贯穿初始的项目定义、项目过程、项目团队的管理、项目的交付物和项目收尾的所有项目阶段，以及项目的每个部分。

项目的质量管理要求每个团队成员的参与，他们都应该意识到，质量是项目成功的基础。项目的质量通过让客户满意，来实现在长期业务组织中的发展和成功。项目质量的基础是长期组织中的质量管理实践，其影响项目过程与结果。长期组织的质量管理包括制定质量方针、目标和职责，并且以质量计划、标准运作程序质量管理体系进行改进。

8.1.2 项目质量管理体系及其相关国际标准

项目组织要进行质量管理，需要一定的资源作为保障。其重要性主要体现在它能帮助项目组织持续提供满足要求的项目管理过程和项目产品，来满足顾客及各项目干系人的需要。因此，为了向客户提供质量保证，项目相关方应建立项目质量管理体系，并使之有效运行。常用的项目质量管理体系相关标准主要有 ISO9000 系列标准及项目质量管理指南。

1. 体系相关知识

(1) 体系和系统。

体系源于系统。当研究对象的技术含量较高时，人们习惯地称其为“系统”。由于 2008 版的 ISO9001 系列标准中将体系和系统视为同义词，所以，质量管理体系实质上就是质量管理系统。于是，系统科学中的相关理论便可以同样用来研究质量管理体系。

体系（系统）无处不在，大至宇宙、太阳系、社会，小至组织、产品、过程，都可视为一个体系（系统）。人们总是通过体系认识自然、了解社会。组织的管理者也是通过体系管理组织，通过识别和管理相互关联、相互作用的要素或过程，提高组织的效率和总体业绩。

2015 版的 ISO9001 系列标准中将体系（系统）、管理体系和质量管理体系分别定义为：

1）体系（系统）——相互关联或相互作用的一组要素。

2）管理体系——建立方针和目标并实现这些目标的体系。

3）质量管理体系——在质量方面指挥和控制组织的管理体系。

于是，我们可以将项目质量管理体系定义为：在项目质量方面指挥和控制项目组织的管理体系，它是致力于建立质量方针和目标，并为实现方针和目标的相互关联或相互作用的一组要素（相关的过程、活动和资源）。

（2）体系的主要特征。

下面主要从总体性、关联性、有序性、动态性四个方面来说明体系的特征。

1）总体性。尽管组成体系的各要素在体系中有其特定的功能，但就系统的总体而言，系统的功能必须通过系统的总体功能才能实现。但是，又不能简单地将系统的总体功能理解为“系统组成的各要素功能之和”。亚里士多德说过，“整体大于局部之和”，也就是说，体系的功能可以大于组成体系的各要素的功能之和，或具有其要素所没有的整体功能。

2）关联性。从表面上看，很多事物似乎是孤立的、偶然的，但实际上大多是相互关联或相互作用的。于是，由它们所组成的体系，既具有独立性，又具有相关性。同时，各要素和体系之间也存在着这种相互关联或相互作用的关系，只不过不同要素对体系的关联作用的程度可能不同，有些要素处于主导、支配地位，有些则属于从属、被支配的地位。

3）有序性。有序性就是将实现体系目标的全过程按照严格的逻辑关系程序化。体系功能的有序性不仅取决于要素的作用（内在作用），在一定程度上也取决于有序化的程度。这种有序化的程度与组织的产品类别、过程的复杂性和人员素质相关。同时，有序和无序是相对的。

4）动态性。所谓动态性，是指体系的状态和体系的机构在时间上的演化趋势。以质量管理体系为例，由于市场和顾客的需求、体系的目标，以及建立质量管理体系的标准和内部工作环境的变化，组织必须对已建立的质量管理体系适时地进行调整，以适应这些变化。

2. ISO9000 系列标准

为了向客户提供质量保证，需要通过 ISO9000 质量管理体系认证。因此，对项目本身而言，ISO9000 质量管理体系又是项目质量管理的基础。

（1）ISO9000 系列标准的由来。

国际标准化组织（International Standardization Organization，ISO）是一个由各国标

准化团体组成的全球性的非政府组织，是国际标准化领域中一个十分重要的组织。

国际标准化组织（ISO）在 1979 年成立了质量保证技术委员会，即 ISO/TC176，1987 年更名为“质量管理和质量保证委员会”，负责制定质量管理和质量保证标准。ISO/TC176 成立后，以英国和加拿大质量管理实践为主要参考依据，加紧对国际标准的制定，于 1986 年、1987 年先后颁布相关标准，后经过大量修订和扩展，1994 年正式颁布，命名为 ISO9000 系列标准。

（2）ISO9000 系列标准的发展。

为了使 ISO9000 系列标准能够适应不同类型和规模的组织，以及所有的产品，ISO/TC176 在 1994 版标准的基础上，在 2008 年 11 月发布了 2008 版的 ISO9000 质量管理体系标准，较 2000 版 ISO9000 系列标准更简洁、更完善，整体结构的改变及全新质量管理概念的引入，使 ISO9000 从产品质量的时代跨入了过程质量的时代。2015 年 9 月，在 2008 版的基础上发布了最新版，2015 版更强调以结果为本，主要变化在于其格式的变化，以及增加了风险的重要性。

3. 我国项目质量管理指南

项目质量管理指南是由全国质量管理和质量保证标准化技术委员会提出，由中国标准研究中心负责起草的。项目质量管理指南为实现项目管理质量起到了重要的作用，并为质量体系的要素、概念和实践提供了指南，而且也对 ISO9004（追求组织的持续成功——质量管理方法）作了补充。

该指南是广义上的指南，适用于复杂程度不同、规模大小不一、周期长短不等及不同环境下的各种项目，而不管它是何种项目产品（包括硬件、软件、流程性材料、服务或其组合）。该指南既适用于具有项目管理经验且需要确保其组织应用 ISO9000 系列标准的实践的人们，也适用于具有质量管理经验且需要与项目组织互相配合将其知识和经验应用于项目中的人们。

该标准不是“项目管理”本身的指南，而是项目管理过程中的质量指南，为质量管理在项目中的应用提供了指南。另外，该标准只是一个指南性文件，不能用于认证。

该指南的主要内容如表 8—1 所示。

表 8—1　项目质量管理指南的主要内容

章节	1. 范围	2. 引用标准	3. 定义	4. 项目特征	5. 项目管理过程质量	6. 项目经验总结
内容			项目 项目产品 项目计划 项目干系人 过程 进展评价	总则 项目管理 组织 项目阶段 项目过程	总则 战略策划过程 配合管理过程 与范围有关的过程 与成本有关的过程 与资源有关的过程 与人员有关的过程 与沟通有关的过程 与采购有关的过程	

8.1.3 项目质量管理八项原则

质量管理八项原则是国际标准化组织结合实践及理论分析，同时吸纳了当代质量管理专家在质量管理方面的理念，用高度概括又易于理解的语言总结出来的，也是ISO9000系列标准的编制基础。这些原则适用于所有类型的产品和组织，同样也适用于项目管理。但是，质量管理八项原则是一种概括的、普遍的原则，而项目有其特有的一些特征。所以，为了更好地将质量管理八项原则应用到项目管理中，应将质量管理八项原则作为指导，充分考虑项目的特点，在进行项目质量管理时，有所侧重。以下便是结合项目管理的特征，所得出的项目质量管理八项原则。

1. 满足需求是重点——以顾客为关注焦点

项目干系人包括项目当事人及利益受项目影响的（受益或受损）个人和组织。满足项目干系人明示的、隐含的或必须履行的需要和期望是项目组织的最终目标。因此，要明确地理解项目干系人的需要，以确保项目的所有过程都是针对并满足这些需要而进行的，并且确定与所有项目干系人的沟通渠道通畅，并在整个项目的进程中加强交流并适时相互反馈信息。另外，还要注意解决项目干系人需求间的矛盾。通常，不同的项目干系人对项目有不同的期望和需求，他们关注的目标和重点常常相去甚远。例如，投资方往往在意项目质量，承包商关注进度，而附近社区的公众则希望尽量减少不利的环境影响等。当不同项目干系人的需求发生矛盾时，在遵照国家政策、法规的前提下，应首先考虑直接项目干系人的需求。当直接项目干系人的需求发生矛盾时，应首先考虑重要直接项目干系人。矛盾的解决应经各项目干系人同意，并形成项目干系人正式协议。要在整个项目进展过程中，持续地关注各项目干系人需求的变化，包括新的项目干系人的需求，以利于修正项目目标，保证项目质量。

2. 项目经理有责任为项目创建一个良好的质量环境——领导作用

项目经理不仅仅是项目的执行者，而且要承担起项目整个生命周期的责任，要保证项目的过程质量和产品质量，除了需要对项目本身、项目组织有充分的了解外，还需要对项目的内、外部环境进行处理。所以，项目经理应该以身作则，努力为项目组织及项目过程创建一个良好的质量环境，尽量使组织内形成共同的价值观、行为方式、制度和惯例。创建这种环境的方式包括：在项目组织内建立一种组织机构（如QC组织、质量部等），并且亲自主持，以满足项目目标；使与项目有关的所有人员（包括项目组织成员和供应商）参与保证项目过程和项目产品的质量；为项目进展评价提供保证，并将其结果用于进一步的质量管理；依据可靠数据和有事实根据的信息作决策；与资源提供方和其他相关组织建立互利合作关系。

3. 全员关注质量——全员参与

项目组织的所有人员都是项目之本，只有他们的充分参与，才能使其才干为项目带来成功。但项目组织是在不断地更替和变化的，因此，项目组织的人员也不断变化，对项目组织成员的质量培训必须是贯穿整个项目进程的，同时要针对各阶段的每个参与项目的人员。

4. 按过程实施项目——过程方法

项目是一次性的渐进过程，从它的开始到结束可划分为若干个阶段，通常分为四个阶段。一个项目必须按一系列策划好的、并互相关联的过程来实施。首先，在项目策划时，项目的各过程、各过程的负责人及他们的职责和权限都应当确定，并形成文件。其次，项目各过程都应该确定各自的方针，且过程的相互依赖性应当定义、协调并综合在项目目标中。最后，为评定项目业绩，必须制订进展评价计划。

每一个项目阶段都以它的某种可交付成果的完成为标志，例如，产品设计任务的项目设计要交付产品设计书、工艺设计书。通常前一阶段的可交付成果经批准后，才能作为依据开始下一阶段的工作，如产品设计审查以后才能进行工艺设计。认真完成各阶段的可交付成果对项目过程质量和产品质量都具有重要意义：一方面，可以确保前阶段成果的正确、完整，避免返工；另一方面，由于项目人员经常流动，前阶段的参与者离开时，后阶段的参与者可以顺利衔接。

5. *采取系统方法实施项目管理——管理的系统方法*

项目管理的目标是将完成项目所需的资源在适当的时候、按适当的量进行合理分配，并且力求这些资源的最优利用。如何确定分配给项目的资源数目和何时分配，以及判断这些资源是否根据项目目标和实施计划正在被有效地利用是项目管理的关键，也是保证项目过程质量和产品质量的关键。这就必须采用系统的管理方法，如 CPM、PERT 及 WBS 等。

6. *项目组织需要持续不断地进行改进——持续改进*

项目组织改进的根本目的是不断满足各项目干系人的需要。项目是一次性的，但项目管理是开放的、连续的，因此，不管是对于项目组织本身还是对于承包商而言，都应把项目管理看作一个过程。为了提高过程的效果和效率，就必须持续改进过程。又由于项目的一次性、结果的不可挽回性等特点，使项目组织改进的重点应该放在管理过程的改进上。具体方法包括：建立清晰、文件化、系统的过程和指令，并且在项目组织内强制执行，使每个过程不断地改进自己和相关活动的质量；项目组织要对自身评定、内部审核及可能的外部审核等做出规定，并考虑所需的时间和资源。

7. *基于事实的决策方法——基于事实的决策*

有效决策是建立在数据和信息分析的基础上。组织应对各种来源的数据进行分析，以便对照组织的计划、目标和其他规定的指标评价组织的业绩并确定改进的区域，包括相关方可能的利益。有效和高效的项目活动需要基于事实的决策方法，如高效的分析方法、适宜的统计技术、基于逻辑分析的结果，并权衡经验和直觉，从而做出决策、采取措施。

项目管理必须定性分析和定量分析相结合。项目管理的许多方面需要量化，包括目标的制定、计划的估量、已实施工作的测定和评价、对未来的预测和可行性估计等。项目的量化数据通常包括计量数据、比率数据、序列数据和标识数据。项目经理及各负责人应重视数据与信息的收集、汇总与分析，以便为决策提供依据。

8. *加强与资源提供方互利的关系——互利的供方关系*

供方提供的各种资源与服务，构成项目向客户提供产品（或服务）的一个组成部分，因此，处理好与供方的关系，关系到项目能否持续、稳定地进行，能否按时完成项目。对供方不能只讲控制，不讲合作互利，特别对关键供方，更要建立互利关系。同时，项目过程中资源需求变化甚大，更需要供方的大力支持，任何资源积压、滞留或短缺都会给项目带来损失。

综上所述，质量管理八项原则是质量管理的经验总结，是ISO9000系列标准的基础，对于新兴的项目管理同样具有极大的指导作用。将质量管理八项原则用于项目质量管理是项目过程和产品获得高质量的关键，也是项目获得成功的重要因素。

8.2 项目质量管理体系的建立与运行

建立和保证项目的过程及最终产品的质量需要一套系统的方法，这套方法应确保使顾客明确和隐含的需求得到理解和满足、使项目其他干系人的需求得到评定。因此，构建一个良好的项目质量管理体系是保证项目质量的前提和基础。

8.2.1 项目质量管理体系的建立

项目质量管理体系编制的目的是建立质量方针和质量目标，同时明确实现质量方针和质量目标所需的相关过程、活动及资源，最终达到能持续提供满足顾客要求的产品和服务。

项目自身的差异性决定了不可能有完全一样的项目质量管理体系，因此项目、组织在构建其质量管理体系时，应该根据本组织和该项目的实际情况，采用合适的步骤和方法，力求取得最佳效果。项目质量管理体系的建立通常包括以下10个步骤，如图8—1所示。

(1) 统一认识，完成决策。项目组织的领导者应认真学习相关标准和文件，统一认识，在此基础上进行决策，建立项目质量管理体系。

(2) 确定项目质量方针和质量目标。项目发起人应根据项目组织的宗旨、发展方向、目标定位来确定项目的质量方针，在质量方针提供的目标框架内规定项目的质量目标及其相关职能和层次上的质量目标。同时，还需保证质量目标可以被项目组织测量。

(3) 策划项目质量管理体系。组织应该依据项目质量方针、质量目标，运用过程方法策划项目应该建立的质量管理体系，并确保所策划出的质量管理体系满足质量目标要求。在质量管理体系策划的基础上，进一步对项目产品的实现过程进行策划，确保这些过程的策划满足所确定的项目质量目标和相应的要求。

(4) 确定职责和权限。组织应依据项目质量管理体系策划的结果，确定各部门、各过程及其他与质量工作有关人员应承担的相应职责，同时赋予他们相应的权限，并确保其职责和权限能得到沟通。最高管理者还应该在管理层中指定一名管理者代表，全权负责质量管理体系的建立和实施。

(5) 编制项目质量管理体系文件。组织应依据质量管理体系策划及其他策划的结果确定质量管理体系构建的框架和内容，在质量管理体系文件的框架里确定文件的层次、结构、类型、数量、详略程度等，规定统一的文件格式来编制质量管理体系文件。

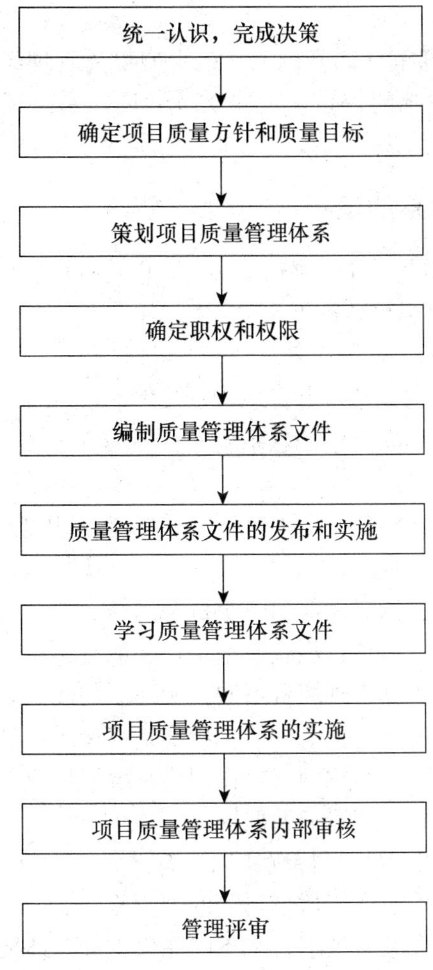

图 8—1 项目质量管理体系流程

(6) 质量管理体系文件的发布和实施。质量管理体系文件在正式发布前应认真听取多方面意见，并经授权人批准再发布。质量手册必须经最高管理者签署发布。质量手册一经正式发布实施，便意味着质量手册所规定的质量管理体系正式开始实施和运行。

(7) 学习质量管理体系文件。在项目质量管理体系文件正式颁布之前，项目组织所涉及的全部人员都要通过学习，清楚地了解质量管理体系文件的内容及其对本岗位和其他岗位的要求，只有这样才能确保质量管理体系在整个项目组织中得以有效的实施。

(8) 项目质量管理体系的实施。项目质量管理体系一经建立，其实施过程就应该严格按照体系规定来进行。项目实施中的所有质量活动都应依据质量策划的安排及质量管理体系文件的要求来实施。

(9) 项目质量管理体系内部审核。内部审核是项目不断完善与改进的一种重要手段，其最终目的是保证项目实施过程中的质量。在质量管理体系运行一段时间后，组织的内审员应对项目质量管理体系进行内部审核，以确保项目质量管理体系得到有效的实施和保持。

（10）管理评审。在内部审核的基础上，组织的最高管理者应对项目质量方针、质量目标和质量管理体系进行系统的评审，确保质量管理体系持续的合理性、充分性和有效性。管理评审包括评价质量管理体系改进的机会和质量方针、目标变更的需要。

8.2.2 项目质量管理体系的运行

建立质量管理体系的根本目的是使之有效运行，以达到保证质量和提高组织业绩的目标。项目质量管理体系的运行包括运行准备和运行两个方面。

1. 运行准备

运行准备主要包括：正式颁布质量管理体系文件、进行各职能部门的职责分配、制订运行计划、进行全员培训、建立质量信息系统等。

2. 运行

各部门、全体员工要完全按照质量管理体系的要求开展工作，并建立相应的控制机制。

质量管理体系有效运行要依靠相应的组织机构网络。这个机构要严密、完善，充分体现各项质量职能的有效控制。对项目型企业来讲，一般有集团（总公司）、公司、分公司、项目经理部等管理组织，由于其管理职责不同，所建立的质量管理体系的侧重点可能有所不同，但其组织机构应上下贯通，形成一体。特别是直接承担项目任务的实体公司的质量管理体系更要形成覆盖全公司的组织网络，该网络系统要形成一个纵向统一指挥、分级管理，横向分工合作、协调一致、职责分明的统一整体。

保持质量管理体系的正常运行和持续实用、有效，是项目质量管理的一项重要任务，是质量管理体系发挥实际效能、实现质量目标的主要途径。

为了保持质量管理体系持续有效运行和不断完善提高，需要做好以下工作：

（1）组织协调。

通过质量管理体系去开展一系列有计划、有系统的项目质量管理活动，是借助于质量管理体系的组织机构来进行组织协调的。组织协调工作的主要任务就是在项目经理的领导下，由质量管理部门组织实施质量管理体系文件，沟通与协调各项质量活动，排除各种干扰和障碍，使质量管理体系正常运行。

（2）质量监督。

项目质量保证的主要方法是质量监督，项目质量管理体系中的质量监督分为外部质量监督和内部质量监督。外部质量监督由用户或第三方进行；内部质量监督由企业自身进行。内部质量监督又分为过程质量监督和产品质量监督。质量监督的主要任务是对各项相关程序、方法、过程、可交付成果和服务等进行持续、有效的监督和检测，验证并评估监督对象的现状是否符合规定的管理标准和质量标准，确定是否需要采取改进、纠偏的措施，确保各项质量活动和可交付成果的质量均符合标准所规定的要求。

（3）信息管理。

信息管理是在质量管理体系运行过程中，通过质量反馈系统对异常信息的反馈和处理进行质量动态控制，使各项质量活动和可交付成果的质量处于受控状态。信息管理、质量监督和组织协调三位一体，密切联系，构成了项目质量管理体系有效运行的保障。

（4）审核和评价。

这里的审核和评价是指对项目质量管理体系进行的审核和评价。它是对项目组织提供合格的、可交付成果的能力的评审，而不是对可交付成果本身质量的评审。对一个项目质量管理体系的评审包括以下三个方面：

1）内部评审。由企业自身进行，评审形式有：领导定期评审、基层自我评审和专职质量管理人员的日常评审。评审后应提交有关结果、结论和建议的书面报告，以供企业领导了解情况和采取必要措施。

2）外部评审。由用户进行评审，这也是评审中最重要的一个方面，因为可交付成果最终要交由用户使用，因此必须取得用户的认可。其形式有用户现场考察、访谈评估，也可以委托咨询机构代理，通过消费者问卷调查或访谈会提出书面评审报告，为组织质量改进提供依据，落实纠正措施。

3）第三方评审。这是由企业与用户之外的权威机构或独立机构对项目质量管理体系进行认证。其形式有：ISO9000 的贯标认证、质量信得过企业评选认证等。

8.2.3 项目质量管理体系的改进

项目所处环境的易变性、项目自身的独特性、项目质量管理体系的稳定性，决定了最初制定的质量管理体系出现不完善与不适应环境的情况是必然的。因此，定期地对项目质量管理体系的适宜性、充分性和有效性进行评价和改进是有必要的。项目组织的内部质量审核是评价和改进项目质量管理体系的有效工具。

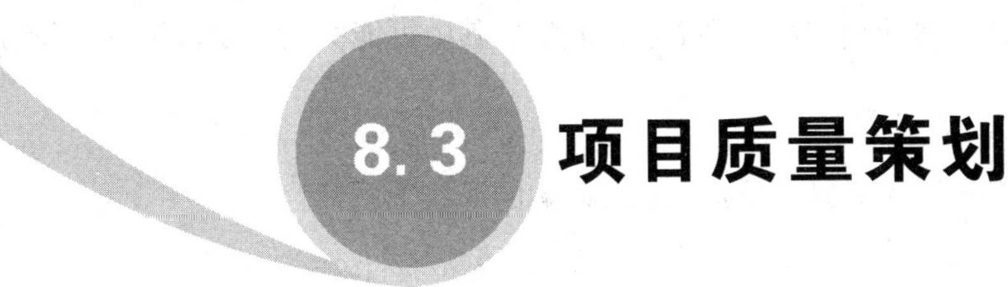

8.3 项目质量策划

8.3.1 项目质量策划的概念

质量策划是要识别哪些质量标准适用于本项目，并确定如何满足这些标准的要求。它是项目策划过程中的关键活动之一，因此，应与其他项目策划过程结合进行。

项目质量策划是通过质量策划，形成质量计划和质量技术文件的一项重要活动。其中，现代质量管理的一项基本准则是：质量是规划、设计出来的，而不是检查出来的。

美国项目管理知识体系指南（PMBOK，第 5 版）对项目质量策划进行了归纳，如图 8—2 所示。

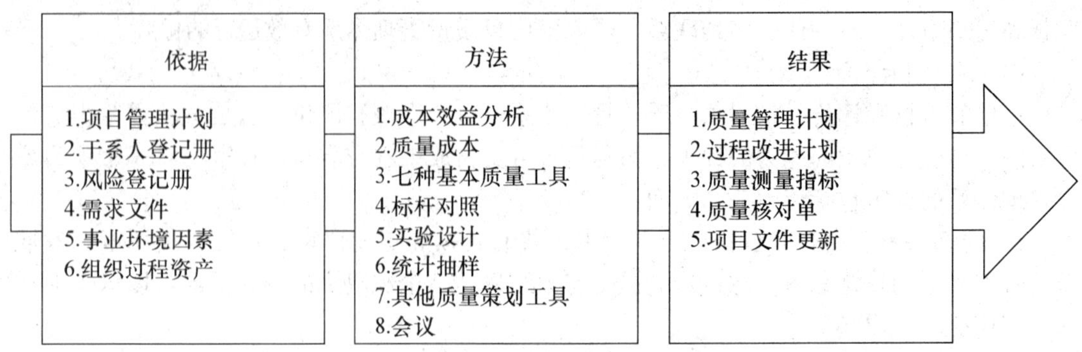

图 8—2　策划质量管理：依据、方法和结果

8.3.2　策划质量管理的依据

1. 项目管理计划

项目管理计划被用于制订质量管理计划。用于制订质量管理计划的信息主要包括：

（1）范围基准。范围基准包括：1）项目范围说明书。项目范围说明书包括项目描述、主要项目可交付成果及验收标准。产品范围通常包括技术问题细节及会影响质量策划的其他事项，这些事项应该已经在项目的策划范围管理过程中得以定义。验收标准的界定可能导致质量成本并进而导致项目成本的显著增加或降低，满足所有的验收标准意味着发起人和客户的需求得以满足。2）工作分解结构（WBS）。WBS 可识别可交付成果和工作包，用于考核项目绩效。3）WBS 词典。WBS 词典提供 WBS 要素的详细信息。

（2）进度基准。进度基准记录经认可的进度绩效指标，包括开始和完成日期。

（3）成本基准。成本基准记录用于考核成本绩效的、经过认可的时间间隔。

（4）其他管理计划。这些计划有利于整个项目质量，其中可能突出与项目质量有关的行动计划。

2. 干系人登记册

干系人登记册有助于识别对质量有特别兴趣或影响的那些干系人。

3. 风险登记册

风险登记册包含可能影响质量要求的各种威胁和机会的信息。

4. 需求文件

需求文件记录项目应该满足的、与干系人期望有关的需求。需求文件中主要包括项目（包括产品）需求和质量需求。这些需求有助于项目团队规划开展项目质量控制。

5. 事业环境因素

可能影响策划质量管理过程的事业环境因素主要包括：政府法规；特定应用领域的相关规则、标准和指南；可能影响项目质量的项目或可交付成果的工作条件、运行条件；可能影响质量期望的文化观念。

6. 组织过程资产

在制定项目章程及以后的项目文件时，任何一种用于影响项目成功的资产都可以作为组织过程资产。任何一种及所有参与项目的组织都可能有正式或非正式的方针、程序、计划和原则，所有这些影响都必须考虑。组织过程资产还反映了组织从以前项目中吸取的教训和学习到的知识，如完成的进度表、风险数据和实现价值数据。组织过程资产的组织方式因行业、组织和应用领域的类型不同而异。组织过程资产的累积程度是衡量一个项目组织管理体系成熟度的重要指标，项目组织在实践中形成自己独特的过程资产，构成组织的核心竞争力。

可能影响规划质量管理过程的组织过程资产主要包括：

（1）组织的政策、程序及指南。执行组织的质量政策是高级管理层所推崇的，规定了组织在质量管理方面的工作方向。

（2）历史数据库。

（3）以往阶段或项目的经验、教训。

8.3.3 策划质量管理的方法

1. 成本效益分析

达到质量要求的主要效益目标包括：减少返工、提高生产率、降低成本、提升干系人满意度及提升盈利能力。对每个质量活动进行成本效益分析，就是要比较其可能成本与预期效益。

2. 质量成本

质量成本包括在产品生命周期中为预防不符合要求、为评价产品或服务是否符合要求，以及因未达到要求（返工），而发生的所有与失败相关的成本，失败成本也称为劣质成本，常分为内部（项目内部发现的）和外部（客户发现的）两类。图 8—3 为每类质量成本给出了一些例子。

一致性成本	非一致性成本
1.预防成本 （生产合格产品） •培训 •流程文档化 •设备 •选择正确的做事时间 2.评价成本 （评定质量） •测试 •破坏性测试导致的损失 •检查	1.内部失败成本 （项目内部发现的） •返工 •废品 2.外部失败成本 （客户发现的） •责任 •保修 •业务流失
在项目期间用于防止失效的费用	项目期间和项目完成后用于处理失败的费用

图 8—3 质量成本

3. 七种基本质量工具

七种基本质量工具，也称 7QC 工具，用于在 PDCA 循环的框架内解决与质量相关的问题。七种基本质量工具是：因果图、流程图、核查表、帕累托图、直方图、控制图与散点图。

(1) 因果图。

因果图是一种确定并解释因果关系以便于方便解决这些问题的工具。在解决复杂问题时，如果无法确定多种因素及因素间的因果关系，将会给解决问题的工作带来很大的困难。运用因果图可以确定影响过程或特性的主要原因及其子原因，并明确问题与原因之间的关系。

因果图由若干枝干组成，主干箭头所指的为质量问题，主干上的大枝表示大原因，中枝、小枝表示原因的依此展开，如图 8—4 所示。因果图因其图形像鱼刺有时也被称为鱼刺图。

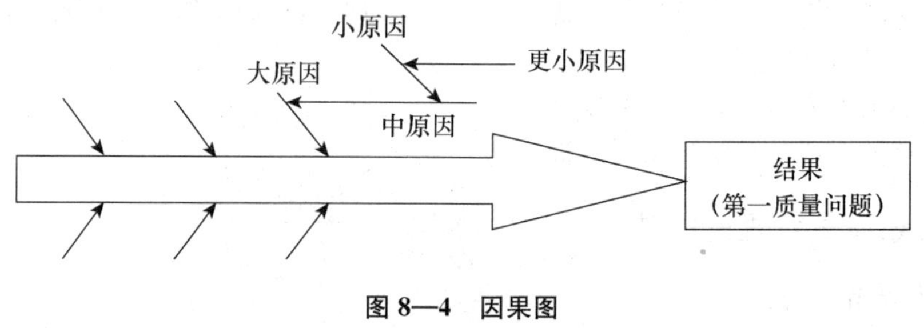

图 8—4　因果图

1) 因果分析图绘制原理。

影响项目质量的原因有很多，而且关系复杂，但归纳起来，存在两种互为依存的关系，即平行关系和因果关系。因果分析图能同时整理出这两种关系。利用因果分析图可以逐级分层，从大到小，从粗到细，寻根究底，直至确定能采取有效措施的原因为止。

2) 因果分析图的基本类型。

根据表示问题的体系不同，因果分析图一般可分为以下三种类型：

a. 结果分解型。

这种类型的因果分析图的特点是沿着为什么会产生这种结果进行层层解析，可以系统地掌握纵的关系，但易遗漏或忽视横的关系或某些平行关系。

b. 工序分类型。

按工序的流程，将各工序作为影响项目质量的平行的主干原因，再将各工序中影响工序质量的原因填写在相应的工序中。该类型的因果分析图简单易行，但有可能会造成相同的因素出现在不同的工序中，难以反映因素间的交互作用。

c. 原因罗列型。

采用"头脑风暴法"等方法，使参与分析的人员无限制地发表意见，并将所有观点和意见都一一罗列起来，然后系统地整理出它们之间的关系，最后绘制出一致同意的因果分析图。这种类型的因果分析图，反映出的因素比较全面，在整理因素间的关系时，客观地促使了对各因素深入地分析，有利于问题的深化，但工作量较大。

3) 因果分析图的绘制步骤。

不同类型的因果分析图的绘制步骤有所不同。现以混凝土强度不足的质量问题为例，说明原因罗列型因果分析图的绘制步骤。

第一步，决定特性。特性就是需要解决的质量问题，放在主干箭头的前面。本例的特性是混凝土强度不足。

第二步，确定影响质量特性的大原因（大枝）。影响混凝土强度的大原因主要是人、材料、工艺、设备和环境五个方面。

第三步，进一步确定中、小原因（中、小、细枝）。围绕大原因进行层层分析，确定影响混凝土强度的中、小原因。

第四步，补充遗漏的因素。发扬技术民主，反复讨论，补充遗漏的因素。

第五步，制定对策。针对影响质量的因素，有的放矢地制定对策，并落实到解决问题的人和时间上，通过对策计划表的形式加以表达，并限期改正。

本例的对策计划表如表 8—2 所示；因果分析图，如图 8—5 所示。

表 8—2 **对策计划表**

项目	序号	原因	对策	负责人	期限
人	1	基础知识差	对工人进行教育培训 做好技术交底工作 学习操作规程及质量标准		
	2	责任心不强，有情绪	加强组织工作，明确责任 建立工作岗位责任制 关心工人生活		
工艺	3	配合比不准	重新设计试配		
	4	水灰比控制不严	严格计量		
材料	5	水泥用量不足	严格水泥计量		
	6	骨料含泥量大	清洗过筛，用前检验		
设备	7	振捣器、搅拌机常坏	加强维修，增加设备		
环境	8	场地乱	清理现场		
	9	气温低	采取保温措施		

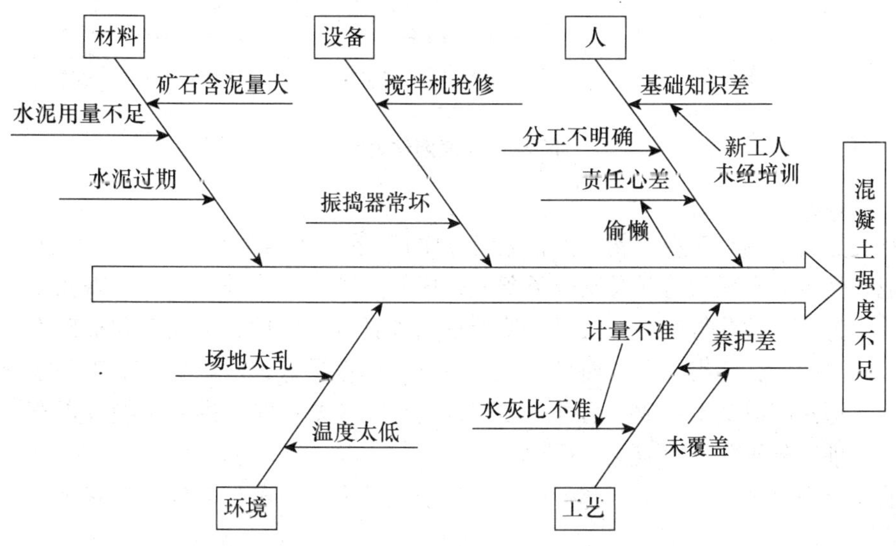

图 8—5 混凝土强度不足因果分析图

（2）流程图。

流程图是由若干因素和箭线相连的因素关系图，主要用于质量管理运行过程策划。流程图主要包括系统流程图和原因结果图两种类型。

1）系统流程图。系统流程图主要用于说明项目系统各要素之间存在的相关关系。利用系统流程图可以明确质量管理过程中各项活动、各环节之间的关系。如图 8—6 所示，就是一个系统流程图，反映了工程项目质量评判的系统过程。

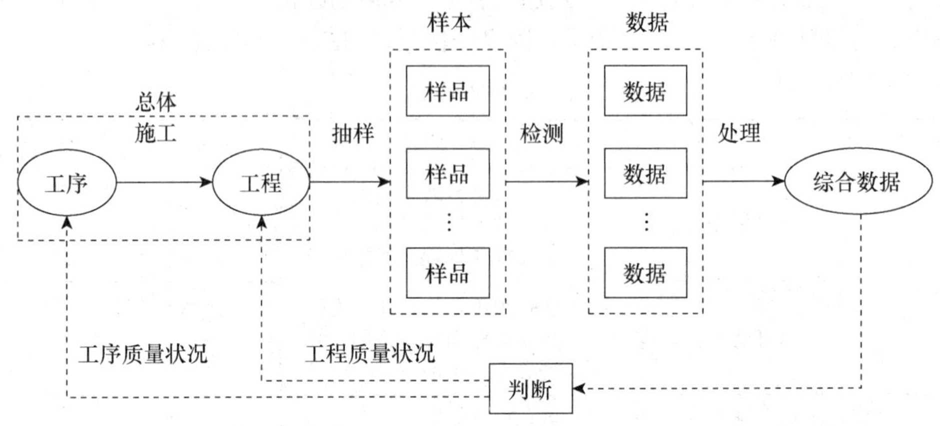

图 8—6　工程项目质量评判流程图

2）原因结果图。原因结果图主要用于分析和说明各种因素、原因如何导致或产生各种潜在的问题及后果，如图 8—7 所示。

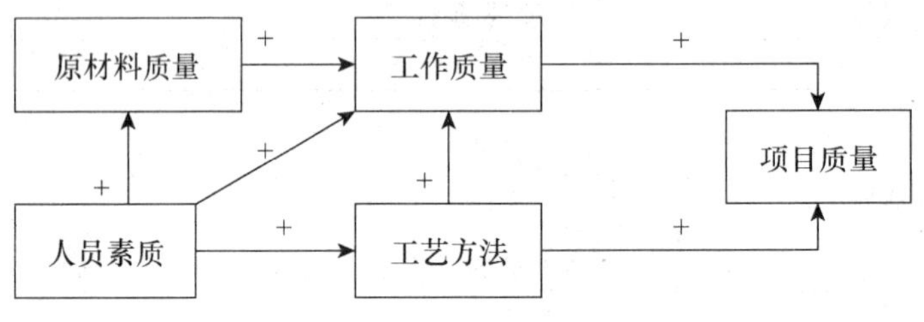

图 8—7　原因结果图

（3）核查表。

核查表是为了调查客观事物、产品和工作的质量，或为了分层收集数据而设计的图表，即把产品可能出现的情况及其分类预先列成核查表，则检查产品时只需在相应分类中进行统计。为了能够获得良好的效果，使核查结果具有可比性、全面性和准确性，核查表格设计应简单明了、突出重点，而且应该填写方便，符号好记。调查、加工和检查的程序与核查表填写次序应基本一致。另外，填写好的核查表要定时、准时更换并保存，数据要便于加工整理，分析整理后应及时反馈。

目前，核查表被广泛应用于各行各业，核查表的形式也多种多样。核查表主要有以下几种形式：

1）不良项目核查表。质量管理中的“良”与“不良”，是相对于标准、规格、公差而言的。一个零件和产品不符合标准质量、规格、公差的项目即为不良项目，也称不合格项目。不良项目核查表的基本格式如表 8—3 所示。

表 8—3 不良项目核查表的基本格式

项目 日期	交验数	合格数	不良品			不良品类型			良品率（%）
			废品数	次品数	返修品数	废品 类型	次品 类型	返修品 类型	

2）缺陷位置核查表。缺陷位置核查表应与措施相联系，充分反映缺陷发生的位置，便于研究缺陷为什么集中在某个位置，有助于进一步观察、探讨发生的原因。可根据具体情况画出各种不同的缺陷位置核查表，并且可以在图上划区，以便进行分层研究和对比分析。

3）频数调查表。绘制直方图需经过收集数据、分组、统计频数、计算、绘图等步骤。如果运用频数核查表，则可以在收集数据的同时，直接进行分组和统计频数。

4）检查确认核查表。检查确认核查表适用于对所做工作和加工的质量进行总的检查与确认。如果需要在有限的时间内检查大量的项目，稍有疏忽，同一项目可能被检查两次，而有的项目则可能被漏检。因此，当检查项目较多时，为了不致弄错或遗漏，预先把应检查的项目列出来，制成检查确认核查表，然后按顺序每检查一项在相应处作记号，防止遗漏，这就是检查确认核查表的使用方法。

5）作业抽样核查表。作业抽样是分析作业时间的方法。作业抽样核查表是将全部时间分为加工、准备、空闲的时间，然后通过在任意时刻，反复、多次瞬间观测作业的内容，进而调查各段时间占全部时间的百分比。

（4）帕累托图。

帕累托图又称排列图，是一种寻找影响质量主次因素的方法。这种方法简明易懂、形象具体。帕累托图的原理是“关键的少数和次要的多数”，符合“二八定律”原则。影响质量的主要因素通常分为以下三类：A 类为累计百分数在 70%～80%范围内的因素，它是主要的影响因素；B 类是除 A 类之外的累计百分数在 80%～90%范围内的因素，是次要因素；C 类为除 A、B 两类外累计百分比在 90%～100%范围的因素，是一般因素。

图 8—8 是某预制构件厂对部分钢结构焊缝凹陷所需工时进行统计分析所绘制的帕累托图。从图 8—8 中可以看出，焊缝气孔和夹渣为主要因素；焊缝成型差和焊道凹陷为次要因素；其他为一般因素。

1）帕累托图的作用。

首先，帕累托图把影响产品质量的“关键的少数与次要的多数”直观地表现出来，使企业明确应该从哪里着手来提高产品质量。实践证明，集中精力消除主要因素的影响比消灭次要因素收效显著，而且容易得多。所以，应当选取帕累托图中的主要因素作为质量改进的目标。

其次，不仅是产品质量，而且其他工作，如节约能源、减少消耗、安全生产等，都可用帕累托图来改进工作、提高工作质量。并且，采取质量改进措施后，为了检验其效果，也可用帕累托图来核查。如果确有效果，则在改进后的帕累托图中，横坐标上因素排列顺序或频数矩形高度应有所变化。

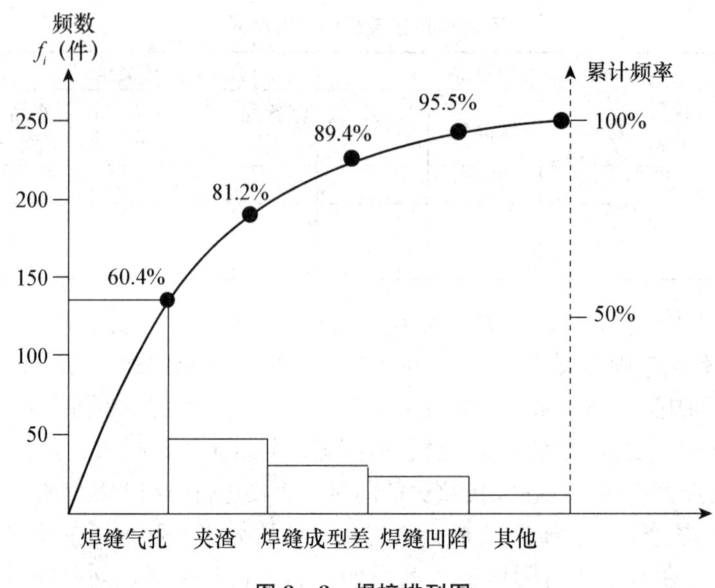

图 8—8　焊接排列图

2）帕累托图的绘图原理。

帕累托图的绘图原理如下：

a. 按影响程度的大小将影响质量的各个因素或项目从左至右排列，以直方柱的高度表示各因素出现的频数。

b. 将各因素所占的百分比依次累加，以求得各因素的累计频率；将所得的各因素的累计频率逐一标注在图中相应位置，并将其以折线连接，即可得到累计频率曲线。

c. 划分 A、B、C 类区。自频率纵坐标引累计频率为 80%、90%、100%的三条平行于横坐标的虚线，则横坐标及三条虚线由上向下将累计频率分为 A、B、C 三个类区。

3）帕累托图的绘图要点。

帕累托图的绘图要点如下：

a. 按不同的项目（因素）进行分类，分类项目要具体、明确，尽量使影响质量的各个因素的数据有明显差别，以便突出主要因素。

b. 数据要取足且代表性要强，以确保分析判断的可靠性。

c. 适当合并一般因素。通常情况下，不太重要的因素可以列出很多项，为简化作图，常将这些因素合并为其他项，放在横坐标的末端。

d. 对影响因素进行层层分析。在合理分层的基础上，分别确定各层的主要因素及其相互关系。分层绘制帕累托图可以步步深入，最终确定影响质量的根本原因。

（5）直方图。

直方图又称为条形图、质量分布图、矩形图等。其原理是通过对抽查质量数据的加工整理，找出其分布规律，从而判断整个生产过程是否正常。直方图是由平行状的若干宽度相同的矩形组成，矩形的排列可以是纵向的，也可以是横向的。根据矩形的分布形状和公差界限的相对关系来寻找质量分布规律，分析、判断整个作业过程是否正常、稳定。具体方法可以直接观察、分析，也可以将直方图与规格标准进行比较。

1）直方图的类型。

按纵坐标的计量单位不同，直方图可分为以下两种：

a. 频数直方图。

以频数为纵坐标的直方图称为频数直方图，它直接反映了质量数据的分布情况，故又称为质量分布图。

b. 频率直方图。

以频率为纵坐标的直方图称为频率直方图。在频率直方图中，各直方柱面积之和为 1，其纵坐标值与正态分布的密度函数一致。因此，可以在同一图中画出标准正态分布曲线，并可以形象地看出直方图与正态分布曲线的差异。

2）直方图的绘图步骤。

现以某项目质量指标为例，说明直方图的绘图步骤。

第一步，采集数据。根据作图意图采集数据。为使直方图能够比较难确地反映质量分布情况，制作直方图用的数据个数一般应大于 50。本例共采集了 100 个数据，见表 8—4。

表 8—4　　某项目质量指标测定值记录表

测点号	测量值/mm										最大值	最小值
1～10	137	134	138	132	128	133	134	131	133	134	138	128
11～20	129	136	130	131	133	134	134	136	139	134	139	129
21～30	135	136	130	141	143	135	135	134	132	138	143	130
31～40	141	137	134	138	136	137	136	131	133	130	141	130
41～50	135	133	138	137	144	131	136	132	129	135	144	129
51～60	138	139	134	132	130	139	136	140	132	133	140	130
61～70	129	141	127	136	141	137	136	137	133	136	141	127
71～80	131	139	135	134	135	140	141	136	135	135	141	131
81～90	140	135	137	135	135	136	138	135	131	134	140	131
91～100	135	136	139	131	142	130	135	133	135	131	142	130

第二步，确定组数、组距及组的边界值。

a. 确定组数（K）。按组距相等的原则确定。K 的大小影响着直方图的形状，一般来说，K 越大，直方图越接近实际情况，但计算也越繁琐。因此，应合理确定 K 值，使直方图尽量符合总体特性值的分布情况。迄今为止，尚无准确的计算公式可用于合理确定 K 值，而只能根据经验数据或经验公式确定。一般来说，K 的选择范围为 6～25，$K=10$最常用。通常按 K 分组后，应使每组至少有 4～5 个数据。表 8—5 可供参考。

表 8—5　　组数 K 选择参考表

数据数 n	<50	50～100	100～250	>250
分组数 K	5～7	6～10	7～12	10～25

根据上述原则，确定本例分组数 $K=9$。

b. 确定组距（h）。K 确定后，组距 h 也就随之而定。若一批数据中最大值为 X_{max}，最小值为 X_{min}，则组距的计算公式为：

$$h=\frac{X_{max}-X_{min}}{K-1}$$

本例中 $X_{max}=144$mm，$X_{min}=127$mm，则 $h=\frac{144-127}{9-1}=2.125$（mm）。

在确定组距时，一般取 h 为最小测量单位的整数倍。本例的最小测量单位是 1mm，所以取 $h=2$mm。

c. 确定组的边界值。以该批数据中的最小值 X_{min} 为第一组（从小到大排列）的组中值，其上、下界限分别是：

第一组的下限为 $X_{min}-h/2$，第一组的上限为 $X_{min}+h/2$，

第二组的下限为第一组的上限，第二组的上限为 $X_{min}+h/2+h$。

以此类推，即可确定各组的边界值。

为避免某些数据正好落在边界上，分组边界值应定在最小测量单位的 1/2 处。

根据上述原则，本例中各组的边界值分别是：

第一组的下限为 $X_{min}-h/2=127-1=126$，取为 126.5；

第一组的上限为 $126.5+h=126.5+2=128.5$。

以此类推，得到每组的边界值，见表 8—6。

表 8—6　　频数计算表

组号	1	2	3	4	5	6	7	8	9
组界	126.5～128.5	128.5～130.5	130.5～132.5	132.5～134.5	134.5～136.5	136.5～138.5	138.5～140.5	140.5～142.5	142.5～144.5
频数	2	8	14	19	27	14	8	6	2
频率（%）	2	8	14	19	27	14	8	6	2

第三步，计算频数和频率。根据测定值和各组的边界值，计算频数和频率，见表 8—6。

第四步，绘制直方图。以横坐标表示分组的边界值，纵坐标表示各组间数据发生的频数，以直方柱的高度对应各组频数的大小即可绘制出直方图，如图 8—9 所示。

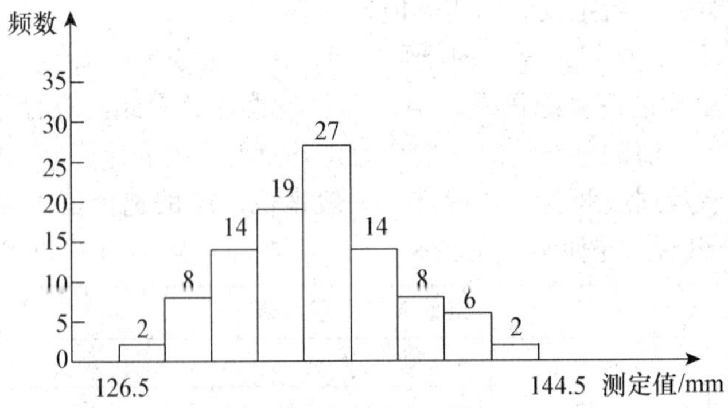

图 8—9　某项目质量指标测定值频数直方图

3）直方图的观察与分析。

从表面上看，直方图表现了所取数据的分布，但其实质是反映了数据所代表的生产过程的分布，即生产过程的状态。根据直方图的这一特点，可以通过观察和分析直方图，对生产过程的稳定性加以判断。

a. 直方图图形分析。

直方图形象、直观地反映了数据的分布情况，通过对直方图的观察和分析可以判断生产过程是否稳定，以及其质量情况。各种类型的直方图如图 8—10 所示。

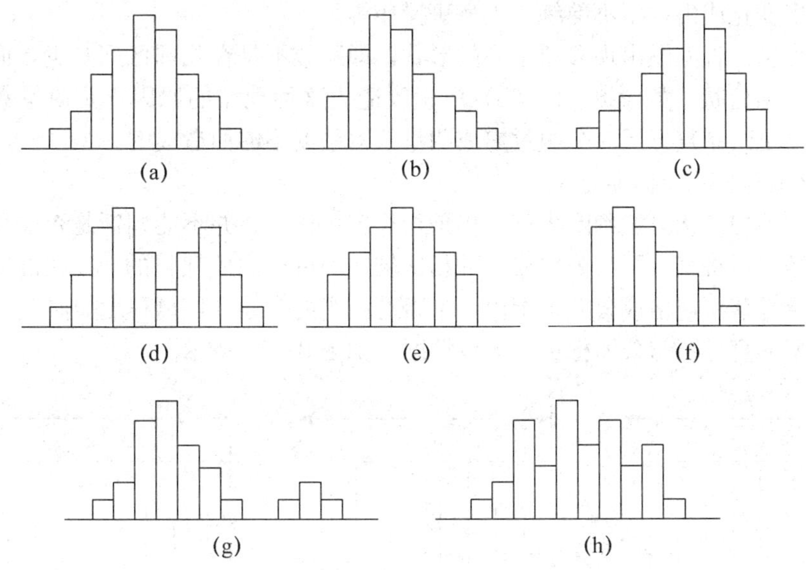

图 8—10 各种形状的直方图

注：图 8—10 中对应的直方图类型为：(a) 正常型；(b) 左偏峰型；(c) 右偏峰型；(d) 双峰型；(e) 平峰型；(f) 高端型；(g) 孤岛型；(h) 锯齿型。

直方图按图形可分为两种类型：正常型和异常型。

第一，正常型。左右对称的山峰形状，如图 8—10（a）所示。这种类型直方图的中部有一峰值，两侧的分布大体对称且越偏离峰值直方柱的高度越小，符合正态分布。这表明这批数据所代表的工序处于稳定状态。

第二，异常型。与正常型分布状态相比，带有某种缺陷的直方图为异常型直方图。这表明这批数据所代表的工序处于不稳定状态。常见的异常型直方图有以下几种：

一是偏向型。直方图的顶峰偏向一侧。这往往是由只控制一侧界限；或一侧控制严格，而另一侧控制宽松所造成的。根据直方图的顶峰偏向的位置不同，有左偏峰型和右偏峰型，如图 8—10（b）、（c）所示。仅控制下限，或下限控制严而上限控制宽时，多呈现左偏峰型；仅控制上限，或上限控制严而下限控制宽时，多呈现右偏峰型。

二是双峰型。一个直方图出现两个顶峰，如图 8—10（d）所示。这往往是由于两种不同的分布混在一起所造成的。即虽然测试统计的是同一项目的数据，但数据来源、条件差距较大。例如，两班工人的操作水平相差较大，将其质量数据混在一起所作出的直方图即为双峰型。出现这种直方图时，应将数据进行分层，然后分步作图分析。

三是平峰型。在整个分布范围内，频数（频率）的大小差距不大，形成平峰型直方图，如图 8—10（e）所示。这往往是由于生产过程中有某种缓慢变化的因素起作用所造成的。例如，工具的磨损、操作者的疲劳等都有能可能出现这种图形。

四是高端型（陡壁型）。直方图的一侧出现陡峭绝壁状态，如图 8—10（f）所示。这是由于人为地剔除了一些数据，进行不真实的统计造成的。

五是孤岛型。在远离主分布中心处出现孤立的小直方，如图 8—10（g）所示。这表明项目在某一段时间内受到异常因素的影响，使生产条件突然发生较大变化。例如，某段时间原材料发生变化或由技术不熟练工人替班操作等。

六是锯齿型。直方图出现参差不齐的形状，即频数不是在相邻区间减少，而是隔区间减少，形成了锯齿状，如图 8—10（h）所示。造成这种现象的原因不是质量数据本身的问题，而主要是绘制直方图时分组过多或测量仪器精度不够而造成的。

b. 直方图与公差或标准对比。

观察直方图的形状只能判断生产过程是否稳定、正常，并不能判断是否能稳定地生产出合格的产品。而将直方图与公差或标准相比较，即可达到此项目的。对比的方法是：观察直方图是否都落在规格或公差范围内，是否有相当的余地及偏离程度如何。

几种典型的直方图与公差标准的比较情况，如图 8—11 所示。

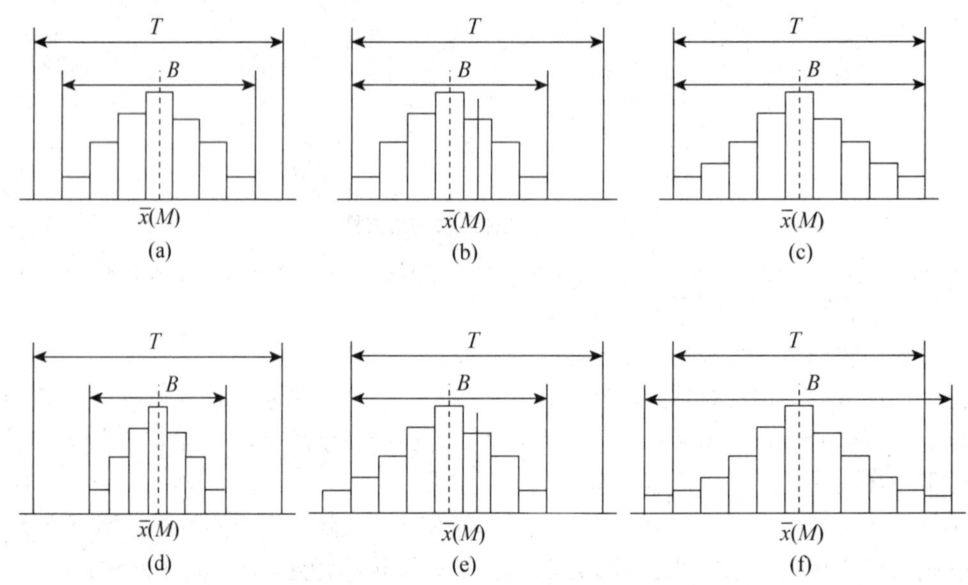

图 8—11　与标准规格比较的直方图

注：（a）理想型；（b）偏向型；（c）无富余型；（d）能力富余型；（e）能力不足型；（f）陡壁型；T—公差范围，B—分布范围。

一是理想型。数据分布范围充分居中，分布在规格上下界限内，且具有一定余地，如图 8—11（a）所示。这种状况表明生产处于正常状态，不会出现不合格品。

二是偏向型。数据分布虽然在标准范围之内，但分布中心偏向一边，如图 8—11（b）所示。这说明存在系统偏差，必须采取措施。

三是无富余型。数据分布虽然在规格范围之内，但两侧均无余地，如图 8—11（c）所示。这说明稍有波动就会出现超差，产生不合格品。

四是能力富余型。数据分布过于集中，分布范围与规格范围相比余量过大，如图 8—11（d）所示。这说明控制偏严，质量有富余，不经济。

五是能力不足型。数据分布范围已超出规格范围，如图 8—11（e）所示。这说明已产生不合格。

六是陡壁型。数据分布过于偏离规格中心，已造成超差，产生了不合格，如图 8—11（f）所示。造成这种状况的原因是控制不严，应采取措施使数据中心与规格中心重合。

综上所述，通过观察直方图的分布状态及将其与公差、标准相比，可以判断项目是否有异常因素存在、是否产生了不合格品等，以便采取措施将异常因素消除在生产过程之中，使之处于控制状态。在项目质量控制中，许多质量特性值仅有下限要求，因此在将直方图与公差、标准对比的过程中，应主要看直方图的分布是否超出下限及分布偏离下限的程度。正常状况应是分布超越下限并留有适当余地。一般来说，分布超越下限越远，则对质量的保证程度就越高，但质量经济性则越差。

（6）控制图。

控制图又称为管理图，是反映生产工序随时间变化而发生的质量变动的状态图形。控制图是一种将显著性统计原理应用于控制生产过程的图形方法，由休哈特博士于 1924 年首先提出。

1）控制图的原理。

针对某项目，每天测得某质量数据 10 个，共检测 10 天，作成直方图，如图 8—12 所示。

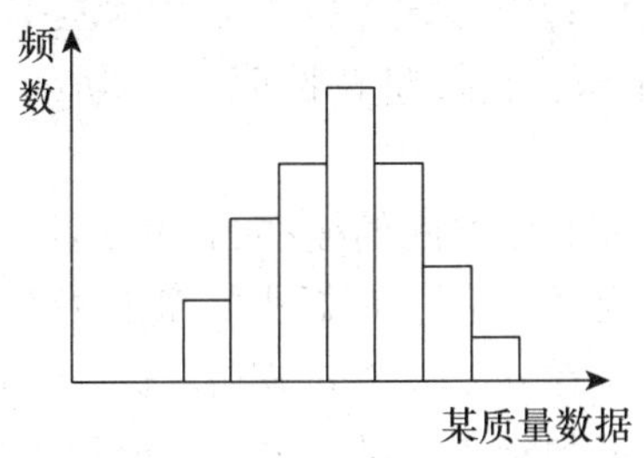

图 8—12　某质量数据直方图

从图 8—12 可以直观地看出数据的分布状态，但看不出数据随时间变化的状况。则需计算出每天数据的平均值和极差，并作出曲线，如图 8—13 所示。

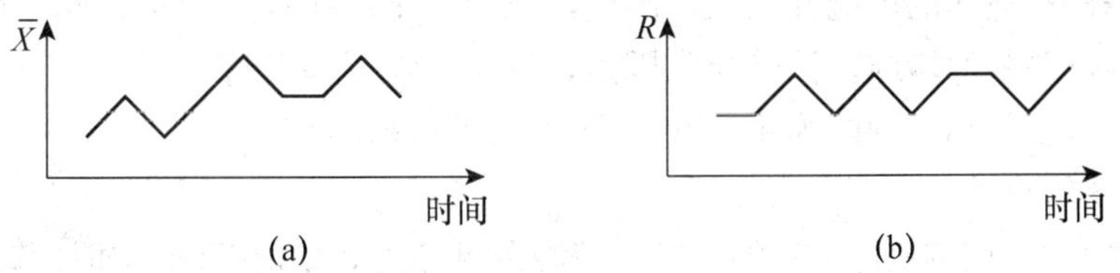

图 8—13　某质量数据平均值和极差随时间变化状况

由图 8—13 可以看出，某质量数据平均值和极差随时间而变化的情况，但这种变化是否正常仍不能判断，因此必须引入判定线。判定线可根据数理统计方法计算得到。这种带有判定线的图就是控制图，其判定线称为控制界限。控制图是用来区分质量波动是属于由偶然因素引起的正常波动，还是由异常因素引起的异常波动，从而判断项目实施过程是否处于控制状态的一种有效工具。控制图的基本格式如图 8—14 所示。

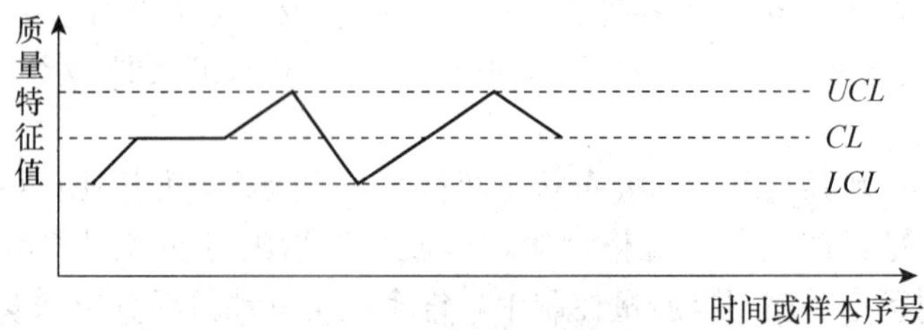

图 8—14 控制图基本格式

在控制图中，一般有三条控制界限：上控制界限，用 UCL（Upper Control Limit）表示；中心线，用 CL（Central Line）表示；下控制界限，用 LCL（Lower Control Limit）表示。将所控制的质量特性值在控制图上打点，若点全部落在上、下控制界限内，且点的排列无缺陷（如链、倾向、接近、周期等），则可判断项目实施过程处于控制状态，否则就认为项目实施过程中存在异常因素，必须查明，予以消除。

可见，控制界限是判断项目实施过程是否发生异常变化、是否存在异常因素的尺度。因此，确定控制界限是制作控制图的关键。控制界限可根据数理统计原理计算得到。目前，采用较多的是“三倍标准差法”，即用“3σ”方式确定控制界限。“3σ”方式是以质量特性值（统计数据）的平均值作为中心线，以中心线为基准向上 3σ 作为控制上限，以中心线为基准向下 3σ 作为控制下限。设质量特性值均值为 μ，标准差为 σ，则：$UCL=\mu+3\sigma$；$CL=\mu$；$LCL=\mu-3\sigma$。

在正态分布中，数据落在 $\mu\pm3\sigma$ 之间的概率为 99.73%；在 $\mu\pm3\sigma$ 范围之外的数据发生的概率仅为 0.27%，属于小概率事件。根据小概率事件不可能发生的原理，若只做了几次或几十次试验或观测，数据应在 $\mu\pm3\sigma$ 之间波动，这是一种正常波动，可判断项目实施过程处于正常状态；反之，则可判断实施过程出现了异常。

控制图用于项目质量控制的基本思路是：为了使项目实施过程处于正常状态，项目实施应实现标准化。只要操作者按标准作业，控制图上的点子越出控制界限或排列有缺陷的可能性就非常小；一旦点子超出控制界限或排列有缺陷，即认为维持正常作业的良好状态和标准作业条件被破坏的可能性极大。因此，就应对工序作仔细观察、调查研究，查清产生异常的原因，并采取措施，消除异常因素，使工序恢复和保持良好的状态，避免大量产生不合格品，真正起到“预防为主”和“控制”的作用。

2）控制图的分类。

按控制对象（不同的统计量）的不同，控制图可分为计量值控制图和计数值控制图两大类。而根据质量特性值的不同和组合方式的不同，又可细分为各种类型的控制图，如表 8—7 所示。

表 8—7 控制图分类

控制图类型	单统计量控制图	多统计量控制图
计量值控制图	1. 平均值控制图（$\overline{X}$ 图） 2. 中位数控制图（$\tilde{X}$ 图） 3. 单值控制图（x 图） 4. 移动平均值控制图（$\overline{X}_k$ 图） 5. 标准差控制图（S 图） 6. 移动标准差控制图（S_k 图） 7. 极差控制图（R 图） 8. 移动极差控制图（R_S 图）	1. 平均值与极差控制图（$\overline{X}-R$ 图） 2. 平均值与标准差控制图（$\overline{X}-S$ 图） 3. 中位数与极差控制图（$\tilde{X}-R$ 图） 4. 单值与移动极差控制图（$x-R_S$ 图） 5. 移动平均值与移动标准差控制图（$\overline{X}_k-S_k$ 图）
计数值控制图	1. 不合格品数控制图（P_n 图） 2. 不合格品率控制图（P 图） 3. 缺陷数控制图（C 图） 4. 缺陷率控制图（u 图）	

无论是计量值控制图还是计数值控制图，按用途的不同都可分为管理用控制图和分析用控制图。

在项目质量控制中，可根据工序特性、项目实施需要、数据特征等不同情况，选用不同类型的控制图。

3）控制图的观察与分析。

制作控制图的目的是利用控制图控制项目、工序、工作的质量，使项目实施过程或工作过程处于“控制状态”。控制状态是指项目实施过程或工作过程仅受到偶然因素的影响，其质量特性统计量的分布基本上不随时间而变化。反之，则称非控制状态或异常状态。对控制图的观察分析，其依据是统计经验所得到的简单规律。

判定项目实施过程或工作过程处于控制状态的标准，可归纳为两条：控制图上的点不超过控制界限，控制图上点的排列分布无缺陷。同时满足这两条标准，则可判断控制图所代表的项目实施或工作过程处于控制状态，其控制界限可作为以后项目实施或对工作过程进行控制所遵循的可靠依据。

a. 控制图上的点不超过控制界限。

以下情况可以认为基本满足要求：

一是连续 25 个点以上处于控制界限内。

二是连续 35 个点中，最多仅有 1 个点超出控制界限。

三是连续 100 个点中，不多于 2 个点超出控制界限。

凡点恰在控制界限上，均作为超出控制界限处理。

上述第二、第三条情况下，虽然可以判断项目实施过程或工作过程基本满足第一条标准，但就控制界限之外的点本身而言，终究是异常点，应密切注意，并追查原因加以处理。

b. 控制图上点的排列分布无缺陷。

控制图上点的排列缺陷有以下几种情况：

一是链。点连续出现在中心线的一侧的现象称为链。链的长度用链内所含点数的多少来度量。在正常状态下，点在中心线两侧应是等概率随机分布，概率各为 50%，每一点的分布并不受前点的影响，相互独立。根据概率理论，可得到以下判别准则：

出现 5 点链，应引起警惕，注意发展状况；

出现 6 点链，应查找原因；

出现 7 点链，判为异常，应采取措施。

出现链的原因，通常是实施过程中存在着使分布中心偏移的因素。

二是偏离。较多的点间断地出现在中心线一侧时称为偏离。出现下列情况之一者判为异常：

连续 11 个点中至少有 10 个点出现在中心线的一侧；

连续 14 个点中至少有 12 个点出现在中心线的一侧；

连续 17 个点中至少有 14 个点出现在中心线的一侧；

连续 20 个点中至少有 16 个点出现在中心线的一侧。

出现偏离的原因可能是在项目实施过程中存在着使分布中心偏移的因素。

三是倾向。若干点连续上升或下降的现象称为倾向，其判别准则是：

连续 5 个点不断上升或下降的趋向，应注意操作方法；

连续 6 个点不断上升或下降的趋向，应调查分析原因；

连续 7 个点不断上升或下降的趋向，应判为异常，采取措施。

四是周期。点的上升或下降出现明显的一定间隔称为周期。出现周期性排列，表明项目实施过程可能存在着起周期性作用的因素，这时即使点都在控制界限内，也应查找是否存在异常因素。

五是接近。点接近中心线或上下界限的现象称为接近。

点连续出现在 $CL\pm0.5\sigma$ 之间，称为点接近中心线。若连续 6 个点出现在 $CL\pm0.5\sigma$ 之间或连续 14 个点出现在 $CL\pm\sigma$ 之间，则判为异常。产生这种现象的原因可能是：采用新设备、新工艺，使工序质量大大改善，波动大为减少。这时，原控制图已不起作用，应更新收集数据制作控制图。也可能是因为采用了特别好的材料或控制加严，使波动大为减少。当然，还可能是因为质量数据存在某种虚假成分。

点出现在 $CL\pm2\sigma$ 至 $CL\pm3\sigma$ 之间，称为接近控制界限。若出现以下情况之一判为异常：连续 3 个点中有 2 个点；连续 7 个点中至少有 3 个点；连续 10 个点中至少有 4 个点。

点接近控制界限的原因可能是控制不严，质量波动太大，应迅速查清原因并加以消除。

(7) 散点图。

散点图又称为散布图或相关图，是表示两个变量之间关系的图，用于分析两个测定值之间的相互关系，它具有直观、简便的优点。

散点图通过分析研究两种因素的数据之间的关系，来控制影响产品质量的相关因素。例如，当有些变量之间有关系，但又不能由一个变量的数值精确地求出另一个变量的数值时，将这两种有关的数据列出，用点打在坐标图上，然后就可以观察到这两种因素之间的关系。通过散点图对数据的相关性进行直观的观察，不但可以得到定性的结论，而且可以通过观察剔除异常数据，从而提高计算法估算相关程度的准确性。

观察散点图主要是看点的分布状态，概略地估计两因素之间有无相关关系，从而得到两个变量的基本关系，为项目质量控制服务。例如，棉纱的水分含量与伸长度之间的关系、喷漆时的室温与漆料黏度的关系、钢构件热处理时钢的淬火温度与硬度的关系等。

图 8—15 表示的便是钢构件热处理时钢的淬火温度与硬度的关系。由图 8—15 可见，

数据的点近似于一条直线，在这种情况下，可以说硬度与淬火温度近似地呈线性关系。

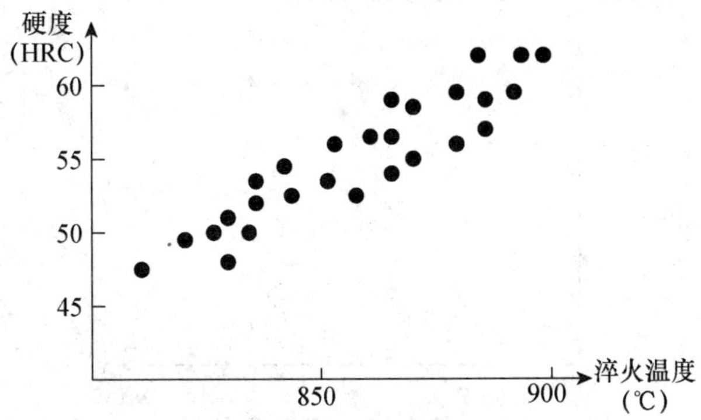

图 8—15 钢构件热处理时钢的淬火湿度与硬度之间关系的散点图

1）散点图的观察分析。

一般根据测量的两种数据作出散点图后，观察其分布的形状和疏密程度，来判断它们之间关系的密切程度。大致可分为下列五种情形：

第一，完全正相关。即 x 增大，y 也随之增大，x 与 y 之间可用直线 $y=a+bx$（b 为正数）表示，如图 8—16 所示。

第二，正相关。即 x 增大，y 基本上随之增大，此时除了因素 x 外，可能还有其他因素影响，如图 8—17 所示。

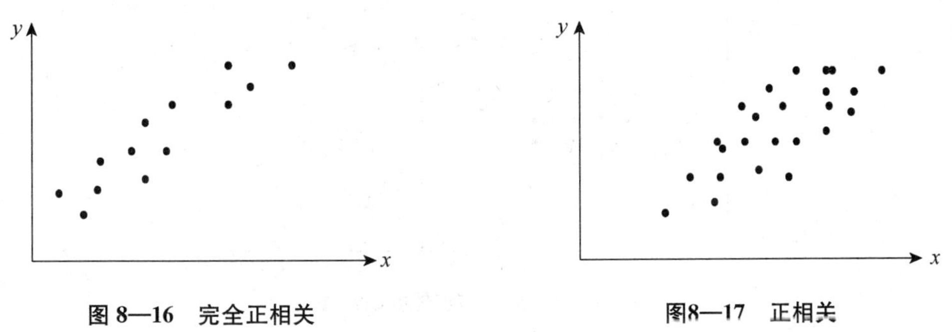

图 8—16 完全正相关 **图8—17 正相关**

第三,完全负相关。即 x 增大，y 随之减小，x 与 y 之间可用直线 $y=a+bx$（b 为负数）表示，如图 8—18 所示。

第四，负相关。即 x 增大，y 基本上随之减小。同样，此时除了因素 x 之外，可能还有其他因素影响，如图 8—19 所示。

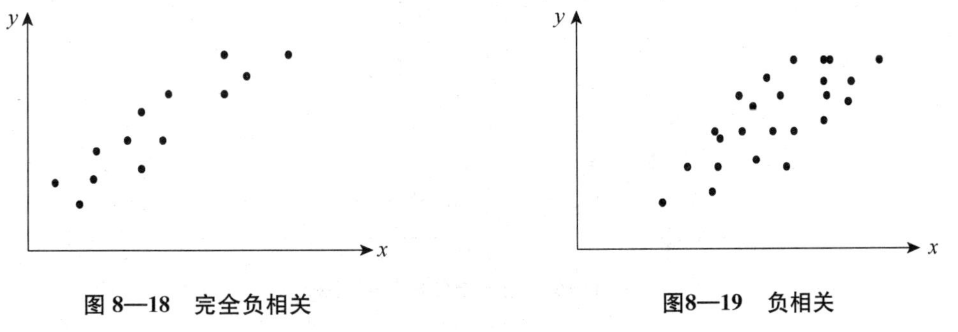

图 8—18 完全负相关 **图8—19 负相关**

第五，无关。即 x 变化不影响 y 的变化，如图 8—20 所示。

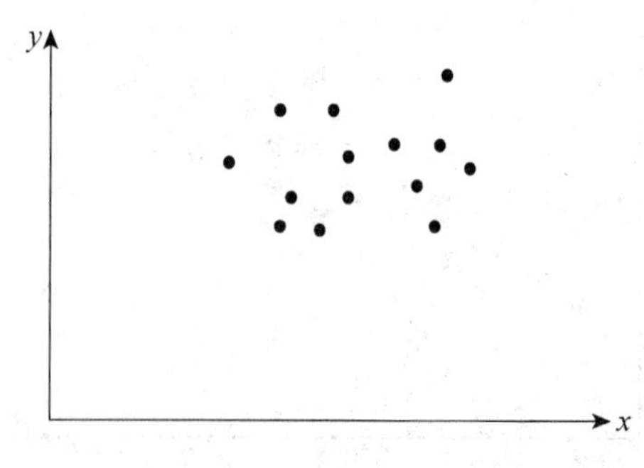

图 8—20　无关图

2）制作与观察散点图时应注意的问题。

第一，应观察是否有异常点或离群点出现，即是否有个别点脱离总体点较远。如果有不正常点，应剔除；如果是原因不明的点，应慎重处理，以防还有其他因素的影响。

第二，散点图如果处理不当也会造成假象。如图 8—21 所示，若将 x 的范围只局限在中间的那一段，则在此范围内看，y 与 x 似乎并不相关，但从整体看，x 与 y 的关系还是比较密切的。

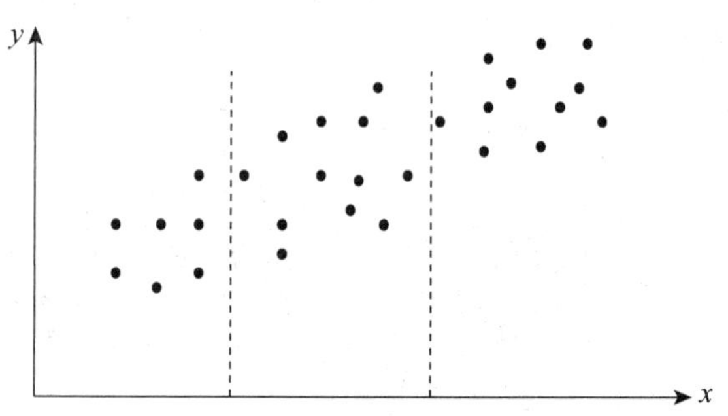

图 8—21　局部与整体的散点图

第三，散点图有时要分层处理。如图 8—22 所示，x 与 y 的相关关系似乎很密切，但若仔细分析，这些数据源是来自三种不同的条件。如果将这些点分成 A、B、C 三个不同层次，从每个层次中看，x 与 y 实际上并不相关。

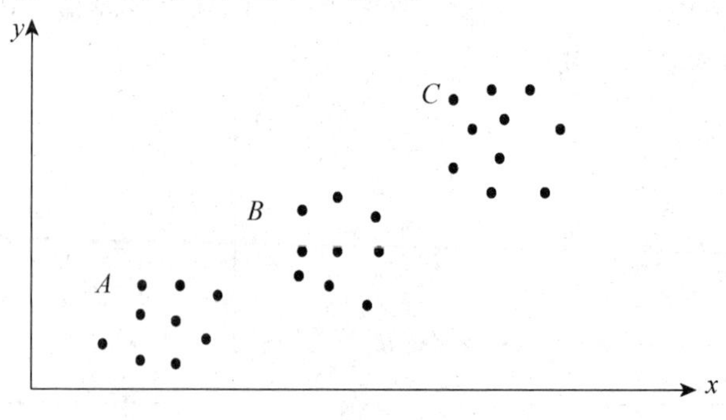

图 8—22　应分层处理的散点图

3）相关系数。

散点图中两个变量关系的密切程度，需要用一个数量指标来表示，即相关系数，通常用 r 表示。不同的散点图有不同的相关系数，r 满足：$-1\leqslant r\leqslant 1$。因此，可根据相关系数 r 值来判断散点图中两个变量之间的关系，如表 8—8 所示。

表 8—8　　相关系数表

r 值	两变量间的关系判断
$r=1$	完全正相关
$1>r>0$	正相关（越接近于 1，越强；越接近于 0，越弱）
$r=0$	不相关
$0>r>-1$	负相关（越接近于−1，越强；越接近于 0，越弱）
$r=-1$	完全负相关

相关系数 r 的计算公式是：

$$r=\frac{\sum(x-\bar{x})(y-\bar{y})}{\sqrt{\sum(x-\bar{x})^2\sum(y-\bar{y})^2}}=\frac{L_{xy}}{\sqrt{L_{xx}L_{yy}}}$$

式中，$\bar{x}$ ——n 个 x 数据的平均值；

$\bar{y}$ —— n 个 y 数据的平均值；

Lxx——x 的离差平方之和，即 $\sum(x-\bar{x})^2$ ；

Lyy——y 的离差平方之和，即 $\sum(y-\bar{y})^2$ ；

Lxy——x 的离差与 y 的离差的乘积之和，即 $\sum(x-\bar{x})(y-\bar{y})$。

通常，为了避免计算离差时的麻烦和误差，在计算相关系数时，也可采用下式进行：

$$r=\frac{\sum xy-\frac{1}{n}(\sum x)(\sum y)}{\sqrt{\left[\sum(x)^2-\frac{1}{n}(\sum x)^2\right]\left[\sum(y)^2-\frac{1}{n}(\sum y)^2\right]}}$$

值得注意的是，r 只能表示变量之间是否线性相关，而无法表示曲线关系。所以，当 r 的绝对值很小甚至等于 0 时，并不表示 x 与 y 之间就一定不存在任何关系，有可能 x 与 y 之间是有关系的，但是经过计算，相关系数 r 的结果却为 0。这种情况有可能是因为 x 与 y 的关系是曲线关系，而不是线性关系。

4. 标杆对照

标杆对照是将实际或计划的项目时间与可比项目的时间进行对照，以便识别最佳时间，形成改进意见，并为绩效考核提供依据。

作为标杆的项目可以来自执行组织内部或外部，或者来自同一应用领域。标杆对照也允许用不同应用领域的项目做类比。

5. 实验设计

实验设计（DOE）是一种统计方法，用来识别哪些因素会对正在生产的产品或正在开发的流程的特定变量产生影响。DOE 可以在策划质量管理过程中使用，以确定测试的数量和类别，以及这些测试对质量成本的影响。

DOE 也有助于产品或过程的优化，可用来降低产品性能对各种环境变化或制造过程变化的敏感度。该技术的一个重要特征是，它为系统地改变所有重要因素（而不是每次只改变一个因素）提供了一种统计框架。通过对实验数据的分析，可以了解产品或流程的最优状态，找到显著影响产品或流程状态的各种因素，并揭示这些因素之间存在的相互影响和协同作用。例如，汽车设计师可使用该技术来确定悬架与轮胎如何搭配，才能以合理成本取得最理想的行驶性能。

6. 统计抽样

统计抽样是指从目标总体中选取部分样本用于检查（如从 75 张工程图纸中随机抽取 10 张）。抽样的频率和规模应在策划质量过程中确定，以便在质量成本中考虑测试数量和预期废料等。统计抽样需要拥有丰富的知识体系，在某些应用领域，项目管理团队可能有必要熟悉各种抽样技术，以确保抽取的样本能代表目标总体。

7. 其他质量策划工具

为定义质量要求并策划有效的质量管理活动，也可使用其他质量策划工具，主要包括：

（1）头脑风暴。用于产生创意的一种技术。

（2）力场分析。显示变更的推力和阻力的图形。

（3）名义小组技术。先由规模较小的群体进行头脑风暴，提出创意，再由规模较大的群体对创意进行评审。

（4）质量管理和控制工具。对已识别的活动进行相互关联和排序的一组工具。

8. 会议

项目团队可以召开策划会议来制订质量管理计划。参会人员可以包括项目经理、项目发起人、选定的项目团队成员、选定的干系人、负责项目质量管理活动（如策划质量管理、实施质量保证或控制质量）的人员，以及需要参加的其他人员。

8.3.4 策划质量管理的结果

1. 质量管理计划

质量管理计划是项目管理计划的组成部分，描述将如何实施组织的质量政策，以及项目管理团队准备如何达到项目的质量要求。

质量管理计划可以是正式或非正式的、非常详细或高度概括的，其风格与详细程度取决于项目的具体需求。应该在项目早期就对质量管理计划进行评审，以确保决策是基于准确信息的。这样做的好处是，更加关注项目的价值定位，降低因返工而造成的成本超支金额和进度延误次数。

2. 过程改进计划

过程改进计划是项目管理计划的子计划或组成部分。过程改进计划详细说明对项目管理过程和产品开发过程的各个步骤进行分析，以识别增值活动。这一过程中，需要考虑的方面包括以下四点：

（1）过程边界。描述过程的目的、过程的开始和结束、过程的输入及输出、过程责任人和干系人。

(2) 过程配置。含有确定界面的过程图形，以便于分析。

(3) 过程测量指标。与控制界限一起，用于分析过程的效率。

(4) 绩效改进目标。用于指导过程、改进活动。

3. 质量测量指标

质量测量指标专用于描述项目或产品属性，以及控制质量过程将如何对属性进行测量。通过测量，得到实际数值。测量指标的可允许变动范围称为公差。例如，对于把成本控制在预算的±10%之内的质量目标，就可依据这个具体指标测量每个可交付成果的成本并计算偏离预算的百分比。质量测量指标用于实施质量保证和控制质量过程。质量测量指标包括：准时性、成本控制、缺陷频率、故障率、可用性、可靠性和测试覆盖度等。

4. 质量核对单

核对单是一种结构化工具，通常具体列出各项内容，用来核实所要求的一系列步骤是否已得到执行。基于项目需求和实践，核对单可简可繁。许多组织都有标准化的核对单，用来规范地执行经常性任务。在某些应用领域，核对单也可从专业协会或商业性服务机构获取。质量核对单应该涵盖范围基准中定义的验收标准。

5. 项目文件更新

可能需要更新的项目文件主要包括以下三种：

(1) 干系人登记册；

(2) 责任分配矩阵；

(3) WBS 和 WBS 词典。

8.4 项目质量保证

8.4.1 项目质量保证的概念

1. 项目质量保证的定义

项目质量保证是项目质量管理的第二个过程，此过程的任务是定期评价项目的全部性能，并提供项目满足质量标准的证明，从而达到对质量策划、质量控制过程进行质量控制。项目质量保证的定义为：对项目实施的全过程进行持续不断的检查、度量、评价和调整，以确定该项目能满足相关的质量标准，从而为项目的所有干系人增加收益。从上述定义可以看出，项目质量保证的主要工作是促使完善质量控制，以便准备好客观证据，根据项目干系人的要求有计划、有步骤地开展提供证据的活动。

2. 项目质量保证的内容与框架

作为一种具有事前性和预防性的项目质量管理工作，项目质量保证是为了使项目干系人确信该项目将能达到有关质量标准，而在质量管理体系中开展的有计划、有组织的全部活动，它涉及一系列经常性的项目质量评估、项目质量核查与项目质量改进等方面的工作。

由于项目质量保证的主要目的是提高项目的效率和效果，为项目的所有项目干系人增加收益，因此，其实施的最终结果是项目质量的改进与提高，以及为用户提供满意的项目质量。

8.4.2 实施质量保证的依据

1. 质量管理计划

质量管理计划描述了项目质量保证和持续过程改进的方法。

2. 过程改进计划

项目的质量保证活动应该支持并符合执行组织的过程改进计划。

3. 质量测量指标

质量测量指标提供了应该被测量的属性和允许的偏差。

4. 质量控制测量结果

质量控制测量结果是质量控制活动的结果，用于分析和评估项目过程的质量是否符合执行组织的标准或特定要求。质量控制测量结果也有助于分析这些测量结果的产生过程，以确定实际测量结果的正确程度。

5. 项目文件

项目文件可能会影响质量保证工作，应该放在配置管理系统内监控。

8.4.3 实施质量保证的方法

1. 质量管理和控制工具

实施质量保证过程使用策划质量管理和控制质量管理的工具与技术。除此以外，其他可用的工具包括：亲和图、过程决策程序图、关联图、树形图、优先矩阵、活动网络图和矩阵图。

（1）亲和图。

亲和图法，就是针对某一问题，充分收集各种经验、知识、想法和意见等语言、文字材料，通过汇总，并按照其相互亲和性归纳整理这些资料，并使问题明确起来，求得统一的认识和协调工作，以利于问题解决的一种方法。

在亲和图法的使用过程中，收集资料是至关重要的环节。语言文字资料收集的方法将随图解的用途与目的不同而异。

亲和图法的绘制步骤如下：

1）确定对象。针对项目质量问题来确定亲和图法所运用的对象。

2）收集资料。通过运用各种方式（如直接观察、阅读、个人思考等）收集与所要解决问题有关的文字资料。

3）制作资料卡片。将收集到的文字及数字资料按内容分类，用简介文字制成资料卡片。

4）汇总整理卡片。将内容相似、类别相同的卡片归并在一起，并标记分类。

5）绘图。将分类标记好的卡片根据相互位置排列起来，用适当的标号标出相互关系并用箭头表示。

6）口头及书面报告。分析观察图表，从中整理归纳出思路及解决问题的方法，并作口头及书面报告。

（2）过程决策程序图。

在质量管理中要达到目标或解决问题，总是希望按计划推进原定实施步骤。但是，随着项目的展开，各种情况不断发生变化，当初拟订的计划不一定能行得通，往往需要变更计划。特别是在解决困难的质量问题时，这种情况更是屡屡发生。为了应付这种情况，专家们提出了过程决策程序图（Process Decision Program Chart，PDPC）法。

过程决策程序图法，是为了完成某个任务或达到某个目标，在制订行动计划或进行方案设计时，预测可能出现的障碍和结果，并相应地提出多种应变计划的一种方法。这样在计划遇到阻碍时，可变更计划，选择第二或第三套方案。

过程决策程序图法的优点主要有：第一，从全局的角度出发，掌握整体状态，因而可以做出全局性的判断；第二，可按时间先后顺序掌握系统的进展情况；第三，能够密切地注意系统的进展动向，掌握系统输入、输出间的关系；第四，信息掌握及时，可以不断地补充、修订计划措施。

运用 PDPC 法的基本步骤如下：

1）召集有关人员讨论所要解决的问题；

2）利用头脑风暴法提出解决问题的措施和手段；

3）预测所有措施的后果和困难，以及为此应采取的解决方案；

4）根据制定方案的急迫程度、工时等予以分类，并排列顺序；

5）用箭头按先后顺序将各项措施及其理想状态连接起来；

6）落实实施负责人及期限；

7）不断修订 PDPC 图。

（3）关联图。

由于项目的复杂性、动态性与系统性，影响项目质量的各种因素也是复杂多变的，互相之间往往也相互影响着，因此，质量控制人员不能一个一个地解决这些问题，必须由项目团队人员及相关人员密切配合，系统地解决这些问题，故关联图应运而生。

所谓关联图，是把若干存在问题及其影响因素的因果关系用箭头表示出来的一种图示工具。通过关联图可以找出因素之间的因果关系，从全局的角度，全面分析问题、拟订计划。

关联图的优点主要有：第一，适合于整理因素复杂的问题；第二，从项目启动阶段就能从全局把握问题；第三，可以准确地抓住重点；第四，容易协调项目干系人及项目团队成员之间的利益；第五，氛围宽松，便于打破成规，理顺因果关系。

应用关联图法的一般步骤如下：

1）找出与问题有关的一切因素；

2）明确表明主要原因；

3）用箭头表示出主要原因与问题及主要原因之间的关系；

4）了解这些关系的全貌。

（4）树形图。

树形图能将事物或现象分解成树状结构。树形图就是把要实现的目的与采取的措施和手段，系统地展开，并绘制成图，以明确问题的重点，寻找解决问题的最佳方法。其一般步骤如下：

1）确定具体的目的和目标；

2）提出解决问题的方法与措施；

3）对这些方法与措施进行评估；

4）绘制这些方法与措施的卡片；

5）形成目标手段的系统展开图；

6）确认目标能否实现；

7）制订实施计划。

（5）优先矩阵。

优先矩阵图（Prioritization Matrices）是树形图和矩阵图的结合，它可以帮助决策者确定所考虑的活动或者目标的重要程度。描绘优先矩阵图的目的是促使团队重点关注对组织最重要的关键事项，帮助我们在有着不同收益的多种选择间进行优选。每个行动方案的相对优点和相关影响构建了一张复杂的图，它很难在一个人的头脑中完成优选。

以下通过一个例子来说明优先矩阵的应用。

1）确定需要分析的各个方面。我们通过树形图得到以下几个方面：易于控制、易于使用、网络性能和其他软件可以兼容、便于维护，需要确定它们相对的重要程度。

2）组成数据矩阵。用Excel或者手工做，把这些因素分别输入表格的行和列，如表8—9所示。

表8—9　　矩阵数据分析法

A	B	C	D	E	F	G	H
	易于控制	易于使用	网络性能	软件兼容	便于维护	总分	权重%
易于控制	0	4	1	3	1	9	26.2
易于使用	0.25	0	0.20	0.33	0.25	1.03	3.0
网络性能	1	5	0	3	3	12	34.9
软件兼容	0.33	3	0.33	0	0.33	4	11.6
便于维护	1	4	0.33	3	0	8.33	24.2
总分之和	34.37						

3）确定对比分数。自己和自己对比的地方都打0分。以“行”为基础，逐个和“列”对比，确定分数。“行”比“列”重要，给正分。分数范围为1～9分，打1分表示两个重要性相当。譬如，第2行“易于控制”和C列“易于使用”比较，重要一些，打4分；和D列“网络性能”比较，相当，打1分……如果“行”没有“列”重要，给反过来重要分数的倒数。譬如，第3行的“易于使用”和B列的“易于控制”前面已经对比过了，前面

是 4 分，现在取倒数，即 1/4＝0.25；与 D 列“网络性能”比，没有“网络性能”重要，反过来，“网络性能”比“易于使用”重要，打 5 分，现在取倒数，就是 0.20。实际上，做的时候可以围绕以 0 组成的对角线对称填写对比的结果就可以了。

4）加总分。按照“行”把分数加起来。在 G 列内得到各行的“总分”。

5）算权重分。把各行的“总分”加起来，得到“总分之和”。再把每行“总分”除以“总分之和”得到 H 列每个“行”的权重分数。权重分数愈大，说明这个方面最重要。可以看出，最重要的为“网络性能”34.9 分，其次是“易于控制”26.2 分。

优先矩阵能够增加决策的客观性（相对于情绪化的决策）。当存在着众多的可能性并具有多种复杂的选择和评价项目时，这个工具可供团队系统地讨论、识别，优选出对做出决策最具影响的评价项目，并评估所有可能，同时他们能够将全貌时时保持在头脑中。

（6）活动网络图。

活动网络图是一种安排和编制计划，有效地实施管理进度的方法。活动网络图法主要应用于在项目质量控制中安排和编制最佳日程进度或寻找关键路径。利用活动网络图法进行项目质量控制，有利于从全局出发，统筹各种因素，抓住项目实施的关键路径，集中力量，按时或提前完成项目计划。

1）使用活动网络图的基本步骤。

第一步，计算每个节点的最早开工时间。某节点的最早开工时间，是指从开始节点顺箭头方向到该节点的各条路线之间时间最长一条路线的时间之和。

第二步，计算每个节点的最晚开工时间。某节点上的最晚开工时间，是指从终点节点逆箭头方向到该节点的各条路线中，时间差最小的那条路线上的时间差。

第三步，计算富余时间。富余时间，是指在同一节点上最早开工时间与最晚开工时间的时差。

第四步，寻找关键路线。所谓关键路线，是指从最早开工节点到最晚完工节点时间最长的路线。

2）绘制活动网络图应注意的问题。

第一，绘图之前要正确确定作业顺序，明确各项作业之间的衔接关系，以便能够逐步把各项作业按顺序用箭头线连接起来。

第二，每一项作业（即一条箭头线）两端都必须有节点编号，编号一般按从左向右的顺序逐渐增大，而且不能重复。

第三，相邻两个节点之间必须且只能有一条箭头线。

第四，活动网络图不能出现双向箭头。

第五，活动网络图只能有一个起点和一个终点。

（7）矩阵图。

矩阵图上各元素间的关系如果能用数据进行定量化的表示，则能更准确地整理和分析结果。这种可以用数据表示的矩阵图法，叫作矩阵数据分析法。在项目质量保证的七种工具中，矩阵数据分析法是唯一一种利用数据来分析问题的方法，但其结果仍要以图形表示。

矩阵数据分析法其实是很多种数据分析方法的总称，其中最主要的方法为主成分分析法。主成分分析法是一种将多个变量化为少数综合变量的一种多元统计的方法，利用此法可以从原始数据中获得许多有益的信息。

矩阵数据分析法在项目质量管理中，主要应用于以下几个方面：

1）分析含有复杂因素的工序；

2）从大量数据中分析不良品的原因；

3）从市场调查的数据中把握质量要求，进行产品市场定位分析；

4）质量的元素特性的分类系统化；

5）复杂的质量评价；

6）对应曲线的数据分析。

2. 质量审计

质量审计是用来确定项目活动是否遵循了组织和项目的政策、过程与程序的一种结构化的、独立的过程。质量审计的目标是：

（1）识别全部正在实施的良好及最佳实践；

（2）识别全部违规做法、差距及不足；

（3）分享所在组织和/或行业中类似项目的良好实践；

（4）积极、主动地提供协助，以改进过程的执行，从而帮助团队提高生产效率；

（5）强调每次审计都应对组织经验教训的积累做出贡献。

采取后续措施纠正问题，可以带来质量成本的降低，并提高发起人或客户对项目产品的接受度。质量审计可事先安排，也可随机进行；可由内部或外部审计师进行。

质量审计还可确认已批准的变更请求（包括更新、纠正措施、缺陷补救和预防措施）的实施情况。

3. 过程分析

过程分析是指按照过程改进计划中概括的步骤来识别所需改进的方法。它也要检查在过程运行期间遇到的问题、制约因素及发现的非增值活动。过程分析中包括根本原因分析，是用于识别问题、探究根本原因并制定预防措施的一种具体技术。

8.4.4 实施质量保证的结果

1. 变更请求

可以提出变更请求，并提交给实施整体变更控制过程，以全面考虑改进建议。可以为采取纠正措施、预防措施或缺陷补救而提出变更请求。

2. 项目管理计划更新

项目管理计划中可能需要更新的内容主要包括：（1）质量管理计划；（2）范围管理计划；（3）进度管理计划；（4）成本管理计划。

3. 项目文件更新

可能需要更新的项目文件主要包括：（1）质量审计报告；（2）培训计划；（3）过程文档。

4. 组织过程资产更新

可能需要更新的组织过程资产主要包括组织的质量标准和质量管理系统。

8.5 项目质量控制

8.5.1　项目质量控制的概念

项目质量控制就是项目团队的管理人员采取有效措施，监督项目的具体实施结果，判断它们是否符合项目有关的质量标准，并确定消除产生不良结果原因的途径。也就是说，进行项目质量控制是确保项目质量得以圆满实现的过程。

控制质量过程使用一系列操作技术和活动，来核实已交付的成果是否满足需求。在项目规划和执行阶段开展质量保证，来建立满足干系人需求的信心；在项目执行和收尾阶段开展质量控制，用可靠的数据来证明项目已经达到发起人和/或客户的验收标准。

8.5.2　控制质量的依据

1. 项目管理计划

项目管理计划中包含质量管理计划，用于控制质量。质量管理计划描述将如何在项目中开展质量控制。

2. 质量测量指标

质量测量指标描述了项目或产品的属性及其测量方式。质量测量指标包括：功能点、平均故障间隔时间（MTBF）和平均修复时间（MTTR）。

3. 质量核对单

质量核对单是结构化清单，有助于核实项目工作及其可交付成果是否满足一系列要求。

4. 工作绩效数据

工作绩效数据包括：(1) 实际技术性能（与计划比较）；(2) 实际进度绩效（与计划比较）；(3) 实际成本绩效（与计划比较）。

5. 批准的变更请求

在实施整体变更控制过程中，通过更新变更日志，显示哪些变更已经得到批准、哪些变更没有得到批准。批准的变更请求可包括各种修正，如缺陷补救、修订的工作方法、修订进度计划，以及需要核实批准的变更是否已得到及时实施。

6. 可交付成果

可交付成果是指任何独特的并可核实的产品、成果或能力，最终将成为项目所需的、确认的可交付成果。

7. 项目文件

项目文件主要包括：(1) 协议；(2) 质量审计报告和变更日志（附有纠正行动计划）；

(3) 培训计划和效果评估;(4) 过程文档,如使用七种基本质量工具或质量管理和控制工具所生产的文档。

8. 组织过程资产

会影响质量过程的组织过程资产包括(但不仅限于):(1) 组织的质量标准和政策;(2) 标准化的工作指南;(3) 问题与缺陷报告程序及沟通政策。

8.5.3 控制质量的方法

1. 七种基本质量工具

七种基本质量工具为:亲和图、过程决策程序图、关联图、树形图、优先矩阵、活动网络图和矩阵图。

2. 统计抽样

按照质量管理计划中的规定,抽取和测量样本。

3. 检查

检查是指检验工作产品,以确定是否符合书面标准。检查的结果通常包括相关的测量数据。检查可在任何层次上进行,如可以检查单个活动的成果,或者项目的最终产品。检查也可称为审查、同行审查、审计或巡检等。在某些应用领域,这些术语的含义比较狭窄和具体,检查也可用于确认缺陷补救。

4. 审查已批准的变更请求

对所有已批准的变更请求进行审查,以核实它们是否已按批准的方式得以实施。

8.5.4 控制质量的结果

1. 质量控制测量结果

质量控制测量结果是对质量控制活动的结果的书面记录。应该以策划质量管理过程所确定的格式加以记录。

2. 确认的变更

对变更或补救过的对象进行检查,做出接受或拒绝的决定,并把决定通知干系人,被拒绝的对象可能需要返工。

3. 核实的可交付成果

控制质量过程的一个目的就是确定可交付成果的正确性。开展控制质量过程的结果,是核实的可交付成果。核实的可交付成果是确认范围过程的一项输入,以便正式验收。

4. 工作绩效信息

工作绩效信息是从各控制过程收集,并结合相关背景和跨领域关系进行整合分析而得到的绩效数据。例如,关于项目需求事先情况的信息、拒绝的原因、要求的返工,或所需的过程调整。

5. 变更请求

如果推荐的纠正措施、预防措施或缺陷补救导致需要对项目管理计划进行变更,则应按既定的实施整体变更控制过程的要求,提出变更请求。

6. 项目管理计划更新

项目管理计划中可能需要更新的内容主要包括：（1）质量管理计划；（2）过程改进计划。

7. 项目文件更新

可能需要更新的项目文件主要包括：（1）质量标准；（2）协议；（3）质量审计报告和变更日志（附有纠正行动计划）；（4）培训计划和效果评估；（5）过程文档，如使用七种基本质量工具或质量管理和控制工具所生产的文档。

8. 组织过程资产更新

可能需要更新的组织过程资产主要包括：

（1）完成的核对单。如果使用了核对单，完成的核对单就会成为项目文件和组织过程资产的一部分。

（2）经验教训文档。偏差的原因、采取纠正措施的理由，以及从控制质量中得到的其他经验、教训，都应记录下来，成为项目和执行组织历史数据库的一部分。

章后练习题

1. 如何理解项目质量和项目质量管理？
2. 项目质量管理应该遵循哪些原则？
3. 策划质量管理的依据有哪些？
4. 什么是项目质量保证？
5. 实施质量保证的依据有哪些？
6. 什么是项目质量控制？
7. 某办公楼施工过程中，发现房间地坪质量不合格，因此，对该质量问题进行了调查，发现有 80 间房间起砂，调查结果统计见表 8—10。请用帕累托图分析房间地坪起砂的主次原因。

表 8—10　　地坪起砂原因调查结果表

地坪起砂的原因	出现房间数
砂含泥量过大	16
砂粒径过细	45
后期养护不良	5
砂浆配合比不当	7
水泥标号太低	2
砂浆终凝前压光不足	2
其他	3

8. 某工地钢筋焊接不合格接头统计情况如表 8—11 所示。请绘制计数控制图。

表 8—11　　钢筋焊接接头统计情况

样品号	钢筋焊接接头数	合格数 Pn	样品号	钢筋焊接接头数	合格数 Pn
11	1 100	8	115	100	1
12	1 100	9	116	100	9
13	1 100	6	117	100	7
14	1 100	3	118	100	8
15	1 100	5	119	100	4
16	1 100	9	220	100	6
17	1 100	7	221	100	12
18	1 100	11	222	100	8
19	1 100	5	223	100	9
110	1 100	2	224	100	4
111	1 100	8	225	100	6
112	1 100	6	226	100	9
113	1 100	9	227	100	5
114	1 100	3			

9. 一个人在两辆汽车之间进行选择，其中一辆提供了平均耗里程，四轮驱动，车窗及座椅控制全自动装置；而另一辆有优越的音响系统，乘坐平稳并且有较好的燃料经济性，他将如何选择？对于某个驾驶者来说，四轮驱动可能是在其他所有考虑之上的首要选择；但对于另一个驾驶者来说，可能认为燃料经济性在其他选择之上。试用优先矩阵方法解决问题。

案例

施工质量问题的监理

背景：某工程，建设单位委托监理单位承担施工阶段监理任务。

在施工过程中，发生如下事件：

事件 1：专业监理工程师检查钢筋电焊接头时，发现存在质量问题（见表 8—12），随即向施工单位签发了《监理通知单》要求整改。施工单位提出，是否整改应视常规批量抽检结果而定。在专业监理工程师见证下，施工单位选择有质量问题的钢筋电焊接头作为送检样品，经施工单位技术负责人封样后，由专业监理工程师送往预先确定的试验室，经检测，结果合格。于是，总监理工程师同意施工单位不再对该批电焊接头进行整改。在随后的月度工程款支付申请时，施工单位将该检测费用列入工程进度款中，要求一并支付。

表 8—12　　钢筋电焊接头质量问题统计

序号	质量问题	数量	序号	质量问题	数量
1	裂纹	8	4	咬边	104
2	气孔	20	5	焊瘤	14
3	夹渣	54			

事件 2：专业监理工程师在检查混凝土试块强度报告时，发现下部结构有一个检验批内的混凝土试块强度不合格，经法定检测单位对相应部位实体进行测定，强度未达到设计要求。经设计单位验算，实体强度不能满足结构安全的要求。

要求：

1. 根据表 8—12，采用排列图法列表计算质量问题累计频率，并分别指出哪些是主要质量问题、次要质量问题和一般质量问题。

2. 指出事件 1 中施工单位的提法及施工单位与项目监理机构做法的不妥之处，写出正确做法并说明理由。

3. 按《建设工程监理规范》（GB/T50319－2013）的规定，写出项目监理机构对事件 2 的处理程序。

解：

1. 事件 1 中，质量问题的累计频率如表 8—13 所示。

表 8—13　　质量问题的累计频率统计表

序号	存在的问题	数量	频率（%）	累计频率（%）
1	咬边	104	52.0	52.0
2	夹渣	54	27.0	79.0
3	气孔	20	10.0	89.0
4	焊瘤	14	7.0	96.0
5	裂纹	8	4.0	100.0

根据上述分析，钢筋电焊接头的主要质量问题为：咬边和夹渣；次要质量问题为：气孔；一般质量问题为：焊瘤和裂纹。

2. 事件 1 中：施工单位提出是否整改应视钢筋接头焊接质量批量抽检结果而定不妥，因质量缺陷超出规范允许值，对发现的质量问题均应进行整改，与抽检结果无关。施工单位选择有质量问题的电焊接头作为送检样品不妥，应随机抽样。施工单位的技术负责人对送检样品封样不妥，应由负责见证取样的专业监理工程师对送检样品封样。试件由专业监理工程师送往试验室不妥，应由施工单位送往试验室。总监理工程师根据试件检测合格的结果同意施工单位不再对该批电焊接头进行整改不妥，应要求施工单位对质量问题进行整改。最后，施工单位将该试验费用列入工程进度款中要求一并支付不妥，因为，钢筋接头抽检属常规检验，不应另行计费。

3. 事件 2 中，由于混凝土试块经检测强度不合格，经法定检测单位对相应部位实体进行测定，强度未达到设计要求。经设计单位验算，实体强度不能满足结构安全的要求，属重大质量隐患，因此，总监理工程师应签发《工程暂停令》，责令施工单位报送质量事故调查报告和经设计单位等相关单位认可的处理方案，项目监理机构应对质量事故的处理过程和处理结果进行跟踪检查和验收，验收合格后由总监理工程师签发《工程复工令》，总监理工程师应及时向建设单位及本监理单位提交有关质量事故的书面报告，并应将完整的质量事故处理记录整理归档。

资料来源：中国建设监理协会：《建设工程监理案例分析》，北京，中国建筑工业出版社，2014。

第9章

项目人力资源管理

引 例

项目经理的撤换

李明在项目A的筹备阶段就作为项目经理助理参与该项目，项目正式实施后被某公司任命为项目经理。但使李明感到不快的是：职能部门的经理虽然为该项目配备了时间和人员等资源，但这些人员更热衷于其他项目，同时李明还被告知别干涉职能部门经理对资源的调度。

1个月之后，在向公司管理层汇报项目进度时，李明借机向管理层说明了由于职能部门经理的不合作所造成的项目严重滞后等情况，这引起了公司管理层的高度注意，于是管理层投入了更多的资源，力图使项目回到正常轨道上来。

公司管理层还为李明指定了一个项目经理助理，该助理认为应该借助计算机软件等信息化手段使各种问题程序化。于是，公司又投入了12个人来开发这个程序，在花费了巨额资金和大量时间之后，李明发现这个程序并不能实现其预定目标，他向软件供应商进行咨询，由咨询结果得知，若要完成该程序，还需要多花费数倍的资金和2个月的时间才能实现预定目标，无奈之下，李明只好放弃了该程序。

此时按计划进度项目已滞后了9个月，但还没有成型的项目单元完成，客户对项目拖期问题非常不满，李明不得不花费大量时间向客户解释目前存在的问题和补救计划。

3个月之后，项目仍然没有大的进展，客户开始不耐烦了。尽管李明进行了大量的解释和说明，但客户仍然不能接受严重拖期，于是指派了一个客户代表到项目现场监督工作。客户代表要求找出问题并持续更新，继而试图参与进来解决问题，李明和客户代表在一些问题上产生了激烈的冲突，导致两人关系恶化。最后，公司管理层不得不撤换了李明，项目A在超期1年之后，以预计费用的140%得以完成。

李明在项目A中遇到了很多项目经理都曾经遇到的困难，他被撤换让人深思。

资料来源：http://wenku.baidu.com。

9.1 项目人力资源管理概述

9.1.1 项目人力资源管理的含义

所谓项目人力资源管理，即在对项目目标、规划、任务、进展情况等进行合理、有序的分析、规划和统筹的基础上，采用科学的方法，对项目过程中涉及的所有人员，包括项目经理、项目团队成员、项目发起方、投资方、项目业主及项目客户等进行有效的协调、控制和管理，使他们能够同项目管理团队紧密配合，在各方面尽可能地符合项目的发展需求，激励并保持项目团队成员对项目的忠诚，最大限度地挖掘项目团队的人才潜能，充分发挥他们的主观能动性，最终实现项目的战略目标。

9.1.2 项目人力资源管理过程

项目人力资源管理包括项目团队组建和管理的各个过程。项目管理团队是项目团队的子集，负责项目管理活动，如项目规划、控制和收尾，该子集也可被称作核心团队或领导团队。对于小型项目，项目管理职责可由整个项目团队承担，也可由项目经理单独承担。项目发起人通常协助项目管理团队解决项目筹资和澄清范围问题，并为项目利益而对他人施加影响。

项目人力资源管理的过程如下所述。

1. 人力资源规划

确定、记录并分派项目角色、职责，请示汇报关系，制订人员配备管理计划。

2. 项目团队组建

招募项目工作所需的人力资源。

3. 项目团队建设

培养团队成员的能力，并提高成员之间的交互作用，从而提高项目绩效。

4. 项目团队管理

跟踪团队成员的绩效，提供反馈，解决问题，协调变更事宜，以提高项目绩效。

上述过程不仅彼此交互作用，而且还与其他知识领域的过程交互作用。根据项目需要，每个过程可能涉及一人、多人或集体的努力。每个过程在每个项目中至少出现一次，并可在项目的一个或多个阶段中出现。

9.1.3 项目团队的概念与发展过程

项目团队是项目组织的核心，建设一个高效的项目团队对项目的成功起着非常重要的作用。现代项目管理十分强调项目团队的组织和建设，注重按照团队的方式开展项目工作，这就使得项目团队的建设和发展成为项目人力资源管理中的一项重要内容。

1. 项目团队的概念和特点

(1) 项目团队的定义。

项目团队是由一组个体成员为实现一个具体项目的目标而组建的协同工作队伍。项目团队的根本使命是实现具体项目的目标和完成具体项目所确定的各项任务。项目团队是一种临时性的组织，一旦项目完成或者中止，项目团队的使命即告完成或中止，随之项目团队即告解散。

(2) 项目团队的特性。

一般认为，项目团队作为一种临时性的组织，主要具有以下几个方面的特性：

1) 目的性。

组建项目团队的目的就是完成某个项目和实现项目的既定目标。因此，这种组织具有很强的目的性，其只承担与既定项目目标有关的使命或任务，而不承担与此无关的使命和任务。

2) 临时性。

项目团队在完成特定项目的任务以后使命即告终结，甚至在出现项目中止的情况时，项目团队也会临时解散或是暂停工作，在重新启动项目时项目团队才会重新开展工作。

3) 团队性。

项目团队是按照协同工作的团队作业模式开展项目工作的，这种团队性的作业要求强调团队精神与团队合作。因此，团队精神与合作是项目成功的保障。

4) 开放性。

开放性指项目团队成员在项目实施期间“能进能出”，只要项目需要即可加入或退出。这使得项目团队成员数量和人选会随着项目的发展与变化而不断调整，这与运营组织的特性完全不同。

5) 双重领导特性。

多数情况下项目团队的成员既受原职能部门领导，又受项目经理领导。这会使项目团队成员的发展受限，甚至会出现因双重领导者的意见不同而使项目团队成员无所适从的现象。

2. 项目团队的创建和发展

项目团队的创建与发展是个动态和有规律的过程，一般会经历如图 9—1 所示的形成、震荡、规范和辉煌 4 个阶段。

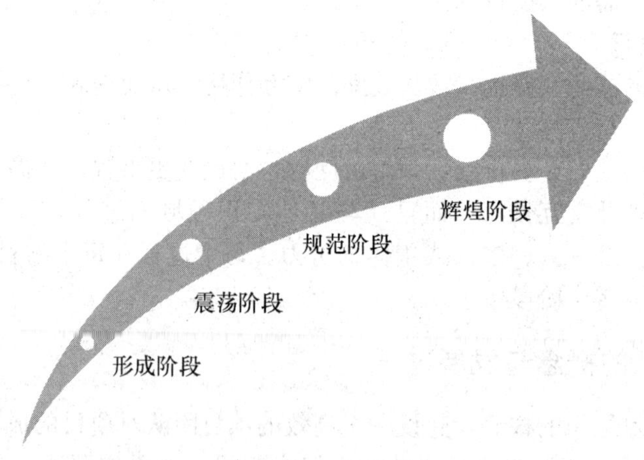

图 9—1 项目团队创建与发展的阶段

(1) 形成阶段。

形成阶段是项目团队的初创和组建阶段，团队成员从不同的组织被调集到一起组成项目团队，团队成员往往由于被选到项目团队中来而情绪高涨，但也由于彼此互不了解而工作效率不理想。

在这个阶段中，项目团队成员总体上有一种积极向上的愿望，并急于开始工作和展示自己。然而由于还不太了解自己的职责、角色及团队伙伴的角色与职责，因此，在这一阶段中团队每个成员都有一个适应全新的团队环境和成员关系的问题。项目团队成员的心理处于一种高度焦虑的状态和极不稳定的阶段，团队成员的情绪特点包括：激动、希望、怀疑、焦急和犹豫。项目团队的每个人在这个阶段都有很多疑问，每个人都急于展示自己和了解其他团队成员，每个人都担心自己的角色是否与个人能力、职业与兴趣等相一致。

在这一阶段中，项目经理的主要工作是进行团队指导和构建，具体包括以下几个方面：

1）为团队明确方向、目标和任务。

2）为每个成员确定职责和角色，并将其组成项目团队。

3）进行组织构建，确立团队工作的初始操作规程，如沟通渠道、审批及文件记录工作等。

(2) 震荡阶段。

在这一阶段，项目目标更加明确，项目成员开始执行分配到的任务。但是，由于立场、观念、方法、行为等方面的差异，有一些团队成员发现和遇到各种各样的问题，如有的成员发现项目工作与自己期望的不一致、有的成员感觉到团队成员间的关系存在许多矛盾和问题。这些问题使有些团队成员与项目经理和项目管理人员之间产生矛盾和抵触，团队成员越来越不满意项目经理的指挥或命令，越来越不愿意接受项目管理人员的管理，结果项目团队就进入了震荡阶段，项目团队成员的思想和人际关系等都处于一种动荡的状态。

震荡阶段团队成员的情绪特点是紧张、挫折、不满、对立和抵制等并存。因为有些团队成员在这一阶段中因原有预期未能达到或者是差距较大而产生挫折感，这种挫折感使人们产生愤怒、对立和冲突的情绪，这些情绪又造成了项目团队中的关系紧张、气氛恶化，以及矛盾、冲突和抵触等。

在震荡阶段，项目经理的工作重点是解决冲突，具体包括以下几个方面：

1）容忍一些不满并解决冲突与协调关系，安抚大家的情绪，消除团队中的各种震荡因素。

2）引导项目团队根据任务和团队情况对自己的角色及职责进行调整。必要时，邀请项目团队的成员积极参与问题的解决，共同做出相关的决策。

(3) 规范阶段。

经历了震荡阶段的考验后，项目团队成员之间、团队成员与项目管理人员和经理之间的关系已经理顺和确立，绝大部分个人之间的矛盾已得到了解决，项目团队进入了规范阶段。此时的项目团队内部矛盾低于震荡阶段，因为项目团队成员个人的期望得到了调适，项目团队成员的不满情绪大大减少。在这一阶段项目团队成员接受并熟悉了工作环境，项目管理的各种规程得以改进和规范，项目经理和管理人员逐渐掌握了对项目团队的管理和控制，项目团队的凝聚力开始形成，项目团队全体成员获得了归属感和集体感，每个人觉得自己已经成为了团队的一部分。

规范阶段项目团队成员的情绪特点是：信任、合作、忠诚、友谊和满意。随着团队成员之间相互信任关系的建立，团队成员开始大量地交流信息、观点和感情，团队合作意识增强。项目团队成员之间可以自由地、建设性地表达自己的情绪、评论和意见，成员之间和成员与项目经理之间在信任的基础上发展了相互之间的忠诚并建立了友谊。项目团队经过了这个阶段之后，其团队成员会更加支持项目管理人员的工作，整个项目团队的工作效率得到了提高。

这一阶段，项目经理应尽量减少指导性工作，更多扮演支持者的角色，对项目团队成员进行激励，采纳并积极支持项目团队成员的各种建议和参与，努力规范团队和团队成员的行为，从而使项目团队不断发展和进步，为实现项目目标和完成项目团队的使命而努力工作。

（4）辉煌阶段。

辉煌阶段是项目团队不断取得成就的阶段。此时项目团队的成员积极工作，努力为实现项目目标而做出贡献。这一阶段项目团队成员间的关系更为融洽、团队的工作绩效更高、团队成员的集体感和荣誉感更强，项目团队全体成员能开放地、坦诚地、及时地交换信息和思想，项目团队也根据实际需要以团队、个人或临时小组的方式开展工作。此时项目团队成员之间相互依赖程度提高，项目经理给项目团队成员的授权增多，甚至在项目工作出现问题时多数由项目团队成员自行解决，因此项目团队成员有了很高的满意度。这一阶段项目团队成员的情绪特点是：开放、坦诚、依赖。

项目经理在这一阶段的工作重点是帮助团队成员执行项目计划，并对团队成员的工作成绩给予表扬。项目经理应该积极授权，从而使项目团队成员更多地进行自我管理和自我激励，加强对团队成员的培养，维持团队行为的稳定性。

团队形成的 4 个阶段及其特征见表 9—1。

表 9—1　　团队形成的四个阶段及其特征

特征	形成阶段	震荡阶段	规范阶段	辉煌阶段
团队任务	队员不了解团队的工作和团队对其的期望	在工作中有许多不同的意见。有些队员过分关心团队给其的成功机会	团队的工作正向好的方面发展	团队的目标正在实现，实践充分利用
信息共享	队员共同分享许多信息资源	队员只为自己着想	队员各抒己见，并不断提出问题，从其他成员处获得信息	队员探究各自观点，并从团队中或外界听取新的建议
工作情况	队员各自隐藏自己的工作情况	队员开始相互了解各自的工作情况	队员真正了解各自的工作情况	队员已经相互接受各自的工作情况
冲突	队员避免引起冲突	队员经常表达不同意见，并引起冲突	队员学会如何相互面对，进而解决冲突	队员以诚相待，不怕争论和意见分歧
参与	只有少数队员参与讨论，其他人很少说话	当有些队员保持沉默或等待事态发展时，一些人则设法影响其观点	大多数队员提出建议和意见，并积极参与团队讨论	由于每个队员的积极参与，团队会议变得活跃
人际关系	队员之间害羞、犹豫与警觉	队员之间既合作又竞争	队员互相信任并开始传递和接受反馈信息	队员相互信任，成为一个紧密的整体

3. 项目团队精神和团队绩效

（1）项目团队精神与团队绩效的关系。

项目团队并不仅仅是一组集合在一起的人，没有团队精神不可能形成真正的项目团队。项目团队需要有自己的团队精神，成员相互依赖和忠诚，人人齐心协力地工作，为实现项目目标而开展团队工作。一个项目团队的绩效与团队精神紧密相关，图 9—2 给出了项目团队在形成、震荡、规范和辉煌 4 个阶段团队精神与团队绩效的关系。

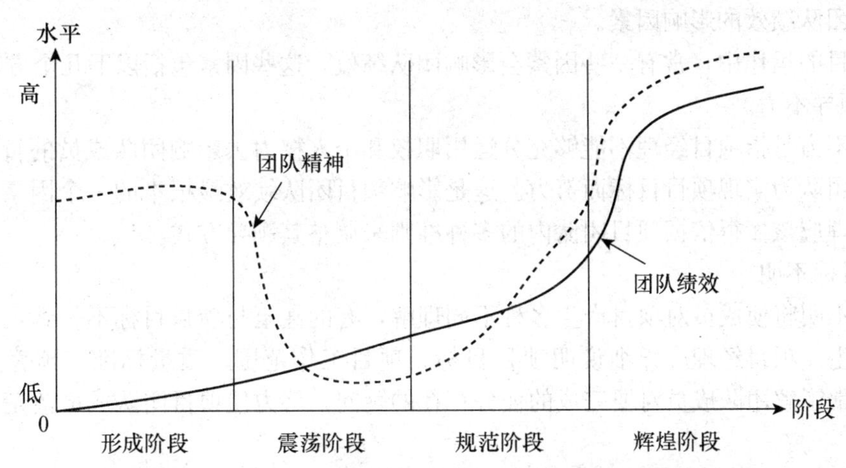

图 9—2 项目团队发展各阶段团队精神与团队绩效的关系

(2) 项目团队精神的内涵。

项目团队精神是项目团队成员为了团队的整体利益和目标而相互协作、共同努力的意愿和作风，其内涵包括下述几个方面：

1) 项目团队成员之间高度信任。

高度信任表现在每个团队成员都相信团队的其他人所做的事情是为了实现项目的目标和完成团队的使命。同时，团队成员也承认彼此之间的差异，只是这些差异与团队目标没有冲突，而且这些差异反而会使每个成员感到自我存在的必要和自己对团队的贡献。

2) 强烈的相互依赖。

一个项目团队的成员只有充分理解每个团队成员都是项目成功不可或缺的重要因素之一，才会很好地合作并且相互依赖。团队成员之间的这种依赖性会形成团队的凝聚力，而这种凝聚力就是团队精神的一种最好的体现。

3) 一致的目标。

一致的目标是指项目团队全体成员所具有的相同目标，以及希望能够为实现项目目标而付出自己的努力。在这种情况下，项目团队的目标与团队成员的个人目标相对一致，大家都会为共同的目标而努力。

4) 全面的互助合作。

一个有效的项目团队通常会进行开放、坦诚且及时的沟通。项目团队成员们能够成为彼此的力量源泉，大家都希望看到其他团队成员的成功，都愿意在其他成员陷入困境时提供自己的帮助，并能提出和接受批评、反馈和建议。

5) 平等与积极参与。

项目团队成员之间的关系是平等的，每个人都有权利和义务积极参与项目的工作和管理，项目团队成为一种民主和分权的团队。

6）自我激励和管理。

项目团队成员自我激励和自我管理的模式是项目团队不断辉煌的保障，只有这样，项目团队成员才能够积极承担责任和约束自己，努力完成任务和实现整个项目团队的目标。

（3）团队绩效的影响因素。

在项目的运作中，常有一些因素会影响团队绩效，这些因素包括以下几个方面：

1）领导不力。

领导不力是指项目经理不能够充分运用职权和个人权力去影响团队成员的行为，并带领和指挥团队为实现项目目标而努力。这是影响项目团队绩效最根本的一个因素。作为一个项目经理应该懂得依据项目团队内的多种准则来调整其领导方式。

2）目标不明。

目标不明将使成员对项目产生多种不同理解，有的甚至与项目目标不一致，从而加剧冲突的产生。项目经理应详细说明项目目标、项目工作范围、质量标准、预算和进度计划，并经常了解团队成员对要完成的任务存在的疑问，努力使项目团队成员清楚地知道项目的目标。

3）缺乏沟通。

缺乏沟通是指项目团队成员对项目工作中发生的事情知之甚少，项目团队内部和团队与外部之间的信息交流严重不足。项目经理应采用各种信息沟通手段，使项目团队成员及时地了解项目的各种情况，使团队与外界的沟通保持畅通和有效。

4）职责不清。

项目职责不清是指项目团队成员对其角色和责任的认识含糊不清，或者是在管理上存在一些团队成员的职责重复问题。项目经理在项目开始时就应该使项目团队的每位成员明确自己的角色和职责，以及自己与其他团队成员之间的角色联系和职责关系。项目团队成员也可以积极地要求项目经理界定和解决职责模糊不清的地方，以及明显存在的责任重复问题。

5）激励不足。

激励不足是指项目经理在项目管理中所采用的各种激励措施力度不够，或者是缺乏激励机制和工作。这会使项目团队成员产生消极思想，从而严重地影响团队的绩效。项目经理需采取各种各样的激励措施，分析每个成员的激励因素，创造出一个充满激励的工作环境。

6）规章不全。

规章不全是指项目团队没有合适的规章去规范整个团队及其成员的行为和工作。在这种情况下，团队成员会觉得一个团队里每个人的工作都无章可循，这种局面同样会造成项目绩效的低下。因此，项目经理在项目开始时就要制定基本的管理规章和工作规程，并把规程以书面形式传达给所有团队成员。

7）成员流失。

过于频繁的人员流动往往不利于团队凝聚力的形成。因此，项目经理应从人员选拔、激励手段等方面着手，挑选能力强且能长期为项目工作的成员。同时，与各职能部门经理保持良好的工作关系，以便能提前知晓团队成员的动态，从而提前做好替换人员的准备。

9.2 项目人力资源规划

通过人力资源规划，可以确定项目角色、职责、汇报关系，并制订人员配备管理计划。项目角色可指定为个人或小组，而这些个人或小组可来自于项目执行组织的内部或外部。人员配备管理计划可包括何时及如何招募人员、人员撤离项目的安排，同时，可确定培训需求、奖励计划、合规性考虑、安全问题，以及人员配备管理计划对组织的影响。

9.2.1　人力资源规划的依据

1. 事业环境因素

应基于对现有组织参与项目的各种方式的理解，以及对各个技术专业和技术人员之间的交互作用方式的理解，界定项目角色和职责。涉及组织人力资源规划的事业环境因素包括以下几个方面：

（1）组织性因素。例如，哪些组织或部门将参与项目？它们之间目前的工作安排如何？它们之间存在何种正式或非正式的关系？

（2）技术性因素。例如，完成项目将需要什么专业和专门技术参与？是否有不同类型的软件语言、工程方法或设备需要协调？从项目生命期的一个阶段过渡到另外一个阶段是否存在特殊的困难？

（3）人际性因素。例如，项目团队候选人之间的正式与非正式的报告关系是怎样的？如何描述团队候选人的岗位？主管和下属之间的关系如何？供应商与客户之间的关系如何？团队成员之间的工作关系将受哪些文化或语言差异的影响？现有的信任水平和尊敬水平如何？

（4）后勤保障性因素。例如，项目参与人员或单位之间的距离如何？人员是否处于不同的时区？是否在不同的国家或办公楼工作？

（5）政治性因素。例如，项目潜在的各利害关系者各自的目标或意图是什么？哪些组织和人员在项目的某些重要领域内有非正式的权力？存在哪些非正式的联盟？

除上述各项因素之外，制约条件也可限制项目团队的选择余地。对人力资源规划过程起到限制作用的一些制约条件有以下几个方面：

（1）组织结构。如果组织结构为弱矩阵型，项目经理的角色和地位相对较弱。

（2）集体谈判协议。与行业协会或其他雇员团体的合约协议可能要求有某些角色或通报关系。

（3）经济条件。如暂停招工、培训基金削减、差旅预算不足等，都将限制人员配备方案的选择。

2. 组织过程资产

随着组织内项目管理方法逐渐趋于成熟，组织可以依据以前人力资源规划过程的经验教训，即组织过程资产，协助制订当前项目的计划。规范性的模板文件和核对表格可以减少项目初期的规划时间，并降低遗漏重要职责的概率。在人力资源规划中，比较有用的几种模板包括：项目组织图、岗位描述、项目绩效评估和标准冲突解决方法。人力资源规划中可借用的核对表包括：常见的角色和职责、常见的能力要求、应考虑的培训方案、团队规则、安全事项、合规性问题和奖赏。

3. 项目管理计划

项目管理计划包括：活动资源需求和项目管理活动的描述。例如，质量保证、风险管理、采购等，将有助于项目管理团队识别所需的角色和职责。

9.2.2 人力资源规划的方法

1. 组织机构图和岗位描述

可使用各种格式，记录团队成员的角色和职责。多数格式都可归结为三大类，即层级结构图、矩阵结构图和文字叙述形式。另外，有些项目任务被列入到从属计划中（如风险计划、质量计划或沟通计划）。无论应用哪些方法的组合，其目的都是一样的，即确保每个工作单元都由一名明确界定的负责人负责，并且所有团队成员都对他们的角色和职责有明确的了解。

（1）层级结构图。传统的组织结构图是用自上而下的方式展示职位和职位间的关系。工作分解结构的主要目的在于表明如何将项目可交付成果分解为工作单元，同时，工作分解结构也可用来表明高层级职责范围。组织分解结构（Organizational Breakdown Structure，OBS）与工作分解结构类似，其区别在于，组织分解结构不是按照项目可交付成果的分解而组织的，而是按照组织内现有部门、单位和团队而组织的，把项目活动和工作单元列在现有各部门下，这样，一个部门（如信息技术部或采购部），只需找到其所在的组织分解结构位置，就可了解其应承担的项目的所有职责。资源分解结构（Resources Breakdown Structure，RBS）是另一种层级图，它按项目所需的资源种类来分解项目。例如，资源分解结构可以反映一艘船舶各个不同部位用到的所有焊工和焊接设备。资源分解结构有助于跟踪项目成本，并可与组织的会计系统协调一致。资源分解结构内除了人力资源外，还可包含其他类型的资源。

（2）矩阵结构图。矩阵结构图是通过职责分配矩阵来反映工作与项目团队成员之间的联系。在大型项目中，矩阵结构图可以划分出多个层级。例如，高层级的职责分配矩阵可界定哪些项目小组或单位分别负责工作分解结构的哪一部分工作；而低层级职责矩阵则可在小组内为具体活动分配角色、职责和授权水平。矩阵结构形式，有时也被称作表格，可反映与每个人相关的所有活动或与每项活动相关的所有人员。图 9—3 所示的矩阵被称作 RACI 矩阵，原因在于其中的角色分别用 Responsible（有责）、Accountable（负责）、Consult（征询意见）和 Inform（通报）表述。虽然在图 9—3 中，左侧代表的是各项活动，但职责分配矩阵可以用不同的详细程度来说明各项职责。其中，人员可是单个人或某个组织。

表格	人　员				
活动	Ann	Ben	Carlos	Dina	Ed
定义	A	R	I	I	I
设计	I	A	R	C	C
开发	I	A	R	C	C
测试	A	I	I	R	I

R=有责；A=负责；C=征询意见；I=通报。

图 9—3　RACI 形式的职责分配矩阵

（3）文字叙述形式。需要详细界定的职责可用以文字叙述为主的形式表述。此类文件通常是描述形式，文件内可包含诸如职责、授权、能力和资格等方面的信息。这种文件有多种称谓，包括岗位描述、角色—职责—授权表格等。这些描述和表格对于将来的项目极具参考价值，若能在整个项目过程中通过经验、教训总结方法，对之不断更新的话，则尤为如此。

2. 建立网络

与组织或行业中的其他人进行非正式沟通交往，有助于了解影响人员配备方案效果的政治和人际关系要素。人力资源中人际交往活动的形式包括：积极沟通、午餐会、非正式交谈和行业会议。频繁的沟通交往是项目初期的一项有用的技术，项目开始前的定期沟通交往也很有效。

3. 组织理论

组织理论向我们阐述的是人员、团队和组织单位的行为方式。应用经过验证的原理，可缩短获得人力资源规划结果所需的时间，并可提高规划的有效性。

9.2.3　人力资源规划的内容

1. 角色与职责

在列出完成项目所需的角色和职责时，需考虑下述各项内容：

（1）角色，指某人负责的项目中某部分工作的标识。例如，土建工程师、法院联络人、商务分析师和测试协调人。角色的明确性（包括职权、责任和边界）对于项目的成功至关重要。

（2）职权，指使用项目资源及作出决策和批准的权利。需要有明确的职权来作决定的内容包括：实施方法的选择、质量验收，以及如何应对项目偏差。在项目团队成员的职权水平与其职责水平一致时，其工作最富成效。

（3）职责，为完成项目要求项目团队成员实施的工作。

（4）能力，完成项目活动所需的技能和能力。如果项目团队成员不具备所需要的技能，绩效将受到影响。如果发现了这种不匹配的现象，则应采取提前的应对措施。例如，培训、招募、进度计划变更或范围变更。

2. 项目组织图

项目组织图以图形方式展示项目团队成员及其通报关系。根据项目的需要，项目组织图可以是正式的、非正式的；详尽的或宽泛的。例如，一个 3 000 人的大型复杂项目团队的项目组织图应该比仅为20人的内部项目组织图更为详尽。

3. 人员配备管理计划

人员配备管理计划是项目管理计划的一个从属部分，描述何时及以何种方式满足项目的人力资源需求。根据项目的需要，人员配备计划可以是正式的或非正式的；详尽的或宽泛的。在项目进行期间，将不断对其进行更新，以指导团队成员的招募和团队建设活动。人员配备计划内的信息因应用领域和项目规模的不同而异，但应考虑的内容包括以下几个方面：

(1) 项目团队组建。在规划项目团队成员招募过程中，会出现一些问题需要考虑。例如，人力资源来自于组织内部还是外部？团队成员需要同地办公还是远距离分散办公？项目所需的各种不同技术水平的费用如何？组织的人力资源部门可为项目管理团队提供多大程度的协助和支持？

(2) 时间表。人员配备管理计划说明了项目对各个或各组团队成员的时间安排要求，以及招募活动何时开始。

(3) 成员遣散安排。确定团队成员的遣散方法和时间，对项目及团队成员都有益。在最佳时间，将团队成员撤离项目，可消除工作职责已经完成人员的费用支出，并降低成本。如果已经为员工做好了顺利过渡到新项目中去的安排，则可以提高士气。

(4) 培训需求。如果预期分派的员工不具有所要求的技能和能力，则可制订一份培训计划，作为项目的组成部分。计划可包括如何协助团队成员获取对项目有益的证书等各种方法。

(5) 表彰和奖励。用明确的奖赏标准和有计划的奖赏系统来促进并加强期望的行为。奖赏应基于受奖者控制范围内的工作和绩效，例如，如果某团队成员因实现了费用目标而得到奖赏，则该团队成员应对影响费用的决策有适当的控制权。制订奖赏计划，确定奖赏时间安排，将确保奖赏兑现不被遗忘，奖赏的实施属于项目团队建设过程的部分内容。

(6) 合规性。人员配备管理计划内包括一些策略，以遵循相关的政府规定和其他既定的人力资源政策。

(7) 安全。针对安全隐患，为保护团队成员安全而制定的政策和程序。应将其列明在人员配备管理计划和风险登记册内。

9.3 项目经理的角色

9.3.1 项目经理概述

1. 项目经理的含义

项目管理是以个人负责制为基础的管理体制，项目经理就是项目的负责人，有时也称为项目管理者或项目领导者，其负责项目的组织、计划及实施全过程，以保证项目目标的成功实现。成功的项目无一不反映了项目管理者卓越的管理才能，而失败的项目同样也说明了项目管理者的重要性。项目管理者在项目及项目管理过程中起关键性作用，因而项目经理就是一个项目全面管理的核心和焦点。

项目经理是企业法定代表人在项目上的一次性授权管理者和责任主体。项目经理是项目管理的第一负责人，全面负责项目管理工作，负责调配资源，合理组织施工，控制工期、质量、成本，全面履行建设合同，完成施工任务，实现业主、企业与项目目标。

项目经理是项目的管理者，项目经理也具有管理者的角色特点。加拿大管理学者亨利·明茨伯格提出的经理角色理论充分说明了管理者在实际工作中的角色特点，它比以往的管理职能说更加具体、生动，有助于人们对于管理者工作的理解。按照明茨伯格的研究，企业领导者的职责涉及人际关系、信息交流和决策过程三个方面的十种职责。

(1) 在人际关系方面起到以下作用：

1) 头面人物的作用，完成若干礼仪性的职责。

2) 领导人的作用，即用人的职责。

3) 联络人的作用，和同行或者有关单位保持个人或组织的横向联系。

(2) 在信息交流方面起到以下作用：

1) 监督人的作用，掌握企业内部和外部环境所发生的变化。

2) 传播人的作用，综合分析各种信息传达给内部各部门。

3) 发言人的作用，代表本企业向上级汇报和向有关部门通报情况。

(3) 在决策过程方面起到以下作用：

1) 企业家的作用，作为企业各种重大变革的创始者和设计者，以适应不断变化的环境。

2) 应急人员的作用，及时处理各种危机事件。

3) 资源分配者的作用，涉及对资金、时间、材料、设备、人力分配及质量和信誉保证体系的决策。

4) 谈判人的作用，为企业的巩固和发展寻求资源或资源交换。

项目经理尽管也是一个管理者，但他与其他管理者有很大的不同。首先，项目经理与部门经理的职责不同，在矩阵组织形式中可以明显看到项目经理与部门经理的差异，项目经理对项目的计划、组织、实施负全部责任，对项目目标的实现承担终极责任。而部门经理只能对项目涉及本部门的工作施加影响，如技术部门经理对项目技术方案的选择、设备部门经理对设备选择的影响等。因此，项目经理对项目的管理比起部门经理来更加系统、全面，要求具有系统思维的观点。其次，项目经理与公司总经理职责不同，项目经理是项目的直接管理者，是一线管理者，而公司的总经理是通过项目经理的选拔、使用、考核等来间接管理一个项目的。在实施项目管理的公司中，总经理往往也是从项目经理做起来的。

2. 项目经理责任制

项目经理在项目管理中起着非常重要的作用。项目管理的主要原理之一是把一个时间有限和预算有限的事业委托给一个人，即项目经理，他有权独立进行计划、资源分配、指挥和控制。项目经理的位置是因特殊需要形成的，因为他行使着大部分传统职能组织以外的职能。项目经理必须能够了解、利用和管理项目的技术方面的复杂性，必须能够综合各种不同的专业观点来考虑问题。但只有这些技术知识和专业知识仍是不够的，成功的管理还取决于预测和控制人的行为的能力。因此，项目经理必须通过人的因素来熟练地运用技术因素，以达到其项目目标。也就是说，项目经理必须使他的组织成员成为一支真正的队伍，一个工作配合默契、具有积极性和责任心的高效率群体。项目经理是项目管理中的全权代表，是项目决策的关键人物，是项目实施的最高组织者和最大责任者，在项目管理中处于中心地位。项目管理的体制也是项目经理负责制，目的是实现项目目标。

所谓项目经理负责制，即企业内部按照经理负责制的原则，以项目合同书的形式确定项目管理者与企业的责、权、利关系，按企业的运行机制运作，使项目管理者在项目运作全过程中履行其权利和义务，有效地进行项目组织管理。项目经理负责制是完成项目管理目标的最终落脚点，落实项目经理负责制，就是要把公司的各项指标层层分解，都落实到项目基点上，实行全方位、全过程的计划、组织、协调和控制。

项目经理是推行项目经理负责制的关键，项目经理是项目的总设计师，是工程项目实施中的组织者和领导者，对内向总经理负责，对项目全过程的质量、进度、效益负责到底。责任是项目经理负责制的核心。

项目经理负责制起源于工程项目法施工，项目法施工是根据工程建设项目单件性特点，组成一次性项目经理部，对承建工程实施全面、全员和全过程管理。实行项目经理负责制是实现承建工程项目合同目标，提高工程效益和企业综合经济效益的一种科学管理模式。项目经理是施工企业在工程项目上的代理人，受企业法人的委托，指挥工程项目的生产经营活动，调配并管理进入工程项目的人力、资金、物资、设备等生产要素，决定项目内部分配方案和分配形式，处理有关的外部关系。项目经理接受企业、建设单位或建设监理单位的检查与监督，及时处理工程施工中的问题，按期汇总和上报报表、资料等。项目经理实行持证上岗制度，对工程项目质量、安全、工期、成本和文明施工等全面负责。

例如，对于建设工程项目而言，施工企业项目经理的岗位是保证工程项目建设质量、安全、工期的重要岗位。建筑施工企业项目经理（以下简称项目经理），是指受企业法定代表人委托，对工程项目施工过程全面负责的项目管理者，是建筑施工企业法定代表人在工程项目上的代表人。需要注意的是，2003 年 2 月《国务院关于取消第二批行政审批项目和改变一批行政审批项目管理方式的决定》（国发〔2003〕5 号）规定：取消建筑施工企业项目经理资质核准，由注册建造师代替，并设立过渡期。建造师是一种专业人士的名称，而项目经理是一个工作岗位的名称，应注意这两个概念的区别和联系。取得建造师执业资格的人员表示其知识和能力符合建造师执业的要求，但其在企业中的工作岗位则由企业视工作需要和安排而定。

《建设工程施工合同（示范文本）》（GF 2013 0201）中涉及项目经理中的规定是：项目经理理应为合同当事人所确认的人选，并在专用合同条款中明确项目经理的姓名、职称、注册执业证书编号、联系方式及授权范围等事项，项目经理经承包人授权后代表承包人负责履行合同。项目经理应是承包人正式聘用的员工，承包人应向发包人提交项目经理与承包人之间的劳动合同，以及承包人为项目经理缴纳社会保险的有效证明。承包人不提交上述文件的，项目经理无权履行职责，发包人有权要求更换项目经理，由此增加的费用和（或）延误的工期由承包人承担。项目经理应常驻施工现场，且每月在施工现场时间不得少于专用合同条款约定的天数。项目经理不得同时担任其他项目的项目经理。项目经理确需离开施工现场时，应事先通知监理人，并取得发包人的书面同意。项目经理的通知中应当载明临时代行其职责的人员的注册执业资格、管理经验等资料，该人员应具备履行相应职责的能力。

承包人违反上述约定的，应按照专用合同条款的约定，承担违约责任。

3. 实施项目经理负责制的条件

实施项目经理负责制，必须具备下列基本条件：

（1）管理方式的转变。在企业内部（即项目的实施单位），项目经理和主管单位之间不再是行政指令的性质，而是以一种契约形式规定项目经理的职责、权力和利益，项目经理对项目的管理有最高的法律权力，主管单位不得随意干预正常的管理工作。在外部关系上，项目经理同客户、供应商等各方面的项目当事人和项目干系人一般也是以契约的形式加以规定。在项目团队内部，项目经理和团队成员之间也非行政命令式的管理方法，更多采用的是用经济手段来激励和管理团队成员。因此，自从有了项目经理负责制，管理方式也随之发生了革命性的变革。

（2）组织形式的转变。传统的组织形式一般是直线职能制，目前大多采用以项目为中心的矩阵式组织形式或项目效益中心制。以项目为中心的组织结构比较灵活，有利于有效地进行资源配置，便于充分发挥项目团队的整体力量和个人的创造性。

（3）工作重心的转变。传统的管理属于技术型的管理，主要关注项目实施中的技术问题；而实行项目经理负责制以后，工作重心已转向管理，主要关注于对项目的实施或对分包商的组织管理和监督上。为此，就要精简项目团队中的一般成员，相应增加项目团队中的管理人才和科技人才的比重。

（4）项目团队的建设。项目经理负责制的推行能否取得应有的成效，不仅取决于项目经理个人，还取决于是否有一个强有力的项目团队。没有一个合格的项目经理，项目经理负责制注定要失败，但即使有一个合格的项目经理，也未必能保证项目经理负责制的成功。确保项目目标高质量的实现，还取决于是否能有一个高效的项目团队。项目经理固然是项目团队中的核心人物，但他的工作还需要整个项目团队的紧密配合。国际上目前较为普遍的做法是：项目经理确定后，一般由项目经理亲自选拔和配置项目团队的队员，这样才能保证项目团队内部的沟通和协调，使项目团队向高效率发展。

项目经理负责制虽然是一种现代化的组织管理制度，但仍然存在一定的实施条件。只有具备推行项目经理负责制条件的企业和项目才能实行。不具备此条件的，往往还不如采用传统的管理经验和管理方式。如果没有一个强有力的项目经理或经理班子，或只选了一个项目经理，而其他的组织管理形式几乎没变，效率也未必能够提高。目前，国际上的项目管理并非采用单一的项目经理负责制，而是多种管理组织形式并存，因此，项目经理负责制推行与否，尚需根据具体条件而定。

9.3.2 项目经理的责任与权力

1. 项目经理的责任

项目经理作为项目的负责人，他有相应的责任，简而言之，他的责任就是通过一系列的领导及管理活动使项目的目标成功实现并使项目干系人都获得满意。这里的项目干系人包括一切参加或可能影响项目工作的所有个人或组织，主要有：

1）顾客：项目产品的接受者。

2）消费者：项目产品的使用者。

3）业主：发起该项目的人。

4）合伙人：项目的合作者。

5）提供资金者：包括金融机构。

6）承包商：为项目组织提供产品的组织。

7）社会：司法、执法机构、社会大众。

8）内部人员：项目组织成员。

项目经理的责任可以粗略地分为对所属上级组织的责任和对所管项目及项目组的责任。

（1）项目经理对所属上级组织的责任。

对所属上级组织的责任包括：资源的合理利用，及时、准确的通信联系、认真负责的管理工作。但必须强调的是：让所属上级组织的高级主管了解项目的地位、费用、时间表和进程是非常有用的，必须让高级主管了解未来可能发生的情况。项目经理应注意到项目推迟和出现赤字的可能，向上级的报告必须准确、及时，这样才能得到上级的信任，使公司不出现大的风险，及时得到高级主管的帮助。这一部分的责任主要表现在以下几个方面：

1）保证项目目标符合上级组织的目标。项目往往从属于更大的组织，项目与组织的其他工作一起配合协调完成组织的目标，因此在项目目标的确定、目标的分解及计划制订、实施的全过程都要有利于总目标的实现。

2）充分利用和保管上级分配给项目的资源。组织的资源是有限的，保证资源的有效利用是任何管理者的目标。项目一方面要充分有效利用上级分配给项目的资源，使资源的效能得到最大限度发挥，另一方面要从企业总体角度出发优化资源的使用。例如，企业往往不只有一个项目，如何使资源在一个项目内部及项目间有效利用是项目经理的责任。

3）及时与上级就项目进展进行沟通。项目与上级组织目标的实现息息相关，及时将项目的进展信息，如进度、成本、质量等向上级汇报，企业就可以从宏观角度进行项目群的管理，同时可以取得上级对本项目的各方面的支持。

（2）项目经理对所管项目及项目组的责任。

对项目负责是指项目经理要保护项目的整体性，使其不受在项目中有合法性的当事人不同要求的影响。项目经理应该关心由于委托人的影响而使工程部门作出的变动。同时，合同（或法律代理人）应指出委托人无权提出变动，生产部门也无法适应这种变动。因为市场的建议没有完整的重新设计方案，所以在项目中是不可能具体化的。

项目经理处于混乱的中心，他必须善于安抚人心，处理矛盾，迎合委托人。但他必须牢记：这些琐事并不能使其对项目完成所负的责任有丝毫的减少，即要在预算内及时、高质量地达到标准。

项目经理对项目的工作成员负责是由项目本身的一次性特征和成员的专业化特征所决定的。项目是一个临时的实体，最后总会结束，项目经理必须关心为此项目工作的每个成员的未来。如果主管不乐于帮助成员在项目结束后转到适合的职能部门或别的新项目，那么当项目快结束时，可能每个职员由于关心未来的职位而使项目不能及时完成。这一部分的责任主要表现在以下几个方面：

1）明确项目目标及约束；

2）制订项目的各种活动计划；

3）确定适合于项目的组织机构；

4）招募项目组成员、建设项目团队；

5）获取项目所需资源；

6）领导项目团队执行项目计划；

7）跟踪项目进展，及时对项目进行控制；

8）处理与项目相关者的各种关系；

9）项目考评与项目报告等；

10）在项目结束前考虑成员的未来。

2. 项目经理的职责和职位描述

由于项目所处行业、项目规模、复杂度各异，因此很难给出一个统一的且详细的责任描述。下面以一个建筑行业项目经理的职责为例说明。

(1) 计划。

1）对所有的合同文件完全熟知；

2）为实施和控制项目制订基本计划；

3）指导项目程序的准备；

4）指导项目预算的准备；

5）指导项目进度安排的准备；

6）指导项目的基本设计准则及总的规范的准备；

7）指导现场建筑活动的组织、实施和控制计划的准备。

(2) 组织。

1）设计项目组织图；

2）对项目中的各职位进行描述，列出项目主要监管人员的职责、范围；

3）参与项目主要监管人员的挑选；

4）开发项目所需的人力资源；

5）定期对项目组织进行评价，必要的时候对项目组织结构的人员进行变动。

(3) 指导。

1）指导项目合同中规定的所有工作；

2）在项目组中建立决策系统，以便在适当的层次做出决策；

3）促进项目主要监管人员的成长；

4）设立项目经理目标，并为主要监管人员建立绩效标准；

5）培养团队精神；

6）辅助解决存在于项目的不同部门或小组之间的分歧或问题；

7）对项目总体进展情况保持了解，以避免或减少潜在问题的发生；

8）对关键问题确立书面的战略指导原则，清楚定义责任和约束。

(4) 控制。

1) 监督项目的活动,使项目的进展与项目目标及公司总体政策相一致;

2) 监督项目的活动,使项目的进展与合同、计划、程序及顾客的要求相一致;

3) 对人员进行控制,保证其遵守合同条款;

4) 密切监督项目的有关活动,建立有关"变更"的沟通程序,对有关项目范围可能的变更进行必要的评价和沟通;

5) 对成本、进度及质量进行监控,保证及时报告;

6) 与顾客及有关组织保持有效沟通。

3. 项目经理的权力

权责对等是管理的一个原则,权大于责可能导致乱拍板,无人承担相应的后果;而责大于权又会使管理者趋于保守,没有创新精神。项目经理承担在一定约束条件下的权力,也就是说上级要给项目经理授权,而项目经理获得权力以后,由于生理、心理、时间、精力等的限制,必须通过项目团队完成项目任务,因此他还必须放权于项目团队成员。

在项目的实施中,凡是需要项目经理负责管理的方面,就应授予其相应的权限,问题的关键在于授权的程度大小。项目经理的工作范围涉及和贯穿于项目实施的全过程和所有方面,所以,对其的授权也应贯穿到项目实施的全过程,涉及项目实施的所有方面。

项目经理全周期责任制的确立,使得项目经理的职责开始于客户的需求,结束于帮助客户进行投产与试营,从这一项目全周期理论出发,项目经理的权力从客户和承包商缔结契约关系之前就应具备,即使合同中止还应有所延续。这一新变化和新发展必然要求有相应的项目组织管理结构和项目经理负责制与之适应。但是,现实中由于一些具体条件的限制,许多承包商(即项目被委托方)在承接项目之后才开始设立项目经理,这显然不利于项目经理全面地了解项目,无益于其及早做好项目启动的准备工作。

从实施项目的全方位来看,项目经理的权限应涉及项目实施的所有生产要素,包括人力、物力、财力、技术、时间及组织管理等。从我国目前情况来看,人力、物力、财力的充分自主权还受到体制等多方面的制约。项目管理首先就是人的管理,其核心也是人的管理,从项目周期的全过程和项目实施的阶段性来看,人的因素始终是重要的因素,所以实行项目经理负责制最重要的就是授予项目经理充分的人事权,使之能建立起一支高效率的项目团队。

(1) 授权的原则。

项目经理的授权需要根据下列的原则:

1) 根据项目目标的要求授权。一般来说,项目目标要求越高,则授予项目经理的权力也应越大。例如,某个工程项目要求质量很高、建筑工期要求很紧,这就需要授予项目经理足够的权力,以保证项目经理能充分调配项目所需要的机械设备、技术专家、管理骨干,同时有权形成一套激励约束相容的机制,能调动每一项目成员甚至与项目有关的当事人和项目干系人,只有这样,才能保证工程项目按质、按时地完成。

2) 根据项目风险程度授权,项目风险越大,对项目经理赋予的权力也应越大。风险程度的高低实际上就意味着项目经理承担责任的大小,管理学的基本原理要求权力和责任要具有对称性。只有这样,项目经理才拥有充分的权限,能在变化多端的项目环境中果断地作出决策。相反，项目的风险程度较低，授予项目经理的权力也应适当减小。

3）按合同的性质授权。从客户与承包商签订的合同来看，如果合同要求的工程项目技术较复杂、质量要求较高，则对项目经理应授予较多的权力；如果客户在合同中规定了既定的成本约束，则应授予项目经理较为灵活的权限，以便使其能有充分的自主权，作出正确的决策，使得项目的实施不超出成本预算。

4）按项目的性质授权。从项目的复杂程度来看，大型、复杂的工程项目，则应授予项目经理较大的权限；反之，项目较为简单、项目的目标或目标体系较易实现，则无须授予项目经理过大的权限。

5）根据项目经理授权。不同的项目经理有不同的领导水平和管理经验，对于那些组织管理能力较强、经验颇为丰富的项目经理，则应授予其足够的权限，以便其能充分发挥自己的创造性。相反，对于那些领导水平一般、阅历及管理经验不甚丰富的项目经理，则应适当保留部分权力，以免其决策过于草率或把握不住，导致项目风险加大，造成不应有的损失。

6）根据项目班子和项目团队授权。如果项目经理班子成员较多、配备精良，则应授予项目经理较大的权限；如果项目团队的队员较多，也应授予项目经理较多的权限。相反，授予的权力可以适当地少些。

总之，对项目经理的授权有较高的艺术性。授权过多，会导致项目经理自主权过大，有时会作出不必要甚至错误的决策，增加项目的风险；授权过小，又会限制项目经理行动和决策的自由度，在重大的环境变化下，有时会因权限所制，无法决策，终会导致商机殆尽。对项目经理的授权更要因人而异，对于经验丰富、领导艺术较高的项目经理，应授予较大的权力。

（2）授权的范围。

一般来讲，应授予项目经理以下基本权限：

1）项目团队的组建权。项目团队的组建权包括两个方面：一是项目经理班子或管理班子的组建权，二是项目团队队员的选拔权。

项目经理需要组建一个制定决策、执行决策的机构，这一机构我们称之为项目的经理班子或管理班子，负责项目各阶段的工作。项目经理班子是项目经理的重要助手，因此，授予项目经理组建班子的权力至关重要，包括：项目经理班子人员的选择、考核和聘用；对高级技术人才、管理人才的选拔和调入；项目经理班子成员的任命、考核、升迁、处分、奖励、监督、指挥甚至辞退等。

建立起一支高效、协同的项目团队是保证项目成功的另一关键因素，包括：专业技术人员的选拔、培训和调入，管理人员的配备，后勤人员的配备，团队队员的考核、激励、处分，乃至辞退等。

2）财务决策权。实践告诉我们，拥有财权并使其个人的得失和项目的盈亏联系在一起的人，能够较周全地、负责地顾及自己的行为后果。因此，项目经理必须拥有与项目经理负责制相符合的财务决策权，否则项目就难以顺利展开。一般来讲，这一权力包括以下几个方面：

第一，具有分配权。即项目经理有权决定项目团队成员的利益分配，包括计酬方式、分配的方案及原则，如实行计件、计时工资制或效益工资制等。项目经理还应有权制定奖罚制度，对超额工作者、效率较高者发放一定的奖金；相反，则可扣除一定的奖金或工资。

第二，拥有费用控制权。项目经理在财务制度允许的范围内拥有费用支出和报销的权力，如聘请法律顾问、技术顾问、管理顾问的费用支出，工伤事故、索赔等项的营业外支出。

第三，项目经理还应拥有资金的融通、调配权力。在客户不能及时提供资金的情况下，资金的短缺势必会影响工期，对于一个项目团队来说，时间也具有价值，因此，还应授予项目经理必要的融资权力和资金调配权力。这对某些不能间歇、工期较紧的项目来说尤为重要。

第四，项目实施控制权。由于资源的配置，如物资的供应及人力、财力的配备在项目的实际实施中，可能与项目计划书有所出入。有时项目实施的外部环境会发生一定的变化，使项目实施的进度无法与预期同步，这时就要求项目经理根据项目总目标，将项目的进度和阶段性目标与资源和外部环境平衡起来，作出相应的决策，以便对整个项目进行有效的控制。

授予项目经理独立的决策权对于项目经理乃至项目目标的实现都至关重要。除了少数重大的战略决策外，大部分问题可以让项目经理自行决策、自行处理。许多问题和商业机会都具有时效性，如果经过冗长、费时的汇报、批示，可能会错过时机，甚至可能导致无法挽回的损失。

例如，根据《建设工程项目管理规范》（GB/T50326—2006）的规定，建筑施工企业项目经理应具有下列权限：参与项目招标、投标和合同签订；参与组建项目经理部；主持项目经理部工作；决定授权范围内的项目资金的投入和使用；制定内部计酬办法；参与选择并使用具有相应资质的分包人；参与选择物资供应单位；在授权范围内协调与项目有关的内、外部关系；法定代表人授予的其他权力。

（3）项目经理的放权。

项目经理在获得权力以后，还需进行放权。放权就是为了实现项目目标而给项目团队赋予权力，即给项目团队的成员权力，以使他们在自己的职责范围内完成预期的工作任务。放权的含义，既包括给项目团队的成员分配任务，也包括给予团队成员完成工作目标的责任及相应的决策权。

项目团队的队员在自己的职责范围内，根据工作的需要，被赋予具体的目标任务。为了取得预期的结果，项目团队队员可按自己的方法制订计划，并根据项目经理给予的权力对资源加以控制。放权对一个项目经理来说是非常必要的。项目经理个人的能力和精力毕竟是有限的，所以他必须向下授权，以发挥团体的战斗力。放权也不是推卸责任，项目经理是项目的最高合法当事人，对项目目标的实现具有最终的责任，所以，每位项目经理都要把集权和放权有效地结合起来，为项目团队的工作创造必要的前提条件。

有效的放权需要有效的沟通，项目经理要使项目团队的队员充分认识到权力和责任的对称性，即要使团队队员明白他们取得的权力是什么，要履行的职责、要实现的目标又是什么。放权就要选择最合格的团队队员，赋予其一定的权力去执行某一项任务，最终实现某一工作目标。项目经理对队员的选择是以个人的素质、技能为基础的，因此，合格的项目经理要想做到有效的放权，首先就应充分了解每位项目团队队员的能力和素质。项目经理不仅需要了解和掌握项目队员的技能和优点，更需了解和掌握每位团队队员的缺点和他们之间的差异，这样，在进行放权和分析工作任务时就能做到有的放矢、万无一失。

每个人都有一种实现自我价值的愿望，放权有利于项目团队队员接受富有挑战性的任务，使他们能充分发挥自己的积极性和创造性，从而不断地拓展自己的知识、技能。每一个项目的成功，不仅是项目经理管理的成功，更是所有实现自我价值的团队队员的成功。

项目经理给团队队员赋予权力，要让他们在执行工作时有相应的决策权，并且不受到任何干扰，这样团队队员就获得了为完成工作任务而采取行动的自由。同时，项目经理也应该理解，每位团队队员在实际工作过程中，也难免会做出错误的决策和行动，从而导致某些工作任务无法实现。作为一名高素质的项目经理，此时就应该掌握好指挥、监督、批评和奖励的尺度，否则就会影响团队队员的情绪和士气，进而导致工作的瘫痪。在项目团队的工作中，项目经理应充分相信团队中的每位队员，让团队队员们放开手脚，有足够的行动和决策自由；项目经理更应当知道在何时提供必要的指导、建议和一定的鼓励，只有这样，他才能成功地驾驭项目团队朝既定的目标前进。

尽管充分、有效的放权有利于项目经理开展工作，但在现实中却存在着许多放权的阻碍。

1）项目经理自我表现欲较强，总想要亲自完成某项任务，并认为他自己会比别人做得更好、完成得更快。显然，作为一个出色的项目经理应摒弃这种想法，项目经理的素质和能力纵然再高，但个人的精力毕竟是有限的，而且，项目经理的实质工作是进行项目管理，而不是去具体实施众多的工作任务。

2）项目经理可能不太相信团队队员的工作能力或者是担心放权过多会失去控制。其实解决这一问题并不困难，通过有效的组织管理形式的建立、强有力的项目班子的配备、高效的项目团队的建设，这一问题自然会迎刃而解。

3）项目团队队员不敢勇于承担责任或者缺乏自信心。在这种情况下，项目经理就应该懂得如何与项目队员进行有效的沟通和交流，鼓励队员们树立自信心，让队员了解项目经理对他们的信任。当项目队员们遇到挫折和失败时，项目经理应给予鼓励而不是打击和冷落。

以上谈到了项目经理的权力主要来自职务的权力，但这并不是实际上权力的真正含义。关于权力有“授予说”和“接受说”之分，前者认为权力是职位所持有的，后者认为只有被领导者承认、接受的权力才是真正的权力。这两种说法都说明了权力的一方面，我们应该综合起来理解并在实际中运用。

领导作用的实现程度取决于领导者运用自身的素质和能力对组织所赋予的权力的正确利用。同时，领导者权力的大小并不完全取决于职位的高低。美国学者弗兰奇和雷文认为，领导者权力有以下五种不同的类型：

1）强制权。这是建立在惧怕基础之上的权力。下属意识到不服从上司的意愿会导致处罚，比如分配不称心的工作、训斥等。强制权是建立在人们的这样一种认识的基础之上的，即：违背上司预示的后果是惩罚。

2）奖励权。这是强制权的对立面。下属意识到服从上司的意愿会带来积极的奖励，这些奖励可以是金钱（提高报酬）或非金钱（工作做得好而受表扬）方面的。

3）法定权。这种权力来自上司在组织机构里的地位。例如，公司总经理比副总经理有更多的法定权，部门经理比第一线的主任有更多的法定权力。

4）专长权。这是来自知识的权力，具有这种权力的人是具有某些专门知识或特殊技能的人。具有比别人更多的某种能力就会赢得同事和下属的尊敬和服从。

5）个人影响权。这是由个人资历、榜样或感情所产生的力量，能使领导取得下属的认可。有的领导者由于个人的品行优秀、德高望重而受到下属的钦佩；也有领导者由于个人的各种社会关系而使下属能接受其影响。

强制权、奖励权、法定权是由个人在组织机构中的职位所决定的，都来源于行政的力量；专长权和个人影响权则取决于个人的知识和品德。有效的领导不仅要依靠行政的权力，还必须具有专长权和影响权，这样才会使被领导者心悦诚服，对于项目经理而言，这一点非常重要。

9.3.3 项目经理的技能

项目管理的实践证明，并不是任何人都可以成为合格的项目经理。项目及项目管理的特点要求项目经理具备相应的素质与能力，这样才能圆满地完成项目任务。通常一个合格的项目经理应该具备良好的道德品质、健康的身体素质、全面的理论知识素质、系统的思维能力、娴熟的管理能力、积极的创新能力及丰富的项目管理经验。

1. 良好的道德品质

人的道德观，决定着人行为处事的准则。项目经理必须具备良好的道德品质。这种道德品质大致可以分为两个方面：一方面是对社会的道德品质；另一方面是个人行为的道德品质。

（1）对社会的道德品质。

项目经理应有良好的社会道德品质，必须对社会的安全、文明、进步和经济发展负有道德责任。有些投资项目虽然自身的预期经济效益较为可观，但却有可能是建立在牺牲社会利益基础之上的。例如，某一客户委托项目经理在风景区投资兴建一稀有金属的开采项目，该自然风景区中此种稀有金属含量很多，国内外市场奇缺，有着广阔的市场前景，该项目的投建势必有很高的经济效益。但是从社会的利益、公众的角度考虑，该项目的投建必然会破坏风景区的整体效果，必然要造成环境污染、生态环境的破坏。虽然项目经理并不能阻碍客户的投资动机，但具有高度社会责任的项目经理，可以通过项目规划和建议，将此类项目的社会负效应降低至最低程度，最终保证社会利益、客户利益和自身利益的统一。

（2）个人行为的道德品质。

个人行为的道德品质决定着个人行为的方式和原则。在当今市场经济和商品经济的体制下，人们往往利欲熏心，在利欲的驱动下，项目经理也会置道德与法律不顾。在现代的项目管理中，项目经理面对大型、复杂的工程项目，控制着巨大的财权和物权，如果项目经理个人道德品质差，很容易出现贪赃枉法，以权谋私的行为，往往对工程项目进行偷工减料，导致项目最终的失败，造成不可挽回的重大损失。近几年来，我国此类案件屡见不鲜。

因此，好的项目经理必须要保证自己、项目经理班子及项目团队成员都严格遵纪守法，坚决抵制和杜绝贪污、挪用公款、逃税、漏税、瞒报等各种违法行为。好的项目经理还应遵循各种法律、规章和准则，以身作则，树立良好的模范榜样。

2. 健康的身体素质

项目管理在一定的约束下要达到项目的目标，它的工作负荷要求项目经理要有相应的身体素质。例如，一个复杂的、大规模的项目，项目管理者要负责从项目计划的制订到执行过程冲突的解决等，其大量的工作负荷没有健康的体质是不行的。健康的身体素质不仅指生理素质，也指心理素质。项目经理应该性格开朗，能与各种人交往；不过于内向，应该胸襟豁达；应该有坚毅的意志，能经受挫折和暂时的失败；应该既有主见，不优柔寡断，能果断行事，又遇事沉着、冷静，不冲动、不盲从；要既有灵活性和应变能力，又不失原则，不固执，不钻牛角尖等。

3. 全面的理论知识素质

在当今时代，要对项目进行有效的管理，就必须懂得与项目及项目管理相关的理论知识。

(1) 项目经理是项目管理者，他要具备系统的项目管理理论知识。已经发展成为一门学科的项目管理，为项目管理者提供了完善的项目管理理论知识体系，如美国项目管理学会和国际项目管理协会的项目管理知识体系，以及我国项目管理研究会制定的中国项目管理知识体系等。

(2) 项目经理是相关行业（或项目类型）的专家。一些大型、复杂的工程项目，其工艺、技术、设备的专业性要求较强，对项目经理的要求也就较高。不难想象，作为项目实施的最高决策人的项目经理，如果不懂技术就无法决策，就无法按照工程项目的工艺流程施工的阶段性来组织实施，更难以鉴别项目计划、工具设备及技术方案的优劣，从而对项目实施中的重大技术决策问题就没有自己的见解，没有发言权。不懂专业技术往往是导致项目经理失败的主要原因之一。项目经理如果缺少基本的专业知识，则对大量错综复杂的专业性任务进行计划、组织和协调都将十分困难。在沟通交流中，项目的有关当事人经常用到一些专业知识和术语，如果项目经理不具备一定的专业知识，沟通将非常困难，更不用说作出正确的决策了。由于项目经理要对项目负全面的责任，一般并不需要亲自去做一些较为具体的工作，因此在知识深度方面并不刻意要求越深越好，但是知识的全面性及广度是必需的。

4. 系统的思维能力

人们解决问题的能力固然与他的经验和知识有密切关系，但是两者并不是一回事。没有全面、系统的知识肯定不能设计出解决项目与项目管理中的问题的方案，但是不具备系统的思维能力，即使有了相应的知识，也不能有效地运用知识，自然不能使问题得到圆满解决。实际中常见这样的案例，有些人知识丰富，思维敏捷，多谋善断且善于解决问题；而有些人尽管“学富五车”，然而头脑迟钝，不能将所学用于解决问题。项目经理要对项目及项目管理全面负责，系统思维能力更是非常重要的。

系统的思维能力是指项目经理要具备良好的逻辑思维能力、形象思维能力，以及将两种思维能力辩证统一于项目管理活动中的能力。系统的思维能力还要求项目经理具有分析能力和综合能力，具有从整体上把握问题的系统思维能力。系统思维的核心就是把研究对象看作由两个或两个以上相互间具有有机联系及相互作用的要素所组成的，具有特定结构和功能的整体，而且其中各个要素可以是单个事物，也可以是一群事物构成的子系统。在运用系统的概念与观点分析处理问题时，要注意以下几个方面：

(1) 把研究的对象作为一个整体来分析。既要注意整体中各部分的相互联系和相互制约关系，又要注意各要素间的协调配合，服从整体优化的要求。

(2) 综合考察系统的运动和变化，以保证科学地分析和解决问题。

(3) 研究系统所处的外界环境的变化规律及其对系统的影响，使系统适应环境的变化。

5. 娴熟的管理能力

所谓管理能力，就是把知识和经验有机地结合起来运用于项目管理的本领。对于项目经理，知识和经验固然重要，但是归根到底还是要靠能力。这种能力主要包括：

(1) 决策能力。项目从开始到结束会出现各种各样的问题，如项目的确定、方案的选择等。问题的解决是一个决策过程，包括与问题解决相关的情报活动、设计解决问题方案、评价与抉择方案并利用选择的方案去实施问题解决的过程。而且，在项目中会有各种各样的决策问题，要求用不同的决策方法去解决，因此项目经理必须有很强的决策能力。

(2) 计划能力。计划工作对于任何工作的重要性已经人所共知了，对于项目与项目管理也一样。要在一定的约束条件下达到项目的目标，必须有细致、周密的计划，对项目从开始到结束的全过程作一个系统的安排。计划的制订是在项目经理的领导与参与下进行的，因而项目经理应了解并会运用计划制订的方法和步骤。同时，项目经理还必须懂得如何运用计划去指导项目工作，即不仅会计划，还要会控制。

(3) 组织能力。项目经理的组织能力是指设计团队的组织结构、配备团队成员及确定团队工作规范的能力。显然，拥有较高组织能力的项目经理一方面能建立起科学的、分工合理的、高效精干的组织结构；另一方面能了解团队成员的心理需要，善于做人的工作，使参加项目的成员为实现项目目标而积极、主动地工作，建立一整套保证团队正常运行的有效规范。

(4) 协调能力。项目经理的协调能力是指能正确处理项目内、外各方面关系，解决各方面矛盾的能力。一方面，项目经理要有较强的能力协调团队中各部门、各成员的关系，全面实施目标；另一方面，项目经理能够协调项目与社会各方面的关系，尽可能地为项目的运行创造有利的外部环境，减少或避免各种不利因素对项目的影响，争取项目得到最大范围的支持。在协调能力中，对项目经理来说最为重要的是沟通能力。

(5) 激励能力。项目经理的激励能力就是调动团队成员积极性的能力。项目团队成员有其自身的需求，项目经理要进行需求分析，制定并实施系统的激励与约束制度，对员工的需求进行管理，调动团队成员的工作积极性，从而有效地完成团队任务。

(6) 人际交往能力。项目经理的人际交往能力就是与团队内、外相关人员打交道的能力。项目经理在工作中要与各种各样的人打交道，只有正确处理了与这些人的关系才能使项目顺利进行。人际交往能力对于项目经理特别重要，人际交往能力强、待人技巧高的项目经理，会赢得团队成员的欢迎，形成融洽的关系，从而有利于项目的进行，为团队在外界树立起良好的形象，赢得更多对项目有利的因素。

6. 积极的创新能力

由于项目的一次性特点，使项目不可能有完全相同的以往经验可以参照，加上激烈的市场竞争，项目经理必须具备一定的创新能力。创新能力要求项目经理在思维能力上创新，曾任美国心理学会主席的吉尔福特指出创新思维包括以下五个方面：

（1）对问题的敏感性；

（2）思维的流畅性；

（3）思维的灵活性；

（4）发挥创意的能力；

（5）对问题的更新认识能力。

此外，创新能力还要求项目经理要敢于突破传统的束缚。传统的束缚主要表现在社会障碍和思想方法障碍上。所谓社会障碍，是指一些人会不自觉地向社会上占统治地位的观点看齐，这些观点已经进入管理者的经验之中。如果完全被已有框架束缚住，真正的创新是不可能的。所谓思想方法的障碍，是指思想上的片面性和局限性。

7. 丰富的项目管理经验

项目管理是实践性很强的学科，项目管理的理论方法是科学，但是如何把理论方法应用于实践是一门艺术。通过不断的项目及项目管理实践，项目经理会增加其对项目及项目管理的悟性，而这种悟性是通过运用理论知识与项目实践的反省而得来的。要丰富项目管理经验不能只局限在相同或相似的项目领域中，而要不断变换从事的项目类型，这样才能成为卓越的项目管理专家。

一个项目经理的职业道路经常是从参加小项目开始，然后是参加大项目，再授权管理小项目，直到授权管理大项目。项目经理可以升任公司的执行主管、生产副经理、经理甚至是董事长。

9.4 项目团队组建

9.4.1 项目团队组建的依据

项目团队组建是指获取完成项目工作所需的人力资源。项目管理团队招募的项目团队成员不 定具有控制权。

1. 事业环境因素

项目团队成员可能来自于组织外部或内部。如果项目管理团队可对员工的聘用产生影响或指导，则应考虑下列因素：

（1）可用性——哪些人员有时间？何时有时间？

（2）能力——他们具有什么能力？

（3）经验——他们是否从事过类似或相关的工作？

（4）兴趣——他们是否愿意在这个项目中工作？

(5) 费用——项目团队成员的报酬是多少?

2. 组织过程资产

参与项目的一个组织或多个组织可能已有管理人员分派的政策、指导方针或程序。人力资源部门也可协助进行项目团队成员的招募、招聘或职务培训。

3. 角色和职责

角色和职责确定项目所需要的岗位、技能和能力。

4. 项目组织图

项目组织图可概括显示项目所需的人数。

5. 人员配备管理计划

人员配备管理计划和项目进度计划可界定每位项目团队成员需要工作的时间,以及有关项目团队组建所需的其他重要信息。

9.4.2 项目团队组建的方法

1. 预分派

在某些情况下,项目团队成员是事先就确定的,也就是说,他们是"预先分配好"的。出现这种情况的原因可能是,竞标过程中承诺分派特定人员进行项目工作,或项目取决于特定人员的专有技能,或项目章程中规定了某些人员的工作分派。

2. 谈判

多数项目的人员分派需要经过谈判。项目管理团队需要进行谈判的对象有以下两种:

(1) 与负责的职能经理谈判,以保证项目在规定期限内获得足以胜任的工作人员,并且保证项目团队可在项目上工作直至其工作任务完成。

(2) 与执行组织中其他项目管理团队谈判,以使稀缺或特殊人才得到合理分派。

在人员分派与谈判中,团队的影响力与相关组织的关系学一样,起着重要的作用。例如,一位职能经理在决定把一位各项目都抢着要的出色人才分派给哪一个项目时,会权衡从项目中所获得的好处和项目的知名度。

3. 招募

如果执行组织内部缺乏完成项目所需的人员,就需要从外部招募。可以雇用个人咨询师,或者把相关工作分包给其他组织。

4. 虚拟团队

虚拟团队为项目团队成员的招募提供了新的可能性。虚拟团队可被定义为具有共同目标,并且在完成角色任务过程中基本上或完全没有面对面工作的一组人员。电子通信设施,如电子邮件和视频会议等,使虚拟团队成为可能。通过虚拟团队模式可以获得下列好处:

(1) 组建一个在同一组织工作,但工作地点分散的团队。

(2) 为项目团队增加特殊的技能和专业知识,即使专家不在同一地理区域。

(3) 把在家办公的员工纳入虚拟团队。

(4) 由不同班组(早、中、夜)的员工组建虚拟团队。

(5) 把行动不便的人纳入虚拟团队。

(6) 实施由于差旅费过高而被忽略的项目。

在建立虚拟团队的情况下，沟通规划显得更加重要。

9.5 项目团队建设

项目团队的建设可提高项目团队成员的能力和交互作用，从而提高项目的绩效。其主要的目的有：

第一，提高项目团队成员的技能，以便提高其完成项目活动的能力；

第二，提高团队成员之间的信任感和凝聚力，从而通过更多的团队协作提高生产力。

9.5.1 项目团队建设的依据

1. 项目人员分派

团队建设首先从确定项目团队成员清单开始。项目人员通过分派文件确定项目团队中的人员。

2. 人员配备管理计划

人员配备管理计划包含培训策略及项目团队的建设计划。在项目进展过程中，需要根据不断进行的团队绩效评价及项目团队其他管理工作的情况，把诸如奖励、反馈、额外培训及惩戒措施等内容，加入到人员配备管理计划中。

3. 资源可利用情况

资源可利用情况详细说明了项目团队成员能够参加团队建设活动的时间。

9.5.2 项目团队建设的方法

1. 通用管理技能

人际关系技能有时被称为“软技能”，对于团队建设极其重要。通过了解项目团队成员的感情，预测其行动，了解其后顾之忧，并尽力帮助其解决问题，可大大减少项目管理团队的障碍并促进团队合作。在管理项目团队时，同理心、影响力、创造力及团队协调力等都是有价值的资产。

2. 培训

培训包括所有旨在提高项目团队能力的活动。培训可以是正式的也可以是非正式的，培训的方法包括：课堂培训、在线培训、计算机辅助培训、由项目团队其他成员提供的在职培训，以及指导和辅导等不同方式。如果项目团队成员缺乏必要的管理或者技术技能，则可把这种技能的培养作为项目工作的一部分。计划培训可以按照既定的人员配备管理计划实施，非计划性培训的实施则可根据观察、交谈和项目绩效情况等视需要而定。

3. 团队建设活动

团队建设活动既可以是定期举行的情况汇报会上的五分钟议程，也可以是场地之外由专业人士筹办的旨在改善人际关系的活动。有些团队活动，如制定工作分解结构，虽然其初衷并不是为了团队建设，但是如果活动能安排得当，则也会提高团队的凝聚力。鼓励非正式的沟通和活动也很重要，因为非正式的沟通和活动对建立信任和良好的工作关系均能起到作用。如果团队成员分散在各地形成虚拟团队运作，而无法进行面对面的交流，则团队建设的策略将极具价值。

4. 规则

规则界定了对项目团队成员可接受行为的明确期望。尽早遵循这些明确的规则，可减少误解、提高生产力。在讨论规则的过程中，团队成员能够相互发现对方认为重要的价值观。规则一旦制定，团队所有成员都有责任执行。

5. 集同

集同指将所有或者几乎所有最活跃的项目团队成员安排在同一地点工作，以增强他们整体工作的能力。集同既可以是临时性（如仅在项目中的关键时期）的，也可以贯穿整个项目过程的始终。集同战略常需要一个会议室，有时称为作战室，其中设有电子通信设备、贴挂进度计划的地方和其他便利设施，以加强沟通和培养集体感。尽管集同被视为一种较好的战略，但是虚拟团队的使用将减少团队成员同地办公的频率。

6. 奖励与表彰

团队建设过程的一部分内容涉及奖励和表彰良好的行为。关于奖励与表彰方法的最初计划，在人力资源规划过程中已经制订。在管理团队成员的过程中，通过绩效考核，以正式或非正式方式决定表彰和奖励。

团队应只奖励优良的行为。例如，为完成一项激进的进度目标而自愿加班加点的行为应当受到奖励与表彰；而计划不周所造成的加班加点则不应受到奖励与表彰。赢—输（零和）奖励制度，只奖励为数很少的团队成员，如本月最佳团队成员等，这种制度可能会破坏团队的凝聚力；而赢—赢形式的奖励制度，奖励团队成员都可实现的行为，如及时提交进度报告等，这种制度可提高团队成员之间的相互支持。

此外，奖励与表彰制度还必须考虑文化的差异。例如，在一个提倡个人主义的文化背景中实施一套恰当的集体奖励制度是十分困难的。

9.6 项目团队管理

项目团队管理指跟踪团队成员绩效，提供反馈，解决问题并协调各种变更，以提高项目绩效。项目管理团队将观察团队的行为，管理冲突，解决问题，并评估团队成员的绩效。实施团队管理后，应将项目人员配备管理计划进行更新，提出变更请求，实现问题的解决，同时，可以为组织绩效鉴定提供依据和为组织的数据库增加新的经验教训。

9.6.1 项目团队管理的依据

1. 组织过程资产

在项目执行过程中，项目管理团队应利用组织的政策、程序和系统对团队进行奖励及表彰。作为项目管理过程的一部分，项目管理团队应通过组织的表彰晚宴、表彰证书、简报、公告栏、网站、奖金结构、企业服饰和组织的其他津贴机制对团队进行奖励。

2. 项目人员分派

项目人员分派为项目监控过程、项目团队成员评估提供了成员清单。

3. 角色与职责

员工角色与职责清单，用来监督并考核员工绩效。

4. 项目组织图

项目组织图展示了项目团队成员之间的汇报关系。

5. 人员配备管理计划

人员配备管理计划列明了项目团队成员在项目上工作的时间段，以及相关的培训计划、资质要求和合规性信息。

6. 团队绩效评估

项目管理团队以正式或非正式的形式，对项目团队的绩效进行不断的评估。通过不断地考核项目团队的绩效，可采取措施解决问题，改变沟通方式，解决冲突并提高成员间的交互作用。

7. 工作绩效信息

作为指导、管理项目实施过程的一部分内容，项目管理团队直接、随时观察团队成员的绩效。在对团队进行管理时，应考虑观察下列相关行为：会议出勤、对行动方案的落实、沟通是否清楚等。

8. 团队绩效报告

团队绩效报告以项目管理计划为参照标准，提供绩效方面的信息。有助于项目团队管理的绩效领域包括来自进度计划控制、费用控制、质量控制、范围核实和采购审计的结果。绩效报告的信息及相关预测信息将有助于确定未来的人力资源需求、奖励与表彰，以及对人员配备管理计划的更新。

9.6.2 项目团队管理的方法

1. 观察与交谈

通过观察与交谈可随时了解项目团队成员的工作情况和态度。项目管理团队将监测相关的指标，如项目可交付成果的完成情况、团队成员引以为自豪的成就及人际关系问题等。

2. 项目绩效考核

采用正式还是非正式项目绩效考核，取决于项目工期长短、复杂程度、组织政策、劳动合同的要求，以及定期沟通的数量和质量。评估资料也可采用“360 度”反馈的方法，从与项目团队成员交往的其他人那里收集相关的考核信息。“360 度”是指从多种不同的渠道，如上级领导、同级同事和下属人员，获得某成员绩效情况的反馈信息。

3. 冲突管理

成功的冲突管理可以提高生产力，并促进积极的工作关系。冲突的来源包括资源匮乏、进度安排的先后顺序和个人工作风格等。团队规则、团队规范、成熟的项目管理惯例可减少冲突。如果冲突得以适当管理，对意见分歧的解决将颇有益处，进而可提高创造力和作出好的决定。如果这种分歧成为有负面影响的因素，首先应由团队成员负责解决相互间的冲突，如果冲突升级，项目经理应协助促成满意的结局。应该及早处理冲突，并私下利用直接、合作的方式处理冲突。如果破坏性的冲突继续存在，则需要使用更为正式的做法，甚至采取惩戒措施。

项目经理解决冲突的能力，往往在很大程度上决定其管理项目团队的成败。不同的项目经理可能采用不同的解决冲突方法。影响冲突解决方法的因素包括：(1) 冲突的相对重要性与激烈程度；(2) 解决冲突的紧迫性；(3) 冲突各方的立场；(4) 永久或暂时解决冲突的动机。

4. 问题登记簿

在项目团队管理过程中如果出现问题，问题登记簿被用来记录负责解决特定问题的人员，以及问题解决的要求、日期。问题登记簿有助于团队成员监控问题的进展，直至解决问题。问题的解决可消除阻止团队实现目标的各种障碍，这些障碍包括：意见分歧、需调查的情况、需分派给某个项目团队成员未预见的或新出现的职责。

章后练习题

1. 什么是项目人力资源管理？
2. 项目团队的定义、使命和特点是什么？
3. 项目团队的发展阶段有哪些？
4. 简述项目团队精神的定义及内涵。
5. 简述影响团队绩效的因素。
6. 什么是项目经理责任制？
7. 一般项目经理具有什么样的责任和权力？
8. 你认为一个合格的项目经理应具备哪些素质和能力？
9. 项目团队组建的方法有哪些？
10. 项目团队建设的方法有哪些？

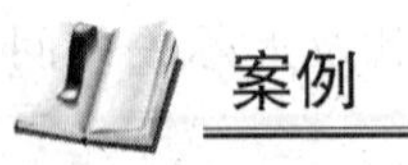

案例

C公司国际工程项目人力资源管理

1. ××公路改扩建项目（KKH）概况

C公司中标××国××公路项目改扩建工程。中标施工段项目为旧路改造项目，总工期48个月，采用Ⅲ级公路技术标准设计、施工，本施工段设计行车速度为40km/h，线路全长83km，包括路基、路面、防护、排水、涵洞、渡槽、小桥、大中桥、交通工程等。

2. KKH项目人力资源概况

C公司选派富有国外施工经验和同类工程施工经验的工程管理人员和技术人员组成项目施工部，调集专业施工队伍。为确保安全、优质、高效、低耗、按期、文明地完成本工程，成立××国KKH项目施工部，按精干、高效的原则配备施工部人员，严格按照质量标准和项目法组织施工。为本施工段设立的组织机构如下：施工部计划进场技术管理人员30人，其中项目经理1人、总工程师1人、项目副经理1人；下设工程管理部共15人；计划合同部2人；物资设备部3人；安全环保部2人；财务部2人；办公室1人；喀什办事处2人。施工段按里程划分成四个工区，各工区路基土石方施工队共110人、涵洞施工队12人、排水防护施工队991人、综合施工队37人。共17支施工队伍按施工计划进场施工，一线施工作业人员共1 335人，其中，中国工人766人，占58.1%，雇佣当地劳工569人，占41.9%。本项目当地雇佣工人比例较高，也增加了人力资源管理的难度。KKH项目技术管理人员的职位与工作职责如表9—2所示。

表9—2　　施工项目部管理人员汇总表

<table>
<tr><th>序号</th><th colspan="2">部门</th><th>负责人</th><th>人员数量</th><th>工作职责</th></tr>
<tr><td>1</td><td colspan="2" rowspan="3">项目领导班子</td><td>项目经理</td><td>1</td><td>施工部全面工作，与总承包商的协调。</td></tr>
<tr><td>2</td><td>总工程师</td><td>1</td><td>主管施工部的生产、安全、技术及质量监督控制、计量、结算及变更索赔等，并主管工程部、合同部。</td></tr>
<tr><td>3</td><td>项目副经理</td><td>1</td><td>主管施工部机械物资等，负责物资设备的计划、采购与调配，并主管机械物资部。</td></tr>
<tr><td>4</td><td rowspan="3">工程管理部</td><td>技术质检组</td><td>部长</td><td>10</td><td>主要负责路基路面工程、桥梁工程、防护排水工程的技术方案，并对工程质量进行检查。</td></tr>
<tr><td>5</td><td>测量队</td><td>测量队队长</td><td>2</td><td>全线控制测量，桥涵平面位置复测，施工过程中定期尺寸检测、校核等。</td></tr>
<tr><td>6</td><td>试验室</td><td>试验室主任</td><td>3</td><td>标准试验与检测，实体质量检测。</td></tr>
<tr><td>7</td><td colspan="2">计划合同部</td><td>部长</td><td>2</td><td>计量、合同、变更索赔、计划统计、结算、文件管理等。</td></tr>
<tr><td>8</td><td colspan="2">物资设备部</td><td>部长</td><td>3</td><td>负责机械设备及工程材料的管理。</td></tr>
<tr><td>9</td><td colspan="2">喀办</td><td>主任</td><td>2</td><td>外事协调、接待；海关方面事宜；设备物资的清关、转运；建立健全清关台账等。</td></tr>
<tr><td>10</td><td colspan="2" rowspan="2">财务部</td><td>会计</td><td>1</td><td>记账，操作层间的内部账务往来。</td></tr>
<tr><td>11</td><td>出纳</td><td>1</td><td>出纳。</td></tr>
<tr><td>12</td><td colspan="2">安全环保部</td><td>部长</td><td>2</td><td>负责安全、文明施工，与宣传工作等。</td></tr>
<tr><td>13</td><td colspan="2">办公室</td><td>主任</td><td>1</td><td>行政保管、食堂管理、施工部后勤管理、劳资等。</td></tr>
<tr><td>合计</td><td colspan="3"></td><td>30</td><td></td></tr>
</table>

3. KKH项目人力资源管理的问题分析

(1) 人力资源结构不合理，项目人员配置机制有待改进。

在本项目的人力资源管理中，管理人员共30人，仅占项目部人数的2.2%，管理人数与一线工人比例严重失调，管理力量薄弱。本项目在人员知识技能结构上也存在着普通型、技能单一型的人员富余，而从事经营管理、一专多能人才和技能操作拔尖的人才不足。在人员配置方式上，难以按需流动，主要人力资源组合排列不够科学、恰当，导致资源适用性差。

(2) 激励与约束机制不健全，员工积极性不高。

C公司是典型的国有建筑施工企业，在管理层激励方面，KKH项目经理和管理人员实行年薪制，国际项目的复杂性和实施难度是国内项目无法相比的，公司总部制定的年薪标准与项目管理人员投入的劳动不成正比，严重地打击了项目经理和管理人员的积极性。随着社会的多样化发展，人们对自我价值实现的标准也有所改变，特别是对年轻一代的技术人才，仅靠物质激励手段已经难以满足他们的要求。此外，KKH项目部设在××国的山区，网络不发达，通讯设备不便，对伊斯兰国家的饮食国内外派员工也不能完全适应，更重要的是进出需要警察陪伴，安全问题屡屡出现。

(3) 人才开发与培训缺失，外派失败率高。

公司存在培训目标明确但规划不具体；培训中存在教条主义，培训过于形式化；缺乏以企业持续发展为目标的培训体系，空投人才而非培养人才，造成人才发展的非持续性。

(4) 团队建设不力，团队凝聚力差。

由于项目部管理力量薄弱，管理层对团队建设不够重视，不仅没有建立团队建设机制，也没有建立相关的团队建设计划和团队精神培养规划。中上层管理者对下层员工基本都是采用直接命令的方式布置工作，没有建立一个上下贯通的沟通渠道。由于项目管理层不重视团队精神的培养，没有形成团结的项目团队，缺乏沟通和必要的宣传，项目部内部士气不高，各层员工对合同、各种指令和责任书的理解不一致或不能理解，因而在实施过程中各自为政，严重影响了项目的进度和质量。

问题：

假设你是C公司的项目经理，针对人力资源存在的上述问题，应该如何解决？

资料来源：魏翠阳：《C公司国际工程项目人力资源管理机制研究》，北京，北京交通大学硕士论文，2013。

第10章

项目沟通管理与干系人管理

引例

项目的沟通难题

一家大型建筑公司分管生产经营和项目开拓的副总经理得知一项较大工程即将进行招标，认为这是一个难得的投标机会，便通过电话向总经理请示。由于采取向总经理电话简单汇报的形式未能得到明确答复，使这位副总经理误以为被默许，因而在时间紧迫之下便组织业务小组投入大量时间和经费跟踪该项目，但最终因准备不充分而使投标失败。事后，在总经理办公会上陈述有关情况时，总经理认为副总经理"汇报不详，擅自决策，组织资源运用不当"，并当着各部门负责人的面给予他严厉批评，而副总经理认为"自己已经汇报，是领导重视不够、故意刁难、逃避责任所致"。由于双方在信息传递、角色定位、有效沟通、团队配合、认知角度等方面存在明显分歧，致使公司内部人际关系紧张、工作被动，公司业务难以稳定发展。

资料来源：百度文库。

10.1 项目沟通管理与干系人管理概述

10.1.1 项目沟通管理

1. 项目沟通的概念

项目沟通是指为实现项目目标而进行的各种不同方式和不同内容的信息交流活动，包括确保信息及时、恰当地生成、收集、分发、存储、检索以及最终处置所必需的各个过程。

与其他任何沟通一样，项目沟通包括沟通主体、沟通过程和沟通环境三个部分，这三个部分内容的有机结合实现了项目中信息的交流。项目沟通的一般模型如图 10—1 所示。

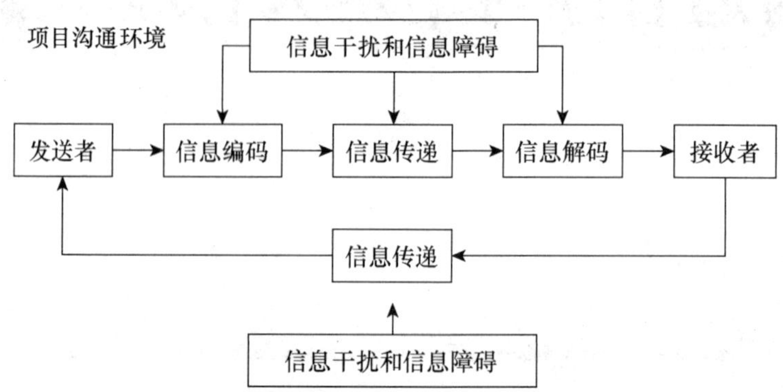

图 10—1　项目沟通的一般模型

由图 10—1 可知，项目沟通的效果受多种因素的影响，主要包括以下几个方面。

（1）发送者的信息编码能力。

沟通过程中的信息发送者首先要确定沟通的内容，并根据信息接收者的个性、知识水平和理解能力等多种因素，设法找到并使用信息接收者能够理解的语言、方法和表达方式，将自己要发送的信息或想法进行加工处理，这一过程称为信息编码。在项目沟通中，编码能力主要是指信息发送者有效的信息表达能力。

（2）信息传递过程。

信息传递过程包括信息传递的方式、渠道、时机等内容，不同的信息传递过程会对项目沟通效果产生不同的影响

（3）接收者的信息解码能力。

信息经过传递到达接收者后，信息的接收者对接收到的信息从初始的形式转化为自己可以理解的形式的信息加工工作称之为信息解码。例如，将外语翻译成中文的过程，将方言或者暗语、手势转化成能够理解的语言的过程，通过他人的语言或文字领悟其真实想法和意图的过程等都属于解码过程。在项目沟通中，解码能力主要是指信息接收者有效的信息接收和理解能力。

（4）信息反馈。

信息反馈是指信息接收者在对信息发送者提供的信息有疑问、不清楚的地方或者是为了回应对方所作出的回馈，这是一种反向的信息沟通过程。反馈有助于沟通主体之间的相互理解，是项目沟通过程中必不可少的一个环节。

（5）信息干扰和信息障碍。

在任何一个项目沟通过程中，由于客观沟通环境的存在，信息干扰和信息障碍是不可避免的。显然，信息干扰和信息障碍的存在会扭曲、延迟甚至阻止项目信息的传递。所以，要保证高效率的项目沟通，就必须有效地屏蔽和消除信息干扰和信息障碍。

2. 项目沟通管理的概念

项目沟通管理就是要保证项目信息及时、正确地提取、收集、传播、存储以及最终进行处置，保证项目组织内部的信息畅通。组织内部信息的沟通直接关系组织的目标、功能和机构，对于项目成功具有重要意义。项目沟通管理在人员思想和信息之间建立了联系，这些联系对于取得项目成功是必不可少的。参与项目的每一个人都必须用项目“语言”进行沟通，沟通的效果将影响项目的整体。信息沟通系统，对于一个机构来说，就像是人体的神经系统，如果一个组织的信息沟通系统失灵或失真，班子必然陷于瘫痪或半瘫痪状态，最终导致项目的延误，甚至失败。因此，在项目执行过程中，必须重视项目的沟通管理。

3. 项目沟通管理的特征

(1) 复杂性。每一个项目的建立都与大量的公司、企业、居民、政府机构等密切相关。另外，大部分项目都是由特意为其建立的项目组织实施的，具有临时性。因此，项目沟通管理必须协调各部门以及部门与部门之间的关系，以确保项目顺利实施。

(2) 系统性、项目是开放的复杂系统。项目的确立将全部或局部地涉及政治、经济、文化等诸多方面，对生态环境、能源将产生或大或小的影响，这就决定了项目沟通管理应从整体利益出发，运用系统的思想和分析方法，全过程、全方位地进行有效管理。

10.1.2　项目干系人管理

项目干系人又称为项目利益相关者，是积极参与项目，或其利益因项目的实施或完成而受到积极或消极影响的个人和组织，它们会对项目的目标和结果施加影响。项目干系人在参与项目时的责任与权限变化较大，并且在项目生命周期的不同阶段也会有所变化。然而，有时要准确识别项目干系人也不大容易。例如，在旧城改造工程项目中，管理者在项目实施很长时间之后才认识到法律部门是重要的干系人，结果必须在该项目要求说明书中添加许多内容，增加大量文件任务。

项目干系人对项目的影响，可能是积极的，也可能是消极的。积极的干系人通常是从项目的成功结果中获得利益的人，而消极的干系人则是从项目的实施中看到消极影响的人。例如，某社区发展一个工业项目，从中获益的社区企业家由于看到的是项目的成功实施所带来的经济效益而可能成为积极的利益相关者。相反，环保组织如果认为该项目会污染环境，就可能成为消极的干系人。所以对项目干系人需要进行有效管理。

每个项目都包括的干系人有：

(1) 项目经理：负责管理项目的个人；

(2) 顾客/用户：使用项目产品的个人或组织；

(3) 项目实施组织：雇员最直接参与项目工作的单位；

(4) 项目管理团队：完成项目工作的集体；

(5) 项目团队成员：直接参与项目管理活动的团队成员；

(6) 赞助人：为项目提供资金或实物等资源的个人或团体；

(7) 施加影响者：与项目产品的取得和使用没有直接关系，但是因其在顾客组织中或实施组织中的地位而能够对项目的进程施加积极或消极影响的个人或集体。

10.2 项目沟通过程

10.2.1 项目沟通策划

在项目沟通管理中，首要的工作是编制科学合理的项目沟通策划。项目沟通策划就是确定项目干系人的信息交流方式和沟通需求，确定谁需要信息，需要什么信息，何时需要以及如何传递和获得信息。项目经理需要在组建项目团队的时候就编制一个项目沟通策划，制定沟通的目标，识别项目中的沟通需求，并决定在何时采取何种沟通方式。

1. 编制项目沟通策划的依据

虽然每个项目都需要沟通信息，但对信息的需求和传递信息的方式却有很大差异。因此，如何根据项目特点识别项目信息需求以及确定相关的沟通技术和方法是编制沟通策划的前提。

项目沟通策划编制的依据主要包括沟通需求和沟通技术两个方面。

(1) 沟通需求。

项目沟通需求是整个项目全部干系人在项目实现过程中的信息需求。包括项目业主/客户、项目团队、项目经理、项目实施组织、项目的供应商、项目所在社区等各种主体所需了解项目的工期进度、成本造价、环境影响、资源需求、预算控制、工程结算等各方面的信息需求。例如，项目业主究竟需要哪些项目信息，这些信息是以报表还是以报告或其他形式提供，信息是数值型的、字符型的还是混合型的，这些信息如何通过面谈、会议、电子邮件传递，这些报告或报表多长时间报告一次，这些信息是由项目经理报告、项目财务主管报告还是由项目技术主管报告等。确定项目沟通需求所涉及的具体内容有：

1) 项目组织管理方面的信息。包括项目团队组织、项目团队的上级组织和项目全部干系人关系三个方面的信息需求。

2) 项目内部管理方面的信息需求。包括项目团队内部的各种职能管理、各种资源的管理、各种工作过程的管理等方面的信息需求。

3) 项目技术方面的信息需求。包括整个项目产出物的技术信息、项目工作的技术信息和项目的核心技术信息等各方面的信息需求。

4) 项目实施方面的信息需求。项目实施方面的信息需求是指有关整个项目的工期进度计划和完成情况方面的信息需求，整个项目实际生成的产出物质量和工作质量方面的信息需求，整个项目的资金与预算控制方面的信息需求等。

5) 项目与公众关系的信息需求。包括两个方面的信息需求：一个是项目组织所需的特种公众信息（既包括国家的、地区的、当地社区的，也包括政治、经济、社会、风俗文化等各方面的），另一个是社会公众需要了解的项目信息（包括项目与社会公众相关的各个方面的信息，如环保、利益、重要性等）。

项目经理应意识到，潜在沟通渠道或沟通路径的数量可以反映项目沟通的复杂程度。沟通渠道总量为 $n(n-1)/2$，其中，n 为干系人人数。假设有 10 个干系人，则项目具有 45 条潜在沟通渠道。

（2）沟通技术。

在项目沟通中，可用于信息交流与沟通的技术和方法有很多，不同信息的沟通需要采取不同的沟通方式和方法。因此在编制项目沟通策划的过程中，还必须明确各种信息的沟通方式和方法。因为不同的沟通方式和方法会直接影响信息传递的准确性、可靠件、及时性和完整性等要素，而且方法不同，沟通双方之间传递信息所使用的技巧也不同。

一般来说，影响项目沟通技术选择的因素主要有以下几方面：

1）沟通需求的紧迫程度。即项目的成功是必须依靠大量的、不断更新的信息沟通，还是只依靠定期发布的书面报告就足够了。例如，一些市场竞争激烈的房地产开发项目就属于前者，而一般的工程建设项目则属于后者。

2）沟通技术的有效性。即采用什么样的沟通方法最有助于满足项目沟通需要。例如，会议沟通方式较适合在研究和集体决策时使用，而公告的方式则更适合规章制度的发布或各项事情的通告。

3）项目相关人员的沟通能力和习惯。沟通方式和方法的选择还必须充分考虑项目参与者的经历、知识水平、接收与理解能力和在沟通方面的习惯。这包括现有的沟通能力和习惯，以及是否需要进行大量的学习与培训以改进现有的能力和习惯。

4）项目周期。如果项目的工作量不大、生命周期很短，一般可以选用现有的、人们习惯的和便于实施的沟通方式与方法；如果是规模大、生命周期长的项目，则需要采取一些更先进、更有效的沟通方式和方法。

2. 项目沟通策划的内容

（1）详细说明信息收集和存储渠道的结构，即用何种方法从何处收集信息。

（2）详细说明信息传递渠道的结构，即信息将流向何人以及用何种方法传递。信息的发送结构必须与项目组织结构图中说明的责任和报告关系一致。

（3）传送信息的形式说明，包括格式、内容、详细程度和需要采用的符号规定和定义。

（4）信息沟通的进度安排，说明何时进行某种沟通。如项目干系人是否知道在什么时候需要发送或获得不同的信息，什么时候需要参加会议等。确定沟通的时间安排是否考虑到了关键项目文件的评审和批准，确定提供信息更新依据或修改沟通程序，确定在根据进度表安排的沟通发生之前检索信息的各种方法。

（5）设定保存和访问信息的方式，项目的哪些信息需要在线保存以及哪些只需要保存在文件中或以其他形式保存，是否每一位成员都能访问所有的项目文件以及检查文件。

（6）制定随项目发展进行更新及修订沟通管理计划的方法。沟通策划可以是正式的，也可以是非正式的；可以是非常详细的，也可以是一个提纲式的，具体如何计划应视项目的需要而定。

10.2.2 项目信息沟通

1. 项目信息沟通方法

在项目沟通中最普遍使用的沟通方法和在一般运营管理中使用的沟通管理方法基本一致，主要有五种：口头沟通、书面沟通、非语言沟通、电子媒介沟通和会议沟通。

（1）口头沟通。

口头沟通可以是面对面的，也可以通过电话或会议的方式实现。口头沟通是一种准确和便捷地传递思想感情与获取信息的方法。这种沟通方法为讨论问题、澄清问题、相互理解和即刻反馈等提供了许多方便。但是在使用口头沟通方法时，人们必须谨慎从事，尽量不要使用可能被误解的言辞。在口头沟通中应该坦率和明确，在说明问题或事情时不要过多地使用专业术语，防止误导或错误理解。特别是在采用会议形式进行群体口头沟通时，讲话要特别谨慎，谨防受众中的某些人因某些表达方法或话语而受到伤害。在大型项目或国际项目中，涉及当地民族习惯、宗教信仰、礼仪等问题的评价可能会令人不悦，所以必须从信息接收者的角度充分考虑人们对信息的接受程度。

在项目早期，使用面对面的口头沟通，对于促进团队建设、发展良好的工作关系和建立共同期望与目标是特别重要的。项目团队以会议方式开展沟通是一种很有利的方法，大家共同讨论问题比逐个打电话要快捷和有效。口头沟通方法在多数情况下可即时得到信息和反馈，即当时就可以知道沟通的效果如何。在有些情况下，电视会议也是一种很好的口头沟通方式。同时，面谈也是一种有效的口头沟通方法，项目经理应该定期走出办公室去拜访项目团队成员、项目业主/客户和项目组织的上层管理人员，进行面谈式的口头沟通。在口头沟通中，信息发送者可以通过反馈来检查对方对信息的理解程度，通过“察言观色”等方法去验证和检查沟通效果 。

（2）书面沟通。

书面沟通一般是指运用书面文件和信函的形式去传递信息和交流思想。在项目沟通中，书面沟通包括使用报告、报表、备忘录和信函等方式开展的沟通。在无法或不方便采用口头沟通方法时，书面沟通是一种可替代的沟通方法。通常参与一个项目的相关利益主体很多且工作时间紧，人们没有更多的时间去看那些包含在文字沟通中的冗杂信息，所以书面沟通要求有较高的技巧。这包括书面沟通的文件必须格式正确、内容清楚、叙述简洁，书面文件不能冗长和包含与主题无关的内容，书面文件的格式和内容必须为沟通服务等。

项目管理在某些时候，要求必须使用书面沟通的方法。例如，项目决策和项目计划等信息，多数情况要求以书面文件的形式下发，甚至一些口头沟通或电话交流的结果也需要使用书面文件的形式进行记录和保存（因为这既会比个人的记忆力更可靠，而且将来也会有据可查）。另外，如果一个项目团队成员要脱离该项目，也需要用书面沟通的方法为后续人员提供信息。所以在项目沟通中，书面沟通的方法大多数用来通知、确认和记录各种项目沟通信息，以及作为口头沟通的补充形式。

（3）非语言沟通。

在项目沟通中，另一个极有意义的沟通方法是非语言沟通。例如，工程项目实施中的各种手势、哨声、灯光等。人们在口头沟通中使用的手势、身体语言和语调等都属于非语言沟通的范畴。有统计资料表明，非语言沟通方法在一般管理沟通中比口头沟通和书面沟通这两种方法使用还要广泛。

非语言沟通中的身体语言和语调是最常用的两个方面。

1）身体语言。所谓身体语言，包括手势、面部表情和其他各种能够表示一定含义的身体动作。比如，一副愤怒的脸庞表示被激怒了，而一张笑脸表示满意和愉快。人们的各种手部动作、面部表情及其他姿态都能够传递诸如不快、恐惧、腼腆、傲慢、愉快、愤怒等思想感情或态度观点方面的信息。同时，人们在进行口头沟通的过程中会配合大量的身体语言，这些身体语言或者表示某种独立的含义，或者是口头表达的信息的补充。

2）语调。所谓语调，指的是信息发送者在传递信息的过程中所使用的各种腔调，和对某些方面、某些词汇或短语的强调或弱化，这些语调同样可以传递信息和表达思想。例如，在人们提出的问题遭到对方质疑或双方发生争吵时，所使用的语调和心平气和地陈述问题时所使用的语调是不同的。所以它们所给出的信息也是不同的。通常，用轻柔平稳的语调提出的疑问多数情况下表示提问者真的不明白或不理解，用尖厉的语调提出的疑问多数是一种反击或挑衅。

（4）电子媒介沟通。

在当今信息时代，项目沟通中越来越多的沟通是依赖各种各样的电子媒介传递信息和思想的。各种各样的计算机通信和网络、通信设备与设施等，使得人们在项目管理中必须依赖电子媒介开展大量的沟通活动。例如，使用电子邮箱传递书面报告和报表，使用计算机网络进行技术文件和图纸的传递、修订和变更等。现在只要有计算机网络的连接，项目团队成员便可以借助电子媒介进行所需的各种沟通，并可以同时将一份信息传递给多位项目团队成员，实现更为开放和有效的多向沟通。但是，这种沟通方法所要求的技术更高，也更不好掌握。

（5）会议沟通。

在项目沟通中，会议是使用相对广泛的一种沟通方法。项目沟通中最常见的会议有：项目情况评审会议、项目问题解决会议和项目技术评审会议。

1）项目情况评审会议。

项目情况评审会议通常由项目经理主持召开，会议成员一般包括全部或部分项目团队成员以及项目业主/客户或项目上级管理人员。这一会议的基本目的是通报项目绩效情况、找出项目存在的问题和制订下一步的行动计划。项目情况评审会议一般要求定期召开，以便及早发现问题和防止意外情况发生。通常，项目情况评审会议分内部和外部两种，在项目团队成员中召开的属于内部会议，一般需要每周召开一次；由项目业主/客户参加的属于外部会议，会议周期可以长一些，具体根据项目的生命周期和合同任务书的要求而定。项目情况评审会议的日程通常根据会议的中心议题来确定。

一般项目情况评审会议的议程和内容主要包括：自上次会议后项目所取得的成绩

（明确已实现的项目目标和已完成的项目工作，对照检查前次会议决议的落实情况）；各种项目计划指标的完成情况（项目工期、进度、成本、质量等计划的完成情况）；项目各项工作存在的差异（项目实际和项目计划之间的各种差异）；项目未来的发展变化趋势（项目未来向好或向坏的方向发展和变化的趋势）；项目最终结果的发展预测（根据项目进展情况和发展趋势分析项目最终情况和结果）；各种需要采取的措施（解决已找出的问题所需采取的措施）；下一步行动的计划安排（确定项目下一步具体行动计划安排）。

通过项目情况评审会议获得项目信息和找出解决问题的方法，是了解项目绩效和进展情况的一种最快捷和有效的沟通方法。当然，这种方法还需要与口头沟通和书面沟通的方法结合使用。需要特别注意的是，每次项目情况评审会议必须要形成会议决议或者是会议纪要，同时要由参加会议的各方认可和签署会议决议或会议纪要。

2）项目问题解决会议。

当项目团队成员或项目业主/客户发现项目出现较大问题或潜在的较大问题时，就应该与有关人员协商，并召开项目问题解决会议，不能等到下一次召开项目情况评审会议时再提出和解决，那样可能会错过解决项目问题的时机。为了尽可能快地发现和解决项目问题，在很多情况下需要及时地召开项目问题解决会议，这是一种不定期的项目内部会议。通常，在项目起始阶段，应该规定由谁在什么时候召开项目问题解决会议，以及这种项目会议的参加者和权限等。

项目问题解决会议是一种解决项目随时出现的问题的紧急会议，这种会议的内容主要包括描述和说明项目存在的问题、找出项目出现问题的原因和影响要素、提出可行的解决方案、评价并选定满意的问题解决方案、修订或变更项目相关计划等。

3）项目技术评审会议。

在项目实施的全过程中，不管何种项目都需要召开项目技术评审会议，以确保项目业主/客户同意项目团队提出的各种技术实施方案。这种会议的内容与方法因项目所属专业领域的不同而会有很大的不同。但是绝大多数项目会有两种项目技术评审会议：一是项目技术初步评审会议，二是项目技术终审会议。

项目技术初步评审会议是在项目团队最初提出项目初步技术方案以后所召开的初步技术方案的评审会议。这种会议的目的是，在项目开始之前或初期，由项目业主/客户对项目的初步技术方案进行必要的评审和确认。项目技术终审会议是大项目团队完成项目技术方案的详细设计以后所进行的最终技术评审会议。这种会议的目的是，在项目团队开始实施技术方案之前，由项目业主/客户对最终技术方案进行评审和确认。

2. 项目信息沟通方式

项目信息沟通方式一般有正式沟通与非正式沟通，上行、下行和平行沟通，单向和双向沟通等方式。

（1）正式与非正式沟通。

正式沟通是组织内部明确的规章制度所规定的沟通方式，它和组织结构息息相关，主要包括按正式组织系统发布的命令、指示、文件；组织召开的正式会议；组织正式颁布的规章、手册、简报、通知、公告；组织内部上下级之间和同事之间因工作需要而进行的正式接触。正式沟通的优点是沟通效果好，比较严肃，约束力强，易于保密，可以使信息沟通保持权威性；缺点是沟通速度慢。

非正式沟通指在正式沟通渠道之外进行的信息传递和交流。如员工之间的私下交谈、小道消息等，是一类以社会关系为基础，与组织内部明确的规章制度无关的沟通方式。它的沟通对象、时间及内容等各方面都是未经计划和难以辨别的。因为非正式组织是由于组织成员的感情和动机上的需要而形成的，所以其沟通渠道是通过组织内的各种社会关系来实现的，这种社会关系超越了部门、单位及层级。

这种沟通的优点是沟通方便、沟通速度快，而且能提供一些正式沟通中难以获得的信息；缺点是容易失真。

在很多情况下，来自非正式沟通渠道的信息反而易于获得接收者的重视。因为这种沟通一般是采取口头方式，不留证据，不负责任，许多在正式沟通中不便于传递的信息却可以在非正式的沟通中透露。

非正式沟通具有如下一些特征：非正式沟通的信息往往是不完整的，因此无规律可循；非正式沟通主要交流有关感情或情绪方面的问题；非正式沟通的表现形式具有多变性；非正式沟通不需要遵循组织结构原则，传递速度快；非正式沟通大多数在无意中进行。

（2）上行、下行和平行沟通。

1）上行沟通。

上行沟通是指下级的意见向上级反映，即自下而上的沟通。项目经理应采取某些措施鼓励上行沟通，例如态度调查、征求意见座谈会、意见簿等。只有上行沟通渠道畅通，项目经理才能全面掌握情况，做出符合实际的决策。

上行沟通有两种形式：一是层层传递，即依据一定的组织原则和组织程序逐级向上反映；二是越级反映，减少中间层次，让项目最高决策者与一般员工直接沟通，信息技术的发展为越级反映提供了条件。

2）下行沟通。

下行沟通是指领导者对员工进行的自上而下的信息沟通。一般以命令方式传达上级组织或其上级所决定的政策、计划之类的信息。例如，生产副总经理可能指示车间经理加紧制造一种新产品，依次地，车间经理向主管发出详细指示，主管以此为根据指示生产工人开展具体工作。下行沟通是领导者向被领导者发布命令和指示的过程。

这种沟通方式的目的包括明确项目目标、传达工作指示、提供项目进展情况、反馈工作绩效。

3）平行沟通。

平行沟通是指组织中各平行部门之间的信息交流。这种沟通跨越了不同部门，脱离了正式的指挥系统，在进行沟通前要事先得到直接领导的允许，并在沟通后要将沟通结果及时向直接领导汇报。

（3）单向与双向沟通。

1）单向沟通。

单向沟通是指发送者和接收者之间的地位不变（单向传递），一方只发送信息，另一方只接收信息。双方无论是在情感上还是在语言上都不需要信息反馈。这种沟通方式速度较快，信息发送者的压力小，但是接收者没有反馈意见的机会，不能产生平等感和参与感，不利于增加信息接收者的自信心和责任心，不利于双方建立感情。

2）双向沟通。

与单向沟通相对应，在双向沟通中，发送者和接收者两者之间的位置不断交换，发送者以协商和讨论的姿态面对接收者，信息发出以后还需及时听取反馈意见，必要时双方可进行多次重复商谈，直到双方达成共识。双向沟通的优点是沟通信息准确性较高，接收者有反馈意见的机会，有利于产生平等感和参与感，增加责任心，有助于双方建立感情。但是，这种沟通方式速度较慢。

3. 项目信息沟通渠道

项目信息沟通渠道分正式和非正式两种，是在项目组织内部和内外部之间进行的信息交流和传递活动的渠道。当项目成员为解决某个问题而在明确规定的组织系统内进行沟通协调工作时，就会在项目组织内部选择和组建不同的信息沟通渠道，即信息网络。可以根据沟通的需要选择不同的渠道。

（1）正式沟通渠道。

因为在大多数沟通中，信息发送者并非直接把信息传给接收者，而要经过某些人的转接，这就产生了不同的沟通渠道。不同沟通渠道的信息交流效率是不同的。正式沟通渠道通常分为以下五种（见图 10—2）

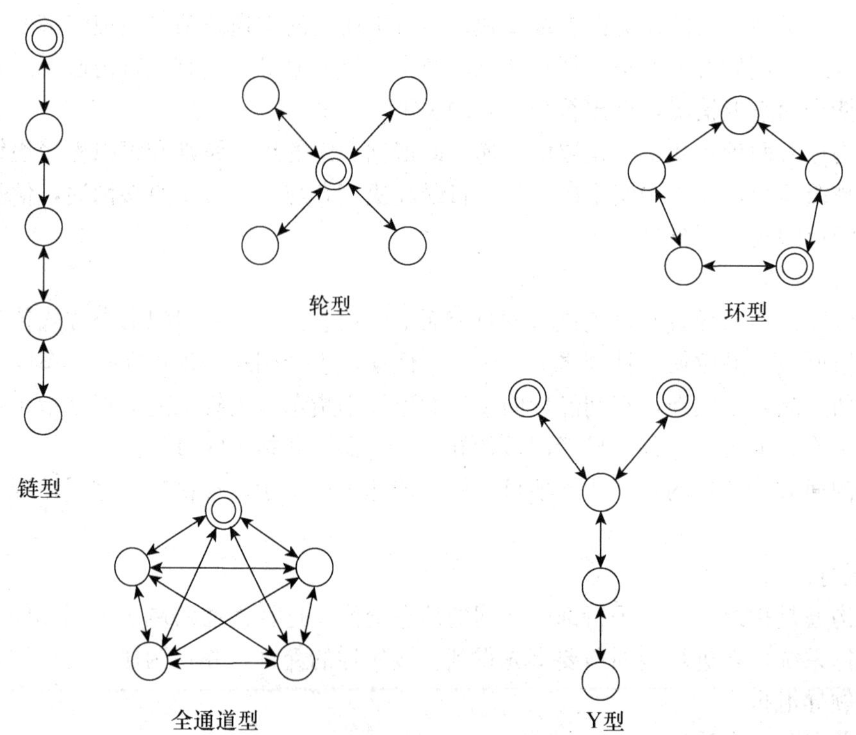

图 10—2 正式沟通渠道的类型

1）链型沟通渠道。

在项目组织系统中，链型沟通渠道相当于一个纵向沟通渠道，信息按高低层次逐级传递，信息可以自上而下或自下而上地传递。在这个模式中，由于层次较多，各个信息传递者所接受的信息差异较大。链式沟通渠道的优点是信息传递速度快。它适用于班子庞大、实行分层授权控制的项目信息传递及沟通。但是，在这种形式中，信息经层层传递、筛选，容易失真。

2）轮型沟通渠道。

在轮型沟通渠道中，有一个信息的汇集点和传递中心。只有处于领导地位的主管人员了解全面情况，并由他向下属发出指令，而下级部门和基层公众之间没有联系，它们只掌握本部门的情况。这种方式集中化程度高，解决问题的速度快，中心人员的预测程度高，但沟通的渠道少，组织成员满意程度低，士气低落。

3）环型沟通渠道。

环型沟通渠道中的成员依次联络沟通。这种模式大多产生于一个多层次的组织系统之中。高一层级的管理人员与低一层级的管理人员建立纵向联系。第一层主管人员与基层工作人员建立联系，基层工作人员之间与基层主管人员之间建立联系。这种沟通模式能提高群体成员的士气。

4）全通道型沟通渠道。

全通道型沟通渠道是一个开放式的信息沟通系统。其中每一个成员之间都有一定的联系。这种沟通渠道有利于营造民主气氛和培养合作精神 。

5）Y 型沟通渠道。

Y 型沟通渠道表示在四个层次的沟通中，两位领导通过一个人或一个部门进行沟通，这个人成为沟通的中心。这种形式集中化程度高，解决问题的速度快。但组织中的成员平均满意度较低，易于造成信息曲解或失真。

项目班子或群体之间的沟通渠道不局限于上述五种，现实中的沟通渠道多种多样。每个项目都有自己的组织结构，有自己的具体情况，为达到有效管理的目的，应视不同情况，采用不同的沟通渠道，以保证各部门之间的信息得到顺利传递。五种正式沟通渠道的比较如表 10—1 所示。

表 10—1　　五种正式沟通渠道的比较

类型	解决问题的速度	信息精确度	组织化	领导人的产生	士气	工作变化弹性
链型	较快	较高	慢、稳定	较显著	低	慢
轮型	快	高	迅速、稳定	较显著	低	慢
环型	慢	低	不易	不发生	高	快
全通道型	最慢	最高	最慢、稳定	不发生	最高	最快
Y 型	较快	较低	不一定	会易位	不一定	较快

（2）非正式沟通渠道。

在一个组织中，除了正式沟通渠道外，还存在着非正式沟通渠道。国外管理专家经过调查研究，认为非正式沟通渠道包括四种形式（见图 10—3）：

1）单线式：消息由 A 通过一连串的人把消息传递给最终的接收者。

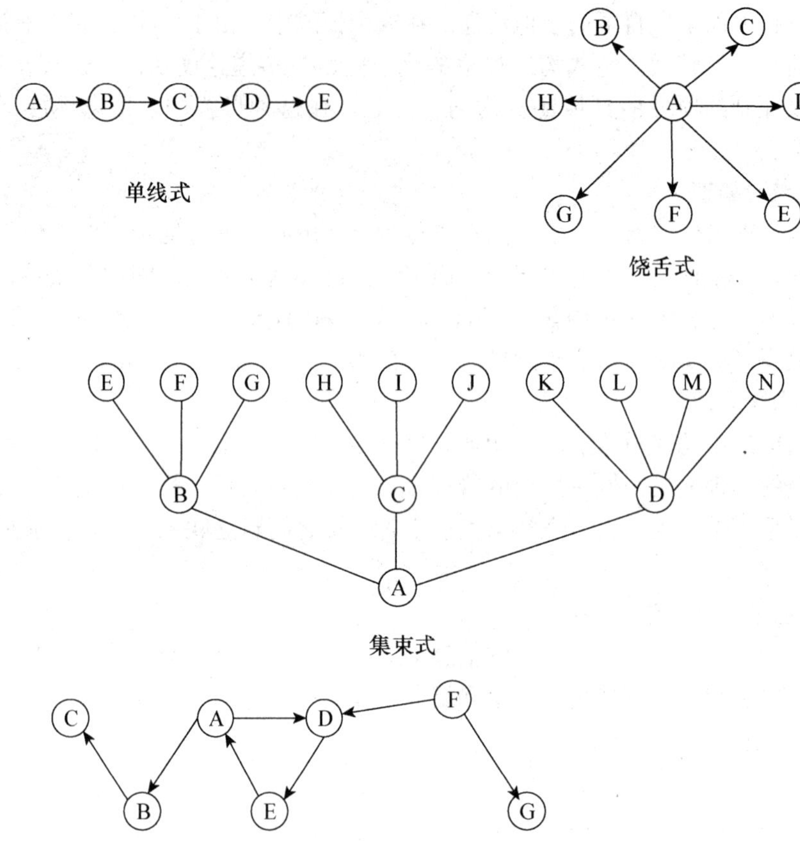

图 10—3 非正式沟通渠道的类型

2）饶舌式：又叫闲谈式传播。它是由 A 主动地把小道消息传播给其他人。如在小组会上传播小道消息。

3）集束式：又叫群集式传播。它是由 A 将信息有选择地告诉自己的朋友或有关的人，同时自己的朋友和有关的人也照此办理的信息沟通方式。这种沟通方式最为普遍。

4）随机式：又叫机遇式传播。它是由 A 将信息按偶然的机会传播给他人，他人又按偶然的机遇传播，并无一定的路线。

非正式沟通渠道中传播的小道消息，常常会对项目目标产生不良影响。改善的办法在于使正式沟通渠道畅通，用正式消息驱除小道消息。但是，非正式沟通渠道也有弥补正式沟通渠道不足的作用。非正式沟通具有以下作用：可以满足职工情感方面的需要，可以弥补正式沟通渠道传递的不足，可以了解职工真正的心理倾向与需要，可以减轻管理者的沟通压力，可以防止某些管理者滥用正式渠道。

10.2.3 项目沟通障碍与冲突管理

在项目沟通过程中，沟通双方希望信息能够清晰、完整、无歧义地发送和接收。但是由于各种原因，在沟通过程中不可避免地存在一些沟通障碍或沟通干扰。这些障碍或干扰的存在使得沟通信息变得模糊、不完整和扭曲，进而对项目产生不良影响。图 10—4 反映了由于沟通障碍导致的沟通失效现象。

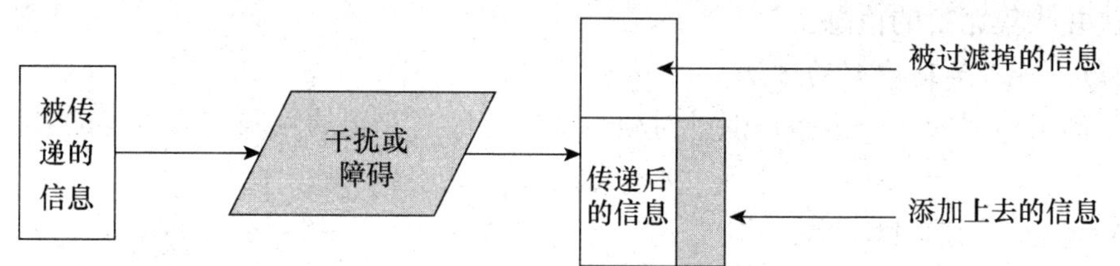

图 10—4 沟通障碍导致的沟通失效

1. 项目沟通的主要障碍

项目沟通的主要障碍包括沟通个体障碍、沟通环境障碍和沟通决策障碍三大类。

（1）沟通个体障碍。

这一类型的障碍主要来自于沟通个体自身，包括语言文字的表达能力和理解能力障碍、选择性知觉以及心理因素等。

1）语言文字的表达能力和理解能力障碍。语言文字是信息沟通的主要工具，但由于每个沟通个体的能力存在差异，对同一信息的表达和对同一语言文字的理解都是不一样的。这种表达和理解上的障碍也可称之为语义障碍，导致这一障碍的因素包括个人教育水平、知识经验水平、文化环境等。

2）选择性知觉。人们在接收信息时会有意无意地对信息进行筛选或选择。一般来说，人们趋于接收自己支持的观点或与自身有关的信息，而对自己不熟悉的或令人讨厌的信息进行过滤。

3）心理因素。每个人的个性、兴趣、态度、情绪上的差异，都会引起信息沟通的障碍。

（2）沟通环境障碍。

1）项目内部环境障碍。包括组织结构、沟通流程、组织文化等。如果组织结构过于庞大和复杂，沟通流程不合理，组织文化对快速准确的沟通难以形成支持，就会形成沟通障碍。

2）项目外部环境障碍。典型的外部因素包括沟通的基础设施和政治环境。

3）噪声干扰。噪声干扰是指在信息传递过程中出现的各种干扰因素对信息传递产生的不利影响。如电话的静音干扰、环境噪声、沟通中的意外事件等。噪声干扰会对沟通效果产生较大影响，有的甚至会造成信息严重失真。

（3）沟通决策障碍。

沟通决策障碍是指沟通主体在进行沟通的过程中所作的相关决策导致的障碍。

1）沟通的时机选择不当。在项目沟通中，沟通时机对沟通的效果有重要影响。例如，若沟通的一方情绪低落，显然不适合沟通。

2）沟通的方法和渠道选择不当。不同的沟通方法和渠道在沟通速度、准确性、反馈程度、对沟通当事人的影响力等方面的差异很大，沟通效果也截然不同。

3）沟通的信息或想法尚不完备。在很多情况下，项目沟通问题是由于沟通双方信息资源不足或尚未形成自己的想法甚至根本就没有想法就贸然开展沟通造成的。这是直接威胁沟通效果的主要障碍之一。因此，在沟通之前必须明确沟通内容和目的，形成全面、准确的想法并收集完备的信息。

2. 解决项目沟通障碍的方法

克服沟通障碍的方法很多，但是对项目管理者最为有用的克服沟通障碍的方法有如下几种。

（1）充分运用信息反馈。

很多项目沟通问题是由于误解造成的，如果项目管理者在沟通过程中正确地使用反馈方法，则会减少这类问题的发生。信息反馈可以是语言的，也可以是非语言的。反馈不仅包括回应，还包括主动的直接提问和对信息进行概括等。在有些时候，行动比语言提供的反馈更为明确。例如，当你向项目团体成员发布信息时，你可以通过观察他们的眼睛及其他非语言方面的信号，来了解他们是否在接收和理解你所传递的信息。

（2）使用恰当的语言和词汇。

由于语言和词汇可能成为沟通障碍，因此项目管理者在编码和组织信息时应选择适当的语言和措辞，以使信息清楚明确，以利于接收者理解。有效的沟通不仅需要信息被接收，还需要信息被理解，所以项目管理者必须恰当地使用语言，并注意使用与接收者接受能力一致的词汇，以提高理解效果。例如，工程项目的管理者在沟通时应尽量使用清晰易懂的词汇，并且在向项目团队成员和项目管理办公室工作人员传递信息时，其使用的语言应有所区别。

（3）积极使用非语言性的提示。

许多学者认为，非语言沟通比语言沟通更重要。因为在沟通过程中，人们往往通过观察和注意他人的行为与表情来判断沟通的效果。所以在项目沟通中要积极使用非语言沟通提示，并确保它们和语言相匹配，起到强化语言沟通的作用。另外，项目管理者并不总是以完全理性化的方式进行沟通的，有时情绪会使他们的非语言提示与所要传递的信息不一致，从而造成信息失真或沟通受阻。因此，项目管理者必须克服由于情绪原因引起的信息失真或沟通障碍，避免人们对接收的信息产生误解。

（4）合理地选择沟通方式和沟通环境。

根据沟通问题和沟通对象的不同，项目管理者应有针对性地选择不同的沟通方式和沟通环境。例如，对某些严肃而重要的内容，应当在正式的场合以正式的沟通方式进行沟通（如项目手册的发布）；而对某些敏感的个人问题，则可采用一些放松的非正式的沟通方式进行沟通。

（5）正确选择沟通时机和营造沟通氛围。

由于项目流程和涉及人员的复杂性，在项目沟通中需要合理地安排沟通的顺序和时机。并且，为了达到良好的沟通效果，项目管理者也应当营造恰当的沟通气氛。在具体的项目实践中，可按照以下几个简单的步骤进行沟通：

1）全面考虑沟通目的；

2）选择沟通对象及沟通次序；

3）决定沟通的时机、方式和环境；

4）营造恰当的气氛，引起对方的沟通兴趣；

5）传递信息，并对他人的反馈予以支持和鼓励。

3. 项目冲突管理

项目冲突就是在项目过程中的个人、团队、组织阻止或限制（至少是暂时的）另一部分个人、团队和组织达到预期目标的行为。冲突管理是创造性地处理冲突的艺术。冲突管理的作用是引导这些冲突的结果向积极的、协作的而非破坏性的方向发展。在这个过程中，项目经理是解决冲突的关键，他的职责不是宣布不许冲突或让冲突自行消亡，而是在做好冲突防范的同时，在冲突发生时分析冲突来源，运用正确的方法解决冲突，并通过冲突发现问题、解决问题，促进项目工作更好地开展。通过冲突可发现问题，暴露矛盾，获得新的信息，然后通过积极的引导和沟通达成一致，化解矛盾，通过详细的协商以求照顾到各方面的利益，最终达到项目目标的最优解决。

（1）项目冲突的来源。

从冲突的性质来看，项目冲突的来源可以分为以下几种类型。

1）目标冲突。项目组织成员各自有自己的目标和打算，对项目的总目标缺乏了解或共识，项目的目标系统存在矛盾，例如同时过度要求压缩工期、降低成本、提高质量标准。

2）专业冲突。例如对工艺方案、设备方案、施工方案的看法存在不一致，建筑造型与结构之间的矛盾。

3）角色冲突。项目通常采用矩阵式组织结构，项目组的成员往往既是暂时的项目组中的一员，又是其所在的职能部门中的一员，这种特殊的角色安排经常会引起角色冲突。

4）过程冲突。如决策、计划、控制之间的矛盾。

5）项目组织间的冲突。例如组织间利益的冲突、行为的不协调、合同中的矛盾和漏洞、权力的冲突和互相推诿以及项目经理部与职能部门之间的界面冲突等。

从冲突的指向来看，项目冲突的来源可以分为财物资源分配冲突、技术意见和工作内容冲突、项目优先权冲突、管理程序冲突、进度计划冲突、人力资源冲突和成员间个性冲突七大类。这种分类指向明确，在实际冲突管理中更具操作性。

1）财物资源分配冲突。即费用冲突。在进行项目工作的分解或分包的过程中，资金和物质资源数量的多少等方面很容易产生冲突。

2）技术意见和工作内容冲突。在项目中关于如何完成工作、要做多少工作或工作以什么样的标准完成以及在项目实施中的技术问题、性能要求、技术权衡和实现性能的手段等方向都会有不同意见，从而引发冲突。例如，对于项目中的存货问题，制造和销售部门希望保持较高的存货数量以保证生产和销售的连贯性，而财务部门则希望保持较低的存货水平以降低成本。又如，设计部门可能希望提高技术标准以改善性能，而施工部门则希望减少技术的复杂性以降低施工难度和风险。

3）项目优先权冲突。项目成员经常对项目的具体活动和任务的次序持不同看法。优先权冲突不仅会发生在项目内部，也会发生在项目之间。确定优先权的最终权力在最高管理层，影响项目优先权的常见因素包括：

a. 技术风险；

b. 财务和竞争风险；

c. 交付日期和经济事件的逼近以及逾期交付的惩罚；

d. 预期成本节约、利润增长和投资回报；

e. 业主的影响力和冲突项目之间的规模比较；

f. 对其他项目的影响；

g. 对分支部门或组织的影响。

4）管理程序冲突。许多冲突来自项目应如何管理，项目的干系人会在项目经理的职责和权限、项目经理的上下层隶属关系、界面关系、项目范围、运行要求、实施的计划、与其他组织协商的工作协议、管理支持程序等方面产生冲突。

5）进度计划冲突。进度计划冲突来源于对完成项目工作任务所需时间长短、次序安排和进度计划等方面的不同意见。进度计划冲突可能发生在项目内部。例如，某项工作的具体技术负责人认为该项工作需要1个月的时间才能完成，而项目经理从整个项目协调的角度出发要求该项工作在20天内完成。进度计划冲突也可能发生在项目组和支持职能部门之间。例如，对项目经理而言的紧急事项在支持职能部门那里可能只得到低级优先权的处理。

6）人力资源冲突。项目团队成员往往来自于其他职能部门或参谋部门。如果这些部门的领导仍拥有项目团队成员的人员支配权，毫无疑问，在要求使用这些人员时也会引起冲突。更具体地讲，这种冲突体现在人员需求的范围、技能要求、任务分配、职责分配等方面。并且，在如何满足项目团队成员的需求、如何保证所利用的人力资源对项目具有最高的工作效率等方面也会有不同的意见。

7）成员间个性冲突。项目团队成员因个人价值观及态度方面的差异也会在他们之间引发冲突。个性冲突经常是“以自我为中心”造成的，并且个性冲突往往被表面的沟通问题或技术争端所掩盖。例如，两个项目成员之间的冲突貌似就事论事，实际上却是由双方的个性不合引起的。

（2）项目冲突的处理与解决。

冲突不能完全靠项目经理来处理解决，团队成员间的冲突应该由相关成员共同处理。如果处理得当，则冲突也会有有利的一面。它能将问题暴露出来，及早得到重视；它能激起讨论，澄清成员们的观念；冲突迫使成员寻求新的方法；它可以培养人们的创造性，更好地解决问题；冲突会促进团队建设。然而，如果处理不当，冲突会对项目团队产生不利的影响。它能破坏沟通，人们不再相互谈论、交流信息；它会使成员不大愿意倾听或尊重别人的观点；它能破坏团队的团结，降低信任和开放度。

虽然导致冲突的因素多种多样，且同一因素在不同的项目环境及同一项目的不同阶段可能会呈现不同的性质，但是，解决各式各样的冲突还是有一些常用的方法和基本策略的。

解决冲突的常用方法有：

1）建立公司范围内的冲突解决方针和程序；

2）在项目计划中建立项目冲突解决的方针和程序；

3）借助上级解决冲突；

4）冲突双方持解决问题的积极态度沟通协商。

解决冲突的五种基本策略如下：

1）回避或撤出。回避或撤出是指卷入冲突的人们从这一情况中撤出来，避免发生实际或潜在的争端。例如，如果双方意见不合，那么一方可以选择沉默来回避冲突。但这种方法有时并不是一种积极的解决途径，它可能会使冲突积累起来，而在后来的阶段逐步升级。

2）竞争或强制。这一策略实际上把冲突看作是一种零和博弈，它认为在冲突中获胜要比“勉强”保持人际关系更为重要。这是一种积极解决冲突的方式。当然，有时也可能出现一种极端的情形，如用权力进行强制处理，可能会导致团队成员的怨恨，并且恶化工作的氛围。

3）缓和或调停。“求同存异”是这种策略的实质，即尽力在冲突中强调意见一致的方面，最大可能地忽视差异。这种方法认为人们之间的相互关系要比解决问题更重要。尽管这一方式能缓和冲突，避免一些矛盾，但它并不利于问题的彻底解决。

4）妥协。妥协是指团队成员协商并寻求争论双方在一定程度上都满意的方案。这一冲突解决策略的主要特征是寻求一种折中方案，使每个成员都得到某种程度的满意。尤其在两个方案势均力敌、难分优劣时，妥协也许是较为恰当的解决方式。但是，妥协所确定的方案并不一定合适，因此这种方法并非永远可行。

5）合作、正视和解决问题。直接面对冲突是克服分歧、解决冲突的有效途径。通过这种方法，团队队员直接正视问题、正视冲突，追求双赢的结局。这种方法是一种积极解决冲突的途径，它既正视问题的结局，也重视团队成员之间的关系。以诚待人、形成民主的氛围是这种方法的特点。它要求成员花更多的时间去了解其他成员的观点和方案，善于处理而不是压制自己的情绪和想法。每个人都必须以积极的态度对待冲突，并愿意就面临的冲突广泛交换情况，尽力得到最好、最全面的解决方案。

另外，冲突防范是对可能产生的冲突进行处理的最佳方法。为了做好冲突防范，项目经理必须确保所有的成员都清楚他们所期望的工作结果并对项目计划十分熟悉，项目经理还必须确保项目团队成员都清楚项目的高层目标以及项目实施计划。

在团队建设中强调成员间的“信任”和成员的“自信”也能减少冲突。一个彼此信任的环境有助于团队成员相互合作及减少成员间的竞争倾向，项目经理的信任和自信能够营造一个良好的合作环境。

10.3 项目干系人管理

项目干系人管理包括用于开展下列工作的各个过程：识别能影响项目或受项目影响的

全部人员、群体或组织，分析干系人对项目的期望和影响，制定合适的管理策略来有效调动干系人参与项目决策和执行。干系人管理还关注与干系人的持续沟通，以便了解干系人的需要和期望，解决实际发生的问题，管理利益冲突，促进干系人参与项目决策和活动。应该把干系人满意度作为一个关键的项目目标来进行管理。

每个项目都有干系人，他们受项目积极或消极的影响，或者能对项目施加积极或消极的影响。有些干系人影响项目的能力有限，而有些干系人可能对项目及其结果有重大影响。项目经理正确识别并合理管理干系人的能力，决定项目的成败。

项目干系人管理的各个过程主要包括识别干系人、规划干系人管理、管理干系人参与、控制干系人参与。

10.3.1 识别干系人

识别干系人是识别能影响项目决策、活动或结果的个人、群体或组织，以及被项目决策、活动或结果所影响的个人、群体或组织，并分析和记录他们的相关信息的过程。这些信息包括他们的利益、参与度、相互依赖度、影响力及对项目成功的潜在影响等。本过程的主要作用是，帮助项目经理建立对各个干系人或干系人群体的适度关注。

项目干系人是能影响项目决策、活动或结果的个人、群体或组织，以及会受或自认为会受项目决策、活动或结果影响的个人、群体或组织。项目干系人是积极参与项目，或其利益可能受到项目实践或完成影响的个人和组织，如客户、发起人、执行组织和有关公众（积极参与项目或可能从项目的执行或完成中受益或受害的公众）。他们可能对项目及其可交付的成果施加影响。干系人可能来自组织内部的不同层级，具有不同级别的职权，也可能来自项目执行组织的外部。

在项目或阶段的早期就识别干系人，并分析他们的利益层次、个人期望、重要性和影响力，对项目成功非常重要。应该定期审查和更新早期所做的初步分析。由于项目的规模、类型和复杂程度不尽相同，大多数项目会有形形色色且数量不等的干系人。由于项目经理的时间有限，必须尽可能有效利用，因此应该按干系人的利益、影响力和参与项目的程度对其进行分类，并注意有些干系人可能直到项目或阶段的较晚时期才对项目产生影响或显著影响。通过分类，项目经理就能够专注于那些与项目成功密切相关的重要关系。

1. 识别干系人的依据

（1）项目章程。项目章程是正式批准项目的文件。项目章程可提供与项目有关的、受项目结果或执行影响的内外部各方的信息，如项目发起人、客户、团队成员、项目参与小组和部门，以及受项目影响的其他个人或组织。

（2）采购文件。如果项目是某个采购活动的结果，或基于某个已签订的合同，那么合同各方都是关键的项目干系人。同时也应该把其他相关方（如供应商）视为项目干系人。

（3）事业环境因素。能够影响识别干系人过程的事业环境因素主要包括组织文化和结构，政府或行业标准（如法规、产品标准），全球、区域或当地的趋势、实践或习惯。

（4）组织过程资产。能够影响识别干系人过程的组织过程资产主要包括干系人登记册、以往项目或阶段的经验教训、以往项目的干系人登记册。

2. 识别干系人的方法

（1）干系人分析。干系人分析是系统地收集和分析各种定量与定性信息，以便确定在整个项目中应该考虑哪些人的利益。通过干系人分析，识别出干系人、期望和影响，并把他们与项目的目的联系起来。干系人分析也有助于了解干系人之间的关系（包括干系人与项目的关系，干系人相互之间的关系），以便利用这些关系来建立联盟和伙伴合作，从而提高项目成功的可能性。在项目或阶段的不同时期，应该对干系人之间的关系施加不同的影响。

干系人分析的操作步骤如下：

1）识别全部潜在项目干系人及其相关信息，如他们的角色、部门、利益、知识、期望和影响力。关键干系人通常很容易识别，包括所有受项目结果影响的决策者或管理者，如项目发起人、项目经理和主要客户。通常可对已识别的干系人进行访谈，来识别其他干系人，扩充干系人名单，直至列出全部潜在干系人。

2）分析每个干系人可能的影响或支持，并把他们分类，以便制定管理策略。在很多情况下，必须对干系人进行排序，以便有效分配精力，来了解和管理干系人的期望。

3）评估关键干系人对不同情况可能做出的反应或应对，以便策划如何对他们施加影响，提高他们对项目的支持度，减轻他们潜在的负面影响。

有多种分类模型可用于干系人分析，如：

1）权力/利益方格。根据干系人的职权（权力）大小及对项目结果的关注（利益）程度进行分类，如图 10—5 所示，其中 A～H 代表干系人的位置。

2）权力/影响方格。根据干系人的职权（权力）大小及主动参与（影响）项目的程度进行分类。

3）影响/作用方格。根据干系人参与（影响）项目的程度及改变项目计划或执行的能力（作用）进行分类。

4）凸显模型。根据干系人的权力（施加自己意愿的能力）、紧急程度（需要立即关注）和合法性（有权参与）对干系人进行分类。

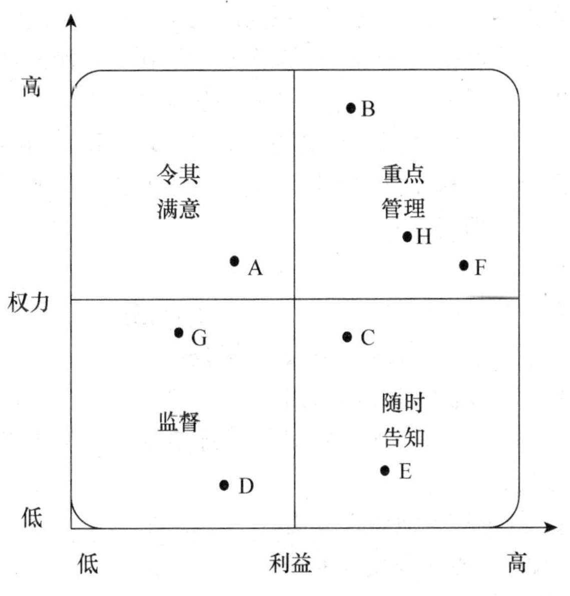

图 10—5 干系人权力/利益方格示例

(2) 专家判断。为确保识别和列出全部干系人，应该向受过专门培训或具有专业知识的小组或个人寻求专家判断和专业意见，例如：高级管理人员、组织内部的其他部门、已识别的关键干系人、在相同领域的项目上工作过的项目经理（直接或间接的经验教训）、相关业务或项目领域的主题专家（SME）、行业团体和顾问、专业和技术协会、立法机构和非政府组织（NGO）。也可通过单独咨询（一对一会谈、访谈等）或小组对话（焦点小组、调查等），获取专家判断。

(3) 会议。召开情况分析会议，交流和分析关于各干系人的角色、利益、知识和整体立场的信息，加强对主要项目干系人的了解。

3. 识别干系人的结果

干系人登记册是识别干系人的主要输出，用于记录已识别的干系人的所有详细信息，主要包括：

(1) 基本信息。姓名、职位、地点、项目角色、联系方式。

(2) 评估信息。主要需求、主要期望、对项目的潜在影响、与项目生命周期的哪个阶段联系最密切。

(3) 干系人分类。内部/外部，支持者/中立者/反对者等。

应定期查看并更新干系人登记册，因为在整个项目生命周期中干系人可能会发生变化，也可能识别出新的干系人。

10.3.2 规划干系人管理

规划干系人管理是基于对干系人需要、利益及对项目成功的潜在影响的分析，制定合适的管理策略，以有效调动干系人参与整个项目生命周期的过程。本过程的主要作用是，为与项目干系人的互动提供清晰且可操作的计划，以支持项目利益。

在分析项目将如何影响干系人的基础上，规划干系人管理过程帮助项目经理制定不同方法，来有效调动干系人参与项目，管理干系人的期望，从而最终实现项目目标。干系人管理的内容比改善沟通和管理团队更多。干系人管理是在项目团队和干系人之间建立并维护良好关系，以期在项目边界内满足干系人的各种需要和需求。

这个过程将产生干系人管理计划，它是关于如何实现干系人有效管理的详细计划。随着项目的进展，干系人及其参与项目的程度可能会发生变化，因此，规划干系人管理是一个动态的过程，应由项目经理定期开展。

1. 规划干系人管理的依据

(1) 项目管理计划。用于制订管理计划的信息主要包括：

1) 项目所选用的生命周期及各阶段拟采用的过程；

2) 对如何执行项目以实现项目目标的描述；

3) 对如何满足人力资源需求，如何定义和安排项目角色与职责、报告关系和人员配备管理等的描述；

4) 变更管理计划，规定将如何监控变更；

5) 干系人之间的沟通需要和沟通技术。

(2) 干系人登记册。干系人登记册中的信息有助于对项目干系人的参与方式进行规划。

（3）事业环境因素。所有事业环境因素都是本过程的输入，因为对干系人的管理应该与项目环境相适应。其中，组织文化、组织结构和政治氛围特别重要，了解这些因素，有助于制定最具适应性的干系人管理方案。

（4）组织过程资产。所有组织过程资产都是本过程的输入。其中，经验教训数据库和历史信息特别重要，因为能够从中了解以往的干系人管理计划及其有效性。这些信息可用于规划当前项目的干系人管理活动。

2．规划干系人管理的方法

（1）专家判断。基于项目目标，项目经理应使用专家判断方法，来确定每位干系人在项目每个阶段的参与程度。例如，在项目初期，可能需要高层管理职位干系人的高度参与，来为项目成功扫清障碍。障碍一旦扫除，这些高级干系人也许就可以从领导项目转为支持项目，而其他干系人（如最终用户）可能变得越来越重要。为了创建干系人管理计划，应该向受过专门培训、具有专业知识或对组织内部关系有深入了解的小组或个人寻求专家判断和专业意见。

（2）会议。应该与相关专家及项目团队举行会议，以确定所有干系人应有的参与程度。这些信息可为后续制订干系人管理计划提供支持。

（3）分析技术。应该比较所有干系人的当前参与程度与计划参与程度（为项目成功所需的）。在整个项目生命周期中，干系人的参与对项目的成功至关重要。

干系人的参与程度可分为：不知晓、抵制、中立、支持、领导。可在干系人参与评估矩阵中记录干系人的当前参与程度，如表 10—2 所示。其中，C 表示当前参与程度，D 表示所需参与程度。项目团队应基于可获取的信息，确定项目当前阶段所需要的干系人参与程度。在表 10—2 中，干系人 3 已处于所需的参与程度，而对于干系人 1 和 2，则需要做进一步沟通，采取进一步行动，使他们达到所需的参与程度。

表 10—2　干系人参与评估矩阵

干系人	不知晓	抵制	中立	支持	领导
干系人 1	C			D	
干系人 2			C	D	
干系人 3				DC	

通过分析，识别出当前参与程度与所需参与程度之间的差距。可以使用专家判断方法制定行动和沟通方案，消除上述差距。

3．规划干系人管理的结果

（1）干系人管理计划。干系人管理计划是项目管理计划的组成部分，是为有效调动干系人参与项目而制定的管理策略。根据项目的需要，干系人管理计划可以是正式的，也可以是非正式的；可以是非常详细的，也可以是高度概括的。

除了干系人登记册中的资料外，干系人管理计划通常还包括：

1）关键干系人的所需参与程度和当前参与程度；

2）干系人变更的范围和影响；

3）干系人之间的相互关系和潜在交叉；

4）项目现阶段的干系人沟通需求；

5）需要分发给干系人的信息，包括语言、格式、内容和详细程度；

6）分发相关信息的理由，以及可能对干系人参与所产生的影响；

7）向干系人分发所需信息的时限和频率；

8）随着项目的进展，更新和优化干系人管理计划的方法。

项目经理应意识到干系人管理计划的敏感性，并采取恰当的预防措施。例如，有关那些抵制项目的干系人的信息，可能具有潜在的破坏作用，因此对于这类信息的发布必须特别谨慎。更新干系人管理计划时，应审查所依据的假设条件的有效性，以确保该计划的准确性和相关性。

（2）项目文件更新。主要包括项目进度计划、干系人登记册的更新。

10.3.3 管理干系人参与

管理干系人参与是在整个项目生命周期中，与干系人进行沟通和协作，以满足其需要与期望，解决实际出现的问题，并促进干系人合理参与项目活动的过程。本过程的主要作用是，帮助项目经理提升来自干系人的支持，并把干系人的抵制降到最低，从而显著提高项目成功的机会。

管理干系人参与包括以下活动：

（1）调动干系人适时参与项目，以获取或确认他们对项目成功的持续承诺；

（2）通过协商和沟通，管理干系人的期望，确保实现项目目标；

（3）处理尚未成为问题的干系人关注点，预测干系人在未来可能提出的问题。需要尽早识别和讨论这些关注点，以便评估相关的项目风险；

（4）澄清和解决已识别出的问题。

通过管理干系人参与，确保干系人清晰地理解项目目的、目标、收益和风险，提高项目成功的概率。这不仅能使干系人成为项目的积极支持者，而且还能使干系人协助指导项目活动和项目决策。通过预计人们对项目的反应，可以事先采取行动来获得支持或降低负面影响。

干系人对项目的影响能力通常在项目启动阶段最大，而后随着项目的进展逐渐降低。项目经理负责调动各干系人参与项目，并对他们进行管理，必要时可以寻求项目发起人的帮助。主动管理干系人参与可以降低项目不能实现其目的和目标的风险。

1. 管理干系人参与的依据

（1）干系人管理计划。干系人管理计划为调动干系人最有效地参与项目提供指导。干系人管理计划描述了干系人沟通的方法和技术。该计划用于确定各干系人之间的互动程度。该计划有助于制定在整个项目生命周期中识别和管理干系人的策略。

（2）沟通管理计划。沟通管理计划为管理干系人期望提供指导和信息。所用到的信息主要包括干系人的沟通需求、需要沟通的信息、发布信息的原因、将要接收信息的个人或群体、升级流程。

（3）变更日志。变更日志用于记录项目期间发生的变更。应该与适当的干系人就这些变更及其对项目时间、成本和风险等的影响进行沟通。

(4) 组织过程资产。能够影响管理干系人参与过程的组织过程资产主要包括组织对沟通的要求、问题管理程序、变更控制程序、以往项目的历史信息。

2. 管理干系人参与的方法

(1) 沟通方法。在管理干系人参与时，应使用在沟通管理计划中确定的针对每个干系人的沟通方法。基于干系人的沟通需求，项目经理决定在项目中如何使用、何时使用及使用哪种沟通方法。

(2) 人际关系技能。项目经理应用人际关系技能来管理干系人的期望。例如：建立信任、解决冲突、积极倾听、克服变更阻力。

(3) 管理技能。项目经理应用管理技能来协调各方以实现项目目标。

3. 管理干系人参与的结果

(1) 问题日志。在管理干系人参与的过程中，可以编制问题日志。问题日志应随新问题的出现和老问题的解决而动态更新。

(2) 变更请求。在管理干系人参与的过程中，可能对产品或项目提出变更请求。变更请求可能包括针对项目本身的纠正或预防措施，以及针对与相关干系人的互动的纠正或预防措施。

(3) 项目管理计划更新。项目管理计划中可能需要更新的内容主要包括干系人管理计划。当识别出新的干系人需求或者需要对干系人需求进行修改时，就需要更新该计划。例如，有些沟通可能不再必要，可能需要替换无效的沟通方法，或者可能识别出了新的沟通需求。该计划也需要因处理关注点和解决问题而更新。例如，可能发现某干系人需要更多的信息。

(4) 项目文件更新。可能需要更新的项目文件主要包括干系人登记册。干系人登记册需要更新的情况有：干系人信息变化、识别出新干系人、原有干系人不再参与项目、原有干系人不再受项目影响，或者特定干系人的其他情况发生变化。

(5) 组织过程资产更新。可能需要更新的组织过程资产主要包括：

1) 给干系人的通知。可向干系人提供有关已解决的问题、已批准的变更和项目总体状态的信息。

2) 项目报告。采用正式和非正式的项目报告描述项目状态。项目报告包括经验教训总结、问题日志、项目收尾报告和出自其他知识领域的相关报告。

3) 项目演示资料。项目团队正式或非正式地向任一或全部干系人提供的信息。

4) 项目记录。包括往来函件、备忘录、会议纪要及描述项目情况的其他文件。

5) 干系人的反馈意见。可以分析干系人对项目工作的意见，用于调整或提高项目的未来绩效。

6) 经验教训文档。包括对问题根本原因的分析、选择特定纠正措施的理由，以及有关干系人管理的其他经验教训。应该记录和发布经验教训，并在本项目和执行组织的历史数据库中收录。

10.3.4 控制干系人参与

控制干系人参与是全面监督项目干系人之间的关系，调整策略和计划，以调动干系人参与的过程。本过程的主要作用是，随着项目进展和环境变化，维持并提升干系人参与活动的效率和效果。

在干系人管理计划中列出干系人参与的活动，并在项目生命周期中加以执行。应该对干系人参与进行持续控制。

1. 控制干系人参与的依据

（1）项目管理计划。项目管理计划可用于制定干系人管理计划。可用于控制干系人参与的信息主要包括：

1）项目所选用的生命周期及各阶段拟采用的过程；

2）对如何执行项目以实现项目目标的描述；

3）对如何满足人力资源需求，如何定义和安排项目角色与职责、报告关系和人员配备管理等的描述；

4）变更管理计划，规定将如何监控变更；

5）干系人之间的沟通需要和沟通技术。

（2）问题日志。问题日志随新问题的出现和老问题的解决而更新。

（3）工作绩效数据。工作绩效数据是在执行项目工作的过程中，从每个正在执行的活动中收集到的原始观察结果和测量值。在各控制过程中可收集关于项目活动和可交付成果的各种测量值。数据是具体的，其他过程可从中提炼出项目信息。

例如，工作绩效数据包括工作完成百分比、技术绩效结果、进度活动的开始和结束日期、变更请求的数量、缺陷的数量、实际成本和实际持续时间等。

（4）项目文件。来自启动、规划、执行或控制过程的诸多项目文件，可用作控制干系人的支持性输入。这些文件主要包括项目进度计划、干系人登记册、问题日志、变更日志、项目沟通文件。

2. 控制干系人参与的方法

（1）信息管理系统。信息管理系统为项目经理获取、储存和向干系人发布有关项目成本、进展和绩效等方面的信息提供了标准工具。它也可以帮助项目经理整合来自多个系统的报告，便于项目经理向项目干系人分发报告。例如，可以用报表、电子表格和演示资料的形式分发报告。可以借助图表实现项目绩效信息可视化。

（2）专家判断。为确保全面识别和列出新的干系人，应对当前干系人进行重新评估。应向受过专门培训或具有专业知识的小组或个人寻求输入。

（3）会议。可在状态评审会议上交流和分析有关干系人参与的信息。

3. 控制干系人参与的结果

（1）工作绩效信息。工作绩效信息是从各控制过程收集，并结合相关背景和跨领域关系进行整合分析而得到的绩效数据。这样，工作绩效数据转化为工作绩效信息。数据本身不用于决策，因为其意思可能被误解。但是，工作绩效信息考虑了相互关系和所处背景，可以作为项目决策的可靠基础。

工作绩效信息通过沟通过程进行传递。绩效信息包括可交付成果的状态、变更请求的落实情况及预测的完工尚需估算。

（2）变更请求。在分析项目绩效及与干系人互动的过程中，经常会提出变更请求。需要通过实施整体变更控制过程对变更请求进行处理：

1）推荐的纠正措施，包括为使项目工作绩效重新与项目管理计划保持一致而提出的变更；

2）推荐的预防措施，这些措施可以降低在未来产生不良项目绩效的可能性。

（3）项目管理计划更新。随着干系人参与项目工作，要评估干系人管理策略的整体有效性。如果发现需要改变方法或策略，那么就应该更新项目管理计划的相应部分，以反映这些变更。项目管理计划中可能需要更新的内容主要包括变更管理计划、沟通管理计划、成本管理计划、人力资源管理计划、采购管理计划、质量管理计划、需求管理计划、风险管理计划、进度管理计划、范围管理计划、干系人管理计划。

（4）项目文件更新。可能需要更新的项目文件主要包括：

1）干系人登记册。干系人登记册需要更新的情况有：干系人信息变化、识别出新的干系人、原有干系人不再受项目影响，或者特定干系人的其他情况发生变化。

2）问题日志。随新问题的出现和老问题的解决而更新。

（5）组织过程资产更新。可能需要更新的组织过程资产主要包括：

1）给干系人的通知。可向干系人提供有关已解决的问题、已批准的变更和项目总体状态的信息。

2）项目报告。采用正式和非正式的项目报告描述项目状态。项目报告包括经验教训总结、问题日志、项目收尾报告和出自其他知识领域的相关报告。

3）项目演示资料。项目团队正式或非正式地向任一或全部干系人提供的信息。

4）项目记录。包括往来函件、备忘录、会议纪要及描述项目情况的其他文件。

5）干系人的反馈意见。可以分析干系人对项目工作的意见，用于调整或提高项目的未来绩效。

6）经验教训文档。包括对问题根本原因的分析、选择特定纠正措施的理由，以及有关干系人管理的其他经验教训。应该记录和发布经验教训，并在本项目和执行组织的历史数据库中收录。

10.4 项目绩效测量

项目绩效测量就是比照项目计划对项目结果（或阶段性结果）进行衡量与评价，以保证按时、按预算并按客户的要求提供产品与服务。

时间和预算是对与整体信息系统相应的项目绩效的量化衡量。在质量方面的绩效衡量（是否满足顾客的特别技术要求和产品功能），通常是由实地检测或实际使用来决定的。

对时间绩效的量化衡量相对来说较为容易和直观，也就是看在时间表上关键路线是早于、迟于还是完全按计划进行；看接近关键路线的活动是否导致新的关键活动的减少。用预算来衡量业绩（比如资金、完成的工作量、劳动工时）就比较困难，其不仅仅是一个简单的计划与实际的比较，还涉及多个变量，而且要使用专业的计算模型。

10.4.1 执行报告

执行报告提供的资料是项目执行中的一些情况，可用来提醒项目团队和公布项目未来可能出现的问题，包括在收集和发布执行信息的过程中，向项目干系人提供为实现项目目标而有效使用资源的信息。具体包括：

（1）状况报告——描述项目当前的状况；

（2）进展报告——描述项目团队已完成的工作；

（3）预测——对项目未来的状况和进展作出预测。

执行报告示意表如表 10—3 所示，制定执行报告的过程如图 10—6 所示。

表 10—3　　执行报告示意表

工作分层结构	预算（$）BCWS	盈余量（$）BCWP	实际成本（$）ACWP	成本差异		进度差异	
				CV（$）	CPI（%）	SV（$）	SPI（%）
1.0 前期设计	63 000	58 000	62 500	−4 500	−7.8	−5 000	−7.9
2.0 草案审查单	64 000	48 000	46 800	1 200	2.5	−16 000	−25.0
3.0 课程设计	23 000	20 000	23 500	−3 500	−17.5	−3 000	−13.0
4.0 中期评估	68 000	68 000	72 500	−4 500	−6.6	0	0.0
5.0 实施支持	12 000	10 000	10 000	0	0	−2 000	−16.7
6.0 操作手册	7 000	6 200	6 000	200	3.2	−800	11.4
7.0 开展计划	20 000	13 500	18 100	−4 600	−34.1	−6 500	−32.5
合计	257 000	223 700	239 400	−15 700	−60.3	−33 300	−83.7

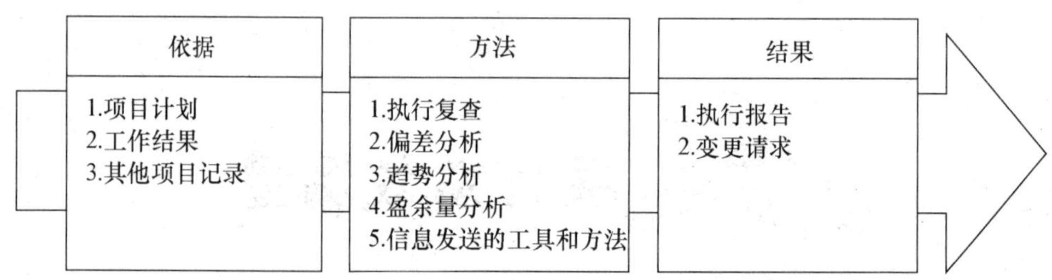

图 10—6　制定执行报告的过程

1. 制定执行报告的依据

（1）项目计划。包括各种各样用来评估项目执行的基准。

（2）工作结果。已全部或部分完成的子项目，已发生或已分担的成本等都是项目计划执行的结果，工作结果应在沟通管理计划规定的框架内汇报，其中精确一致的信息对执行报告的使用价值是很重要的。

(3) 其他项目记录。除了项目计划和项目工作结果外，其他项目文件中也常常包含有关项目的信息，在评估项目执行时也应考虑到这些信息。

2. 制定执行报告的工具和方法

(1) 执行复查。执行复查是为评估项目状况和进展而举行的会议，一般同下面讨论的一个或多个制定执行报告的方法一起使用。

(2) 偏差分析。偏差分析是指把项目的实际结果与计划或预期结果作比较，最常使用的是成本和进度偏差，但是范围、质量和风险与计划之间的偏差也同样或更加重要。

(3) 趋势分析。趋势分析指检查项目结果以确定执行是改进了还是恶化了。

(4) 盈余量分析。各种形式的盈余量分析是衡量项目执行情况最常用的方法，它把范围、成本和进度等度量标准结合在一起，以帮助项目管理团队评估项目的执行情况。对每项活动而言，盈余量分析包括计算三个主要数值：

1) 预算，又称为排定工作的预算成本（Budgeted Cost for Work Scheduled，BCWS），是给定期间内计划花费在某项活动上的已被批准的估计成本。

2) 实际成本，又称为已执行工作的实际成本（Actual Cost for Work Performed，ACWP），是给定期间内因完成工作所花费的直接和间接成本的总和。

3) 盈余量，又称为已执行工作的预算成本（Budgeted Cost for Work Performed，BCWP），是总预算的一个百分比。该百分比等同于实际完成工作的一个百分比，为了简化数据收集，许多盈余量仅用一个百分比表示。一些盈余量只用 0 和 100%（完工或末完工）来表示，以确保执行衡量的客观性。

这三个量一起使用，提供了工作是否按计划完成的度量标准。最常使用的度量标准是成本差异（$CV=BCWP-ACWP$）、进度差异（$SV=BCWP-BCWS$）和成本执行指数（$CPI=BCWP/ACWP$）。累计的成本执行指数（$BCWPs$ 之和除以 $ACWPs$ 之和）在预测完工时的项目成本中应用广泛。在一些应用领域，进度执行指数（$SPI=BCWP/BCWS$）也被用来预测项目的完工日期（详细内容见第 7 章的挣值分析）。

(5) 信息发送的工具和方法。

3. 执行报告的输出

(1) 执行报告。执行报告对收集的信息进行组织和总结，并提出分析结果。执行报告按照沟通管理计划的规定，提供各类项目干系人所需要的、符合详细等级的信息。执行报告的通用格式包括条形图（也称为横道图）、S 曲线、矩形图和表格，它们都可以用来表示盈余量数据。

(2) 变更请求。对项目执行情况的分析，常常产生对项目的某些方面作出修改的请求，这些变更请求由各类变更控制程序处理（如范围变更处理、进度控制等）。

10.4.2　项目复审

实际上，项目复审就是定期召开情况会议，会上要通过项目复审委员会对项目进展及存在的问题和风险的审核。

1. 复审类型

(1) 复审。就是召开一次正式的会议。在会上，向用户、客户或其他相关各方介绍一个或一组工作，以征求对方的意见和批准。

（2）检查。这是一种正式的评估方法，将由非直接参与者个人或小组详细检查工作，以查明是否有错误、是否违反开发标准、是否存在其他问题。

（3）审查。这是一个复审过程，由某个开发人员领导一个或多个开发团队成员对所编写的一段工作文件进行检查；同时，由其他成员针对技术、风格、可能的错误、是否违反开发标准和其他问题提出问题并发表意见。

对跨团队的项目，复审还提供了发现其他项目团队的设计代码，并增加检测公共源代码的机会、复用的机会以及泛化关系的机会；复审还提供了在不同项目团队之间协调构架风格的方法。

2. 复审计划

制定复审计划要确定复审的重点和范围，并确保所有参与者理解自己的角色和复审目标。

在复审之前，通过确定将提出的问题，确定复审范围和评估的对象及原因。针对可能提出的各种问题，参阅复审工作的检查点。确切的问题取决于项目所处的阶段：早期复审关注较广泛的构架问题，而后期复审将更为具体。

确定复审范围后，便可以确定复审参与者、议程和进行复审所需的信息。选择参与者时，应在构架技术专业知识和领域专业知识之间建立平衡，清楚明确地指定协调复审的评估负责人。如有必要，可调用其他团队或组织的专家提供领域专业知识或技术专业知识。

复审员的数量控制在七个人左右或更少。如果选择得当，他们应该完全可以确定构架方面的问题；如果复审员数量太多，实际上会因为会议时间过长而降低工作效率，并在复审过程中增加枝节问题和讨论，从而降低复审质量；如果复审员少于四人，则会因为减少了问题的多样性而增加片面性的风险。

3. 复审准备

复审之前，应收集与复审工作相关的材料，并分发给复审参与者。对于收集复审材料和问题的复审员来说，这些工作必须在复审会议之前完成。预先分发足够的复审材料，让复审员有时间准备复审，可以显著提高复审结果的质量、复审效率和有效性。

4. 实施复审

项目复审并不是“杂乱无章”、毫无程序性可言的，关键程序包括以下几个方面：

（1）理解复审流程。一般来说，复审流程是一个重复进行的循环过程：

1）复审员提出问题；

2）讨论问题，同时对问题进行确认；

3）确定缺陷（确定需要解决的问题）；

4）直到问题确定完毕再继续下一步。

为了使这个过程有效进行，每个人都应用发现问题的挑剔眼光开展复审。这种做法可能很困难，所以，所有复审员都必须经常提醒自己将重点放在确定的问题上（这比解决问题更重要）。

（2）确保复审员理解自己的角色。为了使复审有效进行，每个人都必须扮演一个角色。复审中的基本角色包括：

1）协调员。确保复审按议程进行，并以当前的主题为重点；确保对枝节问题的讨论不会使复审脱离正轨；确保所有复审员都以平等的身份参加讨论。

2）记录员。经常被忽略，但却是复审团队中必不可少的一员。其专职任务是记录所讨论的内容以及要采取的行动。将此任务分配给某个复审员，实质上是使其置身于讨论之外。然而，如果没有记录下所决定的事情，很可能会导致将来再次发生该问题。确保指定一位记录员，并保证这是此人所扮演的唯一角色。

3）介绍员。介绍员解释理解工作所需的所有背景信息，重要的是，复审不能变成“审讯”，因为复审的重点是项目工作，而不是介绍员，协调员的作用是确保与会者（包括介绍员）记住这一点。讨论开始，介绍员首先发言，回答问题并提供解释说明。

4）复审员。提出问题。一定要侧重于提出问题，而不是耗费大量精力讨论如何解决问题，要注重结果，而不是方法。

（3）指定协调员。如上所述，协调员对于保持复审不失去重点发挥着关键性的作用。值得注意的是，协调员的工作重点是使复审不脱离正轨；他不应具有复审员的职责，其作用是组织讨论，确保大家平等地参与会议，确保争论不会影响大局，这是一个专职任务。如果不能有效协调，复审就无法达成预期的结果，也无法实现项目目标。

（4）使复审保持简短，严格按照议程进行。简短且侧重于明确目标的复审是最有效的。因为很难使人长时间保持精神集中，而且复审员还有其他工作要做，所以应将复审时间控制在两个小时之内。如果要进行的复审时间较长，可以将其拆分为几个规模较小、更有重点的复审。这样做的关键是制定非常确定的议程和清楚明确的目标。分发复审材料后，应向大家传达这些目标，在复审会议开始时，协调员应强调这些目标；在会议进行期间，协调员还必须经常（有时是强迫性的）强调这些目标。

（5）确定问题，但不急于解决问题。复审会议无法实现预期目标的一个主要原因是，会议很容易变成关于应该如何解决问题的讨论。解决问题通常需要调查和仔细思考，而复审这种形式并不是一个有效的方法。确定问题之后，进一步分析该缺陷是否必须得到解决，然后再将调查和解决的任务进行分配，而复审会议应该只注重确定问题。

（6）对复审结果采取行动。如果不对复审结果采取行动，那么复审就没有任何价值。复审结束时，要采取的行动包括：

1）确定问题列表的优先顺序；

2）发现缺陷，以追踪问题及其解决办法；

3）如果需要进行其他调查，则将调查问题（而不是解决问题）的任务分配给一个小团队；

4）对于可以当前解决的问题，指派一个人或一个团队去做；

5）将未解决的问题列表留给后续工作解决。

10.4.3　趋势分析

项目趋势分析一般是借助趋势图来进行的，是根据过去的结果用数学工具预测未来的成果（见图 10—7）。

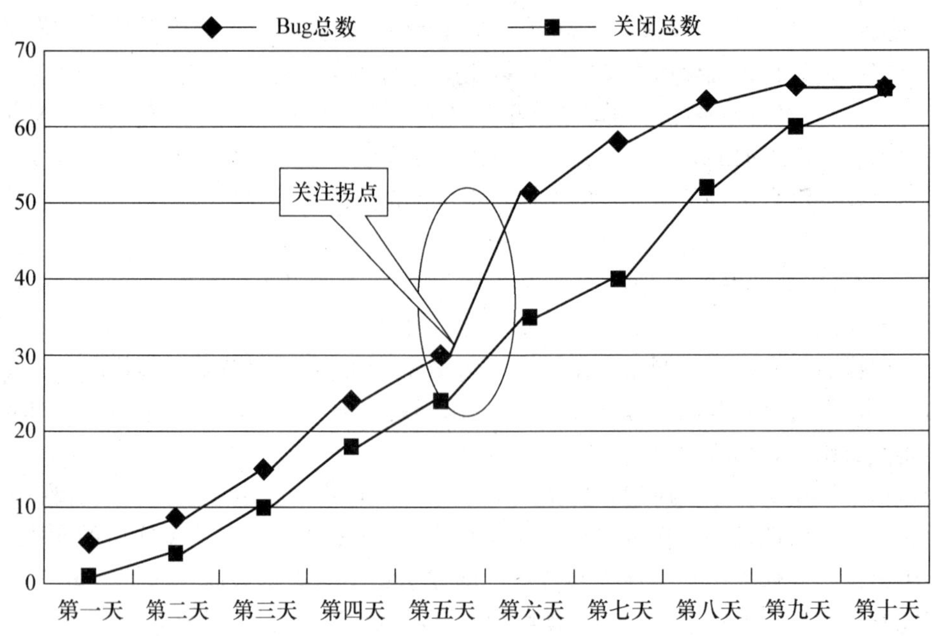

图 10—7　项目趋势图

趋势图用以反映偏差的历史和规律。它是一种线形图，按照数据发生的先后顺序将数据以一定的形式绘制成图形。趋势图可以反映一个过程在一定时间段内的趋势，一定时间段内的偏差情况，以及过程的改进或恶化。

趋势分析常用于监测：

（1）技术绩效。有多少错误或缺陷已被确认，其中还有多少尚未被纠正；

（2）费用与进度绩效。每个时期有多少活动在活动完成时出现了明显偏差。

10.4.4　挣值分析

挣值分析法实际上是一种分析目标实施与目标期望之间差异的方法，因此，又常被称为偏差分析法（详细内容见第 7 章的挣值分析）。

章后练习题

1. 简述项目沟通的定义和模型。
2. 一般项目有哪些主要的干系人？
3. 简述项目信息沟通的方法。
4. 简述项目信息沟通的方式。
5. 简述项目信息沟通的渠道。
6. 简述项目沟通的主要障碍。
7. 简述解决项目沟通障碍的方法。
8. 简述项目冲突的来源。

9. 简述解决项目冲突的方法。

10. 简述解决项目冲突的策略。

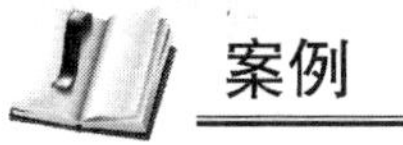

案例

PPP 项目干系人的识别和管理

PPP（Public-Private-Partnership）中文译为公私伙伴关系、公私合营或公共民营合作制等，指政府公共部门和私营机构为提供公共服务，以合同方式确立的，基于风险共担和收益共享的长期合作机制。自 2014 年以来，PPP 项目融资模式在我国自来水厂、污水处理厂等准经营性基础设施建设的融资与建设中扮演着重要的角色。

项目干系人决定着项目的最终成功与否，PPP 项目融资模式的实现过程就是各类项目干系人的互动过程。因此，识别与分析 PPP 项目融资模式的干系人，并根据其目标诉求制定相应的管理策略，对我国 PPP 项目融资模式的成功实施具有重要的意义。

1. PPP 项目融资模式干系人识别及利益分析

美国学者弗里曼认为干系人必须具备三个属性之一：（1）合法性（Legitimacy），其相关利益被法律和道德所认可；（2）影响力（Power），具有影响组织的地位、能力和手段；（3）紧迫性（Urgency），其要求或主张可立即引起组织决策者的关注。

PPP 项目的主要干系人包括东道国各级政府、专门负责 PPP 项目的政府机构、代表政府的股权投资机构、私人股权投资机构、PPP 项目公司（SPC）、设计单位、监理公司、银行和金融机构、保险机构、咨询公司、工程承包商、运营公司、材料设备供应商、公共服务的消费者、社会纳税人、项目周边居民、新闻媒体、行业协会等。PPP 项目干系人的组织结构如图 10—8 所示。

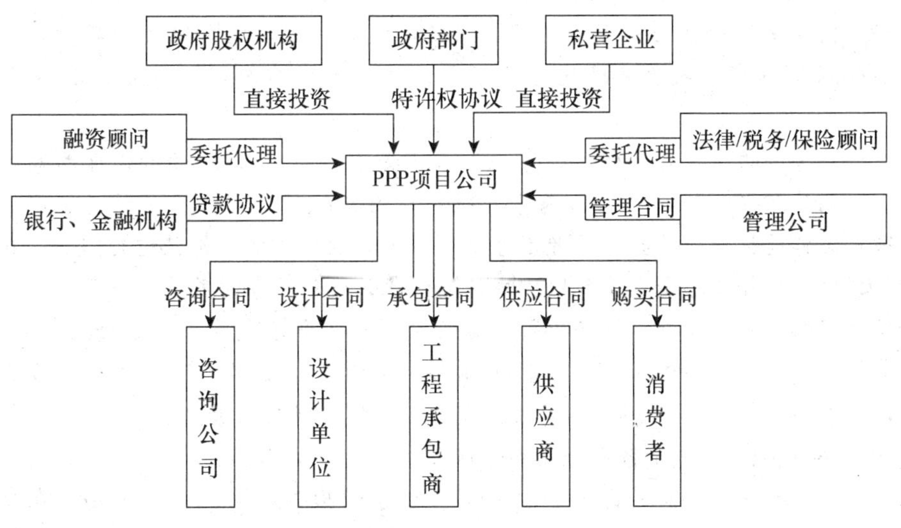

图 10—8 PPP 项目干系人的组织结构

（1）政府或其专门负责PPP的机构。政府在PPP项目中具有双重身份，既是公共基础设施的管理者，也是项目特许权的授予者。PPP模式可引入私人资本竞争，提高服务质量并减轻财政压力，政绩人人皆知，各级领导无疑会不遗余力地予以支持。政府必须兼顾项目的社会效益和私人部门的经济效益，保证所提供公共服务的质量和价格。政府法律法规及政策的稳定性关乎着项目的成功与否。

（2）代表政府的股权投资机构。以PPP模式运作的基础设施项目大多投资巨大，仅仅依靠私营企业的投资难以满足项目发展的要求，通常情况下需要政府对项目给予一定的资本补贴。PPP项目中应至少有一个国有独资或政府控股的具有政府背景的公司或机构直接作为项目的投资者，其实质是政府对基础设施项目进行市场化运作和施加影响的商业平台。

（3）私人股权投资机构。私人股权投资机构和代表政府的股权投资机构合作成立PPP项目公司，投入的股本形成公司的权益资本。私营企业是项目公司重要的组成部分，代表了先进的技术和管理水平，它的短期目标是在合理承担PPP项目风险的基础上获取项目的有效经济回报。长期目标则是增加市场份额和占有量，提升其社会声誉和影响力。私营企业的资信和综合实力是PPP项目成功实施的关键。

（4）PPP项目公司。PPP项目公司是为项目的建设运营而专门设立的临时性公司，是PPP项目的执行主体。对于准经营性基础设施项目，通常需要政府对项目给予一定的资本支持。项目的经营权和受益权通常由私人部门所拥有，政府投资方不具有公司日常经营管理的决策权，只在重大资产处置，涉及运营安全等重大事项上具有决策权。

（5）银行和金融机构。银行和金融机构指在项目融资中为项目提供贷款的商业银行、非银行金融机构和一些国家的出口信贷机构，它可以是一家或几家银行，也可以是由几十家银行组成的银团。银行和金融机构为PPP项目提供贷款和融资咨询，并获取相应的贷款利息和服务费用，其关注的是贷款本息的安全回收，扩大信贷资产规模。

（6）保险机构。PPP项目资金规模大、生命周期长、参与方多，面临着许多难以预测的各种风险因素。保险公司是分担项目风险的重要一方，它对项目中各方不愿意承担的风险提供保险服务以及项目风险咨询服务，并依照保险合同的规定向投保人收取保险费。

（7）公共服务的消费者。公共服务的消费者是PPP项目需求的创造者和财务费用的提供者，他们希望得到好的产品和满意的服务，用户的付费是项目收益的主要来源。此外，在项目运作过程中，社会消费者还可以对项目的服务质量和价格进行监督，提出对项目服务的新要求，并及时向有关部门反映，确保基础设施服务的质量。

除了上述的干系人以外，设计单位、监理公司、工程承包商、运营公司、咨询公司、材料设备供应商、项目周边居民、社会纳税人等也都在PPP模式运作过程中发挥着重要的作用，他们与PPP项目公司和各方的协调配合是项目成功的重要因素。

2. PPP项目融资模式干系人分类和管理策略

PPP项目结构复杂，参与方众多。根据密切尔的项目干系人分类方法，在我国PPP项目融资模式实践中，可对PPP项目融资模式干系人进行分类，并针对不同类型的干系人提出相应的管理策略。

(1) 确定的干系人，亦即确定型，同时具有合法性、影响力和紧迫性，包括 PPP 项目东道国政府、政府股权投资机构、私人股权投资机构、政府相关职能部门等。

(2) 预期的干系人，具有其中两种属性，分为以下三种：第一种为优势型，具有合法性和影响力，但无紧迫性，如工程施工单位、监理单位、设计机构、材料设备供应商、咨询机构、银行和金融机构、保险公司。他们希望受到决策者的关注，并往往能达到目的，甚至还能参与决策过程。第二种为依赖型，具有合法性和紧迫性，但无影响力，如公共服务的消费者、项目周边居民。他们为达到目的可能采取结盟、参与政治活动等方式，来影响管理层的决策。第三种为危险型，具有影响力和紧迫性，但无合法性，如公共设施传统行政垄断经营者、传统体制下的既得利益者。

(3) 潜在的干系人，只具有其中一种属性，又分为以下三种类型。第一种为休眠型，目前只有影响力，尚未被赋予充分的合法性和紧迫性，如新闻媒体、行业协会。第二种为酌处型，只有合法性，但无影响力和紧迫性，如社会纳税人、私人股民、公司职工、环保主义者。第三种为强要型，只有紧迫性，但无合法性和影响力，如非法项目竞标人、项目破坏者。

不同的干系人希望和追求的利益目标往往相差甚远，导致产生不同的优先权和冲突，这势必给利益的协调与制衡带来诸多问题。在满足项目干系人需求和期望的同时，针对上述七种类型的项目干系人可对应采取相应的管理策略，具体如表 10—4 所示。

表 10—4　“7D”类型干系人及相应管理策略表

类型	干系人	管理策略
确定型（Definitive）	PPP 项目东道国政府、政府股权投资机构、私人股权投资机构、政府相关职能部门	协作策略
优势型（Dominant）	工程施工单位、监理单位、设计机构、材料设备供应商、咨询顾问、银行和金融机构、保险公司	参与策略
依赖型（Dependent）	公共服务的消费者、项目周边居民	满足策略
危险型（Dangerous）	公共设施传统行政垄断经营者、传统体制下的既得利益者	防御策略
休眠型（Dormant）	新闻媒体、行业协会	参与策略
酌处型（Discretionary）	社会纳税人、私人股民、公司职工、环保主义者	保障策略
强要型（Demanding）	非法项目竞标人、项目破坏者	监督策略

干系人的状态并不具有固定的特性，政治力量的运用、社会经济条件的改变都有可能使干系人从各种状态下发生变化。干系人管理策略随企业管理情境的变化而变化，企业应根据具体的管理情境，选择不同的管理策略。因此，针对不同干系人的管理策略不是固定不变的。在规划项目干系人管理策略时，我们应当争取优势型、依赖型、休眠型和酌处型干系人，使之成为主动的干系人，积极参与组织决策，共同推动项目的开展。而对危险型和强要型干系人，则应当坚决防范其成为合法的干系人，以减少项目中的利益冲突。

资料来源：徐盈：《PPP 项目融资模式干系人识别和管理策略分析》，载《商业研究》，2013 (7)：63-65。

项目风险管理

引例

项目融资租赁与风险管理

某公司以融资租赁方式向客户提供重型卡车30台，用以大型水电站施工。车辆总价值820万元，融资租赁期限为12个月，客户每月应向公司缴纳75万元，为保证资产安全，客户提供了足额的抵押物。合同执行到第6个月时，客户出现支付困难，抵押物的变现需时太长，不能及时收回资金。公司及时启动了预先制定的风险防范措施，与一家信托投资公司合作，由信托公司全款买断30台车，客户与公司终止合同，与信托公司重新签订24个月的融资租赁合同。此措施缓解了客户每月的付款压力，得以继续经营；而信托公司向客户收取了一定比例的资金回报；公司及时收回了全部资金，消除了经营风险。

资料来源：百度文库。

11.1 风险、不确定性与风险管理

11.1.1 风险概述

1. 风险的内涵

风险指的是损失的不确定性，对建设工程项目管理而言，风险是指可能出现的影响项目目标实现的不确定因素。

一般来说，风险具备的要素包括：

（1）事件，即不希望发生的变化；

（2）可能性，即这个事件发生的概率有多大；

（3）后果，即事件发生后的影响有多大；

（4）原因，即事件发生的原因是什么。

项目风险是一种不确定的事件或条件，一旦发生，就会对一个或多个项目目标造成积极或消极的影响，如范围、进度、成本和质量。风险可能有一种或多种起因，一旦发生就可能造成一项或多项影响。风险的起因可以是已知或潜在的需求、假设条件、制约因素或某种状况，可能引起消极或积极结果。例如，项目需要先申请环境许可证，或者分配给项目的设计人员有限，这都可能成为风险起因。与之相对应的风险是，颁证机构可能延误许可证的颁发；或者与之对应的机会是，可能获得更多的开发人员参与项目设计。这两个不确定性事件，无论发生哪一个，都可能对项目的范围、成本、进度、质量或绩效产生影响。风险条件则是可能引发项目风险的各种项目或组织环境因素，如不成熟的项目管理实践、缺乏综合管理系统、多项目并行实施，或依赖不可控的外部参与者等。

项目风险源于项目中存在不确定性。已知风险是指已经识别并分析过的风险，可对这些风险规划应对措施。对于那些已知但又无法主动管理的风险，要分配一定的应急储备。未知风险无法进行主动管理，因此需要分配一定的管理储备。已发生的消极项目风险被视为问题。

2. 风险量

风险量是衡量风险大小的一个变量，反映不确定的损失程度和损失发生的概率。可被定义为：

$$R=f(p,q)$$

式中，R——风险量；p——风险事件可能发生的概率；q——风险事件发生对项目目标的影响（损失量）。

风险的量化具有很大的主观性，与人的评价标准以及对风险事件发生的预测能力和对其后果的控制能力有关。风险量的确定能为选择处理项目风险的方式提供所需信息。

若某个可能发生的事件其可能的损失程度和发生的概率都很大，则其风险量就很大，如图 11—1 所示的风险区 A。若某事件经过风险评估，它处于风险区 A，则应采取措施，降低其概率，即使它移位至风险区 B；或采取措施降低其损失量，即使它移位至风险区 C。对于处于风险区 B 和 C 的事件应采取相应措施，使其移位至风险区 D。

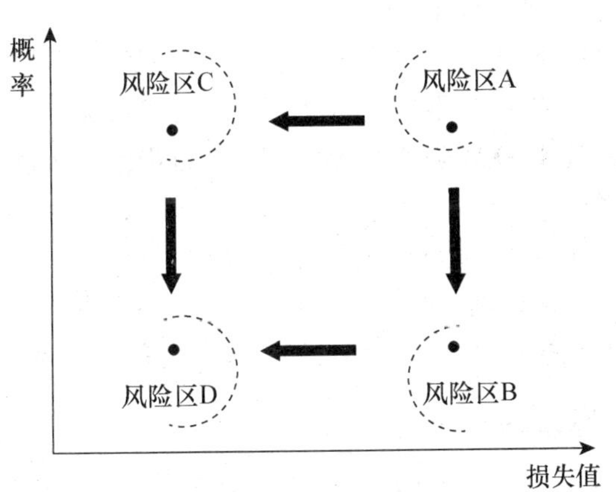

图 11—1　事件风险量区域

3. 风险等级

以建设工程项目为例，在《建设工程项目管理规范》中列出了风险等级评估说明，如表 11—1 所示，表中各风险区的风险等级如下：风险区 A—5 等风险；风险区 B—3 等风险；风险区 C—3 等风险；风险区 D—1 等风险。

表 11—1 建设工程项目风险等级评估

后果 / 风险等级 / 可能性	轻度损失	中度损失	重度损失
很大	3	4	5
中等	2	3	4
极小	1	2	3

单个项目风险不同于整体项目风险。整体项目风险代表不确定性对作为一个整体的大项目的影响，它大于项目中单个风险之和，因为它包含项目不确定性的所有来源。它代表了项目成果的变化可能给干系人造成的潜在影响，包括积极和消极的影响。组织把风险看作不确定性给项目组织目标造成的影响。基于不同的风险态度，组织和干系人愿意接受不同程度的风险。组织和干系人的风险态度受多种因素影响，这些因素大体分为三类：

（1）风险偏好。为了预期的回报，一个实体愿意承受的不确定性的程度。

（2）风险承受力。组织或个人能承受的风险程度、数量或容量。

（3）风险临界值。干系人特别关注的特定的不确定性的程度或影响程度。低于风险临界值，组织会接受风险；高于风险临界值，组织将不能承受风险。

组织的风险态度包括组织对不确定性的偏好程度，不可接受的风险级别的临界值，或者组织的风险承受力。组织会基于风险承受力而采取不同的风险应对措施。积极和消极风险通常称为机会（Opportunity）和威胁（Threaten）。如果风险在可承受范围之内，并且与冒这些风险可能得到的回报相平衡，那么项目就是可接受的。为了增加价值，可以在风险承受力允许的范围内，追求那些能带来机会的积极风险。例如，采取积极的资源优化技术，就是为了减少资源使用量的风险。

个人和团体的风险态度影响其应对风险的方式。他们的风险态度会受其认知、承受力和各种成见左右，应尽可能弄清楚他们的认知、承受力和成见，应为每个项目制定统一的风险管理方法，并开诚布公地就风险及其应对措施进行沟通。风险应对措施可以反映组织在冒险与避险之间的权衡。

在整个项目实施过程中，组织应致力于在整个项目期间积极、持续地开展风险管理，组织的各个层级都应有意地积极识别并有效管理风险。项目从启动那一刻起，就存在风险。在项目推进过程中，如果不积极进行风险管理，那些未得到管理的威胁将引发更多问题。

11.1.2 项目风险的类型与特征

1. 风险的类型

根据不同的分类标准，项目风险可以分成不同的类型。

（1）根据风险后果，风险可以分为纯粹风险和投机风险。

纯粹风险是指只会造成损失，而不会带来机会或收益的风险，如自然灾害等。纯粹风险造成的损失是绝对损失，没有哪个人、哪一方可以获利。投机风险是指既可能带来机会、获得收益，又可能造成损失、隐含威胁的风险。

（2）根据风险来源或损失产生的原因，风险可以分为政治风险、法律风险、经济风险、自然风险、技术风险、行为风险、组织风险、信用风险、商务风险及其他风险等。

1）政治风险是指由于政局变化、政权更迭、战争等政治背景变化引起社会动荡而造成的财产损失和人员伤亡的风险。

2）法律风险是指由于法律变动给工程项目带来的风险，如在一些项目中由于法律变动而改变对项目各参与方的约束，进而改变各参与方的地位和相互之间的关系，而使项目面临的风险。

3）经济风险是指由于国家或社会经济因素变化带来的风险，如供求关系变化、通货膨胀、汇率变动等所导致的经济损失。

4）自然风险是指由于自然力的作用或自然因素的变化带来的风险，如洪水、暴雨、地震等带来的财产损害和人员伤亡等。

5）技术风险是指因科学技术发展带来的风险，如采用新技术过程中的失误等，也包括一些技术条件的不确定性可能带来的风险。

6）行为风险是指由于个人或组织的过失、疏忽、侥幸、恶意等行为引发的风险。

7）组织风险是指项目各参与方之间关系的不确定性或不协调，以及态度和行动的不一致而产生的风险。

8）信用风险是指工程项目中合同一方的业务能力、管理能力有缺陷或者不能（或拒绝）圆满履行合同而给合同另一方带来的风险。

9）商务风险是指合同中有关经济方面的条款及规定变化可能带来的风险，如支付、工程变更、风险分配、担保、违约责任、费用和法规变化、货币及汇率等方面的条款，以及合同条款有缺陷的，或合同一方有意设置的如“开脱责任”条款等引发的风险。

10）其他风险是指工程项目所在地的周边环境，如社区环境、公众等对工程项目的态度，包括生活条件、运输及能源供应条件等带来的风险。

（3）根据风险的影响范围，风险可以分为局部风险和总体风险。

1）局部风险是指对工程项目影响范围较小，后果不至于影响项目总体目标实现的风险。

2）总体风险是指对工程项目影响范围大，后果比较严重，可能影响整个项目目标实现的风险。

2. 项目风险的特征

（1）普遍性。

普遍性是指一般的工程项目中都有风险存在，每个项目的各个阶段也都有出现风险因素和风险事故的可能。项目的各个参与方要根据自身的能力承担相应的风险以获得预期的收益。

（2）复杂性。

项目风险的成因一般不是单一的，其产生的影响和后果也各自有较大的差异，甚至同一类风险的变化过程也是千差万别的。局部的风险最后可能成为全局性的风险，进度上的临时性的偏差随着时间的推移也可能成为影响项目工期、质量和成本目标的大问题。

（3）偶然性和客观性。

项目风险事件的发生及后果都具有偶然性，但同时又具有一定的规律性，人们通过长期的观察和工程实践活动能够发现风险事件的一定规律，并逐渐地去控制风险。

（4）多样性。

现代项目在融资模式、管理意识和手段以及面对的内外部环境等方面都有较大不同，在一个项目中可能会同时存在多种风险，这些风险有的是可以由项目管理人员控制的非系统风险，也有如政治风险、法律风险等项目管理者不能自行控制和管理的系统风险。

11.1.3 项目风险管理及其意义

项目风险管理是指项目主体在项目的各个阶段，以风险识别、风险评估为基础，并采取必要的对策对项目风险实施有效控制，妥善处理风险事件造成的不利后果的全过程。

项目风险管理有着极其重要的作用，由于项目环境的复杂性和不确定性变化的加剧，项目面临的各类风险能否被很好地控制成为决定项目成败的关键。具体地讲，项目风险管理具有以下重大意义：

1. 项目风险管理是实现项目总体目标的重要保证

项目风险管理的目标定位于使项目获得成功，为项目实施创造安全的环境，以降低项目成本、稳定项目效益、保证项目质量以及使项目尽可能按照计划实施为主要目标，使项目始终处于良好的受控状态，因而风险管理的目标与项目的总体目标是一致的。风险管理把项目风险导致的不利后果减少到最低程度，为项目总体目标的实现提供了保证。

另外，风险管理一般聚焦于具有特殊性的项目或项目内容，如投资额大的项目、创新性或使用新技术的项目、边设计边施工边研发的项目、涉及敏感问题（如环保）的项目、具有法律法规和安全等方面严格要求的项目以及具有重大政治经济和社会影响的项目等，这也有效地保证了项目目标的实现。

2. 项目风险管理有助于更深入理解项目建设意图

在风险管理过程中进行风险分析时，要收集、检查、积累所有相关的资料和数据，了解各类风险对项目的影响，才能制定有针对性的措施。这既能使有关人员明确项目建设的前提和假设以及拟实施方案的利弊，又能加深对项目建设意图的领会，可以更好地实现项目的真正目标。

3. 项目风险管理是应付突发事件的前提

风险分析是编制应急计划的依据，是使项目管理人员在发生有重大影响的突发事件时，能在第一时间主动控制事态的前提。风险管理能大大降低风险发生的可能性和带来的损失，也有利于明确各方责任，避免相互推诿而产生新的纠纷。

4. 项目风险管理是企业发展的关键

重视并善于进行风险管理的企业往往也具有较新的管理理念，有较强的能力来降低发生意外的可能性，并能够在不可避免的风险发生时减少损失。通过有效的风险管理，企业可以提高经济效益和项目管理水平，对于企业发展有着关键性的影响。

11.2 项目风险管理过程

风险管理是为了达到组织的既定目标，而对组织所面临的各种风险进行管理的系统过程，其采取的方法应符合公众利益、人身安全、环境保护以及有关法规的要求。风险管理包括策划、组织、领导、协调和控制等方面的工作。项目风险管理是指对项目风险进行识别、分析和应对的系统过程，其过程包括项目实施全过程的项目风险识别、项目风险评估、项目风险响应和项目风险控制。

11.2.1 项目风险识别

项目风险识别的任务是识别项目实施过程存在哪些风险。就是针对项目情况找出风险源和和进行风险分类，即要对所有可能的风险事件来源和结果进行客观的分析调查，研究对项目及项目所需资源形成潜在威胁的各种因素的作用范围，最后形成项目风险清单（见表 11—2）。

表 11—2　项目风险清单

风险清单		编号	日期
项目名称		审核	批准
序号	风险因素	可能造成的后果	可能采取的措施
1			
2			
3			
……			

风险识别过程可以分为以下五个环节：

（1）工程项目不确定性分析。由于影响工程项目的因素较多，首先要辨识所发现或推测的因素是否存在不确定性；其次，要确认这种不确定性的客观性，即不确定因素会使工程发生风险不是凭空想象出来的。

（2）初步建立风险源清单。在项目不确定性分析的基础上，将不确定因素及其可能引发的损失类型列入清单，作为下一步分析的基础，并附以文字说明。文字说明一般应包括对风险事件的可能后果、发生的时间以及预期发生次数的估计。

(3) 确定各种风险事件及潜在结果。根据风险源清单中的风险来源，推测可能发生的风险事件及可能出现的损失。

(4) 进行风险分类。对项目风险进行分类，可以加深对风险的认识和理解，进一步识别风险的性质，有助于制定风险管理的目标和对策。

(5) 建立工程项目风险清单。风险清单不仅能够展示工程项目面临风险的总体情况，还能使每个项目管理人员了解自己以及其他人员面临的风险及风险之间的联系，了解每种风险一旦出现可能产生的系列反应，能够使全体项目管理人员有统一的全局风险观念。工程项目风险清单要对风险事件的来源、发生的时间、发生的后果和预期发生的次数作出说明。

风险辨识可以采用核对表、流程图、环境分析、现场考察及分析财务报表等方法，从定性的角度了解和分析风险。值得说明的是，识别风险是一个反复进行的过程，因为在项目生命周期中，随着项目的进行，新的风险可能产生或为人所知。反复的频率及每轮的参与者因具体情况不同而异。

11.2.2 项目风险评估

项目风险评估包括以下工作：

(1) 利用已有的资料（主要是与类似项目风险有关的历史资料）和相关专业方法分析各种风险因素发生的概率；

(2) 分析各种风险的损失量，包括可能发生的工期损失、费用损失，以及对工程的质量、功能和使用效果等方面的影响；

(3) 根据各种风险发生的概率和损失量，确定各种风险的风险量和风险等级。

风险评估是对风险的规律性进行研究和细化分析。风险识别是从定性的角度去了解和认识风险因素。要把握风险，就必须在识别风险因素的基础上对其进行进一步的衡量与评估。风险分析起到承前启后的作用，对单个风险进行比较，找出影响较大的风险，并分析所有风险对项目的综合影响程度，在此基础上才能制定风险应对策略。

1. 风险评估的目的

(1) 通过风险评估可以确定单个风险发生的概率、影响程度和风险量的大小。

(2) 通过风险评估可以确定风险大小的先后顺序，为制定风险控制措施提供依据。

(3) 通过风险评估可以确定各风险事件间的内在联系。工程项目中存在很多风险事件，通过风险评估可以找出不同风险事件间的相互联系。

(4) 通过风险评估可以将工程项目中的风险转化为机会。

2. 风险评估的活动

风险评估包含的主要活动有：

(1) 确定单一风险因素发生的概率，通过主观或客观的方法实现量化分析的目的；

(2) 分析风险因素的风险结果，探讨这些风险因素对项目目标的影响程度；

(3) 在单一风险因素量化分析的基础上，考虑多种风险因素对项目目标的综合影响程度，并提出合适的措施作为管理决策的依据。

3. 风险评估的内容

风险评估包括风险衡量与风险评价两部分内容。风险衡量主要是对单一风险因素的估计，包括估计风险发生的概率、影响范围以及可能造成的损失的大小；风险评价主要是探讨多种风险因素对项目目标的总体影响。风险衡量与风险评价既相互联系又相互区别，风险衡量是风险评价的基础，风险评价是风险衡量的进一步综合，有时两者的界限很难严格区分，因此某些评价方法可以互相使用。

（1）风险衡量。

风险衡量是对工程项目各个阶段风险事件发生可能性的大小、可能出现的后果、可能发生的时间和影响范围等的估计。风险衡量的作用是为分析整个工程项目风险或某一类风险提供基础，为进一步制定风险管理计划、风险评价、确定风险应对措施和进行风险监控提供依据。风险衡量的内容主要有：

1）风险发生的可能性。风险发生的可能性有两种估计方法：客观概率法和主观概率法。客观概率法是根据历史统计数据或通过大量试验来推定风险发生概率，客观概率法需要足够的信息，只适用于完全可重复事件。主观概率法是基于个人的经验、知识和类似项目比较等对风险发生概率进行估计，一般采用专家调查方法，适用于有效统计数据不足或不可能进行重复试验的情况。

2）风险的影响和损失估计。项目风险影响（风险后果）是指项目风险一旦发生，对项目质量、工期、功能和使用效果等项目目标的影响，通常用风险损失来衡量。工程项目风险损失主要包括：质量控制风险损失，如建筑损坏的直接损失、修复返工费用、工程延误损失、永久缺陷对使用的损失、第三者责任的损失等；进度控制风险损失，如货币时间价值、赶工额外费用、延期投入损失等；投资控制风险损失，如实际投资超出计划投资部分；安全控制风险损失，如人身伤亡的医疗费和补偿费。

通常可采用访谈或开会的方式对每个风险对项目目标的影响进行估计，根据风险发生后对项目的影响大小，风险结果可划分为五个等级，见表 11—3。

表 11—3　　风险结果等级

影响等级	可忽略影响	较小影响	中等影响	较大影响	严重影响
风险发生对项目目标的影响	不影响整体目标的实现	部分目标受到影响，不影响整体目标的实现	对项目目标实现造成中度影响，实现部分目标	导致整体目标值严重下降	导致项目整体目标失败
符号表示	N	L	M	H	S

（2）风险评价。

1）风险评价的基本步骤。

风险评价的基本步骤主要包括：

a. 确定项目风险评价标准：项目风险评价标准是项目主体针对不同的项目风险确定的可以接受的风险率。一般而言，对单个风险事件和工程项目整体风险均要确定评价标准，因此风险评价可分为单个评价标准和整体评价标准。

b. 确定评价时的工程项目风险水平：项目风险水平包括单个风险水平和整体风险水

平。项目整体风险水平是综合了所有风险事件之后确定的。确定工程项目整体风险水平时需要采用多种方法进行有效的综合评价。

单个风险水平和标准的比较。这种比较通常较为简单，只要单个风险参数在标准之内就说明该风险可以接受。

整体风险水平和标准的比较。首先要注意两者的可比性，即整体风险水平的评价原则、方法和整体标准所依据的原则、方法和口径基本一致，否则就无法比较。比较时会出现两种情况：当项目整体风险小于整体评价标准时，总体而言，风险是可以接受的；当整体风险大于整体评价标准，甚至大得较多时，则风险是不能接受的，要考虑是否放弃该项目或方案。

同时考虑单个风险比较结果和整体风险比较结果。若整体风险不能被接受，而且主要的一些单个风险也不能被接受，则项目或方案不可行；若整体风险能被接受，而且主要的一些单个风险也能被接受，则项目或方案可行；若整体风险能被接受，并不是主要的单个风险不能被接受，此时的项目或方案可实施；若整体风险能被接受，但主要的某些单个风险不能被接受时，应从全局出发做进一步分析，当确认机会多于风险时，可对项目或方案作适当调整，然后实施。

2）风险评价的方法。

在项目实践中，风险识别、风险衡量和风险评价常常互叠，需要反复交替进行，因此，某些评价方法也是交互使用的。项目风险评价常用的方法有风险解析法、专家调查法、层次分析法（Analytic Hierarchy Process，AHP）、模糊数学法、统计和概率法、敏感性分析、蒙特卡罗模拟法、CIM 模拟、影响图等。其中前三种方法侧重于定性分析，中间三种方法侧重于定量分析，后三种方法侧重于综合分析。

a. 风险解析法。

风险解析法，也称风险结构分解法（Risk Breakdown Structure，RBS），是风险识别的主要方法之一。它是将一个复杂系统分解为若干子系统，然后通过对子系统的分析进而把握整个系统特征的一种风险评价方法。如市场风险可以分解为市场供求、竞争力、价格偏差三类风险。对于市场供求总量的偏差，首先将其分为供方市场和需方市场，然后各自进一步分解为国内和国外，其风险可能来自区域因素、替代品的出现以及经济环境对购买力的影响等；产品市场竞争力风险因素又可细分为品种质量、生产成本以及竞争对手因素等；价格偏差因素可分解为诸多影响国内价格和国际价格的因素，随项目和产品的不同可能有很大的不同。

b. 专家调查法。

专家调查法又称为综合评价法或主观评分法，是一种最常用的风险评价方法，既可应用于确定型风险，也可应用于不确定型风险。它是基于专家的知识、经验和直觉，通过发函、开会或其他形式进行调查，发现项目的潜在风险，对项目风险及其风险程度进行评定，将多位专家的经验集中起来形成分析结论的一种风险评价方法。它适用于风险分析的全过程。

专家调查法有很多种，其中头脑风暴法、德尔菲法、风险识别调查表、风险对照检查表（Check-list）和风险评价表是最常用的几种。采用专家调查法时，所聘请的专家应熟悉该行业和所评估的风险因素，并能做到客观公正。专家的人数取决于项目的特点、规模、复杂程度和风险的性质。但是为了减少主观性，专家应有合理的规模，人数一般应为10～20 位。

c. 层次分析法。

层次分析法是一种定性分析与定量分析相结合的评价方法。其思路是：评价者将复杂的风险问题分解为若干层次和若干要素，并在同一层次的各要素之间进行简单比较、判断和计算，得到不同方案风险的水平，从而为方案的选择提供决策依据。该方法既可用于评价工程项目标段划分、工程投标风险、报价风险等单项风险水平，也可用于评价工程项目不同方案等综合风险水平。

d. 模糊数学法。

模糊数学法是利用模糊理论评价工程项目风险的一种方法。工程项目风险很大一部分难以用完全定量的精确数据加以描述（这种不能定量的或精确的特征就是模糊性），但都可以利用历史经验或专家知识，用语言生动地描述出它们的性质及其可能的结果。现有的绝大多数风险分析模型都基于需要数字的定量技术，而与风险分析相关的大部分信息却很难用数字表示，但易于用文字或句子来描述，项目风险的这种性质决定了其适于采用模糊数学模型来解决问题。

模糊数学法处理非数字化、模糊的变量有其独到之处，并能提供合理的数学规则去解决变量问题，相应得出的数学结果又能通过一定的方法转化为描述性语言。这一特性极适于解决工程项目中普遍存在的潜在风险，因为潜在风险大多是模糊的、难以准确定义且不易用语言描述。

e. 蒙特卡罗模拟法。

项目风险管理中采用的蒙特卡罗模拟法是一种依据统计理论，利用计算机来研究风险发生概率或风险损失效值的计算方法。这是一种高层次的风险分析方法，其实质是一种统计试验方法，主要用于评估多个非确定性的风险因素对项目总体目标所造成的影响。

蒙特卡罗模拟法的基本原理是将被试验的目标变量用一数学模型模拟表示，该数学模型可称为模拟模型，模拟模型中的每个风险变量的分析结果及其相对应的多方概率值用一具体的概率分布来描述。然后利用随机数发生器产生随机数，再根据这 随机数在各风险变量的概率分布中取值。当各风险变量的取值确定后，风险总体效果就可根据所建立的模拟模型计算得出。这样重复多次。通过产生随机数得出风险总体效果具体值的过程便是蒙特卡罗模拟试验过程。在目前的工程项目风险分析中，这是一种应用广泛、相对精确的方法。

蒙特卡洛模拟试验过程的主要步骤如下：①分析主要影响因素（自变量），确定自变量的概率分布；②随机抽样；③通过统计模型计算评价指标的期望值、方差及概率分布图区域和项目的风险程度。

11.2.3 项目风险响应

项目风险响应指的是针对项目风险的对策进行风险响应。通常用规避、转移、减轻这三种策略来应对威胁或可能给项目目标带来消极影响的风险。第四种策略，即接受，既可用来应对消极风险或威胁，也可用来应对积极风险或机会。每种风险应对策略对风险状况都有不同且独特的影响。要根据风险的发生概率和对项目总体目标的影响选择不同的策略。规避和减轻策略通常适用于影响较大的严重风险，而转移和接受则更适用于影响较小的低风险。

（1）规避。风险规避是指项目团队采取行动来消除威胁，或保护项目免受风险的应对策略。通常包括改变项目管理计划，以完全消除威胁。项目经理也可以把项目目标从风险的影响中分离出来，或者改变受到威胁的目标，如延长进度、改变策略或缩小范围等。最极端的规避策略是关闭整个项目。在项目早期出现的某些风险，可以通过澄清需求、获取信息、改善沟通或取得专有技能来加以规避。

（2）转移。风险转移是指项目团队把威胁造成的影响连同应对责任一起转移给第三方的风险应对策略。转移风险是把风险管理责任简单地推给另一方，而并非消除风险。转移并不是把风险推给后续的项目，也不是未经他人知晓或同意就把风险推给他人。采用风险转移策略，几乎总是需要向风险承担者支付风险费用。风险转移策略对处理风险的财务后果最有效。风险转移可采用多种工具，包括（但不限于）保险、履约保函、担保书和保证书等。可以利用合同或协议把某些具体风险转移给另一方。例如，如果买方具备卖方所不具备的某种能力，为谨慎起见，可通过合同规定把部分工作及其风险转移给买方。在许多情况下，成本补偿合同可把成本风险转移给买方，而总价合同可把风险转移给卖方。

（3）减轻。风险减轻是指项目团队采取行动降低风险发生的概率或造成的影响的风险应对策略。它意味着把不利风险的概率或影响降低到可接受的临界值范围内。提前采取行动来降低风险发生的概率和可能给项目造成的影响，比风险发生后再设法补救，往往会更加有效。减轻措施包括采用不太复杂的流程，进行更多的测试，或者选用更可靠的供应商等。它可能需要开发原型，以降低从实验台模型放大到实际工艺或产品过程中的风险。如果无法降低风险概率，也可以从决定风险严重性的关联点入手采取减轻措施。例如，在一个系统中加入冗余部件，可以减轻主部件故障所造成的影响。

（4）接受。风险接受是指项目团队决定接受风险的存在，而不采取任何措施（除非风险真的发生）的风险应对策略。这一策略在不可能用其他方法时使用，或者其他方法不具经济有效性时使用。该策略表明，项目团队已决定不为处理某风险而变更项目管理计划，或者无法找到其他合理的应对策略。该策略可以是被动的，也可以是主动的。被动地接受风险，只需要记录本策略，而无须采取任何其他行动，待风险发生时再由项目团队处理。不过，需要定期复查，以确保威胁没有发生太大的变化。最常见的主动接受策略是建立应急储备，安排一定的时间、资金或资源来应对风险。

项目风险对策应形成风险管理计划，它包括：

1）风险管理目标；

2）风险管理范围；

3）可使用的风险管理方法、工具以及数据来源；

4）风险分类和风险排序要求；

5）风险管理的职责和权限；

6）风险跟踪的要求；

7）相应的资源预算。

11.2.4　项目风险控制

风险控制是在整个项目中实施风险应对计划、跟踪与识别风险、监督残余风险、识别新风险，以及评估风险过程有效性的过程。本过程的主要作用是，在整个项目生命周期中提高应对风险的效率，不断优化风险应对措施。图 11—2 是本过程的数据流向图。

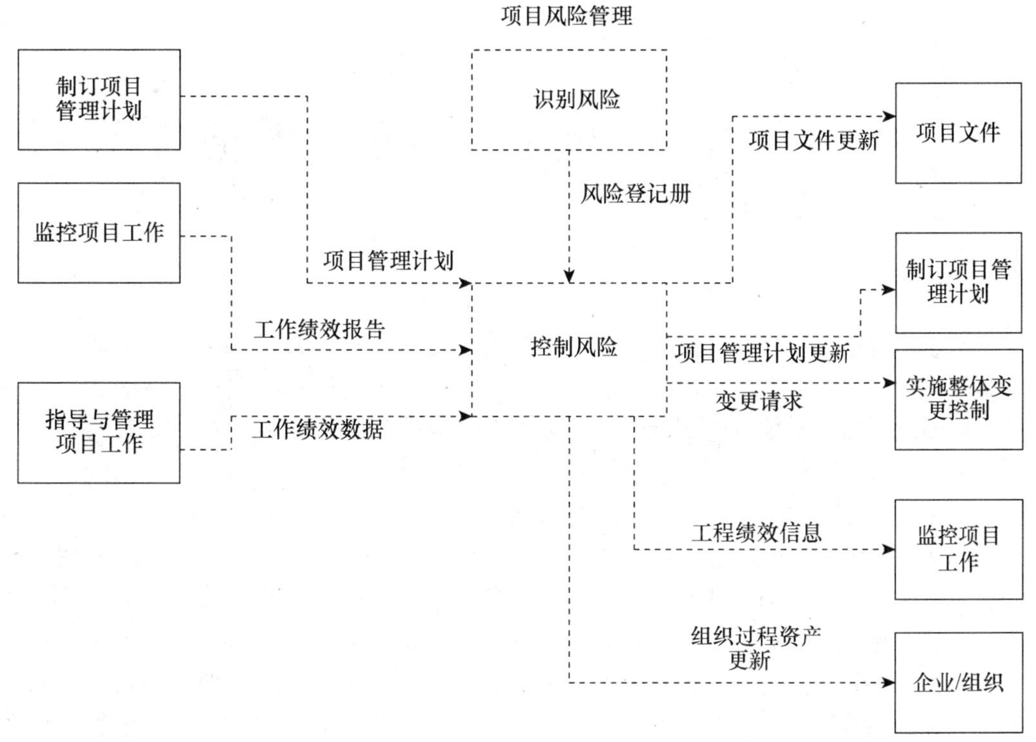

图 11—2　风险控制数据流向图

项目风险控制是在风险事件发生时实施风险管理计划中预定的风险规避措施，并根据实际情况在必要时重新进行风险分析，制定新的风险规避措施。工程项目风险控制主要贯穿于项目的进度控制、成本控制、质量控制、合同控制等过程中。

工程项目风险控制的主要工作包括：

1. 风险跟踪监控

依据风险识别的结果，对风险因素进行跟踪，监控项目的进展和工程项目环境的变化，分析可能产生的后果是否与预期的一致。风险监控的目的还在于检查风险应对策略和措施的实际效果，改善和细化风险规避计划，使将来的风险决策更有效，以便对新出现的风险、效果不佳的风险策略及措施或随时间变化逐渐变大的风险进行控制。风险跟踪监控工作应及时、反复进行，这也有利于积累信息和资料，查找风险原因，有助于下一步的风险识别、估计和评价以及量化工作越来越准确。

2. 风险计划的执行及完善

风险一经发生就要积极采取应对措施，及时控制风险的影响，防止风险蔓延，最大可能降低损失。此外，还应视工程中新出现的状况调整策略，依靠项目管理人员的风险管理和应对能力、风险管理经验把握工程的总体情况，保证工程项目目标最大限度地实现。

11.3 项目不确定性分析

不确定性是指对项目有关因素或未来的情况缺乏足够的情报而无法做出正确的估计，或者是没有全面考虑所有因素而造成的预期价值与实际价值之间的差异。

风险的发生根源于项目的不确定性，由于不确定性，使得项目实施结果可能偏离预期目标，导致项目“有风险”。虽然风险问题与不确定性问题从理论上是可以区分的，即其区别就在于一个是不知道未来可能发生的结果，或者不知道各种结果发生的可能性，由此产生的问题称为不确定性问题；另一个是知道未来可能发生的各种结果的概率，由此产生的问题称为风险问题。但是从工程经济评价角度来看，试图将两者绝对分开并没有多大的意义，实际上也没有必要。

不确定性分析是项目经济评价中的一项重要内容。项目评价时一般以一些确定的数据为基础，如项目的总投资、销售收入、经营成本，这些数据在计算时是作为已知条件的，但是由于内外界各种因素的影响，预计值与实际值之间总是存在偏差，这样就对项目评价的结果产生了影响，如果不对此进行分析，仅凭一些基础数据所作出的分析作为依据取舍项目，就有可能导致投资决策的失误，甚至带来损失。所以，为了减少不确定性对项目经济效果的影响，增强项目的抗风险能力，提高项目决策的科学性，对项目进行不确定性分析是非常必要的。例如，某项目的标准折现率定为7%，根据项目基础数据得出的项目内部收益率为10%，由于内部收益率大于标准折现率，根据方案评价，我们有理由认为此项目可行。但是，如果单凭此就做出投资决策是欠考虑的，因为我们没有考虑不确定性问题。如果在项目实施过程中发生通货膨胀，并且通货膨胀率高于3%，则项目的风险就很大，甚至会变成不可行方案。

为了评估不确定性对建设项目可行性的影响，通常会采用一些方法对其进行分析，如盈亏平衡分析、敏感性分析、概率分析及预期货币价值分析等。在具体应用时要综合考虑项目的特点和类型、决策者的要求，以及相应的人力、物力、财力等。如盈亏平衡分析一般只适用于财务评价，应用于预测成本、收入、利润，编制利润计划，为各种决策提供必要的信息。敏感性分析可同时适用于财务评价和国民经济评价。

11.3.1 盈亏平衡分析

盈亏平衡分析是将成本划分为固定成本和变动成本，假定产销一致，根据产量、成本、售价和利润四者之间的函数关系，进行预测分析的技术方法。即通过盈亏平衡点分析项目成本与收益的平衡关系。各种不确定因素（如投资、成本、销售量、产品价格、项目寿命期等）的变化影响投资方案的经济效果，当这些因素的变化达到某一临界值时，就会影响方案的取舍。盈亏平衡分析的目的就是找出这一临界值，即盈亏平衡点，判断投资方案对不确定因素变化的承受能力，为决策提供依据。

盈亏平衡分析主要用于考察当影响项目方案的各种不确定因素发生变化时，对项目经济效果的影响。盈亏平衡分析法要求先算产量和成本，根据产量、成本确定利润，然后据此利润要求，确定相应的产量计划和成本计划，即根据逆序思维组织生产经营活动，将被动经营变为主动出击，找出盈亏平衡点，从而判断项目对不确定因素变化的适应能力和抗风险能力。可见，盈亏平衡分析是预测利润、控制成本的一种有效手段。

进行线性盈亏平衡分析要结合以下四个约束条件：

（1）产量等于销售量，即当年生产的产品（扣除自用量）当年完全销售。

（2）产量变化，单位可变成本不变，总成本费用是产量的线性函数。

（3）产量变化，产品售价不变，销售收入是销售量的线性函数。

（4）只生产单一产品，或者生产多种产品，但可以换算为单一产品计算，即不同产品负荷率的变化是一致的。

盈亏平衡点可以采用公式计算法计算，也可以用图解法求取。以下以公式计算法为例进行说明，该方法涉及的几个计算公式如下：

$$\underset{(\text{生产能力利用率})}{\text{BEP}}=\frac{\text{年总固定成本}}{\text{年销售收入}-\text{年总可变成本}-\text{年销售税金与附加}}\times 100\%$$

$$\underset{(\text{产量})}{\text{BEP}}=\frac{\text{年固定总成本}}{\text{单位产品价格}-\text{单位产品可变成本}-\text{单位产品销售税金与附加}}$$

$$\underset{(\text{产品售价})}{\text{BEP}}=\frac{\text{年固定成本}}{\text{设计生产能力}}+\begin{matrix}\text{单位产品}\\\text{可变成本}\end{matrix}+\begin{matrix}\text{单位产品销售}\\\text{税金与附加}\end{matrix}$$

以上计算公式中的收入和成本均为不含增值税销项税额和进项税额的价格（简称不含税价格）。

【例 11—1】某公司准备投标一项建筑工程，根据业主招标文件的要求和市场考察的结果，该公司项目部人员得到有关成本、收入的信息如下：该建筑工程的总面积为 15 000 平方米，总工程款为 3 000 万元，计划 100 天完成。该项工程需要支出的费用有：公司前期投入的施工机械、设备等固定资产的折旧费 400 万元，人工费每平方米 100 元，设备租赁中一部分设备按固定费用支付，金额为 30 万元，另一部分按使用费支付，根据测算为每平方米 100 元，其他各种税费、管理费等属于固定支付为 20 万元，该项工程的建设费用每平方米 1 200 元。试对该项目做风险分析。

解：

对上例进行确定性风险量化，即假定该项目未来各种因素不发生变化，在此基础上进行安全性分析，具体步骤如下：

(1) 成本与工作量之间的关系。设 C 为总成本费用，F 为固定成本，V 为总可变成本，v 为单位可变成本，x 为工作量，则：

$$C=V+F=v\cdot x+F$$

(2) 收入与工作量之间的关系。设收入为 S，单位价格为 P，工作量为 x，则：

$$S=P\cdot x$$

可见，当价格 P 为常数时，收入 S 与工作量 x 呈线性关系。

(3) 盈亏平衡点的确定。设 M 为盈利，Q 为规模（总工程量）。因为：盈利＝总收入－总成本费用，则：

$$M=(P-v)x-F$$

根据平衡点的定义，盈利为零时的点称为盈亏平衡点，记盈亏平衡点为 x_0，则：

$$(P-v)x_0-F=0,\ x_0=F/(P-v)$$

因此若欲使项目盈利，必须满足：$(P-v)x-F>0$，即 $x>F/(P-v)=x_0$

当项目亏损时，$(P-v)x-F<0$，即 $x<F/(P-v)=x_0$

例 11—1 有关参数如下：

固定成本 $F=450$ 万元，变动成本 $V=1\,400x$，总成本 $C=4\,500\,000+1\,400x$

收入 $S=\left(\frac{30\,000\,000}{15\,000}\right)x=2\,000x$，设盈亏平衡时的建筑面积为 x_0，当 $S=C$ 时，由公式计算可得：

$$x_0=7\,500\text{ 平方米}$$

由于该项目的总建筑面积为 15 000 平方米，所以当该公司施工到建筑面积的 50%时，项目就可以达到盈亏，说明该项目的风险是很小的。

11.3.2 敏感性分析

敏感性分析用以考察项目涉及的各种不确定因素对项目基本方案经济评价指标的影响，以找出敏感因素，估计项目效益对它们的敏感程度，粗略预测项目可能承担的风险，为进一步的风险分析奠定基础。

敏感性分析通常是改变一种或多种不确定因素的数值，计算其对项目效益指标的影响，通过计算敏感度系数和临界点，估计项目效益指标对它们的敏感程度，进而确定关键的敏感因素。通常将敏感性分析的结果汇总于敏感性分析表，也可通过绘制敏感性分析图显示各种因素的敏感程度并求得临界点。最后对敏感性分析的结果进行分析并提出减轻不确定因素影响的措施。

敏感性分析包括单因素敏感性分析和多因素敏感性分析。单因素敏感性分析是指每次只改变一个因素的数值进行的分析，估算单个因素的变化对项目效益产生的影响；多因素分析则是指同时改变两个或两个以上因素进行的分析，估算多因素同时发生变化对项目效益产生的影响。为了找出关键的敏感因素，通常多进行单因素敏感性分析。必要时，可以同时进行单因素敏感性分析和多因素敏感性分析。

敏感性分析方法对项目财务分析和经济分析同样适用。

1．敏感性分析的步骤

（1）选择需要分析的不确定因素。进行敏感性分析首先要选定不确定因素并确定其偏离基本情况的程度。不确定因素是指那些在项目决策分析与评价过程中涉及的对项目效益有一定影响的基本因素。敏感性分析不可能也不需要对项目涉及的全部因素都进行分析，而只是对那些可能对项目效益影响较大的重要的不确定因素进行分析。不确定因素通常根据行业和项目的特点，参考类似项目的经验特别是项目后评价的经验进行选择和确定。经验表明，通常应予进行敏感性分析的因素包括建设投资、产出价格、主要投入价格或可变成本、运营负荷、建设期以及人民币外汇汇率等，根据项目的具体情况也可选择其他因素。

（2）确定不确定因素的变化程度。敏感性分析通常是针对不确定因素的不利变化和有利变化同时进行的，以便观察各种变化对效益指标的影响，并编制敏感性分析表或绘制敏感性分析图。一般是选择不确定因素变化的百分率，为了作图的需要可分别选取±5%、±10%、±15%、±20%等。对于那些不便用百分数表示的因素，如建设期等，可采用延长一段时间表示，例如延长一年。百分数的取值其实并不重要，因为敏感性分析的目的并不在于考察项目效益在某个具体的百分数变化下发生变化的具体数值，而只是借助它进一步计算敏感性分析指标，即敏感度系数和临界点。

（3）确定分析指标。这里所说的分析指标是指敏感性分析的具体对象，如净现值、净年值、内部收益率、投资回收年限等。各种经济效果指标都有其特定的含义，分析评价所反映的问题也有所不同。对于某个特定方案的经济分析来说，不需要把所有的经济效果指标拿来进行敏感性分析，而是根据方案的具体特点，选择一种或两种具有代表性的指标进行分析，以便为管理者做决策提供依据。

（4）计算各因素变化对指标的影响。对于各个不确定因素的各种可能变化幅度，分别计算其对分析指标影响的具体数值，即固定其他不确定因素，变动一个或某几个因素，计算经济效果指标值。

1）敏感度系数。

敏感度系数是项目效益指标变化的百分率与不确定因素变化的百分率之比。敏感度系数高，表示项目效益对该不确定因素敏感程度高，应重视该不确定因素对项目效益的影响。敏感度系数计算公式如下：

$$E=\frac{(\Delta A/A)}{(\Delta F/F)}$$

式中，E——评价指标 A 对于不确定因素 F 的敏感度系数；

$\Delta A/A$——不确定因素 F 发生 $\Delta F/F$ 变化时，评价指标 A 的相应变化率（%）；

$\Delta F/F$——不确定因素 F 的变化率（%）。

其中，$E>0$，表示评价指标与不确定因素同方向变化；$E<0$，表示评价指标与不确

定因素反方向变化。$|E|$ 越大，敏感度系数越高。

敏感度系数的计算结果可能受不确定因素变化率取值不同的影响，所以敏感度系数的数值会有所变化。但其数值大小并不是计算该项指标的目的，重要的是各不确定因素敏感度系数的相对值，借此了解各不确定因素的相对影响程度，以选出敏感度较大的不确定因素。因此虽然敏感度系数有以上缺陷，但在判断各不确定因素对项目效益的相对影响程度上仍然具有一定的作用。

2）临界点。

临界点是指不确定因素的极限变化，即不确定因素的变化使项目由可行变为不可行的临界数值，也可以说是该不确定因素使内部收益率等于基准收益率或净现值变为零时的变化率，当该不确定因素为费用科目时为其增加的百分率，当该不确定因素为效益科目时为其降低的百分率。临界点也可用该百分率对应的具体数值（转换值，Switching Value）表示。当不确定因素的变化超过了临界点所表示的不确定因素的极限变化时，项目效益指标将会转而低于基准值，表明项目将由可行变为不可行。

临界点的高低与设定的基准收益率有关，对于同一个投资项目，随着设定基准收益率的提高，临界点就会变低（即临界点表示的不确定因素的极限变化变小）；而在一定的基准收益率下，临界点越低，说明该因素对项目效益指标影响越大，项目对该因素就越敏感。

可以通过敏感性分析图求得临界点的近似值，但由于项目效益指标的变化与不确定因素的变化之间不完全是直线关系，有时误差较大，因此最好采用试算法或函数求解。

（5）确定敏感因素。敏感因素是指其数值变动能显著影响方案经济效果的因素。判断敏感因素有两种方法：第一种是相对测定法，即设定要分析的因素均从确定型经济分析中所采用的数值开始变动，且各因素每次变动的幅度相同，比较在同一变动幅度下各因素的变动对经济效果指标的影响，据此判断方案经济效果对各因素变动的敏感程度；第二种方法是绝对测定法，即设各因素均向对方案不利的方向变动，并取其有可能出现的对方案最不利的数值，据此计算方案的经济效果指标，看其是否可达到使方案无法被接受的程度。在实践中，两种方法可以结合起来使用。

（6）做出决策。根据确定性分析和敏感性分析的结果，综合评价方案，并选择最优方案。

2. 敏感性分析的方法

（1）单因素敏感性分析。单因素敏感性分析是指就单个不确定因素的变动对方案经济效果的影响所作的分析，分析方法类似于数学上多元函数的微分，即在计算某个因素的变化对经济效果指标的影响时，假定其他因素均不变。

（2）多因素敏感性分析。在进行单因素敏感性分析的过程中，当计算某特定因素的变动对经济效果指标的影响时，假定其他因素均不变。实际上，许多因素的变动具有相关性，一个因素的变动往往也伴随着其他因素的变动。所以，单因素敏感性分析有其局限性。改进的方法是进行多因素敏感性分析，即考察多个因素同时变动对方案经济效果的影响，以判断方案的风险情况。多因素敏感性分析就是要考虑各种因素可能发生的不同变动幅度的多种组合，分析其对方案经济效果的影响程度。由于各种因素可能发生的不同变动幅度的组合关系很复杂，组合方案很多，因而多因素分析的计算比较复杂。如果需要分析的不确定因素不超过三个，而且经济效果指标的计算也比较简单，则可以用解析法与作图法相结合的方法进行分析。

3. 敏感性分析的意义

敏感性分析有助于确定哪些风险对项目具有最大的潜在影响。它有助于理解项目目标的变化与各种不确定因素的变化之间存在怎样的关联。敏感性分析的典型表现形式是龙卷风图（见图 11—3），用于比较很不确定的变量与相对稳定的变量之间的相对重要性和相对影响。对于那些定量分析显示可能收益大于消极影响的特定风险，龙卷风图也有助于分析冒险情景。龙卷风图是在敏感性分析中用来比较不同变量的相对重要性的一种特殊形式的条形图。在龙卷风图中，Y 轴代表处于基准值的各种不确定因素，X 轴代表不确定因素与所研究的输出之间的相关性。其中每种不确定因素各有一根水平条形，并从基准值开始向两边延伸。这些条形按延伸长度递减，垂直排列。

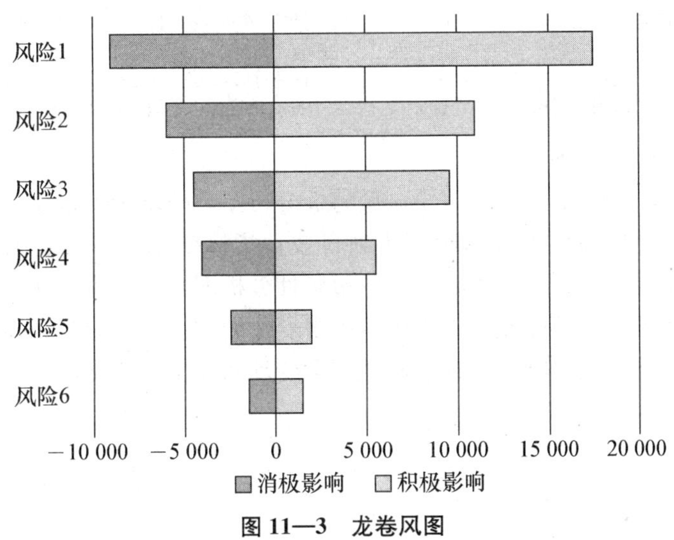

图 11—3 龙卷风图

4. 敏感性分析的结果表述

（1）编制敏感性分析表。

将敏感性分析的结果汇总于敏感性分析表，在敏感性分析表中应同时给出基本方案的指标数值、所考虑的不确定因素及其变化、在这些不确定因素变化的情况下项目效益指标的计算数值，并据此编制各不确定因素的敏感度系数与临界点分析表，也可将其与敏感性分析表合并成一张表，如表 11—4 所示。

表 11—4　敏感性分析表

序号	不确定因素	不确定因素变化率	财务内部收益率	敏感度系数	临界点
	基本方案		15.3%		
1	建设投资变化	10%	12.6%	−1.76	12.3%
		−10%	18.4%	−2.04	
2	销售价格变化	10%	19.6%	−2.81	−7.1%
		−10%	10.6%	−3.07	
3	原材料价格变化	10%	13.8%	−0.95	22.4%
		−10%	16.7%	−0.94	

续前表

序号	不确定因素	不确定因素变化率	财务内部收益率	敏感度系数	临界点
4	汇率变化	10%	14.2%	−0.71	32.2%
		−10%	16.4%	−0.75	
5	负荷变化	10%	17.9%	1.72	−11.2%
		−10%	12.4%	1.92	

说明：

1. 表中的基本方案是指项目财务分析中按所选定投入和产出的相关数值计算的指标。

2. 临界点的基准收益率为12%。

3. 表中临界点系采用函数计算的结果。临界点为正，表示允许该不确定因素升高的比率；临界点为负，表示允许该不确定因素降低的比率。

4. 表中敏感度系数为负，说明效益指标变化方向与不确定因素变化方向相反；敏感度系数为正，说明效益指标变化方向与不确定因素变化方向相同。

5. 表中仅列出不确定因素变化率为±10%的情况。为了绘制敏感性分析图，还可以测算变化率为±20%和±30%的情况。

6. 试比较建设投资和销售价格两个敏感度系数（±10%）的绝对值，可以看出是$E_{销售}$大于$E_{建设}$，说明销售价格比建设投资对项目效益指标的影响程度相对较大，也即项目效益指标对销售价格的敏感程度高于对建设投资的敏感程度。

（2）绘制敏感性分析图。

根据敏感性分析表中的数值可以绘制敏感性分析图，横轴为不确定因素变化率，纵轴为项目效益指标。图中曲线可以明确表明项目效益指标变化受不确定因素变化影响的趋势，并由此求出临界点。图11—4是典型的敏感性分析图，是根据表11—3以及相关数据绘制的。图中共有5条内部收益率随不确定因素变化的曲线，还有1条基准收益率线。每条曲线分别代表内部收益率随着各种不确定因素变动而发生的变化。

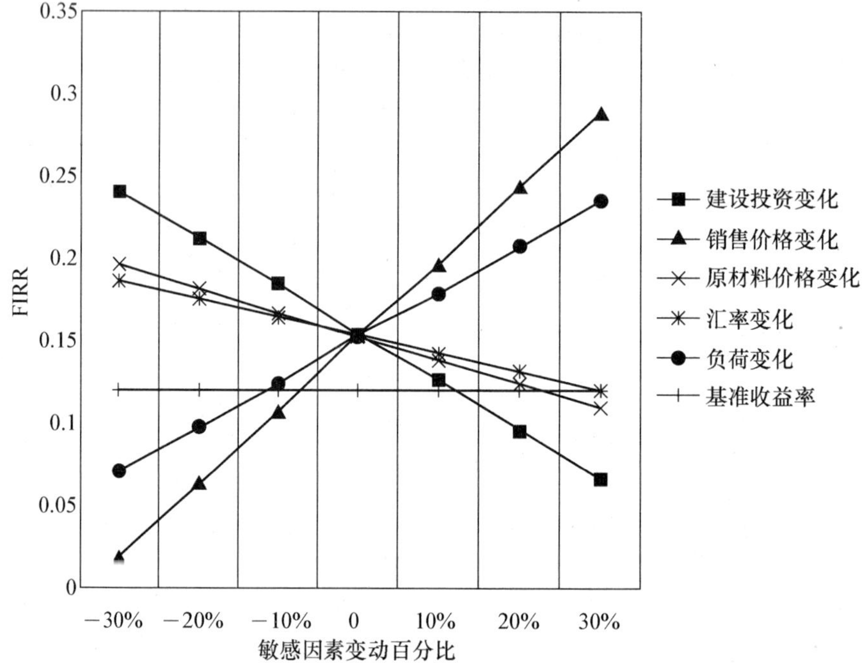

图11—4　敏感性分析图

以销售价格为例，当销售价格提高时，内部收益率随之提高，而销售价格降低时，内部收益率随之降低。内部收益率随销售价格变化的曲线与基准收益率线相交的点，就是销售价格变化的临界点，用该点对应的不确定因素的变化率表示。用该变化率换算的不确定因素的变化数值就称为临界值。

5. 对敏感性分析结果进行分析

对敏感性分析表和敏感性分析图显示的结果用文字进行说明，将不确定因素变化后计算的经济评价指标与基本方案评价指标进行对比分析，应注意以下三个方面：

（1）结合敏感度系数及临界点的计算结果，按不确定因素的敏感程度进行排序，找出哪些因素是较为敏感的不确定因素。可通过直观检测或观察取得其敏感度系数和临界点，敏感度系数较高者或临界点较低者为较为敏感的因素。

（2）定性分析临界点所表示的不确定因素发生变化的可能性。以可行性研究报告的分析研究为基础，结合经验进行判断，说明所考察的某种不确定因素是否有可能发生临界点所表示的变化，并做出风险的粗略估计。

（3）归纳敏感性分析的结论，指出最敏感的一个或几个关键因素，粗略预测项目可能发生的风险。对于未进行系统风险分析的项目，应根据敏感性分析结果提出相应的降低不确定因素影响的措施，提请项目业主、投资者和有关各方在决策和实施中注意，以尽可能降低风险，实现预期效益。

6. 敏感性分析的不足

敏感性分析虽然可以找出影响项目效益的敏感的不确定因素，并估计其对项目效益的影响程度，但却并不能得知这些影响发生的可能性有多大，这是敏感性分析最大的不足之处。

对于项目风险估计而言，仅回答有无风险和风险大小等问题是远远不够的。因为投资项目要经历一个持久的过程，一旦实施很难改变。为避免实施后遭受失败，必须在决策前做好各方面的分析。决策者必须对项目可能面临的风险有足够的估计，对风险发生的可能性心中有数，以便及时采取必要的措施规避风险。只有回答了风险发生的可能性大小的问题，决策者才能获得全面的信息，最终做出正确的决策。而要回答这个问题，必须进行风险分析。

11.3.3 概率分析

概率分析，又称风险分析，是通过研究各种不确定因素发生不同变动幅度的概率分布及其对项目经济效益指标的影响，对项目可行性和风险性以及方案优劣作出判断的一种不确定性分析法。概率分析常用于对大中型重要项目的评估和决策。概率分析是根据不确定因素在一定范围内的随机变动，分析并确定这种变动的概率分布，从而计算出其期望值及标准。

1. 概率分析的分类

概率分析包括客观概率分析和主观概率分析。

（1）客观概率分析。客观概率是实际发生的概率，它并不取决于人的主观意志，可以根据历史统计数据或大量的试验来推定。有两种方法：一是将一个事件分解为若干子事件，通过计算子事件的概率获得主要事件的概率；二是通过足够量的试验，统计出事件的概率。由于客观概率是基于同样事件的历史观测数据，它只能用于完全可重复事件，因而并不适用于大部分现实事件。应用客观概率对项目风险进行的分析称为客观分析，它利用同一事件的历史数据，或是类似事件的数据资料，计算出客观概率。该法的最大缺点是需要足够的信息，但通常是不可得的。

（2）主观概率分析。主观概率是基于个人经验、预感或直觉而分析出来的概率，是一种个人的主观判断，反映了人们对风险现象的一种测度。当有效统计数据不足或是不可能进行试验时，主观概率分析是唯一选择。在实践中，许多项目风险是不可预见且不能精确计算的，在这种情况下可通过专家意见法的形式进行概率分析。

2. 概率分布

（1）概率分布类型。

1）离散型概率分布。当输入变量可能值为有限个数时，这种随机变量被称为离散型随机变量。如产品市场销售量可能出现低销售量、中等销售量、高销售量三种状态，即认为销售量是离散型随机变量。各种状态的概率取值之和等于1，它适用于变量取值个数不多的输入变量。

2）连续型概率分布。当输入变量的取值充满一个区间且无法按一定次序一一列举出来时，这种随机变量被称为连续型随机变量。它的概率分布用概率密度和分布函数表示。常用的连续型概率分布有：

a. 正态分布。其特点是密度函数以均值为中心对称分布，如图11—5所示，这是一种最常用的概率分布，适用于描述一般经济变量的概率分布，如销售量、售价、产品成本等。

b. 三角形分布。其特点是密度数是由悲观值、最可能值和乐观值构成的对称的或不对称的三角形（见图11—6）。适用于描述工期、投资等不对称分布的输入变量，也可用于描述产量、成本等对称分布的输入变量。

c. β分布。其特点是密度函数为在最大值两边不对称分布（见图11—7），适用于描述工期等不对称分布的输入变量。

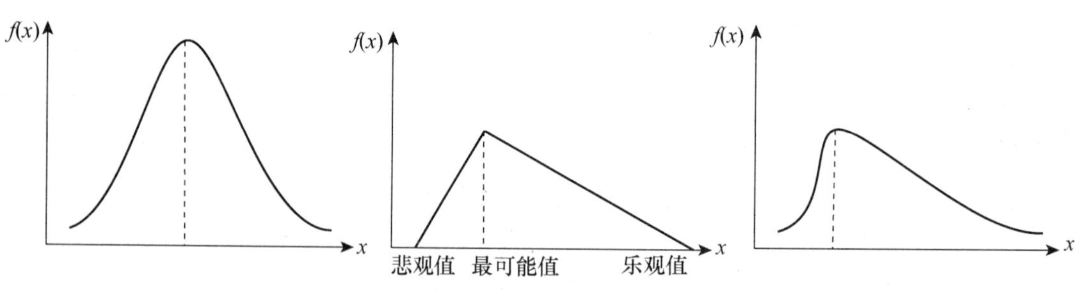

图11—5　正态分布　**图11—6　三角形分布**　**图11—7　β分布**

d. 经验分布。其密度函数并不适用于描述某些标准的概率函数，是可根据统计资料及主观经验估计的非标准概率分布，它适用于描述项目评价中的所有各种输入变量。

（2）概率分布指标。

描述概率分布的指标主要有期望值、方差、标准差和离散系数等。

【例 11—2】 某投资项目决策分析与评价中采用的市场销售量为 100 吨。为分析销售量的风险情况，请 15 位专家对该种产品销售量可能出现的状态及其概率进行预测，专家调查意见见表 11—5。请依据该表计算销售量的概率分布指标。

表 11—5　　专家调查意见汇总表

销售量（吨）/概率（%）/专家	80	90	100	110	120
1	10	15	50	15	10
2	15	25	40	15	5
3	10	15	60	10	5
4	5	12.5	65	12.5	5
5	10	15	55	15	5
6	10	15	50	15	10
7	5	15	55	15	10
8	5	10	60	15	10
9	5	15	50	20	10
10	0	15	70	15	0
11	10	15	75	0	0
12	10	25	60	5	0
13	10	20	60	10	0
14	0	10	60	20	10
15	5	20	60	15	0

解：

(1) 首先分别计算专家估计值的平均概率，$P_i = \frac{1}{n}\sum_{j=1}^{n} P_{ij}$，其中 n 为专家人数，$n=15$。

专家估计销售量为 80 吨的平均概率为 $=(10+15+10+5+10+10+5+5+5+0+10+10+10+0+5)/15=7.33$，同样可以计算出销售量为 90、100、110 和 120 吨的概率，结果见表 11—6。

表 11—6　　专家预测销售量的概率分布

销售量（吨）	80	90	100	110	120
概率（%）	7.33	16.17	58.00	13.17	5.33

(2) 计算出专家估计销售量的期望值。

$$\begin{aligned}\bar{x} &= \sum_{i=1}^{n} x_i P_i \\ &= 80\times 7.33\% + 90\times 16.17\% + 100\times 58.00\% + 110\times 13.17\% + 120\times 5.33\% \\ &= 99.30(\text{吨})\end{aligned}$$

(3) 计算销售量的方差、标准差和离散系数。

$$方差S^2 = \sum_{i=1}^{n} (x_i - \bar{x})^2 P_i$$
$$= (80-99.30)^2 \times 7.33\% + (90-99.30)^2 \times 16.17\% + (100-99.30)^2 \times 58.00\% + (110-99.30)^2 \times 13.17\% + (120-99.30)^2 \times 5.33\%$$
$$= 79.49$$

标准差 $S=8.91$，离散系数 $\beta=0.09$。

从表 11—6 可以看出，专家意见比较集中。若专家意见分歧程度在 0.1 以上，需进行第二轮甚至第三轮讨论，以消除因误解而产生的分歧。以最终调查的结果作为被调查变量的概率分布。

3. 概率分析步骤

从上面的例子可以看出，一般概率分析分为以下五个步骤：

第一步，列出风险因素的所有可能结果（假设有 n 种）。

第二步，列出风险因素出现每种可能结果的概率。

第三步，列出在风险因素各种可能结果出现的情况下项目的效益值。

第四步，根据以上数据计算项目效益期望值、方差、标准差和离散系数。

第五步，根据以上运算结果计算项目效益值落在某范围内的概率。

概率分析基于风险评级结果，对风险进行优先级排序，以便进一步开展定量分析和风险应对规划。通过对风险概率和影响的评估确定风险评级，通常用概率和影响矩阵来评估每个风险的重要性和所需的关注优先级。根据概率和影响的各种组合，该矩阵把风险划分为低、中、高风险。描述风险级别的具体术语和数值取决于组织的偏好。

根据风险发生的概率及发生后对目标的影响程度，对每个风险进行评级。组织应该规定怎样的概率和影响组合是高风险、中等风险和低风险。在黑白矩阵里，用不同的灰度表示不同的风险级别。如图 11—8 所示，深灰色（数值最大）区域代表高风险，中度灰色（数

概率	威胁					机会				
0.90	0.05	0.09	0.18	0.36	0.72	0.72	0.36	0.18	0.09	0.05
0.70	0.04	0.07	0.14	0.28	0.56	0.56	0.28	0.14	0.07	0.04
0.50	0.03	0.05	0.10	0.20	0.40	0.40	0.20	0.10	0.05	0.03
0.30	0.02	0.03	0.06	0.12	0.24	0.24	0.12	0.06	0.03	0.02
0.10	0.01	0.01	0.20	0.04	0.08	0.08	0.04	0.20	0.01	0.01
	0.05	0.10	0.20	0.40	0.80	0.80	0.40	0.20	0.10	0.05
对目标的影响（比率标度）（如成本、时间或范围）										

图 11—8 概率和影响矩阵

值最小）区域代表低风险，而浅灰色（数值介于最大和最小之间）区域代表中等风险。通常，在项目开始之前，组织就要制定风险评级规则，并将其纳入组织过程资产。在规划风险管理的过程中，所裁剪的风险评级规则应适合具体项目。

组织可分别针对每个目标（如成本、时间和范围）评定风险等级。另外，也可制定相关方法为每个风险确定一个总体等级。最后，可以在同一矩阵中，分别列出机会和威胁的影响水平，同时显示机会和威胁。

风险值有助于指导风险应对。如果风险发生会对项目目标产生消极影响（威胁），并且处于矩阵高风险（深灰色）区域，就可能需要采取优先措施和激进的应对策略。而处于低风险（中度灰色）区域的威胁，可能只需要作为观察对象列入风险登记册，或为之增加应急储备，而不必采取主动管理措施。同样，处于高风险（深灰色）区域的机会，可能是最易实现且能够带来最大利益的，应首先抓住。对于低风险（中度灰色）区域的机会，则应加以监督。

11.3.4 预期货币价值分析

预期货币价值（EMV）分析是当某些情况在未来可能发生或不发生时，计算平均结果的一种统计方法（不确定性下的分析）。机会的 EMV 通常表示为正值，而威胁的 EMV 则表示为负值。EMV 是建立在风险中立的假设之上的，既不避险，也不冒险。把每个可能结果的数值与其发生的概率相乘，再把所有乘积相加，就可以计算出项目的 EMV。这种技术经常在决策树（见图 11—9）分析中使用。

在图 11—9 中，决策树反映了在环境中存在不确定因素（机会节点）时，如何在各种可选投资方案中进行选择（决策节点）。在例题中，需要就投资 1.2 亿美元建设新厂或投资 5 000 万美元扩建旧厂进行决策。进行决策时，必须考虑需求（因具有不确定性，所以是“机会节点”）。例如，在强需求情况下，建设新厂可得到 2 亿美元收入，而扩建旧厂只能

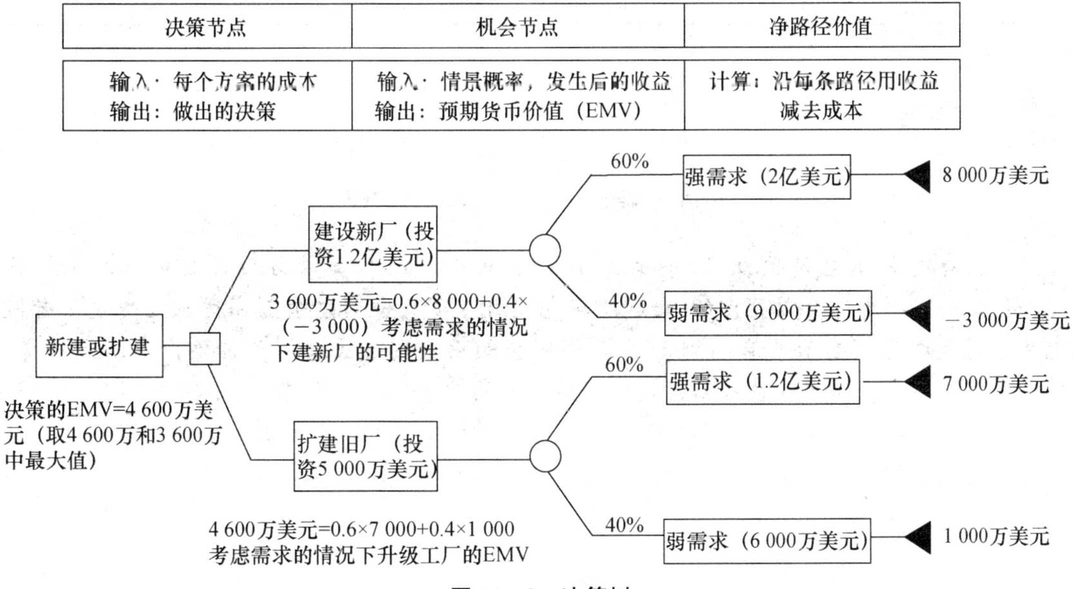

图 11—9 决策树

得到1.2亿美元收入（可能因为生产能力有限）。每条分支的末端列出了收益减去成本后的净值。对于每条决策分支，把每种情况的净值与其概率相乘，然后再相加，就得到了该方案的整体EMV 。计算时要记得考虑投资成本，从计算结果看，扩建旧厂方案的EMV较高，即4 600万美元——也是整个决策的EMV。（选择扩建旧厂，也代表选择了风险最低的方案，避免了可能损失3 000万美元的最坏结果。）

章后练习题

1. 为什么要进行不确定性分析？
2. 盈亏平衡分析的基本思路是什么？
3. 敏感性分析的目的是什么？
4. 在概率分析中，期望值和离散系数的经济含义有什么不同？
5. 怎样用决策树法对方案进行风险决策分析？

6. 假设某项目达产第一年的销售收入为4 000万元，固定成本1 050万元，可变成本850万元，销售税金及附加为120万元，销售收入与成本费用均采用不含税价格表示，该项目设计生产能力为100万件，求盈亏平衡点。

7. 某项目静态投资服从三角形分布，请10位专家对投资额的乐观值、最可能值和悲观值进行预测，结果如表11—7所示。请分析该项目的风险概率。

表11—7　　投资专家的估计值

专家	乐观值	最可能值	悲观值	专家	乐观值	最可能值	悲观值
1	450	480	520	6	430	470	500
2	480	500	550	7	510	540	560
3	450	500	540	8	480	500	530
4	500	520	550	9	490	530	570
5	475	500	530	10	470	510	550

案例

境外工程项目的全过程风险管理

老挝赛德2水电站项目（Xeset 2 Hydropower Plant）是北方国际公司（以下简称“公司”）同老挝电力公司签订的EPC总承包项目，项目合同总金额高达上亿美元，老挝电力公司提供20%自有资金，剩余80%合同金额由中国进出口银行提供出口卖方信贷，建设总工期4年。境外承包项目涉及工程所在地的政治和经济形势、国际关系、通货膨胀情况，以及有关进出口、资金和劳务的政策及法律规定、外汇管制办法等，同时还可能遇到不同的技术标准和规范、不同的地理气候条件，承包商处于这样纷繁复杂和变化多端的环境中，必然面临较大的风险。

1. 项目前期阶段的风险管理

公司在赛德2项目开发、签约阶段就对可能面临的风险进行了全面系统的分析和研究，通过环境分析、头脑风暴、小组讨论等方式对风险进行了识别。

（1）海外市场开拓风险。

公司首次在老挝市场开发项目，对当地的政治环境、市场环境、法律环境及自然环境了解有限，没有经验可循，不可避免地面临海外市场开拓风险。为了有效应对海外市场开拓风险，公司在获得项目信息后，按照《海外项目管理流程》，认真分析项目所在地的政治、市场、法律等方面的因素，并联合各方在第一时间组成调查小组进行现场考察。实践证明，经过对海外市场开拓风险的认真应对，该风险并未发生，公司成功开拓了老挝市场。

（2）客户风险。

在国际工程项目中，与客户的关系好坏影响着项目的成败以及双方的后续合作。如果不能妥善处理客户关系，项目将可能面临中途终止、投资无法收回等风险。为了有效应对客户风险，公司在项目前期就制定了“融入当地、相互尊重、互利共赢”的工作方针，明确在项目执行过程中要加强与客户的沟通，降低客户风险，同时为后续合作打下坚实基础。

（3）分包商风险。

公司作为总承包商，分包商是项目实施的主体，能否选择合适的分包商直接关系到项目的成败。公司最终确定某专业水电建设公司作为项目分包商，签署了《老挝赛德 2 水电站工程合作协议书》，确立了合作关系，从而有效地规避了可能面临的分包商风险。同时，经分包商推荐，初步选定某设计研究院为项目的设计单位。双方共同开展前期设计、勘探、与业主谈判等工作，确保了各项工作如期顺利完成。

（4）收汇风险。

老挝经济发展相对落后，老挝电力公司又是个全新的业主，公司并不十分了解其还款能力。为了规避收汇风险，经过与业主沟通，决定采用卖方信贷方式解决该项目的融资问题，公司同时与中国出口信用保险公司、中国进出口银行进行多次沟通，签订了《中长期出口信用保险承包意向书》和《贷款意向书》，为项目顺利收汇创造了条件。

2. 项目实施阶段

在项目实施阶段，一方面，公司对仍存在的风险密切跟踪，另一方面对实施过程中出现的新风险及时识别并制定具体的应对措施，保障项目顺利开展。

（1）分包商管理风险。

在进度控制上，一方面，严格要求分包商保证必要的资源投入，以确保按计划执行现场工作，为此要求分包商对项目现场人员、机械进行严格的日常登记，任何人员、机械不得擅自调离施工现场，否则将予以经济处罚；另一方面，每月组织分包商项目部召开工作例会，对项目进度计划执行情况进行总结，如发生工程滞后，首先会分析原因，并及时要求分包商安排赶工。对于分包商无法解决的困难，由公司项目部出面协调，力保项目施工所需的各种资源充足。

在质量控制上，主要关注设备的选型和采购。由于签订的是 EPC 合同，为节约成本，分包商在技术标准和设备选型方面会尽量压缩成本。因此，在采购过程中，公司组织技术专家和专业公司（与其签署技术服务协议）对采购的技术协议进行严格审查，对设备生产过程进行监控，从源头上控制风险。同时，在关键工程部位施工前，必须申报施工方案，通过公司的审核后方可实施。此外，要通过加强监理力度，强化现场施工过程的质量控制。

（2）工程进度风险。

公司以合理、详细的进度计划为基础，以确保项目资源为关键，制定并实施了相应的风险控制措施。公司组织国内业内专家对分包商上报的进度计划草稿进行评估和修改，确保进度计划的可实施性。在项目总体进度计划下发执行后，加强计划执行过程中的监督和检查，确保各阶段工程进度如期完工。项目部经过四年的艰苦工作，赛德 2 水电站项目的土建施工圆满结束，并按时完成机电采购和安装工作，项目施工进度和质量得到了业主的高度评价。

（3）工程质量风险。

公司在开展项目时，建立了以分包商为主体的质量保障体系，同时聘请了水电各专业的专职监理，严格落实相关施工技术规范，以确保施工质量。在日常管理中，严格落实三级检查制度，如果在施工过程中发现质量问题，除勒令整改外，还要对相关责任人进行经济处罚。赛德 2 水电站项目现场施工过程中未出现重大质量事故，单元工程优良率达 95%以上，项目实现了“双赢”。

（4）组织人员风险。

一是项目经理在项目执行过程中及时加强沟通，掌握所有成员的性格特点，因势利导，避免冲突，并适当组织一些集体活动，为成员间提供相互沟通的渠道。二是建立公平合理的考核制度，充分调动团队成员的积极性，明确各成员的责任分工，在项目开始时制定总体工作目标，并制定年度工作目标，把工作目标的完成情况作为年度考核和整体考核的重要依据。

（5）安全生产风险。

一是与分包商签订安全生产责任书。明确对方的安全责任，同时要求其制定《安全生产管理制度》《安全事故惩罚办法》和《安全工作预案》等一系列安全管理制度及流程并严格执行，指定专职安全巡检员，每日巡视，排查安全隐患。二是要求各施工单位现场安全操作。各施工单位在作业区域的醒目位置必须标示安全作业流程。公司监理人员在每日巡视过程中，首先观察安全作业情况，发现违规者，立即勒令停止并予以整改。

3. 项目竣工阶段

由于该项目合同是远期收款合同，在项目施工过程中为宽限期，除预付款和进度款外，其余款项在竣工后若干年内分期收款。随着人民币汇率政策改革的不断推进，人民币兑美元进入了一个长期的升值通道，所以在竣工后面临收汇及汇率风险。为了规避收汇和汇率风险，在项目建成移交后，公司对其现有金融产品进行了研究，认为福费廷（Forfaiting）业务（又称“买断”操作模式）可以实现提前收款结汇，并减小汇兑损失风险。于是公司对其现有金融产品进行了福费廷业务的尝试和创新，最终完成了赛德 2 水电站项目长期应收款福费廷业务的操作。

资料来源：纪新伟、刘健哲、李付栋等：《境外工程项目的全过程风险管理——老挝赛德 2 水电站项目风险管理案例浅析》，载《国际经济合作》，2013（8）：77-81。

第12章 项目采购管理

引例

工程采购事件引起的索赔

某市政府投资新建一所学校，工程内容包括办公楼、教学楼、实验室、体育馆等。在招标文件的工程量清单表中，招标人给出了材料暂估价，承发包双方按《建设工程工程量清单计价规范》（GB50500—2013）以及《标准施工招标文件》签订了施工承包合同。合同规定，国内《标准施工招标文件》不包括的工程索赔内容，执行FIDIC合同条件的规定。

工程实施过程中，发生了如下事件：

事件1：招标截止日前15天，该市工程造价管理部门发布了人工单价及规费调整的有关文件。

事件2：在分部分项工程量清单的天平吊顶的项目特征说明中，龙骨规格、中距与设计图纸要求不一致。

事件3：按实际施工图纸施工的基础土方工程量与招标人工程量清单表中的基础土方工程量不一致。

事件4：主体结构施工阶段遇到强台风、特大暴雨，造成施工现场部分脚手架倒塌，损坏了部分已完工程、施工现场承发包双方办公用房和施工设备、运到施工现场待安装的一台电梯。事后，承包方及时按照发包方要求清理现场，恢复施工，重建承发包双方现场办公用房，发包方还要求承包方采取措施，确保按原工期完成。

上述事件发生后，承包方及时对可索赔事件提出了索赔。

资料来源：全国造价工程师考试案例分析试题。

12.1 项目采购管理概述

12.1.1 项目采购管理的概念及过程

项目采购管理包括从项目团队外部采购或获得所需产品、服务或成果的各个过程。项目组织既可以是项目产品、服务或成果的买方，也可以是卖方。

项目采购管理包括合同管理和变更控制过程。通过这些过程，编制合同或订购单，并由具备相应权限的项目团队成员签发，然后再对合同或订购单进行管理。项目采购管理还包括控制外部组织（买方）为从执行组织（卖方）获取项目可交付成果而签发的任何合同，以及管理该合同所规定的项目团队应承担的合同义务。

梅雷迪思在《项目管理——管理新视角》中提到：在采购设备、原材料和分包服务的过程中，必须清楚地界定出特定的需要，并且还要找到最低的价格和最具竞争力的供应商。在现实的项目采购操作中，要实现这两个目标是十分不容易的。但是，却能够通过对项目采购管理中部分环节的控制，有效降低采购成本，从而使项目资金达到最优的配置，用有限的资金获取尽可能多的资源，这是在项目采购管理中应实现的成本目标。

项目采购管理是指在整个项目过程中从外部寻求和采购各种项目所需资源的管理过程。也有人翻译为“项目获得管理”。项目采购管理包括从执行组织之外获取货物和服务的过程（Process）。为了简便起见，货物和服务统称为“产品”。

项目采购管理的各个过程主要包括：

（1）规划采购管理——记录项目采购决策、明确采购方法、识别潜在卖方的过程。

（2）实施采购——获取卖方应答、选择卖方并授予合同的过程。

（3）控制采购——管理采购关系、监督合同执行情况，并根据需要实施变更和采取纠正措施的过程。

（4）结束采购——完结单次项目采购的过程。

12.1.2 项目采购合同

项目采购管理过程围绕包括合同在内的协议来进行。协议是买卖双方之间的法律文件。合同是对双方都有约束力的协议，规定卖方有义务提供有价值的东西，如规定的产品、服务或成果，买方有义务支付货币或其他有价值的补偿。协议可简可繁，应该与可交付成果和所需工作的简繁程度相适应。

采购合同可包括条款和条件，也可包括其他条目，如买方就卖方应实施的工作或应交付的产品所做的规定。在遵守组织的采购政策的同时，项目管理团队必须确保所有采购都能满足项目的具体需要。因应用领域不同，合同也可称为协议、谅解、分包合同或订购单。大多数组织都有相关的书面政策和程序专门定义采购规则，并规定谁有权代表组织签署和管理协议。

虽然所有项目文件可能都要经过某种形式的审批，但是，鉴于其法律约束力，合同或协议通常需要经过更多的审批程序。在任何情况下，审批程序的主要目标是确保以清晰的合同语言来描述产品、服务或成果，以满足既定的项目需要。项目管理团队应尽早寻求合同、采购、法律和技术方面的专家的支持。组织政策可能会强行要求这些专家参与。

项目采购管理过程所涉及的各种活动构成了协议生命周期。通过对协议生命周期进行积极管理，并仔细斟酌采购条款和条件的措辞，某些可识别的项目风险就可由双方分担或转移给卖方。签订协议，是分配风险管理责任或分担潜在风险的一种方法。

在复杂项目中，可能需要同时或先后管理多个合同或分包合同。在这种情况下，单项合同的生命周期可在项目生命周期中的任何阶段结束。项目采购管理是从买卖双方的关系角度进行讨论的。买卖双方的关系是采购组织与外部组织之间的关系，可存在于项目的许多层次中。

因应用领域不同，卖方可以是承包商、分包商、供货商、服务提供商或供应商。根据买方在项目采购链中的不同位置，买方也可称为顾主、客户、总承包商、承包商、采购组织、服务需求者或采购方。在合同生命周期中，卖方首先是投标人，然后是中标人，之后是签约供应商或供货商。

例如，在建设工程项目的实施过程中，往往涉及许多合同，比如设计合同、咨询合同、科研合同、施工承包合同、供货合同、总承包合同、分包合同等。尤其是大型建设项目的合同数量非常多。这就涉及合同的管理问题。所谓合同管理，不仅包括对每个合同的签订、履行、变更和解除等过程的控制和管理，还包括对所有合同进行筹划的过程，因此，合同管理的主要工作内容有：根据项目的特点和要求确定设计任务委托模式和施工任务承包模式（合同结构）、选择合同文本、确定合同计价方法和支付方法、合同履行过程的管理与控制、合同索赔等。

建设工程项目承包合同的计价方式主要有三种，即单价合同、总价合同和成本加酬金合同。

1. 单价合同

当项目发包的工程内容和工程量一时尚不能十分明确、具体地予以规定时，可以采用单价合同（Unit Price Contract）形式，即根据计划工程内容和估算工程量，在合同中明确每项工程内容的单位价格（如每米、每平方米或者每立方米的价格），实际支付时则根据每一个子项的实际完成工程量乘以该子项的合同单价计算该项工作的应付工程款。

单价合同的特点是单价优先，例如在 FIDIC 土木工程施工合同中，业主给出的工程量清单表中的数字是参考数字，而实际工程款则按实际完成的工程量和合同中确定的单价计算。虽然在投标报价、评标以及签订合同中，人们常常注重总价格，但在工程款结算中单价优先，对于投标书中明显的数字计算错误，业主有权力先作修改再评标，当总价和单价的计算结果不一致时，以单价为准调整总价。由于单价合同允许随工程量变化而调整工程总价，业主和承包商都不存在工程量方面的风险，因此对合同双方都比较公平。

采用单价合同对业主的不足之处是，业主需要安排专门力量来核实已经完成的工程量，需要在施工过程中花费不少精力，协调工作量大。另外，用于计算应付工程款的实际工程量可能超过预测的工程量，即实际投资容易超过计划投资，对投资控制不利。

单价合同又分为固定单价合同和变动单价合同。在固定单价合同条件下，无论发生哪些影响价格的因素都不对单价进行调整，因而对承包商而言存在一定的风险。固定单价合同适用于工期较短、工程量变化幅度不会太大的项目。当采用变动单价合同时，合同双方可以约定一个估计的工程量，当实际工程量发生较大变化时可以对单价进行调整，同时还应约定如何对单价进行调整；当然也可以约定，当通货膨胀达到一定水平或者国家政策发生变化时，可以对哪些工程内容的单价进行调整以及如何调整等。因此，在变动单价合同条件下，承包商的风险相对较小。

2. 总价合同

所谓总价合同（Lump Sum Contract），是指根据合同规定的工程施工内容和有关条件，业主应付给承包商的款额是一个规定的金额，即明确的总价。总价合同也称作总价包干合同，即根据施工招标时的要求和条件，当施工内容和有关条件不发生变化时，业主付给承包商的价款总额就不应发生变化。

总价合同又分固定总价合同和变动总价合同两种。

（1）固定总价合同。

固定总价合同的价格计算是以图纸及规定、规范为基础的，工程任务和内容明确，业主的要求和条件清楚，合同总价一次确定，固定不变，即不再因为环境的变化和工程量的增减而变化。在这类合同中，承包商承担了全部工作量和价格风险。因此，承包商在报价时应对一切费用的价格变动因素以及不可预见的因素都做好充分估计，并将其包含在合同价格之中。

在国际上，因为有比较成熟的法规和先例，这种合同被广泛接受和采用。对业主而言，在合同签订时就可以基本确定项目的总投资额，对投资控制有利。在双方都无法预测的风险条件下和可能有工程变更的情况下，承包商承担了较大的风险，业主的风险较小。但是，工程变更和不可预见的困难也常常会引起纠纷或诉讼，最终导致其他费用的增加。

当然，在固定总价合同中还可以约定，在发生重大工程变更、累计工程变更超过一定幅度或者其他特殊条件下可以对合同价格进行调整。因此，需要定义重大工程变更的含义、累计工程变更的幅度以及什么样的特殊条件才能调整合同价格，以及如何调整合同价格等。

固定总价合同适用于以下情况：工程量小、工期短，估计在施工过程中环境因素变化小，工程条件稳定并合理；工程设计详细，图纸完整、清楚，工程任务和范围明确；工程结构和技术简单，风险小；投标期相对宽裕，承包商可以有充足的时间详细考察现场、复核工程量、分析招标文件、拟订施工计划。

（2）变动总价合同。

变动总价合同又称为可调总价合同，是以图纸及规定、规范为基础，按照时价（Current Price）进行计算，得到包括全部工程任务和内容的暂定合同价格。它是一种相对固定的价格，在合同执行过程中，由于通货膨胀等原因而使所使用的工、料成本增加时，可以按照合同约定对合同总价进行相应调整。当然，一般由于设计变更、工程量变化和其他工程条件变化所引起的费用变化也可以进行调整。因此，通货膨胀等不可预见因素引发的风险由业主承担，对承包商而言，其风险相对较小，但对业主而言，不利于其进行投资控制，超出投资的风险比较大。

在工程施工承包招标时，施工期限一年左右的项目一般实行固定总价合同，通常不考虑价格调整问题，以签订合同时的单价和总价为准，物价上涨的风险全部由承包商承担。

但是对建设周期一年半以上的工程项目，则应考虑下列因素引起的价格变化问题：劳务工资以及材料费用的上涨；其他影响工程造价的因素，如运输费、燃料费、电力价格等的变化；外汇汇率的不稳定；国家或者省、市立法的改变引起的工程费用的上涨。

（3）总价合同的特点和应用。

显然，采用总价合同时，对承发包工程的内容及其各种条件都应基本清楚、明确，否则，承发包双方都有蒙受损失的风险。因此，一般是在施工图设计完成，施工任务和范围比较明确，业主的目标、要求和条件都清楚的情况下才采用总价合同。

总价合同的特点是：

1）发包单位可以在报价竞争状态下确定项目的总造价，可以较早确定或者预测工程成本；

2）业主的风险较小，承包人将承担较多的风险；

3）评标时易于迅速确定最低报价的投标人；

4）在施工进度上能极大地调动承包人的积极性；

5）发包单位能更容易、更有把握地对项目进行控制；

6）必须完整而明确地规定承包人的工作；

7）必须将设计和施工方面的变化控制在最小限度内。

3. 成本加酬金合同

成本加酬金合同也称为成本补偿合同，这是与固定总价合同正好相反的合同，工程项目的最终合同价格将按照工程的实际成本再加上一定的酬金进行计算。在合同签订时，工程实际成本往往不能确定，只能确定酬金的取值比例或者计算原则。

采用这种合同，承包商不承担任何价格变化或工程量变化的风险，这些风险主要由业主承担，对业主的投资控制很不利。而承包商则往往缺乏控制成本的积极性，常常不仅不愿意控制成本，甚至还会期望提高成本以提高自己的经济效益，因此这种合同容易被那些不道德或不称职的承包商滥用，从而损害工程的整体效益。所以，应尽量避免采用这种合同。

（1）成本加酬金合同的适用条件。

1）工程特别复杂，工程技术、结构方案不能预先确定，或者尽管可以确定工程技术和结构方案，但是不可能进行竞争性的招标活动并以总价合同或单价合同的形式确定承包商，如研究开发性质的工程项目；

2）时间特别紧迫，如抢险、救灾工程，来不及进行详细计划和商谈。

（2）成本加酬金合同的形式。

1）成本加固定费用合同：根据双方讨论同意的工程规模、估计工期、技术要求、工作性质及复杂性、所涉及的风险等确定一笔固定数目的报酬金额作为管理费及利润，对人工、材料、机械台班等直接成本则实报实销。如果设计变更或增加新项目，当直接费用超过原估算成本的一定比例（如10%）时，固定的报酬也要增加。在工程总成本一开始估计不准，可能变化不大的情况下，可采用此合同形式。

2）成本加固定比例费用合同：工程成本中直接费用加一定比例的报酬费用，报酬部分的比例在签订合同时由双方确定。这种方式的报酬费用总额随成本加大而增加，不利于缩短工期和降低成本。一般在工程初期很难描述工作范围和性质，或工期紧迫，无法按常规编制招标文件招标时采用。

3）成本加奖金合同：奖金是根据报价书中的成本估算指标制定的，在合同中对这个估算指标规定一个底点和顶点，分别为工程成本估算的60%～75%和110%～135%。承包商在估算指标的顶点以下完成工程则可得到奖金，超过顶点则要对超出部分支付罚款。在招标时，当图纸、规范等准备不充分，不能据此确定合同价格，而仅能制定一个估算指标时可采用这种形式。

4）最大成本加费用合同：在工程成本总价合同基础上加固定酬金费用的方式，即当设计深度达到可以报总价的深度，投标人报一个工程成本总价和一个固定的酬金（包括各项管理费、风险费和利润）。如果实际成本超过合同中规定的工程成本总价，由承包商承担所有的额外费用，若实施过程中节约了成本，节约的部分归业主，或者由业主与承包商共同分享，但在合同中要确定节约分成比例。在非代理型（风险型）CM模式的合同中就采用这种方式。

（3）成本加酬金合同的应用。

当实行施工总承包管理模式或CM模式时，业主与施工总承包管理单位或CM单位的合同一般采用成本加酬金合同。在国际上，许多项目管理合同、咨询服务合同等也多采用成本加酬金合同方式。

12.1.3 建设工程合同的内容

一个建设工程项目的实施，涉及的建设任务很多，往往需要许多单位共同参与，不同的建设任务往往由不同的单位分别承担，这些参与单位与业主之间应通过合同明确其承担的任务和责任以及所拥有的权利。

由于建设工程项目的规模和特点的差异，不同项目的合同数量可能会有很大的差别，大型建设项目可能会有成百上千个合同。但不论合同数量的多少，根据合同中的任务内容可划分为勘察合同、设计合同、施工承包合同、物资采购合同、工程监理合同、咨询合同、代理合同等。根据《中华人民共和国合同法》，勘察合同、设计合同、施工承包合同等属于建设工程合同，工程监理合同、咨询合同等属于委托合同。

（1）建设工程勘察是指根据建设工程的要求，查明、分析、评价建设场地的地质环境特征和岩土工程条件，编制建设工程勘察文件的活动。建设工程勘察合同是发包人与勘察人就完成商定的勘察任务签订的明确双方权利义务关系的协议。

（2）建设工程设计是指根据建设工程的要求，对建设工程所需的技术、经济、资源、环境等条件进行综合分析、论证，编制建设工程设计文件的活动。建设工程设计合同是发包人与设计人就完成商定的工程设计任务签订的明确双方权利义务关系的协议。

（3）建设工程施工是指根据建设工程设计文件的要求，对建设工程进行新建、扩建、改建的施工活动。建设工程施工承包合同是发包人与承包人为完成商定的建设工程项目的施工任务签订的明确双方权利义务关系的协议。

（4）工程建设过程中的物资包括建筑材料和设备等。建筑材料和设备的供应一般需要经过订货、生产（加工）、运输、储存、使用（安装）等环节，这是一个非常复杂的过程。物资采购合同分建筑材料采购合同和设备采购合同，是采购方（发包人或者承包人）与供货方（物资供应公司或者生产单位）就建设物资的供应签订的明确双方权利义务关系的协议。

（5）建设工程监理合同是建设单位（委托人）与监理人签订的，委托监理人承担工程监理任务而明确双方权利义务关系的协议。

（6）咨询服务根据服务的内容和对象的不同可以分为多种形式。咨询服务合同是由委托人与咨询服务的提供者就咨询服务的内容、咨询服务的方式等签订的明确双方权利义务关系的协议。

（7）工程建设过程中的代理活动有工程代建、招标投标代理等，委托人应就代理的内容以及代理人的权限、责任、义务、权利等与代理人签订协议。

12.2 项目采购的基本模式

项目采购模式从不同的角度分析可以有多种分类，具体如下：

（1）从项目的竞争性来讲，项目采购模式有以下几种：

1）公开竞争性招标：公开刊登招标公告，吸引所有感兴趣的承包商参加投标，并按规定程序从中选定中标者。公开竞争性招标分国际竞争性招标和国内竞争性招标两种。

2）有限竞争性招标：又称邀请招标或选择招标，是指根据自我了解或权威咨询机构提供的信息，选择一些合格的承包商（3 家以上）发出邀请。

3）询价采购：根据 3 家以上供应商报价决定，无须正式招标文件。适于能够直接取得的现货采购，或价值较小、属于标准规格的产品采购。

4）直接采购：不竞争，直接签订合同，适于竞争招标优势不存在，或不便（或不需）

进行招标的产品采购，如产品具有专卖性质，只能从一家获得。

(2) 根据采购对象的不同，可以将项目采购模式分为三类：工程采购、货物采购、咨询服务采购。采购模式与策略的选择，关系到经济利益的分配，也是项目建设风险的组合与分担，它对缩短建设工期、降低工程造价、强化工程质量等都起着至关重要的作用。所有项目的业主首先要对自己的经济实力和项目管理能力有清醒的认识，才能统筹规划，要在对各供应商的经济能力、管理能力以及技术经验认真分析的基础上，选择合适的采购模式。

一般来说，项目采购应遵循以下四个原则：

1) 成本效益原则。采购时应注意节约和效率，争取用最少的钱办最多的事。

2) 质量原则。采购的产品应质量良好，符合项目要求。

3) 时间原则。采购的产品应及时到达，采购时间应与整个项目实施进度相适应。

4) 公平原则。应给予符合条件的承包商均等的机会。

12.2.1 工程采购模式

工程是指包含土木工程建设、设备安装、管道线路铺设等建设以及附带的服务。工程采购模式（ProCurement Method）是指业主通过招标或其他方式选择一家或数家合格的承包商来完成工程项目的全过程。包含工程项目的前期咨询与勘察设计、施工与管理、运营和维护等工作的组织形式，也叫作承发包模式。

工程采购模式反映了建设项目业主方和实施方（设计、施工、供货等）之间、实施方彼此之间的合同关系。许多工程项目的管理实践证明，一个建设项目能否成功，能否进行有效的投资控制、进度控制、质量控制及组织协调，很大程度上取决于工程采购模式的选择，因此应慎重考虑。工程采购模式主要包括以下几种：

1. 设计招标施工（DBB）模式

设计招标施工（Design-Bid-Build，DBB）模式，又称为传统施工模式，这种模式的特点是：在工程项目实施的过程中，必须依次按照设计、招标、施工的流程进行，不同的任务不能同时开工。在这种模式下，由业主委托咨询单位进行可行性研究等前期工作，待项目评估立项后再进行设计，在设计阶段进行施工招标文件准备，随后通过招标选定承包商。业主和承包商订立工程施工合同，有关工程部位的分包和设备、材料的采购一般都由承包商与分包商和供应商单独订立合同并组织实施。业主单位一般指派业主代表与监理单位和承包商联系，负责相关的项目管理工作。其结构如图 12—1 所示：

(1) DBB 模式的优点：通用性强，业主可自由选择咨询、设计、监理方；各方均使用标准的合同文本，有利于合同管理、风险管理和减少投资。由于这种模式长期地、广泛地在世界各地采用，管理方法相对成熟。

(2) DBB 模式的缺点：①建设周期长：工程项目要经过规划、设计、施工三个环节之后才移交给业主，建设周期太长。②成本高且易失控：由于涉及规划单位、建设单位、监理单位，而且建设周期长，导致投资成本容易失控；另外业主单位管理的成本相对较高；建筑师/工程师与承包商之间的协调比较困难，这也会增加额外开销。③风险大：由于建

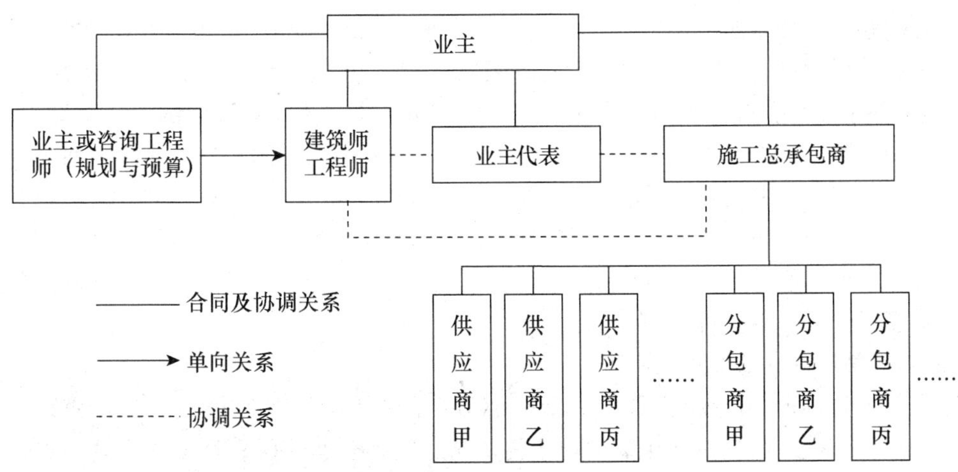

图 12—1　DBB 模式结构图

造商无法参与前期设计工作，可能会导致在施工过程中设计内容频繁变更，不利于工程事故的责任划分。此外，由于图纸问题产生争端等可能发生争议，也会使业主利益受损。

（3）适用范围：业主对管理设计、施工、监理有足够的经验，能够充分表达自身需求、控制项目周期并完成彼此协调；在工程周期准备相对充裕，有足够的时间来论证、设计与施工；设计单位具备丰富的经验，能拿出具有说服力的成功案例证明其设计的完整性和可实施性等。

2. 设计建造（DB）模式

在设计建造（Design-Build，DB）模式下，业主通过公开招标，选择设计与施工于一体的实体按照一份总承包合同承担全部的设计和施工任务，在项目实施过程中保持单一的合同责任，不涉及监理，大部分实际施工工作以竞争性招标的方式分包出去。其结构如图 12—2 所示：

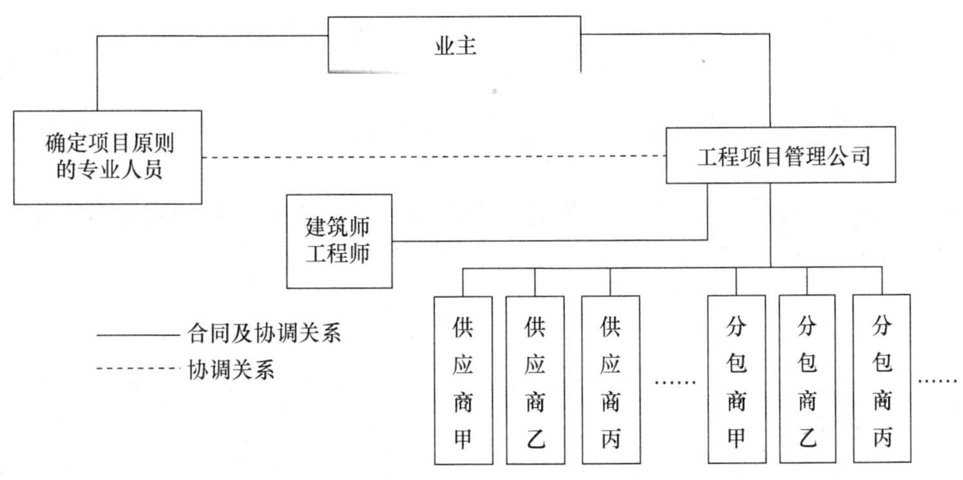

图 12—2　DB 模式结构图

（1）DB 模式的优点：DB 模式中业主只需要进行一次工程招标，工程建设的责任单一明确，合同管理工作量少。承包商可以采用“快速路径”的方法对设计和施工进行有效搭接，以缩短建设周期，减少业主的组织协调工作量，提高工程设计的可建造性。此外，DB模式消除了设计和施工间可能发生的摩擦，减少了责任不清和索赔的责任风险。

（2）DB模式的缺点：①由于DB单位多是由具备项目管理能力的设计咨询公司或者是专门从事项目管理的公司（大型承包商）担任，然后将设计、施工的具体任务分包出去，所以监理工程师对分包的确认工作就成了十分关键的问题。②DB单位自身经济实力一般比较弱，而承担的风险相对较大，因此建设工程采用这种承发包模式应持慎重态度。③业主不能对工程进行全程控制。

3. 工程总承包（EPC）模式

工程总承包（Engineering Procurement Construction，EPC）模式，又称交钥匙工程模式/Turn Key模式，是指承包商向业主提供从思路到钥匙的所有环节的全套服务，其结构如图12—3所示。

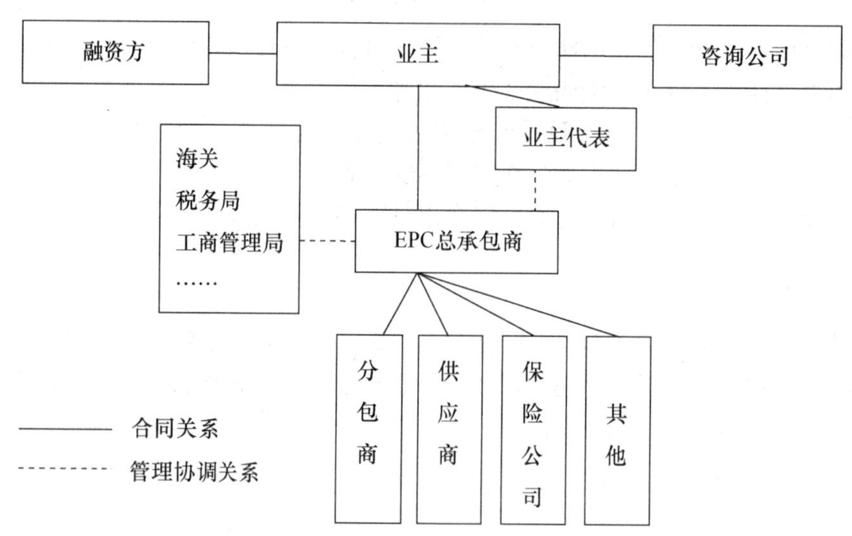

图12—3 EPC模式结构图

（1）EPC模式的主要优点：①业主把工程的设计、货物采购、工程施工、试运行等工作全部交给总承包商实施，业主只负责目标的管理，不对过程负责。②业主介入具体组织实施的程度较低，总承包商更能发挥主观能动性，运用其管理经验，为业主和承包商自身创造更多的效益。③业主把管理风险转移给总承包商，工程总承包商在经济和工期方面要承担更多的责任和风险，同时承包商也拥有更多获利的机会。

（2）EPC模式的主要缺点：在EPC模式下，由于总承包商自己做设计、概算，在总费用控制下，在合同范围内完全由总承包商自己控制，很容易出现EPC总承包商为了省钱而降低标准和要求的现象。

（3）适用条件：专业性强、技术含量高、结构和工艺较为复杂且一次性投资较大的项目，如化工、电力、能源等基础设施项目。这要求承包商具有相当的组织协调能力。当业主技术和管理能力较弱，要回避较多的合同签订量和烦琐的合同管理时，可以考虑这种模式。

4. 项目管理（PM）模式

项目管理（Project Management，PM）模式是指项目业主聘请一家“项目管理承包商”（Project Management Contractor，PMC），通常为具备相当实力的总承包商、咨询管理公司代表业主进行整个项目过程的管理。在该模式下，业主仅需对一些关键问题进行决策，而绝大部分的项目管理、监理工作都由管理承包商承担。

PM 模式的结构如图 12—4 所示。

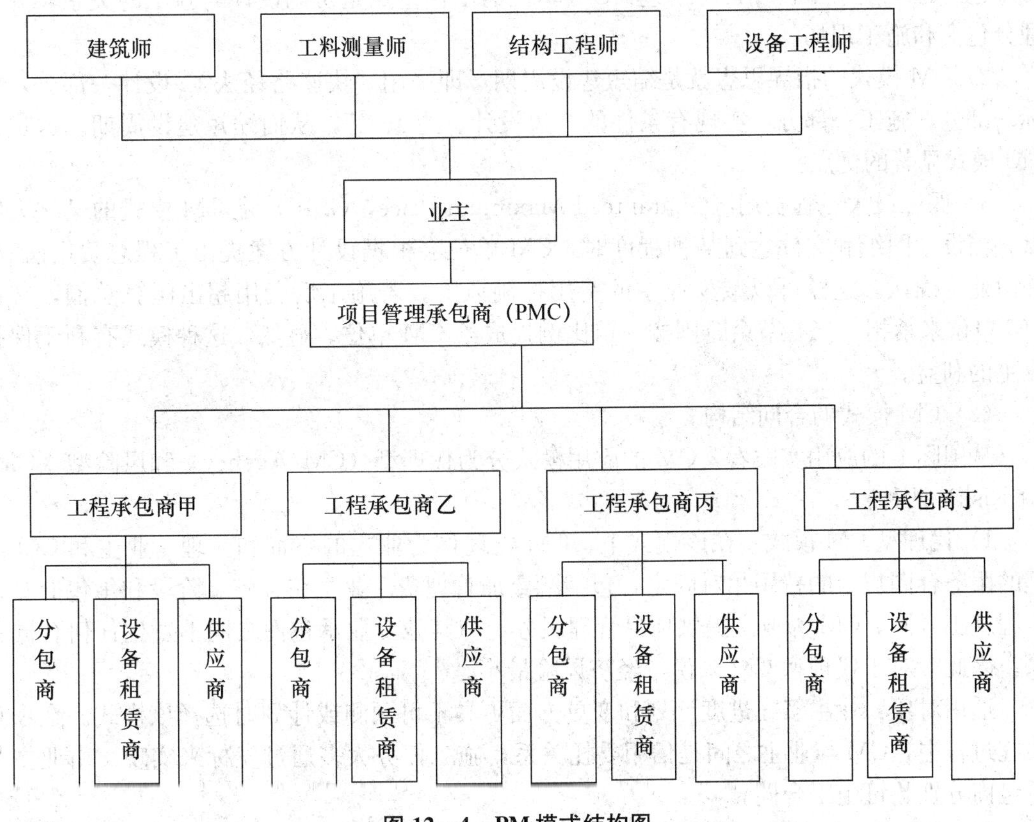

图 12—4　PM 模式结构图

(1) PM 模式的主要特点：由于引进 PMC 的科学管理，可实现项目投资的大规模节约。①在项目前期，PMC 会根据项目的实际条件，运用自身的优势，对整个项目进行全方位的分析，对整个设计予以优化，实现项目生命期成本最低。②在 PM 中，业主可以通过 PMC 的多项目采购协议及统一的项目采购策略，降低投资成本。多项目采购协议类似奥运赞助方案，即某一类商品只允许一个赞助商进行供货，业主也可以据此获得价格、日常运行维护等方面的优惠。多项目采购协议是 PM 项目采购策略中的一个重要部分。

(2) 适用条件：①项目投资额大而且建造、施工中所使用的技术相对复杂；②业主由于某种原因，无法依靠自身资源和能力完成的项目，需要寻找有管理经验的 PMC 来代业主完成项目管理。总之，当项目的投资额越大、项目越复杂、环节越多，而业主自身能力越小时，就越有必要选择 PM 模式进行项目管理。

5. 施工管理承包（CM）模式

CM模式是1968年由美国的Charles B. Thomsen开创的，全称为“Fast-Track-Construction Management”。在国内通常称为建设管理承包或施工管理承包。

（1）主要特点。

1）CM单位的基本属性是承包商，而不是咨询单位，它区别于PM（项目管理，国内的建设监理），可直接参与施工活动。CM承包是一种管理型承包模式，它既区别于施工总承包，也不同于工程项目总承包，CM单位的工作重点是协调设计与施工的关系，并管理分包商和施工现场。

2）CM模式的指导思想就是缩短建设周期，即采用“快速路径法”，设计一部分，招标一部分，施工一部分，实现有条件的“边设计、边施工”，从而缩短建设周期。这也是CM模式显著的优点。

3）保证最大工程费用（Guaranteed Maximum Price，GMP）是CM模式的又一大特点。当设计图纸和文件达到某种程度时，CM单位会根据设计方案提出工程总费用匡算，并由业主确认。这样可以减少业主的费用控制风险。若施工后费用超出匡算总额，转由CM单位来承担，当有节余时则按一定比例提成给CM单位。显然，这种模式有利于保护业主的利益。

（2）CM模式的合同结构。

从国际上的应用实践看，CM的应用模式分为代理型（CM/Agency）和风险型（CM/At Risk）两种：

1）代理型CM模式：在该模式下，CM经理作为业主的咨询和代理，业主和CM经理的服务合同规定的费用相对固定，包括酬金加管理费。业主在各施工阶段和承包商签订工程施工合同。CM为业主提供项目管理服务，与其他专业承包商之间不发生任何合同关系。因此，对于代理型CM来说，经济风险最小。

适用对象：业主多在进度计划和变更方面更具不可预测或计划时选择该模式。在项目实施过程中，CM与业主之间是信用委托关系，施工任务大多通过竞标来实现，由业主与承包商分别签订施工合同。

2）风险型CM模式（又称非代理型CM模式）：在该模式下，CM同时也担任施工总承包商的角色。在GMP方面，业主要求CM提出保证最高成本限额，以保证业主的投资控制，若最后结算超过GMP，则由CM公司赔偿；如低于GMP，节约的投资则归业主所有，但CM公司由于额外承担了保证施工成本风险，因而能够得到额外的收入。可见GPM是减少业主风险，而增加CM风险的关键所在。因此，GMP具体数额的确定就成为CM合同谈判中的一个焦点和难点。确定一个合理的GMP，一方面取决于CM单位的水平和经验，另一方面更主要的是取决于设计所达到的深度。如果CM单位在方案设计阶段即介入，则暂不确定GMP的具体数额，而是规定确定时间（从设计进度和深度考虑）。

代理型CM模式与风险型CM模式的区别如图12—5所示。

CM模式的适用范围：设计变更可能性较大的工程；时间因素最为重要的工程；因范围和规模不确定，导致无法准确定价的工程。

采用CM模式，项目业主把项目建设管理的细节性工作通过竞争选择并委托给专业公

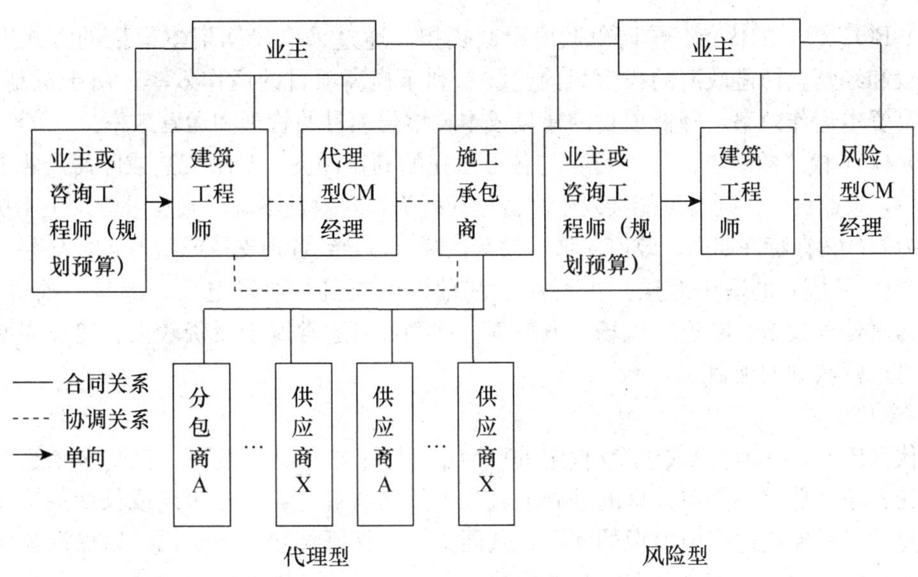

图 12—5 CM 两种模式结构对比图

司，如此可发挥各自所长，降低项目建设成本。

6. 建设经营转让（BOT）模式

建设经营转让（Build-Operate-Transfer，BOT）模式，又称为特许权融资方式，其基本思路是：由政府或所属机构为项目的建设和经营提供一种特许权协议作为项目融资的基础，由本国公司或者外国公司作为项目的投资者和经营者安排融资，承担风险，开发建设项目，并在有限的时间内经营项目，获取商业利润，最后根据协议将该项目转让给政府或所属机构。BOT 各参与方结构说明如图 12—6 所示。

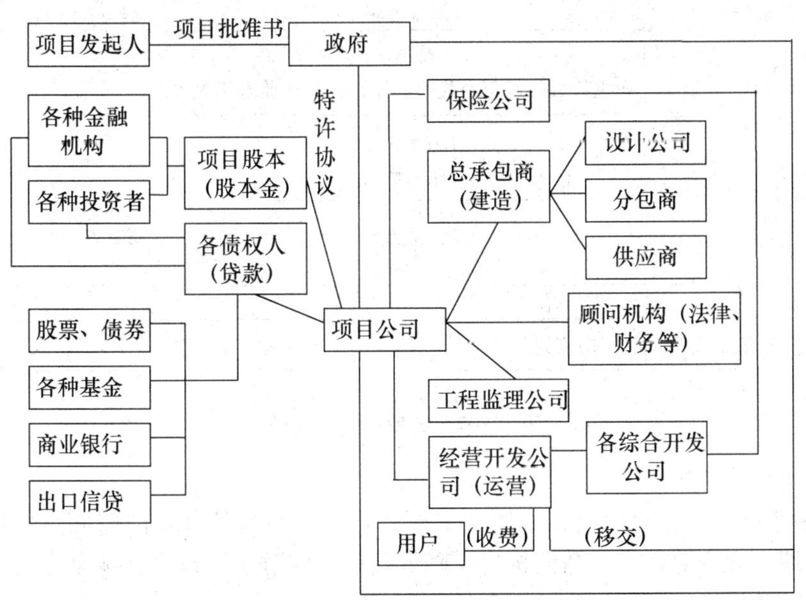

图 12—6 BOT 模式结构图

（1）BOT 模式的优点：①降低政府财政负担。通过采取民间资本筹措的方式进行项目的建设和经营，回避政府的投资风险。②有利于提高项目的运作效率。由于机制原因，可以提高资本运作效率，降低项目的建设成本，增强项目的管理和运营效率。

（2）BOT 模式的缺点：①项目参与各方潜在的利益冲突，对融资造成障碍。若项目建成投产后，效益良好，则有可能会发生利益抢夺行为，若效益不好，则有可能发生不执行合同的行为等；②在特许期内，政府对项目没有控制权，导致各种支持或阻力同时发生。

（3）BOT 模式的适用对象：主要用于基础设施项目，如发电厂、港口、收费公路、供水和污水处理设施、隧道、机场、电信等，这些项目通常属于投资较大、建设周期长和可以自己运营获利的项目。

7. 合伙模式

合伙（Partnering）模式于 20 世纪 80 年代中期首先出现在美国。它要求参建各方在相互信任、相互尊重、资源共享的基础上就某个具体项目达成一种短期或长期的协议，共同解决建设工程实施过程中出现的问题，共同分担工程风险和有关费用，以保证参与各方目标和利益的实现。该模式是在充分考虑建设各方利益的基础上确定建设工程共同目标的一种管理模式。

相对于传统的管理模式，合伙模式对于业主在投资、进度、质量控制等方面有着非常显著的优越性。同时，合伙模式改善了项目的环境、参与工程建设各方的关系等问题，减少了索赔和诉讼的发生。相对于承包商而言，合伙模式也能够提高承包商的利润。

合伙模式结构如图 12—7 所示。

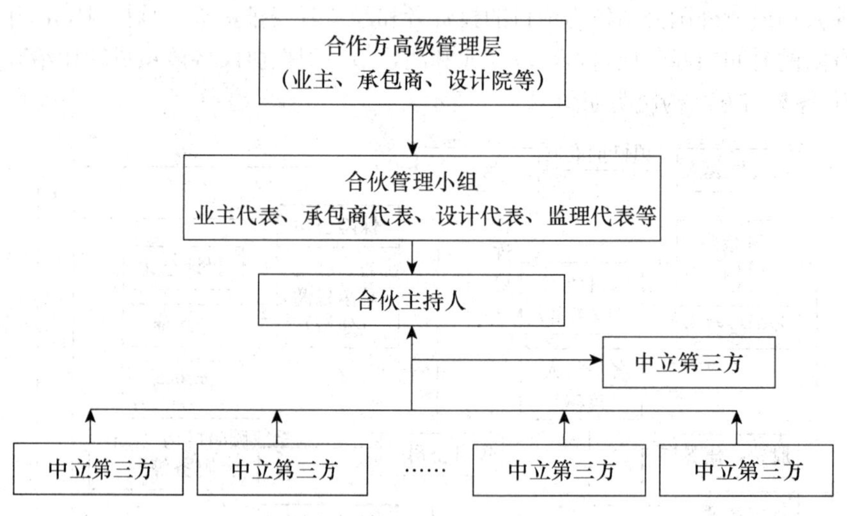

图 12—7　合伙模式结构图

（1）合伙模式的优点。

1）有利于降低工程总投资：采用合伙模式，项目参与各方是战略同盟伙伴关系，可以最大限度地实现资源共享、精简机构、降低费用。同时还可以充分调动参与各方的积极性和创造性，并保证工程项目质量，降低投资。

2）有利于加快工程进度：由于项目参与各方具有明确的目标、清晰的分工，因此能减少不必要的纠纷和矛盾，可以实现及时决策。

3）有利于提高工程质量：项目参与各方均以长期友好合作为出发点，无论是设计单位的初步设计，施工单位工程质量的提高，还是供应商对材料与设备质量关的把握，都向着提高工程质量的目标努力。

4）有利于减少诉讼和索赔：项目参与各方形成利益共同体，共同体的内部可通过各方均认可的争议处理系统来解决各种争议和纠纷，避免了争议导致的诉讼，项目各参与各方可以最小代价取得最大的效益。

（2）合伙模式的缺点。

作为一种新的项目管理模式，在实施过程中仍存在一些不足：

1）合伙模式的建立，参与各方相互信任是基础，但在我国目前的商业氛围下很难在短时间内建立起相互信任的长期的合作关系。

2）合伙模式中参与各方容易产生依赖心理，如果合同约定考虑不周，会导致权责不分，工作效率低下。

与传统建设模式相比，合伙模式的优点如表 12—1 所示。

表 12—1　合伙模式与传统建设模式的对比

涉及方面	合伙模式	传统建设模式
小组目标的设计	能够优化总目标	缺乏合作小组目标的设计，导致总目标不能预期实现
资源利用方面	联盟关系的建立，减少了重复资源的消耗	参与各方消耗各自资源，其中的重复消耗无法避免
沟通方面	充分的沟通能够提出解决问题的良好建议；实现了信息的共享，信息的交流，提高了工作效率	没有良好的沟通，信息流动不畅，信息无法共享，容易导致争端形成
争端的解决方面	减少争端解决的时间，提高工作效率，减少诉讼	拖延争端解决的时间，诉讼增多，不利于达成共识
利益方面	缩短工期，提高工程质量，降低成本，提高各方利润，达成共赢	工期加长，成本升高，一方的利益以牺牲对方的利益为基础，不能达成共赢

（3）适用对象。

1）业主长期有类似的建设工程，采用合伙模式有利于建立长期的利益同盟关系；

2）不宜采用分开招标或邀请招标的建设工程，否则利益的分散会导致联盟的分散，不利于伙伴关系的建立和稳固；

3）复杂的不确定因素较多的建设工程：由于诸多的不确定，需要合作各方彼此坦诚相待，否则工程的质量、费用、工期必然会出现问题。

8. 公私合营（PPP）模式

公私合营（Public-Private-Partnership，PPP）模式，又称为 PPP 融资，是指政府与私人组织之间，为了提供某种公共物品和服务，以特许权协议为基础，彼此之间形成一种伙伴式的合作关系，并通过签署合同来明确双方的权利和义务，以确保合作的顺利完成，最终使合作各方达到比预期单独行动更为有利的结果。广义的 PPP 泛指公共部门与私人部门为提供公共产品或服务而建立的各种合作关系，而狭义的 PPP 则可以理解为一系列项目融资模式的总称，包含 BOT、TOT、DBFO 等多种模式。狭义的 PPP 更加强调合作过程中的风险分担机制和项目的衡工量值（Value For Money）原则。其结构如图 12—8 所示。

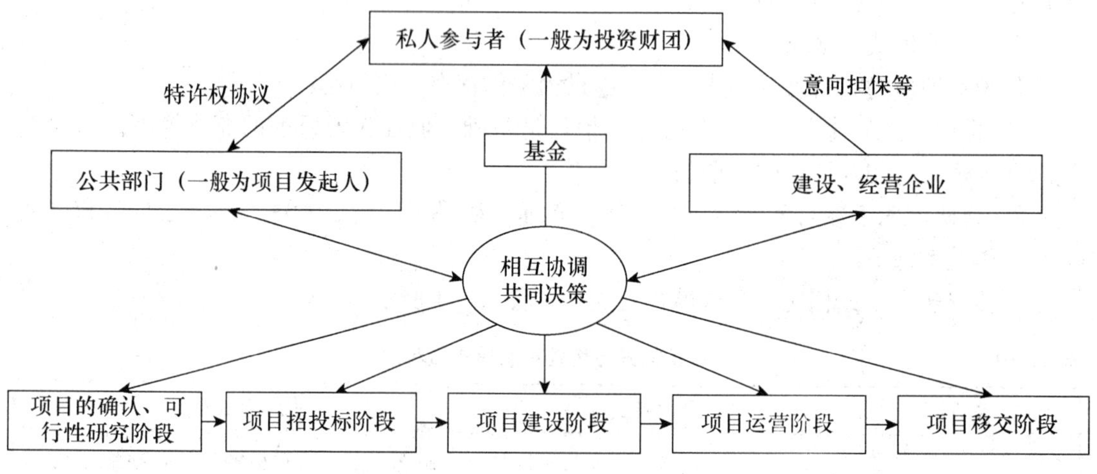

图 12—8　PPP 模式结构图

PPP 模式是实现公共项目建设资金融资的模式，也是公共产品的一种供给方式。PPP 模式是伴随着公共项目需求的多元化而产生的私人部门和公共部门的合作。17 世纪英国领港公会和私人投资者合作建造灯塔，开启了公共项目公私合作的实践。英国财政大臣肯尼斯·克拉克为了提升基础设施水平、解决公共服务资金匮乏和公共部门缺少有效性及资金效率等问题，率先提出了“公私合作”的概念。1984 年，我国以 BOT 模式建设的深圳沙头角 B 电厂是我国尝试实践基础设施公私合作的标志。

PPP 模式将部分政府责任以特许经营权方式转移给社会主体（企业），政府与社会主体建立起“利益共享、风险共担、全程合作”的共同体关系，减轻了政府的财政负担，降低了社会主体的投资风险。PPP 模式比较适用于公益性较强的废弃物处理或其中的某一环节，如有害废弃物处理和生活垃圾的焚烧处理与填埋处置环节。这种模式需要合理选择合作项目和考虑政府参与的形式、程序、渠道、范围与程度。

在发达国家，PPP 模式的应用范围很广泛，既可以用于基础设施的投资建设（如水厂、电厂），也可以用于很多非盈利设施的建设（如监狱、学校等）。北京奥运场馆及地铁 4 号线就是成功采用 PPP 模式的典范。

（1）PPP 模式的典型结构。

政府部门通过政府采购形式与中标单位组成的特殊目的公司签订特许合同（特殊目的公司一般是由中标的建筑公司、服务经营公司或对项目进行投资的第三方组成的股份有限公司），由特殊目的公司负责筹资、建设及经营。政府通常与提供贷款的金融机构达成一个直接协议，这个协议不是对项目进行担保的协议，而是一个向借贷机构承诺将按与特殊目的公司签订的合同支付有关费用的协议，这个协议使特殊目的公司能比较顺利地获得金融机构的贷款。采用这种融资形式的实质是：政府通过给予私营公司长期的特许经营权和收益权来换取基础设施加快建设及有效运营。其结构如图 12—9 所示。

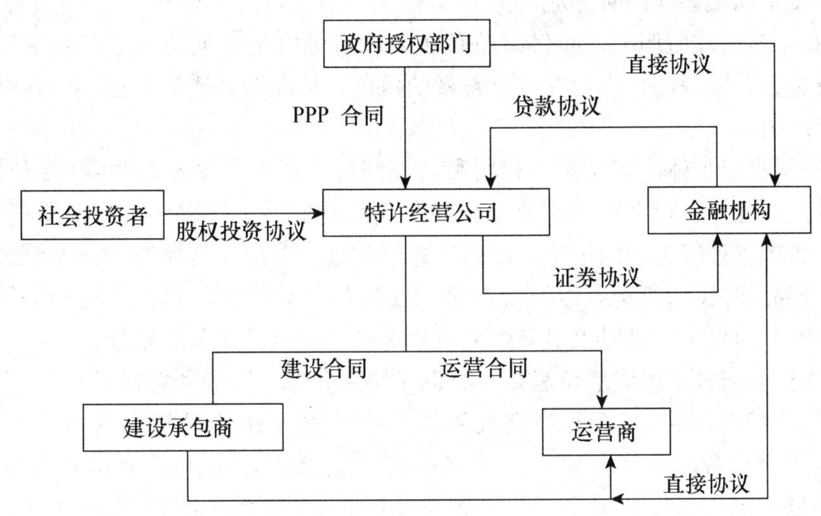

图 12—9 PPP 模式的典型结构

PPP 模式的组织形式非常复杂，既可能包括私人营利性企业、私人非营利性组织，同时还可能包括公共非营利性组织（如政府）。合作各方之间不可避免地会产生不同层次、类型的利益和责任的分歧。只有政府与私人企业形成相互合作的机制，才能使得合作各方的分歧模糊化，在求同存异的前提下完成项目的目标。PPP 模式的结构层次就像金字塔一样，金字塔顶部是项目所在国的政府，是引入私人部门参与基础设施建设项目的有关政策的制定者。

项目所在国政府对基础设施建设项目有一个完整的政策框架、目标和实施策略，对项目的建设和运营过程的参与各方进行指导和约束。PPP 模式是一个完整的项目融资概念，但并不是对项目融资的彻底更改，而是对项目生命周期过程中的组织机构设置提出了一个新的模型。它是政府、赢利性企业和非营利性企业基于某个项目形成的以“双赢”或“多赢”为理念的相互合作形式，参与各方可以达到与预期单独行动相比更为有利的结果。参与各方虽然不一定能实现自身理想的最大利益，但总收益却是最大的，实现了“帕雷托”效应，即社会效益最大化。

（2）PPP 模式的优势。

PPP 模式的主要优势在于将市场机制引进了基础设施的投融资。不是所有城市基础设施项目都是可以商业化的，应该说大多数基础设施是不能商业化的。政府不能认为，通过市场机制运作基础设施项目等于政府全部退出投资领域。在基础设施市场化的过程中，政府将不得不继续向基础设施投入一定的资金。对政府来说，在 PPP 项目中的投入要小于传统方式的投入，两者之间的差值就是政府采用 PPP 模式的收益。

1）消除费用的超支。在初始阶段，私人企业与政府共同参与项目的识别、可行性研究、融资等项目建设过程，保证了项目在技术和经济上的可行性，缩短了前期工作周期，降低了项目费用。PPP 模式只有当项目已经完成并得到政府批准使用后，私营部门才能开始获得收益，因此 PPP 模式有利于提高效率和降低工程造价，能够消除项目完工风险和资金风险。研究表明，与传统的融资模式相比，PPP 项目平均为政府部门节约 17%的费用，并且建设工期大多能按时完成。

2）有利于转换政府职能，减轻财政负担。政府可以从繁重的事务中脱身出来，从过去的基础设施公共服务的提供者变成监管者的角色，从而保证质量，也可以在财政预算方面减轻政府压力。

3）促进了投资主体的多元化。利用私营部门提供资产和服务能为政府部门提供更多的资金和技能，促进了投融资体制改革。同时，私营部门参与项目还能推动在项目设计、施工、设施管理过程等方面的革新，提高了办事效率，有助于传播最佳管理理念和经验。

4）政府部门和民营机构可以取长补短，发挥各自的优势，弥补自身的不足。双方可以形成互利的长期目标，可以以最有效的成本为公众提供高质量的服务。

5）使项目参与各方组成战略联盟，有助于协调各方不同的利益目标。

6）风险分配合理。与 BOT 等模式不同，PPP 模式在项目初期就可以实现风险分配，同时由于政府分担一部分风险，使风险分配更合理，减少了承建商与投资商的风险，从而降低了融资难度，提高了项目融资成功的可能性。政府在分担风险的同时也拥有一定的控制权。

7）应用范围广泛。该模式突破了引入私人企业参与公共基础设施项目建设、经营的多种限制，可适用于城市供热、道路、医院、学校等各类市政公用事业。

12.2.2 货物采购模式

货物采购指业主或购货方通过招标的形式选择合格的供货商，购买项目建设需要的投入物。货物采购模式主要包括以下几种：

1. 集中采购模式

集中采购是采购单位集中统一以购买、租赁、委托或雇用等方式，获取纳入集中采购项目或采购限额标准以上的货物、工程项目的行为。

（1）集中采购模式的优势。

1）有利于整合采购资源：在管理体制保证的前提下，通过集中采购，总部将分散在各分部的采购资源加以整合，可以使采购规模增大。集中采购为资源整合提供了便利，提供了舞台。资源整合不是采购数量的简单加总，而是从战略上或更高的层面上调整供应商结构，谋求从更广泛的市场范围内调控资源渠道，提高资源的保障度。

2）有利于管理供应链：供应链是上、下游企业之间基于协作协调、良性互动的一种经营战略，可把跨企业的业务运作联合起来，有助于降低经营成本和经营风险，提高竞争力。采购管理是供应链管理的关键环节，集中采购可使供应链管理在更广、更大、更深的空间内实施。

3）有利于优化物流流程：集中采购可以根据实际需要，将运输、储存、装卸、搬运、包装、流通加工、配送、信息处理等功能进行有机结合。克服一体化供应链存在的弊端，赋之以新的增值服务内容，实现在较大范围内降低产品在流通领域的整体成本，以满足客户需求。

（2）集中采购模式的劣势。

1）容易受外来因素的干扰，如政府部门人员、公司上级领导的推荐；

2）内部人员分别推荐不同的单位，初选和评标时往往议而不决，工作效率低，会产生或增加内部矛盾；

3）如果采购流程的任何一个环节不能按期完成，都会导致不能按计划完成采购，进而影响工期，产生索赔等问题；

4）采购主管部门往往诱导性地推荐投标单位，致使更优秀的单位被瞒报。

集中采购流程如图 12—10 所示。

2. 分散采购模式

分散采购模式是针对集中采购模式的不足而出现的一种采购方式。

（1）分散采购模式的优点。

1）采购人员多与使用人员同处一个单位，有时候就是使用人员自己，因此，可以及时采购，时间上比较方便；采购手续简单，能在较短的时间内完成；

2）分散采购能满足使用部门的特殊业务要求。采购流程短，时效性好；由使用部门和采购部门很好地进行需求交流和供应商的确定，从而采购与需求能较好地结合；能适应市场环境变化，商品采购具有相当的弹性；适应零星采购、紧急情况采购；对市场反应灵敏，补货及时，购销迅速。

（2）分散采购模式的缺点。

显然，只有消费需求存在较大差异时，同时在采购规模小、采购对象不具备同质化且采购需求相对紧急的条件下，分散采购才具有优势。但由此导致的部门各自为政、交叉采购、人员费用较高等问题定会呈现；由于采购权力下放，人人都是采购员，都涉及经费支出，使采购控制较难，采购过程中容易出现舞弊现象；由于各部门的采购数量有限，难以获得大量采购的价格优惠。

（3）分散采购模式的适用条件。

小批量、单件、价值低，总支出在产品经营费用中占比较小的物品；市场资源有保证，易于送达，物流费用较少；分散后，各基层组织有这方面的采购与检测能力。多是在二级法人单位、子公司、分厂、车间；离主厂区或集团供应基地较远，其供应成本低于集中采购时的成本；异国、异地供应的情况；产品开发研制、试验或少量变型产品所需的物品。对于大宗同类物品的采购，这种方式“有百害而无一利”。

3. 混合采购模式

混合采购模式的优点：它可能会同时获得集中采购和分散采购的双重效益。集中采购有利于制定和实施统一的采购政策，对高价值和高风险采购进行管理；分散采购则可以保持低价值和低风险采购的灵活性和采购速度。

在实践中，没有绝对的集中采购或绝对的分散采购。一个组织究竟在多大程度上采用集中采购和分散采购，没有标准的模式。多取决于上下级间的分权程度、机构职能的分工及不同的功能组织方式，这些因素都会对采购模式产生相应的影响。当然，采购实体的目标、文化、资源和管理需求也是业主在确立采购模式时应当考虑的因素。

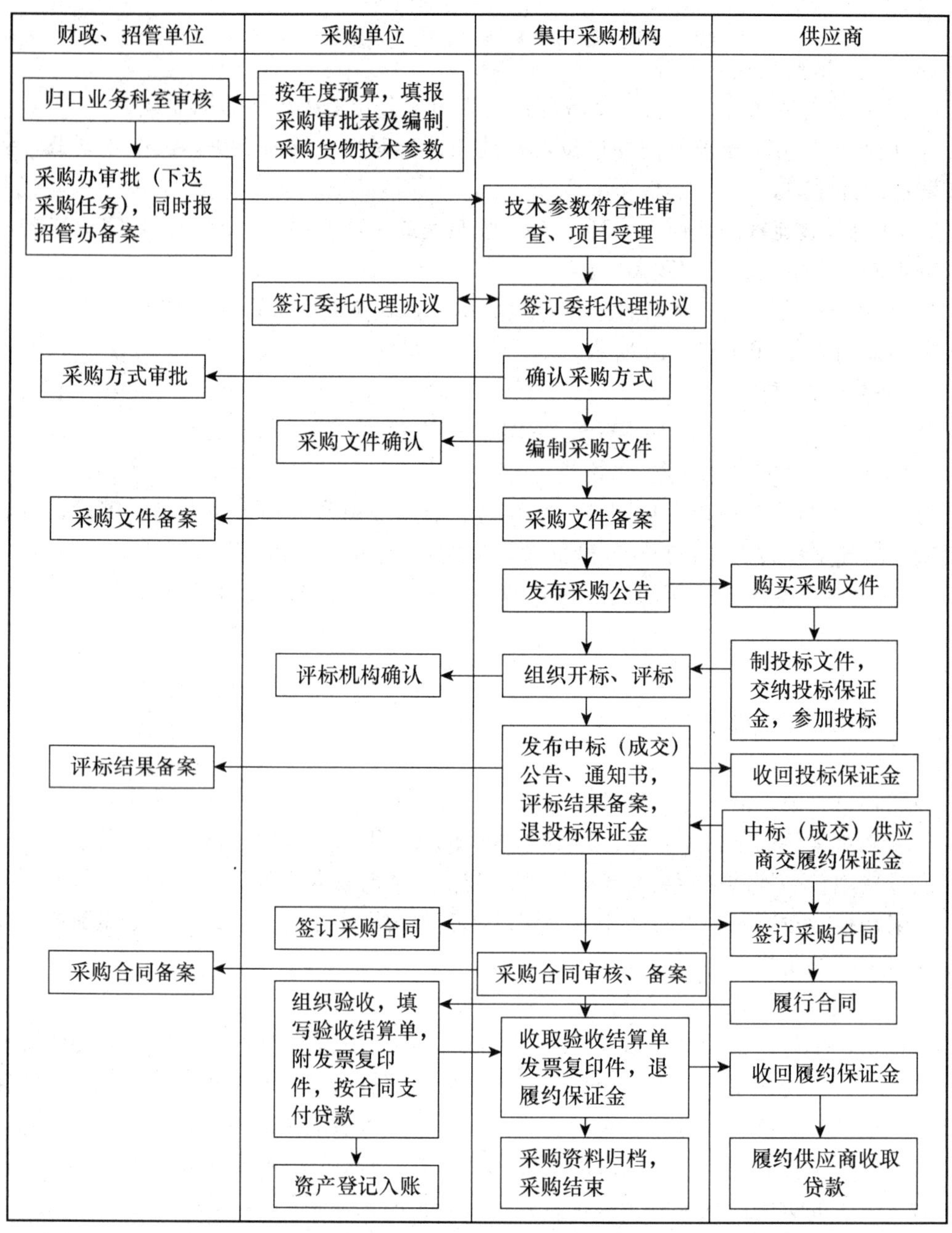

图 12—10　集中采购流程示意图

12.2.3　咨询服务采购

按照建设项目的阶段划分，建设项目的咨询服务分为前期咨询（决策阶段咨询）、实施期咨询和运行期咨询。按照咨询服务的内容和性质划分，建设项目的咨询服务分为管理咨询、技术咨询和法律咨询等。以下主要讨论建设项目实施阶段有关管理咨询的内容。

1. 管理咨询的业务范围

项目实施阶段的管理大多数是专业化工作，往往包含复杂而艰巨的任务。对许多建设项目的业主而言，由于本身没有专业人员（或不具备足够数量、能力的专业人员），往往需要将项目管理的任务委托给专业化的咨询公司承担。根据项目的特点以及业主自身的能力，业主可能把项目管理全过程、全方位的所有任务或部分任务委托给咨询公司，可以委托给一个咨询公司，也可以委托给多个公司或由多个公司组成的联合体或合作体。因此，管理咨询的范围（包括时间范围和任务范围）基本上由业主的需求所决定。根据我国目前的工程建设情况，项目代建、项目管理、招标代理、造价咨询、工程监理等都属于建设项目的管理咨询范畴。

从系统性和科学性角度看，项目实施期业主方的项目管理是一个系统，项目实施期的几个具体阶段是密切联系、相互影响的，项目管理的投资控制、进度控制、质量控制、安全控制和合同管理等任务也是紧密相关的，但是目前国内很多建设项目的管理普遍存在着条块化、离散化的倾向，项目实施过程和项目管理任务被人为切割了，这对建设项目的整体管理和系统管理是很不利的。

项目管理的业务范围应该是全过程、全方位的。所谓全过程，应该包括设计准备阶段、设计阶段、施工阶段、动用前准备阶段、保修阶段等；所谓全方位，应该包括投资控制、进度控制、质量控制、安全管理、合同管理、信息管理、组织与协调等，如表 12—2 所示。

表 12—2　　项目管理的业务范围

项目	设计准备阶段	设计阶段	施工阶段	动用前准备阶段	保修阶段
投资控制	√	√	√	√	√
进度控制	√	√	√	√	√
质量控制	√	√	√	√	√
安全管理	√	√	√	√	√
合同管理	√	√	√	√	√
信息管理	√	√	√	√	√
组织与协调	√	√	√	√	√

工程造价咨询的业务范围包括：投资估算的编制与审查、设计概算审核、施工图预算与审核、招标文件与合同相关条款的拟定、工程量清单编制、招标控制价编制、投标报价分析、施工阶段全过程造价控制、工程竣工结算与决算、工程造价审核、钢筋及预埋件计算等。

招标代理咨询服务的业务范围包括：拟定招标方案、编制招标文件和资格预审文件、审查投标人资格、编制标书、编制标底、资格预审、组织投标人踏勘现场、组织开标和评标、草拟合同、组织合同谈判等。

2. 世界银行的管理咨询委托方式

与工程和货物的采购不同，管理咨询的委托具有以下的特点：

(1) 管理咨询服务的产品通常是无形的，其质量和内容难以像货物和工程那样可以定量描述，往往没有确定的技术规格；

（2）管理咨询服务的质量往往由咨询人员的技术和专门知识决定，因此管理咨询的委托需要更加重视投标人的能力和质量，而不是价格，而且价格往往与其能力和质量有很大关系；

（3）有的咨询内容涉及某些特定的知识或技术，往往与知识产权的保护息息相关，能够满足要求的咨询公司的范围受到一定的限制，因此，只能在一定范围内通过征求建议书和竞争性谈判等方式进行。

在管理咨询的委托方法中，世界银行的方法具有权威性、代表性和借鉴意义。其中最常用的方法是基于质量和费用（QCBS）的竞争性选择方法。它是在列入短名单的公司中使用竞争程序，根据其建议书的质量和服务的价格来选择咨询公司。根据世界银行发布的“选择和聘请咨询顾问指南”（以下简称“世行选聘咨询指南”）的要求，价格作为选择因素应审慎使用，对于质量和价格的权衡应取决于具体咨询任务的性质。

“世行选聘咨询指南”规定的其他委托方式还有“基于质量的选择（QBS）”“固定预算下的选择（FBS）”“最低费用的选择（LCS）”“基于咨询顾问资历的选择（CQS）”“单一来源的选择（SSS）”等。以下介绍基于质量和费用（QCBS）的主要做法和规定。

（1）基于质量和费用（QCBS）的选择：①准备任务大纲（TOR）；②准备费用估算及预算；③刊登广告；④准备咨询顾问短名单；⑤准备并发出建议书征询文件，包括邀请信、咨询顾问须知、任务大纲和合同草稿；⑥接收建议书；⑦评审技术建议书：考虑质量；⑧财务建议书公开拆封；⑨评审财务建议书，确定最终评审质量和价格；⑩谈判并向所选择的公司授予合同。

（2）对建议书的评审（QCBS）。

评审建议书应分两个阶段进行。首先是质量，然后才是费用。技术建议书的评审人员在技术建议书评审之前（包括世行的审查和发出不反对意见），不得接触财务建议书。财务建议书只能在此之后拆封。评审应完全按照建议书征询文件中的规定进行。

对建议书的质量评审，应主要评审：咨询顾问与该咨询任务相关的工作经验；拟采用的工作方法的情况；拟投入的主要人员的资历；知识转让（如果任务大纲中有此要求）；在执行任务的关键人员中本国人员的参与程度。

上述评审内容的权重应该在建议书征询文件中披露说明。表12—3是世行项目在进行项目建议书评审时对各评审内容的建议权重。

表12—3　　世界银行项目管理咨询建议书评审项权重表

项目	权重
咨询顾问的专门经验	0～10
工作方法	20～50
主要人员	30～60
知识转让	0～10
本国人员的参与程度	0～10
总分	100

（3）谈判。应邀请得分最高的咨询公司进行谈判。谈判应包括对任务大纲（TOR）、

工作方法、人员配备、委托人的投入以及合同专用条款的讨论。这些讨论不应对原定的任务大纲（TOR）或合同条款做实质性改变，以免最终影响成果的质量、费用以及最初评审的准确性。

12.2.4 项目招标采购的内容

对建设工程的发包人来说，很重要的是如何找到理想的、有能力承担建设工程任务的合格单位，用经济合理的价格，获得满意的服务和产品。根据建设工程的通常做法，建设工程的发包人一般都通过招标或其他竞争方式选择建设工程任务的实施单位，包括设计、咨询、施工承包和供货等的单位。当然，发包人也可以通过询价采购和直接委托等方式选择建设工程任务的实施单位。

建设工程项目招标应具备的条件包括以下几项：招标人已经依法成立；初步设计及概算应当履行审批手续的，已经批准；招标范围、招标方式和招标组织形式等应当履行核准手续的，已经核准；相应资金或资金来源已经落实；有招标所需的设计图纸及技术资料。这些条件和要求，一方面从法律上保证了项目和项目法人的合法化，另一方面，也从技术和经济上为项目的顺利实施提供了支持和保障。

1. 招标投标项目的确定

从理论上讲，在市场经济条件下，建设工程项目是否采用招标的方式确定承包人，业主有着完全的决定权；采用何种方式进行招标，业主也有着完全的决定权。但是为了保证公共利益，各国的法律都规定了有政府资金投资的公共项目（包括部分投资的项目或全部投资的项目），涉及公共利益的其他资金投资项目，投资额在一定额度之上时，要采用招标的方式进行采购。对此我国也有详细的规定。

按照我国的《招标投标法》，以下项目宜采用招标的方式确定承包人：

（1）大型基础设施、公用事业等关系社会公共利益、公众安全的项目；

（2）全部或者部分使用国有资金投资或者国家融资的项目；

（3）使用国际组织或者外国政府资金的项目。

上述建设工程项目的具体范围和标准，在《工程建设项目招标范围和规模标准规定》中有明确的规定。除此以外，各地方政府遵照《招标投标法》和有关规定，也对所在地区应该实行招标的建设工程项目的范围和标准作了具体规定。

2. 招标方式的确定

《招标投标法》规定，招标分公开招标和邀请招标两种方式。招标的程序如图 12—11 所示。

（1）公开招标。

公开招标亦称无限竞争性招标，招标人在公共媒体上发布招标公告，提出招标项目和要求，符合条件的一切法人或者组织都可以参加投标竞争，都有同等竞争的机会。按规定应该招标的建设工程项目，一般应采用公开招标方式。

公开招标的优点是招标人有较大的选择范围，可在众多的投标人中选择报价合理、工期较短、技术可靠、资信良好的中标人。但是公开招标的资格审查和评标的工作量比较大，耗时长、费用高，而且有可能因资格预审把关不严导致鱼目混珠的现象发生。如果采

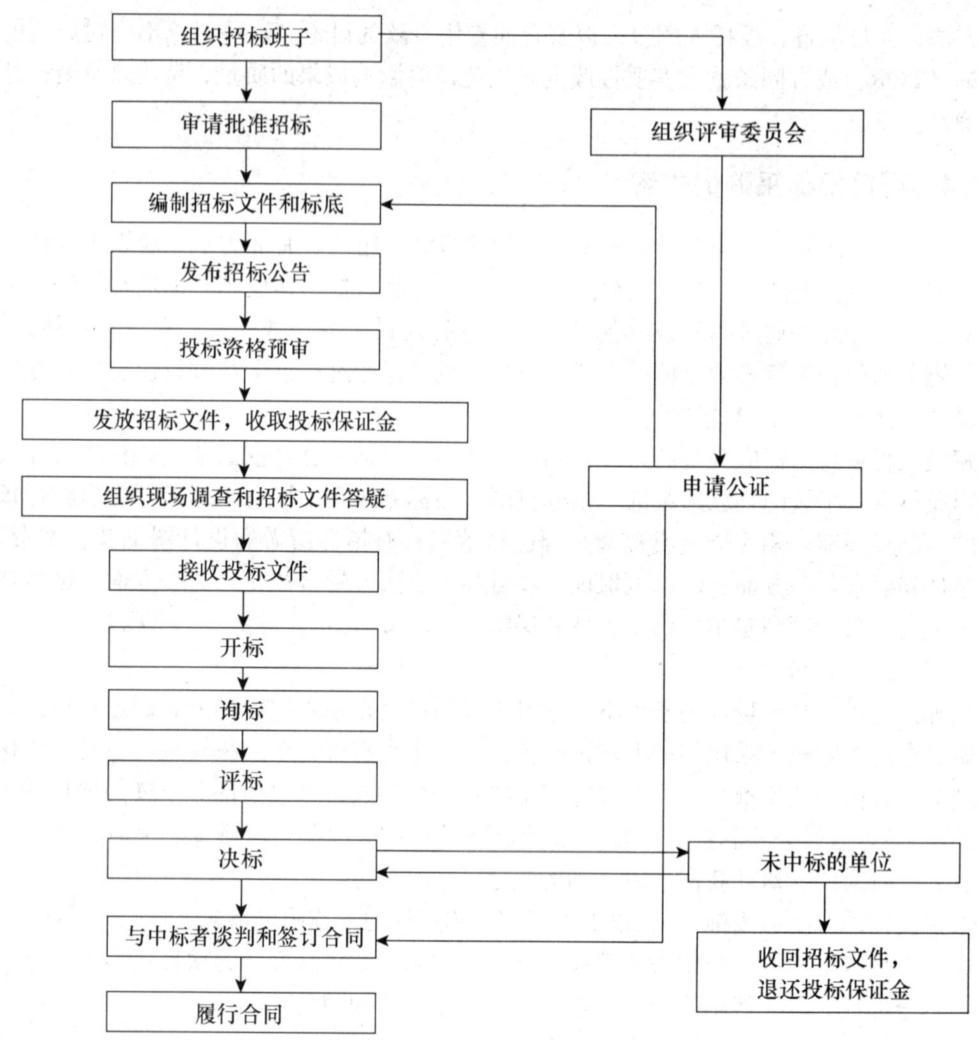

图 12—11　项目招标程序

用公开招标方式，招标人就不得以不合理的条件限制或排斥潜在的投标人。例如，不得限制本地区以外或本系统以外的法人或组织参加投标等。

（2）邀请招标。

邀请招标亦称有限竞争性招标，招标人事先经过考察和筛选，将投标邀请书发给某些特定的法人或者组织，邀请其参加投标。为了保护公共利益，应避免邀请招标方式被滥用，对此各个国家和世界银行等金融组织都有相关规定：按规定应该招标的建设工程项目，一般应采用公开招标，如果要采用邀请招标，需经过批准。

对于有些特殊项目，采用邀请招标方式确实更加有利。《中华人民共和国招标投标法实施条例》（中华人民共和国国务院令第 613 号）第八条规定，国有资金占控股或者主导地位的依法必须进行招标的项目，应当公开招标；但有下列情形之一的，可以邀请招标：①技术复杂、有特殊要求或者受自然环境限制，只有少量潜在投标人可供选择；②采用公开招标方式的费用占项目合同金额的比例过大。

招标人采用邀请招标方式，应当向三个以上具备承担招标项目能力、资信良好的特定法人或者其他组织发出投标邀请书。

世界银行贷款项目中的工程和货物的采购，可以采用国际竞争性招标、有限国际招标、国内竞争性招标、询价采购、直接签订合同、自营工程等采购方式。其中国际竞争性招标和国内竞争性招标都属于公开招标，而有限国际招标则相当于邀请招标。

3. 自行招标与委托招标

招标人可自行办理招标事宜，也可以委托招标代理机构代为办理招标事宜。招标人自行办理招标事宜，应当具有编制招标文件和组织评标的能力，即招标人拥有与招标项目规模和复杂程度相适应的技术、经济等方面的专业人员。

招标人不具备自行招标能力的，必须委托具备相应资质的招标代理机构代为办理招标事宜。工程招标代理机构资格分为甲、乙两级。其中乙级工程招标代理机构只能承担工程投资额（不含征地费、大市政配套费与拆迁补偿费）3 000 万元以下的工程招标代理业务。

工程招标代理机构可以跨省、自治区、直辖市承担工程招标代理业务。

4. 招标信息的发布与修正

（1）招标信息的发布。

工程招标是一种公开的经济活动，因此要采用公开的方式发布信息。

资格预审公告和招标公告应在国务院发展改革部门依法指定的媒介发布。在不同媒介发布的同一招标项目的资格预审公告或者招标公告的内容应当一致。指定媒介发布依法必须进行招标的项目的境内资格预审公告、招标公告，不得收取费用。

招标公告应当载明招标人的名称和地址，招标项目的性质、数量、实施地点和时间，投标截止日期以及获取招标文件的办法等事项。招标人或其委托的招标代理机构应当保证招标公告内容的真实、准确和完整。

编制依法必须进行招标的项目的资格预审文件和招标文件，应当使用国务院发展改革部门会同有关行政监督部门制定的标准文本。

拟发布的招标公告文本应当由招标人或其委托的招标代理机构的主要负责人签名并加盖公章。招标人或其委托的招标代理机构发布招标公告，应当向指定媒介提供营业执照(或法人证书)、项目批准文件的复印件等证明文件。

招标人或其委托的招标代理机构应至少在一家指定的媒介发布招标公告。指定报刊在发布招标公告的同时，应将招标公告如实抄送指定网络。招标人或其委托的招标代理机构在两个以上媒介发布的同一招标项目的招标公告的内容应当相同。

招标人应当按招标公告或者投标邀请书规定的时间、地点出售招标文件或资格预审文件。自招标文件或者资格预审文件出售之日起至停止出售之日止，最短不得少于 5 个工作日。

投标人必须自费购买相关招标文件或资格预审文件。招标人发售资格预审文件、招标文件收取的费用应当限于补偿印刷、邮寄的成本支出，不得以营利为目的。对于所附的设计文件，招标人可以向投标人酌收押金，对于开标后投标人退还设计文件的，招标人应当向投标人退还押金。招标文件或者资格预审文件售出后，不予退还。招标人在发布招标公告、发出投标邀请书后或者售出招标文件或资格预审文件后不得擅自终止招标。

（2）招标信息的修正。

如果招标人在招标文件发布之后，发现有问题需要进一步澄清或修改，必须依据以下原则进行：

1）时限：招标人对已发出的招标文件进行必要的澄清或者修改，应当在招标文件要求提交投标文件截止时间至少15日前发出；

2）形式：所有澄清文件必须以书面形式呈现；

3）全面：所有澄清文件必须直接通知所有招标文件收受人。

由于修正与澄清文件是对原招标文件的进一步补充或说明，因此该澄清或者修改的内容应为招标文件的有效组成部分。

5. 资格预审

招标人可以根据招标项目本身的特点和要求，要求投标申请人提供有关资质、业绩和能力等的证明，并对投标申请人进行资格审查。资格审查分为资格预审和资格后审。

资格预审是指招标人在招标开始之前或者开始初期，由招标人对申请参加投标的潜在投标人的资质、业绩、信誉、技术、资金等方面的情况进行资格审查，经认定合格的潜在投标人，才可以参加投标。

通过资格预审可以使招标人了解潜在投标人的资信情况，包括财务状况、技术能力以及以往从事类似工程的施工经验，从而选择优秀的潜在投标人参加投标，降低将合同授予不合格投标人的风险。通过资格预审，可以淘汰不合格的潜在投标人，从而有效地控制投标人的数量，减少多余的投标，进而减少评审阶段的工作时间，减少评审费用，也为不合格的潜在投标人节约投标的无效成本。通过资格预审，招标人可以了解潜在投标人对项目投标的兴趣，如果潜在投标人的兴趣大大低于招标人的预料，招标人可以修改招标条款，以吸引更多的投标人参加竞争。

资格预审是一个重要的过程，要有比较严谨的执行程序，一般可以参考以下程序。

（1）由业主自行或委托咨询公司编制资格预审文件，主要内容有工程项目简介、对潜在投标人的要求、各种附表等。

可以成立以业主为核心，由咨询公司专业人员和有关专家组成的资格预审文件起草工作小组。编写资格预审文件内容要齐全，并使用规定的语言；根据需要，明确规定应提交资格预审文件的份数，并注明“正本”和“副本”。

（2）在国内外有关媒介上发布资格预审广告，邀请有意参加工程投标的单位申请资格审查。在投标意向者明确参与资格预审的意向后，将给予具体的资格预审通知，该通知一般包括以下内容：业主和工程的名称；工程所在位置、概况和合同包含的工作范围；资金来源；资格预审文件的发售日期、时间、地点和价格；预期的计划（授予合同的日期、竣工日期及其他关键日期）；招标文件发出和提交投标文件的日期；申请资格预审须知；提交资格预审文件的地点及截止日期；最低资格要求及准备投标的投标意向者可能关心的具体情况。

（3）在指定的时间、地点开始出售资格预审文件，并同时公布对资格预审文件答疑的具体时间。

（4）由于各种原因，在资格预审文件发售后，购买文件的投标意向者可能对资格预审文件提出各种疑问，投标意向者应将这些疑问以书面形式提交业主，业主应以书面形式回答。为保证竞争的公平性，应使所有投标意向者获得的信息量相同，对于任何一个投标意向者问题的答复，均要求同时通知所有购买资格预审文件的投标意向者。

（5）投标意向者在规定的截止日期之前完成填报的内容，报送资格预审文件，所报送的文件在规定的截止日期后不能再进行修改。当然，业主可就报送的资格预审文件中的疑点要求投标意向者进行澄清，投标意向者应按实际情况回答，但不允许投标意向者修改资格预审文件中的实质内容。

（6）由业主组织资格预审评审委员会，对资格预审文件进行评审，并将评审结果及时以书面形式通知所有参加资格预审的投标意向者。对于通过预审的投标人，还要向其通知出售招标文件的时间和地点。通过资格预审的申请人少于 3 个的，应当重新进行资格预审。

根据《中华人民共和国招标投标法实施条例》第三十二条，招标人不得以不合理的条件限制、排斥潜在投标人或者投标人。招标人有下列行为之一的，属于以不合理条件限制、排斥潜在投标人或者投标人：

1）就同一招标项目向潜在投标人或者投标人提供有差别的项目信息；

2）设定的资格、技术、商务条件与招标项目的具体特点和实际需要不相适应或者与合同履行无关；

3）依法必须进行招标的项目以特定行政区域或者特定行业的业绩、奖项作为加分条件或者中标条件；

4）对潜在投标人或者投标人采取不同的资格审查或者评标标准；

5）限定或者指定特定的专利、商标、品牌、原产地或者供应商；

6）依法必须进行招标的项目非法限定潜在投标人或者投标人的所有制形式或者组织形式；

7）以其他不合理条件限制、排斥潜在投标人或者投标人。

6. 标前会议

标前会议也称为投标预备会或招标文件交底会，是招标人按投标须知规定的时间和地点召开的会议。在标前会议上，招标人除了介绍工程概况以外，还可以对招标文件中的某些内容加以修改或补充说明，以及对投标人书面提出的问题和会议上即席提出的问题予以解答，会议结束后，招标人应将会议纪要用书面通知的形式发给每一个投标人。

无论是会议纪要还是对个别投标人问题的解答，都应以书面形式发给每一个获得投标文件的投标人，以保证招标的公平和公正。但对问题的答复不需要说明问题来源。会议纪要和答复函件形成招标文件的补充文件，都是招标文件的有效组成部分，与招标文件具有同等法律效力，当补充文件与招标文件内容不一致时，应以补充文件为准。为了使投标单位在编写投标文件时有充分的时间考虑招标人对招标文件补充或修改的内容，招标人可以根据实际情况在标前会议上确定延长投标截止时间。

7. 评标

评标分为评标的准备、初步评审、详细评审、编写评标报告等过程。

初步评审主要是进行符合性审查，即重点审查投标书是否实质上响应了招标文件的要求。审查内容包括：投标资格审查、投标文件完整性审查、投标担保的有效性、与招标文件是否有显著的差异和保留等。如果投标文件实质上没有响应招标文件的要求，将作无效标处理，不再进行下一阶段的评审。另外还要对报价计算的正确性进行审查，如果计算有误，通常的处理方法是：大小写不一致的以大写为准；单价与数量的乘积之和与所报的总价不一致的以单价为准；标书正本和副本不一致的以正本为准。这些修改一般应由投标人代表签字确认。

详细评审是评标的核心，是对标书进行实质性审查，包括技术评审和商务评审。技术评审主要是对投标书的技术方案、技术措施、技术手段、技术装备、人员配备、组织结构、进度计划等的先进性、合理性、可靠性、安全性、经济性等进行分析评价。商务评审主要是对投标书的报价高低、报价构成、计价方式、计算方法、支付条件、取费标准、价格调整、税费、保险及优惠条件等进行评审。

评标方法可以采用评议法、综合评分法或评标价法等，可根据不同的招标内容选择相应的方法。

评标结束应推荐中标候选人。评标委员会推荐的中标候选人应当限定在 1 至 3 人，并标明排列顺序。

12.3 项目采购的过程管理

当项目从企业之外取得产品与服务时，每项产品或者服务都必须经历从询价规划直到合同收尾的各个过程，每项产品或服务事项至少实施一次。

12.3.1 项目采购计划

项目采购计划是项目采购管理中第一位的和最重要的工作。一般来说，制定项目采购计划所需的信息有：项目的范围信息、项目产出物的信息、项目资源需求信息、市场条件、其他的项目管理计划、约束条件与假设前提。若商品有存货，则采购数量不一定要等于销售数量。所以商品采购数量也不一定要等于根据清单所计算的基本商品需用量。采购员应依据实际和计划商品需求数量，并考虑采购的安全在途时间和安全存量水准，算出正确的采购数量，然后再开具请购单，进行采购活动。

采购计划还应考虑潜在的卖方，特别是当买方希望以发包决策施加某种程度的影响或控制时更是如此。通过采购计划，可以将采购项目分类，从而为集中采购奠定基础。

1. 项目采购计划的制订

一般来讲，项目采购计划的制订是指从识别项目组织需要从外部采购哪一些产品和劳务开始，然后制订出能够最好地满足项目需求的采购工作计划安排的管理流程。

在制造、采购分析中，主要对采购可能发生的直接成本、间接成本、自行制造能力、采购评标能力等进行分析比较，并决定是否从单一的供应商或从多个供应商采购所需的全部或部分货物和服务，或者不从外部采购而自行制造。

（1）估计成本。

采购成本降到最低对公司利润的增长是重要的，但更重要的是，应考虑项目生命周期内的最低整体采购成本。在实际采购工作中，很多招标单位通常只关注承包方的投标报价，而忽视了招标成本、建设成本和所有权损耗成本等项目整体采购成本。具体包括：

第一，招标成本。无论招标方处于何种行业，降低招标成本都是一种责任，要考虑发出招标要约前的行为，竞标者需要对招标方的招标文件制定其投标建议书；评标程序开始后，招标方需做开标、评标、定标、谈判、批准等事项。这些环节都会产生招标成本。

第二，建设成本。建设成本是投标报价的主要依据，往往是买卖双方关注的重点。一般包括如下几个方面：前期准备、正式建设费用、与其他系统的集成、授权、交付和保险、相关手册、对员工和管理者的培训等。

第三，所有权损耗成本。所有权损耗成本指长期损耗成本，包括项目运营成本和处置成本。项目运营成本可能会持续多年，并且可能是前期费用的许多倍。在设备濒于报废之时还需考虑其销毁或处理的处置成本。

综合考虑这些成本将有助于以正确的观点看待实际采购价，帮助买方选择最好的方案。

（2）供应商的选择。

第一，选择供应商的数量。一般来说，供应商的数量以 3～4 家为宜。

第二，选择供应商的方式。选择供应商的方式主要包括公开竞争性招标采购、有限竞争性招标采购、询价采购和直接签订合同采购，四种不同的采购方式按其特点来说分为招标采购和非招标采购。

（3）采购环境的利用。

项目采购环境包括宏观环境和微观环境。宏观环境是指能对项目组织及如何采购产生影响的外部变化，包括市场季节性的变化、国家宏观经济政策的变化、国家财政金融政策的调整、市场利率及汇率的波动、通货膨胀的存在及战争、罢工等各种因素。而微观环境则是指项目组织的内部环境，包括项目组织在采购中可能采取的组织政策、方式和程序，即实施采购的过程和程序。

（4）供应商的管理。

第一，与供应商建立直接的战略伙伴关系。对于采购方来说，一旦确定了可以长期合作的供应商，应该与供应商之间建立直接的战略伙伴关系。可使采购方在长期的合作中获得货源上的保证和成本上的优势，也使供应商拥有长期稳定的大客户，以保证其产出规模的稳定性。这种战略伙伴关系的确立，能给采购方带来长期而有效的成本控制利益。

第二，供应商行为的绩效管理。在与供应商的合作过程中应对供应商的行为进行绩效管理，以评价供应商在合作过程中供货行为的优劣，据此对供应商进行激励和奖惩。这样能促使供应商持续改善供货行为，保证优质及时供货，从而有效降低项目采购总成本。

2. 项目采购计划的内容

一个项目组织在编制采购计划时需要开展下述工作和活动：制造或购买的决策分析；各种信息的加工处理；采购方式与合同类型的选择；项目采购计划文件的编制。项目采购计划描述如何管理从采购文件编制直到合同收尾的各个采购过程。项目采购计划包括如下内容：

(1) 拟采用合同的类型；

(2) 风险管理事项；

(3) 是否需要编制独立估算，以及是否应把独立估算作为评价标准；

(4) 如果执行组织设有采购、发包或采办部门，项目管理团队可独自采取的行动；

(5) 标准化的采购文件（如需要）；

(6) 如何管理多个供应商；

(7) 如何协调采购工作与项目的其他工作，如制定进度计划与报告项目绩效；

(8) 可能影响采购工作的制约因素和假设条件；

(9) 如何确定采购工作所需的提前时间，以便与项目进度计划相协调；

(10) 如何进行自制或外购决策，并把该决策与估算活动资源和制定进度计划等过程联系在一起；

(11) 如何在每个合同中规定合同可交付成果的进度日期，以便与进度计划编制和进度控制过程相协调；

(12) 如何识别对履约担保或保险合同的需求，以减轻某些项目风险；

(13) 如何指导卖方编制和维护工作分解结构（WBS）；

(14) 如何确定采购/合同工作说明书的形式和格式；

(15) 如何识别预审合格的卖方（如有）；

(16) 用于管理合同和评价卖方的采购测量指标。

3. 项目采购计划编制的流程

项目采购计划的编制过程就是根据项目所需资源说明书、产品说明书、企业内采购力量、市场状况、资金充裕度等有关项目采购计划所需的信息，结合项目组织自身条件和项目各项计划的要求，对整个项目实施过程中的资源供应情况做出具体的安排，并最后按照有关规定的标准或规范，编写出项目采购计划文件的管理工作过程。一个项目组织在编制采购计划时需要开展下列工作和活动：采购的决策分析、采购方式和合同类型的选择、项目采购计划的编制等。表 12—4 显示了采购计划编制流程的主要内容。

表 12—4 采购计划编制流程的主要内容

输入（或依据）	工具与方法	输出（结果）
项目过程资产 资源需求计划 项目范围说明 其他管理计划 风险识别清单 事业环境因素	自制—外购权衡 短期租赁或长期租赁权衡 合同类型权衡 专家评估判断 招标标准文件	自制或外购决策 采购管理计划 采购需求计划 采购作业计划 采购标准化文件 采购要求说明 计划变更申请 招标评估标准

在编制采购清单和采购计划之前，必须做好充分的准备工作。采购准备的重要内容之一是进行广泛的市场调查和市场分析，从而熟悉市场，掌握有关项目所需要的产品和服务的市场信息。对货物采购而言，就是要掌握有关采购内容的最新国内、国际价格和供求行情，弄清楚是通过从一家承包商采购所有或大部分所需要的产品和服务，还是向多家承包商采购大部分需用的产品和服务，或是采购小部分需要的产品和服务，还是不采购产品和服务（常用于研究和科技开发项目）。

（1）项目过程资产。其主要包括项目的各项管理计划的输出结果，包括资源需求计划、项目范围说明、其他管理计划（如需要与工期计划衔接，以便保证及时供应；需要与沟通计划衔接，以便建立与供应商的沟通渠道）、风险识别清单。

（2）事业环境因素。其主要包括各项外部约束条件、市场行情信息和计划假设前提因素等。

4. 影响项目采购计划编制的因素

具体包括：年度销售计划、年度生产计划、物料清单、库存管理卡、物料标准成本的设定、生产效率、价格预期等。由于影响采购计划编制的因素很多，故采购计划与预算编制之后，必须与产销部门保持经常的联系，并针对现实状况做必要的调整与修订，才能实现维持正常产销活动的目标，并协助财务部门妥善规划采购资金的来源。

5. 项目采购计划编制的成果

（1）项目采购计划的内容：项目采购工作的总体安排；采购所用的合同类型；外取资源的估价办法；项目采购工作责任的确定；项目采购计划文件的标准化；如何管理资源供应商；如何协调采购工作与其他工作；等等。

（2）项目采购作业计划：项目采购计划工作的第二项成果是编制和生成的项目采购作业计划。项目采购作业计划是指根据项目采购计划与各种资源需求信息，通过采用专家判断法和经济期量标准、经济订货模型等方法和工具，制订出的项目采购工作的具体作业计划。

（3）采购要求说明文件：项目采购计划编制工作的另一个重要成果是编制出了采购要求说明文件。在采购要求说明文件中，应充分详细地描述采购要求的细节，以便让供应商确认自己是否能够提供这些产品或服务。

（4）采购工作文件：这是项目组织在采购工作过程中所使用的一系列的工作文件。项目组织借助这些采购工作文件向供应商寻求报价和发盘。采购工作文件有不同的类型，它们常用的名称有投标书、询价书、谈判邀请书、初步意向书等。

（5）采购评价标准：在项目采购计划的制订过程中，项目组织还应为下一步的采购招投标等活动，设计出如何评价供应商的采购评价标准。通常需要使用这些评价标准给供应商和他们的报价书、发盘或投标书评定等级或打分。

12.3.2 项目采购组织

1. 询价

询价（Solicitation）就是从可能的卖方那里获得谁有资格完成工作的信息，该过程的专业术语叫供方资格确认（Source Qualification）。获取信息的渠道有招标公告、行业刊物、互联网、供应商目录、约定专家拟定可能的供应商名单等。通过询价获得供应商的投标建议书。

2. 供方选择

这个阶段根据既定的评价标准选择一个承包商。评价方法有以下几种：

（1）合同谈判：双方澄清见解，达成协议。这种方式也叫议标。

（2）加权方法：把定性数据量化，将人的偏见影响降至最低程度。这种方式也叫综合评标法。

（3）筛选方法：为一个或多个评价标准确定最低限度履行要求，如最低价格法。

（4）独立估算：采购组织自己编制“标底”，作为与卖方的建议比较的参考点。

一般情况下，要求参与竞争的承包商不得低于三个。选定供方后，经谈判买卖双方签订合同。

3. 合同管理

合同管理是确保买卖双方履行合同要求的过程，一般包括以下几个层次的集成和协调。

（1）授权承包商在适当的时间进行工作。

（2）监控承包商的成本、进度计划和技术绩效。

（3）检查和核实分包商产品的质量。

（4）变更控制，以保证变更能得到批准，并保证所有应该知情的人员获知变更。

（5）根据合同条款，建立卖方执行进度和费用支付的联系。

（6）采购审计。

（7）正式验收和合同归档。

12.3.3 项目采购实施与控制

1. 项目采购实施

（1）商品采购的实施。通常项目所需商品的采购计划实施工作主要包括下面几项内容：开展询价工作；获得报价的工作；供应商评审；讨价还价的工作；谈判签约。

（2）项目招标工作的实施。包括招标的方式（公开招标/邀请招标）、招标工作的组织方式（业主自行组织/委托招标代理机构组织）、招投标程序（招标准备、准备标底、投标者资格预审、召开标前会议、开标、初审和询标、评标、决标、授标与签约。）

(3) 安全保密。采购过程要绝对保密，不能让任何不应外传的信息泄密，不要和不应该知道此事的陌生人交谈，当对方是机构中的成员时可能会很难，但知道的人越少越好。另外，要妥善安置相关文件和计算机内的材料。

2. 项目采购控制

采购控制是管理采购关系、监督合同执行情况，并根据需要实施变更和采取纠正措施的过程。本过程的主要作用是，确保买卖双方履行法律协议，满足采购需求。

在采购控制过程中，需要把适当的项目管理过程应用于合同关系，并把这些过程的输出整合进项目的整体管理中。如果项目有多个卖方，涉及多个产品、服务或成果，这种整合需要经常在多个层次上进行。需要应用的项目管理过程主要包括：

(1) 控制质量。检查和核实卖方产品是否符合要求。

(2) 实施整体变更控制。确保合理审批变更，以及干系人员都了解变更的情况。

(3) 控制风险。确保减轻风险。

在采购控制过程中，还需要进行财务管理工作，监督向卖方付款。该工作旨在确保合同中的支付条款得到遵循，并按合同规定确保卖方所得的款项与实际工作进展相适应。向供应商支付款项时，需要重点关注的一个问题是，支付金额要与已完成工作紧密联系起来。

在采购控制过程中，应根据合同审查和记录卖方当前的绩效或截至目前的绩效水平，并在必要时采取纠正措施。可以通过这种绩效审查，考察卖方在未来项目中执行类似工作的能力。在需要确认卖方未履行合同义务，并且买方认为应该采取纠正措施时，也应进行类似的审查。采购控制还包括记录必要的细节以管理任何合同工作的提前终止（因各种原因、求便利或违约）。这些细节会在结束采购过程中使用，以终止协议。

在合同收尾前，经双方共同协商，可以根据协议中的变更控制条款，随时对协议进行修改。这种修改通常要书面记录下来。

12.3.4 项目采购收尾

项目采购收尾是在合同当事人履行完毕各自的合同义务后，进行的已完成工作与成果的验收、验证和交付等方面的工作。

结束采购过程还包括一些行政工作，例如，处理未决索赔、更新记录以反映最后的结果，以及把信息存档供未来使用等。需要针对项目或项目阶段中的每个合同，开展结束采购过程。

在多阶段项目中，合同条款可能仅适用于项目的某个特定阶段。这种情况下，结束采购过程就只能结束该项目阶段的采购。采购结束后，未决争议可能需要进入诉讼程序。合同条款和条件可以规定结束采购的具体程序。结束采购过程通过确保合同协议完成或终止来结束项目或阶段过程。

合同提前终止是结束采购的一个特例。合同可由双方协商一致而提前终止，或因一方违约而提前终止，或者为买方的便利而提前终止（如果合同中有这种规定）。合同终止条款规定了双方对提前终止合同的权力和责任。根据这些条款，买方可能有权因各种原因或仅为自己的便利，而随时终止整个合同或合同的某个部分。但是，根据这些条款，买方应该就卖方为该合同或该部分所做的准备工作给予补偿，就该合同或该部分中已经完成和验收的工作支付报酬。

1. 采购收尾的投入

合同文件。合同文件包括合同本身及与其相关的所有支持文件，包括进度、申请与得到批准的合同变更、卖方制定的所有技术文件、卖方的绩效报告、发票与支付记录等财务文件，以及所有与合同有关的检查结果。

2. 采购收尾的工具与技术

采购审计。采购审计是指对整个采购过程进行系统审查。其目的是找出可供本项目其他事项采购或实施组织内其他项目借鉴的成功与失败之处。

3. 采购收尾的产出

(1) 合同档案。应整理出一套编有索引的完整记录，将其纳入项目最终记录之中。

(2) 正式验收与收尾。负责合同管理的人员或组织应向卖方发出正式书面通知，告之合同已履行完毕。关于正式验收与收尾的要求通常在合同中有明确的规定。

章后练习题

1. 项目采购管理的过程有哪些?
2. 建设工程项目承包合同的计价方式有哪些?适用于何种情况?
3. 建设工程合同包括哪些?
4. 项目采购的基本模式有哪些?具体内容是什么?
5. 试比较工程采购模式的优缺点。
6. 按照我国的《招标投标法》，宜采用招标方式确定承包人的项目是什么?
7. 试比较公开招标和邀请招标的区别。
8. 如何制定项目采购计划?
9. 项目采购的过程管理包括哪些内容?

案例

工程合同文件缺陷索赔

工程项目建设是为了满足业主的需求。从理论上讲，业主首先应当考虑的是安全和功能。而实际上，对于绝大多数的工程项目，业主最关心的却是造价和工期。因为对于任何一个业主而言，钱和时间都是有限的。在这样的情况下，专业人员无法仔细检查自己的或他人的工作成果，合同文件的起草、检查和修改很难做到万无一失。美国建筑工业研究院通过对美国大中型工程项目的调查发现，美国建筑工程平均返工率高达12%，而其中80%源于合同文件缺陷。

合同文件由业主和承包商之间的协议、合同条件、设计图纸、说明书、合同执行前的附录、施工中做出的合同修改和设计变更等组成。由于只有有限的时间和经费去准备合同文件，毫无瑕疵是达不到的。合同文件中的缺陷主要包括疏忽、模糊、矛盾、不一致以及错误等。由于合同文件数量繁多、关系复杂，工程合同往往存在疏忽或相互矛盾的地方。以计划说明书为例，在一个文件中要求的工作，在另一个文件中却没有被要求；在一个文件中建立的变更程序，在另一个文件中的规定却截然不同。

在某一美国工程项目的案例中，承包商 Spearin 起诉到索赔法庭，要求美国联邦政府补偿其在一个干船坞工程合同中所完成工作的剩余款项，以及因政府废除合同所遭受的损失。法庭判决承包商胜诉。

该案案情如下，Spearin 与联邦政府签订了一个在布鲁克林海军基地兴建一座干船坞的工程合同，政府准备了所有的计划与说明书。所选择的海边干船坞工地恰好横切了一个 6 英尺高的下水道，该下水道必须在干船坞施工前改道迁址。政府提供的计划和说明书要求 Spearin 完成这项工作，并描述了具体尺寸、材料及替代下水道的位置。Spearin 完全遵照合同要求，顺利完成了迁址工作，政府也满意地验收了该项工作。新的 6 英尺的下水道被上下扩展到与 7 英尺的原下水道连接，并通向 Wallabout 盆地。

下水道迁址一年后，一场罕见的暴雨以及高涨的潮水导致新迁址的下水道几个地段因较高的内压而破裂，洪水淹没了正在开挖的干船坞工地。调查表明，在上游 7 英尺下水道里，有一座 5～5.5 英尺高的水坝，该坝将水转向 6 英尺的下水道，导致较高的水位而压爆了新修的下水道。

调查还表明，该水坝没有在城市的规划或政府的蓝图上加以显示。政府官员知道下水道这些地段经常溢满，但没有转告 Spearin 这一事实。在签订合同前，Spearin 进行了工地检查并未发现这一情况。下水道破裂后，Spearin 及时通知了政府，并表示现存的下水道威胁了施工，除非政府对已经造成的损失进行赔偿，否则他将无法恢复正常施工。而政府坚持 Spearin 应该承担责任并修复下水道。经过长达 15 个月毫无结果的谈判后，海军部长下令废除了与 Spearin 的合同，停止了对 Spearin 的进度付款，并占有了工地和材料。

根据现行法律，如果一个承包商同意按照一个固定价格完成一个项目，他将无权要求附加补偿，尽管他在施工过程中可能遭遇了未曾预见的困难。但如果承包商按照业主准备的计划和说明进行施工，他将不对计划和说明中的错误负责，业主的合同责任不能被要求承包商勘察工地和检查计划的合同条款所压倒。

在这个案例中，下水道和其他结构是严格按照政府提供的计划和说明书建造的。在合同文件中描述了下水道的特点、尺寸及位置。这些文件暗含着一项业主保证，即只要这些计划和说明被遵行，下水道就是合理修建的，不能将保证计划和说明正确性和充分性的责任从业主转嫁到承包商身上。因此，索赔法庭支持了 Spearin 的索赔要求。

合同文件中无法达到的要求包括：超越当前水平的技术和造价极其昂贵的经济。在这些情况下，承包商可以要求业主补偿其为了达到合同说明的要求所增加的花费。

资料来源：周定山，孟宪海：《工程合同文件缺陷索赔及案例》，载《建筑经济》，2003 (3)：41-44。

第13章 项目信息管理

引例

BIM技术在建设工程项目中的应用

建筑信息模型（Building Information Modeling，BIM）技术是建筑行业的一个新名词，被认为是全球建筑行业的变革性理念和里程碑式的信息化技术，建筑信息模型通过对建筑设施进行数字化、智能化表示，可有效应用在建设项目全生命周期的场地规划、协同设计、碰撞检查、能耗分析、施工进度模拟、成本控制等方面。在软件开发企业的大力推广下，BIM引起了全球业内人士的关注，与传统的CAD相比，BIM的主要表现为信息存储结构的多元化、建模参数化、基于IFC的数据交换标准化和模型系统的联合数据库分类模型化等特征，从而保障工程项目数据重复准确地多方协同使用。

在业界，BIM有多种表述形式。比如建筑产品模型（Building Product Modeling）或产品数据模型（Product Data Modeling）等，斯坦福大学的CIFE曾经使用过更广泛意义的"虚拟设计和施工（Virtual Design and Construction，VDC）"。可以这样认为，BIM是一个不断发展变化的概念，随着其技术水平的提高和应用的深入，业界对BIM内涵的认识也在逐步提高，同时对BIM的衡量标准也会逐渐提高。

BIM技术不但可以解决长期困扰项目管理的两大难题（海量基础信息全过程分析和工作协同），真正实现信息集成化，而且还被认为会给建筑业带来巨大收益和生产力的显著提高。斯坦福大学对全球BIM应用项目的调查研究表明，通过有效应用BIM可降低40%的设计变更，并将施工现场的劳动生产率提高20%～30%。F. Leite等人研究了一系列案例文献，认为BIM在项目的成本估算、空间计算和设计与规划等方面存在明显优势，它可以显著提升项目的执行效率，并能够节约相当可观的项目成本。甚至，随着BIM技术的不断发展和广泛使用，它还可以在项目决策、设计、施工与设备管理等阶段提供全生命周期的不同价值服务，从而发挥更大作用。

资料来源：王广斌，张雷：《我国建筑信息模型应用及政府政策研究》，载《中国科技论坛》，2012（8）：38-43。

13.1 项目信息管理概述

企业资源计划（ERP）、企业流程重组（BPR）、客户关系管理（CRM）、供应链管理（SCM）等这些“舶来”的新名词和新理论已经被越来越多的中国公司所接受和追逐。一方面，眼看着诸多企业正在大搞快搞企业信息化建设，另一方面这些企业也要承受着无情的统计数据：“企业信息化的成功率普遍为10%～20%，在发达国家成功率大约为20%，在中国成功率更低。”除少数企业取得成功以外，不少企业在投入大额资金的情况下，由于缺乏经验，信息化发展到一定阶段后就暴露出了各种各样的问题，如有的企业信息化以技术为导向，技术的应用没有很好地配合业务的发展；有的企业虽然信息化的建设是以业务为基础的，但由于缺乏整体的信息规划，导致系统的建设缺乏整体性，资源无法很好共享，等等。“信息化黑洞”“信息化孤岛”“信息化无效”成为许多企业棘手和头痛的问题。

13.1.1　项目信息管理的概念

1. 信息

信息指的是用口头的、书面的或电子的方式传输（传达、传递）的知识、新闻，或可靠的或不可靠的情报。声音、文字、数字和图像等都是信息表达的形式。建设工程项目的实施需要人力资源和物质资源，应认识到信息也是项目实施的重要资源之一。

2. 信息管理

信息管理指的是信息传输的合理组织和控制。

3. 项目信息管理

项目信息管理是通过对各个系统、各项工作和各种数据的管理，使项目的信息能方便和有效地获取、存储、存档、处理和交流。项目信息管理的目的是通过有效的项目信息传输的组织和控制为项目建设提供增值服务。项目信息具有以下特点：

(1) 信息量大。这主要是因为项目本身涉及多部门、多环节、多专业、多用途、多渠道和多形式的缘故。

(2) 系统性强。项目信息虽然数量庞大，但都集中于较为明确的项目对象中，因而容易系统化，从而为项目信息系统的建立和应用创造了非常有利的条件。

(3) 传递障碍多。一条项目信息往往需要经历提取、收集、传播、存储以及最终处理这样一个过程。在这一过程中通常会由于以下几个方面的原因产生项目信息传递障碍：①信息传递人主观方面的因素，如对信息的理解能力、经验、知识的限制等；②地区的间隔，部门的分散，专业的区别等；③传递手段落后或使用不当。

(4) 信息反馈滞后。信息反馈一般要经过加工、整理、传递，然后才能到决策者手中，造成反馈不及时，从而影响信息及时发挥作用。

4. 项目信息管理手册

业主方和项目参与各方都有各自的信息管理任务，为充分利用和发挥信息资源的价值，提高信息管理的效率以及实现有序的和科学的信息管理，各方都应编制各自的信息管理手册，以规范信息管理工作。信息管理手册描述和定义信息管理做什么、谁做、什么时候做和其工作成果是什么等，它的主要内容包括：

(1) 信息管理的任务（信息管理任务目录）；

(2) 信息管理的任务分工表和管理职能分工表；

(3) 信息的分类；

(4) 信息的编码体系和编码；

(5) 信息输入输出模型；

(6) 各项信息管理工作的流程图；

(7) 信息流程图；

(8) 信息处理的工作平台及其使用规定；

(9) 各种报表和报告的格式，以及报告周期；

(10) 项目进展的月度报告、季度报告、年度报告和工程总报告的内容及其编制；

(11) 工程档案管理制度；

(12) 信息管理的保密制度等。

5. 项目信息管理部门的工作任务

项目管理班子中各个工作部门的管理工作都与信息处理有关，信息管理部门的主要工作任务是：

(1) 负责编制信息管理手册，在项目实施过程中进行信息管理手册的必要修改和补充，并检查和督促其执行；

(2) 负责协调和组织项目管理班子中各个工作部门的信息处理工作；

(3) 负责信息处理工作平台的建立、运行和维护；

(4) 与其他工作部门协同组织收集信息、处理信息和形成各种反映项目进展和项目目标控制的报表和报告；

(5) 负责工程档案管理等。

在国际上，许多建设工程项目都专门设有信息管理部门（或称为信息中心），以确保信息管理工作的顺利进行；也有一些大型建设工程项目专门委托咨询公司从事项目信息动态跟踪和分析，以信息流指导物质流，从宏观上对项目的实施进行控制。

13.1.2 项目信息管理的工作流程

项目信息管理的工作流程包括：

(1) 信息管理手册编制和修订的工作流程；

(2) 为形成各类报表和报告，收集信息、录入信息、审核信息、加工信息、传输和发布信息的工作流程；

（3）工程档案管理的工作流程等。

13.1.3 项目信息管理的要求

（1）项目经理部应建立项目信息管理系统，优化信息结构，实现项目管理信息化。

（2）项目经理部应及时收集、整理真实、准确的信息，并将信息及时、准确、完整地传递给使用单位和人员。未经验证的口头信息不能作为项目管理中的有效信息。

（3）项目经理部应负责收集、整理、管理本项目范围内的信息。实行总分包的项目，项目分包人应负责收集、整理分包范围内的信息，承包人负责汇总、整理各分包人的全部信息。

（4）项目经理部应根据工程特点设立项目信息管理机构，按照企业要求设专职或兼职的信息管理员，项目信息管理员必须经有资质的培训单位培训。

（5）项目经理部应根据管理需要对信息进行分类，并建立信息数据库。项目信息包括项目管理过程中形成的各种数据、表格、图纸、文字、音像资料等。项目经理部应配置信息管理所需要的电脑、软件、影像设备（扫描仪、照相机、摄像机等），并由专人保管、使用。

13.1.4 项目信息管理的过程

1. 项目信息的分类

按照项目管理的工作职能和工作内容可将项目信息分为 16 类，如表 13—1 所示。

表 13—1　　项目信息的分类

序号	分类名称	包括内容
1	公共信息	国家现行法律法规；地方政策；企业、部门规章制度；物价指数；项目所在地的气象、地貌、水文、地质等自然条件
2	工程概况	工程实体概况、场地与环境交通概况、参与建设的相关单位概况等
3	施工记录	施工日志、质量检查记录、材料设备进场及消耗记录、施工监理指令、设计变更记录等
4	进度控制	进度计划、进度目标分解；进度控制的工作流程、工作制度、风险分析；资源配置计划、资金需用计划；进度记录等
5	质量控制	质量目标分解图表；质量管理制度及流程；质量管理体系的组成；主要原材料、成品、半成品、构配件、设备出厂质量证明和检（试）验报告；预检记录；隐蔽工程验收记录；验收记录；设备安装工程记录；质量检查的数据、各种材料设备的合格证、质量证明书、检测报告等
6	安全控制	安全管理目标、安全控制要求、安全管理资料
7	成本控制	成本计划、成本统计报表、施工任务书；原材料价格、限额领料单；机械设备台班费、人工费、运杂费、用工记录、材料消耗记录、各种台账等

续前表

序号	分类名称	包括内容
8	现场管理	施工平面图、施工现场安全检查标准、施工现场管理考核标准等
9	合同管理	施工合同、分项合同、补充协议、变更记录、工程签证、结算与索赔、往来函件、会议纪要、竣工验收报告、回访保修书等
10	材料管理	构配件、器具、材料库存的管理（入库、领用、退料、盘点）；材料需用、采购、调拨、租赁计划；材料检验试验；材料款的结算
11	人力资源管理	内部员工的管理；劳务队伍的管理、选聘；劳务合同的签订、管理；结算、考核
12	项目机械设备	管理设备采购、租赁、维护、保养、使用、运行；设备费用的结算
13	项目资金管理	资金的收、支信息
14	项目技术管理	施工组织的设计、施工方案、各类策划、计划、预案；设计变更、洽商记录、技术资料等
15	项目组织协调	内、外部关系协调信息
16	项目竣工验收	竣工图、竣工验收资料、工程保修书等

2. 项目信息管理组织机构的规划原则

对于周期短、规模小的项目，项目信息管理没有必要在项目运作的业务流程中单独构成一个独立的管理环节。但是对于周期较长、规模较大的项目，信息管理对于项目的成功将起到重要的作用，有必要设立一个项目信息管理组织机构。项目信息管理组织机构的规划原则主要有：

（1）对于大型建设项目，在项目的组织和资源规划中必须设立专门的信息管理机构，部门名称可以叫项目信息中心或项目信息办公室。

（2）成立以项目总经理为核心的项目信息管理系统建设领导小组，统一规划部署项目信息化工作。

（3）在项目的计划、财务、合同、物资、档案、质量、办公室等职能部门设立部门级项目信息员。

（4）大型建设项目的信息管理系统的建设费用在每个行业的项目划分和投资估算中没有专门列编，许多建设单位从总预备费或办公管理费用中列支计算机网络、数据库、项目管理软件等的采购费用。

13.1.5 项目信息管理的内容及处理方法

1. 基本内容

项目信息管理系统有两种类型：人工管理信息系统和计算机管理信息系统。项目信息管理的主要内容有项目信息收集、项目信息加工、项目信息传递。

（1）项目信息收集。

项目信息收集是项目信息管理各环节中的第一步，是后续各环节得以开展的基础。全面、及时、准确地识别、筛选、收集原始数据是确保信息正确性与有效性的前提。面对复杂的信息世界，在数据收集过程中，应坚持目的性、准确性、适用性、系统性、及时性、经济性等原则，紧紧围绕信息收集的目的，以尽可能经济的方式准确、及时、系统、全面地收集适用的数据。

信息的来源主要有内部信息和外部信息两类。信息收集的方法多种多样，概括起来主要有网上调查法、出版资料查询法、内部资料收集法、口头询问法或书面询问法、传媒收听法、专家咨询法、现场观察法、试验法、有偿购买法、信息员采集法等。

（2）项目信息加工。

项目信息加工过程主要有鉴别真伪、分类整理、加工分析和编辑与归档保存四个步骤。

（3）项目信息传递。

项目信息传递也称项目信息传输，是使信息以信息流的形式传递给信息的需求者。项目的组织机构是项目内部信息传递的基本渠道。

2. 项目信息处理的方法

在当今时代，信息处理已逐步向电子化和数字化的方向发展，但建筑业和基本建设领域的信息化已明显落后于其他行业，建设工程项目信息处理基本上还在沿用传统的方法和模式。应采取措施，使信息处理由传统的方式向基于网络的信息处理平台方向发展，以充分发挥信息资源的价值，以及信息对项目目标控制的作用。

基于网络的信息处理平台由一系列硬件和软件构成：

（1）数据处理设备（包括计算机、打印机、扫描仪、绘图仪等）；

（2）数据通信网络（包括形成网络的有关硬件设备和相应的软件）；

（3）软件系统（包括操作系统和服务于信息处理的应用软件）等。

数据通信网络主要有如下三种类型：

（1）局域网（LAN）：由与各网点连接的网线构成网络，各网点对应于装备有实际网络接口的用户工作站；

（2）城域网（MAN）：在大城市范围内两个或多个网络的互联；

（3）广域网（WAN）：在数据通信中，用来连接分散在广阔地域内的大量终端和计算机的一种多态网络。

互联网是目前最大的全球性的网络，它连接了覆盖 100 多个国家的各种网络，通过网络连接数以千万台的计算机，以实现连接互联网的计算机之间的数据通信。互联网由若干个学会、委员会和集团负责运行和维护管理。

建设工程项目的业主方和项目参与各方往往分散在不同的地点，或不同的城市，或不同的国家，因此其信息处理应考虑充分利用远程数据通信的方式，如：

（1）通过电子邮件收集信息和发布信息；

（2）通过基于互联网的项目专用网站（Project Specific Web Site，PSWS）实现业主方内部、业主方和项目参与各方，以及项目参与各方之间的信息交流、协同工作和文档管理（如图 13—1 所示）；或通过基于互联网的项目信息门户（Project Information Portal,

PIP）ASP 模式（为众多项目服务的公用信息平台）实现业主方内部、业主方和项目参与各方，以及项目参与各方之间的信息交流、协同工作和文档管理；

（3）召开网络会议；

（4）基于互联网的远程教育与培训等。

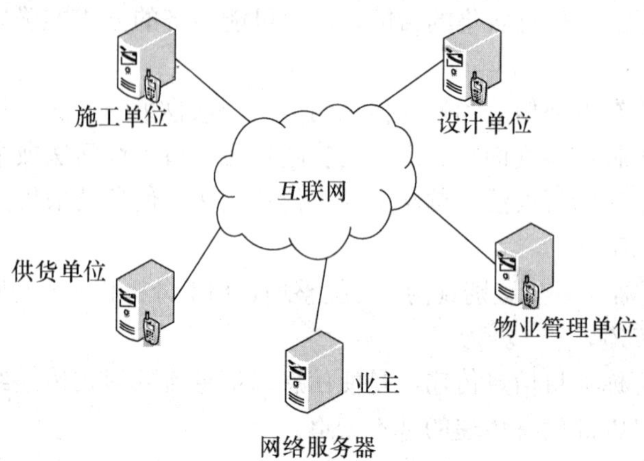

图 13—1　基于互联网的信息处理平台

13.1.6　项目管理信息化

信息化是人类社会发展过程中的一种特定现象，其表明人类对信息资源的依赖程度越来越高。信息化是人类社会继农业革命、城镇化和工业化后迈入新的发展时期的重要标志。

信息化最初是从生产力发展的角度来描述社会形态演变的综合性概念，信息化和工业化一样，是人类社会生产力发展的新标志。

信息化的出现给人类带来了新的资源、新的财富和新的社会生产力，形成了以创造型信息劳动者为主体，以电子计算机等新型工具体系为基本劳动手段，以再生性信息为主要劳动对象，以高技术型企业为骨干，以信息产业为主导产业的新一代信息生产力。在传统经济中，人们对资源的争夺主要表现为占有土地、矿产和石油等，而今天，信息资源日益成为争夺的重点，带来了国际社会新的竞争方式、竞争手段和竞争内容。在信息技术开发和应用领域尤其是网络技术方面存在的差距，导致信息获取和创新产生落差，于是就产生了国与国、地区与地区、产业与产业、社会阶层与社会阶层之间的“数字鸿沟”。

我国不仅在生产力各个领域应用信息技术与工业发达国家相比存在较大的数字鸿沟，在国内各地区间也存在数字鸿沟，并有不断扩大的趋势，数字鸿沟造成的差别正在成为我国继城乡差别、工农差别、脑体差别“三大差别”之后的“第四大差别”。

在产业与产业之间，由于建筑业的特性，目前建筑业信息技术的开发和应用及信息资源的开发和利用效率较差，使建筑业相对其他产业之间也存在较大的数字鸿沟。

1. 项目管理信息化的含义

信息化指的是信息资源的开发和利用，以及信息技术的开发和应用。项目管理信息化指的是项目管理信息资源的开发和利用，以及信息技术在项目管理中的开发和应用。项目管理信息化属于领域信息化的范畴，它和企业信息化也有联系。

我国实施国家信息化的总体思路是：

(1) 以信息技术应用为导向；

(2) 以信息资源开发和利用为中心；

(3) 以制度创新和技术创新为动力；

(4) 以信息化带动工业化；

(5) 加快经济结构的战略性调整；

(6) 全面推动领域信息化、区域信息化、企业信息化和社会信息化进程。

2. 信息技术在项目管理领域的发展过程

信息技术在项目管理中的开发和应用，包括在项目决策阶段的开发管理、实施阶段的项目管理和使用阶段的设施管理中开发和应用信息技术。自 20 世纪 70 年代开始，信息技术经历了一个迅速发展的过程，信息技术在项目管理中的应用也有一个相应的发展过程：

(1) 20 世纪 70 年代，单项程序的应用，如工程网络计划的时间参数的计算程序、施工图预算程序等；

(2) 20 世纪 80 年代，程序系统的应用，如项目管理信息系统、设施管理信息系统；

(3) 20 世纪 90 年代，程序系统的集成，它是随着工程管理的集成而发展的；

(4) 20 世纪 90 年代末期至今，基于网络平台的工程管理。

3. 项目管理信息化的意义

项目管理信息化有利于提高项目的经济效益和社会效益，以达到为项目建设增值的目的。在建设工程领域，据有关国际资料的统计：传统建设工程中三分之二的问题都与信息交流有关；建设工程中 10%～33%的成本增加都与信息交流存在的问题有关；在大型建设工程中，信息交流问题导致的工程变更和错误产生的费用约占工程总投资的 3%～5%。

(1) 项目管理信息资源的开发和信息资源的充分利用，可吸取类似项目的正反两方面的经验和教训，许多有价值的组织信息、管理信息、经济信息、技术信息和法规信息有助于项目决策期多种可能方案的选择，有利于项目实施期的项目目标控制，也有利于项目建成后的运行。

(2) 通过信息技术在项目管理中的开发和应用能实现：

1) 信息存储数字化和存储相对集中（如图 13—2 所示）；

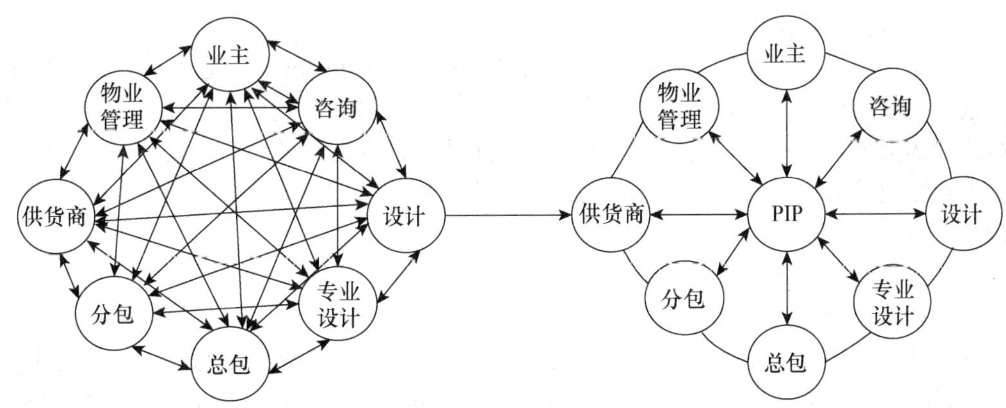

图 13—2　信息存储方式

2）信息处理和变换的程序化；

3）信息传输的数字化和电子化；

4）信息获取更加便捷；

5）信息透明度提高；

6）信息流扁平化。

4. 项目信息门户（PIP）

项目信息门户是基于互联网技术为建设项目增值的重要管理工具，是当前在项目管理领域中信息化的重要标志。但是在工程界，对项目管理信息系统（Project Management Information System，PMIS）、管理信息系统（Management Information System，MIS ）和项目信息门户（Project Information Portal，PIP）的内涵尚有不少误解。应指出，项目管理信息系统是基于数据处理设备的为项目管理服务的信息系统，主要用于项目的目标控制。由于业主方和承包方项目管理的目标和利益不同，因此它们都必须有各自的项目管理信息系统。管理信息系统是基于数据处理设备的信息系统，主要用于企业的人、财、物、产、供、销的管理。项目管理信息系统与管理信息系统服务的对象和功能是不同的。项目信息门户既不同于项目管理信息系统，也不同于管理信息系统（如图 13—3 所示）。

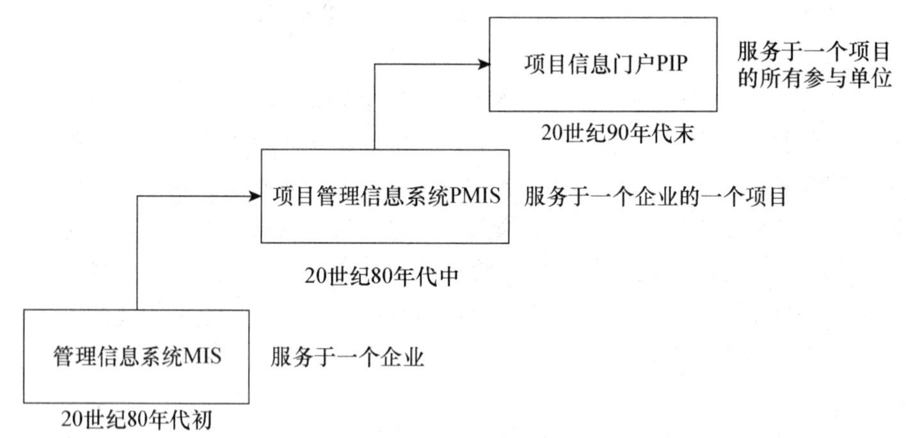

图 13—3 项目信息门户与管理信息系统、项目管理信息系统的区别

（1）项目信息门户的概念。

门户是一个网站，或称为互联网门户站（Internet Portal Site），它是进入万维网的入口。搜索引擎（Search Engine）属于门户，Google 也是门户，任何人都可以访问，以获取所需要的信息，这些是一般意义上的门户。此外，有些是为了专门的技术领域、专门的用户群或专门的对象建立的门户，称为垂直门户（Vertical Portal）。项目信息门户属于垂直门户，不同于上述一般意义上的门户。

项目信息门户是项目各参与方信息交流、共同工作、共同使用和互动的管理工具。众多文献对项目信息门户的定义有不同的表述，但大多数专家认为：项目信息门户在对项目全生命周期过程中项目参与各方产生的信息和知识进行集中管理的基础上，为项目参与各方在互联网平台上提供了一个获取个性化项目信息的单一入口，从而为项目参与各方提供了一个高效率信息交流（Project Communication）和共同工作（Collaboration）的环境。

就建设工程项目而言：

1）“项目全生命周期过程”包括项目的决策期、实施期（设计准备阶段、设计阶段、施工阶段、动用前准备阶段和保修期）和运行期（或称使用期、运营期）。

2）“项目参与各方”包括政府主管部门和项目法人的上级部门、金融机构（银行和保险机构以及融资咨询机构等）、业主方、工程管理和工程技术咨询方、设计方、施工方、供货方、设施管理方（其中包括物业管理方）等。

3）“信息和知识”包括以数字、文字、图像和语音表达的组织类信息、管理类信息、经济类信息、技术类信息及法律和法规类信息。

4）“提供了一个获取个性化项目信息的单一入口”指的是经过用户名和密码认证后提供的入口。

（2）项目信息门户的类型和用户。

1）类型。

项目信息门户按其运行模式可分为如下两种类型：PSWS 模式（Project Specific Website），为一个项目的信息处理服务而专门建立的项目专用门户网站，也即专用门户；ASP 模式（Application Service Provide），由 ASP 服务商提供的为众多单位和众多项目服务的公用网站，也可称为公用门户。ASP 服务商有庞大的服务器群，一个大的 ASP 服务商可为数以万计的客户群提供门户信息处理服务。国际上项目信息门户应用的主流是 ASP 模式。

项目信息门户可以为一个建设工程的各参与方的信息交流和共同工作服务，也可以为一个建设工程群体的管理服务。前者侧重于一个建设工程（即 Project）各参与方内部的共同工作，而后者则侧重于对一个建设工程群体（Program）的总体和宏观的管理。可以把一个单体建筑物、一个工厂、一个机场视为一个建设工程，因为它们都有明确的项目目标。另外，整个北京奥运会工程项目、整个上海世博会工程项目、一个城市的全部重点工程项目、一个电力集团的全部新建工程项目以及国家发改委主管的一定投资规模以上的全部建设工程都可视为一个建设工程群体。由于这两种类型的项目信息门户建立的目的不同，其具体的信息处理也有些差别。

国际上有许多不同的项目信息门户产品（品牌），其功能不尽一致，但其主要的核心功能是类似的，即：项目各参与方的信息交流（Project Communication）；项目文档管理（Document Management）；项目各参与方的共同工作（Project Collaboration）。

2）用户。

如前所述，项目参与各方包括政府主管部门和项目法人的上级部门、金融机构（银行和保险机构以及融资咨询机构等）、业主方、工程管理和工程技术咨询方、设计方、施工方、供货方、设施管理方（其中包括物业管理方）等，它们都是项目信息门户的用户。从严格的意义上讲，以上各方使用项目信息门户的个人是项目信息门户的用户。每个用户都有登录门户的用户名和密码，系统管理员将对每一个用户的使用权限进行设置。

（3）项目信息门户实施的条件。

项目信息门户的实施是一个系统工程，在实施过程中不仅应重视其技术问题，更应重视与其实施有关的组织和管理问题。应认识到，项目信息门户不仅是一种技术工具和手段，它的实施还会引起项目实施在信息时代进程中的重大组织变革。组织变革包括项目管理组织的变化、项目参与方的组织结构和管理职能分工的变化，以及项目各阶段工作流程的重组等。

项目信息门户实施的条件包括：①组织件；②教育件；③软件；④硬件。组织件起着支撑和确保项目信息门户正常运行的作用，因此，组织件的创建和在项目实施过程中动态地完善组织件是项目信息门户实施最重要的条件。

13.1.7 项目信息管理规划

项目信息管理规划就是确定项目干系人的信息需求和信息交流方式，确定谁需要信息、需要什么信息、何时需要，以及如何将信息分发给他们。

虽然每个项目都需要沟通项目信息，但信息需求和传播方式差别很大。确认项目干系人的信息需求和确定满足需求的适当方式是项目获得成功的重要因素。

1. 项目信息管理规划的内容

（1）与项目组织相适应的信息流通系统；

（2）信息中心的建立规划；

（3）项目管理软件的选择与使用规划；

（4）信息管理实施规划。

2. 项目信息管理规划的依据

（1）组织信息管理基础与环境。组织现有的信息管理基础与环境包括：组织人员整体素质与信息技术操作技能水平；现有的信息管理规定与程序；现有的信息管理基础设施（计算机、存储体系、网络、通信方式等）；

（2）沟通需求；

（3）沟通技术；

（4）制约因素和前提假设。

3. 项目信息管理规划的方法与工具

（1）项目干系人分析。信息管理规划的主要方法是项目干系人分析。通过分析各项目干系人对信息的需求，形成一个对他们信息需求和信息来源的逻辑看法，并为满足他们的需求找到来源。该分析应考虑适于项目需求的方法和技术，为项目的成功提供所必需的信息，并且应避免将资源浪费在不必要的信息或不恰当的信息技术上；

（2）项目管理软件；

（3）基于互联网的项目信息门户技术。

4. 项目信息管理规划的过程

（1）根据项目信息管理战略确定项目信息管理的目标与方针；

（2）信息需求分析。通过项目信息需求分析得出项目干系人信息需求的总和。确定项目信息需求的依据是：

1）组织机构图；

2）项目组织与项目干系人的职责关系；

3）项目中涉及的学科、部门与专业；

4）何时、何地及何人参与项目某一部分等计划及物流因素；

5）内部信息需求；

6）外部信息需求（包括媒体、政府监管部门等）；

7）项目干系人信息。

（3）确定实现信息需求的信息管理计划；

（4）确定信息管理程序。项目信息管理程序是一系列规章制度和相应执行流程的组合，它是保证项目团队成员和干系人放弃原有信息管理习惯，采用新信息管理系统的一系列约定，以及对相关责任和义务的确认和承诺。其包括但不限于：

1）为确保项目成功在信息管理方面达成共识的协议文件；

2）信息管理组织机构的设置及权限；

3）信息主管（CIO）的职责、选拔及任命程序；

4）各团队成员、各干系人在信息管理工作中所承担的责任与义务；

5）各类信息、文件的查询和分发计划（含范围、权限控制及保密措施）；

6）信息分类编码、文件格式标准等标准的选用及变更控制程度；

7）项目管理软件、数据库软件、操作系统等工具的选用及变更控制程序；

8）项目信息管理系统效能评价指标及评价程序，信息系统验收方法与程序；

9）信息、文件的分布、存储、建档管理程序；

10）岗位变动和人员变动的信息资源移交管理程序；

11）信息及网络使用安全管理程序；

12）信息、文件的采集、报送、分发流程及变更控制管理程序。

项目经理可以直接组织制定信息管理程序，也可以由项目经理任命的信息主管（CIO）组织起草相关程序交项目经理签发实施。

信息管理程序可以借鉴或沿用项目团队或干系人原有的程序，也可以外包给专业组织来制定。

5. 项目信息管理规划的结果

信息管理规划的结果主要是形成一份沟通管理计划，它提供下列内容：

（1）收集和归档的结构。收集和归档的结构详细规定收集和储存各类信息的方法。应用的范围涵盖对之前已公布材料的更新和发送。

（2）发送结构。发送结构详细地规定了信息（状况报告、数据、进度、技术资料等）将流向何人以及用何种方式（书面报告、会议等）来传递。此种结构必须与项目组织图表、定义的责任和报告关系兼容。

（3）被发送信息的说明。被发送信息的说明包括格式、内容、详细级别、使用的协议及定义。

（4）进度安排。说明何时进行某种沟通。

（5）评估信息的方法。

（6）修订和提炼沟通管理计划的方法。

6. 项目信息管理规划过程中需要注意的问题

（1）在项目信息收集与传递方面：

1）项目经理部应配备必要的仪器仪表，采用测量、检测、称重、量方等手段，通过施工记录、会议纪要、工程安全质量记录等形式，收集项目过去、现在、未来三种状态下的信息。

2）项目信息的来源可以是网络和其他媒体、学术交流活动以及专业信息服务机构。

3）项目经理部应通过会议、座谈、调查等多种形式，定期编制项目信息需求计划表，来识别项目管理各层次、各有关人员所需要的信息，并及时加以收集、传递和反馈。

4）项目经理部应对特殊的施工过程，如项目进展面貌、项目重大活动、特殊的隐蔽施工过程等拍摄影像资料。

5）项目经理部对外报送信息由项目信息管理员负责，报送的内容和方式应经部门领导审阅、签字，项目经理审批后方可对外报送，并要求对方接收人员签署回执或收文记录。

6）外来单位的重要收文应经项目经理签阅，以决定发布范围及处理方式。日常文件由项目技术负责人签阅处理。

（2）在项目信息保管和储存方面：

1）项目信息储存分电子化储存、纸质文件储存两种，在实践中建议优先采用电子化储存方式。项目信息数据应进行备份，确保数据的可靠性、完整性。

2）项目经理部应建立信息资料借阅、查询管理制度，技术资料应由专人保管。

3）工程竣工或项目结束时，应按国家、地方及企业的要求，将工程档案及信息资料进行封存和移交，负责移交和签收的执行人应办理档案资料交接手续。

4）项目经理部应建立《项目信息目录清单》。

13.2 项目管理信息系统

项目管理信息系统是计算机辅助项目管理工具，为项目目标的实现提供了强有力的帮助。项目管理信息系统能够帮助进行费用估算，并收集相关信息来计算挣得值和绘制 S 曲线，能够进行复杂的时间和资源调度，还能够帮助进行风险分析和形成适宜的不可预见费用计划等。如项目计划图表（PERT 图、横道图）的绘制、项目关键路径的计算、项目成本的核算、项目计划的调整、资源平衡计划的制订与调整以及动态控制等都可以借助项目管理信息系统实现。

项目管理信息系统采用的方法即项目管理的方法，主要是运用动态控制原理，对项目管理的投资、进度和质量方面的实际值与计划值进行比较，找出偏差，分析原因，采取措施，从而达到控制效果。因此，项目管理信息系统主要包括项目投资控制、进度控制、质量控制、合同管理和系统维护等功能模块。

13.2.1 项目管理信息系统的特点

(1) 易沟通，易优化。系统的开发采用事务逻辑设计方法，能够彻底改变以往管理者和系统设计者不能沟通的问题，同时管理者可以参与系统设计的全过程，直接参与系统优化。

(2) 可继承，可发展。

(3) 系统可以方便地与其他系统相互传递数据，实现综合应用。

(4) 清楚地显示工作内容，引导用户完成工作。

(5) 采用B/S结构，方便移动办公。

13.2.2 项目信息管理系统应满足的要求

(1) 应方便项目信息的输入、整理与存储。

(2) 应有利于用户提取信息。

(3) 应能及时调整数据、表格与文档。

(4) 应能灵活补充、修改与删除数据。

(5) 信息种类与数量应能满足项目管理的全部需要。

(6) 应能使设计信息、施工准备阶段的管理信息、施工过程中项目管理各专业的信息、项目结算信息、项目统计信息等有良好的接口。

(7) 应能连接项目经理部各职能部门、项目经理与各职能部门、项目经理部与劳务作业层、项目经理部与企业各职能部门、项目经理与企业法定代表人、项目经理部与发包人和分包人、项目经理部与监理机构等。

(8) 应能使项目管理层与企业管理层及劳务作业层信息收集渠道畅通，实现信息资源共享。

13.2.3 项目管理信息系统的实施策略

从国内外的项目管理经验可知，周全的项目管理信息系统的实施策略是：

(1) "一把手原则"是项目管理信息系统成功运用的关键。全员参与是项目管理信息系统成功运用的保障。

(2) 要把项目管理信息门户网站的建设作为项目管理信息系统的战略目标。

(3) 建立不同项目生命周期信息系统之间的数据流程和接口是项目信息系统规划的核心任务和目标。

(4) 项目管理信息系统的规划设计必须列入工程项目概念阶段方案拟订和认证的必备内容。

(5) 以造价（概预算）、合同、财务管理为主线和重心构建项目信息管理系统。

(6) 建立进度项目划分、造价项目划分和质量验评项目划分三者之间编码的统一或对应关系是项目管理信息系统开发的重点和难点。

13.2.4 项目管理信息系统的结构和功能

1. 项目管理信息系统的结构

项目管理信息系统的结构如图 13—4 所示，即由进度控制、投资（成本）控制、质量控制、HSE（职业健康、安全、环境）管理和合同管理五个子系统组成，五个子系统相互联系，共享数据库。

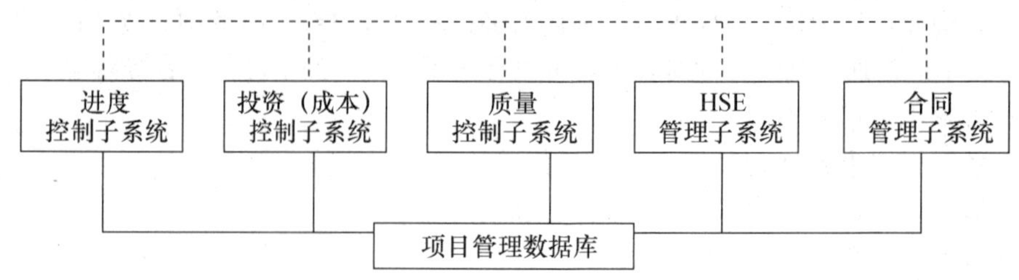

图 13—4　项目管理信息系统的结构

2. 项目管理信息系统的功能

(1) 进度控制子系统的功能。

进度控制子系统的基本设想是通过项目的计划进度和实际进度的不断比较，进度管理者可及时获得反馈信息，以控制项目实施进度。

进度控制子系统的基本方法是网络计划编制方法、计划进度与实际进度的比较方法。计划进度和实际进度的比较可通过工作开始时间、工作完成时间、完成率、形象进度的比较实现。

进度控制子系统的基本功能是编制双代号网络计划、单代号搭接网络计划和多平面群体网络计划，进行工程实际进度的统计分析，实际进度与计划进度的动态比较，工程进度变化趋势预测，计划进度的定期调整，工程进度各类数据的查询，提供针对不同管理平面的工程进度报表，绘制网络图和横道图。

(2) 投资（成本）控制子系统的功能。

投资（成本）控制子系统的基本设想是通过项目的投资（成本）计划和投资（成本）实际值的不断比较，使投资（成本）控制者可及时获得信息，以控制项目计划投资（成本）的实现。

在项目建设过程中，与项目投资有关的费用有匡算、概算、预算、标底、投标价、合同价、结算、决算等。投资计划值与实际值的比较是一个动态的过程，即将与投资有关的费用进行比较，从中发现投资偏差。如果将项目概算作为计划投资目标值，在进行概算和预算时，概算是计划值，预算是实际值；在进行合同价与结算比较时，合同价为计划值，结算为实际值。投资（成本）控制子系统的基本方法是将项目总投资按照投资控制项进行切块，求出项目投资计划值与实际值的差及该差值在投资计划值中所占的比例，尤其应注重占了 80%项目总投资额的 20%的投资控制项。

投资（成本）控制子系统的基本功能是编制项目概算和预算，进行投资切块分析，投资切块与项目概算的对比分析，项目概算与预算的对比分析，合同价与投资切块、概算、预算的对比分析，实际投资与概算、预算、合同价的对比分析，项目投资变化趋势预测，项目结算与预算、合同价的对比分析，项目投资的各类数据查询，提供针对不同管理平面的项目投资控制和管理报表。

(3) 质量控制子系统的功能。

质量控制子系统的基本设想是辅助制定项目质量标准和要求，通过项目实际质量与质量标准、要求的对比，质量管理者可及时获得信息，以控制项目质量。质量控制子系统的基本方法是质量数据的存储、统计和比较。

质量控制子系统的基本功能是进行项目建设的质量要求和质量标准的制定，分项工程、分部工程和单位工程的验收记录和统计分析，工程材料验收记录，机电设备检验记录（包括机电设备的设计质量、监造质量、开箱检验情况、资料质量、安装调试质量、试运行质量、验收及索赔情况），工程设计质量鉴定记录，安全事故的处理记录，提供工程质量报表。

（4）HSE 管理子系统的功能。

HSE 管理子系统的基本设想是将安全、职业健康和环境保护的理念融入工程项目管理和控制活动的全过程，通过规范安全健康环境管理业务流程，实现对项目建设全过程的监督、管理，保障整个工程安全文明施工和交付。

HSE 管理子系统实施的基本方法包括安全健康保障体系的建立、监督、监察，安全计划的制订与安全教育培训，安全健康环境检查与反馈，不符项管理、安全考核，风险控制及危险点分析，重要物项管理等。

HSE 管理子系统的基本功能是开展安全计划管理，进行安全保障体系、安全组织结构、安全网络的建立和维护，安全教育培训管理，安全资质管理，应急内容管理，每周安全周报、安全检查、风险控制及危险点分析、不合格项管理，工器具及设施管理，事故管理，安全奖惩、安全考核、安全会议及会议纪要管理等。

（5）合同管理子系统的功能。

合同管理子系统的基本设想是涉及项目勘察设计、施工、工程监理、咨询和科研等的全部项目实施合同的起草、签订、执行、归档、索赔等全部环节的辅助管理。

合同管理子系统的基本方法是用于合同文本起草和修改的公文处理和合同信息的统计，通过合同信息的统计可以获得月度、季度、年度的应付款额、合同总数等信息。

合同管理子系统的基本功能是提供和选择标准的合同文本，进行合同文件、资料的管理，合同执行情况的跟踪和处理过程的管理，涉外合同的外汇折算，经济法规库（国内外经济法规）的查询，提供合同管理报表。

13.3 项目信息技术的发展

13.3.1 VR 技术

虚拟现实（VR）技术是一项多学科集成、综合性极强的前沿信息技术，该技术在工程建设管理中的成功应用，对于拓展虚拟现实技术的应用领域，提高大型复杂项目的设计表现理念，辅助工程管理与决策以及进行全新的工程展示与宣传都具有十分重要的价值和作用。

虚拟现实技术集成了计算机图形技术、计算机仿真技术、人工智能、传感技术、显示技术、网络并行处理等技术的最新发展成果，是一种由计算机生成的高技术模拟系统。虚拟现实技术主要研究交互式实时三维图形在计算机模拟方面的应用。它为用户提供了一种能在计算机上设计和创建三维动态虚拟世界，并具有交互感应和自由转换视角功能的崭新工具，早期主要用于军事、航天等领域的辅助设计与决策。随着个人计算机技术的飞速发展和数字化概念的出现，近10年来，虚拟现实技术越来越受到人们的关注，被应用到越来越多的领域，如地理学、医学、制造、工程、教育、艺术和娱乐等。

1. VR技术的特征

作为一种综合性极强的前沿高新信息技术，虚拟现实技术具有三个方面的特征，即沉浸性、交互性和多感知性。

(1) 沉浸性。虚拟现实技术是根据人类的视觉、听觉的生理、心理特点，由计算机生成逼真的三维立体图像，使用者戴上立体眼镜或头盔显示器，便可将自己置身于虚拟环境中，成为虚拟环境中的一员。使用者与虚拟环境中的各种对象相互作用，就如同在现实世界中一样，感觉逼真，如同身临其境。

(2) 交互性。虚拟现实技术系统的人机交互是一种近乎自然的交互，用户不仅可以利用计算机键盘、鼠标进行交互，而且能够通过特殊头盔、数据手套等传感设备进行交互。用户通过自身的语言、身体动作等自然技能，就能对虚拟的对象进行操作。

(3) 多感知性。由于虚拟现实技术系统中装有视觉、听觉、触觉、动觉的传感及反应装置，用户在虚拟环境中可获得视觉、听觉、触觉、动觉等多种感知，从而获得身临其境的感觉。

2. VR技术的意义

由于虚拟现实技术有着上述特点，将其应用到项目管理中，不仅可以拓展对重大工程的表现与展示方法，而且还可以提高项目建设规划设计的表现手法，进而验证、优化设计。通过对关键复杂工程或工序局部的三维表现，可实现验证项目设计系统的协调性，特别是能够推动工程建设管理和重大项目计划进度管理的信息化、数字化和模拟化。

利用已有基础数据（如工程现场地形、设计图纸、已有构筑物照片等），运用空间建模系统软件（如Softimage XSI、Maya、3Dmax等）建立整个工程各个标段或构筑物的数字实体模型，通过海量图像数据的预处理系统把所有局部模型进行整合，可形成整个工程的数字模型。利用多通道并行渲染系统和局部效果增强系统，将数字模型进行专业渲染，可最终形成一个虚拟的数字化工程。在虚拟环境中，用户可以对整个工程进行浏览，可以观察每个细节构造或施工过程，选择鸟瞰、俯视、车行或人行以及飞行模式。可以将构筑物的颜色、形状等内容进行实时修改和替换，可以参与到工程中进行决策。将纸质平面设计图转化为三维动态、可交互的立体影像，通过实时交互和实时渲染，可让干系人沉浸在虚拟环境中，不受时间、地点限制，"身临其境"地多角度、全方位地浏览和熟悉整个工程，包括许多在现实工程空间所不能到达的位置或相关隐蔽性工程。虚拟现实技术还可以全方位、多角度地截取高清大尺寸的效果图，为工程建设全过程提供宣传素材，同时可以作为永久性的电子档案，为建成后的工程的经营管理服务。

（1）辅助决策。虚拟现实技术可以对工程建设的全过程（包括方案阶段和关键工程施工过程）进行数字化表现。在工程建设过程中，物理、空间、时间等方面的界面关系十分复杂，运用虚拟现实技术将已存在的地形和周边环境以及新设计的内容融合在一起，将工程全貌按照 1∶1 尺寸进行模拟，非常适合大众了解、欣赏，为专业设计人士与非专业人士建立起了良好的沟通桥梁，便于非专业管理者很快熟悉、掌握工程特点和要求，而不需要管理者更多的想象，对设计一目了然，便于从中发现问题和不足，前瞻性地优化规划及设计理念。交互性可以通过改变参数让决策者按照自己的意图实时改变构筑物的颜色、大小以及位置等，使其与周边环境相协调；多方案切换，可以让决策者选择最适合的方案，节约决策时间。

（2）验证和优化设计。根据传统的二维平面图纸建立足尺的数字模型，每个可视构造物都可被表现出来，而且可以把结构进行分解来观察内部构造，真实、形象、直观、准确地反映设计意图。有助于在制作过程中发现项目设计疏漏和隐蔽性缺陷，以及专业衔接上的疏漏和缺陷。如机场、车站、商场等人流密集、集聚的地方，为保证设计能力和实际通行能力相匹配，可通过人流模拟，为将来建成后的管理提供依据，避免因改建、扩建或重建等带来的不必要的资源浪费。

（3）辅助宣传和管理。对于公众关心的大型项目，在项目方案设计过程中，虚拟现实技术可以将现有的方案转化为视频文件用来制作多媒体资料予以一定程度的公示，让公众真正地参与到项目中来。当项目方案最终确定后，也可以通过视频输出制作多媒体宣传片，提高项目的宣传展示效果。同时可以多角度截取所需要的高清图片，做宣传展板。项目建成后，参观者无需到现场，就可以了解该项工程的建设情况，如虚拟世博会展馆、虚拟奥运场馆等。

（4）影响大众生活。工程建设最终的服务对象是大众，受众面广，工程建设意义重大。特别是市政工程，如路网建设，是为了提高人们的出行能力，而虚拟现实交通流的模拟目前还没有在该领域普遍应用，在土地资源日益稀缺的今天，进行交通模拟，分析交通流量对路网建设与改造具有非常重要的意义。

（5）全寿命周期应用。随着项目管理的日趋完善，项目建设管理质量的评价重点逐渐由前评价（可行性研究）、过程评价（工程建设过程）转向项目建设管理后评价，即工程建成后的运营管理将作为评价的重点，虚拟现实技术可以模拟工程建设的全过程，并实时提供海量的数据，作为工程的预控系统，随时提供有益的帮助。

虚拟现实技术在项目管理中的应用前景十分广泛，其不仅是干系人的桥梁，也将是多种应用软件集成的平台。它将成为一种对多维信息处理的强大系统，成为人们进行思维和创造的助手和对人们已有的概念进行深化和获取新概念的有力工具。

13.3.2 BIM 技术

建筑信息模型（Building Information Modeling，BIM）作为一种全新的理念和技术，正受到国内外学者和业界的普遍关注。BIM 思想源于 20 世纪 70 年代，之后 Charles Eastman、Jerry Laiserin 及 McGraw-Hill 建筑信息公司等都对其概念进行了定义，目前相对较完整的是美国国家 BIM 标准（National Building Information Modeling Standard,

NBIMS）的定义："BIM是一个设施物理和功能特性的数字表达；BIM是一共享的知识资源，是一个分享有关这个设施的信息，为该设施从建设到拆除的全生命周期中的所有决策提供可靠依据的过程；在项目不同阶段，不同利益相关方通过在BIM中插入、提取、更新和修改信息，以支持和反映其各自职责的协同作业。"自BIM产生以来，与其相关的研究及应用不断加强，BIM的出现正在改变项目参与各方的协作方式。

1. BIM在国内外的应用及发展综述

在以北美、北欧、英国等为代表的发达国家或地区，BIM技术的先进理念得到了广泛传播，在政府的大力推动下，BIM首先在公共建筑领域得到了示范和推广应用，并逐步向私人建筑进行扩散。美国总务管理局（GSA）自2003年就开始实施国家3D—4D—BIM项目，美国陆军工程兵团（United States Army Corps of Engineers，USACE）在2006年制定并发布了一份15年（2006—2020年）的BIM路线图。美国建筑科学研究院于2007年发布了NBIMS第一版，其旗下的Building SMART联盟（Building SMARTAlliance，BSA）负责BIM应用研究工作。2007年年底，BSA已拥有IFC（Industry Foundation Classes）标准、NBIMS、美国国家CAD标准（United States National CAD Standard）以及BIM杂志（Jouanal of Building Information Modeling，JBIM）等一系列应用标准。2009年，美国威斯康星州成为第一个要求州内新建大型公共建筑项目使用BIM的州政府，德克萨斯州设施委员会也宣布对州政府投资的设计和施工项目要求应用BIM技术。2010年，俄亥俄州政府颁布BIM协议。BIM在美国公共建设项目中得到了广泛的应用。2015年7月，美国Building SMART联盟发布了NBIMS第3版（第1版为2007年12月，第2版为2012年5月），包含了BIM参考标准、信息交换标准与指南和应用三大部分。芬兰参议院资产部2007年10月规定本国所有建设项目都必须使用符合IFC标准的BIM模型。挪威防务房产署在2007年制定了挪威BIM指南（BIM手册）和BIM应用项目示范，要求2010年起全面实施BIM技术。丹麦企业与工程署推出数字建筑规划方案，规定自2007年1月起所有参与公共建筑建设项目的建筑设计师、承包商都必须使用基于BIM的数字路径、方法和工具，还制定了基于IFC的3D CAD/BIM应用指南。英国内阁办公室也在2011年5月发布《政府建筑战略》，公布了BIM战略白皮书。

与BIM应用水平较高的国家和地区相比，亚洲地区整体相对滞后，但发展势头迅猛，如韩国、新加坡和中国香港通过发挥政府主导作用，在各参与组织的共同努力下，制定BIM战略，明晰BIM应用发展思路，极大促进了BIM应用的深度和广度。韩国行业内使用BIM的时间较早，其在2010年实施了以BIM技术为特色的"公共采购服务"项目，据韩国工程与咨询协会（KENCA）最新调查显示，自2007年至今已有85%的企业采用BIM技术，大多数企业拥有超过5名的BIM技术员（但60.2%处于低级技能应用水平）；新加坡建筑建设局（BCA）2010年制定了BIM推广5年规划，要求到2012年所有的公共建设项目都必须使用BIM；香港房屋署自2006年起开始研究使用BIM，MTR内部设计团队及个别发展商开始是在外形复杂的建筑设计项目中使用BIM，到2008年在建筑及结构设计项目中已完全实现了BIM模型，目前已逐步推展至整个建筑生命周期的应用。

我国工程建设行业从 2003 年开始引进 BIM 技术，目前的应用以设计公司为主，各类 BIM 咨询公司、培训机构、政府及行业协会也开始越来越重视 BIM 的应用价值和意义。先后举办了“全国勘察设计行业信息化发展技术交流论坛”“与可持续设计专家面对面”“BIM 建筑设计大赛”“勘察设计行业 BIM 技术高级培训班”等；Autodesk 也正式推出了基于 BIM 的 Autodesk Revit Architecture、Revit Structure、Revit MEP、AutoCAD Civil 3D 以及 Autodesk Navisworks 等软件；中建国际设计顾问有限公司（CCDI）、上海现代建筑设计集团、Kling Stubbins 国际建筑设计中国分部以及美国 Aedis 建筑与规划设计中国公司等都在不同项目的不同程度上使用了 BIM 技术。《国家科技支撑计划“十一五”发展纲要》和《2011—2015 年建筑业信息化发展纲要》也将 BIM 技术纳入了其中。

2014 年，《民用建筑信息模型设计标准（DB11/1063—2014）》由北京市质量技术监督局和北京市规划委员会共同发布，并与当年 9 月 1 日正式实施，这是我国第一部地方 BIM 应用标准。此标准是以民用建筑为对象的 BIM 技术应用标准，意在使北京民用建筑设计单位可依据这些通用原则和基础标准制定本单位的 BIM 实施指南或建立企业级的 BIM 实施标准。

2015 年 5 月，深圳市建筑工务署颁布了《深圳市建筑工务署政府公共工程 BIM 应用实施纲要》以及《深圳市建筑工务署 BIM 实施管理标准》，以为各参与方提供一个 BIM 项目实施的标准框架与流程，并为业主方的 BIM 项目实施过程提供指导依据。2016 年 5 月，深圳市还颁布了《关于推进深圳市建筑信息模型（BIM）应用的若干意见》。

2016 年 2 月，中国建筑股份有限公司和中国建筑科学研究院会同国家建筑信息模型（BIM）产业技术创新战略联盟等单位编制的工程建设国家标准《建筑工程施工信息模型应用标准》征求意见稿公布，强调施工 BIM 应用宜覆盖工程项目深化设计、施工实施、竣工验收与交付等整个施工阶段，也可根据工程实际情况只应用于某些环节或任务。该标准涵盖了施工 BIM 应用策划与管理、施工模型以及深化设计、施工模拟、预制加工、进度管理、预算与成本、质量与安全管理、施工监理、竣工验收与交付等与 BIM 应用相关的内容。

2016 年 4 月，浙江省住建厅颁布了《浙江省建筑信息模型（BIM）技术应用导则》，列出了 29 个 BIM 技术应用点。

现阶段 BIM 的使用者以设计单位、施工单位为主，就应用广度和深度而言，BIM 在中国的应用还只是刚刚开始，但发展迅猛，正逐步推广和深入到建筑行业各个领域。从全球化的视角来看，BIM 的应用已成主流。

2. BIM 的特征

BIM 模型基于“可视化”的三维数字构建建筑设计方案，为开发商、建筑设计师、土建与机电工程师、建造师、材料设备供应商、最终用户等各环节的技术和管理人员提供协作平台，帮助他们利用三维数字模型技术对工程项目进行设计、建造及运营管理。BIM 是对工程项目实体与功能特性的数字化表达，其中集成了工程项目的各种相关信息。一个完善的 BIM 模型，能够在项目全生命周期内共享、使用模型信息。BIM 一般具有以下特征。

（1）可视化。可视化是 BIM 的一个重要特性，其意思是“所见即所得”。BIM 的工作过程和结果就是建筑物的实际形状加上构件的属性信息和规则信息。在 BIM 的工作环境里，由于整个过程是可视化的，所以，可视化的形式、结果能够为交流和展示提供极大的便利，更为重要的是，工程项目设计、建造、运营过程中大量的技术、管理问题，需要进行沟通、研讨并最终做出决策，这些都可在可视化的状态下进行。

(2) 协调性。项目参与方较多，各参与方需经常围绕项目建设开展协调工作。传统建筑生产组织方式是项目设计或者施工过程中遇到问题，即召集参与各方查找原因和寻求解决方案，进行设计变更。BIM 常用的碰撞检查功能可以提前发现问题，使问题在设计阶段就得到解决。

(3) 模拟性。模拟性不仅指能模拟设计出建筑物模型，还指可以模拟无法在真实世界中预演的事情。在设计阶段，BIM 最基本的优势在于可以对设计上需要进行验证的一些部位或过程进行 3D 模拟实验，例如，空间结构性能模拟、装饰艺术美感模拟、通风采光气流模拟、紧急疏散防灾模拟、热能传导效率模拟等；在招投标阶段可以进行 4D 模拟（基于 3D 模型加项目进度控制）、技术与经济方案模拟，直接生成合同结构、项目范围和项目目标；在施工阶段，可以进行 5D 模拟（基于 4D 模型加项目成本控制），以及根据施工组织设计模拟实际施工部署、工序立体交叉作业、施工安全防护，从而确定经济合理、安全高效的施工方案，此外还可以实现工程项目成本的实时控制；在运维阶段，可以协助查找产生问题的部位，模拟维修过程，模拟紧急情况下应急预案的有效性，例如，火灾、地震发生时人员的疏散模拟等。

(4) 优化性。事实上，工程项目建设的全生命周期是一个不断优化的过程，并且科研、设计、施工、运维每一个阶段都可能存在不断优化的空间。当然，项目全过程优化可以通过多种途径实现。但借助 BIM 实现的优化更简捷、更精确。一般而言，项目全过程优化受三大要素的约束，即信息准确与否、复杂程度和必要时间。只有准确的信息才能得出精确的优化结果。在工程项目实施的各个阶段，BIM 模型提供了工程项目的真实信息，包括组织信息、技术信息、标准信息、经济信息、管理信息、法规信息。由于项目技术与管理人员本身能力的限制，无法掌握具有较高技术、结构复杂的工程的海量信息，必须借助外部技术和设备的帮助。同时随着现代建筑产品及其建造过程的复杂程度不断加大，日益超出项目人员有限的能力所及的范围，而 BIM 及其他一系列优化技术、方法、工具提供了对复杂工程项目进行全面优化的可能性。

美国建筑科学研究院（NBIMS，2007）认为："BIM 代表通过创新信息技术和商业结构而实现重大改变的新的理念和行为，它将革命性地减少建筑业各种形式的浪费和低效。"鉴于 BIM 在 AEC/FM 中的快速应用与扩散，国外许多机构和学者研究了使用 BIM 项目所获取的价值、实践可行性和面临的挑战等诸多问题。美国斯坦福大学对全球 BIM 应用项目的调查研究表明，通过有效应用 BIM 可降低 40%的设计变更，并将施工现场的劳动生产率提高 20%～30%（Fischer & Kunz，2009）。Leite 等（2011）研究了一系列案例，证明 BIM 在快速估算、工期、安装、信息征询等方面存在可衡量的价值。BIM 得到广泛的关注在于它不但可以为项目设计、施工与设备管理提供不同的价值服务，而且还能提供从项目决策到过程管理全生命周期的利益，可以在项目施工前准确实现设施所有部分的几何表示，在施工期间通过可视化提升客户的满意度，提高生产率。对于一个项目的整个生命周期，这些价值还将包括整个生命周期的成本控制，生命周期的数据集成，通过模型的发展进行快速、准确的同步变更控制。

3. BIM 的应用价值

（1）业主方面。业主是运用 BIM 技术的最大受益者。通过运用 BIM 技术，业主可以在项目早期模拟、对比、分析不同的建设方案，确定最佳的建设方案。利用 BIM 集成建筑全生命周期的建筑信息不仅可以在建设阶段起到节约资本、保证工程进度的作用，而且还可以为竣工后的运营维护管理提供有效的数据支撑。

（2）设计方面。设计师可以运用 BIM 技术对各个建设阶段的设计方案进行各种性能的模拟、对比、分析，确定具有最佳性能的建筑物；通过可视化设计、协同设计等对施工难点进行模拟分析，检查建筑结构与设备之间、管线与设备之间、管线自身之间的碰撞问题，消除施工障碍；利用 BIM 模型在空间上协调建筑物的各类设备系统（建筑、结构、空调、管线等），确保施工图与建筑物之间没有存在错漏碰缺现象。

（3）施工方面。采用 BIM 技术，施工方可以在施工前进行模拟施工，对比、分析不同施工方案，确定最佳的施工工序；依据精细深化设计方案降低现实施工与设计之间的偏差，提高建筑的质量。另外，运用 BIM 技术还可以提高施工预算的精度和效率，确认分包工程量，进行协调管理。

（4）运营维护方面。BIM 集成的建筑信息数据库，有助于建筑的运营维护管理，能够为保修服务的快速响应、降低运营维护成本提供数据支撑。此外，运用 BIM 技术还能够模拟制定突发事件下的应急处理措施，如提供在地震或火灾等突发情况下的最佳逃生路线。

4. BIM 软件

项目早期，各参与方需要选择合适的软件以及软件的版本，以满足 BIM 应用以及数据交换文件格式的要求。例如大型项目的多个模型整合时，常有专业文件无法导入、整合位置偏移、导入内容缺失等问题导致整合文件无法满足 BIM 应用需要。图 13—5 罗列出了常见的 BIM 软件类型。

13.3.3　其他新型信息技术

1. 云计算

美国著名科学家 Ian Foster 认为，“云计算是由规模经济拖动，为互联网上的外部用户提供的一组抽象的、虚拟化的、动态可扩展的、可管理的计算资源能力、存储能力、平台和服务的一种大规模分布式计算的聚合体”。加利福尼亚大学在《伯克利云计算白皮书》一书中则对云计算做了如下解释：云计算包括互联网上各种服务形式的应用以及这些服务所依托的数据中心的软硬件设施，这些应用服务一直被称作软件即服务，而数据中心的软硬件设施就是所谓的云。

2. 物联网

物联网是通过射频识别（Radio Frequency Identification，RFID）、全球定位系统、功能感应器、激光扫描等设备，将现实世界中的物体以网络的形式连接起来，实现物体与网络间的信息交互，最终达到对物体的识别、定位、跟踪、监控和管理等的技术。在物联网

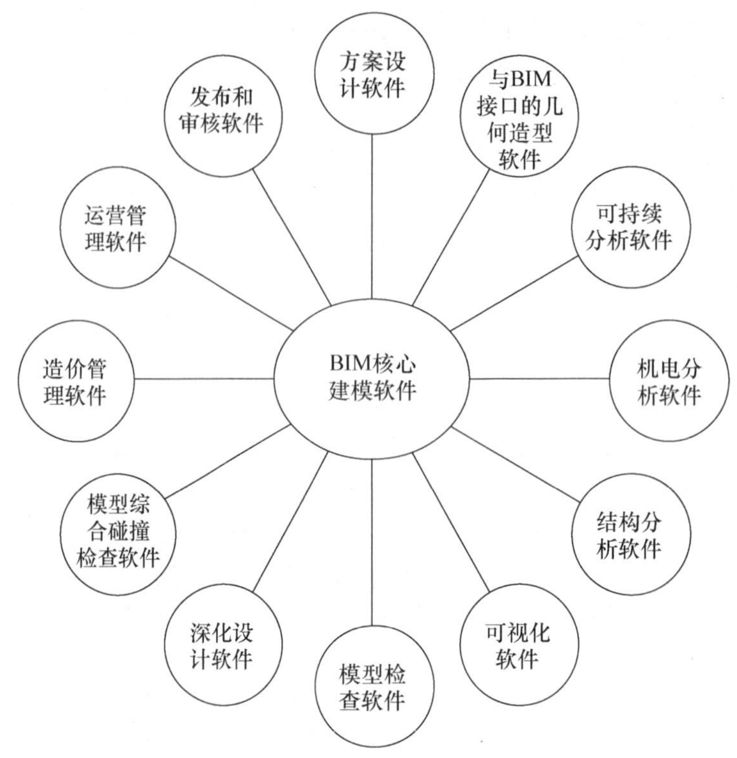

图 13—5 BIM 软件类型

技术提供的无线传感、物品标识等技术支持下，智慧建设各阶段的信息将实现互联、传递、分析、处理和反应等过程，为决策者提供辅助决策方案。物联网的后台支撑技术还可以实现优化、整合建设项目业务流程，仿真与模拟控制等工作。

射频识别技术是一种无线通信技术，利用该技术可以通过无线电信号识别特定目标并读写相关数据，而无须在识别系统与特定目标之间建立机械或者光学接触。RFID 的基本工作原理是标签进入磁场后，接收解读器发出的射频信号，凭借感应电流所获得的能量发送出存储在芯片中的产品信息（Passive Tag，无源标签或被动标签），或者主动发送某一频率的信号（Active Tag，有源标签或主动标签）；解读器读取信息并解码后，送至中央信息系统进行有关数据处理。以简单 RFID 系统为基础，结合已有的网络技术、数据库技术、中间件技术等，构筑一个由大量联网的阅读器和无数移动的标签组成的物联网，已成为 RFID 技术发展的趋势。

3. 3D 打印

以具有数字化、网络化、个性化、定制化特点的 3D 打印技术为代表的新制作技术将推动第三次工业革命。3D 打印（3DP）是快速成型技术的一种，它是一种以数字模型文件为基础，运用粉末状金属或塑料等可黏合材料，通过逐层打印的方式来构造物体的技术。3D 打印通常是采用数字技术材料打印机来实现的。常在模具制造、工业设计等领域被用于制造模型，后逐渐用于一些产品的直接制造，现已有使用这种技术打印而成的零部件。该技术在珠宝、鞋类、工业设计、建筑、工程和施工（AEC）、汽车、航空航天、牙科和医疗产业、教育、地理信息系统、土木工程、枪支以及其他领域都有应用。

4. 3D激光扫描

3D激光扫描技术是诞生于二十世纪九十年代的一项高新技术，历经几十年的发展，该技术日趋成熟。3D激光扫描技术又被称为实景复制技术，其利用激光测距原理，以每秒数万乃至百万次的测量速度，快速获取物体表面点的三维坐标值、反射率和纹理等信息，并通过计算机加工处理，快速构建被测物体的点、线、面以及三维模型等。基于其独特的优势，该技术在工业制造、工厂改造、规划、建筑、文物古迹保护、军事等领域得到了大量的尝试与应用。就建筑领域而言，无论是文物古迹维护，还是当代建筑改造，都需要反映建筑现状的测绘信息，尤其是对于重点文物古迹的测绘，往往需要采用非接触测量方式。3D激光扫描技术无疑为获取建筑较完整的信息提供了完美的技术支持与保障。

在旧房改造中，可利用3D激光扫描仪构建建筑模型，再根据模型作规划设计。结合3D打印技术制作出修改后的建筑模型，既可以做效果展示，又能发现设计中的不足。3D激光扫描技术和3D打印技术是目前的前沿技术，在实际应用中还存在不足，但可以预见的是，这两项技术的发展必定会相互促进。

5. 增强现实（AR）

增强现实（Augmented Reality，AR），也被称为扩增现实。它是一种将真实世界信息和虚拟世界信息“无缝”集成的新技术，是把原本在现实世界的一定时间、空间范围内很难体验到的实体信息，通过电脑等，模拟仿真后再叠加，将虚拟的信息应用到真实世界，被人类感官所感知，从而产生超越现实的感官体验。

增强现实技术，不仅展现了真实世界的信息，而且将虚拟的信息同时显示出来，两种信息相互补充、叠加。在视觉化的增强现实中，用户利用头盔显示器，把真实世界与电脑图形多重合成在一起，便可以看到真实的世界围绕着他。增强现实技术包含了多媒体、三维建模、实时视频显示及控制、多传感器融合、实时跟踪及注册、场景融合等新技术与新手段。增强现实技术提供了在一般情况下，不同于人类可以感知的信息。

AR系统具有三个突出的特点：①真实世界和虚拟信息的集成；②具有实时交互性；③在三维尺度空间中增添定位虚拟物体。AR技术不仅可应用到与VR技术相类似的领域，诸如尖端武器和飞行器的研制与开发、数据模型的可视化、虚拟训练、娱乐与艺术等领域，而且由于其具有能够对真实环境进行增强显示输出的特性，所以在医疗研究与解剖训练、精密仪器制造和维修、军用飞机导航、工程设计和远程机器人控制等领域，也具有比VR技术更加明显的优势。例如：

（1）X医疗领域：医生可以利用增强现实技术，轻易地进行手术部位的精确定位。

（2）军事领域：部队可以利用增强现实技术，进行方位的识别，获得实时所在地点的地理数据等重要军事数据。

（3）古迹复原和数字化文化遗产保护：文化古迹的信息以增强现实的方式提供给参观者，用户不仅可以通过HMD看到古迹的文字解说，还能看到遗址上残缺部分的虚拟重构。

（4）工业维修领域：通过头盔显示器将多种辅助信息显示给用户，包括虚拟仪表的面板、被维修设备的内部结构、被维修设备的零件等。

（5）网络视频通信领域：该系统使用增强现实和人脸跟踪技术，在通话的同时在通话者的面部实时叠加一些如帽子、眼镜等虚拟物体，在很大程度上提高了视频对话的趣味性。

（6）电视转播领域：通过增强现实技术可以在转播体育比赛的时候实时地将一些辅助信息叠加到画面中，可以使观众得到更多的信息。

（7）娱乐、游戏领域：增强现实游戏可以让位于全球不同地点的玩家，共同进入一个真实的自然场景，以虚拟替身的形式，进行网络对战。

（8）旅游、展览领域：人们在浏览、参观的同时，通过增强现实技术可接收到途经建筑、展品等的相关数据资料。

（9）市政建设规划：采用增强现实技术将规划效果叠加到真实场景中可直接获得规划效果。

（10）水利水电勘察设计：在水利水电勘察设计领域，三维协同设计稳步发展。AR技术在设计领域的应用为水利水电三维模型的应用提供了更好的展示手段，使得三维模型与二维设计能更加紧密地结合起来。AR技术在勘察设计领域可以有效地应用于实时方案比较、设计元素编辑、三维空间综合信息整合、辅助决策和设计方案多方参与等方面。

13.4 项目档案资料管理

项目档案是指经过鉴定、整理并归档的项目文件，是在项目建设、管理过程中形成的具有保存价值的各种形式的历史记录。一个项目在从立项、设计、施工到监理、验收的过程中会形成大量的文件材料，为使项目档案齐全、完整、准确，就需要有一套行之有效的方法对其进行管理。

13.4.1 项目文件材料的归档范围

基本建设项目文件材料的归档范围指的是对项目建设全过程中产生的各种文件材料进行取舍划分的标准和界限。科学、合理地确定项目文件材料的归档范围是项目档案管理的基础工作，是确保文件材料收集完整的关键环节，它直接影响基建项目档案的内在质量和利用效益。归档范围不明确，档案的收集工作就无从谈起，档案的整理、立卷也就失去了前提。

确定项目文件材料的归档范围，必须根据项目文件材料现实和长期的查考价值，结合项目的特殊性和重要性程度进行。其依据如下：

（1）要考虑项目建设的成套性，做到文件材料收集齐全。任何一个项目，不论其规模大小，性质如何，都是以一个项目为单位进行建设的。反映项目活动全过程的各种文件材料，相互之间必然是密切联系的，它的形成具有成套性。所以，全面了解项目的建设情况是制定归档范围的前提。

（2）要考虑项目建设的阶段性，确保文件材料收集系统化。项目周期有长有短，有的长达几年、十几年，有的短则几个月，但就项目建设过程来说，一般都分为立项、设计、施工、竣工四个阶段。我们必须研究和分析各阶段的工作内容，掌握每个阶段所形成的不同形式和不同价值的文件材料的特点，以便在重要环节确定归档范围。

（3）要考虑项目建设的主体性，实现文件材料收集的合理、优化。项目中形成的各种文件材料，由于保存和利用的价值不同，其归档范围也不尽相同。例如，施工单位应着重收集有关施工技术方面的文件材料和施工管理方面的文件材料；项目主管部门主要收集项目立项、审批和竣工验收工作中产生的文件材料；地方城建档案部门主要收集与城市规划、建设、管理有关的文字材料和竣工图；建设单位对项目具有直接使用、管理、维护的权利，并承担有关法律责任，其收集范围应考虑建筑物、构筑物（或地下管线）的日常使用、维护以及日后的改建、扩建的需要，并为以后查考利用提供法律依据。因此，建设单位项目技术文件材料的归档范围应以完整为基本思想，比主管部门、施工单位、城建档案部门收集的范围宽，文件材料种类多，而且以收集原件为主。同时，还要处理好与城建档案部门收集保管基建项目档案的关系，在必要的时候，同时收集两套原件，便于分别归档。

总之，研究项目文件材料的归档范围，应在国家已制定的有关规定的基础上，根据文件材料的保存价值，依据项目建设成套性、阶段性和主体性的特点，对文件材料进行合理的筛选和组合，以便近期利用和长久查考。

13.4.2 项目档案资料建设的重要性

1. 与项目质量具有关联性价值

项目档案在项目质量控制体系中具有重要的凭证作用，能提供最有力的证明依据。在项目立项阶段形成的可行性研究报告、任务书、项目申请报告、各种评估报告、检测报告、初步设计任务书等文件，都是政府部门审批的依据，设计基础文件则是设计规划、初步设计、技术设计和施工图设计的基础。在项目实施过程中，产生的综合管理文件、进程控制文件、投资控制文件，与具体施工质量密切相关。

2. 对建设工程中的不正当行为具有警示作用

项目具有投资性、涉及广、管理环节多、队伍成分复杂、建设周期长等特点，极易产生权钱交易、贪污腐化和暗箱操作，使其成为腐败问题和权钱浸染的高发和易发点。防止工程建设中的不正当行为，不但需要标本兼治，强化教育，健全机制，规范运作，加强管控，而且还需要强化项目的建档工作。项目档案是在项目建设过程中形成的真实的原始记录，真实地反映项目建设中各个环节的具体状况和责任人的所有作为。因此，完整齐全的项目档案能够发挥预警、预防和治理腐败的作用。

3. 对生产力发展具有推动价值

劳动者、劳动资料、劳动对象、科学技术、生产信息、生产管理等多种要素构成了一个复杂系统。系统运动的结果，就是创造出物质财富和精神财富。在创造财富的同时，要对生产活动的过程、工艺方法、经验教训等进行实事求是的客观记录，劳动者将其有意识地保存下来，作为后续工作的依据、凭证和参考，从而使原始记录转化为档案，由此看出，生产力系统的运动既要形成档案，又要利用档案。主要体现在以下三个方面：一是项目科技含量高，施工复杂，必须按图施工，才能防止差错，杜绝重复劳动；二是项目大多是新领域、新地域的新项目，项目建设中要靠自身创新提高生产力，同时还要借鉴其他重点建设项目的科技成果以及新技术、新工艺来提高生产力；三是对本身或他人的创新成果进行归纳、提炼与描述，通过传媒介质进行传播，进一步提升人们的生活质量。

4. 对企业文化建设具有促进价值

企业文化是企业在生产经营实践中逐渐形成的，被所有员工认可并遵守的，带有本组织特点的使命、宗旨、精神、价值观和经营理念，表现为生产经营实践、管理制度、员工行为方式与企业对外形象的总和。一方面，企业文化是企业的精神所在，是推动企业发展的动力。它涵盖的内容非常丰富，企业的精神和价值观是其核心。一个新的项目往往会孵化出一个新生企业或企业群，并形成数量巨大的项目档案，这些保存起来以备利用的信息材料，包括文字、图表、影片、照片、录音带、录像带、光盘等多种形式，都是企业职工的劳动成果，是企业员工宝贵的精神财富。另一方面企业要走可持续发展道路，提升企业的软实力，必然要对企业的发展之路、经营之道、管控之理、员工之训进行总结，而要做好总结工作就要用到档案。所以，加强档案管理，对企业文化的培育和发展，具有积极的意义。

13.4.3 加强项目档案资料管理工作的对策

1. 建立健全项目档案管理体系，落实管理责任制

档案资料是项目实施过程的真实写照，是项目形成固定资产的直接证据，也是维护建设单位合法权益的法律依据。档案资料是否齐全是决定项目能否顺利验收的关键。

2. 抓好项目全过程档案资料的收集，确保档案资料准确完整

档案资料的真实、准确、规范、完整是保证项目顺利验收的关键。从立项申请到项目验收，要经过项目报批、招投标、项目实施和项目收尾等多个环节，在这一过程中要注意抓好以下四个阶段的资料收集工作：

（1）立项报批阶段。注意收集立项申请、立项报告、立项批复、设计合同、初步设计与概算编制文件、初步设计与概算批复文件等。

（2）招投标阶段。注意收集设计、监理和施工的招投标文件。属于公开招标的项目，要收集招标代理合同、招标公告、招标文件、评标报告、中标通知书和与乙方签订的各种合同等；属于政府采购且需要邀请招标的项目，除注意收集上述文件外，还要注意留存网上申报和政府采购中心网上审批的资料及网上抽取的专家的资料等；属于直接委托的项目，除要注意保存双方签订的合同和资质证明材料外，还要注意将项目小组价格谈判的结果整理成文字材料，由参加谈判的人员签名后存档。

（3）工程实施阶段。属于建设单位收集的资料：监理例会会议纪要、暂估价材料、建

设单位的认价单和四方验收报告等；属于施工方提交的主要资料：图纸会审和技术交底的会议纪要、施工进度计划、建筑材料的质量检测报告、合格证、施工记录、隐蔽工程和单项工程的阶段验收记录、竣工验收申请、竣工图纸、工程竣工结算材料等；属于监理单位提交的主要资料：监理规划、监理大纲、监理付款审批报告、监理月报和监理工程总结等。

（4）收尾阶段。注意收集工程结算审计合同、工程结算审计报告、财务决算审计合同、财务决算审计报告等。在仪器设备验收阶段除要注意收集在办理机电审批和免税手续中形成的资料外，还要注意收集装箱单、产品说明书、合格证、安装调试记录、大型仪器设备的试运行报告和验收报告等。

3. 抓好档案资料分类整理与立卷归档

档案资料分类整理和立卷归档的目的简单来说是便于档案资料的查找和提供利用，具体来说有三方面的作用：一是利于项目验收；二是利于将来维修维护；三是当发生纠纷时作为维权的证据。所以，加强档案资料的分类整理与立卷归档工作十分重要。项目完成后，首先要求档案管理人员对收集的文件、资料、图纸等进行简单分类、整理后交档案小组组长审查；档案小组组长对资料的完整性核查无误后交专职档案员复核把关；专职档案员按照基建项目档案管理规定进行认真复审，提出整改意见，并指导项目档案管理人员进行整改。项目档案管理人员在专职档案员的指导下要做好以下五方面的工作：

（1）清理文件资料。对从立项审批、招投标、勘察设计到施工、监理及竣工验收等过程中形成的具有保存价值的文字、图纸、图表和光盘等各种载体的文件材料进行整理后，分类组卷。

（2）对文件资料进行排序分类。对项目实施中积累的材料按照其自然形成规律，以保持文件材料之间的有机联系为原则，按照文件材料的性质调整文件排序。卷内文件一般按其重要性或时间顺序排列。一般为批复在前，请示在后；批转在前，报告在后；正件在前，附件在后；印本在前，定稿在后；结论性材料在前，依据性材料在后；纸质文件资料在前，竣工图纸在后等。

（3）整理组卷。根据《建设项目文件归档范围和保管期限》及建设项目的实际情况，对卷内文件材料进行清点，检查材料是否齐全、完整、准确、系统，对不符合要求的档案资料，要求及时纠正、补齐，否则不予存档。

（4）编写页号。凡有文字的页面均要编号，页号要按自然页数编写，依次在装订线另一侧的右下角用阿拉伯数字编号，不准出现空号和重号。

（5）编写卷内目录。按照文件题名编写卷内目录，每份文件要按原文题名录入，没有题名的材料要根据内容自拟标题后再编写目录。项目档案管理人员完成上述工作后，将全部档案资料交给档案室。由档案员对档案资料的分类、立卷、卷内目录及备考表等进行全面复核，并完成案卷封面制作、装订及检索工具编制等工作，确保档案资料真实、完整、规范，并便于查找，为项目验收做好准备。

4. 做好项目档案资料管理工作的关键因素

档案资料是完成建设任务的重要依据，要做好项目档案资料管理工作必须注意以下几点：

(1) 领导重视。领导要重视项目档案资料管理工作，认真去抓去管，并做好督促检查。

(2) 要建立健全档案管理体系，明确各个阶段的管理人员，落实好分工和岗位责任制，确保每个环节不出漏洞，力争资料系统、真实、完整。

(3) 在项目实施前抓好档案管理人员的岗前培训。要让档案管理人员上岗之前就懂得在哪个环节收集哪些资料，以及如何进行分类、编目和整理归档等。

(4) 从源头上制定收集档案资料的保证措施。在签订施工、监理和仪器设备采购合同时，既要在合同条款中明确对方提交的档案资料范围、质量水平和移交时间，又要明确违约责任，以保证档案资料的真实、完整。

(5) 注意在项目执行中向外呈送资料的留底。包括向上级主管部门或同级横向合作单位等，不要事情办完了，资料也发完了，归档时无处查找。例如，前期报批的请示、要送给报关公司的设备免税表、要送给招标代理作为银行付款依据的仪器验收证明等，本单位均要留存一份。

章后练习题

1. 试说明项目信息管理的目的和任务。
2. 项目信息管理手册的内容有哪些?
3. 简述项目信息管理的过程及主要内容。
4. 项目管理信息化的背景和意义是什么?
5. 什么是 PIP? 核心功能有哪些? 实施的条件是什么?
6. 项目管理信息系统的基本结构是什么?
7. 什么是 VR 和 BIM? 各有何技术特点和应用价值?
8. 简述项目档案资料管理的内容。

案例

基于BLM的世博建筑工程项目信息化管理研究

建筑工程生命周期管理（Building Lifecycle Management，BLM）是建设行业近年来建立和领导的概念，贯穿于建设全过程，即从概念设计到拆除或拆除后再利用。而如何利用各个阶段产生的数字化信息贯穿于整个项目管理中，解决大量信息的沟通、协调，如何改变目前以纸质、电话、传真等传统沟通方式造成的信息丢失、贻误等问题，变更为垂直集成作业的方式，打破行业和部门间的信息壁垒，成了行业不断探索和研究的课题。BLM是实现建筑工程全生命周期管理的主要途径，其核心是信息管理。

1. 世博项目特点

(1) 工期紧，投资大。投资巨大，又要在严格的工期内完成，这就要求世博工程的效率要提高，同时质量必须有保证。

(2) 参与方众多，沟通协调工作量大，这给信息的传递与共享带来了很大挑战。

(3) 信息数量庞大。

(4) 信息类型复杂：包括数据信息，如投资数据、进度数据等，还包括内容数据，如工程文档、工程照片以及声音、图像等多媒体数据，而后者占到工程项目信息的80%，具有十分重要的地位。

(5) 后期利用及改造特点。这也是世博工程的特殊之处，如同北京奥运场馆建设一样，必须考虑后期的利用及改造工作。

建设工程的信息管理与共享从点对点变成集中的信息管理与共享方式，信息的传递从原来的逐级传递转变成单点发射状传递，提高了信息传递的效率，如图 13—6 所示。

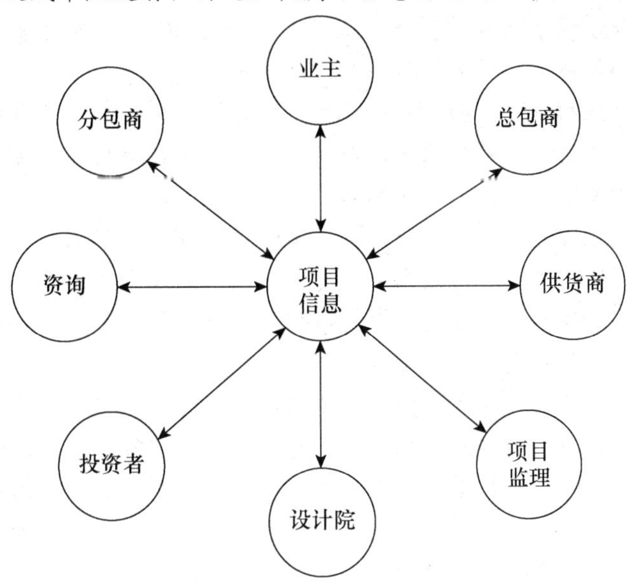

图 13—6 BLM 下项目信息的共享方式

2. 基于 Buzzsaw 的项目全生命周期协同管理平台

Autodesk Buzzsaw 是以项目管理为核心，在 Internet 上建立的一个工程项目全过程协同管理平台。在世博工程项目建设中的应用主要体现在以下几个方面。

(1) 项目各参与方的信息交互。电子资料的实时传递、共享：办公文档、工程图纸、项目资料等；版本控制和权限分派保证数据传递和存储的安全性，记录事件的痕迹；标准的审批流程和自定义的表单，提供严谨便捷的在线办公模式；项目变更的自动通知方式，确保信息有效地在各参与方间传递。

(2) 集团相关部门领导对于项目情况的在线查看。实时反映项目最新情况：质量、进度、成本等；快速更新领导关心的文档、报表，方便查找与审核。

(3) 集团工程项目电子资料归档。在项目进行过程中，自动进行项目整理与归档，满足项目质量管理“事事留有痕迹”的要求；同时能够自定义文档目录结构与规范，并严格按照归档要求，将电子资料进行有序归档，达到成果积累与知识管理的要求。

(4) 工程项目网上电子报批。利用平台快速便捷的特点，从时间上和空间上缩短审批流程。

(5) 世博场馆后期的运营、维护及改建。项目竣工后的资料完整地保留下来，在后期的运营维护中可以方便地查询之前的项目资料，并且为会议活动等提供后期支持。在场馆的后续利用和二次改建中都可以快速有效地调阅相关信息，并作出决策。

3. 工程项目 BLM 建设关键点研究分析

(1) 建立科学的项目文档结构与信息编码体系。

通过对世博中心、主题馆建造过程中基于 Internet 建立的工程项目协同管理平台的应用研究，抽取信息存储方式、交流和沟通方式，模拟世博场馆改造和后续利用时的信息流管理模型。

1) 建立建设工程项目科学的文档结构体系。为满足建设项目的管理工作要求，要对项目的文档进行综合分级分类式的多维化管理。即基于 BLM，对建筑工程项目全生命周期各阶段任务的文档体系进行科学的分层、归类管理。

2) 项目信息分类和信息编码体系的设计。建设项目信息化编码体系要与信息分类统一，具体体现在两个方面：①横向统一，是指不同项目参与者诸如业主、设计单位、施工单位、监理单位、项目管理单位的划分体系；②纵向统一，是指整个项目建设周期包括前期、招投标、设计、施工等阶段的划分体系。横向统一有利于不同项目参与者之间的信息传递和相对独立的项目信息管理；纵向统一贯穿于项目的全生命周期，有利于项目实施周期信息管理工作的一致性和项目实施情况的追踪与控制。

(2) 项目进度可视化与流程化管理。

在系统首页面通过项目建设流程图，可使不同用户进入功能页面，实现界面人性化管理，并且使每个人员都能清晰地看到建筑工程的整体运行环节，清晰地认识到自己所处的位置和应完成的工作，有助于加强整体观念与时间观念。对项目建设周期可进行两层进度管理：粗进度管理，进行生命周期各阶段的时间进度管理，然后可通过此连接到细进度管理；细进度管理，进行具体任务的时间进度管理。

(3) 基于 BIM 的四维建筑模型的构建。

利用 BIM 模型，在三维基础上，增加时间维度，构建建筑物的四维模型，进一步细化世博场馆改造和后续利用实施过程中的设计、采购、实施、材料设备供应等环节的工作对象，模拟施工过程中的物质配备，形成高效的管理模型。在整个工程项目的各个阶段都进行统一管理，实现建筑物模型在任意时刻的任意一次更改都可再现，有利于工程项目的全生命周期管理（如图 13—7 所示）。

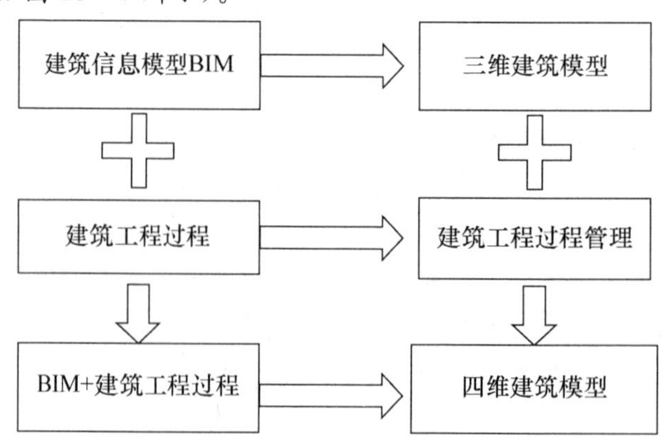

图 13—7 构建四维建筑模型

四维建筑模型的构建是以 BLM 为基础，在三维建筑模型上记录下建设各阶段的信息。主要流程可概括为：

(1) 输入信息：不同的参与者在不同时期输入建筑物的具体信息（包括几何特征：宽度、高度、厚度等；物理特征：重量、强度等；经济数据：材料价格、供应商信息等）；

(2) 分享并同步信息：设计者、施工方、监理方等不同参与者通过三维建筑模型可视化工具共享信息，以便于协同管理。他们审查数据，由团队人员在必要时进行更新修改，要记录下所有信息更新的全过程，以待随时查询。

(3) 提供最佳信息：通过信息的充分共享、实时同步的动态更新，为不同参与者提供其最想要的信息，以保证工作的效率。

资料来源：于世坤，王波：《基于 BLM 的世博建筑工程项目信息化管理探究》，载《科技与管理》，2011，13 (3)：49-53。

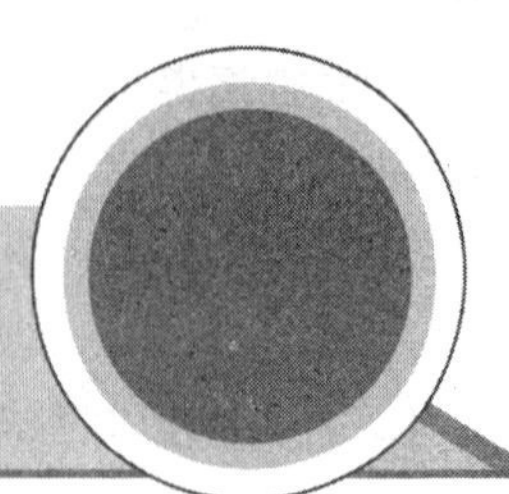

参考文献

［1］丁士昭．工程项目管理（第2版）［M］．北京：中国建筑工业出版社，2014.

［2］项目管理协会．项目管理知识体系指南：PMBOK指南（第5版）［M］．许江林等，译．北京：电子工业出版社，2013.

［3］尹焕武．项目管理导论（第3版）［M］．北京：机械工业出版社，2015.

［4］全国一级建造师执业资格考试用书编写委员会．建设工程项目管理［M］．北京：中国建筑工业出版社，2016.

［5］全国注册咨询工程师（投资）资格考试参考教材编写委员会．工程项目组织与管理［M］．北京：中国计划出版社，2015.

［6］赵振宇．项目管理案例分析［M］．北京：北京大学出版社，2013.

［7］（英）保罗·罗伯茨．项目管理指南：通过变革获得持续利益［M］．大连：东北财经大学出版社，2009.

［8］全国投资建设项目管理师考试专家委员会．投资建设项目组织［M］．北京：中国计划出版社，2011.

［9］毕星，翟丽．项目管理［M］．上海：复旦大学出版社，2000.

［10］陈池波，崔元锋．项目管理［M］．武汉：武汉大学出版社，2006.

［11］陈小新．项目管理的经济学分析［M］．北京：中国经济出版社，2006.

［12］陈远．项目管理［M］．武汉：武汉大学出版社，2002.

［13］程敏．项目管理［M］．北京：北京大学出版社，2013.

［14］丁斌．项目管理教程［M］．合肥：安徽科学技术出版社，2005.

［15］霍亚楼．项目管理基础［M］．北京：对外经济贸易大学出版社，2008.

［16］陆惠民，苏振民，王延树．工程项目管理［M］．南京：东南大学出版社，2010.

［17］伍春来，王振雨．项目管理［M］．北京：经济管理出版社，2004.

［18］夏立明．项目管理概论［M］．天津：天津大学出版社，2008.

［19］徐莉．新编项目管理［M］．武汉：武汉大学出版社，2009.

［20］杨思远．现代项目管理［M］．北京：冶金工业出版社，2009.

［21］英特尔软件学院教材编写组．项目管理［M］．上海：上海交通大学出版社，2011.

［22］俞红，项建国．项目管理进阶［M］．北京：中国计量出版社，2007.

[23] 张卓. 项目管理（第 2 版）[M]. 北京：科学出版社，2009.

[24] 周桂荣，惠恩才. 成功项目管理模式 [M]. 北京：中国经济出版社，2002.

[25] 蒋景楠，陆雷火，方华. 项目管理理论与实务 [M]. 上海：华东理工大学出版社，2012.

[26] 屠梅曾. 项目管理 [M]. 上海：上海人民出版社，2006.

[27] 白思俊. 现代项目管理概论 [M]. 北京：电子工业出版社，2006.

[28] 白思俊. 现代项目管理（升级版）[M]. 北京：机械工业出版社，2010.

[29] 熊英，王宏伟. 项目质量管理 [M]. 武汉：湖北科学技术出版社，2008.

[30] 曾赛星. 项目管理 [M]. 北京：北京师范大学出版社，2007.

[31] 邓铁军，杨亚频. 工程项目管理 [M]. 北京：北京大学出版社，2012.

[32] 代宏坤，徐玖平. 项目沟通管理 [M]. 北京：经济管理出版社，2008.

[33] 徐宁. 项目管理实务教程 [M]. 兰州：兰州大学出版社，2014.

[34] 胡鸿杰，饶圆，冯湘君. 项目开发与管理 [M]. 北京：中国人民大学出版社，2008.

[35] 赵涛，潘欣鹏. 项目质量管理 [M]. 北京：中国纺织出版社，2005.

[36] 王华. 工程项目管理 [M]. 北京：北京大学出版社，2014.

[37] 鲁耀斌. 项目管理——过程、方法与实务 [M]. 大连：东北财经大学出版社，2008.

[38] 卢勇. 政府投资项目工程发包的研究 [D]. 上海：同济大学学位论文，2001.

[39] 赵振宇. 基于 Partnering 的工程项目管理研究 [D]. 北京：北京交通大学学位论文，2004.

图书在版编目(CIP)数据

项目管理/张雷，吴永春，王悦主编. —北京：中国人民大学出版社，2016.8
ISBN 978-7-300-23390-1

Ⅰ.①项… Ⅱ.①张…②吴…③王… Ⅲ.①项目管理-高等学校-教材 Ⅳ.①F224.5

中国版本图书馆 CIP 数据核字（2016）第 228438 号

项目管理
主　审　王广斌
主　编　张　雷　吴永春　王　悦
副主编　王　硕　石　林　范荣华　顾　宇　徐成刚　高　红　高　峰　夏红云　曾大林　褚振威
Xiangmu Guanli

出版发行　中国人民大学出版社
社　　址　北京中关村大街 31 号　　**邮政编码**　100080
电　　话　010－62511242（总编室）　　010－62511770（质管部）
　　　　　010－82501766（邮购部）　　010－62514148（门市部）
　　　　　010－62515195（发行公司）　　010－62515275（盗版举报）
网　　址　http://www.crup.com.cn
　　　　　http://www.ttrnet.com(人大教研网)
经　　销　新华书店
印　　刷　北京七色印务有限公司
规　　格　185 mm×260 mm　16 开本　　**版　　次**　2016 年 9 月第 1 版
印　　张　25.75　　**印　　次**　2016 年 9 月第 1 次印刷
字　　数　600 000　　**定　　价**　49.00 元
